河口史志

存史资政　传承文明

东营市河口区地方志丛书

河口区教育志

河口区地方史志编纂委员会　编

中国文史出版社

图书在版编目（CIP）数据

河口区教育志/东营市河口区地方史志编纂委员会编.
——北京：中国文史出版社，2015.10
ISBN 978-7-5034-6923-7

Ⅰ.①河⋯　Ⅱ.①东⋯　Ⅲ.①区（城市）–地方教
育–教育史–东营市–1938~2014　Ⅳ.①G527.523

中国版本图书馆 CIP 数据核字（2015）第 250038 号

责任编辑：蔡晓欧

出版发行：中国文史出版社
网　　址：www.wenshipress.com
社　　址：北京市西城区太平桥大街 23 号　邮编：100811
电　　话：010-66173572　66168268　66192736（发行部）
传　　真：010-66192703
印　　装：济南黄氏印务有限公司
开　　本：889 毫米×1194 毫米　1/16
印　　张：31
字　　数：780 千字
版　　次：2015 年 11 月第 1 版
印　　次：2015 年 11 月第 1 次印刷
定　　价：386.00 元

河口区地方史志编纂委员会

（2012 年）

主　　　任：苟增杰

副　主　任：徐竞科　　王秀凤　　马士文　　陈桂林　　韩传华　　孟维芳

委　　　员：李建民　黄润超　陈锋之　张振祥　金建村　王春霞　宋学峰　吕洪新

　　　　　　杨黎明　杨立民　高祥涛　毕建军　王端吉　卢玉峰　胡爱民　牛培杰

办公室主任：孟维芳（兼）

《河口区教育志》编纂委员会

主　　　任：王秀凤

副　主　任：毕建军　　孟维芳

顾　　　问：张胜双　　曲德民　　宋卫忠　　牛立元

委　　　员：王志华　李延春　王明章　韩其华　刘云战　杨丰文　韩玉生　高希文

　　　　　　盖秀霞　李树根　焦广民　刘爱荣　黄汶民　张成儒　杨景田　刘　波

　　　　　　刘云友　张俊国　陈建国　姜友良　张俊国　王学志　陈月江　张泽红

《河口区教育志》编辑人员

主　　　编：毕建军　　孟维芳

副　主　编：王明章

执行主编：张成儒

编　　　辑：李　铭　时胜国　杨传海　左振双　陈光亮　丁丙双　闫爱林　张泽红

　　　　　　韩学芝　潘春芳　张园园

中共东营市河口区教育局委员会书记、东营市河口区教育局局长
中共东营市河口区第一中学总支部委员会书记　毕建军

序

百年大计，教育为本。

历经一年多时间的首部《河口区教育志》即将付梓问世，这是全区人民政治、经济、文化、生活中的一件大事，更是全区教育系统的一件盛事，可喜可贺。

河口区地处黄河尾闾、渤海之滨，这里物华天宝、人杰地灵，是黄河三角洲开发建设的最前沿。伴随着时代的更迭、社会的发展，在这片共和国最年轻的土地上，河口教育从小到大、从弱到强，筚路蓝缕，高歌猛进。

"盛世修志，志载盛世"。今天，我们欣逢政通人和、百业俱兴的盛世，把河口区教育发展的历史轨迹记录下来；把河口区教育工作者的奋斗业绩载入史册，是时代赋予我们的神圣使命。《河口区教育志》正是本着这样的宗旨，以求真务实的精神，严谨科学的态度，做到稽前鉴后，彰往昭来，服务当代，启迪未来，彰显其时代特点和地域特色。《河口区教育志》的编纂，适应历史和现实需要，全面系统地反映了河口境内百年教育，重点记述了改革开放以来的河口区教育发展历程。可以说这是一部通观全局、文约事丰的资治之书、教化之篇、存史之册。

古人云："学政之修否,关乎时运之盛衰"。河口教育的发展,凝聚着历届党委、政府办好教育的坚强决心和不懈努力,凝聚着社会各界的关心支持和热情帮助,凝聚着广大教育工作者献身教育的辛勤奉献和无私情怀。新中国成立以来,伴随着教育政策逐步健全完善,教育的承载能力越来越强,办学条件日新月异,今非昔比。不见了"土坯房""大杂院",一座座崭新的教学楼拔地而起。教学设备不断更新换代,"水泥黑板""煤油灯"成为历史,计算机、多媒体、投影机如今已经是标准配备。教师队伍得到优化,教育教学质量连年攀升,一批批莘莘学子走出校门走向社会,有的迈出国门走向世界,有的投身家乡建设、造福桑梓……

一部教育史就是一部社会发展史。综观河口区教育的发展历程,可谓是乘改革东风崛起,伴时代步伐奋进,成就辉煌,硕果累累。那一张张画面、一个个句读、一位位数字,不仅承载着河口教育往昔的光荣与梦想,浓缩着昨日的心血与汗水,更叠加着河口教育未来的希望与憧憬。

国运兴衰,唯系教育。编纂教育志,铭记河口教育不平凡的发展历史,是我们值得一生珍惜的宝贵财富,也是我们留给后人最有价值的史料。修志是一项纷繁复杂的社会文化系统工程,尤其是时间跨度大,而且河口区境内教育历经多次体制改革,资料流失,损缺严重,给修志工作带来很大困难。修志过程中,教育志编纂工作者夙兴夜寐,兢兢业业,群策群力,师古不泥,不溢美,不隐恶,真实客观地记述河口境内教育发展的伟大历程,足见劳动之艰辛。《河口区教育志》编纂得到了全区各级各部门、单位及社会各界的高度关注和热情帮助,感激之情,不在言表。

"路漫漫其修远兮"！我们坚信,河口区教育事业在中共河口区委、河口区人民政府的坚强领导下,全面贯彻习近平总书记系列重要讲话精神,以办好人民满意的教育为目标,以立德树人、教书育人的责任感和使命感,适应新常态,迈向新征程,跨上新台阶！河口教育事业必将传承历史,再铸辉煌,续写科学跨越发展新篇章！

是为序。

中 共 东 营 市 河 口 区 教 育 局 委 员 会 书 记
东 营 市 河 口 区 教 育 局 局 长
中共东营市河口区第一中学总支部委员会书记

2015 年 9 月

凡　例

一、本志高举中国特色社会主义伟大旗帜,以马克思列宁主义、毛泽东思想、邓小平理论、"三个代表"重要思想、科学发展观和习近平总书记系列重要讲话精神为指导,坚持实事求是原则,坚持历史唯物主义和辩证唯物主义的立场、观点和方法,力求做到思想性、科学性、资料性相统一。

二、时间断限。上起事物发端,下至 2014 年 12 月 31 日,个别内容上溯下延。详细记述 1984~2014 年河口区教育事业的发展史事。

三、体裁用述、记、志、传、图、表、录等,以志为主。述以总摄全书;记以综记大事;志以记述各项事业;传以收载人物;录以辑存文献;图表随文穿插,力求图文并茂。

四、本志采用横排纵写,纵横结合的方式,划分编、章、节、目四个层次,内容贯穿古今,详今略古,个别层次设置服从内容安排。

五、人物坚持"生不立传"的原则,对在职领导、省级以上先模人物予以选介。

六、计量单位除个别使用当时的计量名称外,依照《中华人民共和国法定计量单位》的规定执行。

七、资料来源于省、市、区档案馆和《利津县志》《沾化县志》《垦利县志》《河口区志》等地方志书,区教育系统各部门、单位,各镇、街道教委、重点学校等。

八、叙事语言采用规范的语体文、记述体。数字用法以国家语言文字工作委员会等单位公布的《关于出版物上数字用法的规定》为准。

九、纪年采用公元纪年,引用文中的历史纪年予以加注。记载范围为河口区现行境域,有关名称按当时称谓。如文字过长的名称首次出现用全称,再次出现用简称。

十、行政区域建制称谓。按建制沿革后的名称记载,一般不再加注原区划名称。

河口区教育局办公楼

河口区教育局科级以上领导干部合影

2014 年 7 月 30 日，中共东营市委书记刘士合（右二）视察河口一中新校建设

2014 年 5 月 21~22 日，省政府教育督导团一行 11 人，对河口区义务教育均衡发展工作进行督导评估

山东省教育厅副厅长陈光华（前中）参加河口区农村学前三年免费教育启动暨新建幼儿园启用仪式

2010年7月7日，东营市人大常委会副主任郭丰璞（前左二）到河口区实验学校检查指导"五五"普法工作

2012 年 8 月 23 日，副市长王吉能（前右一）、市政府副秘书长孙乐春（右五）、市教育局局长梁海伟（右三）等一行 6 人到河口区调研校舍安全及中小学办学条件标准化建设工程情况

2013 年 10 月 10 日，副市长王吉能（前右二）一行先后到胜利油田十三中、河口二小、河口三小及河口一中新校进行现场调研

2007 年 12 月 2 日，山东省教育厅职成处处长刘凤山（前中）到河口职业中专检查指导工作

2009 年 6 月 1 日，市关工委领导到河口区检查指导工作

2012年，区委书记聂建军（左一）到河安幼儿园进行"六一"儿童节走访慰问

2011年12月12日，副区长王秀凤（左二）到河口区职业中专调研

2015 年 9 月 9 日，市、区领导视察河口一中新校

2015 年 9 月 25 日，中共河口区区委副书记、代区长刘斯杰（前左一）到学校调研

1987年，西五村小学开展学雷锋、学赖宁活动

2007年4月13日，全区接送学生车辆安全管理工作会议

2004年9月23日，河口区"阳光190"贫困生救助金发放仪式

河口区教育局"解放思想大讨论活动"动员会议

2010年全区教育工作会议

区教育局领导带队检查中小学标准化建设

2008年4月23日，河口区第十八届中小学生田径运动会

2012年3月，山东省高中初中美术教学观摩研讨会

2012年7月6日，在仙河镇教委召开全区城乡基础教育标准化建设现场推进会

2013年8月28日，河口区慈善"朝阳助学"救助金发放仪式

2014年3月27日，全区教育系统党的群众路线教育实践活动动员会议

2012年9月11日，省楹联艺术家协会到河口一中检查指导楹联文化教育基地建设

2014年5月27日，河口区实验学校、河安小学举办与北大附属实验学校合作发展示范校授牌仪式

2015年9月9日，河口一中新校启用仪式

2014年教师节师生文艺汇演

2015年教师节，中共河口区委书记、区长苟增杰到河安小学慰问教职工

河口区实验学校

1986年的河口区实验小学

河口区实验学校综合楼

2014年的河口一中校园

河口一中新校

1990 年河口一中校园

2008 年建成的职业教育中心

2010 年启用的河安小学

河安小学校园

河口区实验幼儿园

2011 年启用的河安幼儿园

河口街道中心小学教学楼

河口街道四扣小学

河口街道中心幼儿园

2015年建成的六合街道中学教学楼

六合街道中心小学

六合街道中心幼儿园

新户镇中学

新户镇中心小学

新户镇中心幼儿园

新户镇太平幼儿园

义和中心学校中学部教学楼

义和中心学校小学部教学楼

义和镇中心幼儿园

孤岛镇中心幼儿园

仙河镇中心幼儿园

2007 年 8 月 13 日，河口一中举行新学期首次升旗仪式

2007 年 9 月 29 日，河运小学举办普法教育报告会

2009 年 4 月 4 日，河口区实验学校学生到烈士陵园参加祭扫烈士墓，进行爱国主义教育

河口街道"牵手小学"参观交流活动

1994 年 10 月 26 日，河口区委组织部在河口一中举行区直科级学校聘任校长会议

多媒体教学

胜利十三中"阳光大课间"活动之太极拳

幼儿"百米绘画"

2012年12月14日，河口区实验学校举行第二届"诵读经典润泽童心"古诗文比赛

星宝贝亲子早教活动

2013 年 6 月 5 日，胜利三十九中学校领导参加教学质量分析会

胜利五十五中建校四十周年庆典

童心同乐　阳光成长

2006年，刚果窦纳博士到河口一中授课

2012年6月8日，山东省教育厅副厅长张志勇视察河口一中时浏览《德育工作简报》

河口一中部分校办刊物

《齐鲁晚报》校园文学社活动基地揭牌仪式在河口一中举行

师生红歌大赛

河口区二〇〇三年庆"教师节"师生文艺汇演

教师文艺演出

河口一中第十届学生田径运动会开幕式

校园雕塑——思想者

校园雕塑——自强不息

校园雕塑——学海扬帆

《河口区教育志》篇目设置研讨会

2014年5月27日,《河口区教育志》编纂工作启动会议

河口一中校史馆和大学堂

2010 年 10 月，参加全区青少年模拟法庭比赛活动

2011 年 11 月 24 日，山东电视少儿频道《锵锵校园行》栏目记者站授牌仪式在实验学校举行

敬老活动

青少年广场绘画

胜利中华小学文艺汇演

河安小学武术队

祭奠英烈活动

2014年，河口街道中心小学"六一"儿童节文艺汇演

荣誉

全国义务教育发展
基本均衡县（市、区）
国务院教育督导委员会
二〇一四年十二月

全省农村教育工作先进区
山东省人民政府
二〇〇三年十一月

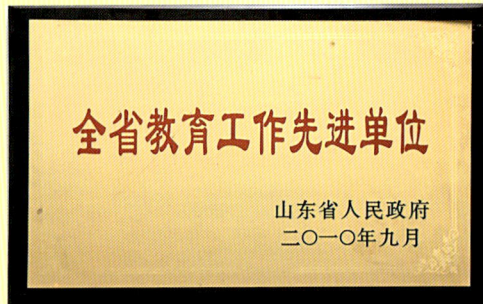

全省教育工作先进单位
山东省人民政府
二〇一〇年九月

山东省中小学危房改造
先进单位
山东省人民政府
二〇一〇年九月

山东省规范教育收费
示范县（市、区）
山东省教育厅　山东省政府纠风办
山东省监察厅　山东省物价局　山东省财政厅
山东省审计厅　山东省新闻出版局
二〇〇六年二月

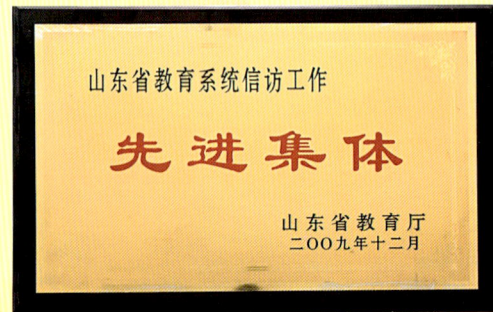

山东省教育系统信访工作
先进集体
山东省教育厅
二〇〇九年十二月

全省"五五"教育普法工作
先进集体
山东省教育厅
二〇一一年一月

山东省教育工会
先进集体
山东省教育厅
山东省教育工会
二〇一一年十二月

2014年5月27日，《河口区教育志》编修工作启动仪式结束后，区人大常委会第一副主任张胜双（前左五）、副区长王秀凤（前左一）、区政协副主席宋卫忠（前左四），与部分编辑人员合影

《河口区教育志》部分编辑、供稿人员合影

一九八五年河口区学校分布图

一九九六年河口区学校分布图

图例

河口区人民政府
二级采油指挥部
乡镇采油处驻地
村
县
乡
公路
土路
水沟
河
水堤
水桥
盐田
养虾池
虹吸管
流
梁
明
畦
田
场
管

比例尺 1:235000
公里 5　　0　　　　5公里

二〇一四年河口区学校分布图

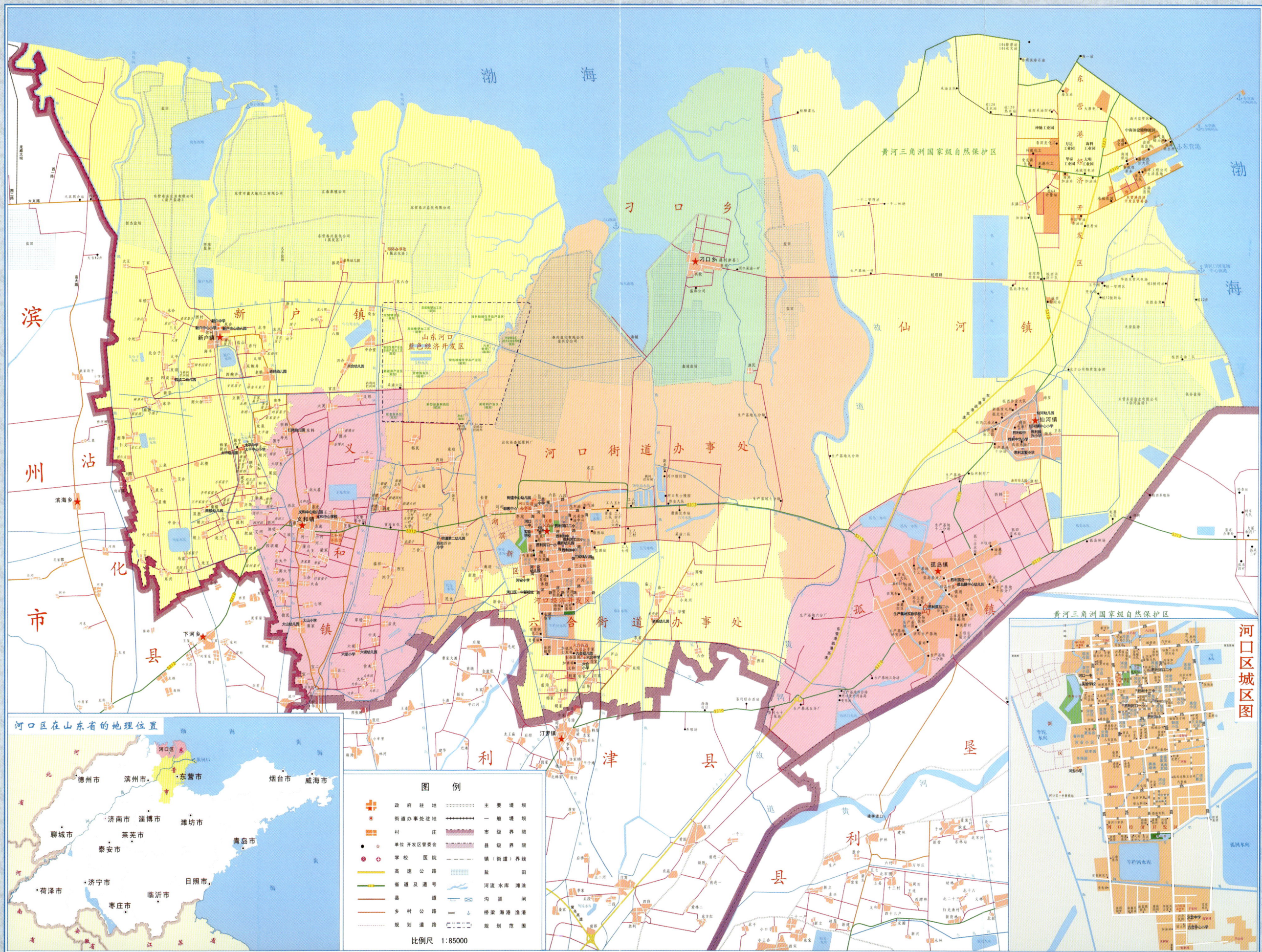

渤 海

黄河三角洲国家级自然保护区

滨 州 沽 化 市 县

新 户 镇

仙 河 镇

刁 口 乡

义 和 镇

河 口 街 道 办 事 处

河口区城区图

黄河三角洲国家级自然保护区

六 合 街 道 办 事 处

孤 岛 镇

利 津 县

垦 利 县

河口区在山东省的地理位置

德州市　滨州市　东营市　烟台市　威海市

济南市　淄博市　潍坊市　青岛市

聊城市　莱芜市

泰安市　日照市

济宁市

荷泽市　临沂市

枣庄市

图 例

政府驻地　　　　　　　主要堤坝

街道办事处驻地　　　　一般堤坝

村　庄　　　　　　　　市级界限

单位开发区管委会　　　县级界限

学校 医院　　　　　　　镇（街道）界限

高速 公路　　　　　　　田

省道及道号　　　　　　河流 水库 滩涂

县　道　　　　　　　　沟 渠

乡村 公路　　　　　　　桥梁 港湾 渔港

规划道路　　　　　　　规划范围

比例尺 1:85000

目　　录

第十二编　油田与济南军区黄河三角洲综合训练基地教育

第十三编　荣　誉

人　物

附　录

概　述

东营市河口区位于山东省北部,渤海南岸,黄河入海口北侧,是黄河三角洲的前沿城市,中国第二大油田—胜利油田的主战区。明代始有少量渔民、盐民流动生息,1830年(清道光10年),开始出现居民。1983年,河口区随东营市的成立而建制。教育事业历经清末、民国新旧时期的短暂交替,迎来新中国的成立。从此,河口教育事业得到健康快速科学发展。

一

河口区境内教育,起源于19世纪初。河口区建制前,分别隶属沾化、利津两县,境内多为外地迁居垦荒植地人员,因经济条件等多方原因,无法普及现代教育。1901年(清光绪27年),境内推行私塾教育,农村中相对殷实的人家,自办、联办私塾学堂,时称"团馆"。由于是民办或联办,学生不多,一般10~20人。这种类似农村基础教育的"团馆"并未普及。1929年,沾化境内特别是河口境内沿海地区,因匪乱等多方原因,导致学校全部停办。

1930年,国民政府推行新教育,取缔私塾学堂,不允许教授《四书》《五经》之类,义和庄群众自发成立第一所新小学。1936年,国民政府将两处私塾学堂合并,设立"公立短期学校",实行免费义务教育。1938年,美国基督教传教士进驻该学校,传教耶稣圣经,直至沾化、利津两县解放。

1941年10月,沾化县抗日民主政府义和联小更名为义和抗日高级小学。1944年,更名为沾化县第一抗日高小。1949年,境内有完小(完全小学,包括初小和高小)1处,农村初级小学40多处,教员60多人,学生1300多名。学龄儿童入学率约为30%。

1971年,增设高中3处(沾化县第三中学、沾化县第九中学及社办新户公社中学),高中教育得以发展。1978年开始,部分农村小学附设"育红班"或"学前班",学前教育兴起。1984年,全区有学前班、幼儿园29处;小学143处,教学班430个,学生11674名,学龄儿童入学率为96.8%。30多年的发展,东营市河口区基础教育、职业教育、成人业余教育、新型农民教育,都取得优异成绩,各行各业从业人员综合素质大幅提高。

1983年10月,东营市成立,沾化县第三中学划归东营市河口区,并更名为义和高中。1985年3月20日,经东营市河口区人民政府批准,在原义和高中基础上,成立东营市河口区第一中学,并将该校迁到河口城区西首,海宁路的中段。时有教学班8个,学生432名。当时,河口区有初中11处,教学班53个,学生3272名。

建区初,东营市河口区中小学分别为11处和178处。自1986年开始,经过1987~1990年、1991~1995年、1996~1998年、1999~2002年、2004~2005年、2010~2015年等多次整合资源,调整布局,全区有普通高中1处,职业中专1处,九年一贯制学校2处,初中3处,小学8处。学校分布相对科学合理。公办及公办性质幼儿园18处,全区初步形成较为完备的城乡一体化教育教学新格局。

二

1984年,随着河口区的成立,全区经济快速发展,社会事业全面进步,教育事业步入发展快车道。1985年,河口区教育总投入为154.7万元,1986年为186.2万元,比1985年增长20.36%;1995年教育总投入首次突破千万元,达到1041.1万元,比1994年增长40.94%;1999年教育总投入达到2309.8万元,比1998年增长28.47%;2001年达到3155.1万元,比2000年增长26.01%。这一阶段地方教育投资主要有五个途径。一是国家财政拨款。1985~2000年,累计国拨教育经费10388.16万元;二是教育费附加。1986年,河口区开征农村教育费附加(按上年农民人均收入的2%计征),至2000年用于教育的教育费附加累计1812.08万元;三是勤工俭学收入。1985~2000年,累计收入186.5万元;四是学杂费收入。1985~2000年,累计收入864.91万元;五是群众集资、单位捐款。1985年后,捐资助学蔚成风气,至2000年累计集资2071万元。其他经费来源842.5万元。1985~2000年,各项经费累计16165.15万元。

1998年起,国家"分税"体制开始运行。2002年,河口区根据国家和省、市部署,开始推行农村税费改革,不再征收农村教育费附加。农村义务教育开始实行"在国务院领导下,由地方人民政府负责,分级管理,以县为主"的新体制,即"以县为主"体制,落实国家"一费制"和"两免一补"(义务教育阶段学生免除学费、杂费,为寄宿制贫困学生补助生活费)等政策措施。2003年,东营市河口区教育投入达到4154万元,比2002年增长40.29%。

2005年12月16日,国务院下发《关于深化农村义务教育经费保障机制改革的通知》。2006年开始,国家实行"义务教育经费保障新机制"。东营市自2006年春季被首批列入"新体制",农村义务教育经费全面纳入公共财政保障范围。形成中央和地方分项目、按比例分担的农村义务教育经费保障机制。一是建立和完善农村中小学教职工工资保障机制,确保教职工工资按时足额发放;二是建立中小学预算内公用经费保障机制,确保学校工作正常运转。将中小学预算内生均公用经费全额纳入财政预算,标准逐步提高;三是建立农村中小学校舍维修改造保障机制,确保农村中小学校舍安全;四是实施贫困生救助工程,建立助学帮困长效机制,促进教育公平。

自2004年开始,将贫困生救助作为区政府"阳光190"五项救助内容之一,形成奖、助、补、减、免等措施,保证贫困学生正常入学,实现区政府"不让一名学生因贫困而失学"的承诺。2005年秋季开学起,对全区农村中小学学生实行"三免",政府投资182万元,免除全区农村中小学学生秋季的杂费、课本费和作业本费。自2006年1月1日起,落实"三免一补"政策,对贫困学生在免除杂费、课本费、作业本费的同时,免除贫困寄宿生生活费。对所有城区学生实行同等减免,全区实现真正意义上的"义务教育"。2008年,教育总投入首次突破亿元,达到10997.1万元。2011年,达到25541.3万元。2012年,达到38887.6万元。2013年,达到34747.2万元,是建区初期1985年的224.61倍。

三

针对全区办学的基本现状。1984年11月,河口区成立校舍改造工作领导小组,全面进行农村校舍改造。区、乡、村三级共投资655.33万元,新建校舍1305间,厕所373间,院墙14800米,大门96个,改造老旧校舍931间,修缮危房239间,购置课桌10008单人套,课桌凳9898套,在校学生全部用上木质课桌凳。1986年11月,通过省政府验收,农村小学达到"六配套"(教室、院墙、大门、厕所、操场、木质课桌凳)标准的有91处,占全区农村中小学的98%。

2002年,河口区投资614万元,拆除所有D级危房,维修加固C级危房1291平方米,新建校舍7800多平方米、新建院墙1300米、新建厕所30间。危改工作涉及六个乡镇共11处学校。2003年,义和镇中心小学重建校舍1956平方米,投资101万元。2004年,河口区实施教育小区建设改造工程,争取上级投资,大力实施援助农村教育计划。是年,对全区乡镇中心幼儿园进行新建、改建和扩建。六合、新户、义和、太平等乡镇中心幼儿园先后竣工。2006年,投资570万元,建设区实验学校综合实验楼、报告厅、学生公寓及实验幼儿园餐厅;投资136万元,建设改造农村中小学运动场地;投资175万元更新教育教学设备,建设改造全区教育基础设施。2009年,新建义和镇中心学校教学楼、河口街道办事处四扣小学教学楼、东营市河口区职教中心综合实验楼。2010年8月,投资4000余万元的河安小学竣工。

2011年,河口区完成城乡幼儿园标准化建设,新建镇(街道)中心幼儿园3所,新建村办幼儿园12所。投资1000万元,新建中学教学楼一栋,对太平中心小学明德教学楼进行内部设施配套。投资330万元,新建二吕小学明德教学楼一栋。投资1000万元,完成河安小学续建工程。投资730余万元,完成中小学标准化建设教育信息化建设项目。投资30万元,完成图书采购项目。投资35万元,完成中小学安保器材的配备任务。

2012 年,河口区投资 810 万元,建设义和镇中心学校综合教学楼;投资 550 万元,建设河口街道二吕小学教学楼;投资 11 万元,完成六合街道中学餐厅改造;投资 3108 万元,新建中小学高标准塑胶运动场地 15 个;投资 738 万元,完成中小学教育信息化建设;投资 1896 万元,为全区 21 所公办及公办性质幼儿园配备各类玩教具及多功能室、活动室、食堂等设施设备,对区实验幼儿园进行设施改造。

2013 年,新建区实验学校塑胶操场 1 处。全区投资 93 万元,安装热水设备 114 台;投资 400 万元,改建水冲式厕所 7 个;投资 1277 万元,建设高标准食堂 6 个。

2014 年,投资 73.2 万元,完成更换 4000 套中小学可升降式课桌椅;投资 730 万元,建设新户镇太平中学宿舍楼;投资 259 万元,购置多媒体 88套,计算机 111 台;投资 22359 万元,实施区一中新校建设;投资 3437 万元,实施职教中心"三校合一"建设,完成 A 段男生公寓楼等建设任务。2015 年 9月 9 日,投资 4.3 亿元的河口区第一中学新校正式启用。

四

建区初期,河口区教师来源主要是原在职的民办教师和代课教师,公办教师比例不到 50%。1984年、1987 年、1992 年、1994 年,四次为民办教师转为公办教师,到 1998 年,共有 250 名民办教师转为公办教师。为稳定教师队伍,提高教师经济待遇,2000 年起,河口区人民政府将农村教师工资发放列入对各乡镇政府政务督查的重点考核项目,从根本上保证教师工资按时足额发放。2008 年,根据鲁人发〔2007〕47 号精神,结合鲁政办发〔2006〕108号、人薪发〔1988〕22 号文件精神,对符合条件的中小学教师、幼儿园教师 1297 人提高工资 10%。2012年,为切实解决农村非公办幼儿教师工资及社会保险问题,河口区下发《关于解决农村非公办幼儿教师工资保险待遇有关问题的意见》(东河教〔2012〕10 号),投资 220 余万元,用于解决农村非公办幼儿教师工资及保险待遇。教师住房条件,也随全区经济适用房的建设得以提高。

1990 年开始,河口区不断深化教师目标管理,将宏观的管理目标进行分解,使目标管理具体化。1997 年,教育部下发《中小学教师职业道德规范》,全区教育系统开展"学习职业道德规范,做人民合格教师"活动。1999 年 4 月至 2000 年,组织全区教育系统党员干部和党员教师参加"三讲"教育活动和"三个代表"重要思想学习教育活动。

2005 年 9 月,区教育局下发《关于加强和改进全区教师职业道德建设的意见》(东河教发〔2005〕41 号),通过"三轮驱动"铸师德,使全区教师职业道德建设得以深化。不断完善师德建设规章制度,努力推进师德建设工作创新。

2008~ 2009 年,河口区教育局先后下发《关于"开展师德建设主题实践活动,争当师德建设排头兵"的实施意见》《关于评选 2008 年度东营市河口区师德建设先进单位和先进个人的通知》《东营市河口区教师职业道德评价暂行办法》等文件,对全区各级各类学校校长、骨干教师进行集中培训学习,以"八荣八耻"为主要内容进行荣辱观、世界观、价值观教育。

2010 年,河口区教育局对教师职业道德考核办法,进行进一步修订。新修订的考核办法以科学发展观为指导,以规范教师职业道德行为和全面提高教师素质为目的,提高针对性,增强操作性,为学校做好教师职业道德培养和考核工作提供指导性意见。2013 年,河口区政府纠正行业不正之风办公室和东营市河口区教育局联合下发《关于规范办学行为加强行风建设工作的实施方案》,为教育事业健康发展创造良好的环境。

五

自 1985 年开始,河口区教育历经教育制度、管理体制、教师队伍、教研教学等多项重大改革,推动教育事业科学发展,境内教育事业焕发出新的生机和活力。

一是办学体制及管理体制改革不断加快。1985

年,河口区人民政府做出"普及初级教育"的决定,开始实施教育制度改革。规定:凡满七周岁的儿童,除丧失学习能力者外,都必须按时入学,接受五年初等教育。1990年1月10日,为贯彻落实《国务院关于大力发展职业技术教育的决定》,河口区人民政府下发《关于进一步深化教育改革,大力发展职业教育的决定》(东河政发〔1991〕41号),对职业高中的招生、办学经费、毕业生安置等问题,用政策的形式固定下来,足额落实区职业高中每班每年5000元的专业教学补助经费。自2012年9月1日开始,实施农村学前三年免费教育,每年为每位儿童减免费用700余元,惠及全区入园儿童3320名。

1993年10月,河口区机构体制改革,河口区教育委员会的行政机构设置为4个股室,人员身份分为行政编制和事业编制。其业务职能与事业股室的职能对口,实行"双轨"运行。全区中小学进行内部管理体制改革,推行以"校长责任制、教师聘任制、结构工资制和岗位目标责任制"为主要内容的学校内部管理体制改革,简称"四制"改革。通过改革,河口区中小学辞退代课教师83人,落聘83人,离岗内退48人,在岗教师由911人减少到697人。中学彻底取消民办教师。1992年,区委、区政府下发《关于东营市河口区教育改革的实施意见》文件(东河发〔1992〕8号),在全区实施以"教育组长招聘制、中层干部选聘制、教师聘任制、岗位目标责任制"为重点的学校管理体制改革,提高教育教学质量。2002年,河口区结合国务院体制改革,进行"三定",对行政机构的职能与要求进一步予以规范。3月6日,河口区教育系统制定"机构改革实施方案"。根据《东营市河口区党政机构改革实施意见》(东河委〔2002〕11号),东营市河口区教育委员会更名为东营市河口区教育局,是主管全区教育工作的政府工作部门。随着发展需要,增设职能机构有:2006年成立河口区学校体育卫生艺术教育办公室,2009年成立河口区学生资助管理中心,2010年成立学校安全工作科,2012年成立东营市河口区教师培训办公室。对境内学校实行"分级办学、分工管理"的体制,即区直办学由区政府主办,区教育局主管;乡镇中小学由各乡镇主办并

管理,农村小学由村办或几个村联办,由各乡镇协同办学村管理。中小学教职工的调配、管理,由区、乡镇共同负责,基本形成较为科学完善的学校管理机制。

二是教学体制改革全面深入。2003年,推行和完善校长负责制、教师聘任制、结构工资制和岗位目标责任制,下发《关于加强中小学教学教研工作的意见》《关于评选教学示范学校的意见》《班主任工作常规及评价标准》,修订《关于教学质量奖惩的暂行意见》,探索实行教师改选、考核、奖惩机制。8月,东营市河口区实验学校在原实验小学的基础上揭牌成立。9月,河口区首次面向社会进行教师资格认定,探索教师资格认定方面的多次改革。2005年,河口区首次面向全省考录和引进教师。录用57人,引进34人。2012年,全区招考教师62人。教育人才的引进录用,使全区教学管理质量出现大幅度提高。

三是招生制度日趋完善。建区之初,河口区小学的招生随意性较大,农村小学学生的入学年龄一般满7岁,入学年龄由学校自己决定,缺乏应有的管理制度。有的农村小学入学年龄达到7~10周岁。随着《义务教育法》及各项学籍管理规定的逐步实施,小学招生一直实行划片招生,就近入学。1987年,河口区全面落实义务教育法,7周岁儿童必须入学。学生报到后学校填写新生学籍注册登记表,报区教育主管部门备案;学校为学生建立学籍卡,教育主管部门加盖专用公章后由学校保存。自1991年起,全区农村小学入学年龄为7周岁,入学由各村委会按户籍提供名单,乡政府下发入学通知书,学籍由区教委统一管理,取消留级。城区小学的入学年龄为6周岁,招生由区教委具体负责。1995年开始,取消小学升初中考试,实行小学毕业生就近免试、划片入学。1996年,全区"两基"实现后,各项制度日趋完善,学校规模逐步扩大,幼儿教育条件逐步好转。2000年开始,全区小学招生向6周岁过渡。2001年,全区统一为6周岁入学,招收新生1016人。2006年,河口区多数小学入学平均年龄6周岁,个别农村小学为6.5岁。2007年开始,儿童入学年龄严格限制为6周岁。

四是教育教研改革成效显著。建区以来,大力实施"科研兴教"战略,教研机构逐步建立和完善。1984年,各级学校以教育面向现代化、面向世界、面向未来为指导,认真贯彻落实德、智、体全面发展的教育方针,普遍开展以研究教材为中心,改革教法为重点,提高教学质量为目的的教学研究活动。1996年后,全区教学逐步树立素质教育、思维训练、创新教育等先进教学理念,确立学生为主体,教师为主导的教学观念。1997年,调整全区教育工作思路,实施"两轮"(一手抓学校管理,一手抓教学教研)驱动战略,工作重点由"两基"(基本实现义务教育,基本扫除青壮年文盲)转向"两全"(全面落实党的教育方针,全面提高教育质量)。1998年7月,对教育评价体系进行改革,制定《东营市河口区中小学教育教学质量评价方案》,改变以往以教学成绩为唯一评价标准的做法,融入班级量化管理、育人成效、教师素质等内容,教育教学评价趋于公正合理。

2006年,全区教研改革以开展中小学教师课堂教学能力分级提高达标课活动、中小学生面向未来读书成才计划为载体,狠抓"课堂教学改革、培养骨干教师群体、增加优秀生比例"三大工程,组织开展初中11科优质课评选、小学英语优质课评选、中小学教师教科研论文评选等活动,引领教师积极参与教学教研,提高课堂教学效率。2008年,倡导和推行先进的教学理念和教学方法,通过实施分层次和实践性教学探索和改革,举办技能大赛、职业资格考试,促进学生实践技能水平的提高,技能合格率达到98%以上。

2010年,开展"课堂效率年"活动。并以此开展教师教学技能培训,先后有30余人次接受培训,教师队伍素质从整体上得到提高。随着优质课、示范课、公开课评选活动的开展,教学质量得到提高,高考升学率呈现连年增长趋势,不断创历史新高。2015年,河口区基本形成基础教育、中等教育、职业教育、成人教育相互沟通,协调发展的教育体系结构。教育事业的稳步科学发展,已经成为河口区经济社会发展和建设和谐社会的生动缩影。

教育兴区,教育强区,一直是河口人的愿望和梦想。

今天的河口,正在科学发展的航道上走向新辉煌;今天的河口教育,正在建设人力资源强区的征程上谋划新发展。目标催人奋进,蓝图鼓舞人心。我们坚信,在中共河口区委、河口区人民政府的坚强领导下,全区广大教师和教育工作者一定能够高举中国特色社会主义伟大旗帜,坚持党的教育方针,忠诚党的教育事业,不断增强立德树人、教书育人的责任感和使命感,以努力办好人民满意的教育为目标,爱岗敬业,辛勤耕耘,求真务实,无私奉献,必将有力推动全区教育事业科学跨越发展。

东风浩荡花千树,教育宏图启新航。在新时代的乐章中,河口区教育事业正沐春风、浴朝阳,雄鹰展翅般在新世纪的长空翱翔。承载着30万河口人民对美好生活的期盼,面向现代化、面向世界、面向未来的河口教育事业必将从新的历史起点上继续奋勇前进,续写河口教育新的更大辉煌!

大事记

1901 年

是年　境内推行私塾教育。

1923 年

是年　境内各乡村学校普遍推行"新学制",实行完全小学六年制,即初级小学四年,高级小学两年。

1928 年

是年　义和庄西北角村民,以杨协和为首,自筹资金创办私塾学校(史称"团馆""村馆")。校舍为三间土房,聘请寿光人为教师,教授内容为《三字经》《百家姓》《四书》《五经》等, 就读学生约 20 名。

1929 年

是年　义和庄东南角村民,以孙秀华为首办起第二所私塾学堂。第一年冬天,教授《四书》《五经》之类,次年春改授国民政府所颁发的"国文"等课。此时,沾化境内因匪乱学校全部停办。

1930 年

是年　国民政府推行新教育,取缔私塾学堂,不允许教授《四书》《五经》之类。义和庄群众自发成立第一所新小学。校舍为前后两排,12 间土草房,占地 2000 平方米,学制为四年,分甲、乙、丙、丁 4 个班。设国语、算术、常识等课程。

1936 年

是年　国民政府将原境内两处私塾学堂合并,设立"公立短期学校",实行免费义务教育。

1938 年

是年　美国传教士进驻公立短期学校,宣扬耶稣圣经,直至沾化、利津两县解放。

1939 年

1 月　日本侵略军侵驻沾化县城,国民党县政府逃迁于太平镇,在太平镇、义和庄、新户、老鸦嘴、刘鄪等较大村恢复开办 10 余处初级小学, 学生 300 余人。义和庄小学为多村联办,称义和联小。

1941 年

10 月 3 日　义和庄解放。垦沾抗日根据地建立后,立即组织教师队伍,兴办学校。将原国民党县政府开办的义和联小改立为义和抗日联小。招收高小学生 1 个班,40 余人,初小学生 3 个班,100 余人, 教职员 6 人。1944 年更名为沾化第一抗日小学。

1942 年

春　沾化县抗日民主政府成立后,为使群众教育、群众运动、群众工作融为一体,加快提高农民文化水平,组织创办"冬学"。

9 月　清河区抗日根据地耀南中学由博兴县迁至今六合街道老庙村,设师范班 1 个,中学班 3 个,师生 200 余人。1947 年后并入渤海公学。为河口境内最早出现的中学教育。

是年冬　沾化县抗日民主政府教育科,在太平镇举办知识分子培训班,积极发展垦区教育事业。

1944 年

是年　今新户镇太平境内天主教、基督教等教会学校纷纷解散,逐步建成公办、村办小学。

1945 年

9 月 沾化县抗日小学一律更名,按创办时间先后排列名称。义和第一抗日联小更名为沾化县第一高级小学。

1948 年

是年 清河行署设立梅家小学、后毕小学。

1952 年

春 境内按照当时县政府要求,各村创办扫盲班。

是年 利津县罗家管区设立范家小学,后相继在荆家、安家、老庙设立小学。

1954 年

是年 境内开展大规模扫盲运动。

1958 年

4 月 6 日 惠民专区下放中学管理权限,沾化县委、县政府决定建立沾化县第三中学。校址位于义和庄东侧,占地 55.59 亩。

8 月 26 日 沾化县第三中学开学,第一届招收初中 4 个班,学生 208 名。

11 月 沾化、利津合治,沾化县第三中学改称为沾化县第五中学。

1960 年

是年 义和人民公社划归垦利县,沾化五中改称垦利五中。

是年 境内除公办中小学外,各公社所辖 80% 以上的生产大队,利用现有条件,创办初级小学。

1961 年

9 月 义和人民公社划归沾化县,垦利五中复称沾化三中。

1962 年

春 境内农民夜校逐步恢复,主要以政治学习为主。

12 月 贯彻省"烟台会议"提出的"精雕细刻,上轨道"的口号,县文教科公布沾化三中为县重点中学。

1964 年

8 月 10 日 沾化三中试办 1 个半工半读农业中学班,招生 40 名。

1965 年

8 月 沾化县建制四扣人民公社,境内有村小学(初小)20 所,高级小学(完小)3 所,即刘坨、四扣、五顷完小。

是年 利津县设立六合人民公社,次年设立六合人民公社中心小学,此后各村陆续设立小学。

1966 年

7 月 山东省教育厅下发《关于废除全日制中小学学生成绩考核办法的通知》,境内各学校不再进行文化课考试。

8 月 中共中央发出《关于无产阶级文化大革命的决定》(十六条),学校纷纷成立"红卫兵"组织,学生"停课闹革命"。

12 月 境内各中学学生大部分加入"红卫兵"组织。

1967 年

1 月 在"社队办中学"的口号下,六合公社成立中学,命名为六合公社中学,8 月,增设高中班,共招收两届学生 108 人。之后建立老庙中学和荆家中学。

1968 年

6 月 完全中学学制由"三、三"制改为"二、二"制,即高中、初中学制各为两年。

9 月 农村学校进驻"贫下中农毛泽东思想宣传队"(简称"贫宣队"),城镇学校进驻"工人毛泽东思想宣传队"(简称"工宣队"),河口境内所有农村开始实施"贫下中农管理学校",每个大队配备一名贫下中农代表,实际上行使大队革命委员会的职权,间接或直接管理学校事务,毕业升学实行推荐制,贫下中农代表有权利决定学生的去留。

10 月 22 日 沾化县革命委员会在黄升召开教育革命工作会议,学习"侯王建议"(山东省嘉祥县教师侯振民、王庆余建议教师实行家乡化)和《人民日报》的编者按,决定将小学下放大队办,初中实行大队办或大队联办,高中实行公社办或公社联办。境内县管完全中学,成为公社联办中学。

12 月 根据"侯王建议",沾化、利津将全县千余名中小学教师下放回原籍,导致河口境内师资严重匮乏,由民办教师补充。1969 年,大部分下放的公办教师陆续回岗。

1969 年

5 月 沾化、利津县扩大中学教育,各中学下放到公社管理,普遍推行初中两年,高中两年的"二、二"分段学制。太平完小升格为沾化县第九中学。同年利津县所辖的六合公社实行社办、村联办中学。六合中学为"二、二"分段学制的完全中学。

是年 新户公社发展到 4 处中学。分别为:新户中学、老鸦中学、兴合中学、东华中学。此值"文化

大革命"期间,教育受到冲击很大,教学内容以农为主,文化为次,新户、太平一度改名为"农业中学",简称新户农中、太平农中。

是年 四扣公社(今河口街道办事处)成立四扣中学和二吕中学。

1970 年

是年 沾化三中招生实行推荐制。

1972 年

4 月 初中部分离,沾化三中开始只招收高中班。

1973 年

8 月 根据上级指示,沾化三中革命委员会取消,实行"党支部领导下的校长分工负责制"。

冬 首次实行自 1966 年"文化大革命"开始后的文化考试与推荐相结合的中考录取方式。原沾化三中设立考场,招收新生。

1976 年

1 月 8 日 周恩来总理逝世,沾化三中及境内各学校纷纷组织师生举行悼念活动。

7 月 28 日 凌晨,河北省唐山市发生 7.8 级地震,境内有较强震感。之后,沾化三中开展地震知识宣传和防震工作。

9 月 18 日 沾化三中师生在学校参加中央人民广播电台直播的追悼毛泽东主席逝世大会。

秋 四扣公社(今河口街道办事处)在新建大队、五顷大队创办中学,招收初中班。1980 年前先后撤销。

秋 自 1969 年开始,国家实施社办中学和村联办中学,当时的义和、太平、新户、四扣、六合公社均创办村联中学,即义和公社的大英、六顷五、大牟,太平公社的刘鄸,新户公社的老鸦、郭局,四扣

公社(今河口街道办事处)的新建、二吕、五顷大队;六合公社的安家、老庙等大队创办中学,招收初中班。1980~1990年先后撤销。

是年 利津县在老庙村南侧创办农业技术学校,定名为:利津县共产主义劳动大学。学校占地400多亩。此为河口区职教中心的前身。

1977 年

11 月 取消贫下中农管理学校制度,各学校恢复原来的学校管理体制。"贫下中农管理学校委员会"撤销,贫下中农代表离校。

12 月 13~14 日 根据国务院指示,高校招生停止推荐选拔,恢复中断11年的高校统考招生制度。沾化三中往届和应届毕业生300多人参加高考,30多人考入大中专学校。

是年 依照中共中央、国务院指示,境内再次恢复农民夜校,大力开展扫盲运动,各公社成立扫盲教育委员会,专人负责全公社扫盲工作。

1978 年

是年 中学教育全部使用全国通用教材。

1981 年

是年 完全中学恢复"三、三"学制,即初中、高中由两年制改为三年制。

1982 年

是年 利津县共产主义劳动大学更名为利津县农业技术中学(简称"农技中学")。

1984 年

6 月 8 日 东营市编制委员会以"东编发〔84〕006号"文件,批准成立河口区文化教育局。

8 月 河口区开始组建文化教育局。

10 月 利津县农业技术中学划归河口区,更名为河口区农业技术中学,坐落于六合乡庙二村南侧,占地58.5亩。

11 月 河口区实行民办教师统筹工资制。月工资最低标准:小学49元,中学52元。

是年 各乡、镇成立农民文化技术学校,开始以扫盲为主要工作的农民教育。聘任小学教师进行扫盲、科技知识教育。

1985 年

1 月 20 日 东营市人民政府以东政函〔1985〕1号文件批准,成立河口区第一中学,为正科级事业单位。

3 月 20 日 经河口区人民政府批准,在原义和高中基础上,组建东营市河口区第一中学,并将该校迁到河口城区西首,海宁路中段。时有教学班8个,学生432名。当时,河口区有初中13处,教学班53个,学生3272名。

4 月 28 日 河口区人民政府作出"加快步伐,搞好普及教育"的决定,规定:凡满七周岁的儿童,除丧失学习能力者外,都必须按时入学,接受五年初等教育;凡未达到小学毕业文化程度者,一律不得提干和招工。严禁社会生产单位雇用15周岁以下未接受完小学教育的少年;家长不履行规定者,由乡镇人民政府每户征收扫盲费60元,直至入学为止。

5 月 河口区文化教育局(简称"文教局")正式办公。

8 月 23 日 东营市副市长梁树与市教育局副局长石友太,到河口区视察一中新校舍建设情况,并赠送录音机一台。

9 月 河口区农业技术中学迁入原沾化三中旧址(现义和镇中心学校),占地60亩。

9 月 9 日 为庆祝我国第一个教师节,区委、区政府召开教师节表彰大会,表彰教育战线涌现出的一批优秀教师。

是年 山东省农业广播学校河口分校(简称"农广校")成立。学校以服务农村经济发展和农业生产为宗旨,开展多形式、多层次的函授教育。主要设置农学、财会、机电、企业管理等专业。

1986 年

2 月 24 日 市教育局教研室副主任艾文泉一行来河口进行为期五天的教学视导。

5 月上旬 河口区圆满完成省普及初等教育验收。普及初等教育的"五率"分别为:学龄儿童入学率 96.3%,在校生巩固率 98.3%,小学生毕业率 96.4%,12~15 周岁儿童普及率 96.5%,学前一年受教育率 65.4%,均达到省政府规定的标准。

5 月 28 日 山东省副省长马长贵在东营市市长唐生海、副市长梁树以及胜利油田领导陪同下到六合乡老庙小学视察工作。

7 月 30 日 河口区实验小学基础建设基本竣工,占地面积 35.6 亩,投资 23.9 万元,全为砖混平房布局结构。

11 月 7 日 河口区农村校舍改造通过省政府验收。全区新建校舍 1305 间,厕所 373 间,院墙 1482 米,大门 96 个,改造黑屋子 93 间,改造危房 239 间,购置课桌 5004 双人套,课凳 4949 双人套,使用木质课桌凳的学生为 100%,"六配套"学校 97处,"六配套"学校达到 98%,共投资 655 万元。

11 月 30 日 六合乡协胜村建成面积 750 平方米的二层教学楼一座,为当时全区第一座村办学校教学楼。

12 月 30 日 河口采油指挥部少年宫落成,建筑面积 1 万平方米,宫内设体育、书法、阅览、武术4 室。

1987 年

4 月 河口区农业技术中学更名为河口区职业高级中学。

是月 共青团山东省委、省教育厅授予河口一中"奋飞之鹰"最佳主题教育活动奖。

10 月 18 日 河口区制定《一九八八年教育事业发展计划》,对全区中、小学 1988 年招生计划、教育基建计划与投资、师资培养培训计划等作详实的安排和部署。

1988 年

5 月 4 日 河口区政府为发展农村教育事业,普及九年义务教育,以东河政发〔1988〕39 号文件批转区财政局、区文教局《关于征收和使用农村教育费附加意见的报告》。同意从农村、企业及有经营收入的单位和个人中,按不同比例征收农村教育费附加,主要用于民办教师工资补助、中小学公务费、职业教育费、中小学教学设施购置及房屋修缮。

5 月 18 日 副市长张万湖到河口区视察教育工作。

6 月 24 日 河口区人民政府转发《东营市人民政府关于进一步扶持中小学开展勤工俭学的若干暂行规定》。要求各乡镇政府、有关部门、各级学校要把扶持中小学勤工俭学活动列入重要议事日程,成立"扶持"机构,切实抓紧抓好。

7 月 6 日 河口区首次设立全国大中专统考点。该点全国统考编号为 0503。从此,河口区参加全国大中专统考不再由利津县代管。

7 月 25 日 区政府拨款 10 万元,用于河口一中 512 平方米理化实验室建设,年底投入使用。

10 月 29 日 河口区大中专录取首次突破百人大关,录取 119 名,其中本科 12 名。

是月 河口区一中被省教育厅授予"勤工俭学先进单位"。

12 月 河口区一中被省政府授予"山东省实验室及仪器工作先进单位"。

1989 年

1 月 1 日 河口区成立河口区公办校舍改造工作领导小组,组长:刘玉良(区长),副组长:王朝仁(副区长)、高顺德(区人大主任)、王海岭(区人大副主任),成员 6 人。

3 月 26 日 河口一中实施配套改革方案,实行人员优化组合。校长负责组阁,聘任学校中层干部和任课教师,实行双向选择,聘方和被聘方可按自己的意愿接受或拒绝,从而达到教师队伍的优化组合。

5月9日 河口区10名教师参加东营市教研会第二届年会,5名当选为理事,4篇论文获奖。

7月20日 区文教局对全区中小学实行"教师双向选择制"。按定编人数,由基层领导和教师互相选择,并签订协议书。至8月10日,双向选择全部结束。707名教师应聘,64名落聘。

1990 年

4月23日 河口区实施"1129"工程,重点规划两项教育项目,即解决乡镇中学五华里外学生住宿问题,解决乡镇中学实验用房问题。

5月4日 区政府下发《关于搞好全区公办校舍改造集资工作的通知》。要求区财政要优先安排部分资金,全区广大人民群众和社会各界要积极捐资、集资助学。全区公办中小学校舍改造工作自1989年开始,已投资167.96万元,竣工和开工建筑面积8090平方米。

6月6日 东营市副市长李吉祥、市教育局副局长邢丕田等到河口检查公办校舍改造工作。

7月22日 河口区全面完成城镇校舍改造任务,经省政府验收团检查验收,一次合格,确认河口区校改为优良等级,并在首次参加验收的16个县区中名列操场单项第一名,课桌凳单项第二名。区一中获"省级校改先进集体"称号,区实验小学被市政府授予"城镇校改优良学校"。

是月 河口区职业高中从义和镇迁至区政府驻地,中心路176号,占地52.5亩。

10月 河口区文教局将文化职能分离,文教局更名为教育局。下设办公室、计财股、人事股、普教股、职教股5个行政股室和教研室、招生办、仪器管理站、勤工俭学管理办公室、电大工作站等5个事业股室(站)。

1991 年

1月10日 河口区政府出台发展职业技术教

育决定。河口区人民政府为贯彻落实《国务院关于大力发展职业技术教育的决定》,以东河政发(1991)41号文件下发《关于进一步深化教育改革,大力发展职业教育的决定》。

5月 河口区区直机关幼儿园成立。

9月 河口区"1129"工程教育规划之乡镇中学5华里外学生住宿问题顺利解决。区投资30万元,完成新建校舍187间,3461平方米,维修145间,2610平方米。

9月20日 为规范学校实验室建设,区政府办公室下发《关于加强实验室和仪器设备工作的意见》,对全区中小学特别是乡镇学校实验室建设、仪器配备、实验室管理、仪器使用、器材报损以及各单位所承担的具体工作等作出部署。

12月 山东省少工委授予河口区实验小学少先队"自主中队"奖旗。

1992 年

6月12日 国家教委师范司副司长孟吉平一行四人在市领导陪同下,到河口区调研工作,实地考察区直三校,对东营市及河口区的教育改革和发展提出指导性意见。

7月 区委、区政府下发《关于河口区教育改革的实施意见》(东河发〔1992〕8号),全区中小学推行实施"教育组长招聘制、中层干部选聘制、教师聘任制、岗位目标责任制"为重点的学校管理体制改革。

是月 中共河口区委、区政府下发《关于提高教育质量、办好教育为人民的决定》。提出"财政拨款是教育经费的主要渠道""教育费附加实行乡征区管""集资办学是多渠道筹措教育经费的重要渠道"。

10月14日 全市第一所希望小学——河口区四扣乡三合希望小学成立。由团市委和市教育局批准,四扣乡三合小学为全市第一所希望小学。团市委拨付希望工程资金12700元,用于三合小学建设和救助全区9名就学困难的少年儿童。

12月 河口区实验小学少先队劳动实践教育

活动,获团省委、省教育厅和省少工委颁发的"山东省少先队劳动实践优秀活动奖"。

1993 年

3 月 16 日 河口区公布第二批教学能手名单,评出区级教学能手 46 名。

4 月 义和镇被省教委评为农村小学教学先进乡镇;新户乡中心小学被评为农村小学教学先进学校。

4 月 20 日 河口区召开全区教育工作会议,区政府分别与义和镇、六合乡、新户乡、太平乡和四扣乡签订实施初等义务教育年度目标责任书。

7 月 河口区开始推行 "英语三位一体教学法"等七项教改实验,珠算式心算比赛获全市单项第一名。

7 月 10 日 河口区开始实行小学毕业会考。

9 月 8 日 河口区对 27 名优秀教师,5 名优秀教育工作者,5 个教育先进单位进行表彰。

10 月 9 日 河口区政府召开 "贯彻实施《纲要》大打义教突击战动员大会",号召全区各行各业全面动员,加快实施义务教育步伐。同时下发东河政发(1993)68 号《关于印发河口区实现初等义务教育实施方案的通知》,加快全区义务教育实施步伐。

10 月 21 日 河口区完成党政机关机构改革。区教育局更名为河口区教育委员会。下设办公室等行政股室 4 个,教研室等事业股室 4 个,核定行政编 12 人,事业编 21 人。

11 月 22 日 河口区政府召开"义务教育工作调度会",同时下发东河政发(1993)68 号《关于印发河口区实现初等义务教育实施方案的通知》,提出加快实施义务教育的任务目标。

11 月 29 日 河口区人民政府编制办公室批复(〔1993〕11 号)成立河口区机关第一幼儿园。

1994 年

4 月 19 日 河口区扫盲暨成人教育工作通过市政府验收。青壮年文盲率由 1983 年的 21% 下降到 1994 年的 5% 以下,达到国家标准。

7 月 12 日 区实验幼儿园被评为第四批省级实验幼儿园。

8 月 30 日 召开全区实施义务教育攻坚战动员大会,副市长郝敦典、市教育局局长魏丕永到会并各捐资 100 元,当场捐资 8900 元。

是月 河口区中小学推行内部管理体制改革。

9 月 10 日 河口区实行中小学收费登记制度。对学校收费的项目、标准、范围、依据等进行登记并公示,实行阳光操作,接受监督。

11 月 全区学校推行以"校长负责制、教师聘任制、岗位责任制、结构工资制"为主要内容的"四制"改革。全区辞退代课教师 83 人,落聘 34 人,离岗退养 48 人,中学不再保留民师,中小学教师由 911 人精简为 697 人。

是月 河口区实施初等义务教育通过市政府验收。1991~1994 年,河口区累计投资 375 万元,调整小学布局,扩建小学功能用房,配备教学仪器和音体美器材,小学办学条件得到很大改善,教育质量和办学效益明显提高,适龄儿童入学率和小学生在校生巩固率均达 100%。

12 月 13 日 六合乡、新户乡和太平乡被河口区人民政府评为"实施初等义务教育先进单位"。

1995 年

3 月 21 日 河口区扫盲工作通过省政府验收。1991~1995 年,累计扫除文盲 4164 人,举办脱盲人员培训班 235 期。至年底,全区五处农业乡镇建起成教中心,所有行政村建起农民文化技术学校,乡村两级办学面达到 100%,青壮年非文盲率达到 99.8%,脱盲人员巩固率达 98.2%。

4 月 23 日 区教委下发《关于小学开设英语、初中开设计算机课三年规划的通知》(东河教发〔1995〕4 号),决定自 1995 年秋季开始区实验小学和乡镇中心小学的四年级开设英语课,区一中初中部 1996 年秋季开学开设计算机课,其他初中 1996 年秋季至迟 1997 年秋季开设计算机课。

6月 河口区政府以东河编发（1995）12号文件批准，河口区人民政府教育督导室成立，该机构为副科级事业单位，设督导室主任1人，兼职督学（副科级）2人。

6月12日 河口区公布第三批教学能手，选出区级教学能手39名。

8月1日 按照国家教委教基厅（1995）10号文件和鲁教研字（1995）9号文件精神，全区各中小学实行每周40小时工作制，同时调整中小学课程计划，初中英语每周安排4课时，小学英语每周安排2课时，每周安排1节健康教育课。

10月10日 河口区教育系统关心下一代工作委员会成立。

是日 区教委老教育工作者协会申请登记的有关事项以东河教发〔1995〕26号文件向区民政局批复准予登记。

10月25日 河口区教委表彰初中教学质量优胜集体和个人。表彰教学质量优胜学校两所，班主任2名，单科教学成绩第一名的教师6名。

1996年

5月15日 东营市委宣传部、东营市教育局决定在全市教育系统开展学习李清玲同志活动。市委书记国家森、市长阎启俊、市委副书记陈锡山、张万湖、市委常委、宣传部长卢得志、副市长郝敦典等分别就向李清玲同志学习活动题词。

5月30日 中共河口区委作出决定，在全区开展向李清玲同志学习活动，并要求机关企业单位，结合学习李清玲活动，开展以"爱岗、敬业、奉献"为主题的教育活动。

6月25日 经山东省教育委员会认定，河口区实现了基本扫除青壮年文盲的目标。

9月28日 区长王少飞、副区长程景坤到区教委主持召开教学质量研讨会，决定加大教育投入、增加教研人员等事项。

10月30~31日 山东省"普九"工作预查团到河口区检查验收，检查后认为河口区"普九"工作基本达到"双基"验收标准。

11月25日 河口区"两基"工作顺利通过省政府验收。

是月 河口区被国家教委确定为普及九年义务教育和扫除青壮年文盲区。

1997年

2月 河口区召开"两基"表彰暨教育工作会议。

是月 河口教育实施战略大转移。河口区"两基"工作通过省政府验收之后，教育工作重点由"两基"转向"两全"。

4月29日 河口区教委出台《关于加强教学和教研工作的意见》和《河口区中学教师教学工作量化管理考核细则》。

是月 河口区政府在全市率先建立教育奖励基金，每年从区财政拨款12万元，专门奖励一线优秀教师。

5月 河口区实验幼儿园新园投入使用。投资550万元，占地面积10228平方米，设有大、中、小、托班，收托两岁半至六岁的幼儿，实行全日托。

是月 河口区教委被评为"全省中小学校长岗位培训先进单位"。

7月 河口区推行教育教学质量评价机制。区政府批转《河口区教委关于教学质量奖惩的暂行意见》（东河政发〔1997〕9号），下发《河口区人民政府关于实行教职工结构工资制的暂行意见》（东河政发〔1997〕10号）。同时，区教委印发《教学质量评价方案》《关于加强教学和教研工作的意见》《中学教师教学工作量化考核细则》等一系列政策性文件。

8月15日 河口区依据《山东省中小学学校管理评估标准》，对全区6处中学和24处小学进行评估。

9月20日 河口区教委下发《关于加强学校管理工作的意见》。

是月 河口区小学初中学段教育由"五三"学制改为"五四"制。即：小学段五年，初中段四年，为以后实施九年义务教育奠定了基础。

10月10日 河口区教委下发《关于开展中小

学大面积提高教学质量实验与研究的实施方案》。

12月 河口区新户乡成教中心被评为"省级规范化学校";河口区新户中学被评为"市级规范化学校";河口区教委被市教委评为"全市工会工作先进单位"。

是年 河口区职业教育中心被山东省教育厅命名为"省级电化教育示范学校"。

1998 年

1月 河口区实现全区教师工资由区财政统筹。同时,全面落实乡镇教师浮动一级工资和满三十年教龄退休享受 100%工资政策。

1月16日 在东营市河口区第十四届人民代表大会第一次会议上,部分代表联名提出乡镇公办教师工资改由区政府统筹的议案。3月6日,区十四届人大常委会第一次会议审议通过区政府办理议案结果的报告。此后,全区公办教师工资由区政府统筹。

4月18日 河口区"两基"工作通过省政府复查评估,被认定为良好等级。

6月12日 市委书记国家森在河口区委书记王少飞等陪同下,检查指导河口区教育工作,并在太平乡中心小学参加油娃农娃手拉手"五自"劳动实践活动。

7月6日 河口区评选第四届教学能手,9人获市级教学能手称号,区教学能手 60 人。

是月 河口区实验幼儿园被评为省级示范幼儿园。

9月1日 由山东省出版总署捐资兴建的河口区义和镇希望小学教学楼建成。

11月12日 新户中学、区一中被市教委、市文明办评为"东营市文明校园"建设先进单位。

11月16日 河口区颁发年度教学质量优胜奖。获得该奖的共有 21 人。

12月 河口区教委被市教委评为"全市中小学校长培训工作先进单位"。

是月 河口区教委被市人事局、市教委、市财政局评为"全市校产管理基础性工作先进单位"。

是月 河口区教委被山东省教委、省财政厅授予"山东省校舍设施管理基础工作先进单位"称号。

1999 年

3月 河口区教育督导室被省政府教育督导室评为"全省教育督导先进集体"。

8月 河口区完成农村学校布局调整年度目标。撤并学校 25 处,小学由 1998 年的 72 处调整为47 处。

10月 河口区教委被东营市综治委评为"安全文明单位"。

2000 年

2月 河口区教育督导室被省政府教育督导室评为"山东省教育督导工作先进单位"。

5月 全区中小学普通话等级水平测试全面完成,达到一级乙等的占41.5%,达到二级甲等的占 43.7%。

8月29日 河口一中由正科级单位升格为副县级单位。

是月 河口区完成农村学校布局调整任务。撤并学校 12 处,小学处数由 47 处调整为 35 处。

9月9日 河口区人民政府作出决定,表彰奖励河口区一中,记集体三等功一次,颁发奖金 10 万元。本年度河口区一中本科录取人数达 73 人,创本区高考历史最高水平。

9月22日 河口区颁发教学质量优秀奖。奖励优秀教师143人,先进集体21个。

10月30日 山东省体育委员会、省教育厅命名河口一中"山东省体育传统项目学校"。

11月14日 河口区职业高中与区委党校合并,更名为河口区职业教育中心。

2001 年

1月 河口区乡镇教师医疗保险和住房补贴问题得到解决。医疗保险按规定个人和单位按比例分担,计入个人账户;按照工资基数对公办教师进行住房补贴。

是月 河口区教委被授予 2000 年度"东营市中小学德育工作先进单位"。

2月28日 河口区教育督导工作会议召开。全面部署"督政试点县区"工作,出台《河口区教育督导规定》和《河口区关于建立教育执法目标责任制的意见》,区政府聘请 10 名兼职督学和 10 名特约督导员。

3月13日 市政府副市长陈胜出席河口区学生用车启动仪式。河口区教委与河口金正汽车出租公司协商,投资 60 余万元,购买豪华中巴车 6 辆,专门用于接送学生。

是月 河口区首次为高考考生组建电子档案,电子档案包含考生基本信息、高中在校学习情况、个人表现情况、学校评价等。8 月实行网上录取。

3月20日 河口区开始实施教师计算机培训工程。召开全区中小学教师计算机培训工作会议,下发东河教发(2001)6 号《关于开展中小学教师计算机培训实施意见》,决定 2001 年年底有 50%以上的教师取得初级证书。

4月 区教育局下发《关于乡镇中学财务实行乡镇统管的通知》,将乡镇中学财务纳入乡镇教委统一管理。至此乡镇中小学财务全部纳入乡镇教委统管。

6月 河口区教育教学质量大幅度提高,初中稳居全市第三,小学跃居全市第二。在全市首届中小学创新能力竞赛中取得优异成绩。初中四个年级进入全市前 100 名、200 名、500 名、1000 名的学生总量,以万人比计算,均列全市第三位。小学两个年级进入全市前 100 名、200 名的学生总量,以万人比计算,列全市第二位;进入全市前 500 名、1000 名的学生总量,以万人比计算,列全市第一位。

8月 河口区农村学校布局调整年度工作任务超额完成。全区共撤并学校 13 处,超额完成 4 处,小学处数由 35 处调整为 22 处。河口街道办事处、义和、孤岛、仙河 4 个乡镇完成市政府学校布局调整任务。仙河镇把全镇两处小学撤并到油田振兴小学,实现油地共建,资源共享。

是月 河口区实行中小学教学质量评价改革,重新修订完善《河口区中小学教学工作奖惩意见》《河口区教学质量评价方案》《河口区教学质量等级标准》。

是月 河口区教委被山东省教育厅、财政厅、计划委授予"山东省'两基'工作先进单位"称号。

9月11日 全市中小学危房改造工程现场会在河口区召开。市政府副市长陈胜、省教育厅计财处处长刘振鹏、市教育局局长张洪生分别作重要讲话。各县区分管教育的副县长、教委主任等 100 多人参加会议。河口区副区长王树臣作典型发言。上午,参观新户、太平、义和、办事处、六合等乡镇的学校危房改造情况。

9月20日 省教育厅副厅长陈光华视察河口教育工作。在市教育局局长张洪生、区长徐春福、副区长王树臣的陪同下,视察区一中、区实验小学、义和中心幼儿园、义和第四小学,并对全区教育工作提出指导性意见。

是月 河口区设立贫困学生救助基金,使因家庭贫困面临辍学的学生全部就学。区财政拨款 10 万元,当年筹资 50 万元。救助学生 135 名。

是月 河口区义和镇中心小学被评为"山东省模范希望小学"。

是月 河口区政府在教师节期间表彰奖励优秀教师 100 余名,发放奖金近 10 万元。这是设立区教育奖励基金后的第五次颁奖。

11月8日 东营市副市长陈胜到河口检查学校危房改造工作。副区长王树臣陪同,视察太平中心小学、义和中学、义和中心小学和六合中心小学等校舍建设情况。

12月23日 河口区实验小学综合教学楼落成。教学楼于 1999 年动工,2001 年 11 月竣工。建筑面积 6600 平方米,可容纳 20 个教学班,是一座功能齐全的综合性教学楼。该校当年成为市级规范化学校。

是月 河口区中小学危房改造工作全面完成。区、乡投入资金 1000 万元,全部拆除了 D 级危房,维修加固 C 级危房,新建校舍 394 间。

是月 河口区教委被市教育局授予"东营市科

技教育先进单位"称号。

是月 河口区教委被省教育厅授予"山东省普通高中毕业会考先进集体"称号。

是月 河口区一中、区实验小学、六合中学、义和中心小学被评为"市级规范化学校"。

2002 年

2月1日 河口一中与北师大附中达成联合协议,成为北师大附中的远程教育示范学校。

3月27日 河口社区管理中心与河口区人民政府达成协议,将其所属的河口五小整体移交河口区。移交固定资产60万元,土地20519平方米,13名在岗教职工调入河口区。同时,就有关人员的工资关系、养老保险、医疗保险、住房公积金、住房补贴等有关事项达成协议。

5月21日 区财政投资100万元。连接河口区一中、区实验小学、区实验幼儿园和区教育局的育英路竣工通车。

是月 河口区教育委员会更名为河口区教育局。下设办公室(计财股)、人事股、职教股、基教股4个股室。

6月 河口区率先在全市妥善解决农村学校远距离学生的"吃住行"问题。在"吃"方面,大力推行社会化服务;在"住"方面,建设多种形式的寄宿制学校;在"行"方面,新上校车23辆接送学生,乘车学生1000多人。

是月 河口区中小学生在全市第二届创新能力竞赛中获得优异成绩。河口区参赛学生为993人,其中初中生663人,小学生330人。初中优生万人比(各年级前100名、200名、500名、1000名在总人口中所占比例)列全市第三位,小学优生万人比列全市第二位。

是月 河口区中小学危房改造工作全面完成。区乡共投入危房改造资金580万元,新建校舍394间,计7894平方米。

8月23日 历时四年的农村学校布局调整工作全面告捷。共撤并学校55处,小学处数由原来的35处调整为17处,全区7个乡镇(街道)有4个乡镇提前两年达到市政府要求。

是月 六合乡协胜小学、三义和小学撤并与胜利油田河口五小组建河口区河运小学。

9月2日 河口区委书记韩吉顺,区长徐春福,副区长崔建华、王树臣在区教育局现场办公。区长徐春福作出四项决定:一是同意建立河口区实验学校;二是确定总体规划。南到中心路,北到海宁小区,东到海宁路,西到李坨水库,皆为河口教育小区规划范围。在三、四年内建成环境幽雅宁静,具有教育文化特色的教育小区。同时,选择适当位置,兴建多功能现代化的艺体馆;三是各相关部门搞好协调配合。建委、土地等部门统筹协作,大力支持。区域内需拆迁单位乡企局、保险公司、广播局、邮政局、区社、地税局、农信社,要服从大局,按时搬迁;四是成立河口区实验学校筹建领导小组,副区长王树臣任组长。

9月9日 区委书记韩吉顺、区长徐春福、区委副书记丁林、人大副主任梁如贵、副区长王树臣、区政协副主席王丛林等在区教育局局长曲德民陪同下,到区一中、区实验小学、区实验幼儿园和区职教中心进行走访慰问。

9月11日 在河口区实验小学阶梯教室召开全区教学质量优胜集体、个人表彰会议。会上表彰中小学优胜集体各三个,中学是区一中、义和中学和六合中学,小学是区实验小学、义和镇教委、太平乡教委。表彰先进个人170名,共发放区政府教育教学质量奖金65335元。区政府副区长王树臣参加会议并做讲话。

9月14日 河口区举行东营市河口赛区"新华杯"中小学(园)文艺调演。分高中、初中、小学、幼儿园四个学段,声乐、器乐、舞蹈三个专场,共有节目45个,来自11个单位的241名学生参加演出。

9月26日 河口区举行首次中小学教师信息技术优质课评选。

是月 河口区普通高考实现新的历史性突破,录取本科86人。其中文科25人,理科51人,体育2人,美术7人,音乐1人。这是建区以来本科录取人数最多的一年。

11月28日 东营市副市长陈胜到河口区检

查高中教育普及、职业教育和农村远距离学生的"吃住行"工作。

2003 年

6 月 11 日　河口区实验学校成立。

7 月 8 日　全市中小学危房改造总结暨食宿工程现场会在河口召开。自 2001 年,区政府累计投入乡镇学校改造资金 150 万元,全区近 30 个部门、单位援助资金 170 多万元,D 级危房全部拆除,1291 平方米 C 级危房全部维修加固,新建校舍 151 间,计 2938 平方米,新建院墙 1300 米,新建厕所 30 间,全区农村学校危房改造工作顺利完成,获全市第一名,受到市政府的表彰奖励。农村中小学生食宿工程涉及 6 个乡镇,10 所学校。新建学生食堂 580 平方米、餐厅 81 平方米、学生宿舍 6199 平方米,总计 6860 平方米,总投资 472 万元。

7~8 月　区直及各镇直中小学校校园网建设和光缆入校工程完成。

8 月 9 日　河口区贫困生救助仪式在区一中举行。救助学生 534 人,金额 17 万元。

是月　河口区教育信息中心网站建成。作为全区教育管理公共服务平台承载着教学办公、宣传交流、教育管理的基本任务,为教学单位提供网校平台建设服务。

9 月 2 日　东营市直机关 5 名支教人员到街道办事处报到,开始为期一年半的支教工作。

9 月 6 日　区实验学校举行揭牌仪式暨教学楼落成典礼。该教学楼建筑面积 4500 平方米,投入资金 440 多万元。

9 月 9~10 日　东营市教育局对河口区"校校通"工程进行检查验收。全区"校校通"工程配备微机 750 台,新建多媒体教室 8 个,铺设光纤 62 公里,各中学、中心小学实现双芯传送,区直实现千兆到桌面,乡镇中小学实现百兆到桌面,区教育局新建信息技术转播台 1 座,与市教育局平台连接,因特网、中国教育网可直达各学校,总计投资 524 万元。

9 月 18~19 日　省政府教育督导室对河口区"实验教学普及县"工作进行初步验收。

9 月 19 日　市教育局对河口区实验学校、实验幼儿园、六合中心小学、太平小学四处申报市级文明校园进行检查验收。

9 月 25~26 日　市教研室对河口区新课标实施及新教学常规落实情况进行调研。

是月　河口区实验幼儿园被命名为山东省教育科学"十五"规划重点课题"幼儿心理健康教育的理论构建与实践"实验基地。

10 月 14 日　河口区中小学食宿工程通过市级验收,共涉及 6 个乡镇 10 个工程项目。

10 月 20~23 日　省政府"两基"巩固提高工作督导检查组来河口检查。检查组一行 7 人听取区政府关于"两基"巩固提高工作的汇报,查阅了财政、税务、人事、教育等部门的有关资料、文件、账表,对区直学校及以六合和义和两乡镇为主的乡镇中小学、成教中心校进行全面的调查评估,召开教师座谈会、走访部分教师及教育干部。对河口区的"两基"巩固提高工作给予高度评价。

10 月 24 日　在东营市第七届中小学田径运动会上河口区代表团丙组取得团体第二名的好成绩,创历史最高水平。

11 月 21 日　市教育督导室领导对河口区幼儿教育工作进行专项督查。

12 月 12~13 日　省"普及实验教学县"督导评估团对河口区的"普实"工作进行检查验收。河口区"普实"工作顺利通过验收。

12 月 20 日　河口工实验学校被评为"山东省少先队工作规范化学校"。

是月　河口一中被山东省高校工委、山东省教育厅、山东省教育工会评为"山东省学校民主管理先进单位"。

2004 年

1 月 31 日　教育小区建设改造工程指挥部成立。副区长王树臣任总指挥。

2 月 21 日　河口区召开 2004 年全区教育工作会议,总结 2003 年中小学教学视导情况,通报

2003年办学水平督导评估情况。

3月4日 河口区在太平中学举行贫困生救助仪式,发放救助金3.33万元,有150名贫困生得到救助。

是日 河口区召开全区治理中小学乱收费联席工作会议,会议成员单位区教育局、纠风办、物价局、财政局、审计局领导及全区中小学校长、教委主任参加会议。

3月13日 全区学校(幼儿园)校(园)长安全知识考试在河口区一中举行,有55名校(园)长及区直学校副科级以上干部参加考试。

3月18日 省教育督导团对河口区教育工作进行督导检查,分四组随机抽取新户、六合两个乡镇进行检查。

3月26日 中共河口区委副书记、区长赵豪志和副区长王树臣到教育局调研,就教育小区建设、师范类毕业生分配等问题作重要指示。

4月2日 区政府正式下发文件,将农村中小学生均公用经费纳入区财政预算,标准逐步提高。2004年,农村中小学预算内生均公用经费执行标准小学80元,初中100元。

4月5日 区政府下发《河口区人民政府关于印发河口区学生专用车辆管理暂行办法的通知》,要求各单位、各有关部门要优先安排人力、物力、财力、强化管理,落实措施,既分工负责,各司其职,又相互协作,齐抓共管,保证学生专用车整顿工作扎实有效、规范有序开展,促进全区教育事业和经济社会的健康快速发展。

4月7日 区实验学校综合实验楼正式动工。规划建筑面积7800平方米,区财政规划投入基础建设及配套资金1100万元,计划2005年暑期开学投入使用。

5月4日 区一中多功能报告厅及第二学生餐厅建成并投入使用。总建筑面积2635平方米,基建及配套投资549.65万元。

6月20日 区实验幼儿园餐厅工程动工。该工程规划建筑面积1600平方米,估算投资165万元,计划2005年春季开园投入使用。

6月22日 全国试点办学组织和管理课题组

在中国教育技术协会秘书长、教育部教育技术学教学指导委员会会员、研究员刘雍潜一行5人到河口区就现代远程教育进行调研。

7月1日 区委副书记、区长赵豪志和副区长王树臣到教育小区建设工地,对拆迁工作、建设速度等问题作重要指示。

7月2日 全国教育系统廉政调研组在省厅、市局有关领导的陪同下到河口区调研。

8月30日 全区义务教育阶段学校全面实行"一费制"。实行"收费公示制度"和"收费审批、报告制度",对学校收费的项目、标准、范围、依据等实行永久性公示,阳光操作,接受监督。

9月9日 河口区庆祝教师节暨建区二十周年文艺汇演在金河会场举行。

9月10日 内蒙古察右后旗教育考察团一行七人在副旗长刘斯琴的带领下到河口区就中小学校建设和教育体制改革等方面参观学习。

10月11日 东营市副市长陈胜在市教育局负责同志的陪同下,到河口区就教育系统"十一五"规划编制工作进行调研。副区长王树臣、区教育局负责同志参加调研。

10月12日 河口区2004年教学质量分析会在实验学校召开。副区长王树臣、区教育局局长张胜双参加会议并作重要讲话。各乡镇教委主任,乡镇中学、中心小学、学区小学校长,区直学校校长,区幼儿园园长,区乡校教研人员,局机关有关人员共260余人参加会议。大会对全区5个教学优胜单位和93名教学质量先进个人进行表彰。

是月 河口职教中心被山东省阳光工程办公室命名为"山东省农村劳动力转移阳光工程培训基地"。

12月25日 全区年度教育工作会召开。各乡镇(街道)教委全体人员、中学、区直学校校长及学校中层以上干部、小学校长、区教育局全体人员等150余人参加会议。会上对2004年度5个督导评估优秀学校、3个教育宣传工作先进单位、4个校本培训区级示范学校、3个学校体育工作先进单位进行表彰。

2005 年

1 月 4 日 东营市环保局和东营市教育局联合发文,公布 2004 年绿色学校评审结果,河口区实验学校、河口区一中、义和中学榜上有名。

1 月 5 日 东营市教育局年度综合考查组对河口区 2004 年度教育工作进行综合检查考核。通过集中听汇报、查阅资料、现场检查等方式对涉及河口区的学校安全工作、援助农村教育计划、基本普及学前三年教育和农村中小学现代远程教育工程等四项工作进行检查。检查组还分组对六合乡和太平乡的基本普及学前三年教育进行督评验收,同时,随机抽查新户乡、六合乡援助农村教育计划和义和镇、太平乡农村中小学现代远程教育工程实施情况。

1 月 7 日 东营市委组织部、市人事局、市教育局等部门组成考核小组,对市驻河口街道第一小学的支教人员进行年度考核。

2 月 1 日 区教育局"保持共产党员先进性教育活动"动员大会召开。河口区委督导组、区局全体党员及局机关入党积极分子和群众代表共 33 人参加会议。

2 月 28 日 全市首次教育督政工作,在市委组织部副部长巴学军带领下,一行 19 人到河口进行督查。

3 月 2 日 区教育局召开新学期教育工作会议,对下一步的工作进行再动员、再部署,确保新学年教育工作再上新水平。

3 月 11 日 河口区教育局、河口区政府教育督导室、河口区一中、义和镇教委分别荣获"2004 年度全市学校安全工作管理先进单位"称号,5 人荣获"全市学校安全工作管理先进个人"称号。

3 月 15 日 河口区在义和中学举行 2005 年度贫困生救助仪式。此次捐助仪式共发放救助金 17.496 万元,救助贫困学生 619 名。

3 月 16 日 河口区政府副区长王树臣、区教育局局长张胜双到新户中学视察教育教学工作。

3 月 25 日 河口区教育局召开由全体党员及入党积极分子和群众代表参加的工作会议,对区教育局保持党员先进性教育第二阶段,即"分析评议"阶段,进行具体部署,并提出明确要求。

3 月 30 日 省教育厅财务处处长刘振鹏、省财政厅教科文处主任科员段琳在市教育局、财政局领导的陪同下,到河口区对"两免一补""一费制"工作落实情况进行专题调研。副区长王树臣、区教育局、财政局及部分乡镇教委的负责人参加调研。

是月 区教育局积极创造条件,多方筹集资金 56 万元,为 280 名骨干教师配备微机,每台补贴 2000 元,首批 59 台安装完毕。

4 月 2 日 山东省高级人民法院青年党员救助贫困生结对仪式,在六合乡中心小学举行。本次省高级人民法院青年党员共与该校 10 名少年儿童结成对子,救助期为五年。

4 月 5 日 省教育厅组织专家一行四人对河口一中创建省级规范化学校进行检查验收。副区长王树臣和区教育局局长张胜双等陪同。

4 月 7 日 全区学前教育工作会议在区政府五楼会议室召开。各乡镇(街道)分管教育的领导、教委主任、幼教干部、中心幼儿园园长,区直有关部门负责人参加会议。

4 月 11 日 河口区教育局组织 31 名中小学骨干教师赴平度、高密进行为期三天的校本培训和新课改培训。

4 月 14 日 省政府教育综合督导团在省监察厅副厅长孙继业、省教育厅基教处处长杜希福带领下,到河口区对教育工作进行综合督导。市政府副秘书长薄万坤、市教育局局长张洪生、市教育局副局长薄其敏、马立怀等领导陪同进行督导。

是日 山东省卫生防疫站派员到河口一中检查餐厅工作。主要检查餐厅的管理、卫生等,并询问了相关问题。对学校学生食堂申请省A 类餐厅的准备情况给予充分肯定,并提出许多指导性意见。

5 月 6 日 河口区教学工作调度会议在区教育局召开。就下一步加强和规范教育教学管理、深化教学领域改革,抓好校本培训工作,推动全区教育教学工作再上新台阶做出安排。

5 月 10 日 市教育局到河口区就农村中小学

标准化建设工程及操场建设工程进行调研。

5月12日 河口区实验学校被中国教育学会、《中小学管理》杂志社评为和谐校园建设工作先进学校。

5月16日 河口区招生委员会工作会议在区教育局三楼会议室召开。回顾2004年招生工作情况,介绍2005年招生工作的新变化,并向与会人员介绍今年招生工作的进展情况及下一步的工作打算。区招委会主任、副区长王树臣出席会议并发表讲话。

5月19日 东营市第二中学向义和中学图书捐赠仪式在义和中学举行。

5月22日 在东营市教育局工会主席孟昭亮、托幼办主任李玉珍、河口区教育局局长张胜双等人员陪同下,《山东教育》幼教版记者对河口区学前教育工作进行调研采访。

5月27日 由河口区教育局、区妇联、团区委主办的河口区庆"六一""金色童年"儿童文艺汇演在金河会场举行。区委常委、区委副书记孙红军、区政府副区长王树臣、教育局局长张胜双及区人大、政协、工会、妇联、团委等单位领导与区实验学校的500余名少年儿童一起观看演出。

5月29日 中共河口区委书记韩吉顺,区委副书记、区长赵豪志等四大班子领导和区直有关部门、单位负责同志,分组来到全区少年儿童中间,向他们致以节日问候,并送上慰问品。

6月3日 河口区成功举行河口区第六届学生文艺汇演。来自全区各乡镇和区直学校的330多名演员参加文艺汇演活动,分别表演独唱、重唱、独奏、合奏、独舞、群舞等3个类型的66个节目。

7月1日 河口街道中学并入河口区实验学校,河口街道义务教育阶段只保留小学段学校。

7月16日 "我的成长故事——齐鲁名师"巡回报告会在河口区委礼堂举行。来自全区中小学中层以上领导、部分骨干教师、教研员及河口辖区内胜利教育管理中心所属学校教师600多人参加报告会。

7月21日 副区长王树臣、区教育局局长张胜双到新户乡、太平乡,就农村中小学操场建设工

程进行调研。

7月27日 栖霞市教育考察团一行11人到河口区六合乡参观考察食宿工程。

7月28日 东营市副市长陈胜在市教育局副局长李丛涛等人员陪同下,到河口区调研农村学生专用车运营情况,河口区政府副区长王树臣、区教育局局长张胜双等参加调研。

是日 河口区在义和镇中学举办首期骨干教师计算机高级培训班,聘请外地名师授课,全区共有56人参加。

8月19日 全国治理教育乱收费联席会议办公室副主任、教育部国家教育督导团副局级巡视员温孝杰率教育部督导团一行3人到河口区调研治理教育乱收费工作。

8月30日 北京中基亚科技开发有限公司,在实验学校阶梯教室隆重举行"易佳忆"学习记助器捐赠仪式。教育、工商、广电等部门领导出席仪式,为学生送上价值一万余元的"易佳忆"学习记助器,这一产品曾获得国家专利和专利新产品金奖。

8月31日 河口区农村学校运动场地建设全面竣工。按照区教育局下发的《关于规范中小学运动场地建设的意见》,各乡镇中学、中心小学均完成标准炉渣运动场地建设任务;各教学点也按要求通过征地等手段完成运动场地建设任务。

9月1日 河口区政府举行贫困生救助仪式。捐助仪式通过市区拨款及社会各界捐赠共救助大学生69人,发放救助金17.6万元。

9月8日 河口区庆祝教师节座谈会在区教育局召开。区委常委、常务副区长宋守强参加座谈会并做重要讲话。全区各乡镇教委主任、区直各学校校长、幼儿园园长、离退休教师及优秀教师代表、局党组有关成员30余人参加。区教育局副局长王明章主持座谈会。

9月9日 河口区人大常委会主任刘秀田在区教育局局长张胜双及有关学校领导的陪同下,分别走访慰问省级以上优秀教师,送去慰问金各500元。

是日 东营市第二中学为义和中学捐赠办公桌椅仪式在义和中学举行。向义和中学捐赠价值2

万余元的图书和 5 万余元的桌椅。

9 月 13 日 河口区成立免除农村学校义务教育阶段在校生杂费、课本费、作业本费工作领导小组。是年秋开学起,河口区农村学校免除以上"三费"。

9 月 27 日 由市教育局、市财政局、市物价局组成的市治理教育乱收费专项检查小组一行 4 人到河口区检查指导治理教育乱收费工作。

10 月 11 日 东营市副市长陈胜在市教育局部分负责同志的陪同下,到河口区就教育系统"十一五"规划编制工作进行调研。副区长王树臣参加调研。

10 月 18 日 河口区 2004~2005 学年教学质量分析会在区实验学校召开。副区长王树臣参加会议并作重要讲话。

10 月 19 日 在实验学校阶梯教室召开"关注孩子心灵成长"主题报告会。会议邀请知心姐姐报告团韩丽到会作报告,向广大家长及教师详细阐述当前家庭教育孩子存在的问题。

10 月 18~19 日 河口区安监局、教育局、交通局、交警大队联合对全区接送学生车辆情况进行细致检查,确保学生专用车安全。

10 月 21 日 东营市教育局副局长薄其敏到义和中学检查指导工作。

10 月 27 日 河口区教育财务集中核算中心组建成立。

11 月 2 日 东营市河口区中小学校长高级研修班在山东省高校师资培训中心开班。全区 46 名中小学校长及教育管理人员将参加为期 15 天的提高培训。

11 月 9 日 东营市教育局副局长马立怀率安全检查组,到河口区进行冬季学校安全检查。

11 月 10 日 山东省监察厅副厅长、省政府纠风办副主任孙继业率"省创建规范教育收费示范县"检查组到河口区进行检查验收。副市长陈胜、区长赵豪志、副区长王树臣等陪同检查。

11 月 13~16 日 河口区第三届中小学生足球赛在新户中学举行。新户中学代表队和街道中学代表队夺得中学组冠、亚军,小学组冠亚军分别被新户乡、义和镇代表队夺得。

是月 河口区农村学校标准化建设重要部分的农村学校计算机配备到位。全区共配备微机 201 台,其中教师机 12 台,学生机 189 台。同时,配备工作还将中心小学接入全市教育城域网,学区学校设置学校局域网,投资总额达 50 多万元。

12 月 7 日 河口区教育局《教育财务集中核算中心有关问题的暂行规定》下发。规定对收费管理、支出管理、相关岗位职责、资金支付办法等都做详细的说明和规定。

12 月 8 日 东营市职业技术学院支教组给义和镇中学捐赠价值 3 万元的电缆,用于学校陈旧线路改造。

12 月 13 日 省公安厅领导在市、区有关负责人的陪同下,到区实验学校、义和中学检查验收交通安全示范学校创建工作。

12 月 16~17 日 省政府教育督导室主任傅收桂带领部分"省创建教育工作示范区"督导组成员,对河口区"创建省教育工作示范区"工作情况进行督导评估。

2006 年

1 月 28 日 河口区被山东省教育厅、省政府纠风办、监察厅、物价厅、财政厅、审计厅、新闻出版局联合授予"省级规范教育收费示范区"荣誉称号。

2 月 14 日 东营市教育局学前教育检查组到新户乡,就学前教育经费投入、幼儿园建设与提高、农村幼教师资队伍建设等问题进行实地调查访谈。

2 月 15 日 河口区 2006 年教育工作会议召开。各乡镇(街道)教委主任、中学校长及学校中层以上干部、区直学校校长及学校中层以上干部、小学校长、区教育局股级以上人员等 200 余人参加会议。

2 月 23 日 市教育局副县级督学于发友带领市政府教育综合督导团到河口区对 2005 年度教育工作进行综合督导。区政府副区长王树臣陪同督导。

2 月 25 日 河口区"师德建设年"举行启动仪式。乡镇(街道)教委主任、乡镇中小学校的校长、政教处主任和区直学校校长参加会议。会上宣读《河口区"师德建设年"活动实施方案》，并对"师德建设年"活动的实施提出了具体要求。

是月 区教育局与中国网通有限公司东营市河口区分公司签订光纤及 ADSL 租用协议，河口区成为全市率先实现所有中小学全部宽带上网的县区。

是月 河口一中被山东省教育厅和山东省环保局评为"省级绿色学校"。

3月15日 山东省教育厅副厅长陈光华、财政厅教科文卫处处长李国建到河口区调研视察工作。

4月17日 东营市副市长陈胜、市政府副秘书长薄万坤，到河口区调研教育收费及党风廉政建设工作。河口区委副书记黄高潮、副区长张俊海陪同调研。

4月29日 河口区第十七届中小学春季运动会在区一中举行。

是月 区教育督导室荣获市政府2005年度学校安全工作先进单位。

5月30日 由河口区教育局、区妇联、团区委主办的河口区庆"六一""金色童年"儿童文艺汇演在金河会场举行。区直及乡镇学校、幼儿园共10个单位、260多名演员参加了演出，演出节目20个。

是月 河口一中被省爱卫会评为全省"十佳"卫生先进单位。实验学校全国教师队伍建设研究课题被中国中小学幼儿教师奖励基金会、中教创新教育研究学院确定为"十一五"规划重点项目。

6月6日 东营市副市长陈胜带领市教育局局长张洪生到河口区巡视高考情况。

6月27日 东营市副市长陈胜、市教育局副局长李丛涛到河口区一中检查指导工作。听取宋卫忠校长的工作汇报，同2006年全市理科状元邵园同学及部分高三骨干教师代表进行亲切座谈，副区长张俊海、区教育局局长张胜双陪同检查。

是月 区教育局筹资81.4万元，为义务教育阶段教师配备微机407台（其中台式即306台，笔记本101台），每台补贴2000元。

8月4日 市教育局督学于发友到河口区指导"省级教育示范区"创建工作。

8月6日 河口区教育局聘请山东师范大学心理教育教授佘瑞琴，在区实验学校举办"中学生心理健康教育"学术报告会。全区各校校长、政教主任、教务主任、班主任及骨干教师270余人参加培训。

8月12日 河口区职业教育中心迁至河滨路677号（原四扣中学旧址）。

是月 河口区2006年教师招考工作全面展开，共招考63名教师，充实到各中小学及幼儿园教师队伍。

9月12日 河口区2006年"教育杯"教工篮球赛于六合中学举行。比赛采取单循环比赛方式，共有全区教育系统8支球队参赛。

是日 河口区教育局在区人大礼堂举办董进宇博士报告会。全区有600余名学生和500余名家长参加。

10月12日 区教育局召开2005~2006学年度教学质量分析会，表彰中小学教学质量优胜单位4个、优胜教研组（备课组）26个、优胜教师80人、优胜班主任14人。

是日 河口区教育局被河口区委、区政府授予"包村工作先进单位"荣誉称号。

11月 区教育局筹措资金34.72万元，为义务教育阶段学校配备多媒体教室30个。

11月21日 河口区教育局在义和中学召开全区中小学远程教育现场会。区一中、区职教中心、实验学校分管校长、各乡镇（街道）教委主任、中小学校长、河运小学校长、各学校信息技术管理员等40余人参加会议。

11月25日 河口一中被评为"山东省心理健康教育先进学校"。

11月27日 河口区教育局被东营市教育局评为中小学"校校通"建设先进单位。

11月28日 河口区成为山东省首个全面实现"三免"的县区。全区共免除杂费、课本费、作业本费4648515元，惠及学生12007名。

是月 区实验幼儿园被命名为中国学前教育研究会十一五立项课题"幼儿社会教育课程开发与

应用"课题实验基地。

12月30日 河口区顺利通过"山东省教育示范区"验收,成为全省第25个(全省共144个县市区)、全市第2个"省教育示范区"。

是月 区教育局教研室开展中小学教师课堂教学能力分级提高优秀课评审活动,共评出初中42节、小学24节优秀课。

是月 区教育局教研室开展中小学13科优质课评选活动,共评出初中56节、小学14节优质课。

是月 河口区对全区一至六届教学能手进行重新认定,共有63名教师通过认定。

2007 年

1月13日 团市委领导到河口区河运小学检查"雏鹰争章"工作。

1月30日 河口区"师德建设年"总结暨"教育管理年"动员会议召开。会议对2006年"师德建设年"活动进行总结,并对2007年"教育管理年"工作进行安排部署。

是月 河口区实验幼儿园被确定为山东省教育科学规划重点课题"幼儿园课程资源开发与教师成长行动研究"基地。

2月9日 河口区全面落实义务教育阶段在校生"三费"免除政策。区政府下发《河口区人民政府关于印发河口区农村义务教育经费保障机制改革实施方案的通知》(东河政字〔2007〕6号),全面落实义务教育阶段在校生杂费、课本费、作业本费"三免"政策。

2月12日 区教育局"解放思想,改进作风,全面落实科学发展观"教育活动动员会召开。通过活动要努力创建学习型、法制型、廉洁型、效能型和节约型的"五型机关";全局党员干部职工要达到"新、强、严、正、实、高"六字标准,即:观念新、能力强、纪律严、作风正、工作实、效率高。

3月7日 市政府教育督导室对河口区2006年度教育发展情况进行督政考核。

3月19日 区教育局组织全局干部职工开展"爱心一日捐"活动。广大干部职工积极响应,纷纷为贫困学生慷慨捐款,全体干部职工共捐款4600余元。

是日 区教育局"解放思想,改进作风,全面落实科学发展观"教育活动"征求意见,查摆分析"阶段动员会议召开。

3月21日 河口区召开2007年教育工作会议,各乡镇分管教育的领导、乡镇教委全体人员、全区中小学(幼儿园)和区教育局中层以上领导以及区政府聘任的督学共220余人参加会议。

3月26日 东营市教育局到河口区河运小学、六合中学进行"校本培训市级示范学校"验收。

3月30日 市教育局到河口区进行"市级规范化学校"复评验收。

是日 全区中小学"德育工程"现场会在河运小学召开。全区小学校长及各学校少先队大队辅导员等30余人参加会议。

是月 河口一中被中国高等教育学会、中国职业技术教育学会、中国体育报、中国地区开发促进会、国家教育部老干部协会授予"中国西部教育顾问单位"。

是月 区教育局教研室开展第八批全区中小学教学能手评选活动,共评出区教学能手80人。

4月3日 河口区召开各乡镇(街道)教委主任、幼儿园园长参加的全区学前教育机构审批注册工作会议。区教育局、公安局、卫生局联合下发文件《关于做好全区学前教育机构审批注册工作的通知》,并对审批注册工作进行安排部署。

4月5~10日 区教育局教研室分别在实验学校、义和中学、六合中学召开初中四年级6科毕业复习研讨会。

4月13日 河口区校本培训工作现场会在河运小学召开。全区各中学、中心小学校长参加会议。

4月15日 河口区召开接送学生车辆安全管理工作会议。区教育局、安监局、公安局、交通局、财政局等部门负责人;全区各乡镇分管领导、各学校校长、接送学生专用车车主及司机80余人参加会议。

4月29日10~11时 河口区所有学校积极响应国务院关于《全国亿万学生开展阳光体育运动》

号召,在同一时间,不同地点,开展不同形式的阳光体育运动。

是月 河口一中被中国教师报、中国教育报刊社新闻研究中心表彰为"和谐中国·首届全国中小学校园文化建设百佳创新学校"。

5月15~22日 河口区2007年中小学生篮球赛在新户中学举行。本次比赛共有12支代表队参加,全区18名体育教师参加组织和裁判工作。

5月28日至6月5日 河口区举办教师多媒体应用、课件制作培训班。培训采取到区直学校、乡镇中学、乡镇中心小学轮流选配教师的方法进行。培训内容主要包括多媒体技术及应用、幻灯片制作、动画制作等内容。

5月28日 河口区关工委、区教育局、团区委、区妇联、区科协、区实验学校联合在黄河广场举办庆"六一"广场欢乐节活动。

是月 区教育局教研室开展全区首届中小学、学前教育教学标兵评选活动,共评出52名教学标兵。

6月 区教育局迁入新址(河口区人民法院原办公楼)办公。

7月10日 区长聂建军对全区职业教育工作进行专题调研。

7月10~25日 区教育局组织全区120名语、数、英骨干教师参加研究生进修班培训。

8月13~17日 区教育局对全区教委主任、中小学校长、教务主任、政教主任等80多名教育管理人员进行封闭式培训。

8月13日 东营市教育局局长张洪生到河口区调研教育工作。区委书记郑建军,区委常委、区委办公室主任侯永强陪同参加调研。

8月15日 河口区2007年高考工作座谈会在河口一中召开,区长聂建军主持会议。区委常委、宣传部长马玉钏,区人大副主任丁水林,副区长张俊海,区长助理、政府办主任毕建军,区人事局、区财政局、区教育局、区一中、区实验学校、区职教中心的领导和各乡镇中学校长以及区一中教师代表参加会议。

8月29日 2007河口广场文化艺术节"教育专场"文艺晚会在黄河广场举办,来自全区各学校的200余名师生为河口群众演出。

9月6日 东营市委常委、纪委书记马登雨一行,到河口区开展教师节走访慰问活动。在区委书记郑建军,区委常委、纪委书记成希琴,副区长张俊海及区教育局主要负责同志的陪同下,马登雨先后来到六合乡中心小学、区实验学校以及部分退休教师代表家中进行走访慰问,向他们致以节日的祝贺并为他们送去慰问金和慰问品。

9月6日 区委常委、宣传部长马玉钏,副区长张俊海在区教育局局长张胜双陪同下,对援藏、援疆教师家属进行走访慰问。领导们询问援藏教师宋加民、援疆教师成梅山家属的工作情况,详细了解她们的生活情况、生活困难以及需求,并分别给她们送去慰问金。

9月7日 河口区庆祝第23个教师节暨表彰大会,在河口区委礼堂召开。区人大、纪委、政协领导及各乡镇主要领导、乡镇教委主任、各学校(幼儿园)校(园)长、受表彰的优秀教师、优秀教育工作者、区教育局全体工作人员共280余人参加大会。

9月8日 河口区中学生田径选拔赛在新户中学举行。本次选拔赛旨在选拔后备训练人才,为参加省市级竞赛打基础。大赛评出单项奖若干名,新户中学代表队获得团体总分第一名。

9月12日 河口区2007年贫困生救助金发放仪式在区一中举行,共有387名贫困高考生、中小学生领到助学救助金22.745万元。

9月13日 新户中学被东营市地震局、市教育局、市科协授予市级地震科普示范学校。至此,全区已有4家市级以上地震科普示范学校,其中,区实验学校为省级地震科普示范学校。

9月22日 河口区区长办公会议通过提高班级管理绩效考核奖的建议,自2008年开始,班级管理绩效考核奖将代替班主任津贴,由每班每月15元提高到80元,并实行绩效发放。

是月 义和中学、新户中学、六合中学被评为东营市首批教育信息化示范学校。

10月10日 区教育局组织干部职工到区法院廉政教育基地参观学习。

10月23日 河口区政协副主席刘建忠到区

教育局检查政协提案办理情况。

是月 河口区教育信息网站被评为东营市第三届优秀政务网站。

11月6日 河口区政府副区长段鸿到区教育局进行工作调研。区教育局局长毕建军汇报工作。

11月8日 由市教育局副县级督学刚宪军一行20余人组成的市教育集中检查验收组对河口区七项教育工作进行专项检查验收。

11月15日 东营市妇联对教育局妇女工作进行检查,于12月命名河口区教育局为"全市妇女工作示范点"。

11月20日 河口区首届古诗诵读展演活动在河口区实验学校举行。

11月23日 河口区教学工作会议召开。会议总结2006~2007学年度教育教学工作,反思查找教学工作中存在的问题和不足,并对获得教学质量优胜奖的单位和个人进行表彰。副区长段鸿到会并发表讲话。

12月17日 区一中、实验学校获东营市首批普通话示范学校称号。

12月20~31日 河口区6名小学骨干班主任参加东营市教育局依托北京师范大学举办的小学班主任培训班。

12月 河口区教育局被评为全市帮扶工作先进集体。

2008 年

1月8日 区教育局"百日集中整治活动"动员会议召开。传达贯彻《河口区教育局经济发展环境"百日集中整治"活动方案》和全区活动动员会议精神,部署研究,制定活动方案,成立河口区教育局经济发展环境"百日集中整治"活动领导小组,研究、制定下发《河口区教育局经济发展环境"百日集中整治"活动方案》,确保整治活动取得实效。

2月25日 区教育局"记三情铸三线"主题实践活动动员会议召开。制定下发《关于在全区教育系统深入开展"记三情铸三线"主题实践活动的实施方案》《关于成立河口区教育系统"记三情铸三

线"主题实践活动领导小组及工作机构的通知》和《区教育局关于进一步严肃工作纪律规范工作秩序的通知》,成立主题实践活动领导小组,并分设综合组、秘书组、宣传组、档案组等组织,切实加强对主题实践活动的组织领导,确保主题实践活动的顺利开展。

3月11日 河口职教中心被东营市文明办、东营市教育局授予"市级文明校园"称号。

3月13日 在东营市高中教学工作会议上,市教育局下发通知,授予河口一中等9所高中为"教学质量优胜学校"称号。

3月14日 由教育、组织、审计等部门组成的市政府教育督导团对河口区2007年度教育工作进行督导检查。督政组听取副区长段鸿的教育工作情况汇报,并分综合、教育投入、办学条件和安全职教学前等四个小组,通过听汇报、查阅资料、现场检查、座谈了解等方式,对抽签确定的六合乡和义和镇23项指标进行详细检查,并来到区实验幼儿园和区职教中心进行督导检查。

3月22日 河口区召开2008年全区教育工作会议,各乡镇分管教育的乡镇长、乡镇教委、局机关全体人员、各学校中层以上领导170余人参加会议。会议对2007年学校办学水平综合督导评估结果、"教育管理年"工作先进单位、学校安全工作先进单位进行通报表彰。

4月13日 区教育局荣获"全国第三届学生艺术展演优秀组织奖"。

4月17日 省教育厅职成处处长刘凤山到河口区检查指导职业教育工作。

4月18日 实验学校被市教育局命名为"普通话示范学校"。

4月21日 共青团中央中国少年儿童新闻出版总社(驻东营办事处)在太平乡中心小学举行捐赠图书"献爱心"活动。

4月23~24日 河口区第十七届中小学春季运动会在河口区一中举行。本届运动会共有来自全区各乡镇及区直学校11个代表队的480名运动员参加74个项目的比赛。共有3队18人次打破5项运动会记录。

4月28日 河口区教育局召开"实践科学发展观,争当黄河三角洲开发建设排头兵"集中活动阶段动员大会。动员全区广大教职员工进一步统一思想,提高认识,强化措施,推动活动深入发展

4月28日至5月9日 由河口职教中心承办的全区2008年度加油站操作工安全操作培训班。河口属地近30家加油站的一线操作人员42人参加培训。

5月9日 东营市政协副主席、市总工会主席王少飞一行5人,到河口一中调研和指导学校工会工作。视察组分别参观学校工会档案室、教职工之家、报告厅、操场和图书室。

5月14日 山东省关工委副主任王永清、省关工委办公室李主任、市关工委副主任贾其贤及团市委主要领导对河运小学德育工作进行观摩与指导。

5月15日 区教育局率先在全区教育系统组织开展向四川地震灾区捐款活动,广大干部职工积极响应,纷纷向四川地震灾区慷慨捐款,全体干部职工共捐款11300元。此后,捐款活动在全区教育系统全面展开。

5月27日 2008年河口区招生委员会会议在区政府会议室召开。回顾2007年高考工作基本情况,介绍2008年招生工作的新变化,并向与会招委会成员介绍招生工作进展情况及下一步打算。

是日 由市教育局、公安局、保密局等单位人员组成的市招生委员会检查组到河口区检查高考保密、安全等备考工作。副区长段鸿等陪同检查。

6月10日 河口一中被山东省教育厅评为"山东省国防教育先进单位"。

6月18日 区教育局一行7人到济南市历城区,就区域教育发展特色示范区创建工作进行参观学习。

6月23日 河口一中被山东数学会和山东省数学竞赛委员会联合授予"全国中学生数学联赛先进单位"。这是该校参加数学竞赛荣获的最高荣誉。

6月27日 区教育局领导对义和镇草场村的5户老党员、贫困户进行走访慰问,送去价值1000余元的米、油等生活用品。

7月2日 东营市人民广播电台为河运小学捐书1000余册,并建立"东营市人民广播电台爱心图书室"。

7月11日 区教育局2008年面向社会认定教师资格工作三月份组织考试报名,共计200人申请认定教师资格,并参加考试。6月参加全省统一考试,共有34人通过教育学、心理学考试,取得参加教育教学能力测评资格。7月在教育教学能力测评工作和体检的基础上,完成申请认定教师资格人员的资格审查工作,共有28名教师取得初中及以下教师资格。

是日 区教育局制定《河口区2008年义务教育阶段学校招生工作意见》(东河教发〔2008〕42号)。对招生对象和条件、报名时间和报名办法作出明确规定,同时对如何做好招生工作提出具体要求。文件还特别对外来务工人员子女入学和参加儿童随班就读提出要求。

7月12日 区实验学校获山东省2010年学生电脑作品制作活动最佳组织奖。

7月22日 市教育局局长张洪生带领基教、人事、安全、托幼等科室负责人到河口区调研教育工作,并就教师招考、民办学校管理审批等工作提出要求。

是月 河口一中被中国教育学会、《中国教育学刊》授予"优秀校园文化建设先进单位"称号。

9月16日 市政协委员民主评议市教育局首期农村中小学低标准建材校舍改造民主评议工作正式开始,由市政协副主席陈胜率领的评议小组首站抵河口区开展民主评议工作。

9月18日 河口区"圆梦大学行动"救助金发放仪式在河口一中举行,团区委、区一中工会、区一中团委领导、受助生以及受助生家长代表参加仪式。现场为五名贫困生分别发放2000元助学金。

9月28日 河口区被山东省政府授予"全省教育工作先进单位"。

10月14日 河口区召开师德建设主题实践活动调度会。各乡镇教委、区直学校(幼儿园)汇报"师德建设主题实践活动"学习动员阶段工作开展情况。

10月22日 市人大常委会副主任、教科文卫委员会主任委员温晓杰率领的市人大"加大农村教育投入,改善办学条件,促进城乡教育尽快均衡发展"视察组,对河口区农村教育工作进行调研。

11月28日 河口区职教中心被市总工会授予"东营市依靠职工办事业先进单位"荣誉称号。

12月10日 东营市教育局领导专家组一行8人,在区教育局领导的陪同下,到义和中学进行中小学课程实施水平检查评估。

2009 年

1月 河口区实验幼儿园被评为山东省"十佳"幼儿园。

2月25日 河口一中被授予2008年度单位保卫组织"集体三等功"荣誉称号。全市共有30个单位受到此项表彰。

2月27日 由组织、教育、审计等部门组成的市政府教育督导团在市教育局正县级督学曲作彬的带领下,对河口区2008年度教育工作进行督导检查。

是日 河口区实施农村中小学"两热一暖一改工程"即农村中小学"211工程"。该工程总投资1172万元,其中上级扶持260万元、区财政投资313万元、区财政融资100万元、自筹499万元。为4所乡镇中学、9所农村小学配置热水炉13个,改建伙房8处;在4所乡镇中学、10所农村小学的教室、学生宿舍、办公室、功能室内安装1.5匹空调260台、2.5匹空调211台、3匹空调321台,采暖面积4.2万平方米;将4处乡镇中学、9所农村小学的旱厕改为水冲式厕所。

3月30日 河口区委副书记、代区长武林中对教育工作进行调研。在区教育局主要负责人陪同下,先后到河安小学工地施工现场、区实验学校、区一中进行调研。

4月1日 区教育局邀请杭州纳英特公司在区实验学校举办机器人比赛指导教师培训班,全区中小学的22名机器人比赛指导教师参加培训。

4月12日 河口一中被山东省影视文化学会、山东电影电视剧制作中心、山东大学、山东广播电视报社等十家省级单位评为"山东十大影视文化教育基地"。

4月17日 省教育厅职成处处长刘凤山,在市教育局副局长李从涛、区政府副区长段鸿的陪同下,到区职教中心检查指导职业教育工作。

5月7日 中共河口区委常委、副区长成希琴,在教育局领导的陪同下,一行10人到义和中学检查"211"(热水、热饭、取暖、改厕)工程落实情况。

5月12日 东营市市长张建华,在副市长王吉能、河口区委书记聂建军等陪同下,到太平乡中心小学视察工作。

5月27日 中共河口区委书记、区人大常委会主任聂建军,区人大常委会第一副主任王树臣,区委常委、区委办公室主任张胜双,副区长段鸿等区领导在区教育局局长毕建军的陪同下,到区实验学校慰问全体师生。

6月1日 市关工委领导张万湖、赵芳清、武秀清等在区委副书记孙红军,区人大常委会第一副主任王树臣,区关工委主任孙学孟,区委常委、宣传部长马玉钏,副区长段鸿等陪同下到区实验学校检查指导工作。

6月5日 山东省教育厅专家组一行三人在东营市教育局、教科院领导的陪同下,对区一中高二课程实施计划制定及实施准备情况进行调研指导。这次调研,是省教育厅为在全省范围内做好高中二年级课程实施计划的研究与指导工作,总结学校组织实施高中新课程实验工作的先进经验及存在的问题,为进一步深化高中新课程改革提供决策依据而进行的。

6月10日 河口区2009年初中学生学业考试考务会在区一中举行。安排中考考务工作,传达市教育局有关中考工作的会议精神和具体考试要求。

7月14日 河口区召开乡镇、街道教委主任、中学校长、区直学校分管校长、艺体教研组长、档案管理人员会议。研究安排体育卫生专项督导迎检,部署省艺术教育示范区(校)创建工作。

9月16日 河口区委副书记、区长武林中对全区基础教育工作进行调研。区教育局、发改局及有关乡镇主要领导、学生家长代表参加座谈会。围绕全区基础教育、农村学前教育、高中教育等问题,进行深入探讨和交流。

10月8日 副区长段鸿到区实验学校、区一中、义和镇中心学校,检查学校甲型H1N1流感防控工作。

10月17~18日 区人大常委会副主任房建民,带领人大专题调研组对全区中小学设施配套建设工作进行调研。

10月21日 东营市食品卫生现场观摩会在河口一中召开。

10月22日 由台湾台塑集团捐资修建的太平乡中心小学"明德教学楼"工程开工。

12月 河口一中被省教育厅表彰为"山东省艺术教育示范学校"。

2010 年

1月 河口一中被中国教师发展基金会、国家教师科研专项基金管理办公室授予"国家教师科研专项基金科研先进单位"荣誉称号。

2月6日 东营市委副书记刘曙光,市委常委、组织部部长刘赞杰在区委书记、区人大常委会主任聂建军,河口区委副书记、区长武林中等陪同下,到河口一中走访慰问。

3月3日 区教育局召开学校体育卫生工作研讨会。乡镇教委、中学、区直学校相关负责人以及教育局相关人员参加会议。

4月18日 区一中被教育部中国中小学幼儿教师奖励基金会评为"全国科研先进单位"。

4月20日 山东省教育督查团在省教育厅总督学孟庆旭带领下,对河口区2009年度教育工作进行专项督导检查。

4月21日 共青团中央、中国少年儿童新闻出版总社(驻东营办事处)捐赠图书"献爱心"活动在太平乡中心小学举行。团区委、区教育局等单位领导同志协助参与此次活动。本次捐赠图书400余册,价值5000余元。

是月 河口区"农村小学仪器更新工程"通过省政府验收。自2008年该工程实施共接收"省农村中小学仪器更新工程"仪器17410件,价值36万元。

5月5日 区委书记聂建军、区长武林中等,分别带领公安、卫生、城管等部门负责人深入全区部分学校,检查校园安全工作。

5月22日 区委书记、区人大主任聂建军,到区职教中心就职业教育工作进行专题调研。区委常委、办公室主任张胜双,区政府副区长段鸿陪同。

6月10日 河口一中被评为"全省国防教育先进单位"。

7月4日 东营市委书记张秋波、市长张建华带领市直部门、单位和各县区主要负责人等组成的重大项目观摩团,到河口区河安小学观摩指导工作。

是月 河运小学整体搬迁至河安小区,定名为河安小学。

9月28日 河口区被山东省政府授予"全省教育工作先进单位"。

11月3日 市纪委到区实验学校检查指导"廉政文化进校园"示范点创建工作。

2011 年

1月 河口一中被中国教师发展基金会、国家教师科研专项基金管理办公室授予"国家教师科研专项基金科研先进单位"荣誉称号。

3月9日 河口一中被山东省教育厅授予"山东省教育系统行风建设先进集体"。

3月17日 河口一中被东营市教育局、东营市卫生局评为"东营市学校卫生工作先进集体"。

4月6日 河口区召开教育工作会议,学习贯彻全国和省、市教育工作会议精神,安排部署我区教育改革发展任务,推动教育事业优先发展、科学发展、全面发展,为实施国家战略、实现率先崛起提供强有力的人才保障和智力支撑。

4月28日 河口一中、区实验学校被授予"山东省语言文字规范化示范学校"称号。

5月19日 区一中首次参加全省青少年机器人竞赛,《睿能多功能搜救机器人》荣获创意比赛二等奖。

6月1日 区委书记聂建军,区委常委、办公室主任张胜双,副区长段鸿在区教育局局长毕建军的陪同下到河口一中检查指导高考工作。

6月10日 河口区2011年高考时间为6月7日、8日、9日上午,报名参加考试的共计815人,确认文化考试资格801人,比上年的912人减少111人。参加文化统考794人,共设28个考场。

6月11日 区教育局局长毕建军主持召开教育系统创城工作调度会议。

6月27日 区教育局走访慰问所包村新户镇艾和村的4位建国前老党员、困难党员和困难群众。

7月20日 中共河口区委副书记、代区长、东营港经济开发区管委会主任苟增杰到区教育局调研。

9月5日 区关工委主任孙学孟等一行9人,到六合街道中心小学就"乡村少年宫建设"开展情况进行调研。

9月16日 区人大常委会副主任丁水林带领区部分人大代表,到新户镇就学前教育工作开展情况进行调研。

9月25日 东营市第二届少儿风采电视大赛河口分赛区选拔赛在河口区实验学校隆重举行,参赛节目达到60余个,涉及声乐、器乐、舞蹈、戏曲、书画等领域,人数达百余人。

9月28~30日 河口区第十九届中小学运动会在河口区一中举行。区人大副主任丁水林,区政府副区长王学春,区政协副主席、统战部部长王丛林,区教育局局长毕建军等出席开幕式。

10月20日 东营市教育局、市人民政府教育督导室组成督导评估检查小组对区职教中心办学情况进行督导评估。

10月27日 全区城乡幼儿园标准化建设现场会召开,并举行河安幼儿园启用仪式。区人大副主任郭存三,区政协副主席王丛林,副区长段鸿,区教育局党委书记、局长毕建军,区直相关部门、各镇

(街)分管领导、教委主任及区直各学校(园)校(园)长,幼儿家长代表共计120余人参加会议。

10月27日 河口区2011年行政事业单位会计人员继续教育首期培训班在区职教中心五楼多功能大厅开班。来自全区行政事业单位的190多名财务人员参加培训。

11月17日 东营市素质教育督导检查领导小组一行,在区教育局领导的陪同下到区实验学校检查指导工作。

11月24日 山东电视台少儿频道在河安小学举行小记者站授牌仪式。

11月29日 由区农业局、区海洋与渔业局、区财政局联合举办的阳光工程渔业病害防治培训班在河口区职教中心开班。

12月12日 在区教育局局长毕建军陪同下,河口区政府副区长王秀凤先后到区一中、实验幼儿园、实验学校等6所学校进行调研。

2012年

3月14日 河口区开展为学生提供一个"学校尽心、学生舒心、家长安心、政府放心"学校食堂活动。

3月16日 市政府教育督导团对河口区学前教育工作进行专项督导评估。

3月27日 河口一中承办"山东省高中、初中美术教学观摩研讨会"。

4月12日 河口区召开语言文字暨国家二类城市语言文字迎评工作专题会,部署河口区迎接国家二类城市语言文字迎评工作。

5月4日 副区长衣里江·塔西到河安幼儿园、河安小学、区一中进行调研。

5月31日 区领导一行赴全区各中小学、幼儿园开展"六一"儿童节走访。区领导聂建军、徐竞科、丁水林、王秀凤、李寿年先后到区河安幼儿园、区实验学校和义和镇中心幼儿园进行"六一"走访慰问。

6月8日 山东省教育厅副厅长张志勇、东营市教育局局长梁海伟,在河口区人民政府区长苟增

杰、副区长王秀凤的陪同下,巡视高考工作。

7月 区一中被教育部中国教师发展基金会授予"全国特色学校"。

8月23日 东营市副市长王吉能、市政府副秘书长孙乐春、市教育局局长梁海伟等一行6人,到河口区调研校舍安全及中小学办学条件标准化建设工程情况。区长苟增杰、副区长王秀凤、区教育局局长毕建军等陪同调研。

9月6日 区领导聂建军、苟增杰、张胜双、徐竞科、高立燕、李积德、王秀凤等一行,在区教育局局长毕建军的陪同下,先后来到区一中、六合中学、实验学校、义和中学、新户镇中心小学等5处学校走访慰问21名优秀教职工,代表区委、区政府向广大一线教职工送去节日的问候,对他们为教育事业做出的巨大贡献表示诚挚的感谢和敬意,发放慰问金42000余元。

9月8日 区委、区政府在六合街道三义和社区幼儿园隆重举行农村学前三年免费教育启动仪式。出席启动仪式的有山东省教育厅副厅长陈光华、东营市政府副市长王美华、市教育局副局长王梅英,中共河口区委书记、区人大常委会主任聂建军,区委常委、区长苟增杰等领导,区直有关部门和各镇街道负责人共计400余人参加仪式。

12月3日 北京大学附属实验学校合作发展示范校在河口一中举行授牌仪式。北京大学招生办公室副主任舒忠飞,北大青鸟集团副总裁、北大青鸟教育集团总裁、北京大学附属实验学校校长董琦,北大青鸟教育集团副总裁蔡润,北京大学附属实验学校校长助理、合作发展示范校负责人张志强,区委书记、区人大常委会主任、东营港经济开发区党工委副书记聂建军,区委常委、办公室主任徐竞科,区人大常委会副主任丁水林,副区长王秀凤,区政协副主席宋卫忠,区一中校长王志华出席仪式。

2013 年

1月18日 市政府教育督导团对河口区教育工作进行督导评估。副区长王秀凤简要汇报河口区教育工作情况,就有关工作同财政、编办、人社等相关部门负责人进行座谈交流。检查组对近年来全区教育工作给予充分肯定,并提出整改意见。

是月 区一中被中国当代文学研究会校园文学委员会授予"中国当代文学研究会校园文学委员会理事单位"。

3月19日 区教育局联合区文体广新局授予10所学校特色运动队学校。分别是:区实验学校特色运动队(足球队、中学部排球队),河安小学特色运动队(篮球队、足球队),仙河镇振兴小学特色运动队(足球队),六合街道中心小学特色运动队(足球队),新户镇太平小学特色运动队(田径队),新户镇中心小学特色运动队(篮球队),义和镇中心校特色运动队(中学部足球队、小学部乒乓球队),六合街道中学特色运动队(篮球队),新户镇太平中学特色运动队(篮球队),新户镇新户中学特色运动队(排球队)。

4月10日 河口区食品药品监管分局、河口区教育局联合召开学校食堂食品安全监管工作会议。各镇街食品药品监管站、教委、学校分管领导等共60余人参加会议。会上,确定河口一中、实验学校等8家学校食堂为2012年度河口区"四心学校食堂"。

4月22日 市政府督导组对河口普通中小学办学条件标准化建设计划实施情况进行督导。

5月27日 北大青鸟集团、北大附属实验学校合作发展示范校授牌仪式在区实验学校举行。

5月30日 "六一"国际儿童节前夕,区领导聂建军、李积德、张胜双、徐竞科、王秀凤等先后走访慰问河口街道中心幼儿园、六合街道三义和幼儿园。

6月4日 河口区委书记、区人大常委会主任、东营港经济开发区党工委副书记聂建军到区一中调研2013年高考备考工作。

7月1日 河口区教育局开展"七一"期间慰问活动,为河口街道八吕村贫困党员、老党员送上价值数千元的慰问品和节日问候。

7月9~10日 由区教育局牵头,联合区公安分局、消防大队组成联合检查小组对全区33所民办培训教育机构进行拉网式检查,内容包括:学校管理、招生办学、办学条件保障等情况，涉及学校章程和管理制度、校长及教师配备和培训、校园安全、办学规模、场地建设和设备设施的配备是否达标等相关内容。

9月9日　在第29个教师节来临之际，区领导聂建军、苟增杰、李积德、张胜双、徐竞科一行先后到区一中、义和镇中心学校、实验学校、河安小学等4所学校，分别对部分援疆教师、优秀教师、离退休教师等16名代表进行走访慰问，发放慰问金32000余元，分别向河安小学、义和镇中心学校发放慰问金30万元。

9月12日　河口区一中新校开工奠基仪式隆重举行。区委副书记、区长、东营港经济开发区管委会主任苟增杰，区委常委、副区长曹永湖，副区长王秀凤，区政协副主席宋卫忠，区教育局局长毕建军，区一中校长王志华等出席奠基仪式。新校占地162530平方米，总建筑面积为84527平方米，总投资34359万元。

10月10日　副市长王吉能一行先后到胜利油田十三中、河口二小、原河口三小及河口一中新校进行调研。东营市人民政府副秘书长孙乐春，中共河口区委书记、区人大常委会主任、东营港经济开发区党工委副书记聂建军，区政府副区长王秀凤，区教育局局长毕建军，市教育局副书记李从涛，胜利教管中心书记杨志高及分管负责人等陪同调研。

11月20日　河口区"三校合一"工程奠基仪式在区职教中心举行。该工程计划投资1.8亿元，在现有职教中心建设用地上，重新建设区委党校、职教中心及新型农民学校，分三期完成。

2014 年

2月8日　河口区河安幼儿园通过省示范幼儿园验收。孤岛镇中心幼儿园、河口街道中心幼儿园、六合街道中心幼儿园乡镇（街道）中心幼儿园通过省级认定。5所中小学通过市级教育现代化学校评估。

3月27日　全区教育系统党的群众路线教育实践活动动员会议召开。

5月19日　河口区教育局召开局党委（扩大）学习教育讲评会。

5月21~22日　省政府教育督导团一行11人，对河口区义务教育均衡发展工作进行督导评估。

5月27日　河口区"北京大学附属实验学校"合作发展示范校增至三所。分别为河口一中、区实验学校、河安小学。

是日　《河口区教育志》编纂工作会议在河口一中会议室召开。

6月4日　河口区实验学校被中国楹联学会授予"全国楹联文化教育基地"，授牌仪式在河口区孤岛镇举行，中国楹联学会副会长、山东省楹联学会会长高宝庆为河口区实验学校授牌。

6月7~8日　2014年，全国高考统一考试，时间为6月7~8日。考试科目由3+X+1调整为3+X，取消基本能力和英语听力，文、理综合分值调整为300分。

是日　市文体局全国第四次国民体质检测小组走进河口区实验幼儿园，抽取3~6组共计200余名幼儿进行了体质检测。

6月19日　河口区教育局开展全区中小学大课间阳光体育活动展评活动。

7月1日　区教育局组织收看全省规范中小学收费专项整治行动工作视频会议。局领导班子全体成员及各科室主要负责人，中小学校长、教师代表，共计40余人参加收看。

8月6日　河口区出台《城乡教师交流工作方案》，该方案对城乡教师交流形式、时间和程序做出具体安排。

9月3日　"放飞梦想、快乐欢唱"——河口区庆祝2014年教师节师生文艺大赛在区一中隆重举行。本次文艺汇演共产生金质节目奖4个、银质节目奖8个、铜质节目奖12个、优秀节目奖4个。

9月19日　全市学前教育城乡联动教研活动在河口区六合街道中心幼儿园举行，来自全市各县区乡镇幼儿园的一百余名骨干教师参加本次活动。

10月9日　东营市关工委相关领导及各县区关工委负责同志等一行在区关工委主任孙学孟、区教育局局长毕建军陪同下到河口区河安小学调研观摩"五老"工作室开展情况。

10月13日 东营市药监局、市教育局领导在区药监局、教育局领导陪同下来实验幼儿园就申报"食安山东"餐饮服务品牌示范学校食堂创建情况进行验收。

10月14日 河口区义务教育发展基本均衡县验收顺利通过。国务院教育督导委员会督导检查组对河口区区域内25所义务教育阶段中小学校进行实地查看，重点查看学校标准化建设完成情况、义务教育学校校际间均衡状况、县(区)级人民政府教育职责落实情况和公众对本县(区)义务教育均衡发展满意度等四方面内容均达到国家规定的评估认定标准。

10月17日 河口一中"拂晓文学社"被中国少年儿童新闻出版总社、中学生杂志社、中国当代文学研究会校园文学委员会和第十二届"叶圣陶杯"全国中学生新作文大赛组委会共同授予"全国中学示范文学社"称号。

11月6日 山东省教育基金会、胜利油田胜利建设监理有限公司资助资金发放仪式在河口区义和镇中心学校隆重举行。省教育基金会理事长、省教育厅原巡视员、党组副书记马庆水，省教育基金会名誉理事长、省教育厅原巡视员陈光华，市油区办主任王树臣，市教育局副县级督学刘长茂，河口区委副书记、区长、东营港经济开发区管委会主任苟增杰，副区长王秀凤，胜利建设监理有限公司艾万发董事长等领导及18名受助学生代表和200名师生代表参加仪式。

11月27日 东营市委副书记、市长申长友一行到六合街道中心小学检查校车安全工作。

是月 河口区职业教育中心更名为东营市河口区职业中等专业学校。

12月10日 东营市副市长王吉能，市公安局交警支队党委副书记、政委高华，市教育局局长梁海伟等领导在市委常委、区委书记、区人大常委会主任、东营港经济开发区党工委副书记聂建军，区教育局局长毕建军等领导的陪同下，到河安小学检查校车安全工作。

2015 年

1月7日 威海工业技术学校校长郭振壮一行6人，到河口区职业中专开展结对帮扶活动。结对帮扶工作以"深层交流、成果共享"为原则，结对帮扶期限为3年。

1月23日 全区"五老工作室"工作座谈会在河安小学举行，区关工委主任孙学孟、区教育局局长毕建军、"五老工作室"所有辅导教师及助教参加座谈。

1月30日 河口区首批东营市名师工作室建设启动仪式在河口区教育局举行。

2月9日 中国教育学会中学语文教学专业委员会和中国当代文学研究会校园文学委员会共同授予河口一中"全国示范文学校园"称号。

3月9日 东营市教育局到河口一中开展2015年春季开学专项督导工作。

4月13日 根据东河编发〔2015〕13号《关于在河口教育局加挂河口区体育局牌子的通知》，将区文体广电新闻出版局的体育管理服务职责划入区教育局。

5月8日 全区教育系统党风廉政建设工作会议召开。

6月9日 市委常委、区委书记、区人大常委会主任、东营港经济开发区党工委副书记聂建军一行到区职业中专"三校合一"建设现场，听取"三校合一"工程情况汇报，实地查看建设现场，详细了解工程建设情况。

8月27日 河口区第一中学新校迎来第一批新生。

9月9日 东营市河口区举行庆祝教师节暨河口一中新校启用仪式。东营市政府副市长王吉能，河口区委书记、区长苟增杰，市教育局党委副书记李丛涛，区委副书记杨同贤，区政协主席李积德，区人大第一副主任张胜双，副区长曹永湖，区委办公室主任徐竞科，副区长王秀凤，区教育局党委书记、局长毕建军，区一中校长王志华出席启用仪式，并为新一中校区落成揭牌。

第一编　组织机构与管理体制

境内教育行政机构为河口区教育局。期间经过三次变革:即建区之初的文化教育合署办公的文化教育局;1990年,文教分离后,成立河口区教育局;1993年,体制改革,更名为河口区教育委员会;2002年,更名为河口区教育局。全区各镇、街道教育机构,最初设立文教助理;20世纪80年代,成立教育组;1994年,设置教育委员会,具体管理辖区内各学校的教学工作。1987年,区文教局成立党支部;1991年,成立党组;1993年12月,改设党支部;2002年3月,成立局党组;2006年7月,成立河口区教育局党委,下设区一中党总支和局机关等5个党支部。乡镇、街道教育委员会均成立党支部。

1985年,河口区人民政府作出普及初级教育的决定。1989年,按照东营市教育局的统一部署,在中小学教师中"实行双向选择"(教师选择学校,校长选择教师),优化教师队伍。1993年开始,河口区先后四次对教育系统进行体制改革。2014年,全区新的教育运行机制形成,管理体制进一步健全完善。

第一章　行政机构

第一节　教育局机关

行政机构　河口区成立之初,境内教育工作由利津县代管。1984年8月,河口区组建文化教育局。1985年5月,河口区文化教育局(简称文教局)正式批准成立。根据东河编发〔1985〕1号文件《关于下达河口区机构设置、定员编制试行草案的通知》,河口区文教局内设4个行政股室:普教股、职教股、人秘股、计划财务股;所属4个事业单位:教研室、教学仪器站、文化馆、电影管理站,定编14人。1990年10月,根据东河办发〔1990〕11号文件,文、教分离,教育行政机构独立设置,区文教局更名为河口区教育局,下设办公室、计财股、人事股、普教股、职教股5个行政股室和教研室、招生办、仪器管理站、勤工俭学管理办公室、电大工作站等5个事业股室(站)。1993年10月,根据东河发〔1993〕24号文件,全区进行机构改革,区教育局更名为河口区教育委员会(以下简称区教委),区教委主管全区的教育规划,学校布局,经费的分配、管理和使用,教师的调配、管理和培训,各级各类学校的教育、教学业务指导,勤工俭学,招生工作,师范类大中专毕业生的安置等工作,下设办公室、计财股、人事股、普教股、职教股等5个行政股室和教研室、招生办、仪器管理站、勤工俭学管理办公室、电大工作站等6个事业股室(站)。1995年6月,河口区人民政府教育督导室成立,为副科级事业单位。1996年1月,托幼办公室与区幼儿园分设,加挂学前教育股牌子,学前股正式成为教委的一个股室。2000年11月,河口区人民政府教育督导室由副科级升格为正科级。2002年5月,根据东河政办发〔2002〕26号文件,河口区教育委员会更名为河口区教育局,下设办公室(计财股)、人事股、职教股、基教股4个股室。11月,撤销原区教委勤工俭学管理办公室、教学仪器站、学前股、电大工作站,其职能分别归属教研室、基教股和职教股。2003年6月督导室加挂河口区教育条件装备办公室牌子,将全区教育条件装备管理工作统一划归教育条件装备办公室。2006年8月,根据东河编发〔2006〕23号文件,成立河口区学校体育卫生艺术教育办公室,在河口区教学工作研究室加挂牌子。2009年3月,根据东河编发〔2009〕2号文件,成立河口区学生资助管理中心,为股级事业单位。2010年7月,根据东河编发〔2010〕6号文件,成立河口区教育局安全工作科,在区人民政府教育督导室加挂牌子,负责本部门及各级各类学校的安全工作。2012年11月,根据东河编发〔2012〕60号文件,成立河口区教师培训办公室,在河口区教学工作研究室加挂牌子。

局　长(主任)

  牛立元(1984.07~1993.06)

  曲德民(1993.06~2003.01)

  张胜双(2003.04~2007.10)

  毕建军(2007.10 任职)

副局长(副主任)

  李忠干(1984.07~1990.05)

  张学文(1987.07~1991.07)

  于寿波(1991.03~1991.12)

  孟德义(1991.07~1993.06)

  周俊田(1993.06~1997.03)

  张俊海(1995.12~1998.03)

  韩丽君(1995.07~2005.08)

  宋卫忠(1998.03~2001.02)

  孙德宾(1998.03~2008.11)

  刘文彬(2000.11~2003.06)

  胡友文(2003.02~2010.03)

  李延春(2003.06~2014.08)

  王明章(2003.06~2014.05)

  樊学东(2008.12~2012.03)

  韩其华(2010.09 任职)

  杨丰文(2012.03 任职)

  韩玉生(2012.09 任职)

内设机构　2014 年，河口区教育局机构设置为:办公室(计划财务股)、人事股、基教股、职教股 4 个行政股室。

2014 年河口区教育系统事业单位机构设置与人员配置一览表

机构名称	机构性质	规格	经费形式	人员配置	机构设置
河口区人民政府教育督导室	事业	正科	财政拨款	9	区教育条件装备办公室、区教育局安全工作科
河口区教学工作研究室	事业	副科	财政拨款	18	区学校体育卫生艺术教育办公室、区教师培训办公室
河口区招生委员会办公室	事业	副科	财政拨款	4	
河口区学生资助管理中心	事业	股级	财政拨款	3	
河口区托幼办公室	事业	股级	财政拨款		
河口区第一中学	事业	副县	财政拨款	231	1.办公室；2.教务处；3.政教处；4.总务处；5.安全保卫办公室
河口区实验学校	事业	正科	财政拨款	229	1.办公室；2.教务处；3.政教处；4.总务处 5.安全保卫办公室
河口区河安小学	事业	副科	财政拨款	84	1.办公室；2.教务处；3.总务处（保卫科）
河口区实验幼儿园	事业	副科	财政拨款	56	1.办公室；2.教务处；3.安全办
河口区河安幼儿园	事业	股级	财政拨款	46	1.办公室；2.教务处；3.安全办
河口区职业中等专业学校	事业	正科	财政拨款	51	1.办公室；2.教务处；3.总务处；4.招生就业办公室；5.培训办公室；6.省农业广播电视学校河口分校

续表

机构名称	机构性质	规格	经费形式	人员配置	机构设置
河口街道中心幼儿园	事业	股级	财政拨款	10	
河口街道中心小学	事业	股级	财政拨款	28	1.教务处；2.总务处
新户镇中心幼儿园	事业	股级	财政拨款	10	
新户镇中心小学	事业	股级	财政拨款	30	1.教务处；2.总务处
新户镇中学	事业	股级	财政拨款	52	1.办公室；2.教务处；3.总务处
新户镇太平幼儿园	事业	股级	财政拨款	10	
新户镇太平小学	事业	股级	财政拨款	31	1.教务处；2.总务处
新户镇太平中学	事业	股级	财政拨款	51	1.办公室；2.教务处；3.总务处
六合街道中心幼儿园	事业	股级	财政拨款	10	
六合街道中心小学	事业	股级	财政拨款	44	1.教务处；2.总务处
六合街道中学	事业	股级	财政拨款	67	1.办公室；2.教务处；3.总务处
义和镇中心幼儿园	事业	股级	财政拨款	15	
义和镇中心学校	事业	股级	财政拨款	156	1.办公室；2.教务处；3.政教处；4.总务处；5.安全保卫办公室
孤岛镇中心幼儿园	事业	股级	财政拨款	11	
孤岛镇中心小学	事业	股级	财政拨款	13	
仙河镇中心幼儿园	事业	股级	财政拨款	11	
仙河镇中心小学	事业	股级	财政拨款	17	

第二节　区直学校

河口区第一中学

历任校长、副校长

刘清渚（1959.05~1960.08）

陈文贤（1960.10~1961.08）

张锡鹏（1961.09~1972.04）

蔺德贵（1972.04~1974.02 学校革委会主任，
　　　　主持学校工作）

马芬田（1973.08~1979.08）

陈汝峰（1979.09~1980.10）

王昌述（1987.12~1991.09）

周俊田（1994.05~1997.03）

宋卫忠(1997.03~2012.03)

王志华(2012.03 任职)

副校长

刘清渚(1958.09~1959.05 主持学校工作)

张锡鹏(1959.08~1961.09)

王健民(1959.05~1961.10)

隆新娥(1975.05~1979.08)

王玉彬(1980.10~1984.08 主持学校工作)

闫文俊(1984.07~1998.03,1984.07~1986.03

和 1991.09~1993.10 主持学校工作)

王昌述(1986.03~1987.12)

岳观祥(1986.03~1991.09)

于寿波(1987.12~1990.08)

薄印池(1990.10~1996.03)

郭金玉(1992.05~1998.03)

周俊田(1993.10~1994.05 主持学校工作)

李延春(1997.10~2003.06)

马永祥(1998.02 任职)

宋加月(1998.02~2014.12)

李清玲(2004.09~2007.12)

崔兴岭(2007.12 任职)

裴泽安(2013.03 任职)

河口区实验学校

校　长

黄全文(1986.07~1991.02)

邱宝奎(1992.01~1994.10)

高祥军(1994.10~1999.01)

曹秀林(1999.01~2003.06)

刘文彬(2003.06~2008.12)

李延春(2008.12 任职)

副校长

陈泽云(1988.08~1994.10,

期间 1991.02~1992.01 主持工作)

杨柱泽(1988.08~1994.10)

刘希华(2004.07 任职)

曹秀林(2003.06~2004.10)

左志国(2003.06~2012.03)

宋乐增(2004.04~2012.09)

高乐军(2004.09 任职)

杜文礼(2012.09 任职)

工会主席

高乐军(2007.12~2008.12)

李若华(2008.12 任职)

学校内设机构　至 2014 年，河口区实验学校内部设置机构由职能机构和组织活动机构组成。共分办公室、教务处、政教处、科研处、总务处、安全办、综合治理、青少年组织、信息中心，计 9 个科室。

河口区职业中等专业学校

历任校长(主任)

孟德义(1996.03~2000.07)

李现文(2000.11~2004.07)

孙合春(2004.07~2006.07)

李延春(2006.07~2008.12)

刘晋月(2008.12~2014.05)

黄汶民(2014.11 任职)

副校长(副主任)

伍瑞林(1984.02~1984.08 主持工作)

张培贞(1984.08~1990.10,

期间 1984.8~1986.10 主持工作)

杨祯元(1986.10~1990.10 主持工作)

周学武(1990.10~1993.10 主持工作)

颜世田(1991.12~1993.10)

孟德义(1993.10~1996.03 主持工作)

梁仁俊(1993.10~2003.09)

朱春光(1997.07~1999.04)

于发友(1999.04~2002.03)

郭金玉(2000.04~2002.03)

孙合春(2000.11~2004.07 主持工作)

邓乃近(2005.08~2006.07)

刘兆军(2003.05~2014.05)

李光平(2006.07~2013.11)

刘其厚(2006.07~2012.03)

樊学东(2012.03~2013.11)

王建华(2012.09 任职)

马晓静(2013.02 任职)

荆月亮(2014.05 任职)

学校内设机构　至 2014 年，河口区职业中等专业学校内设机构为办公室、教务处、实习办、招生与就业办公室、总务处、培训办公室、农业广播学校计 7 个科室。

河口区河安小学

石油工业部运输公司第三运输分公司子女学校

校　长

郑逸之(1979.09~1987.06)

薛大愚(1987.06~1988.09)

中国石油天然气运输公司第三公司子女学校

校　长

赵积生(1988.09~1998.01)

胜利石油管理局运输三公司子女学校

校　长

赵积生(1998.01~1998.04)

胜利油田河口社区管理中心长运中学

校　长

赵积生(1998.04~2001.02)

胜利油田河口第五小学

校　长

赵积生(2001.03~2002.03)

东营市河口区河运小学

校　长

赵积生(2002.04~2005.08)

王玉东(2005.08~2010.09)

东营市河口区河安小学

校　长

高希文(2010.09~2014.11)

刘　波(2014.11 任职)

内部机构设置　至 2014 年,学校内部设置机构由职能机构和组织活动机构组成。设校长室、办公室、教务处、政教处、总务处、工会、少先队、安全办、信息中心 9 个科室。

河口区实验幼儿园

园　长

杨金枝(1991.05~1999.12)

盖秀霞(2001.04~2010.08)

杨景田(2010.08 任职)

河口区河安幼儿园

园　长

刘云友(2011.08 任职)

第三节　镇(乡)街道教育机构

河口区镇、街道教育管理机构最早出现于 20 世纪 50 年代,当时各公社均配备一名文教助理。1984 年,河口区成立,各乡镇相继设置教育组。1994 年,各乡镇设置教育委员会。4 月 3 日,东营市河口区机构编制委员会下发《关于乡镇成立教育委员会办公室等单位的通知》(东河编发〔1994〕第 9 号)。文件明确:为搞好乡镇教育工作、统计工作和农村社会养老保险工作,经区编制委员会研究同意六合乡、四扣乡、义和镇、太平乡、新户乡分别成立乡镇教育委员会办公室,为股级全民事业单位,定编 3 人,全额拨款。所需编制占乡镇教育人员编制。2010 年,河口区撤乡建制镇、街道,机构名称未变。

新户镇　境内最早的基层教育机构为郭局人民公社和太平人民公社文教办公室,职务称文教助理。1984 年开始,改设教育组,设教育组长、副组长。1994 年起,设置教育委员会,职务名称为教育委员会主任。2010 年 5 月,新户镇成立,时有新户和太平两个教委,2011 年 9 月撤销新户和太平两个教委,成立新户镇教育委员会。

原新户乡

一、管理机构

郭局人民公社文教助理

康金林(1966.03~1968.05)

新户人民公社文教助理

康金林(1968.05~1984.02)

新户乡教育组长

康金林(1984.02~1984.12)

陈景先(1984.12~1987.05)

孙德宾(1987.05~1988.04)

邱宝奎(1988.04~1991.12)

曹秀林(1991.12~1994.10)

副组长

刘甲月(1991.12~1992.8)

新户乡教委主任

曹秀林(1994.10~1998.07)

李秉太(1998.08~2002.12)

吴绪忠(2002.12~2010.05)

新户镇教委主任

吴绪忠(2010.05~2011.09)

张俊国(大)(2011.09 任职)

新户镇教委党支部书记

康金林(1984.02~1984.12)

陈景先(1984.12~1987.05)

邱宝奎(1988.04~1991.12)

曹秀林(1991.12~1998.07)

李秉太(1998.08~2002.12)

吴绪忠(2002.12~2011.09)

张俊国(2011.09 任职)

副书记

邱宝奎(1984.02~1989.10)

李增良(1984.12~1989.10)

孙德宾(1989.10~1990.07)

工会主席

杨树甄(1984.09~1986.08)

吴学志(1986.08~1989.06)

李秀庄(1989.06~1992.02)

刘甲月(1992.03~1998.05)

吴绪忠(1998.05~2001.01)

巴学月(2001.01~2005.06)

陶广忠(2005.06~2011.09)

薛成刚(2011.09 任职)

二、教学机构

新户镇中学校长

李凤玉(1972.12~1986.10)

孙德宾(1987.10~1990.07)

曹秀林(1990.07~1993.10)

李杰红(1995.01~1997.08)

王玉东(1997.08~1998.04)

杜文礼(1999.07~2003.06)

张俊国(大)(2003.07~2007.09)

范永军(2007.09 任职)

副校长

孙德宾(1986.10~1987.10)

马景廷(1991.12~1993.10)

杜文礼(1998.04~1999.07)

张俊国(大)(2002.08~2003.07)

史玉金(2003.07~2005.07)

房建立(2005.07~2011.09)

程伯彬(2011.09 任职)

周子晶(2011.10 任职)

学校党支部(1995 年成立)书记

李杰红(1995.01~1997.08)

王玉东(1997.08~1998.04)

杜文礼(1998.04~2003.07)

张俊国(2003.07~2007.09)

范永军(2007.09 任职)

老鸦中学(1989 年 7 月撤并)教务主任

刘甲月(1984.08~1987.08)

张希晋(1987.10~1988.10)

吴绪忠(1988.10~1989.07)

新户镇中心小学校长

邱宝奎(1985.08~1986.10)

李增良(1987.03~1989.10)

刘甲月(1990.05~1991.12)

周明泽(1992.08~2009.08)

薄海防(2009.09 任职)

副校长

张希晋(1988.10~1994.08)

刘洪文(2003.08~2008.09)

薄海防(2006.09~2009.08)

撤并的小学教学机构

学校名称	撤并时间	历任负责人
东风小学	2000.07	张守俊　康玉和　张庆岭　李启清
永合小学	2000.07	赵茂新
兴合小学	2005.07	郭恒振　李启清
四顷二小学	2005.07	邱宝奎　杨树甄　刘甲月　路 鹏
老鸦小学	2008.12	刘甲月　张守俊　张登峰　吴绪忠　刘洪文　薄海防　高令华

新户镇学前教育机构表

园所名称	负责人	任职时间
新户乡中心幼儿园	王段荣 张俊美 张俊香	1988.09~1994.09 1994.09~2004.07 2004.07~2006.07
新户镇中心幼儿园	明彩霞	2006.07~2010.05 2010.05 任职
郭局幼儿园	穆本花	1995.03 任职
四顷二幼儿园	李文明	2012.09 任职
兴合幼儿园	张兰芝 魏学明	1986.05~1998.06 1998.06 任职
老鸦幼儿园	刘俊芝	2006.07 任职

原太平乡

一、管理机构

太平人民公社文教助理

张荣华(1969~1978)

孙学孟(1978~1984.02)

太平乡教育组长

颜世田(1984.02~1985.02)

邵彩云(1985.02~1992.01)

付景忠(1992.01~1994.10)

太平乡教委主任

吴乃星(1994.10~1998.12)

宋卫东(1998.12~2004.08)

张俊国(小)(2004.08~2010.05)

张俊国(大)(2010.05~2010.12)

新户镇太平教委主任

张俊国(大)(2010.05~2011.09)

太平乡教委党支部书记

颜世田(1984.02~1985.01)

邵彩云(1985.01~1992.01)

付景忠(1993.10~1994.10)

吴乃星(1994.10~1998.12)

宋卫东(1998.12~2004.08)

张俊国(小)(2004.08~2010.05)

张俊国(大)(2010.05~2011.09)

副书记

邵彩云(1984.02~1985.01)

王乃仁(1985.02~1988.08)

冯金龙(1992.01~1995.03)

工会主席

王梅三(1984.05~1986.08)

张宝祥(1986.08~1988.08)

王乃仁(1988.08~1992.08)

冯金龙(1992.08~1999.12)

张洪泉(2000.01~2006.09)

薛成刚(2006.09~2011.09)

二、教学机构

太平乡中学校长

王乃仁(1985.02~1988.08)

宋卫忠(1988.02~1990.12)

付景忠(1992.01~1993.08)

李秉太(1994.10~1998.12)

范永军(1998.12~2004.08)

赵新安(2004.08~2007.07)

董国杰(2007.07~2010.05)

副校长

郑希明(1984.02~1984.10)

杨俊国(1986.10~1988.02)

李杰红(1992.01~1993.08)

太平乡三合中学(1986.06 撤并)

教务主任

薛守兰(1984.02~1986.06)

新户镇太平中学校长

董国杰(2010.05~2013.10)

房建立(2013.10 任职)

太平乡中心小学校长

颜世田(1984.02~1985.01 兼)

冯金龙(1985.01~1992.08)

宋卫东(1992.08~1998.12)

许振海(1998.12~2010.05)

新户镇太平小学校长

许振海(2010.05 任职)

副校长

杨　明(2012.09~2014.03)

太平学区(1998.06撤并)校长

　　刚守福(1984.02~1992.08)

　　宋卫东(1992.08~1998.12)

　　许振海(1998.12~2002.08)

刘鄋学区(1998撤并学区,2002年撤并刘鄋联小)校长

　　马相泽(1984.02~1989.08)

　　宋卫东(1989.08~1992.08)

　　武明和(1992.08~2002.08)

三合学区(1998年撤销学区,2012年撤销三合联小)校长

　　纪洪庆(1984.02~1992.08)

　　王希林(1992.08~1995.12)

　　张洪友(1996.01~2000.09)

　　姜花顺(2000.09~2008.09)

　　杨　明(2008.09~2012.07)

建设学区(1992年撤销)校长

　　王春峰(1984.02~1990.08)

　　杨柳河(1990.08~1992.08)

东兴学区(1992年撤销学区,2005年撤销东兴联小)校长

　　李朝俊(1984.02~1989.08)

　　马相岭(1989.08~1992.08)

　　姜花顺(1998.09~2000.09)

　　刘明刚(2000.09~2005.07)

太平幼儿园园长

　　张景叶(1984~1986)

　　吴金叶(1987~2002)

　　李秀林(2003.09任职)

南楼幼儿园园长

　　赵志燕(2012.08任职)

义和镇　新中国成立后,义和镇境内新教育全面发展,至1979年,教育管理机构的设置多为公社文教助理,有一名专职干部。1979年开始,机构设置为公社(镇)教育组,职务名称教育组长。1994年开始,设镇教育委员会,职务名称教委主任。各个时期均建立中共党的基层组织,即党支部。

一、管理机构

教育组长

　　李学成(1979.02~1985.01)

　　岳观祥(1985.01~1987.08)

　　刘振炎(1988.07~1990.07)

　　吴乃星(1992.03~1994.10)

副组长

　　王昆峰(1986.08~1992.03)

教委主任

　　付景忠(1994.01~2004.08)

　　王玉东(2004.08~2005.07)

　　范永军(2005.07~2007.03)

　　张俊国(2007.03~2007.07)

　　陈建国(2007.07任职)

党支部书记

　　李学成(1984.02~1985.01)

　　岳观祥(1985.01~1987.08)

　　王昆峰(1987.08~1992.03)

　　吴乃星(1992.03~1994.10)

　　付景忠(1994.10~2004.08)

　　王玉东(2004.08~2005.07)

　　范永军(2005.07~2007.03)

　　张俊国(2007.03~2007.07)

　　陈建国(2007.07任职)

二、教学机构

1958年,沾化县第三中学成立,开设初中和高中教育课程,下设三个初中教学点(大英中学、大山中学、五二中学)。1962年,义和人民公社46个村分别设置小学教学点,其中,义和完小确定为沾化县重点完小。进入20世纪80年代,教育事业全面改革。2000年,全镇有小学8处。2009年,全镇中小学教学点进行撤并,建立义和镇中心学校,下设大山和六顷两处教学点。

义和镇中心学校(原义和镇中学)校长

　　刘振炎(1985.01~1988.07)

　　周俊田(1988.07~1991.07)

　　吴乃星(1992.06~1993.10)

　　宋加月(1993.10~1998.08)

　　王玉东(1998.08~2004.08)

　　范永军(2004.08~2005.07)

　　姜友良(2005.07~2006.03)

张俊国(2006.03~2007.07)

陈建国(2007 任职)

党支部书记

宋加月(1995.07~1998.08)

王玉东(1998.08~2004.08)

范永军(2004.08~2005.07)

姜友良(2005.07~2007.03)

张俊国(2007.03~2007.07)

陈建国(2007 任职)

义和镇中心小学校长

王昆峰(1984.02~1985.01)

吴泮华(1985.01~1989.07)

许方孔(1989.07~1992.10)

马景廷(1994.10~1996.09)

陈守义(1996.09~2004.07)

姜友良(2004.08~2005.09)

左振双(2005.09~2007.07)

李杰红(2007.07~2009.10)

大山学区校长

李长平(1984.07~1989.07)

杨学让(1989.07~1991.03)

张茂林(1991.03~1996.06)

左振双(1996.06~2003.08)

大山中学校长

吴泮华(1992.07~1994.10)

副校长

高登友(1988.07~1991.07)

吴乃星(1991.07~1992.03)

王玉东(1994.10~1995.12)

教务处主任

张景利(1984.02~1984.12)

周俊田(1985.01~1988.07)

焦广民(1994.10~1996.08)

五二中学教务处主任

杨柱泽(1984.07~1986.07)

吴乃星(1986.07~1990.07)

大英中学副校长

刘振华(1988.07~1990.09)

教导处主任

刘振华(1984.02~1988.07)

大牟小学校长

付义国(1984.03~1987.05)

尚玉生(1986.07~1992.03)

张景华(1992.03 任职,随后学校撤并)

义和学区小学校长

綦法兰(1984.07~1989.07)

李泽峰(1989.07~1992.01)

孟德季(1992.01~1994.10)

小河学区小学校长

吴汉学(1984.01~1994.10)

王惠民(1994.10 任职,随后学校撤并)

六顷五学区校长

许方孔(1982.07~1989.07)

李永亨(1989.07~1991.03)

袁明坤(1992.03~1994.10)

于世忠(1994.10~2002.09)

义和镇撤并的中小学教学机构

学校名称	撤并时间	历任负责人
大山中学	2003.08	校　长:吴泮华 副校长:高登友　吴乃星　王玉东 教务处主任:张景利　周俊田　左振双　焦广民
五二中学	1990.07	教务处主任:杨柱泽　吴乃星
大英中学	1990~1991	副　校　长:刘振华 教导处主任:刘振华
大牟小学	1992.03	校长:付义国　尚玉生　张景华
义和学区小学	1994.10	綦法兰　李泽峰　孟德季
义和镇小学	2009	綦法兰　李泽峰　孟德季
小河学区小学	1994.10	吴汉学　王惠民

中心幼儿园园长

于世忠（2002.09~2006.07）

刘　芳（2006.08~2009.07）

张　迪（2009.08~2013.11）

（2013年11月起，孟凡忠主持工作）

大山幼儿园园长

张立海（2012.06~2013.10）

李　翠（2013.10任职）

六顷幼儿园园长

薛传强（2012.06~2013.10）

张立海（2013.10任职）

仁韩社区幼儿园园长

李志明（2012.06任职）

仙河镇　1994年，仙河镇成立教科文卫办公室，1998年，成立镇教育委员会。

一、管理机构

仙河镇教科文卫办公室（由镇分管教育的副科级领导兼任办公室主任）

仙河镇教育委员会主任

贾振晔（1998.08~2012.08）

王学志（2012.09任职）

二、教学机构

1987年，仙河镇有小学1处，1994年更名为河口区仙河镇渔村小学，1996年新建两所小学，即东港小学和振东小学；1999年9月合并到振东小学。2001年渔村小学、振东小学合并为仙河镇中心小学。

荒洼管理站小学（1994年6月撤并）校长

毕玉贵（1987.09~1994.06）

渔村小学（2001年8月撤并）校长

毕玉贵（1994.06~1994.09）

邵光霞（1994.09~1996.02）

于维照（1996.02~2001.08）

仙河镇中心小学校长

于维照（2001.08~2008.06）

王学志（2008.06~2012.09）

田　涛（2012.09任职）

仙河镇中心幼儿园园长

崔立霞（1990.03~2012.04）

王学志（2012.04任职）

孤岛镇

一、管理机构

1998年12月，成立镇教育委员会。

教委主任

王　成（1999.01~2013.10）

陈月江（2013.10任职）

二、教学机构

1989年9月，孤岛镇有小学1处，为西韩小学。1994年，新建小学一所，即镇苑小学。2002年9月，西韩小学合并到镇苑小学，并更名为孤岛镇中心小学。2004年，孤岛镇中心小学合并到胜利油田孤岛第二小学，接受油田小学的管理。

西韩小学（2002年9月撤并）校长

韩俊花（1989.09~199.07）

吴清贵（1995.09~2002.09）

镇苑小学（2001年9月撤并）校长

王　成（1994.09~2001.07）

于兰秋（2001.09~2004.07）

孤岛镇中心小学校长

于兰秋（2002.09~2004.07）

孤岛镇中心幼儿园园长

陈月秋（2011.06~2012.09）

陈月江（2012.09~2015.01）

陈建国（2015.01任职）

副园长

陈朝凤（2014.06任职）

河口街道　河口街道原为沾化县四扣人民公社建制。1984年，划归东营市建制为河口区四扣乡。2001年2月撤乡划河口街道。1965~1985年境内教育管理机构设置为公社文教助理，至1990年改设为乡教育组长，1994年起，设教育委员会。

一、管理机构

文教助理

徐庆亭（1965.03~1970.09）

李学成（1970.09~1975.12）

李久清（1975.12~1983.10）

张诚然（1983.10~1985.02）

教育组长

　王昆峰(1985.02~1986.11)

　邱宝魁(1986.11~1987.07)

　张学武(1987.07~1990.01)

　杨俊国(1990.01~1991.10)

　刘新国(1991.10~1994.10)

教委主任

　刘新国(1994.10~2007.07)

　姜友良(2007.07 任职)

党支部书记

　王昆峰(1985.02~1986.11)

　邱宝奎(1986.11~1987.07)

　张学武(1987.07~1990.01)

　杨俊国(1990.01~1991.10)

　刘新国(1991.10~2007.07)

　姜友良(2007.07 任职)

工会主席

　刘振吉(1987.07~1991.12)

　王凤成(1992.01~2002.07)

　王兆奎(2002.07~2004.08)

　陈守义(2004.08~2005.08)

　王兆奎(2005.08 任职)

二、教学机构

四扣中学(2006 年 7 月并入实验学校)主任

　吴景洪(1969.07~1972.08)

　张培贞(1972.08~1977.08)

　杨柱泽(1977.08~1983.09)

　王友贤(1983.09~1985.02)

校　　长

　孔繁国(1985.02~1987.12)

　杨俊国(1987.12~1990.01)

　刘新国(1990.01~1994.03)

　陈道泉(1994.03~2002.08)

　陈建国(2002.09~2004.09)

　陈桂民(2004.09~2006.07)

河口街道中心小学(原二吕小学)校长

　张学武(1985.02~1987.07)

　陈玉清(1987.07~1995.07)

　刘新国(1995.07~1999.07)

　刘云友(1999.07~2011.09)

　马华东(2011.09 任职)

河口街道四扣小学校长

　刘学义(1996.10~1998.08)

　徐志才(1998.08~2014.03)

　杨　明(2014.03 任职)

河口街道中心幼儿园园长

　王洪霞(1995.08~2012.08)

　姜友良(2012.09 任职)

河口街道第二幼儿园园长

　贾新海(2008.09 任职)

六合街道 1965 年,利津县设立六合人民公社,同时设立文教助理,次年设立教育组。1984 年河口区建立前,六合教育工作属利津县教育局管理。1984 年 8 月,六合乡设立教育组。1994 年 10 月,教育组更名为教育委员会。

一、管理机构

文教助理

　鲍学清(1965.01~1965.12)

教育组组长

　鲍学清(1966.01~1978.12)

　张学文(1978.12~1985.12)

　赵德明(1985.12~1987.12)

　吴洪建(1987.12~1990.01)

　纪玉刚(1990.01~1994.10)

教委主任

　纪玉刚(1994.10~1998.12)

　王祥甲(1998.12~2004.08)

　陈建国(2004.08~2007.07)

　张俊国(大)(2007.07~2010.05)

　张俊国(小)(2010.05 任职)

二、教学机构

六合街道中学(原六合人民公社中学、六合乡中学)校长

　王贵林(1968.01~1968.09)

　陈金明(1968.09~1970.07)

　毕宜庄(1970.07~1972.01)

　张凤田(1972.01~1975.11)

　张俊亭(1975.11~1984.01)

牛立元（1984.01~1984.07）

岳观祥（1984.07~1985.03）

吴洪建（1985.03~1987.07）

宁洪儒（1987.07~1990.01）

纪玉刚（1990.01~1992.01）

陈道泉（1992.01~1993.09）

吕金发（1993.09~1998.09）

高乐军（1998.09~2004.10）

陈建国（2004.10~2007.07）

张俊国（大）（2007.07~2010.05）

张俊国（小）（2010.05 任职）

副校长

陈桂民（2002.12~2004.08）

李杰红（2004.08~2007.07）

姜友良（2007.03~2007.07）

李凤林（2007.07~2010.05）

吴新峰（2007.07~2011.10）

吴克峰（2011.10 任职）

李红军（2011.10 任职）

教务主任

宁洪儒（1984.02~1987.07）

纪玉刚（1987.07~1990.01）

牛胜昌（1990.01~1994.10）

李泮亮（1994.10~1998.08）

高乐军（1998.08~1998.09）

陈桂民（1998.09~2002.12）

陈兴臻（2002.12~2004.09）

李红军（2004.09~2011.10）

荆岭山（2011.10 任职）

总务主任

毕宜民（1987.08~1994.10）

李希文（1994.10~2008.09）

吴军亭（2008.09 任职）

六合街道中心小学（原六合人民公社中心小学、六合乡中心小学）校长

毕宜泉（1984.08~1989.07）

荆殿超（1989.08~1992.02）

王祥甲（1992.03~1994.10）

崔兆文（1994.11~1996.08）

李俊发（1997.08~1999.08）

李希和（1999.08~2013.08）

薛传强（2013.09 任职）

教务主任

刘玉峰（1984.02~1991.07）

陈步先（1991.07~1992.07）

于成泉（1992.08~1999.02）

于跃伟（1999.02~2005.09）

李艳军（2005.09 任职）

六合乡三联学区小学（2001年8月并入中心小学）校长

崔兆文（1989.09~1993.07）

陈雪峰（1993.07~1998.02）

李希和（1998.02~1999.08）

段景福（1999.08~2001.08）

六合乡荆家小学（2000年8月并入中心小学）校长

张宝民（1984.02~1986.04）

荆学林（1986.04~1987.08）

王立增（1987.09~1988.07）

荆殿贞（1988.08~1989.07）

段景福（1989.08~1990.07）

荆学林（1990.08~1994.10）

徐文忠（1994.10~2000.08）

六合乡西崔小学（1998年1月并入六合小学）校长

胡春贤（1984.02~1994.10）

毕宜杰（1994.11~1998.01）

六合乡东坝小学（1998年8月并入中心小学）校长

巴胜图（1984.02~1988.07）

冉吉忠（1988.08~1992.07）

陈守亮（1992.08~1994.09）

李向红（1994.10~1995.01）

郭金秀（1995.02~1998.08）

六合乡东崔小学（1999年8月并入六合中心小学）校长

毕宜泉（1984.02~1984.08）

牛合元（1984.09~1985.07）

牛乐元（1985.08~1986.09）

裴秀岭（1986.10~1987.10）

牛合元（1987.11~1991.07）

第一编　组织机构与管理体制

李维玉(1991.08~1992.07)

冉吉忠(1992.08~1997.07)

段景福(1997.08~1999.08)

六合乡后毕小学 (1999 年 8 月并入六合中心小学)校长

张宝民(1984.02~1990.12)

刘兰田(1991.01~1994.09)

李希和(1994.10~1998.02)

牛庆昌(1998.03~1999.07)

六合乡六合小学(2002 年 8 月并入中心小学)校长

胡兴福(1984.02~1988.07)

荆殿贞(1988.08~1991.07)

胡兴福(1991.08~1994.09)

荆桂锦(1994.10~1995.07)

张宏基(1995.08~1996.02)

綦鹏勋(1996.03~1998.02)

毕宜杰(1998.03~2002.07)

六合乡范家小学 (2000 年 8 月并入六合中心小学)校长

荆殿超(1984.02~1989.07)

陈步先(1989.08~1991.07)

刘玉峰(1991.08~1999.03)

于吉泉(1999.04~2000.07)

六合乡小义和小学(1986 年 3 月并入荆家小学)校长

徐文科(1984.02~1986.03)

六合乡安家小学(1991 年 8 月并入荆家小学)校长

荆殿贞(1984.02~1990.07)

安建军(1990.08~1991.07)

六合乡后沟小学 (1989 年 8 月并入三联学区小学)校长

张宝民(1982.07~1984.07)

崔汝祥(1984.08~1989.07)

六合乡梅家小学(1989.08 并入三联学区小学)校长

刘桐林(1984.02~1985.07)

王树杰(1985.08~1988.07)

崔兆文(1988.08~1989.08)

六合乡前沟小学 (1989 年 8 月并入三联学区小学)校长

陈雪峰(1984.02~1986.07)

崔兆文(1986.08~1988.07)

陈雪峰(1988.08~1989.07)

六合乡上小街小学(1986 年 8 月并入胡家小学)校长

裴景奎(1984.02~1986.07)

六合乡胡家小学(1986 年 8 月成立胡家联小)校长

胡士云(1984.02~1986.05)

六合乡胡街联小(1997 年 8 月并入三联学区小学)校长

裴景奎(1986.08~1994.10)

胡士云(1994.11~1997.07)

六合乡老庙学区小学 (2002 年 7 月并入中心小学)校长

陈泽云(1984.02~1988.07)

王立增(1988.08~1989.07)

陈道学(1989.08~1991.07)

陈同堂(1991.08~1994.10)

牛胜昌(1994.11~1997.03)

冉吉忠(1997.04~1999.02)

陈雪峰(1999.02~1999.08)

刘俊喜(1999.09~2002.07)

六合乡大夹河小学(1994 年 8 月撤并,夹联小学)校长

张振香(1984.02~1988.07)

綦宝训(1988.08~1994.07)

六合乡小夹河小学(1994 年 8 月撤并,设立夹联小学)校长

陈守亮(1984.02~1988.07)

刘永林(1988.08~1994.07)

六合乡夹联小学 (2002 年 7 月撤并到中心小学)校长

綦宝训(1994.08~2002.07)

六合乡薄咀小学 (1998 年 3 月撤并到夹联小学)校长

陈泽学(1984.02~1998.02)

六合乡毕咀小学(1998 年 3 月撤并到老庙学区小学)校长

毕玉刚(1984.02~1994.10)

安建军(1994.11~1998.02)

六合乡协胜学区小学(2001 年 7 月撤并到河运小

学,即现河安小学)校长

　　王立增(1984.02~1986.07)

　　荆学林(1986.08~1988.07)

　　裴秀玲(1988.08~1990.07)

　　李俊发(1990.08~1997.07)

　　崔兆文(1997.08~1999.07)

　　李俊发(1999.08~2001.07)

六合乡新合小学(2000年7月撤并到协胜学区小学)校长

　　毕作民(1984.02~2000.07)

六合乡新胜小学(1998年2月撤并到新合小学)校长

　　陈国旺(1984.02~1991.10)

　　刘爱花(1991.11~1998.02)

六合乡广合小学(1998年2月撤并到三义和小学)校长

　　王荣华(1984.02~1993.12)

　　安建军(1994.01~1994.09)

　　程国荣(1994.10~1998.02)

六合乡三义和小学(1999年7月撤并到协胜小学)校长

　　蒋庆田(1984.02~1994.10)

　　蒋秀莲(1994.11~1997.02)

六合街道中心幼儿园(原六合乡中心幼儿园)园长

　　翟聚凤(1983.08~1984.02)

　　杨洪凤(1984.02~2004.11)

　　毕宜杰(2004.12任职)

三义和社区幼儿园园长

　　李月美(2012.09任职)

老庙社区幼儿园园长

　　安建军(2012.09任职)

六合街道撤并的小学教学机构

学校名称	撤并时间	历任负责人
小义和小学	1986.03	徐文科
大夹河小学	1994.08	张振香　綦宝训
三联学区小学	2001.08	崔兆文　陈雪峰　李希和　段景福

续表

学校名称	撤并时间	历任负责人			
荆家小学	2000.08	张宝民 段景福	荆学林 荆学林	王立增 徐文忠	荆殿贞
西崔小学	1998.01	胡春贤	毕宜杰		
东坝小学	1998.08	巴胜图 郭金秀	冉吉忠	陈守亮	李向红
东崔小学	1999.08	毕宜泉 牛合元	牛合元 李维玉	牛乐元 冉吉忠	裴秀岭 段景福
后毕小学	1999.08	张宝民	刘兰田	李希和	牛庆昌
六合小学	2002.08	胡兴福 綦鹏勋	荆殿贞 毕宜杰	荆桂锦	张宏基
范家小学	2000.08	荆殿超	陈步先	刘玉峰	于吉泉
小义和小学	1986.03	徐文科			
安家小学	1991.08	荆殿贞	安建军		
后沟小学	1989.08	张宝民	崔汝祥		
梅家小学	1989.08	刘桐林	王树杰	崔兆文	
前沟小学	1989.08	陈雪峰	崔兆文	陈雪峰	
上小街小学	1986.08	裴景奎			
胡家小学	1986.08	胡士云			
胡街联小	1997.08	裴景奎	胡士云		
老庙学区小学	2002.07	陈泽云 牛胜昌	王立增 冉吉忠	陈道学 陈雪峰	陈同堂 刘俊喜
大夹河小学	1994.08	张振香	綦宝训		
小夹河小学	1994.08	陈守亮	刘永林		
夹联小学	2002.07	綦宝训			
薄咀小学	1998.03	陈泽学			

续表

学校名称	撤并时间	历任负责人	
毕咀小学	1998.03	毕玉刚　安建军	
协胜学区小学	2001.07	王立增　荆学林　裴秀玲　李俊发 崔兆文　李俊发	
新合小学	2000.07	毕作民	

续表

学校名称	撤并时间	历任负责人	
新胜小学	1998.02	陈国旺　刘爱花	
广合小学	1998.02	王荣华　安建军　程国荣	
三义和小学	1999.07	蒋庆田　蒋秀莲	

第二章　党群组织

第一节　中共党组织

1987 年，河口区文教局成立党支部；1991 年，河口区教育局成立局党组；1993 年，河口区教育局改称河口区教育委员会，成立党支部；2002 年，河口区教育局改设党组；2006 年，河口区教育局成立党委，至 2014 年，局党委下设区一中党总支、局机关、区职教中心、区实验学校、河安小学、河安幼儿园等五个党支部。

河口区文教局党支部（1987.02~1991.03）

书　　记　牛立元（1987.02~1991.03）

副 书 记　李中干（1987.02~1991.03）

支部委员　张学文（1987.02~1991.03）

　　　　　陈景先（1987.02~1991.03）

　　　　　张群智（1987.02~1991.03）

河口区教育局党组（1991.03~1993.12）

书　　记　牛立元（1991.03~1993.12）

副 书 记　于寿波（1991.03~1991.12）

　　　　　孟德义（1991.12~1993.12）

党组成员　张景利（1991.03~1993.12）

　　　　　孟德义（1991.10~1993.12）

河口区教育委员会党支部（1993.12~2002.03）

书　　记　曲德民（1993.12~2003.01）

副 书 记　张俊海（1995.12~1998.02）

支部委员　周俊田（1993.12~1998.02）

　　　　　韩丽君（1997.12~2002.04）

　　　　　郑文杰（1993.12~2002.04）

　　　　　张景利（1993.12~1998.04）

　　　　　黄全文（1993.12~2002.04）

　　　　　王美三（1993.12~2002.04）

河口区教育局党组（2002.03~2006.07）

党组书记　曲德民（2002.04~2003.01）

　　　　　张胜双（2003.04~2006.07）

副 书 记　宋卫忠（兼，2002.04~2006.07）

　　　　　张振祥（兼，2002.04~2003.02）

党组成员　孙德宾（2002.04~2006.07）

　　　　　韩丽君（2002.04~2005.08）

纪检组长　樊学东（2002.04~2006.07）

河口区教育局党委（2006.07~）

2006 年 7 月 7 日，经中共河口区委批准成立河口区教育局党委。8 月 9 日，"中共东营市河口区教育局委员会"印章启用。

党委书记　张胜双（2006.07~2006.10）

副 书 记　宋卫忠（2006.07~2006.10）

　　　　　李延春（2006.07~2006.10）

党委委员　胡友文（2006.07~2006.10）

　　　　　孙德宾（2006.07~2006.10）

　　　　　王明章（2006.07~2006.10）

　　　　　樊学东（2006.07~2006.10）

　　　　　马晓静（2006.07~2006.10）

　　　　　刘文彬（2006.07~2006.10）

纪委书记　樊学东（2006.07~2008.12）

至 2007 年 10 月，局党委下设区一中党总支，局机关、区职教中心、区实验学校、河运小学五个党支部。有正式党员 105 人，预备党员 9 人。

党委书记　张胜双（2006.10~2007.10）
　　　　　毕建军（2007.10 任职）
副 书 记　宋卫忠（2006.10~2012.03）
　　　　　李延春（2006.10 任职）
　　　　　刘学东（2009.12~2012.03）
　　　　　王志华（2012.03 任职）
　　　　　聂　磊（2012.03 任职）
　　　　　樊学东（2012.03~2013.10）
　　　　　王明章（2014.05 任职）
党委委员　胡友文（2006.10~2010.03）
　　　　　孙德宾（2006.10~2008.11）
　　　　　王明章（2006.10~2014.05）
　　　　　樊学东（2006.10~2013.09）
　　　　　马晓静（2006.10~2013.02）
　　　　　刘文彬（2006.10~2008.11）
　　　　　高希文（2008.12~2009.12）
　　　　　刘晋月（2008.12~2014.04）
　　　　　韩其华（2010.10 任职）
　　　　　杨丰文（2012.03 任职）
　　　　　李　琳（2013.02~2014.11）
纪委书记　樊学东（2006.07~2008.12）
　　　　　高希文（2008.12~2009.12）

局属党组织机构　2014 年，河口区教育局党委下设区一中党总支，局机关、区职教中心、区实验学校、河安小学、河安幼儿园五个党支部。2012 年 5 月，河安幼儿园成立党支部。

河口区第一中学党总支

书　记　曲德民（2000.08~2003.01）
　　　　张胜双（2003.04~2007.10）
　　　　毕建军（2007.10 任职）

教育局机关党支部

书　记　王明章（2006.04 任职）
委　员　李树根（2006.04 任职）
　　　　杨景田（2006.04~2010.09）
　　　　时胜国（2010.09~2012.10）
　　　　成梅山（2012.10 任职）

河口区实验学校党支部

书　记　曹秀林（1999.01~2003.06）
　　　　陈泽云（1988.08~1994.10）
　　　　刘希华（2003.06 任职）

河口区职业中专党支部

书　记　伍瑞林（1984.02~1984.08）
　　　　张培贞（1984.08~1986.10）
　　　　杨祯元（1986.10~1990.10）
　　　　周学武（1990.10~1993.10）
　　　　孟德义（1993.10~2000.07）
　　　　孙合春（2000.11~2006.07）
　　　　李延春（2006.11~2008.12）
　　　　刘晋月（2008.12~2014.05）
　　　　刘兆军（2014.05 任职）

河安小学党支部

书　记　王玉东（2005.08~2010.09）
　　　　高希文（2010.09~2014.11）
　　　　刘　波（2014.11 任职）

河安幼儿园党支部

书　记　刘云友（2011.08 任职）

第二节　群团组织

工　会　1985 年 7 月，河口区教育工会成立，7 月 19 日，召开河口区教育系统首届代表大会，选举产生第一届工会委员会，出席会议代表有局机关、区直学校、乡镇教育组及学校工会负责人等 29 人参加，大会选举局长牛立元兼任工会主席，张文英任专职副主席，杨祯元、李学成、康金林为委员。当时全区教育工会共有会员 331 名。1987 年，成立各乡镇教育工会组织，督促指导完成 7 个教代会组织建设，健全教代会制度，加强学校民主管理。1992 年 5 月，薄其君当选为东营市教育工会第一届委员会委员，1992 年 11 月召开河口区教育工会第二届工会委员会大会，薄其君当选为工会主席，王美三当选为副主席，确立第二届工会委员会委员。

2003 年 6 月 18 日，区委组织部门任命马晓静为副科级专职教育工会主席。2004 年 10 月 6 日，河口教育工会第四届委员会会议在教育局三楼会议室召开，审议通过马晓静代表会议筹备委员会所作的筹备工作报告、付景忠所作的关于大会选举办法的报告、第三届经费审查委员会和女工委员会。马晓静当选为工会主席，付景忠当选为工会副主席，韩玉生等五人为第三届工会委员会委员，经费审查委员会由张立民、宋卫东、陆慧三人组成，张立民为主任。女工委员会由刘爱荣、张林兰、陈万花三人组成，刘爱荣为主任。2013年2月22日，经河口区组织部任命李琳同志为专职教育工会主席、教育局党委委员。2014年，全区教育工会下辖7个工会委员会，10个基层工会组织，共有教职工1750余人。工会主席高希文。

团工委　建区之初，区文教局没有专职团干部，学校共青团和少先队工作由各学校团队干部按照当时形势发展和教育要求，围绕学校中心工作，自主开展活动。之后，上级文件传达和全区统一性的活动由局工会、局办公室负责安排、协调。1991年，按照市教育局和团区委的要求，结合局编制情况，成立区教育局团工委，并设立专职团工委书记，为股级事业编

制。自此，全区青少年工作开始步入规范化。

历任团工委书记

张　军（1991.09~1997.07）

左志国（1997.08~2003.06）

李长江（2003.07~2009.07）

时胜国（2009.07~2010.09）

陆　慧（2010.09 任职）

妇委会　2005年12月7日，区教育局向区妇联提交《河口区教育局关于调整充实妇委会的请示》（东河教字〔2005〕61号）；2006年3月29日，河口区妇女联合会以《关于对东营市执法局河口分局、河口区财政局、河口区人民法院、河口区教育局充实调整妇委会的批复》文件（东河妇发〔2006〕6号）批准，同意区教育局妇委会由刘爱荣、陈万花、张林兰三人组成。妇委会主任刘爱荣，成员陈万花、张林兰。

历任妇联组织负责人

张文英（1984.11~1990.12）

薄其君（1991.01~2003.10）

刘爱荣（2003.10 任职）

第三章　管理体制

第一节　教育制度

1985年4月28日，河口区人民政府作出普及初级教育的决定。规定：凡满7周岁的儿童，除丧失学习能力者外，都必须按时入学，接受五年初等教育。凡未达到小学毕业文化程度者，一律不得提干和招工。严禁社会生产单位雇用15周岁以下未接受完小学教育的少年。适龄儿童家长不履行规定者，由乡镇人民政府每年征收扫盲费60元，直至入学为止。是年，河口区按照《中共中央关于教育体制改革的决定》精神，实行"分级办学、分工管理"的体制，当时的区一中、区职业高中、实验小学由区政府主办，区文教局主管；乡镇中小学由各乡镇主办并

管理，农村小学由村办或几个村联办，由各乡镇协同办学村管理。中小学教职工的调配、管理，由区、乡镇共同负责。

1986年，国家实行九年制义务教育制度。各级人民政府采取各种措施保障适龄儿童、少年就学。适龄儿童、少年的父母或者其他监护人以及有关社会组织和个人有义务使适龄儿童、少年接受并完成规定年限的义务教育。

1990年1月10日，为贯彻落实《国务院关于大力发展职业技术教育的决定》，河口区人民政府出台《关于进一步深化教育改革，大力发展职业教育的决定》（东河政发〔1991〕41号）。对职业高中的招生、办学经费、毕业生安置等问题，用政策的形式固定下来，足额落实区职业高中每班每年5000元的

专业教学补助经费。

1993年10月9日和11月22日,河口区人民政府分别召开"贯彻实施《纲要》大打'义务教育'突击战动员大会"和"义务教育工作调度会",同时下发《关于印发河口区实现初等义务教育实施方案的通知》(东河政发〔1993〕68号),推动全区义务教育实施步伐。

1995年8月,根据上级要求,河口区各级各类学校开始实行每周40小时标准工作制。

1997年9月,河口区小学、初中学段由"五三"学制改为"五四"制。

2012年,河口区全面启动农村三年学前免费教育。9月8日,河口区委、区政府在六合街道三义和社区幼儿园,举行农村学前三年免费教育启动仪式。为进一步提高全区学前教育发展水平,河口区人民政府提出:自2012年9月1日开始,实施农村学前三年免费教育,惠及全区入园儿童3320名,每年为每位儿童减免费用700余元。

建区以来,各级人民政府、有关行政部门以及企事业单位组织采取措施,开展扫除文盲的教育工作。按照国家规定具有接受扫除文盲教育能力的公民,应当接受扫除文盲的教育。发展并保障公民接受职业学校教育或者各种形式的职业培训。国家鼓励发展多种形式的成人教育,使公民接受适当形式的政治、经济、文化、科学、技术、业务教育和终身教育。通过实施业余、函授、自学考试,发展职业教育、成人教育、新型农民教育、干部职工教育等,以提高全民素质。

第二节　教育改革

河口区成立后,沿用沾化、利津所辖时期的管理体制,即乡镇设教育组,具体负责本乡镇的教育行政工作,乡镇中、小学校长由区文教局任免,教导主任由乡镇任免。各村小学推选1名教师任组长,负责学校的管理和教学工作。

1985年,按照《中共中央关于教育体制改革的决定》精神,实行"分级办学、分工管理"的体制,区一中、职业高中、实验小学属区办,由区文教局主

管;乡镇中、小学由乡镇主办并管理;农村小学由村办或几村联办,由乡镇协同办学村管理。各小学均实行校长负责制或党支部领导下的校长负责制。小学教职工的调配、管理,由区、乡镇共同负责。

1989年,按照东营市教育局的统一部署,在中小学教师中实行双向选择(教师选择学校,校长选择教师),优化教师队伍。

1993年,根据山东省《事业单位改革实施意见》的精神,河口区机构编制委员会下发《关于河口区党校等事业单位机构设置的通知》(东河编发〔1993〕11号),对全区事业单位机构设置、人员编制重新进行核定。河口区教学研究室,为副科级全民事业单位。自此开始,河口区教育共经历4次改革。

第一次　1993年10月,为改革开放以后第一次大规模的机构管理体制改革。

1993年10月,机构体制改革,河口区教育委员会的行政机构设置为:办公室、普教股、职教股、计财股等4个机构。由于涉及到与上级业务部门是否对口及工作环节上的要求,故以上行政机构所管辖的事业机构仍是整个办事机构的主体。人员身份存在行政编制和事业编制之分。其业务职能与事业股室的职能对口,实行"双轨"运行。

1994年,全区中小学进行内部管理体制改革,推行以"校长责任制、教师聘任制、绩效工资制和岗位责任制"为主要内容的学校内部管理体制改革,简称"四制"改革。其主要内容是:(一)校长负责制,明确规定校长的职责、权利;(二)教职工聘任制,学校与受聘教师签订目标责任书;(三)绩效工资制,教育经费总额包干,减人不减经费;(四)岗位目标责任制,确定各自的职责。通过改革,河口区中小学在岗教师由911人减少到697人,中学彻底取消民办教师,辞退代课教师83人,落聘83人,离岗内退48人。改革达到精简人员、优化队伍、提高素质、增强活力的目的,促进了全区教育事业的发展。1996年10月,"两基"工作通过省政府评估验收。1998年4月,"两基"工作通过省政府复查评估。2000年,河口区人民政府办公室转发《关于明确各乡镇、区政府有关部门人员编制管理权限意见的通知》,

通知要求积极稳妥地推进政府机构改革，区人事局、区机构编制委员会办公室拟将部分人事编制管理权限下放，包括：各乡镇教育系统股级干部的考察、任免，各乡镇中小学教师之间的人事交流。2001年5月，河口区根据国务院《关于基础教育改革与发展的决定》，"基础教育要实行在国务院领导下，由地方政府负责、分级管理、以县为主的新的管理体制"精神，着手进行基础教育体制改革。

第二次 2002年，河口区结合国务院体制改革，进行"三定"，对行政机构的职能与要求进一步予以规范。根据《河口区党政机构改革实施意见》（东河委〔2002〕11号），河口区教育委员会更名为河口区教育局。区教育局是主管全区教育工作的政府工作部门。3月6日，河口区教育局制定"机构改革实施方案"。5月30日，改革完成。河口区人民政府办公室印发《关于河口区教育局职能配置内设机构和人员编制规定的通知》（东河政办发〔2002〕31号）。

（一）主要职责。贯彻执行党和国家、省、市教育方针政策和法律法规，研究拟定全区教育工作政策措施并监督执行，研究提出全区教育事业的发展战略、中长期规划和年度计划并组织实施；统筹规划和指导全区教育体制与办学体制的改革；统一规划直属学校、幼儿园布局，负责全区中小学的设立、撤并和年度招生规模的审批工作，负责全区中小学学籍管理；会同有关部门拟定筹措教育经费、教育拨款、教育基建投资、教育收费的政策规定与措施，编报区级教育经费年度预算建议方案，监测教育经费投入情况，管理直属学校、单位的教育事业费、基建投资和教育系统的专项经费，并监督检查经费的使用情况；归口管理全区的学历教育及其招生考试工作，负责全区自学考试工作，规划、指导民办教育和扫除青壮年文盲工作；规划、组织指导教育教研和科研工作，组织学校承担国家、省、市、区下达的科研项目，推动科研成果的转化和推广；指导各级各类学校的思想政治工作、德育、体育卫生、艺术教育、美育工作及国防教育工作；负责全区语言文字管理工作。

（二）内设机构。根据上述职责，区教育局设4

个股室。

办公室（计财股） 协助局领导组织协调机关日常工作，负责调查研究及综合性文稿的起草工作，负责文秘、会务、档案、保密、宣传、机关行政管理、教育系统外事工作，负责局及直属单位离退休人员的管理，负责局及直属单位的安全工作，社会治安综合治理工作。草拟全区教育事业发展的中长期规划及年度计划，负责全区教育事业的统计工作；负责直属学校和事业单位基本建设项目的审定、计划编报和经费管理工作，负责教育经费筹措与管理等政策规定的落实工作，监测管理直属学校和事业单位的事业费和教育专项经费，负责局机关及直属事业单位的经费核算和内部审计工作，负责对全区各级各类学校布局和结构调整进行宏观指导和管理，负责学校的校舍安全工作，指导全区中小学的校产管理。

人事股 负责局机关和直属单位的人事和劳动工资管理工作，协同有关部门拟定全区教育系统人事和劳动工资管理的有关规定并组织实施，管理全区各级各类学校的教师工作，统筹规划、协调指导教育行政干部队伍建设，指导学校内部人事与分配制度改革，承办局及直属学校权限内领导干部的考核、任免、聘任方面的有关工作，规划、指导各类学校师资培养培训工作，负责师范类大中专毕业生就业指导和就业制度改革工作，负责支援贫困地区教育人员和下派人员的管理工作。

职教股 负责全区职业教育、成人教育政策法规的贯彻和落实，负责全区教育干部和教师培训工作，开展教师的学历培训和非学历的继续教育工作；负责区职业教育中心建设、招生、学籍管理和教研工作；负责全区青壮年脱盲后的继续教育和实用技术培训以及乡镇成教中心和村农民文化技术学校的建设工作；负责社会力量办学的管理、检查、评估工作及招生广告的审批工作。

基教股 统筹管理全区的基础教育工作（含学前教育），组织实施九年义务教育，研究基础教育体制的综合改革，指导基础教育教学改革，拟定基础教育评估标准和有关教学、教材建设的政策规定，规划指导基础教育阶段的信息技术教育，管理指导特殊教育和少数民族教育，指导中小学德育工作，负责中小学、幼儿园的安全工作，组织处理学校突发事件。

（三）人员编制　区教育局机关编制总额13名，其中，行政编制11名，工勤人员2名。配局长1名，副局长4名，股级干部5名。

此次改革的主要任务是，精简人员编制、确定领导职数。大致分三个阶段进行。第一阶段为准备阶段（2002年3月5~6日）。任务是召开全局机构改革动员大会，传达区委、区政府下达的有关机构改革的文件；成立机构改革领导小组，确定联络员，上报区机构改革办公室；第二阶段为实施阶段（2002年3月7~31日）。任务是调查研究，摸清底数，结合本单位实际，拟定《河口区教育局"三定"方案》，报区机构改革办公室审批；根据区政府批复的"三定"方案制定职位说明书，并组织竞争上岗、选配工作人员；制定分流人员具体安置意见，并上报审批；第三阶段为迎接检查验收阶段（2002年4月1~5日）。

这次改革带动着全区各学校进行内部管理体制改革，主要是推行教师竞聘上岗，建立目标考核细化和奖惩机制。开始推行和完善校长负责制、教师聘任制、绩效工资制和岗位目标责任制。2003年，出台《关于加强中小学教学教研工作的意见》《关于评选教学示范学校的意见》《班主任工作常规及评价标准》，修订《关于教学质量奖惩的暂行意见》，探索实行教师改选、考核、奖惩机制。是年8月，河口区实验学校在原实验小学的基础上揭牌成立，通过宣传发动、自愿报名、资格审查、公开答辩、竞争上岗的形式，在本校教师中选拔9名优秀管理人才充实到办公室、教务处、政教处、后勤处4个内设机构的9个中层领导岗位。9月，河口区首次面向社会进行教师资格认定，探索教育队伍知识结构方面的认证改革。

第三次　2006年，河口区教育局根据《山东省事业单位机构编制管理规定》（省政府第152号令）和《东营市关于事业单位清理整顿有关问题的通知》（东编发〔2003〕15号）精神，对所属事业单位清理整顿。

机构设置情况：1.保留东营市河口区人民政府教育督导室，加挂东营市河口区教育条件装备办公室牌子。机构规格为正科级；人员编制为8人，均为管理人员；领导职数2人；经费来源为财政拨款；所属类别为监督管理类。

2.保留东营市河口区招生委员会办公室。机构规格为副科级；人员编制为5人；人员结构为：管理人员1人，专业技术人员4人，领导职数1人；经费来源为财政拨款；所属类别为社会公益类。

3.保留东营市河口区教学工作研究室，加挂东营市河口区学校体育卫生艺术教育办公室牌子。机构规格为副科级；人员编制20人。人员结构为管理人员3人，专业技术人员17人，领导职数3人；经费来源为财政拨款；所属类别为社会公益类。

4.保留东营市河口区第一中学。业务范围：承担高中阶段教育、教改、教学任务。隶属关系为直属河口区教育局。机构规格为副县级，人员编制158人，人员结构为：管理人员5人，专业技术人员153人，领导职数3人；经费形式为财政拨款；所属类别为社会公益类。

5.保留东营市河口区实验学校。业务范围：承担城区职工子女、外来客商子女九年义务教育阶段及街道办事处初中阶段的教育、教改、教学任务。隶属关系直属河口区教育局。机构规格正科级；人员编制197人。人员结构：管理人员5人，专业技术人员192人，领导职数3人；经费来源为财政拨款；所属类别为社会公益类。

6.保留东营市河口区河运小学。承担所管辖区、有关城中村村民子女和外来客商子女的小学义务教育阶段教育、教改、教学任务。隶属关系为直属河口区教育局。机构规格为股级；人员编制46人，其中管理人员3人，专业技术人员43人，领导职数2人；经费来源为财政拨款；所属类别为社会公益类。

7.保留东营市河口区实验幼儿园。承担区直机关、企事业单位及外来客商子女的学前教育和保育工作。隶属关系为直属河口区教育局。机构规格为副科级；人员编制46人，其中园长2人，专职教师22人，保育员9人，医务人员2人，财会人员2人，炊事员9人，领导职数2人；经费形式为财政拨款，所属类别为社会公益类。

8.保留东营市河口区职业教育中心，加挂东营市河口区职业技术学校牌子。

承担全区初、高中职业技术学历教育及各级各类人才的中短期培训工作。运用广播电视教育手段，培养农业中等专业人才；承担农民科技教育培训工作。隶属河口区教育局。机构规格为正科级；人员编制46人，其中管理人员7人，专业技术人员39人，领导职数4人；经费来源为财政拨款；所属类别为社会公益类。

清理整顿工作完成后，河口区各学校严格落实区政府关于人事编制管理的政策规定，制定实行在职教师辞职办法和教师编制管理制度，缩减管理人员职数，严格控制教辅人员比例，保证一线教学的需要。实行中层干部竞聘上岗制度并通过竞聘上岗试点在全区教育系统推广。2005年，河口区首次面向全省考录和引进教师。录用57人，引进34人，基本满足河口区教育教学工作需要。随着各级示范学校和规范化学校管理制度的深化改革，全区教学管理质量出现大幅度提高。

第四次　2010年4月。根据《中共河口区委、河口区人民政府关于河口区人民政府机构改革的实施意见》(东河发〔2010〕6号)，保留河口区教育局，为区政府工作部门。河口区人民政府办公室印发《关于河口区教育局主要职责内设机构和人员编制规定的通知》(东河政办发〔2010〕22号)，对教育局的职责和内设机构职责进行调整。

(一)职责调整。取消已由国务院及省、市、区政府公布取消的行政审批事项。

调整后的主要职责是：贯彻执行国家、省、市教育法律法规和政策；拟订全区教育改革与发展的规划和政策并组织实施；负责全区学前教育、基础教育、职业教育、成人教育、民办教育、特殊教育和少数民族教育的统筹规划和协调管理工作；负责全区民办学校(幼儿园)审批工作，组织进行教育督导与评估；统筹规划和指导全区教育体制与办学体制改革；负责全区中小学的设立、撤并、布局结构调整和年度招生规模的审批工作，统一规划直属学校、幼儿园布局；主管全区教师工作，规划、指导学校教职工队伍建设；指导学校内部管理体制改革和教育教学改革；指导全区师范类毕业生就业和就业制度改革工作；参与拟订教育经费筹措、教育拨款、教育基建投资的政策，监测教育经费的筹措和使用情况；参与全区义务教育经费保障机制改革工作；编报区级教育经费年度预算建议方案；管理直属学校、单位的教育事业费、基建投资和专项经费；并监督检查经费使用情况；负责提出区级教育费附加使用方案；按有关规定管理国(境)外对我区的教育援助和教育贷款；归口管理全区学历教育及其招生考试工作；负责全区自学考试工作；负责全区义务教育阶段学校学籍管理工作；负责对外及与港、澳、台地区的教育交流与合作工作，归口管理全区教育系统出国留学工作；指导全区各类学校的教育技术装备、电化教育、勤工俭学工作，负责教育基本信息的统计、分析、发布工作；指导教育教研和科研工作，组织学校承担国家、省、市、区下达的科研项目，推动科研成果的转化和推广；指导全区各类学校的思想政治工作和德育、体育、卫生、艺术以及国防教育工作；负责教育系统(含民办学校)的安全监督管理，监督全区各类学校履行安全管理责任；负责全区语言文字管理工作。

(二)内设机构。根据上述职责，区教育局设4个股室。

办公室(计划财务股与其合署)　组织协调局机关日常工作；负责局机关文电、信息、宣传、档案、机要、保密、信访、督查、接待、会务、政务公开、外事、调查研究及综合性文稿起草工作；负责局机关和直属单位离退休人员管理服务等工作；负责局机关和直属单位安全工作；负责直属学校社会治安综合治理工作；承担局党委日常工作。草拟全区教育事业改革与发展的中长期规划及年度计划；对全区各类学校布局和结构调整进行宏观指导和管理；参与拟订教育经费筹措、教育拨款、教育基建投资的政策，监测教育经费投入情况；承担直属学校和事业单位基本建设项目的审核、计划编报和经费管理工作；草拟区级教育费附加使用方案；编报区级教育经费年度预算建议方案；参与全区义务教育经费保障机制改革工作;管理直属和事业单位的事业费和教育专项经费,并监督检查经费使用情况;负责局机关和直属单位的财务和资产管理工作;协调落实各类学校的招生计划;承担全区教育事业统计工作;承担国(境)外对河口区教育援助和教育贷款的管理工作;指导学生资助工作;负责校舍安全工作,指导全区中小学校产管理。

人事股 承担局机关和直属单位的机构编制和人事管理工作;协同有关部门拟订全区教育系统人事和劳动工资管理的有关规定并组织实施;规划、指导全区各类学校教师队伍建设和教育行政干部队伍建设工作;指导学校内部人事与分配制度改革;指导各类学校师资培养和培训工作;负责师范类毕业生就业指导和就业制度改革工作;指导中小学、幼儿园教师考核;负责支援贫困地区教育人员和下派人员的管理工作;承担教师资格制度有关实施工作。

职教股 负责全区职业教育、成人教育和民办教育的统筹规划、协调管理和业务指导工作;指导职业教育与成人教育体制综合改革;负责职业教育与成人教育学校布局调整、专业设置工作;参与学校的设置、撤并、评估验收;负责职业高中的学籍管理;负责教师和校长队伍的建设与培训工作;指导职业与成人教育条件装备及现代化远程教育工作;承办全区民办学校的审批工作;指导全区扫除青壮年文盲工作和社区教育、农民文化技术教育工作;参与相关学校安全管理工作,组织协调处理学校突发事件。

基教股 负责全区学前教育、基础教育、特殊教育和少数民族教育的统筹规划和协调管理工作;组织实施九年制义务教育;指导基础教育体制综合改革和教育教学改革;拟订基础教育评估标准和有关教学教材建设的政策规定;牵头组织幼儿园评估定类工作;负责义务教育阶段学校的学籍管理;指导中小学、幼儿园德育、校外教育、体育、卫生、技术和国防教育工作;参与中小学、幼儿园和校长(园长)队伍的建设与培训工作;指导中小学、幼儿园教学信息化、教育条件装备工作;参与督导评估工作;参与中小学、幼儿园安全管理工作,组织协调处理

学校突发事件;负责中小学、幼儿园教师师德建设;承办全区民办幼儿园的审批工作。

(三)人员编制。区教育局机关编制总额12名。其中,行政编制10名,工勤人员编制2名。配备局长1名,副局长3名;内设机构股级领导职数5名。

机构调整与精简 2012年11月21日,河口区教育局对所属事业单位实施清理规范,并将实施方案(东河教字〔2012〕1号)上报,东营市河口区机构编制委员会根据《中共东营市委东营市人民政府关于分类推进事业单位改革的实施意见》(东发〔2011〕28号)《关于印发〈河口区事业单位清理规范工作实施方案〉的通知》(东河编发〔2011〕5号)和《关于东营市河口区区直事业单位清理规范方案的审核意见》(东编办字〔2012〕66号)精神,以"东河编发(2012)60号"对方案予以批复。

东营市河口区人民政府教育督导室(东营市河口区教育条件装备办公室、东营市河口区教育局安全工作科)

机构设置 保留东营市河口区人民政府教育督导室,加挂东营市河口区教育条件装备办公室、东营市河口区教育局安全工作科牌子。

业务范围 贯彻执行国家、省、市关于教育督导工作的政策规定,监督、检查、评估、指导下级政府的教育工作和学校的工作;负责全区教育系统普法教育、行政复议和行政执法情况的监督检查;承办本级人民政府和上级教育督导机构交办的其他事项;主管全区教育条件装备工作;负责本部门及各级各类学校的安全工作;指导各级各类学校、幼儿园健全各项安全管理机构和制度,督导各学校、幼儿园门卫、值班巡逻等各项制度的落实,做好内部保卫工作;指导学校、幼儿园利用多种形式开展安全教育、应急演练,增强师生的安全意识和自我保护能力;定期不定期对学校、幼儿园安全工作进行检查、督促和考核,积极向区政府、镇政府(街道办事处)及有关单位反映问题、提出建议,督促隐患整改;积极协调、配合有关职能部门开展工作,大力开展"平安和谐校园"创建活动,创设良好的育人环境。隶属关系为直属区教育局。机构规格为正科级。人员编制为9人。人员结构为管理人员9人。领导

职数 2 人。经费来源为财政拨款。

东营市河口区教学工作研究室(东营市河口区学校体育卫生艺术教育办公室、东营市河口区教师培训办公室)

机构设置　保留东营市河口区教学工作研究室,加挂东营市河口区学校体育卫生艺术教育办公室、东营市河口区教师培训办公室牌子。

业务范围　负责研究制定全区教育科学规划,并负责组织实施、制定、验收和评估工作;研究教育理论与政策的落实、先进教育理念的转化以及教学内容、方法与手段的改革;开展课程改革实验,研究总结教学规律,组织制定、落实教学常规,指导开展教学科研活动;进行考试评价研究、管理和教学质量监控,承担教学评比、学科竞赛和教育系统优秀成果评审工作;进行课题规划、研究与管理,承担教育科研成果和科学理论的试验应用推广;规范、指导、管理全区各类学校的体育、卫生与健康教育、艺术教育工作;协调指导全区学校国防教育工作、学生军训工作;组织开展体卫艺术和国防教育、教研、教改工作。负责组织实施中小学教师、校长培训及继续教育工作;负责全区语言文字工作规划并组织实施,负责普通话推广、水平测试、用字管理等工作。隶属关系为直属区教育局。机构规格为副科级。人员编制为 20 人。人员结构为管理人员 3 人,专业技术人员 17 人。领导职数 3 人。经费来源为财政拨款。

东营市河口区招生委员会办公室

机构设置　保留东营市河口区招生委员会办公室。

业务范围　负责全区高等学校、中等专业学校、成人高校的招生考试工作;负责成人考试和自学考试相关工作;负责全区中小学信息技术等级考试工作;负责高中学生学业水平考试及初中学生学业考试工作;负责招生考试政策调研、宣传、考风考纪工作。隶属关系为直属区教育局。机构规格为副科级。人员编制为 4 人。人员结构为管理人员 1 人,专业技术人员 3 人。领导职数 1 人。经费来源为财政拨款。

东营市河口区学生资助管理中心

机构设置　保留东营市河口区学生资助管理中心。

业务范围　承担生源地信用助学贷款管理;生源地信用助学贷款等相关贷后管理工作;中等职业学校的国家助学金资助管理;资助政策宣传工作等。隶属关系为直属区教育局。机构规格为股级。人员编制为 3 人。人员结构为管理人员 1 人,专业技术人员 2 人。领导职数 1 人。经费来源为财政拨款。

东营市河口区第一中学

机构设置　保留东营市河口区第一中学。

业务范围　承担高中阶段教育、教改和教学任务。隶属关系为直属区教育局。机构规格为副县级。内设机构为办公室、教导处、政教处、总务处、安全保卫办公室。人员编制为 231 人。人员结构为管理人员 4 人,专业技术人员 227 人。领导职数为校长 1 名、副校长 3 名;办公室、教导处、政教处、总务处、安全保卫办公室各配主任 1 名。经费来源为财政拨款。

东营市河口区职业教育中心(东营市河口区职业技术学校)

机构设置　保留东营市河口区职业教育中心,加挂东营市河口区职业技术学校牌子。

业务范围　承担全区初、高中职业技术学历教育及各级各类人才的中短期培训工作;运用广播电视教育手段,培养农业中等专业人才;承担农民科技教育培训工作。隶属关系为直属区教育局。机构规格为正科级。内设机构为办公室、教导处、总务处、招生就业办公室、培训办公室、省农业广播电视学校河口分校。人员编制为 51 人。人员结构为管理人员 4 人,专业技术人员 47 人。领导职数为中心配主任 1 名、副主任 3 名;内设机构办公室、教导处、总务处、招生就业办公室、培训办公室、省农业广播电视学校河口分校各配主任 1 名。经费来源为财政拨款。

东营市河口区实验学校

机构设置　保留东营市河口区实验学校。

业务范围　承担义务教育阶段教育、教改、教学任务。隶属关系为直属区教育局。机构规格为正科级。内设机构为办公室、教导处、政教处、总务处、安全保卫办公室。人员编制为 229 人(小学 59 人、初中 170 人)。人员结构为管理人员 4 人,专业技术人员 225 人。领导职数为学校配校长 1 名、副校长 3

名;办公室、教导处、政教处、总务处、安全保卫办公室各配主任 1 名。经费来源为财政拨款。

东营市河口区实验幼儿园

机构设置　保留东营市河口区实验幼儿园。

业务范围　承担学龄前儿童的学前教育和保育工作。隶属关系为直属区教育局。机构规格为副科级。人员编制为 56 人。人员结构为管理人员 3 人,专业技术人员 49 人,工勤人员 4 人。领导职数为园长 1 名、副园长 2 名。经费来源为财政拨款。

东营市河口区河安小学

机构设置　保留东营市河口区河安小学。

业务范围　承担义务教育小学阶段教育教学和管理任务。隶属关系为直属区教育局。机构规格为副科级。内设机构为办公室、教务处、总务处(安全保卫办公室)。人员编制为 84 人。人员结构为管理人员 3 人,专业技术人员 81 人。领导职数为小学配校长 1 名、副校长 2 名;办公室、教务处、总务处(安全保卫办公室)各配主任 1 名。经费来源为财政拨款。

东营市河口区河安幼儿园

机构设置　保留东营市河口区河安幼儿园。

业务范围　承担学龄前儿童的学前教育和保育工作。隶属关系为直属区教育局。机构规格为股级。人员编制为 42 人。人员结构为管理人员 3 人,专业技术人员 37 人,工勤人员 2 人。领导职数为园长 1 名、副园长 2 名。经费来源为财政拨款。

2014 年 4 月 21 日,河口区根据省委办公厅、省政府办公厅《关于严控机构编制确保财政供养人员只减不增的意见》(鲁办发〔2014〕4 号)文件精神,经区 2014-1 次编委会议研究,决定精简压缩部分事业编制。机构编制委员会印发《关于精简事业编制的通知》(东河编发〔2014〕8 号)确定,河口区教学工作研究室(区学校体育卫生艺术教育办公室、区教师培训办公室)精简压缩编制数 2 人,核定编制数 18 人。其中管理人员 3 人,专业技术人员 15 人。

第二编　基础教育

境内基础教育上溯至清末,时有垦户自发组织办起私塾学校。民国时期,除少量公办学校外,大多数村庄延续私塾教育。1929年,境内匪乱,境内学校停办。1930年,国民政府取缔私塾教育,发展新小学。1941年,沾化、利津两县先后解放,沾化县抗日民主政府将国民政府创办的新小学改建为"抗日高小"。新中国成立后,境内教育事业开始起步发展。1958年,境内小学发展到99处,1975年,发展到114处。1984年,河口区成立时,全区有村办小学174处。1991年,河口区通过资源整合,调整布局,境内教育得到健康快速发展。2014年,全区有各类幼儿园20处,小学8处,初中学校3处,九年一贯制学校2处。

第一章 私塾学堂 新小学

在近二百年的历史变革中,河口境内教育经历从旧中国到新中国两个不同的社会制度。在办学形式上经历由私塾教育向公办学校（或称公学）转变,即由延续数千年的封建教育转变为现代教育。清末,在废科举、兴学堂潮流的推动下,1904年(清光绪三十年),清政府颁布推行系统学制(癸卯学制),对基础教育、中等教育、高等教育都进行明确的规范。基础教育内容包括:《初等小学章程》《蒙养院(分前启蒙教育)及家庭教育法》《各学堂管理通则》《任用教员章程》《各学堂奖励章程》等。教育年限小学为九年,中学为五年,入学年龄为七岁。据考证,这是境内新教育的开始。

第一节 私塾学堂

1901年(清光绪27年),境内推行私塾教育。民国成立之后私塾教育仍未彻底废除,社会经济条件尚无法普及现代教育。据《沾化县志》记载:当时社会人群的两个层次中,其私塾教育的层次也不同,然办学条件和教学质量亦有别。就当时社会人员构成而言,可分上下两个层次。上层人物家族,包括:官僚、绅士、名族、富商、大户,他们的私塾学堂称为"专馆"。下层人物家族指农村中的富足人家,可自办,可联办,他们的私塾学堂称为"团馆"。就当时社会背景而言,类似农村基础教育所办的"团馆"并未普及,有记载的是义和庄一带等数十个村。由

于是民办或联办,学生不多,一般10~20人,学堂教师借助富裕户的闲房。1928年,居住于义和庄西北角的群众,由杨协和为首,自筹资金办起第一所私塾学校(史称"团馆""村馆")。校舍为三间土房,聘请寿光人为教师(当时称"先生"),运用旧的教材办起学堂,教授的内容为《三字经》《百家姓》《四书》《五经》等,就读学生约20名。1929年,义和庄东南角村民,以孙秀华为首办起第二所私塾学堂,私塾教育以儒学为宗旨。即《三字经》《百家姓》《千字文》《论语》《古文》等。写作则为初学以"诗赋",继而"策论"和"八股文"。民国时期私塾曾授一些实用内容,多以《论说精华》《论说指南》《论说范文》为范本,遂有作文课程。此时,沾化境内因匪乱学校全部停办。

第二节 新小学

民国建立的第二年(即1913年),国民政府颁布"壬子、癸卯丑学制"。1922年,又颁布"壬戌学制",时称新学制。这些学制是随社会进步和社会需要而改革的。中学分初级、高级,并设有师范学校和职业学校等。入学年龄为六岁,学制年限也有大的调整。此学制规定:初等教育六年(初级小学四年,高级小学二年,同现在的小学五六年级),其特点是实行中学分级(初中、高中)。后经修改,基本框架未出现大的变化。这一学制一直沿用至新中国解放初

期。

1930年，国民政府推行新教育，取缔私塾学堂，不允许教授《四书》《五经》之类。义和庄群众自发成立第一所新小学。校舍为前后两排，12间土草房，占地2000平方米，学制为4年，分甲、乙、丙、丁4个班。设国语、算术、常识等课程。1935年春，国民政府整顿小学，指定教学点，设立中心小学，查禁私塾，强令儿童入学读书。各村学款统收统支，增添学校设备，淘汰不良教师，并增设短期小学。1936年，义和庄把原两处私塾学堂合并，设立"公立短期学校"，实行免费义务教育，学制3年。校舍为4间土草房，课程设《国语》《算术》《常识》三科，每科分6册，学生约70人。1937年，"七七事变"后，短期学校与新学堂合并，学制为4年，设甲、乙、丙、丁4个年级4个班，学生始穿统一服装（中山服）。1938年，美国传教士进驻学校。学生除原有的三门课程外，每天早晨、上午、下午，必须跪读圣经三课时，此景一直持续到境内解放。

第二章　学前教育

第一节　发展沿革

新中国成立前，河口区境内无系统学前教育。学前教育的兴起是在1958年，时处全国"大跃进"活动高潮中，生产上实行"大兵团作战"，特别在农村，普遍建成各自的幼儿园。由于条件的差异，办园条件和设施落后，最终将学龄前儿童集中起来，由文化水平并不高的青年任"幼教"，给家长腾出全部时间和精力参加"大兵团作战"式的农业生产。1959年秋，是当地"三年自然灾害"的开始，1960年，各大队幼儿园停办。当时，今河口区一带属沾化、利津边缘区域，整体上看，集体经济落后，学前教育并没有纳入社会经济发展计划。1978年后，部分农村小学附设"育红班"或"学前班"，学前教育再度陆续开始兴起。

1984~1996年，河口区学前教育管理由河口区妇联主管。主要任务是为妇女儿童提供法律援助，组织儿童开展丰富多彩的文体活动，形成关爱儿童、教育儿童健康成长的社会氛围。幼儿教育以村办为主，由区妇联管理。1985年，河口区托幼领导小组成立，各乡镇成立相应的机构，加强幼儿工作管理，加强幼教队伍建设，改善办园条件。期间，学前教育的行政管理、基础设施建设、幼教队伍建设、园所达标等均属区妇联的重点工作。1990年，学前教育改由区机关事务局管理。1990年12月，河口区教育局接管学前教育。1996年1月8

1991年建成的河口区机关第一幼儿园

日,由东营市河口区机构编制委员会下发《关于河口区托幼办公室与幼儿园分设的通知》(东河编发〔1996〕9 号)文件,根据工作需要经研究同意河口区托幼办公室与河口区幼儿园分设,为股级全民事业单位,加挂学前教育股的牌子,编制 2 人,经费渠道全额财政拨款。

2004 年,依据《教师资格条例》有关规定,实行幼儿园园长、教师资格准入制度,严格实行持证上岗。建立"能者上、庸者下"竞争激励机制,提高幼儿教师队伍的整体素质和专业水平。以提高教师政治素养、学历层次和保教能力为重点,使在职园长、教师逐步达到幼儿师范及以上学历,并均取得执教资质。2006 年,投资 260 万元,新建 4 处乡镇、街道中心幼儿园,并达到市级一类园标准。加强幼师队伍管理,对农村幼师进行任职资格认定,66 人取得幼师资格。

2010~2011 年,加强规范化管理,全面提高保教质量。一是强化幼儿园规范化管理。严格执行幼儿园审批及年检制度,对审批注册的幼儿园定期组织年检并实行分类管理,对未经审批和达不到标准的幼儿园予以取缔;建立幼儿园信息管理系统,及时掌握各类幼儿园的办园条件、招生情况、收费标准及人员资质等情况;加强幼儿园安全管理,配足配齐安全保卫人员及设施,建立健全各项安全管理制度;强化幼儿园质量监管,建立幼儿园质量评估体系,坚持科学保教方法,加强幼儿园与社区、家庭的沟通与交流。二是大力提升师资水平。建立完善园长、教师继续教育制度,鼓励教师参加学历提高,至 2012 年,41 名幼教取得本科学历,占教师总数的 23%,学前教育专业毕业教师达到 178 人,占教师总数的 68%;实行幼儿教师定期培训制度,制定幼儿园园长、教师培训实施方案和考核标准,主要开展保教艺术、现代教育技术等多种教育培训,至 2014 年,先后招

考幼儿教师 20 名、33 名、27 名,补充到一线幼儿教学岗位。

第二节 发展规模

1984 年,全区有学前班、幼儿园 29 处,入园幼儿 267 名(一般为 2.5~7 周岁),学习科目有语言、唱歌、游戏等。

1990 年,全区幼儿园、学前班发展到 66 处,入园幼儿 2785 名,有童桌 2653 张,童椅 12296 把,童床 36 张,大型玩具 59 件,幼儿图书 6704 册,教师用书 1795 册。集体投资与群众集资累计 106.43 万元。

1991~1995 年,投资 198.8 万元,增购童桌 3306 张,童椅 2911 张,童床 114 张,大型玩具 132 件,幼儿用书 13259 册,教师用书 2380 册。教育内容按照国家《幼儿教育纲要》的规定设置,分生活卫生习惯、思想品德、体育活动、语言、常识、计算、音乐、美术八个方面。幼儿园小班(3~4 岁)、中班(4~5 岁)、大班(5~6 岁)分设,教育内容略有不同。幼教队伍不断壮大,管理制度、教学制度、培训制度日臻完善。1995 年,全区幼儿园、学前班发展到 116 处,农村办园率达到 82%,入园幼儿 3893 名,入园率达到 66%。

1997 年,新建区实验幼儿园,规模 12 个班,内

1997 年新建成的河口区实验幼儿园

设活动室、休息室、卫生间、图书室、综合活动室、教师办公室等。区实验幼儿园的建成，从根本上改变区直幼儿入园难问题。同时，大力兴办区乡村三级幼儿园所，狠抓园所管理，办园水平和办园效益不断提高，3~6周岁幼儿入园率为73%，办园覆盖率为85%。

2000年，全区共有幼儿园（所）100处，其中，区直幼儿园1处，乡镇中心园6处，农村幼儿园93处。办园覆盖率73.5%；3~6周岁幼儿3045人，入园幼儿2126人，学前三年幼儿入园率达70%，基本普及学前一年教育。6处乡镇中心幼儿园通过市级验收。区实验幼儿园被确认为省级实验幼儿园和市一类幼儿园。

2005年，全区有幼儿园（所）42处，其中，区直幼儿园1处，乡镇中心幼儿园5处、村办园36处。3~6周岁幼儿2747人，入园幼儿2567人，入园率93%以上，学前二年幼儿入园率为100%。时有幼儿教师145人，其中，公办教师45人，非公办幼儿教师100人，学历合格率达到85%。原太平乡中心幼儿园、义和镇中心幼儿园被评为市级二类幼儿园。

2006年，对全区学前教育资源进行整合优化，撤并农村幼儿园（所）6处、新建1处，农村幼儿园由42处调整为37处。

2007年，以乡镇、街道中心幼儿园建设、农村幼儿园布局调整为依托，不断扩大规模，改善办园条件，幼儿入园率和保教质量不断提高。原新户乡通过东营市普及学前三年教育验收，其中心幼儿园被评为市级一类幼儿园。

2008年，区实验幼儿园创建成为"山东省十佳幼儿园"，有2所幼儿园被评为"市级一类幼儿园"。是年，全区幼儿园34所，班数116个，在园（班）幼儿3583人，专任教师198人，学龄人口入园率97%。

2009年，河口区幼儿园（班）累计达37处，其中，城区、乡镇（街道）中心幼儿园6处；村办园（班）16处，个体办园（班）15处，入园率达97%，城市幼儿入园率100%。是年，河口街道幼儿园被评为东营市一类幼儿园。

2010年，河口区建立健全幼儿教师工资待遇和社会保障体系，公办幼儿教师纳入当地中小学教师工资保障体系，按照"谁办园、谁负责、谁保障"的基本原则，落实农村非公办幼儿教师工资、保险等待遇，建立区、镇、街道创办单位及幼儿园等共同分担机制。同时，逐步落实幼儿教师在评先树优、职务评审、岗位聘用、培训进修等方面待遇问题。制定落实非公办幼儿教师最低工资保障制度，不断提高幼儿教师工资待遇。

2011年，河口区政府下发《关于印发〈河口区学前教育三年行动计划（2011~2013年）〉的通知》（东河政字〔2011〕10号），实行政府领导、教育部门主管、有关部门分工负责的学前教育工作机制。建立政府牵头，有关部门参与的学前教育工作协调机制，定期研究并切实解决学前教育发展中的重大问题，制定一系列加快学前教育发展的政策措施。

2011年，财政性学前教育经费为1873万元，占教育总支出的7.89%，比2010年提高6.41%；投入资金5600余万元，实施城乡幼儿园标准化建设及设施配套工程，全区办园条件得到显著改善。是年，区财政安排学前教育资助专项经费14万元，受资助儿童375名。

2011~2012年，城乡幼儿园标准化建设工程先后列入全区重点工程便民实事，学前教育基础能力建设更加坚实。加强对学前教育的督导和评估，出台《河口区学前教育工作专项督导评估方案》《关于建立镇、街教育督导评估制度的通知》和《关于建立学前教育工作表彰奖励制度的通知》等一系列文件，有效调动各级关心支持学前教育发展的积极性和自觉性。

自2012年1月1日起，农村公办或公办性质幼儿园在岗非公办幼师工资全部达到当地上年农民人均纯收入的1.8倍以上，并解决养老、医疗等保险问题。2012年3月，河口区政府印发《河口区人民政府关于发展学前教育工作的意见》，明确提出自9月1日始，实施农村学前三年免费教育，惠及全区在园幼儿3320余名，每年为每位幼儿减免费用700余元。是年，财政性学前教育经费为3520万元，占教育总支出的9.34%，比2011年提高1.45%。加大贫困幼儿救助力度，区财政安排学前教育资助专项经费 16.2 万元，受资助儿童 493 名。2012 年，区委、区政府将城乡幼儿园设施配套建设工程列入全区便民实事，规划投资 1779 万元，为 7 个镇街中心幼儿园、11 个村办幼儿园进行内、外设施配套，全区幼儿园办园条件得到显著改善，全区幼儿园达到省定基本办园条件标准，先后招录 33 名公办幼儿教师。

2013 年，区财政安排学前教育资助专项经费 14.88 万元，受资助儿童 425 名，有效保证贫困幼儿正常入托、入学。是年年底，河口街道中心幼儿园、仙河镇中心幼儿园、孤岛镇中心幼儿园、六合街道中心幼儿园顺利通过"东营市一类幼儿园"认定。同时，河口街道中心幼儿园、孤岛镇中心幼儿园、六合街道中心幼儿园通过"山东省乡镇中心幼儿园"认定。河口区实验幼儿园、河口区河安幼儿园、仙河镇中心幼儿园通过了"东营市现代化幼儿园"认定。"学前三年行动计划"期间，河口区结合城乡、港区一体化发展和农村社区建设，科学规划幼儿园布局，加强园舍建设，新建镇、街道中心幼儿园 3 所，扩建镇中心幼儿园 1 所，新建农村社区（村集体）幼儿园 11 所，配套建设城区幼儿园 1 所。

2014 年，仙河镇渔村幼儿园、河口街道第二幼儿园、六合街道老庙幼儿园、义和镇大山幼儿园、义和镇六顷幼儿园、义和镇仁韩幼儿园、新户镇南楼幼儿园、新户镇四顷二幼儿园通过"东营市二类幼儿园"认定。是年年底，河口街道中心幼儿园、孤岛镇中心幼儿园、六合街道中心幼儿园、新户镇太平幼儿园、新户镇中心幼儿园、义和镇中心幼儿园、六合街道三义和社区幼儿园通过"东营市现代化幼儿园"认定。

2015 年，河口区拥有区直 2 所政府办园，7 所镇、街道中心园和 11 所村级园，在全区形成覆盖城乡、公益普惠、协调发展的学前教育新格局。

第三节　学制与课程

学制　建区初期，家长对幼儿学前教育的认识不足，教师资源严重匮乏，各村办幼儿园和个别乡镇中心幼儿园均出现混龄班现象，即大中小班学龄的幼儿混合在一个班内开展活动，幼儿园没有明确的学制要求，升入小学成为幼儿离开幼儿园的上限标准。

2001 年后，乡镇中心园逐步摆脱混龄班现象，采取三年制教学模式，小班（3~4 岁）、中班（4~5 岁）、大班（5~6 岁）。但村办园教师资源紧缺，在园幼儿数量少，混龄班问题一直没能彻底解决。2011 年，"学前教育三年行动"实施后，大部分社区园迈向正规，个别社区园经历从混龄班到独立班的过度。2012 年 9 月，六合街道办事处老庙社区幼儿园中大两个班合二为一，2013 年 9 月，招考两名新教师，混龄班完全分离。

1991~1997 年，区实验幼儿园采取四年制教学模式，半日托，1998 年，改为全日托，2007 年，托班（2.5~3 岁）、小班（3~4 岁）、中班（4~5 岁）、大班（5~6 岁）。2011 年，河安幼儿园建园也采取四年制教学模式。两所区直幼儿园按照《幼儿园教育工作指导纲要》和《幼儿园工作规程》要求，严格防止小学化倾向。

课程　1981 年 10 月，教

六合街道中心幼儿园

育部颁发《幼儿园教育纲要（试行草案）》（以下简称《纲要》）。《纲要》把幼儿园教育内容确定为卫生习惯、体育活动、思想品德、语言、常识、计算、音乐、美术8个方面，并强调通过游戏、上课、观察、劳动、娱乐和日常生活等各种活动完成教育任务。为此，河口区幼儿教育在20世纪80年代初采用分科课程模式，开设语言、常识、计算、音乐、体育、美术6门课程，使用全国统编幼儿园教材。这种课程模式强调课程分科设置，主张以教师为主导，幼儿为主体；强调课程的系统性和逻辑性，开发幼儿智能。由于当时幼儿教师业务水平普遍偏低，不能正确理解分科教育的准确内涵，致使幼儿教育有明显的小学化、成人化倾向。

建区之初，各乡镇园和村办园无幼儿用书，1989年9月至1999年7月，全区各幼儿园陆续使用山东省教研室组织编写、明天出版社出版的山东省幼儿园教材，开设幼儿体育、语言、数学、常识、音乐、美术、思想品德课程。1998~1999年，山东省教研室组织编写，明天出版社出版《山东省幼儿园教师指导用书》，大、中、小班上下分册共六册。1999年，河口区城乡幼儿园普遍使用本套教材，组织开展健康、教育、科学、社会、音乐、美术、语言7大领域的教育活动，这是全区首次以"领域"划分幼儿园课程。另外，潜在课程也开始引入幼儿园教育领域，如教育环境、日常生活等。"一日活动即课程"的素质教育课程观也基本形成。在教材的选用上，河口区按照东营市教委提出的"一纲多本"的原则要求，提倡幼儿在落实《幼儿园规程》精神的前提下，使用山东省统编教材为主，同时使用多种教材，结合幼儿园实际对几种教材经过选择、创编、整合，组织成具有幼儿园特点的课程。2008年，随着幼儿发展个性化的需要，园本课程的研发利用逐渐兴起，区实验幼儿园汇编成册一系列园本课程资源，园本教研集——《不一样的我》《水滴交响乐》，幼儿园主题活动集锦——《我和妈妈来约会》《我是文明小天使》《幼儿园里的故事》，体育园本教案集——《小青蛙跳荷叶》《螃蟹运瓜》《踩影子》，音乐园本教案集——《森林音乐家》《小青蛙打呼噜》。2009~2015年，全区各级幼儿园以《山东省幼儿园活动教材》为

主导，结合幼儿园实际情况，加强教科研，探索适合幼儿多元智能发展的课程模式，走出课堂，走进社会，走进大自然，追求课堂目标与未来社会发展需求的和谐，课堂内容与幼儿兴趣、需求的和谐，促进幼儿向全面而富有个性方向发展。

第四节　保育与教育

幼儿园教育包括保育和教育两方面，即把保护幼儿的生命和促进幼儿的健康放在教育工作的首要位置，同时，开展丰富多彩的教育教学活动。教育内容可按照幼儿学习活动的范畴相对划分为健康、社会、科学、语言、艺术等五个方面，促进幼儿身心健康发展。

儿童保健　1990年开始，河口区开展儿童保健工作。是年，对全区7~12岁儿童进行视力检查，实查1120人，弱视54人，近视209人。1994年，儿童查体严格按3、2、1检查（1周岁每年检查3次，1~3周岁每年检查2次，3~7周岁每年检查1次），龋齿率70%。1995年，区人民医院创建爱婴医院。对区直部门各单位产后母婴随访67人、265次，协助乡镇进行儿童查体5075人。1996年，河口区儿童保健工作进行系统化管理，按照3、2、1要求进行。1998年，开展儿童入园前查体，集中为幼儿查体214人，增加新项目血清钙检测，筛查佝偻病，查出佝偻病1人，龋齿172人，弱视13人。1998年，区直幼儿园查体140人，查出营养不良3人，同时为幼儿进行眼、耳、喉保健。

2000年，根据东营市教育局、市卫生局下发的《东营市卫生保健常规》，结合实际情况，制订晨检制度、健康检查制度、幼儿膳食营养制度、卫生消毒隔离制度、疾病预防制度、体格锻炼制度、安全管理制度、安全事故上报制度、卫生保健统计制度、体弱儿管理制度、新入园幼儿预防接种证查验制度、因病缺勤病因追查与登记制度等卫生保健制度，完善水痘、麻疹、手足口病、禽流感、食物中毒等疾病防控预案。细化了幼儿一日常规、教师一日常规、保育员一日常规，形成由园长负总责，副园长具体分管，卫生保健人员靠上抓的管理网络。是年，为区直幼儿园236人进行系统查体，检测其生长发育情况。

2001年,河口区创建成为省级示范接种门诊。2003年,河口街道防保站预防接种门诊创建成为省级示范接种门诊。2004年,乡镇的预防接种门诊全部达到省级示范门诊水平。按要求开展乙肝疫苗免费接种工作。2007年,完成儿童预防接种信息化管理建设。2008年,根据鲁卫疾控字〔2008〕46号文件要求,对全区8月龄至6周岁儿童共计7209名,进行麻疹强化工作,接种率96.8%。处置2起麻疹疑似病例(风疹)的爆发,对6个疫点进行及时处理,共调查88例病例,并采集全部血清,采样率100%,对2795人进行应急免疫。儿童计划免疫信息化管理工作共计完成8541人次儿童个案信息的录入,适龄儿童覆盖率达100%。5月31日,开始执行扩大国家免疫规划,及时将新增疫苗纳入免费范围。2009年,对全区7~15周岁儿童进行流脑、乙脑、甲肝、麻疹等疫苗的查漏补种,共计30000余针次,对儿童入托、入学查验接种证3000余人,补种各类疫苗10000余针次,补种率100%。按照乙肝疫苗补种项目实施方案的要求,对全区1994~2001年出生儿童共计20781人进行摸底调查,并对1994~1995年出生儿童进行补种。

2010年,开展手足口病防控知识宣传。7岁以下儿童家长宣传覆盖率95%以上。严格落实流调,对报告的每例手足口病病例均按照相关技术要求进行个案调查、疫点处理,对符合采样要求的病例逐一进行样品采集。

2011年,村办园的历史结束,适龄儿童集中到附近的社区幼儿园入托。同时,师资队伍专业化的大幅提升带来全区社区幼儿园保育工作的大转变,保育工作开始被提上重要的工作日程。学期初有计划,学期末有总结,改半托为全托,大部分社区园负责幼儿在园的中午一餐、上午下午两点,个别幼儿园提供早餐。一日活动也有固定作息安排,教师可参照一日活动安排表进行教育和保育活动,各项安全预案齐全;定期为幼儿和教师查体等。

2012~2015年,河口区各级幼儿园不断加强"健康教育活动"特色项目建设,从幼儿园实际入手,在环境、管理、教研、培训等方面进行探索,推进教育教学水平的提升,促进教师和幼儿的共同成

娃娃医院

长。每年六一组织幼儿参加"健康教育特色活动展示",向社会和家长展示幼儿园体育教学特色,激发幼儿运动兴趣,培养幼儿良好的性格和自强自立精神,促进幼儿身心健康发展。

心理健康教育 1999年《幼儿园教育工作指导纲要》颁布,《纲要》中在健康领域明确关于幼儿心理健康发展的目标要求,各幼儿园开始有意识关注幼儿的心理健康,但当时教师的专业水平有限,缺乏对幼儿进行心理干预的能力和技巧。

槐林亲子踏青合影

2004~2006年,东营市教育局组织全市幼儿教师参加幼儿园园长和骨干教师培训活动,这次普及性的培训及后期的各种短期培训让教师对幼儿的心理健康教育有了新的认识,并掌握一定的心理干预能力技巧。

2010~2015年,区教育局和各幼儿园积极组织各级各类培训,高学历的年轻教师不断充实到教师

队伍,使全区教师队伍的整体素质迅速提高。创设轻松愉悦的教育环境、建立平等和谐的师幼关系、建立个别案例的长期干预计划档案等一系列心理健康教育工作规范有序地开展。2013年6月,河安幼儿园开展一次"幼儿的心理维生素——游戏"主题研讨活动。并邀请全区各幼儿园的骨干教师共同进行探讨。

安全教育 **交通安全** 2001年起,安全教育纳入幼儿教育的主要内容。每年开展"学习交通规则,遵守交通法规,安全伴随你我他"活动。区直幼儿园聘请区交警队的警察现场讲解、示范。采取实物教学的方法,通过观看图片和讲解,让幼儿在轻松的氛围中懂得遵守交通规则的重要性,了解常规的交通知识。

2005年开始,儿童安全教育的内容逐步广泛,涉及到社会生活的多个领域,实现教育活动的系列化。活动期间,教师根据不同年龄阶段幼儿的特点,组织形式多样的安全教育活动。内容涵盖多个方面:交通安全,饮食安全,防火、防电、防陌生人、预防手足口病等等。在对孩子进行教育的同时,老师向家长发放"致家长的一封信",帮助家长提高安全意识。

2008年开始,多所幼儿园进行火灾逃生演练。针对幼儿火场逃生、救援疏散等事项,精心设计演练方案,通过消防演练,使师生掌握消防应急的正确方法,确保在灾害来临时,幼儿园师生能够快速、有序、安全地撤离疏散,提升全园师幼的安全意识和自救能力。

饮食安全 2009年,多所幼儿园推出"我是小小食品检查员"活动,请孩子们一起来为食品安全把关。活动中,教师们组织幼儿通过网络下载、剪报、收集标志等形式,帮助幼儿认识防伪标志、食品卫生批准文号、食品的绿色商标等。同时,孩子们还带来饮料、牛奶、饼干、方便面、罐头等各种各样的食品。通过这些食物,教幼儿检查包装、生产日期、检查文号、检查标准,让幼儿学会辨别过期食品、伪劣食品、变质食品等不合格食品。

2010~2013年,针对夏季食物中毒和食源性疾病高发的特点,各幼儿园全面加强食品安全管理,确保幼儿饮食安全,严把"三关"。一是严把"进口关"。杜绝"三无"食品的进入;二是严把"烹饪关"。生、熟食品放置严格分开,以避免熟食品受到污染;三是严把"消毒关"。厨房安排专人负责消毒工作。加强炊事员个人卫生管理,操作前穿戴工作衣帽,洗手消毒,避免用手接触或沾染食物与食器,并定期进行体检。

卫生健康教育 早期的儿童卫生健康教育以良好的生活习惯为主,在措施上多以严格的作息时间进行约束,从而使孩子们养成一个良好的生活习惯。老师讲解洗手刷牙的基本原理,讲解餐饮方式对孩子们身体健康的影响。2005年开始,有关儿童卫生常识的教材得到普及,以图文并茂的知识,提高孩子们的卫生健康意识。2010年开始,各园所开展"温馨保健进课堂"活动。针对各年龄段孩子特点,利用多媒体课件、动画片、谜语、儿歌等,增强孩子们保护眼睛、牙齿的意识,使孩子们在动手操作中养成正确的爱眼、用眼、保护牙齿的良好卫生习惯。

2012年6月6日,是第

河安幼儿园"美食节"

17个"全国爱眼日",各幼儿园开展以"关注眼健康"为主题的爱眼日系列活动。通过儿歌、小游戏、故事、广播等形式向幼儿宣传近视眼的危害,讲解近视眼是怎样形成的以及近视眼的预防等一系列眼保健常识。向幼儿发出"爱护双眼、关注眼健康"的倡议。进行"大家一起做眼保健操""视力检测"等活动,增强孩子的爱眼意识,对视力较差的个例做到早发现、早治疗。发放"致幼儿家长的一封信",将爱眼知识宣传到每个家庭。9月20日,开展丰富多彩的"爱牙日"健康教育活动。教师结合孩子们的年龄特点,通过图片的形式让幼儿了解牙齿,知道牙齿的结构。通过表演的形式让幼儿懂得保护牙齿、正确刷牙护牙的方法。

2013~2014年,各幼儿园实施"四个到位",做好N7H9禽流感预防工作。幼儿园及时召开预防禽流感专题会议,要求每一位教师高度重视禽流感预防工作。一是成立专门的预防禽流感工作领导小组,形成相应的工作机制;二是监控到位。制定禽流感防控应急预案和相应的应急措施,建立并完善幼儿园传染病疫情监控与报告,做到早发现、早报告、早诊断、早治疗;三是管理到位。严格做好食堂、食品的卫生工作,严格把好进货渠道,对教室、食堂和厕所等进行重点全面的彻底清扫,适当延长幼儿户外运动时间,注意饮食均衡、保证充足睡眠、提高免疫能力;四是宣传到位。幼儿园利用家园联系栏、博客、QQ群、飞信等网络手段,用电子屏滚动播出等形式进行宣传,有针对性地动员家长参与预防禽流感等传染病,实现家园动员、全体参战,群防群控的目标。

附:幼儿园简介

河口区实验幼儿园

其前身是1991年5月成立的河口区机关第一幼儿园,规格为股级差额预算事业单位。1998年5月,更名为东营市河口区实验幼儿园;2000年3月31日,由股级事业单位升格为副科级事业单位;2002年1月,经费形式由差额预算变更为全额预算;2012年11月21日,依据东河编发〔2012〕60号文件,保留东营市河口区实验幼儿园,人员编制由47人变更为56人。

幼儿园占地面积11000平方米,建筑面积5189平方米。在园幼儿400人,开设12个班,其中大班3个,中班3个,小班4个,托班2个,收托2.5~6周岁的幼儿,实行全日托。教职工50人,其中专任教师46人,高级教师1人,一级教师19人,二级教师14人,市级教学能手4人,区级教学能手4人,专科以上学历占83%,学历达标率100%,教师资格证达标率100%。先后被评为东营市"十佳幼儿园"、山东省"实验幼儿园"、山东省"十佳幼儿园""市级文明校园""东营市优秀家长学校"、东营市教育系统"女职工先进集体"、东营市"交通安全示范幼儿园"、河口区"教育工作先进单位"、东营市"文明单位""山东省语言文字规范化示范学校"、河口区"事业单位法人信用等级五星级单位""东营市市第一批教育现代化学校"等荣誉称号。

基础设施 幼儿活动室内配有多媒体、音响、实物展台、钢琴等教学设施以及玩教具,还有供幼儿观察和操作的活动区域,教师与幼儿共同创设优

2012年,健康活动展示

2014年,改造后的区实验幼儿园

美主题墙、互动空间;楼道内设有安全、节日等专题教育长廊。800平方米多功能活动大厅,为幼儿生活和游戏提供了更为宽阔的空间。创设科学发现室、建构室、图书阅览室、美术工作室,为幼儿提供可操作的教育环境。幼儿园户外活动场地面积4000平方米,全部铺设整体塑胶。2011年,投资110万元对教学楼外墙,大门及门卫室进行改造升级。2012年,投资30余万元对幼儿教学楼内墙进行粉刷,并对供水管道进行维修。2013年,总投资100余万元建成电子备课室,教学楼内铺设防滑软化地面,新建可供幼儿玩耍的攀爬墙、戏水池以及草坪花池,改造五彩长廊,新购玩具300余件。2014年,设计制作大型迷宫、梅花桩、ppr运动系列组合等玩具,结合庆"六一"画展,利用教师与孩子的美术作品将五彩长廊装饰一新,利用空间优势悬挂供幼儿摸高、攀爬的体育运动器械。不断改善办园条件,优化幼儿成长环境,打造集美化、绿化、教育化为一体的温馨乐园。

2014年幼儿园主体楼

教学工作 2004年8月,幼儿园实施学历提升工程、业务培训工程、精品课工程,加强师资队伍建设。12月,深化"园本培训",提高质量意识,搞好每学期的"公开课"讲评活动,组建"精品课"资源库。2006年4月,开展"传帮带"活动,部分骨干教师和新教师签订"新教师成长师带徒"合同书。以师徒结对制、青年互助合作制、教研组集体帮带制等活动形式为载体,做到一带师德、二带教学、三带课题、四带特长。2013年1月8日,河口区实验幼儿园开展《幼儿园教学游戏化的实践路径》专题教研活动。是年9月25日,与河安幼儿园共同开展"幼儿阅读活动指导"专题教研活动,促使孩子们在阅读的过程中喜欢阅读和学会阅读,让孩子们走"进"阅读,与故事里的人物进行"对话",真正地享受阅读带来的快乐。

河安幼儿园

2011年9月正式开园。幼儿园总占地面积6679平方米,建筑面积3668平方米,最大办园规模为12个教学班。开园时开设6个班级,120名幼儿,2012年,扩增到10个班级,2013年,开设12个班级。2014年10月,河安幼儿园在园幼儿474人,在编教师已由2011年的22人增加到2014年43人;后勤在编人员由1人增至3人,其中,食堂人员2名,保健医生1名;另劳务派遣10人,教师岗位6人,幼儿食堂4人。全园在编在岗教师均为专业院校毕业,研究生学历1人,大学学历20人,大专学历22人,学历达标率百分之百,教师资格证持有率百分之百。

河安幼儿园先后被评为"东营市一类幼儿园""河口区艺术展演优秀组织奖""山东省省级示范幼儿园""山东省幼儿园教师远程研修组织工作先进单位""山东省第三届幼儿园特色教育活动展评一等奖""东营市学前教育工作先进单位""东营市语言文字规范化示范学校"、河口区"事业单位法人信用等级五星级单位""东营市第一批教育现代化学校"等荣誉称号。

基础设施 2011年9月开园初,户外配有大型的儿童玩具、塑胶场地、幼儿沙池、30米跑道。每班配备多媒体教学一体机、实物投影仪、数码相机、摄像机、钢琴等现代化教学设施,内外角色游戏玩具、沙水玩具、福录贝尔教具、奥尔夫音乐等教学用具齐全,各班活动室、寝室还配有臭氧消毒设备、空调等。2013年12月至2014年6月,投资16万元创建动物角,养殖的动物有火鸡、孔雀、兔子等;种植果树200余棵,桃树、梨树、柿子树、山楂树等;进行了人工草坪的铺设,包括50米彩色草坪跑道;添置了攀岩架等大型玩具,整个幼儿园面貌焕然一新。2014年9月,幼儿园投资45万余元启动了园内送餐电梯的安装,方便教师运送餐点,保障孩子冬季也吃到热饭。

教研活动 2011年9月,河安幼儿园开展骨干教师示范观摩课活动。2012年12月10日,开展为期四天的青年教师"同课异构"教学研讨活动。2013年3月18日,开展为期近一周的优质课评选活动。评比活动期间,各教研组对教学活动进行分析、总结,形成案例,进行深入研讨,修改完善,促进教师形成扎实的基本功和良好的精神风貌。2014年1月,开展全园性的区域环境创设评比活动。各班根据主题活动和幼儿关注的热点话题,结合本班课题内容,利用教室有限空间,合理分配和组合,为幼儿营造丰

城乡教研研讨

富多彩的区域活动内容和空间,形成各班的特色,如"农家乐""理发店""娃娃家"等,这些游戏场面真切、气氛浓郁、内容新颖,时刻吸引孩子,激起孩子参与的热情,让孩子们在游戏中快乐学习。

第三章 小学教育

第一节 发展沿革

1941年10月,境内解放后,抗日民主政府将义和联小改办为义和抗日高小(高级小学),招收高小学生1个班,40余人;初小(初级小学)学生3个班,100余人,教职员6人。1944年,该校更名为沾化县第一抗日高小。沾化、利津全境解放后的1945年,抗日民主政府实行民办公助的办法,发动群众办学,小学教育迅速发展。据1949年统计,境内有完小(完全小学,包括高小和初小)1处,4个教学班,学生178名,教员8名;农村初级小学40多处,学生1300多名,学龄儿童入学率约为30%,教员60多人。

新中国成立后,教育事业快速发展。1952年,境内高小和初小发展到近70处,学生4000多名,学龄儿童入学率近70%。1957年,根据教育部"加

强发展、提高质量、全面规划"的指示,遵循"分散大完小,扩增高级班,以利学生走读"的原则,增建完(高)小3处,小学14处。1958年,小学教育迅猛发展,完(高)小增加至9处,初级小学发展到99处,高小、初小学生5000余名,学龄儿童入学率为90%。1959~1961年,国民经济困难时期,学龄儿童入学率大幅度下降,学校处数和在校学生数锐减。1962年,贯彻执行对小学教育进行调整方针,撤销完(高)小7处,停办或合并初小12处。是年,根据"烟台会议"精神,确定义和完小为沾化县重点完小。1964年,大办工读小学(即半日制),小学教育有较大发展,至1965年,全日制小学和工读小学的在校生,占学龄儿童的80%。1967年始,小学实行"五年一贯制"。1968年12月,根据山东省革命委员会指令,将农村公办小学全部下放到大队办,公办教师一律回原籍工作,导致辖域内教师短缺,严

重影响小学教育的正常发展。之后,强调"村村办初中、社社有高中",教师逐级调充,造成小学师资力量匮乏,业务素质下降。至1975年,辖域内有小学114处,学生6400名,学龄儿童入学率为76%,民办教师达413名,占小学教职工总数的75%。1978年,中共十一届三中全会召开后,根据全国、全省教育工作会议精神,各公社确定1~4处重点小学,各小学建立健全学籍管理制度,大力组织学龄儿童入学,学龄儿童入学率达95%,教育工作逐步转入正轨。1982年,各公社设中心小学和学区小学,并先后配齐中心小学校长、教导主任和学区小学教导主任。

河口区成立之前,全区174个村建有小学。进入21世纪,河口区全面实施农村小学布局调整改革,1984年,全区共有小学143处,教学班430个,学生11674名,学龄儿童入学率为96.8%。1984~1986年,区、乡(镇)、村三级投资655万多元,完成农村小学校舍改造。1998年,全区小学72处。1999年,调整为47处,其中,撤销教学点25处,消灭复式班31个。2000年,调整为35处,其中,完全小学29处,教学点6处。2001年,河口区根据东营市政府关于农村中小学布局调整的原则和要求,撤并学校13处,全区小学由35处调整为22处。2005年,农村中小学布局调整撤并小学5处,由22处调整为17处。2010年,全区小学9处。2014年,全区小学8处。

20世纪50年代末的太平公社太平中心小学一角,校舍为土坯土顶房,墙壁印有"攀登科学高峰"标语字样(摄于1960年7月5日)。

第二节　学制与课程

学制　民国时期,小学为6年制,四、二分段(初小4年,高小2年)。新中国成立之初,小学学制仍沿用"四二"分段制。1964年,小学进行"五年一贯制"试点工作,1967年全面推广。1992年,国家教委颁发《九年义务教育全日制小学、初级中学课程方案》(试行)(以下简称《课程方案》),河口区在进行"五四"学制改革的过程中,开始逐步执行该《课程方案》。河口区成立后一直到2003年,小学均实行"五年制"。2003年起,开始在全区推行小学"六年制"。

课程　民国时期,初小课程有国民党党义、国语、社会、自然、算术、工作、美术、体育、唱歌;高小课程增设地理、历史。抗日根据地的小学删去"党义",把政治、劳动列入课程。初小课程有国语、算术、常识、唱歌、图画、体育;高小增设自然、历史、地理课。1952年,将国语改为"语文"。美术、图画合并为"美工"。1~6年级设"周会"课。1954年,将珠算加在算术课中,每周安排1课时。1958年"大跃进"时期,劳动列入正式课程,语文课加入乡土教材,对统编教材实行"砍、换、补、合",教学科目无统一规定。课程设置1~3年级是:周会、语文、算术、自然、体育、图画、音乐。4~5年级增设地理、历史,每课时45分钟,每天安排5节课,一周总课时为30节,每天下午安排课外活动1节。1966~1976年期间,学校一度停课,全日制小学的课程设"天天读"、政治、语文、算术、生产劳动等课。工读小学(1967年后停办)只设毛泽东语录、算术两种,课时每节30分钟、45分钟不等。1978年后,小学使用全国统编教材(试用本),设政治、语文、数学、自然常识、体育、音乐、美术7科。1981年,教育部规定小学一律实行全日制,小学政治课改为思想品德课,从此小学课程按教育部颁布的教育计划开设。1983~1991 年，全区小学执行 1981 年教育部颁发的《全日制五年制小学教学计划(修行草案)》，1~5 年级均开设思想品德、语文、数学、体育、音乐、美术、课外活动，3 年级增设自然；4 年级增设自然、地理；5 年级增设自然、历史。

1992 年，小学课程设思想品德、语文、数学、社会、自然、体育、音乐、美术、劳动 9 科。1~5 年级周课时总量分别为 31、32、34、34、34 课时，其中各包括活动课四课时。初中学科课程设思想政治、语文、数学、外语、历史、地理、物理、化学、生物、体育、音乐、美术、劳动技术 13 科。1995 年，全国实行 40 小时标准工时制，国家教委调整《教学计划》，小学各年级周课时总量减少 3~4 课时，调整后的周课时总量小学 1~5 年级分别为 28、29、30、30、30 课时。是年，小学的地理、历史课逐步改为社会课；区实验小学和各乡镇中心小学的 4~5 年级增设英语课。每课时为 40 分钟，每天 5 课时，每周 28 课时，另外，每天下午安排 1 课时的课外活动。1997 年以后一直实行小学六年、初中三年学制形式，即"六、三制"。1999 年起，全区小学高年级开始开设英语课。2000 年，有条件的小学开设信息技术课。

课程标准　2001 年，国家启动新世纪基础教育课程改革。秋季起，河口区依据教育部颁发的《基础教育课程改革纲要(试行)》，启动新世纪基础教育课程改革。2011 年 12 月 28 日，义务教育课程标准(2011 年版)正式发布。修订后的义务教育课程标准结合学科特点和学生的年龄特征，进一步加强德育教育。一是各学科把落实科学发展观、社会主义核心价值体系作为修订的指导思想，结合学科内容进行有机渗透。二是进一步突出中华民族优秀文化传统教育。如语文课程专设书法课；数学建议将《九章算术》列为教材内容；历史增加传统戏剧等反映我国传统文化的内容。三是进一步增强民族团结教育的针对性和时代性。根据我国多民族的基本国情，按照社会主义和谐社会的总体要求，在原有民族团结教育内容中更加突出"民族交往、交流、交融"和"共同发展"的内涵。四是强化法制教育的内容。同时，课程标准修订强调能力培养。

根据教育部的要求，1~3 年级着重培养学生硬笔书写能力，首先要能使用硬笔熟练地书写正楷字，从 3 年级开始，过渡到硬笔软笔兼学。在这次公布的新课标中，对 3~9 年级的学生提出毛笔书法的要求。规定，3~4 年级的学生除能用硬笔熟练书写正楷字，还要用毛笔临摹正楷字帖。5~6 年级学生能用毛笔书写楷书。

新课标渗透社会主义核心价值观，强调培养学生的社会责任感。提出培养学生的创新能力、学习能力和动手实践能力，与高中课程标准形成更好衔接，有利于老师们更为系统地开展教学。

第三节　教学工作

建区初期，全区各小学按照学段教学计划、课程标准和学龄特点，加强常规教学工作，开展教学改革，教育教学质量逐步提高。

1984~1987 年，区教研室小学室贯彻落实德、智、体全面发展的教育方针，改革教法，对部分学科进行教改实验。小学语文进行"六课型单元授课法"，小学数学推广"四步一回头教学法"，教学效果明显好转。

1988~1991 年，以乡镇为单位，要求各小学同年级、同学科开展单元集体备课活动，提出"三定"要求，即定时间、定内容、定中心发言人。活动中，狠抓学生基础知识、基本技能的双基训练，强调基础知识的重要性。开始推行建立教师业绩档案，对教师进行量化管理，有力地促进全区小学教育教学质量的提高。

1992 年，根据《东营市小学教学常规要求(试行)》，区教研室制订《河口区小学教学常规评估标准》，各学校制订相应的学科常规教学实施细则，教育教学工作全面步入正轨。

1993 年，中共中央、国务院颁布《中国教育改革和发展纲要》，把全面贯彻党的教育方针、全面提高教育质量列为一项重要内容。河口区按照文件精神，深化教学改革，强化课堂教学的研究和指导。区教研室发挥区、乡两级教研室的作用，由教研员带头开展教学实验改革和课题研究，通过蹲点包校督促、指导教改实验。

1994年，在实施教育教学过程中，以突出抓常规、重科研为重点目标，充实教学内容，改革教学方法，开展教师基本功展示活动，教学质量不断提高。

1995年4月23日，区教委下发《关于小学开设英语、初中开设计算机课三年规划的通知》(东河教发〔1995〕4号)，决定自1995年秋季开始，在区实验小学和乡镇中心小学的四年级开设英语课。

2000年11月下旬至12月上旬，区教研室对区实验小学、各乡镇中心小学及乡镇教研室进行教学工作视导。视导以教学管理、课堂教学、教研活动的开展、教学常规的落实为主要内容。共听课36节，评课36节，查教案200本，检查学生作业500余本，召开教学视导反馈会6次，召开学生座谈会6次，和个别教师谈话6次。

2001年，结合"五个转变"要求，组织全区小学教师开展精品课展示、研究性学习、案例评选、教学反思研讨等活动。

2003年10月10日至31日，区教研室以乡镇中心小学、区直小学为主，兼顾学区小学，对全区14处小学进行教学视导。首先听取各校校长对教学管理及课改实验情况的汇报，然后进行"听—说—评"课，召开师生座谈会，组织师生填写调查问卷，查阅有关教学资料等，最后进行集中反馈。本次视导，共听课168节，查阅教案450本、作业及批改记录1160本、听评课记录200余本、教师理论学习笔记200本，并查阅每位校长、教务主任的听课记录，采集各校真实且较详细的教学管理信息。

2004年，加强全区骨干教师、教学能手、学科带头人的新评、复评工作，同时对他们实施动态管理，注重日常的教育教学工作和科研立项申报情况，定目标、压担子，发挥示范带动作用，扩大骨干教师群体。

2005年10月18日，区教育局召开2004~2005学年度教学质量分析会，评选出本年度2005年教学质量优胜单位和个人名单教学质量优胜单位小学3个，教学质量优胜个人小学53名，并予以表彰奖励。

2006年9月30日，区教育局召开2005~2006学年度教学质量分析会，评选出本年度教学质量优胜单位和个人。教学质量优胜单位小学3个，优胜教研组(备课组)小学2个，教学质量优胜个人小学36名，教学质量优胜班主任小学2个，教学质量优胜校长(教委主任)小学2名，并予以表彰奖励。

2007年5月10日~11日，全区举行小学四、五年级语文、数学优秀生联赛，抽取乡镇学校核定人数的10%，区直小学的15%的学生参加比赛，由区教研室负责监考和阅卷，成绩计入对学校的评价。组织第八批区教学能手评选，评出小学教学能手30人，其中2人获市级教学能手。组织区首届教学标兵评选，小学参赛58人，评出教学标兵19人。

2008年9月，河口区各小学开始推行"构建和谐课堂教学改革"，实施以生为本，以素质教育为重点的课堂教学改革。

2009~2012年，先后开展《英语教学实施素质教育的研究》《小学科学教学实施素质教育的研究》《激发兴趣让学生享受写作快乐的研究》等多个课题实验和研究。学生的英语口语能力、动手操作能力、观察想像能力、下水作文能力有了普遍提高。先后有40多名学生在区教研室主办的刊物《佳作欣赏》上发表文章。

2013年6月，全区小学9人通过市教科院层层选拔成为新一批市重点培养对象。该年，承办全市小学英语优质课评选，全区英语教师全程听课。11月下旬至12月上旬，小学在4科开展的中心教研活动中，有6名教师执教研讨课。

2014年4月和11月，区教研室深入全区9所小学进行推门听课活动。这次活动，历时2个多月，共听评课200多节。7月，组织教师论文评选活动，

观摩课

共收到小学阶段论文 97 篇,区教研通过评比,推选 23 篇参加全市论文评选。9 月,组织全区第十批教学能手评选,小学评出 46 人,推选 12 人参加市教学能手评选。

附:学校简介

河安小学

1979 年 8 月,石油工业部运输公司第三运输分公司为解决职工子女上学困难,在所在地甘肃省敦煌县七里镇,组建九年一贯制义务教育学校(正科级单位,隶属石油工业部运输公司第三运输分公司)。1988 年 9 月,学校名称为:石油工业部运输公司第三运输分公司子女学校,校址在甘肃省敦煌县七里镇。1989 年 8 月,因职工陆续搬迁到山东省东营市河口区,运输三公司开始在山东办学。1988 年 9 月至 1998 年 1 月学校更名为:中国石油天然气运输公司第三公司子女学校,校址在东营市河口区(副科级单位,1994 年 4 月设为正科级单位,隶属中国石油天然气运输公司第三公司)。1989 年 8 月至 1991 年 2 月为山东、甘肃两地同时办学,1991 年 9 月,甘肃学校撤销。1998 年 1 月,运输三公司移交胜利油田,学校更名为胜利石油管理局运输三公司子女学校。1998 年 4 月,学校移交胜利石油管理局河口社区,更名为:胜利石油管理局河口社区管理中心长运中学。2001 年 2 月学校初中部移交胜利油田 39 中,保留小学部。2001 年 3 月,学校更名为:胜利油田河口第五小学。2002 年 3 月 27 日,经河口社区管理中心(受胜利石油管理局委托)、河口区人民政府双方协商,"河口五小"整体移交东营市河口区人民政府,8 月"河口区六合乡协胜小学""河口区六合乡三义和小学"撤并与"河口五小"组建东营市河口区河运小学(区直学校,正股级单位。名称沿用到 2010 年 8 月)。

2009 年 5 月,为优化城区学校布局,改善基础教育教学条件,区政府投资 4000 余万元,实施河口区河安小学建设工程。2010 年 9 月,东营市河口区河运小学更名为东营市河口区河安小学(区直学校,副科级单位)。时拥 30 个教学班(学校规模设计

为 36 个教学班),在校学生 1405 人。2013 年 9 月,实施小班化教学,有 32 个教学班,在校学生 1599 人。2014 年,有教职工 89 人。其中,专职教师 87 人,本科学历 60 人,专科学历 25 人,中专学历 4 人,学历达标率 100%。教师高级职称 7 人、中级职称 44 人、初级职称 38 人。全国优秀教师 1 人、省级优秀教师 1 人,市级优秀教师 2 人,市区级教学能手、师德标兵 20 余人。

学校先后获得"全国德育科研工作先进实验学校""国家教师科研基金'十二五'规划重点课题实验学校""山东省小学科学课堂教学规律研究实验学校""东营市市级规范化学校""东营市文明校园""东营市中小学教师继续教育工作先进集体""东营市语言文字规范化示范校""东营市卫生先进单位"等荣誉称号。

基础设施　学校位于河安小区南侧,占地面积 77976 平方米,建筑面积 11680 平方米。建筑主体为 3 栋教学楼,教学楼由贯穿南北的长廊连接,东侧是教学活动区、西侧是办公实验区。可容纳 300 余人的报告厅 1 座,标准足球场 1 处,塑胶篮球场 4 个,两个排球场,两个实践基地。配备科学实验室、音乐教室、美术教室各 3 个,综合活动室、微机室、阅览室、实验仪器室各 2 个,舞蹈教室、图书室、体育器材室、音乐器材室、美术器材室、卫生室、社团活动室、心理咨询室各 1 个,各功能室及教学仪器配备均达到国家 Ⅰ 类标准。学校图书室藏书 43772 册、报刊 98 种。微机配备达到上机学生人手一台、教师人手一机,配备多媒体班级 36 个,信息交流实现网络化管理。

河安小学

第四章 初中教育

第一节 发展沿革

1942年6月,清河行署将耀南中学由淄博迁至老爷庙村(今河口区六合街道庙一、庙二村),设初中班3个,师范班1个,学生220人。1947年后并入渤海公学。

1958年,中学管理权下放到县。沾化县在义和庄建立一处普通初级中学(沾化县第三中学)。当年招生4个班,学生200人。是年11月,沾化县、利津县合并,沾化三中改为沾化五中。1960年,在新户建立普通初级中学。是年,辖域内有普通初级中学2处,教学班10个,学生508人,教职工32人。1961年,沾化、利津分治,沾化五中复称沾化三中。由于经济困难,在校学生锐减,自行退学的人数占学生总数的20%以上。1962年,国民经济形势好转,遵照"调整、巩固、充实、提高"的方针,对学校进行调整,撤销新户中学,压缩沾化三中的教师编制(招生班数减少),将新户中学的教师和沾化三中的6名教师调充到完小教师队伍。调整后,学校管理和思想教育有所加强,教学质量逐年提高。

1966年,"文化大革命"开始,学校停课,招生停止。1967年,沾化三中成立"革命委员会",管理学校工作,"工人宣传队""贫下中农管理委员会"进驻学校,领导"斗、批、改"(斗私、批修、改造世界观)。是年9月,沾化三中新设2个高中班,招收学生216名。在"社队办中学"的口号下,中学教育规模迅速扩张,据1969年统计,境内各公社有中学13处。1971年,中学增加到16处,其中高中3处,初中13处(包括公办、社办、大队联办和大队办)。1972年,太平中学改名为"沾化九中",属县办完中。1975年,中学调整,沾化三中由县管理,并更名为沾化县义和五七中学,其余中学由驻地人民公社管理,并一律以所在公社、大队命名。是年,各公社中学一律更名为农业学校。1976年8月,各公社驻地中学普遍增设高中班。1977年夏,"工宣队(工人宣传队)""贫管会(贫下中农管理学校委员会)"撤

离学校,各中学逐步恢复原学校管理体制。学校多采取按照学生课业成绩高低,调整编班的方式,集中人力、物力办重点班。1980年,根据中共中央"调整、改革、整顿、提高"方针和教育部"关于中等教育机构改革"的指示精神,遵照"充实加强小学,整顿提高初中,调整改革高中"的原则,有计划有步骤地撤并初中,压缩高中。至1984年,河口区有普通高中1处,教学班8个,学生432名;初中13处,教学班53个,学生3272名。

1991年,全区初中缩减为7处,69个教学班,3478名学生。2000年,全区有初中6处,教学班104个,在校学生4816名,在编教师372名。

2014年,全区初中3处(不含九年一贯制),分别为新户镇中学、新户镇太平中学、六合街道六合中学,共设教学班37个,拥有教职工162人,在校生1521人。

第二节 学制与课程

学制 1958~1966年,中学学制为"三三"制,即初中、高中各修业3年,实行秋季结业。1968年,中学学制改为"二二"制,初、高中各修业2年,春季结业。1974年,初、高中各年级顺延半年,改春季结业为秋季结业。1978年秋季招收的新生,实行"三二"制,即初中修业3年,高中修业2年。1983年秋,中学学制改为"三三"制,即初、高中各修业3年。1983~1991年,全区初中先后执行《全日制五年制中学教学计划》和《全日制六年制中学教学计划》,但课程设置未变。初中1~3年级均开设政治、语文、数学、英语、体育、音乐、美术、劳动技术。初中1年级增设历史、地理、植物;初中2年级增设历史、地理、物理、动物;初中3年级增设物理、化学、生理卫生。1993年招收的初一新生开始实行"四三"制,即初中修业4年,高中修业3年。2003年,全区开始进行"五四"学制向"六三"学制的过渡,即小学六年,初中三年。

课程 1958年,初中开设社会主义教育、语文、数学、外语、物理、化学、生物、历史、地理、卫生常

识、体育、音乐、美术及生产劳动课。1964 年，执行教育部颁发的《关于调整和精简中学课程的通知》，初一开设 7 门课，每周授课 33 课时。初二开设 8 门课，初三开设 9 门课。政治、语文、数学、外语、体育、音乐、美术连续学 3 年；代数、几何、物理、化学、生物、历史、地理、生产知识等科，在二、三年级交叉进行。授课每周 34 课时，每课时 45 分钟。1966~1976 年，中学课程有毛泽东思想教育和阶级教育(后期改为政治)、语文、数学、工(农)业基础知识(工业知识后期改机械原理、物理)、军事体育、革命文艺等科，使用省编教材。1977~1978 年，中学开设政治、语文、数学、外语、物理、化学、体育、地理、历史、农业机械、农业知识、生理卫生等 12 门课。1981 年，课程设置按教育部颁发的《中学教学计划》执行。1982 年秋始，初、高中一律使用全国统编教材，另外有省、市编写的乡土教材。每周授课 30 课时，每课时 45 分钟。

1984~1991 年，全区初中先后执行《全日制五年制中学教学计划》和《全日制六年制中学教学计划》，但课程设置未变。初中 1~3 年级均开设政治、语文、数学、英语、体育、音乐、美术、劳动技术，初中 1 年级增设历史、地理、植物；初中 2 年级增设历史、地理、物理、动物；初中三年级增设物理、化学、生理卫生。1992 年，国家教委颁发《九年义务教育全日制小学、初级中学课程方案(试行)》。河口区在进行"五四"制改革的过程中，开始逐步执行该《课程方案》。初中学科课程设政治、语文、数学、外语、历史、地理、物理、化学、生物、体育、音乐、美术、劳动技术 13 科。初中 1~3 年级周课时总量分别为 35、35、36、36 课时。1995 年，全国实行 40 小时标准工时制，国家教委调整了《教学计划》，初中各年级周课时总量减少 2~3 课时，初中 1~4 年级的周课时总量均调整为 33 课时。1999 年起，全区初级中学开展计算机教育，课时安排一般为全年 60 课时。

1992 年河口区中小学课程时间安排表

项　目 ＼ 阶段 周数	小学	初中	备　注
上　课	34	34	初中最后一学年第二学期上课减少 2 周，毕业复习考试增加 2 周。
校传统活动	1	1	
社会实践活动	1	1	
期末复习考试	2	3	
机　动	1	1	
假　期	13	12	包括寒暑假、农假、节日假，组织有意义的活动，但不得用于集体补课
总　计	52	52	

1995 年河口区中小学课程时间安排表

项　目 ＼ 阶段 周数	小学	初中	备　注
上　课	30	32	小学各年级周课时总量减少 3~4 课时； 初中各年级周课时总量减少 2~3 课时；
校传统活动	1	1	
社会实践活动	1	1	
期末复习考试	2	3	
机　动	1	1	
假　期	13	12	包括寒暑假、节日假，组织有意义的活动，但不得用于集体补课
总　计	48	50	

1992 年河口区九年义务教育"五四"学制全日制小学、初级中学课程安排表

课程＼周课时＼年级学段	小学 一	二	三	四	五	初中 一	二	三	四	小学课时合计	初中课时合计	九年课时合计
思想品德	1	1	1	1	1					170		438
思想政治						2	2	2	2		268	
语文	11	11	9	9	9	5	5	5	5	1666	670	2336
数学	5	6	6	6	6	5	4	4	4	986	570	1556
外语（Ⅰ）						4	4				272	272
外语（Ⅱ）						4	4	4	4		536	536
社会			2	2	2					204		
历史						2	3	2			238	646
地理											204	
自然	1	1	2	2	2					272		
物理								2	3		164	
化学								2	2		132	772
生物						2	2	2			204	
体育	2	2	3	3	3	3	3	2	2	442	336	778
音乐	3	3	2	2	2	1	1	1	1	408	134	542
美术	2	2	2	2	2	1	1	1	1	340	134	474
劳动			1	1	1					102		370
劳动技术						2	2	2	2		268	
周学科课时	25	26	28	28	28	30	30	25*	22*	4590	3594	8184
晨会（夕会）	每天 10 分钟											
班团队活动	1	1	1	1	1	1	1	1	1	170	134	304
体育锻炼	3	3	3	3	3	3	3	3	3	510	402	912
科技文体活动												
周活动课时	4	4	4	4	4	4	4	4	4	680	536	1216
地方安排课程	2	2	2	2	2	1	1	7*	10*	340	626	966
周课时总量	31	32	34	34	34	35	35	36	36	5610	4756	10366

说明:"*"表示外语按水平Ⅰ开设的周学科课时数和地方安排课程的时数;如果外语课按水平Ⅱ开设,则初中三、四年级的地方安排课程时数减去 4 课时,分别是 3 课时和 6 课时。

1995 年河口区调整后的九年义务教育"五四"学制全日制小学、初级中学课程安排表

课程		小学 一	二	三	四	五	初中 一	二	三	四	小学课时合计	初中课时合计	九年课时合计
学科	思想品德	1	1	1	1	1						170	438
	思想政治						2	2	2	2		268	
	语文	10	10	9	9	9	4	5	5	5	1598	636	2234
	数学	5	6	6	5	6	4	4	4	4	952	536	1488
	外语（Ⅰ）						4	4				272	272
	外语（Ⅱ）						4	4	4	4		536	536
	社会			2	2	1					170		578
	历史							2	2	2		204	
	地理						3	3				204	
	自然	1	1	1	2	2					238		738
	物理								2	3		164	
	化学								2	2		132	
	生物						2	2	2			204	
	体育	2	2	2	2	2	3	2	2	2	340	302	642
	音乐	2	2	2	2	2	1	1	1	1	340	134	474
	美术	2	2	2	2	2	1	1	1	1	340	134	474
	劳动			1	1	1					102		370
	劳动技术						2	2	2	2		268	
	周学科课时	22	24	26	26	26	28	28	25*	22*	4250	3458	7708
活动	晨会（夕会）	每天 10 分钟											
	班团队活动	1	1	1	1	1	1	1	1	1	170	134	304
	体育锻炼 / 科技文体活动	3	3	2	2	2	3	2	2	2	408	302	710
	周活动课时	4	4	3	3	3	4	3	3	3	578	436	1014
地方安排课程		1	1	1	1	1	1	2	5*	8*	170	528*	698*
周课时总量		28	29	30	30	30	33	33	33	33	4998	4422	9420

　　说明:"*"表示外语按水平Ⅰ开设的周学科课时数和地方安排课程的时数;如果外语课按水平Ⅱ开设,则初中三、四年级的地方安排课程时数减去 4 课时,分别是 3 课时和 6 课时。

河口区教育志

2008 年河口区调整后的九年义务教育"五四"学制全日制小学、初级中学课程安排表

课程		小学 一	二	三	四	五	初中 一	二	三	四	周总课时	
品德与生活		3	3	/	/	/	/	/	/	/	4	22
思品与社会		/	/	3	3	2	2	/	/	/	12	
思想品德		/	/	/	/	/	/	2	2	2	6	
社会	历史	/	/	/	/	/	/	2	2	2	6	10
	地理	/	/	/	/	/	/	/	2	2	4	
科学	科学	/	/	2	2	2	2	/	/	/	8	22
	生物	/	/	/	/	/	/	3	3	/	6	
	物理	/	/	/	/	/	/	/	2	3	5	
	化学	/	/	/	/	/	/	/	/	3	3	
语文		8	8	7	7	6	6	5	4	5	56	56
数学		4	4	4	4	5	5	4	4	5	39	39
外语		/	/	2	2	3	3	4	4	4	22	22
体育		4	4	3	3	3	3	3	3	3	27	27
艺术	音乐	2	2	2	2	2	2	1	1	1	15	30
	美术	2	2	2	2	2	2	1	1	1	15	
综合实践		/	/	2	2	2	3	3	3	3	20	46
地方与学校课程		4	4	3	3	2	2	4	3	2	29	
周总课时数		27	27	30	30	30	30	34	34	34	274	
学年总课时		910	910	1050	1050	1050	1050	1190	1190	1122	9522	

注:1.表格内为各门课的周课时数,九年总课时数按每学年35周上课时间计,2周机动时间。2.初中最后一年的第二学期毕业复习考试时间增加2周(学年课时数为1122节)。3.表格内各门课的周课时安排为指导性意见,各实验区在执行时可根据本地实际情况进行调整,但学年课时总数和周课时数应控制在国家所规定的范围内。

河口区九年义务教育全日制小学、初级中学学年时间安排表

项 目	小学	初中	备 注
上 课	34	34	
校传统活动	1	1	
社会实践活动	1	1	初中最后一学年第二学期上课减少2周,毕业复习考试增加2周。
期末复习考试	2	3	
机 动	1	1	
假 期	13	12	包括寒暑假、农假、节日假,可组织有意义的活动,但不得用于集体补课
总 计	52	52	

86

河口区九年义务教育"六三"学制全日制小学、初中课程安排表

教育安排			一	二	三	四	五	六	一	二	三	小学合计	初中合计	九年合计
			小 学						初 中			课时合计		
国家规定课程	学科类课程	思想品德	1	1	1	1	1	1				204		400
		思想政治							1	1	1		200	
		语文	9	9	9	8	7	7	6	5	5	1666	534	2200
		数学	4	5	5	5	5	5	5	5	4*	986	468	1454
		外语 1							3	3			204	204
		外语 2							4	4	4		400	400
		社会				2	2	2				204		557
		历史							2	2	2		200	
		地理							3/2	2			153	
		自然	1	1	1	1	2	2				272		686
		物理								2	3		164	
		化学									3		96	
		生物							2/3	2			153	
		体育	2	2	3	3	3	3	2	2	2	544	200	744
		音乐	2	2	2	2	2	2	1	1	1	408	100	508
		美术	2	2	2	2	2	2	1	1	1	408	100	508
		劳动			1	1	1	1				138		336
		劳动技术							2	2	2		200	
	活动类课程	周学科课时	21	22	24	25	25	25	29*	29*	25*	4828	2772*	7600*
		晨会(夕会)	每天 10 分钟											
		班团队活动	1	1	1	1	1	1	1	1	1	204	100	304
		科技文化活动	4	4	3	2	2	2	2	2	2	578	200	778
		周活动课时	5	5	4	3	3	3	3	3	3	782	300	1082
地方安排课程			1	1	2	2	2	2	1	1	5*	340	228*	568*
周课时总量			27	28	30	30	30	30	33*	33*	31*	5950	3300*	9250*

　　说明:"*"表示外语课按水平 1 开设的课时数。如果外语课按水平 2 开设,则初三教学周课时为 5;初一至初三学科课程时数都是 30,初三地方安排课程时数为 1,地方安排课程初中合计为 100 课时,九年合计为 440 课时;初一至初三周课时总计数为 34 节,初中课时合计为 3400 节,九年合计为 9350 节。

第三节　教学工作

初中学段的教学计划、课程标准和学龄特点与小学、幼儿阶段有着很大的不同,初中学段伊始,重要工作是让学生适应新的教学时段。全区各初中学校结合实际,大力开展教育教学工作,加强常规教学,开展教学研究,探索新形势下初中教学的新思路、新教法,推动素质教育地深入实施,提高教育教学质量。

1984~1986年,全区初中加强教研网络建设,形成校长—教导主任—教研组—科任教师四级教学管理模式。修订完善常规教学制度,学校教学研究、常规教学、教学评价规范化、正规化。

1986~1990年,加强教学规范化和课堂教学的评价工作,在义和中学、太平中学试点推行物理、数学两学科布鲁姆"目标教学"实验。

1994年,开展初中骨干教师大练基本功活动,通过擂台比武、基本功测评、观摩交流、专家指导等形式,提高一线教师特别是青年教师的实有教学水平。

1995年4月23日,区教委下发《关于小学开设英语、初中开设计算机课三年规划的通知》(东河教发〔1995〕4号),区一中初中部1996年秋季开学开设计算机课,其他初中1996年秋季至迟1997年秋季开设计算机课。

1996年,区教育局组织各中学校长和教导主任赴威海、高密及湖南汨罗学习素质教育先进经验。

1997年,河口区教委出台《关于开展中小学大面积提高教学质量实验与研究的实施方案》。强调以素质教育为抓手,大力开展教学改革与教改实验研究,面向新世纪,培养全面发展的人才,大面积提高教学质量。

1998年,初中物理学科全面推行目标教学,组织物理教研员和物理学科教师参加邹平目标教学参观与学习,并在全区初中其他学科进行推广。

1999年,区教研室根据东河教研字(1999)5号文件的要求,举行教学教研论文评选,共收到论文222篇,其中中学120篇,经过评委严格审定,评出区级教学论文97篇,其中中学40篇,从中择优参加市评选。10月15日召开教学质量分析会,学科

教学质量优胜教师初中47人,初中班主任2人,初中优秀班级2个,初中优秀校长1人,初中优秀教研组10个。

2000年8月,为促进学生全面发展,区教研室制订河口区音、体、美教师业务成绩考评办法,考评主要从学生音体美技能抽测、区级学生大型活动、荣誉称号等三个方面对教师进行考核。

2001年,举行初中文化课教师课堂教学能力A级达标活动。全区共73名教师参加本项活动,27人达标。举行河口区中小学优秀论文评选,共收到论文148篇,评出区一等奖56篇,二等奖42篇,择优21篇报市。9月29日召开教学质量分析会并表彰教学质量优胜个人初中56人,教学质量优胜单位初中3个。

2002年,对初中音、体、美等薄弱学科进行重点检查、指导,区直学校每学期派出音、体、美各1名教师到薄弱学校进行定点帮扶,同时区教育局安排专项资金对乡镇中学薄弱学科教师进行培训,提高薄弱学校自身造血功能。

2003年11月5日至12月22日,教研室对6所初中进行全面教学视导。视导组把所有的260节课划分为四个档次:1.优秀课:37节,占14.2%。这些课的教师对本学科教学理解到位,注重运用先进的教学理念,较好的体现了新课程标准要求;注重挖掘教材,用教材去教,而不是教教材;2.良好课:122节,占46.9%。这些课的教师对新课程标准的要求有所了解,努力尝试好的教学方法,试图改变落后的教学行为,能完成知识目标的传授,但不重视讲解知识形成的过程和学生获取知识的过程。3.一般课:98节,占37.7%。这些课的教师能把握课程标准和教材的基本精神,利用教材围绕知识进行教学,教法传统、陈旧,以教师讲为主,学生被动地去学习,学生学习的积极性不高,教学效果不好。4.差课:3节,占1.2%。主要体现在年龄大的教师、新分配教师和非专业教师身上。这些教师教学基本功较差,学科知识不丰富,对教材不熟悉,教学目标不明确,重点、难点把握不准,照本宣科,基础知识和基本技能得不到落实,甚至出现一些知识性的错误,完不成教学任务。

2003 年河口区初中教学视导听课情况统计表

学校		六合中学	街道中学	义和中学	新户中学	太平中学	实验学校
语文	优秀	0	2	2	0	0	0
	良好	4	3	6	2	2	3
	一般	4	1	8	0	2	3
	差	0	0	1	0	0	0
数学	优秀	0	2	3	2	0	2
	良好	3	4	6	7	2	2
	一般	6	0	2	1	4	2
	差	0	0	0	1	0	0
英语	优秀	3	1	3	0	1	0
	良好	4	3	5	5	2	4
	一般	2	2	8	5	3	4
	差	0	0	0	0	0	0
政、史	优秀	0	1	1	0	0	1
	良好	0	2	4	3	3	2
	一般	0	1	6	2	2	2
	差	0	0	1	0	0	0
地理	优秀	3	0	2	0	0	1
	良好	1	1	3	2	2	1
	一般	1	1	2	0	0	0
	差	0	0	0	0	0	0
物理	优秀	0	0	2	0	0	0
	良好	0	2	3	1	0	5
	一般	3	0	2	3	0	0
	差	0	0	0	0	0	0
化、生	优秀	1	1	0	0	2	0
	良好	4	2	0	5	2	2
	一般	4	1	0	2	1	1
	差	0	0	0	0	0	0
总节数		43	30	75	49	28	35
总评	优秀	16%	23%	19%	5%	11%	11%
	良好	37%	57%	39%	56%	46%	54%
	一般	47%	20%	41%	35%	43%	35%
	差	0	0	2%	4%	0	0

2004 年,为加强考风考纪工作,区教研室公布《关于考试违规行为的处理办法》,进一步明确考生违规行为的认定与处理办法。

2005 年,组织全区初三、初四优秀生五科联赛,乡镇学校取核定人数的 10%,区直学校核定人数的 15%参加联赛,联赛成绩成为评价学校的指标之一。10 月 18 日,区教育局召开 2004~2005 学年度教学质量分析会,评选出本年度 2005 年教学质量优胜单位和个人名单教学质量优胜单位初中 3 个,教学质量优胜个人初中 63 名,并予以表彰奖励。

2006 年,开展 1~6 批区教学能手重新认定工作,参加重新认定的人数 63 人,有 58 人被重新认定为区教学能手,3 人获区公开课,其中初中 30 人。9 月 30 日,区教育局召开 2005~2006 学年度教学质量分析会,评选出本年度教学质量优胜单位和个人名单教学质量优胜单位初中 2 个,优胜教研组(备课组)初中 24 个;教学质量优胜个人初中 44 名;教学质量优胜班主任初中 12 个;教学质量优胜校长(教委主任)初中 2 名,并予以表彰奖励。

2007 年,加大对初中常规教学的监查力度,严把五道关:一是教师备课关。提倡分层备课,年轻教师要求备详细教案,老教师备简而实用的教案,但教案内容必须体现出以"问题为中心",避免知识的罗列,教材的翻版。二是课堂教学关。学校要关注教师常态课的课堂教学效果,把"以人为本"的新课程理念、"洋思经验"、杜郎口中学"三三六"自学模式以及单元达标教学的好经验真正落实到课堂教学中。三是作业布置关。作业布置要坚持"四个必须":即布置的作业必须纳入教案,必须自己做过,必须及时批改,必须及时讲评。四是学生辅导关。对学生的辅导要紧紧围绕"培优转差"这一总目标,制定计划、责任到人、抓好落实。五是质量检测关。严格单元达标过关标准和过关程序,对教学质量实施动态监控,发现不足,及时改进。

2008 年,落实山东省中小学基本管理规范,各学校严格控制学生的作息时间和学生的作业量,开全课程,开足课时。在全市组织的政治小论文和小制作比赛中,河口区获奖率高出其他四个县区。在坚持每周半日教研的基础上，积极开展教师论坛、中考试题研究、"听-说-评课"、观看省级优质课录像带、上汇报课、写教学反思、案例、课型研究、课题研究等活动，取得了较好的成绩。在全市组织的初中10科课件评选中，全区有12个课件参评，其中有6个获市一等奖，一等奖获奖比率高出全市平均水平（25%）25个百分点；在全市组织的初中10科优质课评选中，1人获省二等奖，4人获市一等奖，一等奖及一等奖以上获奖比率高出全市平均水平（25%）16.7个百分点，是全区历史上最好的成绩，列全市五县区之首。

2009年，区教研室自11月16日至12月9日对全区五处初中学进行三周的教学视导。区教室全体成员共9人参加本次视导。这次视导的主要任务是深入学校检查教学常规的落实情况，主要是听课、评课、检查教师的教案、学生的作业的布置与批改、教学后的反思、期中考试后的分析、毕业年级的教学进度；校长、教务主任的听评课情况，教学工作会的落实情况等。本次视导共听评136课节，其中六合中学23节，实验学校32节，义和中学30节，太平中学27节，新户中学24节。各科教研员对每节课进行认真地评课活动，并依据"高效和谐课堂"的标准将课评定为优秀、良好、一般、差四个等级，2011年，本学年根据省要求组织初中地理、历史、政治等多学科、全员教师为期10天省培训。实验学校牵头还与胜利三十九中开展"同课异构"系列活动，两校共讲课36节，全区共有180人次参加该项活动。组织业务校长、骨干教师赴广饶稻庄、东营区

一中、利津北宋、胜利五十九中参加学习。组织中学校长到广饶稻庄、寿光台头、高密文昌中学、立新中学进行考察学习。

2013年，组织初中各学科教师学习新课程标准和《东营市教学工作常规》，邀请市教科院9位专家到河口区进行毕业年级复习研讨和骨干教师课堂教学指导活动；充分利用市教科院数学、化学、思品三学科教研员在河口区定点包校一周的时间，组织3个学科的7次区域教研活动。6月，河口区初中教师14人，通过市教科院层层选拔成为新一批市重点培养对象；有9名教师被评为东营市第二届学科带头人，2人获第二批东营市名师称号，一名教师获山东省特级教师。承办全市初中英语、物理两科市优质课评选活动。

2014年4月份，根据学期初制定教学计划，区教研全体人员进行初四毕业视导，历时近两周，共听评课120节。5月份，针对中考的9个各学科，18位教师执教研讨课，11月份，区教研室深入全区5所中学进行推门听课活动。春秋两季教学视导，历时3个多月，共听评课500多节。7月份组织论文评选，共收到小学阶段论文97篇，初中论文113篇，幼儿论文15篇，职高论文6篇，普通高中论文8篇。区教研通过评比，择优23篇报市。组织全区第十批教学能手评选。参照市标准制定文、理科评分标准，组织五人评委对每位教师的课堂教学进行量化打分。历时1个多月，评出区教学能手112人，其中初中40人，推荐17人参加市教学能手评选。

第五章　九年制义务教育

第一节　发展沿革

1991年，河口区依法宣布实施九年制义务教育。1992年，对全区小学开始进行结构调整，根据义务教育规划目标，坚持"实事求是、分片规划、分

类指导、分步实施、整体推进"的工作方针，加强组织领导，增加义务教育投入，强化学校管理，按步骤、有计划地组织实施。1993年，全区有普通高中1处，初中7处，小学107处，幼儿园94处，办园率57.8%，入园率52%，比1984年分别增长52个、48个百分点。适龄儿童入学率、小学在校生巩固率均

达 100%，比 1985 年分别提高 10 个、30 个百分点；小学升初中入学率 96%，比 1985 年提高 30 个百分百点，初中在校生巩固率保持在 97% 以上。至 1995 年，全区小学缩减为 101 处。1998 年，全区小学 72 处。1999 年 8 月，调整为 47 处。2001 年 8 月，小学处数由 2000 年的 35 处调整为 22 处。

2002 年，全区有小学 18 处（包括归地方的河运小学），农村初中 5 处，完全中学 1 处，共 24 处中小学。是年，全区适龄儿童入学率为 100%；残疾儿童少年入学率为 100%；流动儿童少年入学率达 90% 以上。小学在校生辍学率为零，小学按时毕业率为 100%。

2003 年，河口区认真贯彻落实《义务教育法》，出台《河口区人民政府关于制止学生辍学的规定》，要求各乡镇政府、教育行政部门及学校把学生辍学问题紧紧抓在手上，分析原因，制定措施，确保义务教育的巩固率。区政府督查局、区政府教育督导室对各乡镇"控辍"工作进行专项督查，并将此项工作列入对乡镇政府的综合考核范围。区乡教育行政部门把制止学生辍学作为评价学校、班主任、任课教师的重要指标。各校均制定相应措施，有效地减少学生辍学。激发学生学习兴趣，使学生乐学、善学、会学、避免厌学。建立助学金制度。落实贫困生杂费减免政策，减免比例达到 15% 以上。小学在校生巩固率一直保持在 100%，初中生年辍学率控制在 1.5% 以内。是年，通过省"两基"复评。先后获得"全省农村教育工作先进区""全省中小学危房改造先进区""全省教育收费示范区"等荣誉称号。

2005 年，全区义务教育阶段学校有小学 11 处、初级中学 5 处、九年一贯制学校 1 处，小学在校生 6011 人、初中在校生 5308 人。全区小学适龄儿童入学率和初中适龄人口入学率均 100%，小学、初中在校生年巩固率分别保持在 100% 和 99% 以上，

1991 年 4 月 15 日，义务教育法宣传月活动

适龄残疾儿童少年入学率为 98%。

2006 年 12 月，河口区通过"山东省教育工作示范区"验收，对全区基础教育资源进行优化整合，撤并了 4 处中小学，每个乡镇保留 1 处中学和 1 处中心小学。大力实施"双高"普九，健全完善保学控辍的各项措施，实行学籍动态管理，加强义务教育指标监测和自查评估，保障适龄儿童、青少年接受义务教育的权利。是年成立教育集中核算中心，全区义务教育阶段学校财务和校产实现统一管理，完成了资产统计。认真落实"三免"政策，全年免除资金 460 万元，在全省率先实现全区义务教育阶段学生"三免"，切实减轻群众负担，促进城乡教育均衡发展。按照创建省级教育示范区的要求，将农村小学预算内生均公用经费由原来的 80 元提高到 90 元，并全部纳入区财政预算，按时拨付到位，保证学校的正常运转。全区小学适龄儿童入学率达 100%，小学、初中在校生年巩固率分别保持在 100%、98% 以上。2008 年，继续坚持"两基"工作重中之重，加强义务教育指标监测和自查评估，"两基"水平稳步提高。全区小学适龄儿童入学率达 100%，小学、初中在校生年巩固率保持在 100% 和 98% 以上。是年，有 1 所学校被评为"市级规范化学校"，有 2 所学校被授予"市级文明校园"，2 所学校被授予"市级绿色学校"。

2009年，河口区提高农村义务教育预算内生均公用经费标准，农村初中由170元提高到250元，农村小学由110元提高到140元。

2010年，河口区义务教育从三个方面入手。一是师德教育。坚持育人为本，育德为先，健全学校、家庭、社会"三位一体"的德育工作网络，完善育德工作考核评价机制。认真组织实施廉政文化进校园活动；二是规范办学行为。严格落实省规范要求，不断推进"减负增效提质"工程。严格按照《山东省普通中小学管理基本规范（试行）》要求，加强学校常规管理。印发《关于做好全区义务教育阶段学校课程设置工作的通知》《关于印发中小学生综合素质评价实施方案（试行）的通知》等一系列文件，加强对教育教学质量的监控；三是开展校外活动，提高学生综合素质。

2011年，全区共有小学9所，小学在校生8917人。全区小学入学率、在校生巩固率均保持在100%以上。

2013~2015年，河口区抓好教育整体的均衡发展。全区有"九年一贯制"学校2处，小学8处，义务教育阶段在校生10823人。有5所小学，3所幼儿园创建成为现代化学校（幼儿园）。

第二节　九年一贯制学校

进入21世纪，河口区开始推进"九年一贯制"学校建设，将区实验小学扩建为初中学校。该校的小学和初中实行一体化教育，小学毕业后可直升入本校初中，学制为九年，称为1年级、2年级……9年级。

2003年6月，经区政府批准，原河口区一中初中部和原区实验小学合并成立河口区实验学校。是年9月2日，河口区委、区政府主要领导到区教育局现场办公，决定同意在原河口区实验小学的基础上，建立河口区实验学校。确定总体规划：南到中心路，北到海宁小区，东到海宁路，西到李坨水库。2003年9月6日，区实验学校举行揭牌仪式暨教学楼落成典礼。2006年7月，区政府决定将原河口街道中学与河口区实验学校合并，学校规模进一步扩大。2009年，义和镇中学与义和镇中心小学合并为义和镇中心学校，区实验学校和义和镇中心学校为河口区九年一贯制学校。

第三节　课程设置

1992年，国家教委颁发《九年义务教育全日制小学、初级中学课程方案》（试行）（以下简称《课程方案》）。河口区在进行"五四"学制改革的过程中，开始逐步执行该《课程方案》。小学学科课程设思想品德、语文、数学、社会、自然、体育、音乐、美术、劳动9科。一至五年级周课时总量分别为31、32、34、34、34课时，其中各包括活动课四课时。初中学科课程设思想政治、语文、数学、外语、历史、地理、物理、化学、生物、体育、音乐、美术、劳动技术13科。初中一至四年级周课时总量均调整为33课时。1992年，《东营历史》作为乡土教材列入正式教学计划，在河口区初中二年级开设，安排课时10~12节。

1995年，全国实行40小时标准工时制，国家教委调整《教学计划》，小学各年级周课时总量减少3~4课时，调整后的周课时总量小学一至五年级分别为28、29、30、30、30课时。初中各年级周课时总量减少2~3课时，初中一至四年级的周课时的总量

河口区实验学校初中部教学楼

九年制义务教育"五四"学制全日制小学、初中课程安排表

教育安排			小学					初中				课时合计		
			一	二	三	四	五	一	二	三	四	小学合计	初中合计	九年合计
国家规定课程	学科类课程	思想品德	1	1	1	1	1					107		438
		思想政治						2	2	2	2		268	
		语文	10	10	9	9	9	4	5	5	5	1598	636	2234
		数学	5	6	6	5	6	4	4	4	4	952	536	1488
		外语 1						4	4				272	272
		外语 2						4	4	4	4		536	536
		社会			2	2	1					170		
		历史						2	2	2			204	578
		地理						3	3				204	
		自然	1	1	1	2	2					238		
		物理								2	3		164	738
		化学								2	2		132	
		生物						2	2	2			204	
		体育	2	2	2	2	2	3	2	2	2	340	302	642
		音乐	2	2	2	2	2	1	1	1	1	340	134	474
		美术	2	2	2	2	2	1	1	1	1	340	134	474
		劳动			1	1	1					102		370
		劳动技术						2	2	2	2		268	
	活动类课程	周学科课时	23	24	26	26	26	28	28	25*	22*	4250	3458	7708
		晨会(夕会)	每天 10 分钟											
		班团队活动	1	1	1	1	1	1	1	1	1	170	134	304
		科技文化活动	3	3	2	2	2	3	2	2	2	408	302	710
		周活动课时	4	4	3	3	3	4	3	3	3	578	436	1014
地方安排课程			1	1	1	1	1	1	2	5*	8*	170	528	698
周课时总量			28	29	30	30	30	33	33*	33*	33	4998	4422	9420

　　说明:"*"表示外语课按水平 1 开设的课时。如果外语课按水平 2 开设,则初三、初四周课时数分别为 29 节和 26 节,地方安排课程初三、初四中分别为 1 课时和 4 课时。

均调整为 33 课时。1995 年,《东营地理》作为乡土教材正式列入教学计划,在河口区初中一年级开设,安排课时 10~12 节。

1999 年,改在初中二年级开设《东营地理》,课时安排未变。根据东营市教委统一要求,在河口区小学高年级开设英语课。是年新生入学始,全区初级中学开展计算机教育,课时安排一般为全年 60 课时。

2000 年,有条件的小学开设信息技术课。同时,各学校还结合学科课程与活动对学生进行人口、环境、国防、交通等教育,但不单独设科,也不进行考核。另外,还根据实际情况开设职业指导、青春期教育等短期课。

2001 年,东营市成为山东省基础教育课程改革实验的首批试点单位之一,河口区自 2002 年秋季开始招收的小学一年级使用北师大版的实验教材。

附:学校简介

河口区实验学校

河口区实验学校的前身,是河口区实验小学和区一中初中部。河口区实验小学始建于 1985 年,建设规模 9 个班,16 人编制,小学五个年级(和 1 个初中一年级班),学生 170 人。1991 年,初中班完全脱离,合并至河口一中初中部,实验小学成为完全小学。2001 年,单位升级为副科级事业单位,编制 42 人,学生达到 600 多人。2003 年 6 月,实验小学

与河口一中初中部合并,成立河口区实验学校。2006 年 7 月,原河口街道中学与河口区实验学校合并。2010 年 8 月,区实验学校小学部部分教师分流到新成立的河安小学。

建校之初,学校为股级事业单位,内设教务处、总务处两个处室。1994 年 10 月,学校内部进行调整,增设办公室和少先大队两个处室。2001 年,升级为副科级事业单位,内设教务处、总务处、办公室、少先大队四个处室。2003 年 6 月,河口区实验学校正式成立,为正科级事业单位,隶属于河口区教育局。内设办公室、教务处、总务处、政教处 4 个股室,以及工会、团委、少工委等社会团体组织。2007 年 6 月,成立学校信息中心和科研室两个处室。2010 年 10 月,设立学校安全工作办公室,人员编制 3 人,为正股级科室,设主任 1 人。2012 年 8 月,设立综合治理工作办公室。

2014 年,有 61 个教学班,在校学生 3756 人,在编在岗教职工 234 人。学校先后荣获全国德育科研工作先进学校、全国和谐校园建设典型学校、全国文化创新示范学校、中国楹联文化教育基地、山东省少先队工作规范化学校、山东省心理健康教育先进学校、山东省示范家长学校、山东省语言文字规范化示范学校、山东省绿色学校、山东省卫生先进单位、东营市教学示范学校、东营市规范化学校、东营市文明单位、东营市文明校园、东营市师德建设示范学校、东营市群众满意基层窗口单位、东营市古诗文诵读工程示范学校、东营市依法治校示范学校、东营市未成年人思想道德建设先进单位、东营市素质教育工作先进单位、河口区教育工作先进单位等多项荣誉称号。

基础设施 学校位于河口城区西部,东依海宁路,西临鸣翠湖,南至黄河路,北邻河口一中。学校占地面积 88186 平方米(约 132 亩)。学校 1985 年开始动工筹建,当时校舍为平房砖混结构,教室

河口区实验学校学生餐厅

2008年9月26日，实验学校召开师德建设主题实践活动动员大会

不断发展壮大。2015年，在编在岗教职工231人，其中，高级职称36人，中级职称130人。有省级优秀教师4人，市级优秀教师、优秀教育工作者5人，市级师德标兵1人；省优质课获奖者7人，省级教学能手1人，省特级教师1人，市级教学能手44人。市级学科重点培养对象13人，市级学科带头人4人。研究生2人，本科197人，专科34人，教师学历达标率100%。在编在岗教职工平均教龄42.3岁，学科结构合理，科研骨干教师所占比例为53%。

教学工作　按照《山东省义务教育课程设置》要求，开全课程开足课时，安排专（兼）职教师担任微机、综合实践、传统文化、安全、环保等地方和校本课程的教学工作。学校聘请兼职法制副校长和校外辅导员，定期给学生上法制课、环保课，形成学校、社会、家庭相结合的素质教育网络。学校开展技术、艺术、体育与健康、综合实践活动四个领域的教育教学工作，积极组织学生参加各类社会实践活动，培养学生的综合素质。

27间；教工宿舍及办公行政用房34间；食堂一处5间；厕所一处。1990年，增建职工宿舍17间，多功能教室5间，200米土质操场一处。2002年，拆除全部平房，建成教学、办公楼各一栋，为砖混结构，配备阶梯教室、实验室、语音室、微机室、音乐教室、美术教室、音体美器材室等。2003年，投资440多万元建设面积4500平方米的初中教学楼。2005年，投资1100多万元建成面积7800平方米的综合实验楼。2006年，投资150多万元建成面积1400平方米学生餐厅、投资400多万元建设面积3000多平方米学生公寓、投资100多万元建设面积12500平方米的校园广场、道路建设项目，投资30万元建成南门卫及透明院墙。2010年，投资110多万元完成8800多平方米的学校基础配套工程。2012年，投资210多万元，绿化、硬化、亮化校园9300平方米。2013年，投资400万元完成19000平方米的学校塑胶操场建设工程。

2010~2015年，先后投资60多万元配备8个理化生实验室；投资400万装备多媒体教室和购置电教器材；投资200多万元改善教职工的办公条件；投资80多万元购置音体美器材；投资100多万元购置图书杂志等。

教师队伍　自建校起，教师队伍

2003年学校成立以来，认真探索实施新课标课堂教学改革，实行自主探索、合作学习方式，建立学习合作小组，培养学生主动学习、合作学习、独立思考的习惯和实践创新能力。

河口区实验学校学生参观廉政基地社会实践活动

2003~2014 年河口区实验学校教育教研成果表

学年度	项　目	特 色 活 动	
		活 动 内 容	荣 誉 称 号
2003~2004	参与国家级课题《信息技术与课程改革》	现代信息技术的使用	东营市课件制作比赛一等奖
2004~2005	全校 3~6 年级参加,开展良好习惯培养教育	"三省吾身"学习良好习惯培养	东营市德育工作先进单位
2005~2006	初中语文开展阅读教科研活动,每周开设 2 节阅读活动—"指导阅读课"	语文"个性化"阅读	东营市"个性化"阅读优胜单位
2006~2007	初中语文开展阅读教科研活动,每周开设 2 节阅读活动—"指导技巧课"	语文"个性化"阅读	东营市"个性化"阅读优胜单位
2007~2008	初中语文开展阅读教科研活动,每周开设 2 节阅读活动—"指导个性课"	语文"个性化"阅读及经典诵读活动	山东省"个性化"阅读先进单位
2008~2009	初中语文开展阅读教科研活动,每周开设 2 节阅读活动—"指导成果课"	语文"个性化"阅读及经典诵读活动	山东省课题结题一等奖
2009~2010	与其他县区学校结对子,开展"同课异构"活动,学习先进经验	"和谐高效课堂"课改活动	
2010~2011	与其他县区学校结对子,开展"同课异构"活动,	"和谐高效课堂"课改活动	东营市课改优质课先进单位
2011~2012	开展"小组合作"学习模式研究,引导学生学会"合作"	"小组合作"学习课改活动	
2012~2013	开展集体备课与个人备课相结合的模式,设计导学案,减负增效,提高课堂效率。	电子备课及导学案模式课改活动;减负增效课改活动。	国家级课题成果二等奖
2013~2014	开展集体备课与个人备课相结合的模式,设计导学案,减负增效的,提高课堂效率。	电子备课及导学案模式课改活动;减负增效课改活动。	

第六章　普通高中教育

第一节　发展沿革

河口区境内最早的高中学校为原沾化县第三中学(校址在今义和镇中心学校,前章有述)。

1985 年,义和高中(原沾化三中)迁到区政府驻地,更名为河口区第一中学(简称河口一中),为境内唯一普通高中,有教学班 8 个,学生 432 名。

1995 年,河口一中高中 12 个教学班,636 名学生,教职工 104 名。2000 年,教学班 18 个,在校学生967 名,在编教师 90 名。

2001 年,河口一中创建成为东营市规范化学校。2004 年,开始创建省级规范化学校。9 月,正式成立创建省级规范化学校领导小组,制定《河口一中关于创建省级规范化学校工作实施方案》;是年,学校先后被确定为"国家教师基金'十一五'规划中学教师心理健康教育研究重点课题实验学校""全国中学教育科研联合体理事学校""国家教育部信息管理中心理事单位""山东省普通高中课程改革省级定点联系学校""山东省十大影视文化教育基地"。先后投入专项资金85.53万元,用于硬件设施的配套、更新和改造。

2005年4月5日,山东省教育厅专家组一行4人到河口一中,对办学条件、学校管理、思想教育、学生素质进行全面检查评估。河口一中创建为省级规范化学校。9月25日,举办"河口一中建校四十七周年暨新校迁址二十周年庆典"大型活动。

2006年,是河口区高中教育发展的一个新的历史时期。区政府投入巨资提升区一中硬件设施。教学楼、办公楼、综合实验楼、学生公寓、教师宿舍楼一应俱全,并建有操场看台、多功能报告厅等基础设施,总建筑面积31310平方米。校园布局合理,环境优美,学校各功能室及教学仪器配备均达到国家1类标准。荣获"山东省依法治校示范学校""山东省学校民主管理先进单位""山东省卫生先进单位""山东省心理健康教育先进学校""山东省规范化学校",并成为东营市重点高中学校。

2011年,学校有教学班39个,在校生2260人,教职工218人,教师学历达标率100%。其中,高级教师49人,中级教师63人,全国劳模1人,全国优秀教师1人,全国优秀教育工作者1人,齐鲁名校长工程人选1人,省优秀教师2人,省特级教师1人,市名校长工程人选1人,市特级教师1人,市名师2人,市级教学能手33人,市、区优秀教师32人。教师办公电脑人手一台。教室内装有多媒体,实现"班班通,堂堂用"。

2014年,为提升学校的办学水平,改善办学条件、优化教学环境,河口一中新校建设被列为2014年度河口区便民实事。新校投资34359万元,占地163530平方米,总建筑面积为84527平方米,设80个教学班,容纳3800名学生。新校分教学区、生活区和活动区三个区域,其中建设教学楼1栋、实验楼1栋、行政图书楼1栋、艺术楼1栋、宿舍楼6栋、食堂1栋、体育馆1座。新校于2015年9月9日正式启用。

第二节　学制与课程

学制　1958年,中学学制为"三三"制,即初中、高中各修业3年,实行秋季结业。1968年,中学学制改为"二二"制,初、高中各修业2年,春季结业。1974年,初、高中各年级顺延半年,改春季结业为秋季结业。1978年秋季招收的新生,实行"三二"制,即初中修业3年,高中修业2年。1983年秋,中学学制改为"三三"制,即初、高中各修业3年。

1985~1990年,执行1980年7月颁发的《山东省全日制三年制高中教学计划(试行草案)》。1991年秋季,高中一年级在山东省、东营市教育部门的统一安排下,开始执行《调整意见》及新修订的教学大纲,高中二、三年级仍执行原教学计划和教学大纲。1995年,实行每周40小时工作制,一直沿用至今。

课程　1966~1976年,中学课程有毛泽东思想教育和阶级教育(后期改为政治)、语文、数学、工(农)业基础知识(工业知识后期改机械原理、物理)、军事体育、革命文艺等科,使用省编教材。1977~1978年,中学开设政治、语文、数学、外语、物理、化学、体育、地理、历史、农业机械、农业知识、生理卫生等12门课。1981年,课程设置按教育部颁发的《中学教学计划》执行。1982年秋,高中一律使用全国统编教材。课程有政治、语文、数学、外语、物理、化学、地理、历史、生物、艺术、体育等11科,每周授课29课时。1984年,高二年级起,高中文、理分科,文科不再设物理、化学,理科不再设历史、地理。

1983~1990年,河口区普通高中课程设置执行1980年7月颁发的《山东省全日制三年制高中教学计划(试行草案)》。

1990年,国家教委颁发《现行普通高中教学计划的调整意见》(以下简称《调整意见》)对普通高中教学计划进行调整,调整后的课程结构由学科课程和活动两部分组成。学科课程采取必修课和选修课两种形式,必修课设政治、语文、数学、外语、物理、化学、生物、历史、地理、体育和劳动技术共11科;

选修课分两类,一类是单科性选修课,另一类是分科性选修课。活动包括课外活动、社会实践活动。

1991年秋季,河口区高中一年级在山东省、东营市教育局部门的统一安排下,开始执行《调整意见》及新修订的教学大纲,高中二、三年级仍执行原教学计划和教学大纲。

1995年,实行每周40小时工作制,国家教委对高中教学计划部分作出调整,即:高中各年级每周活动总量在34课时以下。对各年级的语文必修课周课时分配进行调整,适当增加必修课的课时,课外活动的课时从原来每周5课时减少为4课时。

2000年起,执行国家教委《全日制普通高中课程计划(试验)》,普通高中课程设置为必修课、选修课。必修课是为学生打好基础开设的,每位学生必须修习。设有思想政治、语文、数学、外语、物理、化学、生物、历史、地理、信息技术、体育和健康、艺术(音乐、美术)以及综合实践活动。选修课是在必修课的基础上,为拓宽和增强学生有关学科领域的知识和能力开设的。学生可以根据个人志向、兴趣和需要自主选择修习。是年,根据山东省教委《关于实施普通高中新课程方案的通知》(鲁教基字〔2000〕5号)的意见,在东营市教委的统一要求下,河口区从当年秋季开始,高中一年级实行新的普通高中课程方案,执行《全日制普通高级中学课程计划(试验修订稿)》。当年起,加设信息技术课,并将其列入高中会考科目。

2001年,国家教育部颁发《关于实施普通高中新的课程标准》,山东省成为全国首批进行基础教育课程改革实验的省份之一。

2004年秋季入学开始,河口区高中一年级实行新的普通高中课程标准计划。9月,《按照山东省普通高中新课试验工作方案(实行)》要求。实行普通高中课程改革,通过学分描述学生的课程修习状况。按每学年40个教学周计,学生每学年在每个学习领域必须获得一定学分,3年之后获得116个必修学分(包括研究性学习活动15学分,社区服务2学分,社会实践6学分)和28个选修分。

2006年起,全区在校高中学生全部按照新的课程标准计划进行教学。

课程结构 普通高中课程设置由学习领域、科目、模块三个层次构成。

学习领域 语言与文学、数学、人文与社会、科学、技术、艺术、体育与健康、综合实践活动8个学习领域。每一领域由课程价值相近的若干科目组成。8个学习领域共包括12~13个科目,其中技术、艺术是新增设的科目,艺术与美术、音乐并行设置,供学校选择。

科目 每一科目由若干模块组成。模块之间既相互独立,又反映学科内容的逻辑联系。每个模块都有明确的教育目标,并围绕某一特定内容、整合学生经验和相关内容,构成相对完整的学习单元;每一模块都要对教师的教学行为和学生的学习方式提出要求和建议。

模块 模块的设置解决学校科目设置相对稳定与现代科学、社会与技术迅猛发展的矛盾。选修模块呈现的知识,很好地反映现代社会与科学技术的进步,并使教学单元大大减小,有利于学校充分利用教育资源,提供丰富多样的课程,为学校的特色发展创造条件。由于教学单元学习时间的缩小,有利于学校更为灵活地安排课程,学生自主并及时调整课程,减少无效学习带来的损失,也有利于形成个性化的学习计划。

普通高中课程结构表

学习领域	科 目	模 块
语言与文学	语文	语文必修(1~5)+选修系列(1~5)(诗歌与散文、小说与戏剧、新闻与传记、语言文字应用、文化论著研读)
	外语	英语必修(1~5)+英语(6~11)+选修系列Ⅱ(语言知识与技能类、语言应用类、欣赏类)
数学	数学	数学必修(1~5)+系列(1~4)
人文与社会	思想政治	思想政治必修(1~4)+6个选修模块
	历史	历史必修(I~III)+6个选修模块
	地理	地理必修(1~3)+7个选修模块

续表

学习领域	科目	模块
科学	物理	物理必修(1~2)+选修系列(1~3)
	化学	化学必修(1~2)+6个选修模块
	生物	生物必修(1~3)+3个选修模块
技术	信息技术	信息技术基础+5个选修模块
	通用技术	技术与设计(1~2)+7个选修模块
艺术	艺术、美术或音乐	4个系列16个模块
		音乐鉴赏(2学分)+5个模块
		美术鉴赏(1学分)+8个模块
体育与健康	体育与健康	6个运动技能系列(10学分)+健康
综合实践活动	研究性学习	28个专题供学生选择
	社会实践	10个定点实践基地
	社区服务	4个社区供学生走进社区,进行社区服务
学校课程		按照《河口一中校本课程开发与实施方案》运行

普通高中学制为三年。学生要通过三年的学习,从必修和选修中获得一定的学分,完成三年的学业。通过学分描述对学生的学习进行管理是新课程的一个重要特征。具体设置如下:

要求:

(1)一般情况下,每学年52个周,其中教学周为40周,社会实践1周,假期11周。

(2)每学期分为两个学习段,每段10周,其中9周授课,一周复习考试,每个模块通常为36学时,一般每周安排4学时,每个模块可在一个学习段内完成。

(3)学生学习一个模块,通过考核和评价,可获得2学分(其中体育与健康、艺术、美术、音乐每个模块原则上为18学时,相当于1学分)。

(4)研究性学习活动是每个学生的必修课程,三年共15学分。研究性学习是生成性课程,学生要发挥自己学习的主动性,关注社会、经济、科技和文化的发展,形成自主研究的课题,通过探究、体验,在老师的指导下完成课题研究,学会自主学习,培养自己的科技素养和人文精神。

学分修习结构表

学习领域	科目	必修学分		选修学分I		选修学分II	
		学分	学时	学分	学时	学分	学时
语言与文学	语文	10	180	根据社会对人才多样化的需求,适应学生不同潜能和发展的需要,在共同基础(必修)上,各科课程标准分类、分层次的设置若干选修模块,供学生有条件地按课程要求选择。		学校根据当地社会、经济、科学、文化发展的需要和学生的兴趣及学校的特点,开设若干选修模块供学生选择	
	英语	10	180				
数学	数学	10	180				
人文与历史	思想政治	8	144				
	历史	6	108				
	地理	6	108				
科学	物理	6	108				
	化学	6	108				
	生物	6	108				
技术	信息技术	4	72				
	通用技术	4	72				
艺术	艺术或美术、音乐	6	108				
体育与健康	体育与健康	11	98				
综合实践活动	研究性学习活动	15	270				
	社会实践	6	3周				
	社区服务	2	10日				
高中毕业学分要求	144学分2448学时	116	1944	22	396	6	108

此外，学生每学年必须参加 1 周的社会实践，获得 2 学分；三年中必须参加不少于 10 个工作日的社区服务，获得 2 学分。

(5)学生毕业学分要求：学分由学校学分评定委员会认定。学分认定所需材料有：学科考试或测评成绩、学习过程评价表；对于综合实践活动还要有活动原始记录、成果评价表和指导教师意见。

必修学分：116；选修 I 学分：22；选修 II 学分：6；总分：144

毕业总要求：获得相应学分+成长记录合格

(6)对于不能获得某学科或领域最低毕业学分要求的学生，学校根据其学习情况允许其补考(未能完成学时量的 5/6 者)、重修(未能完成学时量的 3/4 者)或另选(在同一领域或同一学科内另选)。

1990 年全日制普通高级中学教学计划安排表

学科 \ 周时 \ 年级	高一	高二	高三	授课总时数
政治	2	2	2	184
语文	4	4	5	392
数学	5	4	5	426
外语	5	4		306
物理		3	3	204
化学	3	3		204
生物		3		102
历史	2	2		136
地理	3			102
体育	2	2	2	184
劳动技术	每学年 4 周			
社会实践活动	每学年安排 2 周，在劳动技术课、课外活动或学科教学活动时间内进行			
每周必修课总时数	29	27	14	2240
选修课	3	4	16	432
课外活动	6(体育活动 3、其他 3)			
周活动总量	38	37	36	

1995 年调整后的全日制普通高级中学教学计划安排表

学科 \ 周时 \ 年级	高一	高二	高三	授课总时数
政治	2	2	2	184
语文	4	4	5/4	380
数学	4	4	5	392
外语	4/5	4		289
物理	3	2/3		187
化学	3/2	3		187
生物		3		102
历史	2	2		136
地理	3			102
体育	2	2	2	184
艺术	1	1		68
劳动技术	每学年 4 周,共 12 周			
社会实践活动	每学年安排 2 周，在劳动技术课、课外活动或学科教学活动时间内进行			
每周必修课总时数	23	28/27	14/13	2211
选修课	2	2/3	16/17	
课外活动	4(体育活动 2、其他 2)			
周活动总量	38	34	34	

全日制普通高级中学课程计划(试验)表

(国家教委 1996 年颁布,河口区 2000 年开始施行)

学　科		周课时累计	必修选修授课时数	总授课时数
思想政治	必修	6	192	192
语　文	必修	12	384	384
外　语	必修	12	384	384
数　学	必修	8	280	232~384
	选修	2~4	52~104	
信息技术	必修	2	70	70~140
	选修	2	70	
物　理	必修	4.5	158	158~306
	选修	5	148	
化　学	必修	4	140	140~271
	选修	4.5	131	
生　物	必修	3	105	105~183
	选修	3	78	
历　史	必修	3	105	105~236
	选修	4.5	131	
地　理	必修	3	105	105~209
	选修	4	104	
体育和保健	必修	6	192	192
艺术(音乐、美术)	必修	3	96	96
综合实践活动	研究性学习	必修	9	288	288
	劳动技术教育		每学年 1 周(可集中安排,也可分散安排)	
	社区服务		一般应利用校外时间安排	
	社会实践		每学年 1 周(可集中安排,也可分散安排)	
地方和学校选修课		11~19	340~566	

第三节 教育与教学

教育 **劳技教育** "劳技课"是由"劳动课"演变而来。1958年,中学各年级增设生产劳动课,初中参加体力劳动每学年14天。是年,建立学校"生产劳动委员会",负责组织安排建校劳动和校外支农劳动。课程表上安排的每周1~2节劳动课,大多成为支农劳动、建校劳动和卫生扫除。

1960年后,学生劳动生产主要是在"农忙假"期间参加社队集体劳动,在校参加课余劳动和社会公益劳动,不列为正式课程。学校的土地分到各班作试验田,种植各种作物。由班主任、任课老师、劳动委员组成劳动领导小组,负责安排"责任园"的各项事宜。

1972年,学校遵照毛主席学生要"学工学农"的指示,办起小型农场、铁木厂和饲养场,还承担附近社队的突击性义务生产劳动,名曰"支农"。学生20%的时间用于劳动,劳动由学校统一组织,教师带领参加。

党的十一届三中全会召开后,生产劳动课正式更名为"劳动技术"(简称"劳技")。学校按规定设劳技教师,学生开始有劳技课本,每周有1课时的劳技课时间。

1991年后,学校设的劳技课专职教师,有课本、教学计划和固定的课时(间周2节连上),建立劳技课实践基地。

2001年,学校新建劳技教室3个,总面积174.66平方米,购进8套多功能操作台,投资22余万元购置劳技器材和近千册"劳技"图书。

2006年开始,学校先后成立陶器制作室、书法室等。

心理健康教育 1998年始,学校开始重视学生的心理健康教育,成立心灵驿站,负责解答学生的咨询和心理健康指导,使河口一中成为东营市中等学校率先开展心理健康教育课程的学校。

2000年,成立心理健康教育中心,设立心理信箱(悄悄话信箱),开通心理咨询热线。每天有专人值班。是年,学校成立心理健康教育领导小组,加大学校心理健康教育力度。根据学生生理、心理不同特点,开展心理健康知识讲座,培养学生良好的心理品质,提高学生心理素质,塑造学生健全的人格,使学生健康成长,顺利成才。

2004年,学校购进《学生心理辅导专家系统》心理测试软件一套,使学校心理健康教育工作更加规范化、科学化。至2014年,学校引进专职心理学教师1名,负责学生的心理健康教育,每年高考、中考前及节假日等接受学生的咨询求助。

青春期教育 1985年,学校在高一年级开设生理卫生课,一周1节。其中《青春发育期》和《青春期生长发育特点》两章内容,男、女生分开上课。

1994年,生理卫生不再列入高考科目,学校不再开设该课程。

1999年8月开始,学校重新开设青春期教育课。内容包括性生理知识传授、性心理认识讲解、性道德培养和建立、性法制观念的确定和性美学的指引等。初中每周1节课;高中以青春期健康知识讲座的形式开展,每月1次。

人口理论教育 1992年,学校开设人口理论教育课,每周1节。同年,成立人口理论教育领导小组和"人口理论学校"。

1997年,调整人口理论教育领导小组,调整教材和课程。人口理论教育与青春期卫生教育间周1节课。

1998年后,由于人员变动,学校再次调整人口理论学校领导成员。对课程设置、内容提出更具体要求:人口理论教育与青春期卫生教育仍执行间周一节的规定;课程内容要与地理课、历史课、生理卫生课、政治课、健康教育课相结合,体现人与自然环境的关系,贯彻党的计划生育政策,突出青春期卫生教育的特点。做到课程、教师、教材三落实,并做好成绩考核、统计和总结工作。

环境教育 为贯彻中共中央宣传部、国家教育部、国家环保总局颁布的《全国环保教育行动纲要》提出的"从2000年始,在全国逐步开展创建绿色学校活动"的要求,河口一中从2001年初正式开展创建绿色学校活动,成为东营市第一所开展这一活动的高中学校。

2001 年 3 月，学校成立由校长任组长的创建绿色学校领导小组，制定《创建绿色学校活动方案》《护绿爱卫责任区检查制度》等。在校内开辟"环保知识"专题宣传栏，各班教室不定期出版环境保护及环境建设等方面的黑板报，利用学校广播站，按时广播有关"创绿"活动的知识、事迹和先进人物，学校专门订购一批介绍环境知识和环境教育的报刊，供师生阅读。还利用校园网、宣传橱窗、标语、黑板报和学生手抄报等媒体，宣传有关环保知识，形成全校师生"人人知晓，人人参与"的良好氛围。

2002 年，学校被评为"东营市文明单位""东营市文明校园"；2003 年 9 月，被省爱卫会评为"省级卫生单位"。

法制教育 1986~1989 年，在全校师生中广泛开展以"学法、懂法、守法"为主题的法律常识教育活动，增强师生的法律意识。

1990 年，针对当时社会环境，学校聘请公安、司法部门有关人员对师生进行法制教育；校团委组织《国旗法》宣传周，师生共同学习《国旗法》。

1993 年 11 月，组织全体教师学习《中华人民共和国教师法》，树立依法治教的法制意识；举办全校师生参加的《安全法》知识竞赛。

1995 年 4 月，组织教师深入学习《中华人民共和国教育法》，树立依法治教的法制观念。

1996 年，制定普法规划及法制宣传教育计划；购买、编印普法书籍 200 册；校团委组织学生举办"我与法律"知识竞赛。

1997 年，结合香港回归祖国，学校组织举办"三五"普法知识竞赛，向师生进行学法、懂法、守法的法制教育；组织广大教师认真学习《教育法》《义务教育法》《教师法》《未成年人保护法》等法律法规，增强法律意识；购买、编印普法书籍 500 册、音像制品 4 套。

1998 年，在全校学生中广泛开展以交通法规、环保法、安全法、税法、工商法等为主要内容的社会实践技能大赛，同时充分利用中学生团校、黑板报、宣传栏、校园广播室等阵地，全面掀起学法热潮。

1999 年，学校把普法教育作为德育教育中一项重要内容，并纳入学期教育计划之中。课堂教学作为宣传教育的主阵地，利用晨会、班队课时间，对学生进行《未成年人保护法》《消防法》《环境保护法》《义务教育法》教育。聘请区司法局主要领导任学校法制副校长，聘请河口区消防大队专业人员举办消防安全知识讲座；组织师生观看法律法规录像片，以事实对师生进行法制教育。

2000 年，充分利用橱窗、黑板报、画廊等宣传阵地，加大宣传力度，每 2 个月出 1 期普法教育专栏，通过生动形象的图片、文字让师生接受法律知识教育，经常采取答卷形式，对全体师生进行普法知识考核，增强师生法制观念。

2001 年，是"四五"普法第一年，学校制定"四五"普法依法治理年度总体规划和普法年度进度表，规定每月的 1 日、15 日为学法日，实施"四有一考"（"四有"即教学有计划、学习有教材、授课有老师、课时有保证，"一考"即把法律课作为期末考试的必考课）；开展远离"三厅一室"教育活动；与河口区环保局联合举办 "环保知识大赛"；利用家长学校，向家长广泛宣传《义务教育法》《未成年人保护法》，使家长明确应尽的职责，同时让社会、家长能更好地依法对学校工作实施监督，增强法律意识，学会用法律武器维护国家利益、社会利益和自身的合法权益。

2002 年，学校组织教师参加市教委组织开展的"万名教师进考场"活动；与河口区教委联合进行《义务教育法》宣传；与河口区土地局联合举办"国土杯"法律法规知识竞赛；与河口区法院联合举办"青少年模拟法庭"；聘请河口区司法局普法办、河口区交警大队工作人员为学校法制教育辅导员，定期到校对师生进行法制教育。

2003 年，组织开展《公民道德建设纲要》学习宣传活动；举办安全教育与消防知识报告会、法制报告会；"庆'五四'，安全在一中"宣传活动；联合河口区国税局举办"诚心纳税，共建家园"演讲比赛；与河口区消防大队联合，举办逃生安全演练活动。

2004 年，举行道路交通安全宣讲会，增强学生的交通安全意识。发挥法制副校长的指导、协调作用；校园内继续开辟法制宣传栏，各班级的黑板报设法制角，组织开展"学普法、比育人、做贡献"活动。

2005~2006年，学校通过开设法制教育课，做到计划、课时、教材、师资"四落实"，在学生的法律素质养成上下功夫，认真抓好学生的法制宣传教育工作。在全校及学校周边范围内，宣传《宪法》《教育法》《未成年人保护法》《教师法》《预防未成年人犯罪法》等相关法律法规。宣传与师生工作、学习、生活密切相关的基本法律知识，努力增强广大学生的法律意识，注重培养全校师生权利和义务相统一的现代法制观念，增强遵纪守法、维护自身合法权益和民主参与、民主监督的意识，提高广大师生依法维护自身合法权益的能力和运用法律武器同违法犯罪行为作斗争的自觉性。

2008年，全省推进素质教育后，学校深入开展法律"进年级、进班级、进课堂"主题活动，全面推进素质教育。建立完善学校、处室、年级、班级和社会"五结合"的法制教育网络。利用学校周边的法制教育资源，开辟第二课堂。开展课外教育、社会实践、专题讲座、演讲比赛、书画比赛、征文比赛、文艺汇演等形式多样的"法律进年级、法律进班级、法律进课堂"等"法制进校园"活动，利用校内网、板报、宣传栏等平台开展"六五"普法活动。

2008~2010年，学校以"法治河口"建设为契机，建设和谐稳定校园。将学校普法工作通过学生辐射到各个家庭和所在社区，通过各类形式宣传最有用、最新、最贴近实际的法律常识。在学校深入开展"学法、守法、用法"先进集体和先进个人评选活动，通过知识竞赛、文章评选、演讲比赛等方式评先树优，带动校园法治建设扎实有效。针对社会热点、难点问题，组织各类知识讲座，开展食品卫生、交通安全、防火减灾等与师生切身利益相关的宣传和专项活动，有效疏导、化解矛盾，维护校园和谐稳定。

2011~2012年，学校全面启动以"弘扬法治精神、传播法治理念"为核心的法治文化创建工作，扩大法制宣传的覆盖面，增强渗透力和感染力。实施法治文化引领战略。将普法宣传从提升全校师生法律素养向培育法治理念转变，从弘扬法治精神向打造法治文化过渡。针对学生价值取向多元化倾向和普法工作的热点、难点问题，积极探索学校普法工

作的新途径和新方法，挖掘资源，拓展空间，让模拟法庭等实践活动成为学校教育中的亮点。引导全校师生积极参加全区的"黄河口法治论坛"、"法制·黄河口"期刊等特色项目，并挖掘学校法治文化与传统文化、黄河口文化、石油文化、海洋文化、湿地文化的交融，结合本校资源办出特色，让全校师生树立起对法制的信心和信念，形成对法律的尊崇感和认同感，使法制成为一种生活方式、习惯和信仰。与师生关心的重点问题相结合，注重搜集师生反映强烈和关心的各种热点问题，在深入调查的基础上，召集相关师生面对面地学习相关法律知识，解决具体问题，及时解开师生思想上的疙瘩，化解各类矛盾纠纷，维护师生的合法权益。结合素质教育的不断推进，在全校进一步引导师生员工不断学习与素质教育相关的法律法规，规范办学行为，提高教育水平。打造学校法治文化品牌。

2013~2015年，学校组织建立由部分师生组成的普法宣传队伍，不定期开展校内外的普法活动。不断创新普法形式，将与师生居民相关的涉法问题编撰成普法歌、故事、相声小品等来宣传法律知识。创建网络普法互动平台，设立普法网站专门窗口，定期更新法律常识，接受校内师生或校外居民的法律咨询，邀请校内外法律老师或专家进行解答，形成互动学法、共同提高的局面。利用各种普法宣传日开展普法工作。充分运用"12·4"全国法制宣传日，集中开展以宪法为核心的系列主题宣传活动；利用各类法律颁布实施纪念日，组织开展主题法制宣传日、宣传周和宣传月活动；在"3·15"消费者权益保障日、"五一"劳动节、"6·26"国际禁毒日等具体日期，集中时间，组织人员，采取各种形式，开展法制宣传活动。

教学 常规教学 （一）备课。1958年建校初，课堂教学，首先从备课抓起。教师必须提前一周备好课，备课必须明确教学计划和单元教学目标，要求做到"三备"，即备教材、备学生、备教法。教导处每周组织教案检查。每年举办一次教案展览活动，评出优秀教案。

1981年，全校教师学习王仲华"六点两线备课法"。六点：定准起点，抓出重点、特点和难点，分析

新旧知识交接点,重视疑点。两线:一是设计好启发学生的路线,即怎样提出问题,分析问题,解决问题;二是精选习题,设计出一条由易及难、由简及繁、循序渐进的练习路线。学校领导引导教师备课要下真工夫,不作表面文章,教案要实用,不搞形式主义;部分教师开始在教案末增加"教案实施小结",记载课堂实施教学计划的经验与教训,以利今后改进。

1990~1999年,强调素质教育,如何培养学生分析与解决问题的能力,如何运用电教媒体手段制作课件,成为教师备课必有的内容。1994年8月,学校根据青年教师比例过大,教学要求亟待提高的严峻形势,制定《教师教学常规》。其中对备课提出四点要求:

1.学期初认真钻研本学科教学大纲,通读教材,弄清教学任务和教材体系结构,明确单元重点和相互联系,结合学生实际,定好本学期授课计划,经全组讨论修改,报教导处审批后实施。

2.每节课的教学要求和教学目的要明确。落实"双基",发展智能,培养创造精神,利用教材固有内容适时进行思想教育。

3.在个人认真备课的基础上进行集体备课。责成一人作为主讲人系统发言,全组补充,集思广益,形成课时计划。

4.写好每节课的教案,按照"少、精、活"的原则,安排好每节课的教材内容,明确重点难点,做到深度、广度、容量、密度得当,安排教学步骤,注意多种教学方法的恰当配合;积极采用现代化教学手段,使学生课业量恰当,教学质量不断提高。

1996年,为发挥教师集体优势,有效提高课堂教学效果,学校结合实际,制定"教师集体备课规定":

1.年级同学科教师,根据课程进度,必须提前一周集体备课。

2.集体备课步骤:(1)个人准备。集体备课前,个人先学习教学大纲,明确大纲对教学内容的要求,然后熟悉教材,结合学生实际,写出备课笔记或教案草稿。(2)集体研讨。同学科教师各自提出自己的方案,相互修正和补充,充分研讨,集优点为一

体。要做到五统一:统一教学指导思想,统一教学目的要求,统一重点、难点,统一练习题,统一教学进度。(3)制定教案。个人要根据集体讨论的结果,制定自己的教案,教案的撰写要力求科学、简要,做到安排有序,步骤完整。

3.备课时间:年级部内同学科教师,每堂课都要集体备课,具体时间依据实际自己定,但每周不少于3~4次,单人任教的学科,教研组集体备课每周不少于1次。

1997年,初中备课实行A、B教案制(A教案,即作业、习题教案,B教案,即课时教案),高中实行单元备课和活页教案制。教导处组织人员检查,量化打分。

2000年开始,备课强调个人和集体相结合。同年级同学科备课做到"四统一":统一进度、统一难点、统一重点、统一作业练习。此外逐步普及多媒体手段,备课时搜集大量网上信息,剪辑有关资料,教师在备课上下功夫越来越大。各教研组还结合本科特点和师资实际,创造了多种备课形式,如语文组的单元备课法,化学组的教案加学案模式等。2008年新课改后,提倡提高课堂效率,亦即高效课堂。

(二)上课。1958年建校初,学习前苏联凯洛夫《教育学》,贯彻教学"积极性原则、量力性原则、直观性原则、系统性原则、循序渐进原则"等五大原则和"组织教学、检查学过的知识、导入新课、新授、巩固练习、布置作业"等六大环节,教师课堂教学努力克服"注入式",将组织教学贯彻全课始终;注意启发学生思考力,采用问答法、谈话法、讲解法、演示法授课。根据教材与学生实际,采用新授、复习、练习、实验、参观等不同课型。重视单元复习归纳与检查。

1959~1960年,受"大跃进""左"的影响,课堂教学学习河南省长葛中学经验:教学实行多快好省,合并教材压缩课程,1节课完成几节课的任务(1节语文课上完4篇课文)。1966年6月,"文化大革命"开始,课堂教学秩序遭到严重破坏,复课之后,教材全部停用,毛主席著作和毛泽东诗词代替教科书。1968~1976年,课外劳动和社会活动占去学生大部分时间,上课时间难以保证。1977年恢复

高考制度,教育教学开始走上正轨,学校课堂教学抓"智育",逐步重视基本知识、基本技能培养。

1982年后,提倡精讲多练,克服"满堂灌"。提倡读读议议、讲讲练练的教学方法。随后提出面向全体学生,实施单元过关制度,即95%的学生达到及格水平,视为单元过关。单元没有过关,必须调整教学计划,对未过关的学生进行个别指导,帮助其掌握教材要求达到的知识水平和技能要求。

1994年,学校总结历史经验,制定课堂教学常规:

1.课堂教学要符合素质教育的要求,以培养全面发展的高素质人才为目标。课堂教学要体现"四为主"原则,即教师为主导,学生为主体,训练为主线,思维训练为主攻。要理论联系实际,将统一要求和因材施教相结合,循序渐进和高质量、高效率相结合及科学性和思想性相结合的教学原则,把培养学生的创新精神与实践能力贯穿于教学全过程。

2.教师要树立"以人为本"的教育观念,在教学过程中,既要发挥教师的主导作用,又要弘扬教学相长的优良传统,形成相互切磋、相互启发、相互激励、积极互动、共同成长、共同分享、民主、平等、和谐的师生关系。根据教学目的要求,努力完成教学大纲和教材规定的知识传授、能力培养等方面的教学任务,具体要求是:(1)教学目标集中、明确、恰当。(2)教学重点突出、清楚、详略得体,关键点讲明白。(3)教学思路清晰、结构紧凑,将每一个环节及环节过渡的关键语,用简洁语言归纳;时间分配合理,利用率高。(4)讲述思路清楚,逻辑条理,语言准确,生动形象,精练,声音要注意动听、和谐,有节奏。板书要工整、规范。

3.教学方法要灵活多变,有利于学生启迪思维、开启智力,培养能力,激发学生兴趣,调动学生学习的积极性,使学生真正动脑动口,活跃学生的思维,调动学生发言的积极性。教师提出的问题要难易适度,因势利导,讲得精当,练得适度。

4.教师上课要做到衣着整洁,仪表端庄,教态自然,教风良好,要用普通话讲读,要引人入胜,富有感染力和启发性。

5.教师要提前候课,按时上课,做到不迟到、不早退、不拖堂。严禁在课堂内吸烟,杜绝在课堂上带入和使用现代化通讯工具。尊重学生的人格尊严和学生的意见,杜绝体罚和变相体罚学生。

6.课堂教学要充分利用先进的教学手段,并不断推进教学手段的现代化。要特别注意现代化教育媒体的运用,为学生的学习和发展提供丰富多彩的教育环境和学习工具,教学辅助手段的应用要做到科学、简便、有效,不搞形式主义。

7.各科教学都要努力贯彻教学的基本原则,特别是科学性与思想性的原则、循序渐进原则、启发性原则、因材施教和学以致用原则。

1997年,学校改革语文课堂教学,实施大语文教学观,发挥学校图书馆所藏图书优势,每周增加阅读课。对学生实行开放阅读,学生可以自选各种阅读教材,阅读质量提高很大。是年,学校还把提高课堂教学效益作为头等大事来抓,专门下发《提高课堂教学必须解决好十个问题》文件,又规范"四课型"(即新授课、讲评课、习题课、单元复习课)教学模式。为让"四课型"教学模式深入人心,学校专门组织业务能力强、经验丰富的教师上示范课。

1999~2001年,教室配齐现代化的四机(即电视机、录音机、放像机、投影仪)一幕,将课堂教学推进到新阶段。2000年,学校提出实施课堂教学的"五个转变",即把教师讲明白为主转变为使学生自己省悟明白为主;把教师提问为主转变为学生自己提出问题为主;把对学生大运动量训练应付考试为主转变为使学生应用所学知识分析和解决实际问题为主;理化生实验教学中把教师的演示为主,转变为学生自己独立操作为主;把强制性管理为主转变为科学、民主的管理为主。

2008年起,全省全面推进素质教育,规范课时、规范作业,增加学生的自主空间,对教师的要求进一步提高。

(三)作业布置与批改。1958年建校初,学校对作业设置提出严格要求,避免随意性,控制作业量和占用时间。比如对作文课的要求是:3周1次大作文,两周1次小作文。这一时期作业要求全批全改,不得由学生代批,教导处按时检查批改情况。

1978年,恢复教学秩序以后,学校开始抓"智育",作业量增加,学生淹没在题海中苦不堪言。学校领导多次召集学生代表座谈,了解情况,责成班主任平衡各科作业量,后又改成按课时比例分配自习辅导时间。

1980 年,规定每节课所留作业总量不得多于 30 分钟,作业题不超过 3 道,使学生有充分看书时间,加强对基本要领和规律的理解,掌握学习主动权。

1994 年,普通高中逐渐普及,高考竞争加剧,学生作业量大量增加,学生负担过重。8 月,学校制定教学常规,对"作业"一项提出严格要求,学生的作业负担有所减轻。

1997 年,随着教学改革的深入,作业布置和批改也发生质的变化。语文教学实施"大语文观",作业随之变化:由两周 1 次作文变成 1 周 1 次作文,课外增加阅读笔记和书法练习作业。作业批改由全批全改,演变为教师面批、师生同改、学习小组批改和自我批改几种形式。其他各科作业布置和批改也有不同程度的变化。

1998 年,教导处对作业布置做出明确规定:语文——作文两周 1 次,书面作业一周 1 次;数学——平均每周不少于 4 次;物理、化学——平均每周不少于 3 次;英语——每周 1~2 次。其他学科根据实际情况,确定作业的数量,各科教师都要建立作业批改记录,将作业情况记录在案,并及时反馈。

2000 年,随着教学成绩的不断提高,学校各项制度也渐趋规范。教导处总结历年经验,制定作业布置与批改措施,规范教学行为。这些措施包括:

1.要精心选择和设计练习题,内容要符合大纲及教材内容要求,富有启发性,有助于巩固知识,培养能力,发展智力;根据学生水平的不同,可布置必作题和选作题,量要适当,初中每天不得超过 1.5 课时,高中不得超过 2 小时,而且绝大部分作业能在限定时间内完成,切忌偏、难、怪题。

2.对作业要严格要求,认真对待,按时完成,要求学生先复习、后做作业,养成独立思考、按时完成作业的习惯。作业书写要清楚,演算要规范,杜绝互相抄袭或代人写作业的坏行为。

3.批改作业要及时,根据学生数及教师任课情况,要求教师全批、批 1/2 或 1/3,其余的可在教师指导下,让学生进行自批、互批等;教学批改作业应写明批改时间,运用统一规定的批阅符号。有的学科作业需要写出恰当的批语,批语要得体,有鼓励性、方向性,同时,要有批改记录,为作业讲评提供依据。对作业中带有共性的问题,要集中讲评,对部分学生纠正的作业,教师要批复。

4.作业讲评要及时。每次作业讲评都要有针对性、计划性,每次讲评力求能解决 1~2 个突出问题,不求面面俱到,但要个个击破。带有普遍性的问题,要重点讲评,力求讲深讲透,防止同类错误再现。

(四)自习辅导。1958 年建校初,自习辅导设晨读课(后改称早自习)和晚自习。晨读课半小时,晚自习 2 节。晨读课,学生朗读课文;晚自习,学生以完成当天的作业或者自学为主。"文化大革命"期间,学校停课闹革命,教学工作出现混乱状态,自习辅导也无规律。

1977 年,恢复高考以后,随着学校各项工作步入正轨,自习辅导也渐趋正常。每天安排 3 节自习课。早自习以学生自读为主;上午、下午各 1 节自习课,以学生完成当天布置的作业和温习功课为主。这种制度一直沿用到 90 年代初期。

1994 年,随着高考竞争的加剧,自习课相应增加,教师对自习辅导课也越来越重视,临近考试时,自习课经常被各科老师占用。在这种情况下,学校一度将自习课按科目比例进行分配。早自习,每周 3 节语文 4 节英语,或者 4 节语文 3 节英语;上午 1 节自习课和晚上的 2 节自习课,相应的安排给其他学科。

2000 年,学校对自习课辅导做出明确要求,对自习课进行规范:

1.凡规定跟班辅导的自习课,教师必须盯在教室进行辅导,做到不迟到、不早退。

2.辅导时,可采取个别辅导和集体辅导两种形式。个别辅导,应以点拨为主;集体辅导,要讲清思路,对发现的共性问题应及时予以集中解决或纠正。

3.自习辅导不能强迫学生一律学习自己所教学科,不能借自习时间上课;让学生自觉自主地学习,培养学生自学能力。

2008 年开始,根据省厅要求,自习课不允许老师讲课,完全让学生自主学习。

(五)考试。20 世纪 50~60 年代中期,学校考试与考查学习前苏联做法,采用"5 分制",即 5 分,成绩优秀;4 分,成绩良好;3 分,成绩及格;3 分以下,不及格。"文化大革命"期间,取消考试,以作业形式评定学生学业成绩,按甲乙丙丁或优秀、良好、一般划分等级。70 年代初,考试制度逐渐恢复,开始以考试形式评定学生学业成绩:满分 100 分,开卷和闭卷相结合。平时测验开卷,期中考试和期末考试闭卷。在这期间,一度实行过"推荐"和"选拔推荐"制。学生高中毕业回村劳动两年后,各方面表现好的可由大队党支部推荐上大学。

1977 年恢复高考后,考试制度开始走上正轨,每个学期大型考试有期中和期末考试两次,开始重视分数,学校经常使用张榜公布成绩方式督促学生学习。20 世纪 80 年代中期,除期中、期末统考之外,还增加单元过关检测。

1995 年,学校高中部实行月考制度,高一、高二两个级部每个月底举行 1 次大型考试,内容为本月所学知识或加上以前学过的知识,由教导处全面组织考试。每次考试后,认真进行成绩统计,并召开质量分析会议。

1997 年,考试与考查制度渐趋规范,学校出台一套考试与考查制度,检查学生学习效果。课堂提问、随堂检查、检查作业、单元测试属平时考查,由任课教师或教研组负责;月考、期中、期末考试,各种会考、统考属于考试,由学校或级部具体组织管理。考查考试制度内容为:各学科的考查,命题要紧扣本单元知识内容,不出偏题、怪题,不照抄课本原练习题,以考查学生对本单元基本知识的掌握和理解问题、分析问题的技能为出发点,适当联系以前学过的知识。试题由备课组或教研组讨论,最后备课组长或教研组长审定。单元检测时间要统一安排,考查时间据试题分量而定,随堂测验不超过 30 分钟,大型统一的会考、统考,时间可根据题量,稍长一些。单元检测一般不超过 90 分钟;每次单元检测试卷,要认真评阅,并及时搞好试卷分析和讲评;

搞好成绩分析,按及格、平均分、高分、低分及普遍存在的问题有针对性地进行分析,并及时进行查缺、补漏;每次考试后,各备课组或教研组都要对考试情况进行集体分析,找出教学中的利弊得失,制订出行之有效的补救措施。并及时将考试成绩及分析情况,书面报年级部或教导处。

2008 年后,高考方案有"3+文科综合/理科综合"(即"3+X")、"3+文科综合/理科综合+自选模块"等,山东省 2007~2013 年,实行的是"3+文科综合/理科综合+基本能力",2014 年起,山东省实行"3+综合 1/综合 2"高考方案。

(六)课外活动。1958 年建校初,课外活动大部分时间被建校劳动占用:平整校院操场、挖沟修路、栽种树木、挖水塘。以后的课外活动也多流于形式,活动时间有的自由安排,有的做作业。离家近的,回家帮助家庭做些农活或家务劳动。1987 年后,由于领导重视,教职工积极参与,学校课外活动逐渐丰富起来,课外活动的内涵有质的突破,形式趋于多样化。课外活动基本上由任课教师负责,音乐、美术及其他活动也有专人辅导。在课外活动小组里,不仅学生的特长得到培养,教师的特长也得到发挥。

教师本身也有业余活动。每年的国庆、元旦、春节及全校文化艺术节上,爱好文艺的师生纷纷登台表演,合唱、二重唱、独唱、舞蹈、戏剧、快板、相声,赢得台下阵阵掌声,师生的书法、绘画、小说散文得以尽情展示。

1985~2005 年,学校共有 325 名同学参加市、省、全国举办的各种学科竞赛,有 71 人获市一、二、三等奖,15 人获省一等奖,43 人获省二等奖,60 人获省三等奖,有 2 人获全国一等奖。

2000 年始,学校一年一届的文化艺术节,均由校团委和学生会联合筹划、组织,形式丰富多彩,内容健康、高雅,既增强学生的身心健康,又活跃学校的文化生活。至 2014 年,师生课外活动的主要内容为运动会、艺术节、各类社团、科技发明小组等。

音体美教学 ①音乐、美术。作为艺术课程的美术、音乐,建国后一直在小学各年级和初中一、二年级开设。但因缺教师、建校劳动或社会活动、文化课紧张等,开课时间不多。"文化大革命"期间,学校开设过唱革命歌曲、唱革命样板戏的课程,但忽视基础知识和理论教育。

20世纪80年代后期,随着高考改革的不断深入,艺术院校急需选拔人才,艺术考生可以单独报考高校。学校及时调整工作重心,向高校输送合格艺术人才。

2000年,美术生刘锋考入天津师范大学本科。此事在社会上引起较大反响,同时也激起校领导办艺术特长班的决心和信心。

2001年3月,学校第一个音美班组成,开始25人,后来增加到54人。

特长生教学采取理论和实践相结合、专业课和文化课结合、"走出去、请进来"相结合的方法,取得显著效果。至2014年,学校音美高考成绩在东营市位居前列。

②体育。1958年,学校推行"劳卫制"(即准备劳动与卫国体育制度),在校生的80%、毕业生的90%达到"劳卫制"锻炼标准,强调"高指标""高速度",夸大虚报锻炼成绩,出现体育上的"浮夸风"。1960年,因受"经济困难"影响,学生体质下降,体育课和课外活动课停止。1962年后,体育课教学和课外活动逐步恢复正常。1964年,出现片面追求升学率,加重学生的课业负担,忽视体育卫生工作现象。是年底,上级教育卫生部门发出《中小学保护学生视力暂行办法(草案)的通知》,学生开始做课间操和眼保健操。1965年学校根据教育部、高教部通知精神,积极开展游泳活动。1966年"文化大革命"开始,学校停课"闹革命"。1969年,体育课改为"军体课"。1973年,恢复体育课。

1979年始,体育不合格,不能评为"三好"学生。1981年,重点高中录取新生加试体育。1983年,中等学校建立学生健康档案,定期对学生进行体格检查和体能测试。1984年,体育工作渐趋规范:每周两节体育课,早操、课间操、眼保健操(限于初中)、课外活动形成定制。学校还成立篮球、排球、乒乓球等训练小组或运动队。是年春季,河口区首届中小学生田径运动会在义和高中(河口一中前身)操场召开。

1999年,市体委、市教委授予河口一中"体育传统项目学校"。1995年以来,随着教育改革的不断深入,学校对运动比赛和运动队的业余训练加强了领导。每年,学校单独举办田径运动会、冬季越野赛跑及各种小型比赛。学校体育代表队按时参加市、区举办的运动会。1990年,学校被山东省体委定为"传统项目(篮球)训练学校"。

2000年始,体育组有专职教师6人,体育特长生单独编班,课程单独设置,保证每天3节文化课和3课时体育课及体能锻炼时间。2003年高考,24人参加考试,有13人考入本科院校。至2014年,有200多名体育考生进入本科院校。

信息技术教学 网络建设。信息技术教学原称电化教学。1994年后,称信息技术。1996年,学校筹措资金14.8万元,购入"486"电脑10台,"586"电脑1台,建立微机室,向学生传授DOS语言和WPS基本操作知识。2000年,学校建标准微机室2个,有电脑114台,安装苏亚星和全省信息技术会考系统,给初中部学生和高中一、二年级学生讲授Win98,word,powerpoint,excel,VB,VF。

信息技术教育装备发展迅速,1991年,学校建立语音室,用于英语教学。2001年,成立网络系统管理中心,建立2个可视性多媒体语音室,1个多媒体教室。2001年购入两套e-class软件,教学软件开始应用到教学中去。2002年,学校投资20余万元,使每个年级部都有1间多媒体教室。

2003年,学校音像教材达593件,总价值10.6万元。学校还与北京网络中心大学附中取得联系,成为其远程教育示范学校。2003年,加快各项教育信息化平台建设,建有5个微机室。全校实现"班班通",投资30余万元建成在全省一流的全自动精品课堂录播系统,为视频资源的建设提供有力平台;投资25万元,建成校园电视台。2005年,学校安装高考电子监控系统。至2014年,学校信息技术固定资产达到800余万元。

网络资源开发利用。2005年,河口一中把全面实现学校网络覆盖建设列入学校重点工程之一。2007年年底,河口一中门户网站(www.hkqyz.com)采用先进的动易网站内容管理系统全新改版,新版网站集校园新闻发布、学校管理、教学办公等功能为一体。除学校简介和校园快讯等常规栏目外，还特别设立校长荐文、素质教育、教育理念等栏目，让广大教师方便快捷的感受名师风采，了解最新教育动态，天下教育智慧收于一网。学校网站现已成为对外宣传和信息公开的主要窗口和学校管理的重要平台。2010年，投入240万元，用于教育信息化建设。2015年，实现技术开发与资源建设融合。

第四节　高　考

河口一中领导与第一个考入北京大学的学生李刚合影

1969~1984年，毕业生16届，47个班，2300余人，117人升入大学，升学率14%。1986~1997年，毕业生12届，54个班；2716人，参加高考2200人，录取948人，升学率达43%；1998~2004年，毕业生7届，58个班，4669人，参加高考4169人，录取1733人，升学率42.45%。

2001年，参加高考的应届毕业生216人，本科录取56人，总录取率94%。理科语文列全市第二名，文科政治列全市第五名。文科历史、理科英语列全市第六名，文科语文、数学、英语、理科数学、化学列全市第八名。学校总评列全市第六名，被市教育局评为"教学质量优胜学校"。

2002年，河口一中高中部26个班，学生1356人，参加高考的应届毕业生370人，本科录取78人。文科语文获全市第三名，文综获全市第三名，重点本科、普通本科达标率列全市第一名。

2003年，河口区高中教育参加高考应届毕业生增至410人，本科录取138人，本科上线万人比为15.81%。历史上首次突破高考录取本科百人大关。重点本科、普通本科提高率连续四年列全市第一名，学校综合评比全市第五名。理科语文全市第五名；文科语文全市第三名。文科数学、文综列全市第四名。

2004年，本科录取总数213人，首次突破200人。学校再次被评为"全市高中教学质量优胜学校"，区一中第三次被区政府记集体三等功，并奖励10万元。

2005年，学校规模达39个教学班，在校学生2293名，教职工总数162人，加之新招聘的本科毕业生，学校教职工总数达188人。9月底，高一新生再次扩招，教学班共达43个，学生总数达2600人。是年，参加高考的应届毕业生628名，本科录取298人，录取率达47.7%，高出东营市平均水平的15个百分点。

2006年，教学班43个，在校生2775人，其中，高一招收新生890人，是年，河口一中参加高考的毕业生834人，本科录取315人，首次突破300人大关。

2007年，河口一中共有教学班44个，在校生2696人，其中，高一招收新生837人。参加高考的毕业生891人，本科录取372人，优秀率由入学时的3.29%提高到9.16%，1名学生考入清华大学。学校高考成绩综合评价列东营市第二名，高考本科总数万人比列全市5个县区第一，二本以上万人比、达标率均列全市第一。理科语文荣获全市第一名，

考入清华的学生王秀山给老师赠送锦旗

理科数学、理综、文科语文荣获全市第三名,艺术理五科均列全市第一,艺术文五科均列全市前三名。

2008年,毕业班级14个教学班,在校生1459人,考入本科学生485人,升学率66.4%。

2009年,12个教学班,考入本科536人,本科录取率达到56.4%,综合考核指标位居东营市第一。

2010年,考入本科院校的达489人,升学率达69.3%。

2013年,本科录取总人数达538人,本科录取率为70.99%(山东省本科录取率为43.6%),高于全省27.39个百分点。

2014年,河口一中高考考生为930人,其中,应届778人,文科537人(含艺术文321人),理科354人,体育29人。本科录取总人数达588人,本科录取率为69.18%(山东省本科录取率为42%)。

2015年,河口一中高考成绩再创新高,本科录取人数达611人。

河口一中奖励考入北京大学的学生毕景会

附:学校简介

河口区第一中学

河口区第一中学前身为沾化县第三中学(简称沾化三中),1958年4月建成。位于现义和镇政府驻地东侧,南靠义张路(现滨孤路),北接3750部队训练操场,西邻义和公社拖拉机站,东临义和北小河村,占地面积3.73万平方米。

1958年建校时,学校共有教职工16人,其中,

专任教师10名。建校当年,招收初中班4个,208名学生。是年初,惠民专区将中学下放到县管理。4月6日,沾化县委、县政府决定在义和镇建立沾化县第三中学(简称沾化三中)。学校当年8月建成,为国有全额拨款预算管理事业单位,隶属县政府文教科管理。同年11月,沾化、利津两县合并为沾化县,原沾化三中改名沾化五中;1960年6月,沾化五中随义和公社划归垦利县,遂改称垦利五中;1961年9月,沾化县与利津县分治,义和公社重归沾化县,学校复称沾化三中。因国家连续遭受三年自然灾害,造成20%学生辍学或休学。1962年,学校招收新生1个班,50名学生。1964年,贯彻中央提出的"两种教育制度、两条腿走路"的方针,沾化县在沾化三中附设农业中学班,招收1个班,40名学生,设教师2名。是年,全校共有5个班,学生242名,教职工18人。1967年年底,学校曾自行改名为东方红中学,后复称沾化三中。1968年8月,学校增设高中班4个,招收学生216名。年底,沾化三中共有8个教学班,教职工人数增至23人。至1971年,沾化三中共招收初中学生13级,27个班,1200余人。1972年始,学校停止招收初中班,只设高中班。在校学生为10个班,共534人。

1975年,沾化县所有中学更名,沾化三中更名为沾化县义和五七中学。1977年再改为沾化三中。1978年,学校被确定为县属重点中学。在校学生计有8个班,共430人,教职工总数为32人。1983年10月,沾化三中随义和公社划归新设立的东营市河口区,并更名为义和高中。至1984年,学校共招收高中15级,52个班,毕业学生2600余人。

1985年3月,东营市批复"河口区关于成立高中的申请报告",同意河口区以原义和高中为基础成立河口高中,定名为河口区第一中学,简称河口一中(新校迁址河口城区,原义和高中改办为农技中学)。为正科级全额事业单位,隶属区文教局。校址位于河口城区西端,同年9月5日河口一中建设一期工程竣工,占地面积41600平方米。9月,学校迁至河口城区。时有8个教学班(含随迁4个班)448名学生。共有教职工46人。1990年8月,学校

新招初中班 4 个,学生 244 名。年底,河口一中共有 13 个教学班(高中一至三年级各为 3 个班),教职工总数为 77 人。1994 年,全校共有高、初中教学班 21 个,教职工增加到 103 人。

2000 年 8 月 29 日,东营市机构编制委员会下发东编〔2000〕26 号文件,河口区第一中学规格明确为副县级,其隶属关系、人员编制、经费类型均未改变。是年,学校有高中班 18 个,学生 967 人;初中班 13 个,学生 733 人,教职工增至 147 人。2003 年 8 月,初中部并入区实验学校。河口一中只设高中班。

2005 年上半年,全校共设高中班 39 个,学生 2276 人;在编教职工共 162 人。6 月底,学校录取新生再次扩招,教学班 43 个,学生总数达 2600 多人;教职工总数 188 人。2006 年,有教学班 43 个,在校生 2775 人,在职教职工 196 人。其中专任教师 159 人,干部职工 37 人。专、兼任教师中高级职称 29 人,占 18.2%;中级职称 46 人,占 28.9%。专任教师中第一学历为本科的 132 人,占 82.5%,教师学历合格率为 98.1%。2006 年从高等师范院校引进应届本科毕业生 17 人,从省内引进骨干教师 4 人。本年度,高一招收新生 890 人。

2010 年学校有 52 个教学班,在校学生 3218 人。在编在岗教职工 192 人,具有高级职称教师 33 人,具有中级职称教师 108 人。拥有全国优秀教师、师德标兵 1 人,省级优秀教师 3 人,市级优秀教师、优秀教育工作者 4 人,市级师德标兵 1 人;省优质课获奖者 6 人,省级教学能手 1 人,市级教学能手 28 人。

2014 年,学校新聘教师 30 多名。在岗教职工达 214 人,其中,专任教师 184 人,干部职工 30 人。有教学班 46 个,在校生 2400 人,教职工 235 人,高级教师 56 人,一级教师 84 人,二级教师 69 人。专兼任教师研究生 3 人,学历达标率 100%。

学校先后荣获山东省学

校民主管理先进单位、山东省卫生先进单位、山东省绿色学校、山东省校本培训示范学校、山东省依法治校示范学校、山东省普通高中课程改革省级定点联系学校、山东省十大影视文化教育基地、山东省高中教学示范学校、山东省艺术教育先进单位、山东省素质教育工作先进单位、山东省艺术教育示范学校、山东省平安和谐校园建设先进单位、山东省文明单位、山东省国防教育工作先进单位、山东省教育系统行风建设先进单位、国家教师基金"十一五"规划中学教师心理健康教育研究重点课题实验校、全国中学教育科研联合体理事学校。

基础设施 1985 年 9 月,河口一中一期工程竣工。一期工程占地面积达 5.48 万平方米,总建筑面积 2834 平方米。至 1990 年,学校大规模兴建校舍工程共进行 4 期次,建成 23 排平房校舍和商品房等共 5911.8 平方米,总投资 27.35 万元;建教学楼 1 栋,建筑面积 3216 平方米,河口一中初具规模。1994 年 6 月至 1996 年年底,建成学校第一栋教职工"60 型"住宅楼和校长办公室(平房)及自行车棚、车库。校舍建筑开始由砖混结构平房为主向砖混结构楼房过渡。

1998 年年初,河口一中第二次校舍建设高潮。本次校舍兴建突出"高质量、规范化、三园式(学园、乐园、花园)、有特色"的高标准要求。至 2003 年,分期分批拆除除车库、餐厅食堂外的平房,建成高标准教学楼 1 栋,多功能综合实验楼 1 栋,72 型、82 型教职工住宅楼各 1 栋,报告厅 1 座,学生公寓 3

河口一中报告厅

栋，办公楼 1 栋。建成可容 2000 人同时就餐的食堂、餐厅 1 座，以及绿化、路面硬化、体育场地等配套建筑工程。2003 年年底，校园内校舍全部改造为砖混及框架结构楼房。学校总建筑面积达 31340 平方米，其中教室面积 10853 平方米，办公室面积 2118 平方米，生活用房面积 17397 平方米，校办产业用房面积 872 平方米，总投资 4000 万元。

2010 年，投资 500 余万元建成校史馆、地理教室、校园电视台等功能室，购入 1.6 万余册图书，办公楼、公寓楼等粉刷一新，校园绿化、美化、文化环境配套建设得到进一步的改善。各种水、电、气、暖等线路得到及时维修，各种灯具做到及时更换。2013 年 9 月 12 日，河口一中新校开工建设。

2015 年 9 月 9 日，河口区一中新校正式启用。新校占地 16.3 万平方米，建筑面积约 9.2 万平方米，总投资近 4 亿元。全校分为教学区、生活区、活动区，其中建成教学楼、实验楼、行政图书馆、艺术楼、食堂、体育馆各 1 栋，学生宿舍楼 6 栋。新校功能完备、设施先进。

教室 1985~1986 年，学校建平房教室 3 排 36 间，建筑面积 753 平方米，全部为砖混结构，红瓦盖顶，2000 年拆除；1989 年 5 月，动工兴建阶梯教室，面积 267 平方米，2003 年 4 月拆除。1989 年 3 月，动工兴建学校第一栋教学楼，建筑面积 3216 平方米，造价 103 万元，1990 年 8 月建成启用。教学楼为砖混结构，共 4 层，设 24 个教室及图书阅览室、微机室、办公室等，于 2000 年 3 月拆除。1996 年 4 月，在第 1 栋教学楼前建第 2 栋教学楼，建筑面积 4081.5 平方米，造价 236 万元。教学楼为 4 层，砖混结构，设有教室 24 间，多媒体教室 2 间；2000 年 6 月，在已拆除的第 1 栋教学楼原址建综合实验楼 1 栋，建筑面积 5990 平方米，为框架结构，共 5 层，其中 1~2 层为教室（16 间），第 3 层为语音室、实验室，4 楼为实验室、微机室、劳技室、美术教室和仪

2008 年建成的河口一中实验楼

器室，5 楼为音乐教室、图书室、阅览室和心理咨询室。2001 年 8 月竣工。

办公室 1985 年，建成办公室 2 排 24 间，为砖混结构平房，建筑面积共 424 平方米，分别于 1998 年 5 月、1999 年 8 月拆除。1987 年 8 月，建成平房办公室 2 排，建筑面积 361 平方米。1994 年，建成砖混结构平房 1 排，共 10 间，用做学校办公室，建筑面积 210 平方米。2000 年 10 月拆除。1999 年 5 月，建办公楼 1 栋，共 4 层，建筑面积 2160 平方米。

实验室 1985 年建校初，因校舍紧张，未设实验室，理、化、生合用一处仓库存放仪器。1988 年 7 月，建成实验室 2 排 20 间，为砖混结构平房，建筑面积 480 平方米，2002 年 5 月拆除；2001 年 8 月，学校综合实验楼建成，其中 3 层与 4 层分别设实验室。

食堂餐厅 1985 年，建食堂 10 间 212 平方米，砖混结构平房，1999 年 10 月拆除。1989 年，再建食堂餐厅，建筑面积 788 平方米。2000 年，投资 135.8 万元，对餐厅进行改造扩建，扩建后餐厅面积达 1537 平方米。2004 年 4 月，建成可供 2000 余人同时就餐的食堂餐厅，系框架结构二层楼房（2 楼为报告厅）。新餐厅、食堂投用后，原食堂、餐厅改作艺教中心。

学生宿舍 1985 年 9 月，建成学生宿舍 4 排 40 间，平房，建筑面积共 848 平方米，均为砖混结构，分别于 1998、1999 拆除。1986 年 9 月，建成

学生宿舍 2 排 20 间，建筑面积 424 平方米，于 2000 年拆除。1999 年 11 月，学校 1 号学生公寓楼动工兴建，2000 年 6 月竣工，建筑面积 2198.4 平方米，为砖混结构双面楼，共 4 层 70 间。2000 年 8 月，学校第二栋学生公寓楼施工，2001 年 6 月竣工，建筑面积 2487 平方米。2002 年 4 月，第三栋学生公寓动工，2002 年 12 月竣工，建筑面积 2080 平方米。两栋公寓均为砖混结构双面楼，4 层，单间，其中 2 号学生公寓为 80 间，3 号学生公寓为 70 间。至此，学校住宿学生全部搬进学生公寓，公寓均为 8 人 1 间，内设壁橱，学校统一配发卧具。2004 年下半年，所有学生宿舍内全部安装磁卡电话。

教职工宿舍　建校初，校舍紧缺，最初办公室兼做宿舍，1986 年，建成 2 排 18 间专用宿舍，宿舍全部为砖混结构平房，分配一般为：单身男教职工 2 人 1 间，女教职工每人 1 间（兼做办公室），有家眷者每户 1 间，家居学校附近者暂不分房。1994 年 6 月，学校动工建第一栋教职工 60 型（每套 60 平方米）住宅楼，建筑面积 1890 平方米，共 5 层、3 个单元，砖混结构，1995 年 11 月竣工，30 名教师迁居。1998 年 6 月，学校第二栋 82 型教职工住宅楼动工，同年 8 月，第三栋 72 型教职工住宅楼开始施工。两楼同为砖混结构，各设两个单元，5 层。82 型住宅楼建筑面积 1874 平方米，套房设计为三室两厅，1999 年 8 月竣工，20 户教师入住。72 型楼建筑面积 1606 平方米，套房设计三室一厅，1999 年 9 月竣工投用，20 名教师迁居。2002 年 7 月，河口区实行住房改革，学校共有 72 户教职工住宅办理住房产权手续，房权归属个人所有。2003 年，所有未曾享受福利待遇分房的教职工，均在学校北邻海宁住宅小区购买楼房，学校为所有购房教职工每户补助 4 万元。学校共为 73 名教师支付补助款总计 292 万元。至此，河口一中教职工全部入住楼房。

运动场地　1985 年 11 月，学校在已建校舍西面开辟荒地，建成操场，总面积 44640 平方米。因当时条件所限，操场内仅设几副篮球架，以备学生体育课活动。1989 年，学校发动师生，利用课余时间对操场进行全面整理，保障一般体育项目进行。

2000 年，在操场东侧建成水泥篮球场 4 个，工程造价近 30 万元，同时建成沙池 2 个，设置单杠、双杠、吊环、攀登架等活动器材 25 种。2001 年，在操场东侧，建成塑胶灯光篮球场地 2 个，工程造价 13.66 万元，由青岛市体育施工队施工。同年 6 月，铺建成 400 米长标准炉渣跑道，并在体育场西侧建成坐西向东 8 排共 1956 座看台和主席台，总建筑面积 1360 平方米，工程造价 116.89 万元。至 2005 年，河口一中操场总面积 44640 平方米，其中，篮球场地 6 个，占地 2700 平方米，足球场地 1 个，占地 6189.12 平方米，跑道占地 6004.51 平方米，体育看台、主席台占地 1332.6 平方米，专用羽毛球场地 3 个，露天乒乓球场地 8 个。篮球场、足球场周围均安装防护网等安全防护设施。

大门与围墙　1985~1987 年，学校未建围墙，外来人员进出自由。1987 年年底，在校园南、北、西三面建成砖石结构院墙 806 米，工程造价 9.67 万元，并建成简易大门，工程造价 5000 元。2002 年 6 月，拆除原砖石围墙，新建南、西两面围墙 518 米，工程造价 18.79 万元。新围墙下部全部砖石结构，水刷石墙面；上面安装不锈钢栅栏。同时新建东大门和南大门，南大门为半自动钢排门，东大门为液压自动门，工程造价 5 万元。

教学设施　理化生实验设备　1985 年 9 月，学校从义和高中带入仪器 51 种、138 件，药品 27 种。因房屋紧张、仪器数量较少，理、化、生仪器室合三为一，只设仓库，无实验室。1988 年下半年，新建平房实验室交付使用，物理实验室 2 个，面积分别为 96 平方米和 72 平方米，化学实验室 1 个，面积为 96 平方米，生物实验室 1 个，面积为 72 平方米。区政府拨款购置了实验室配套设施，各实验室配备基本趋于完善，有物理仪器 83 种，365 件；化学仪器（含玻璃仪器和药品）147 种，1896 件；生物仪器 33 种，82 件。1990 年，为迎接全市校改验收，学校购置一批仪器和仪器橱等相关设施。至年末，仪器数量达到物理 101 种，680 件，价值 6.7 万元，化学 232 种，5226 件，价值 1.38 万元，生物 45 种，133 件，价值 1.07 万元。理、化、生实验室均配有实验台 48 座。是年，实验室被评为"东营市教育系统优秀实验室"。

1995 年,为迎接"义务教育验收",学校对理、化、生实验室进行改造,购进大批实验仪器和设备。至 1996 年,学校物理、化学、生物各教研组分别设有仪器室 2 个,实验室 2 个。所有实验室均按 48 座配齐桌凳,每个仪器室按标准配齐橱柜、台、桌等。全校共备有物理仪器 206 种,1356 件,价值 8.68 万元;化学仪器 247 种,5780 件,价值 1.63 万元;生物仪器 116 种,425 件,价值 2.02 万元。2001 年,新建综合实验楼交付使用,学校拨款购置较高标准实验设备,理、化、生实验室的实验开出率从 1998 年起均为 100%。2004 年年底,学校理、化、生实验室的配备达到国家一类配备标准。

2005~2014 年,物理实验室可做分组实验 50 个,演示试验 220 多个;化学实验室可做分组实验 48 个,演示实验 260 多个;生物实验室可做分组实验 22 个,演示实验 20 余个。化学实验室模型 15 种,75 件,价值 3883 元;标本 9 种,16 件,价值 364 元;生物试验模型 63 种,105 件,价值 6310 元;标本 48 种,70 件,价值 3936 元。

电教设施 建校初,由于资金紧张,学校电教设施落后,无像样的电教设备。1991 年 4 月,学校投资 11 万元在教学楼 4 楼建立语音室 1 个,面积 50 平方米。1995 年 12 月,购买电教设备 32 件。1996 年 11 月,学校投资 1.48 万元,购入电教设备 148 件。同时建立 1 个微机室,安装 486 电脑 10 台,586 电脑 1 台,书写投影器 15 台,自动幻灯机 1 台,手动幻灯机 12 台,投影幕 3 块,25 英寸彩色电视机 1 台。1999 年 4 月,购置阅卷机 1 台,结束试卷选择题手动阅卷的历史。

2001 年 9 月,学校投资,将传统的上下课铃声改为自动控制音乐信号,与此同时,为每个教室安装英语听力扩音器,电视机全部改用 25 英寸彩色电视机。10 月,在综合实验楼 4 楼设微机室 2 个,分别配备

浪潮微机 56 台,方正微机 56 台,每个微机室内配备 1 台教师机,同时,给每位英语教师配备 1 台录音机,给每两位语文教师配备 1 台录音机。随后,学校成立"电化教学中心",为每个办公室配备微机。电教中心设编辑室、音像阅览室、课件制作室和演播室。同月,网络中心成立,校园网建成,总投资 32.5 万元。至此学校微机总数达 142 台。同年,投资 21.6 万元,建立多媒体语音室 2 个;投资 20 万元,建多媒体教室 1 个。2002 年 2 月,学校将所有微机接入互联网。是年 12 月,学校投资 12 万元,新购置 20 台联想启天电脑,其中,包括两台手提式电脑。2003 年 6 月,学校投资 33 万元安装高考电子监控系统,投资 20 万元建立 2 个多媒体教室。2004 年 11 月,学校花费 7.5 万元新购置 15 台联想扬天 M4000 电脑。2005 年 3 月,学校投资 9.5 万元,为学校骨干教师配置 25 台宏碁电脑。2001 年始,先后投资 3.36 万元购买 12 台打印机和 1 台传真机分配给各处室、级部。2001 年 3 月,与北大附中签订合作办学协议,成为北大附中远程教育示范学校。先后订购 K12 资源库,清华同方资源库,K12 数字化图书馆,博雅数码港,浙江大学教育平台,北大附中视频库等大型资源库,并加入北京英才苑网校,建有自己的 VOD 视频点播系统。2005 年 6 月,学校共有电教设备 1557 件,总价值 244 万余元。

图书资料室 1985 年 9 月,河口一中建立图书室。图书室为 2 间平房,面积 35 平方米,收藏图

2005 年的河口一中图书馆

书 1245 册。1990 年,图书室从平房搬至新建成的教学楼,面积增至 66.5 平方米,设书库 1 个,木书架 10 个,图书增至 800 多种 2137 册,总价值 9000 余元。1995 年 8 月,图书达 1987 种 4548 册,总价值 18845.42 元。2001 年,图书室迁入综合实验楼,面积 132.7 平方米,图书 10223 种 34156 册,书架 41 个,总价值 38.25 万元,日借阅量 70 余册。2003 年,图书增至 43818 册,价值 64.53 万元,日借阅 130 余册。2005 年,图书室共设书库 2 个,总面积 190.92 平方米。书架 47 个,图书报刊总计 84620 册,其中,图书 82039 册,报刊杂志 1980 种,电子图书 601 套。学生人均图书为 38.7 册。图书室配微机 2 台,打印机 1 台,实行微机化管理。

2001 年 9 月,阅览室迁入新建的综合实验楼 5 楼,使用面积 215.79 平方米,内设阅览桌 46 张,阅览椅 276 把,书架 11 个,报架 4 个。至 2005 年,共有杂志 978 种,价值 5.89 万元,报纸 117 种,价值 2.37 万元。阅览室每天下午课外活动向学生开放,可容纳 276 人同时阅读。同时,在综合实验楼设教职工阅览室(资料室)1 个,使用面积为 88.5 平方米,内设阅览桌 14 张,阅览椅 84 把,书橱 7 个。教职工阅览室存放图书 1398 种,报纸 240 种,全天向教职工开放。

体育器材 1985 年初,河口一中体育设施陈旧且数量少,远不够使用。1990 年后,体育设施逐年增加,至 1996 年,有体育器械 301 件,价值约 4.5 万元。1996~2005 年,学校投资 10 万余元,购进各种体育器械 936 件(套),平均每年投资 1.57 万元。

美术设施 1985~1996 年,有静物台 2 个,石膏像 8 个,石膏几何体 6 种,油画、水彩画等参考书 5 册,画集 15 套。1997 年后,添置美术设施有写生灯 12 盏,静物台 8 个,写生工具 15 件,石膏像 20 尊。2001 年,购置画架 33 个,美术教学挂图 12 套,欣赏挂图 5 套,大画板 14 个,小画板 40 个,写生灯 4 盏,静物 4 套(18 件)。2004 年,投资 10 万元,将旧餐厅改装成大型美术专业教室,4 个美术特长班轮流在此上课。至 2005 年,学校共有美术器材 31 种,1077 件,总价值 6.26 万元。

劳技、地理、历史教学设施 **劳技** 2001 年,学校建立 3 个劳技室,总面积 171.60 平方米;投资 4.4 万元,购置 8 套劳动技术课教学设施(每套 7 件:杠、金工器械、电工器械、烹饪工具、工艺品工具、洗涤工具、缝纫工具)。2004 年 4 月,投资 3.3 万元,为 3 个劳技室配齐教学器材、仪器。

地理 1996 年 10 月,学校投资 2176.10 元,购置地理教具共 50 件(幅)。其中,地理模型 36 件,教学挂图 14 幅。2004 年,学校投资 3451.5 元,购进地理教学仪器 92 件,其中,地理模型 66 个,地理挂图 26 幅。

历史 建校初,历史教学无教具可借助,全凭课本内容教学。随着社会发展进步,历史课教学开始注重直观教学方式。2005 年起,河口一中除配教学挂图外,开始采用影视光盘资料等现代教学方式进行历史课教学。

创建省级规范化学校 2004 年 9 月,河口一中正式成立创建省级规范化学校领导小组,并制定《河口一中关于创建省级规范化学校工作实施方案》,召开全校动员大会,提出创建申请。10 月,校领导带领各处室主任及各功能室部分人员一行 16 人到广饶一中进行考察学习,结合自身实际找出问题,进行整改。2004 年 12 月 12~17 日,学校派专人到济宁参加全省中小学规范化建设培训现场会。2004 年 12 月 28 日,学校召开调度会,传达山东省中小学省级规范化学校建设现场培训会会议精神,对创建工作提出要求,总体创建工作,学校共投入创建资金 86.53 万元。2005 年 3 月,提出验收申请。4 月 5 日,山东省教育厅专家组通过"听""看""查""访"等形式对河口一中办学条件、学校管理、教育思想、学生素质进行全面检查评估,并进行反馈,各项得分均在 95 分以上。创建省级规范化学校圆满成功。

高考成绩的历史性突破 2000 年开始,学校以管理发展的深层次化,营造良好的教学环境和育人氛围,有力地推动着教育教学工作的开展,使教学成绩产生质的飞跃。2000~2004 年,河口一中连续 5 年本科上线提高率居全市第一,录取人数也大幅增加。2004 年开始,先后有 30 多人考入北京大学、清华大学、上海交大、南开大学、同济大学、中国传媒大学、中央美院等,高考万人比稳居全市前茅。学校被评为东营市"高中教学质量优胜学校"8次,被区委区政府记功3次,学校的整体发展水平跃上新台阶。2015年再创新高,高考录取本科611人。

特长生教学　学校自1998年开始在高中部培养艺术特长生,仅有几人参加训练。

2001年初,学校经过研究,决定在全校实行分层次教学,成立艺术特长班。2001年3月,学校第一个音乐美术特长班组成,最初仅有各班学习成绩较差、对音乐、美术略有兴趣的25名同学组成,后增至56人。2003年,学校第一届音乐美术特长班毕业,有37人升入艺术类本科院校。

为保障学生训练,学校积极筹措资金,先后改造部分平房、库房及教室,作为特长生的训练场所。2004年5月,学校将1989年建设的学生餐厅改为艺教中心,为美术特长生设立专用训练场馆,2005年7月,音乐班学生全部集中到报告厅2楼训练,学生训练条件得到较大改善。

2003年,音乐美术毕业生班中有37人升入本科院校;2004年,音乐美术班毕业生中,有80人升入本科院校,其中2人考入中国美术学院;2005年,河口一中艺术高考成绩在全市最好,在全省生源剧增、录取名额减少的情况下,本科升学率再创新高,本科录取达159人,其中,音乐34人,录取率50%,美术125人,76%。考入部属院校及211工程院校、全国名牌艺术院校的有38人,2人考入中国美院,1人考入中国传媒大学。

心理健康教育　1998年,学校建立心灵驿站,设心理健康教育兼职教师,规定心理咨询日,开展有益于学生身心健康的服务活动。2000年,学校在全市率先从陕西师范大学引进心理学专业本科毕业生从事学校心理健康教育工作,并成立心理健康教育中心,设立"悄悄话"心理信箱,开通心理咨询热线。2004年,学校购买《学生心理辅导专家系统》

(网络版)心理测试软件,每月编印一期《心理导报》。2008年,学校开发校本课程《心理健康教育读本》。2006年、2008年、2010年、2011年、2012年、2013年,学校多次被省教科所、省心理健康教育研究会评为山东省心理健康教育先进单位,李治权老师被评为山东省心理健康教育先进个人。2013年3月,入选东营市首批12355青少年心理健康辅导站,2014年3月,在烟台举办的山东省中小学心理健康教育工作表彰会暨心理辅导技术培训会上,学校做题为"构建心理健康教育模式,促进学生身心健康发展"经验介绍。

开放式办学　一是与名校联合,走开放办学之路。自2012年9月,学校与北大青鸟集团合作,成功牵手北大附属实验学校实行联合办学,充分借力名校的资源优势,在师资培养、优生培养、课程建设、特色发展等方面有长足进步,自主招生实现新突破,2013年有16人,2014年有37人,获得北大、复旦、南开等品牌高校自主招生资格;二是与技师学院联合,培养高素质的人才。自2013年,学校主动联合东营技师学院组建天津职业技术师范大学试点班,选派骨干教师参与教学和管理。该试点班在市内为首创,学校教师自编教材、自定教学大纲、自组试卷,在探索中稳步前进。2013年,有18名学生被天津职业技术师范大学录取。2014年,有40名学生被天津职业技术师范大学录取;三是推行分部管理,打造高素质的教师群体。依托联合办学的资源优势,学校在借鉴省内外先进管理经验的基础上,管理重心下移,放权给级部,形成"学校为核心,级部为主体"的管理模式,推行年级平行分部管理机制。三个年级,六个分部,每个年级两个分部师资水平均等,生源基础相同,并有各自的管理机制、评价办法及激励措施。这种独立运行,合作竞争,资源均衡的分部管理机制提升教师群体的凝聚力和战斗力。坚持开放办学,推行分部管理进一步提升教育教学质量。

第三编　职成教育　社会办学

河口区成立后,职业教育得到健康快速发展,由建区初期的职业高中,创办为区职业教育中心。2014年,更名为河口区职业中等专业学校。专业设有机电、化工、汽修等,招生规模逐年增加。学生毕业就业率61%以上。全区成人教育取得长足发展,扫盲工作于1996年通过省级验收。农民教育多措并举,先后实施科技教育、实用技术培训,大力发展新型农业产业。开展学历培训、政治理论培训。2001~2014年,全区有2600人先后拿到相应的学历证书。

捐资助学是有识之士回报社会的光荣传统。1989~2012年,河口区共收到捐资助学总额494.85万元,主要用于校舍改造、新校舍建设、贫困生救助等。2004年开始,河口区按照"积极鼓励、大力支持、正确引导、依法管理"的方针,促进民办学校的健康快速发展。2015年,全区经教育行政部门批准创办的民办学校达到16所。

第一章 职业教育

河口区境内最早的职业教育起源于1958年,是通过农业中学实施。当时在"大跃进"形势影响下,各区(人民公社)创办农业技术中学,取名红专学校,学生来源于农村青年,采用"大兵团作战"的形式,集体食宿,以劳动为主,间有农业技术教育。翌年,即自行解散。1959年10月,依据中共中央宣传部关于"社社有农业中学"的指示,义和、太平、郭局(新户)、刘坨、肖庙等人民公社,将驻地的社办初级中学改为农业中学,压缩文化课,增加农业基础知识和农业生产劳动技术教育,并增加劳动实践活动。1960年,学校自动停办。

1964年,贯彻中共中央提出的"两种劳动制度,两种教育制度,两条腿走路"的方针,在沾化三中(附设)、太平公社(新办)试办两处农业中学,每处招生1个班,两处学生共82名,有教师4名。教学课程主要分文化课与农技课两类,文化课主要有农学原理、作物栽培和珠算。以专职教师授课为主,并请公社农业技术人员和有农业专长的农民作兼职教师。1966年,农业中学相继解散。

1976年,境内出现职业高级中学(简称"职业高中"),坐落于河口城区黄河路西首南侧,占地58.5亩,是一所综合职业技术学校。其前身是利津县共产主义劳动大学(即农技学校)。是年9月,利津县在六合公社庙二大队南侧,创办农业技术学校,定名为利津县共产主义劳动大学。学校占地400多亩,其中,实验基地360亩,房屋60多间。是年,从农村初中毕业生和复员军人中招收农技班1个,学员60名;师范班1个,学员40名;农学班1个,学员54名;兽医班1个,学员50名。修业期为1~2

2008年建成的河口区职教中心

1995 年 9 月 7 日,区领导到职业高中调研

年,社来社去,不负责分配。此后,该校开设高中尖子班和初、高中复读班。学生读农结合,学校备有大型农机具 4 台,粉碎机、磨面机各 1 台,大牲畜 6 头,马车 1 辆,羊 1 群,猪场、鸡场各 1 个,菜园 1 个,教学仪器 147 件。有教职工 14 人,农业工人 20 多名。学校校长多由县分管农业的副县长和驻地人民公社党委书记兼任。1982 年,学校更名为利津县农业技术中学(简称"农技中学")。

1984 年 10 月,农技中学划归河口区,更名为河口区农业技术中学。1985 年 9 月,学校迁往义和高中旧址。1986 年,改招初中毕业生,1987 年 4 月,农技中学更名为河口区职业高级中学。1990 年 7 月,迁入河口城区。迁址后,学校相继建造教学楼 1 幢,实验、办公楼 1 幢,师生宿舍 142 间。至 1995 年先后开设农、牧、机、电等 12 个专业,31 个班,毕业学生 903 名,内设教导处、总务处、办公室、勤工俭学办公室、联合办学办公室。学校教学设备齐全,实习设施能基本满足教学需要。

2000 年,区职业高中与区委党校合并为河口区职业教育中心,隶属区教委管理,两套班子,一个牌子。2003 年 9 月 24 日,东营市人民政府批准河口区职业高级中学更名为东营市河口区职业技术学校。2005 年 10 月 14 日,河口区职业技术学校、区农广校、区劳动就业训练中心"三校合一"组建成新的职业教育中心。2014 年 11 月,河口区职业教育中心更名为东营市河口区职业中等专业学校。

第一节 学制与专业

学制 1992 年,河口区职业高中学制均为三年。从 1993 年开始,按照专业特点,根据"实用"原则进行学制改革,打破单一的全日制和三年教学模式,实行长短班并举,业余函授形式多样。机电、农业、汽驾、医士、机电等专业学制为 1 年,微机、法律等专业学制为 1 个月。

专业 在教学内容上,加强教育的实用性和教学方法改革,强化实践教学环节。1984 年以来,先后开设畜牧兽医、财会、缝纫、电气焊、水产养殖、果树栽培、机电、建筑、果品加工、宾馆服务、农学、办公自动化、文秘等 40 余个专业,培养、培训学生 6000 余名。通过采取多种学制并存、多种方法并用的形式对不同人才差别培养,既符合社会发展的实际需要,也有利于提升学生实践能力。1991 年,国务院《关于大力发展职业技术教育的决定》颁发后,区委、区政府加强职业学校建设,增加职业学校招生比例,调整职业教育有关专业,促使职业教育向普通教育渗透,增加职业教育经费投入,出台职业教育发展的优惠政策,实行产教结合,学校与企业结合等措施。同时,落实"先培训,后就业"的政策,加强对职业教育工作的领导。学校增设电气焊、服装、财会、办公自动化、医士等专业。1996 年,随着河口区"工业强区"战略的实施,以化工企业为龙头的工业兴起,学校紧紧抓住市场需求,开设化工专业。进入 21 世纪,信息技术普及,计算机专业成为热门,学校开始设立计算机专业。

第二节 教育与教学

河口区成立之初,认真贯彻执行中共十三届七中全会明确提出的"大力发展职业技术教育"方针及山东省委七次会议精神。适应改革开放的需要,认真贯彻"科教兴鲁,一要改革,二要发展"的方针,更好地为地方经济建设和社会发展服务。职业教育得到健康发展。

"八五"期间,河口区职业技术教育的总体目标是:大面积大幅度提高劳动者素质,使河口区劳动者的整体素质跨入全省的前列,建立起以区职业高中为龙头的职业技术教育成人教育相结合,专业应用性强、形式多样、布局合理,适应河口区经济建设和社会发展需要的高质量、高效率的职业技术教育体系。

"九五"期间,总的发展目标是:建立起规模适度、形式多样、门类齐全、结构合理的职业技术教育体系,紧紧围绕全区经济建设这个中心,把职业教育的人才培养与科学技术的推广和应用紧密结合起来,实行经济、科技、教育三位一体,互相促进,普通教育、职业教育、成人教育三教统筹,协调发展,做好油地结合文章,发扬优势互补,互相提高,为全区经济建设和社会发展培训一批具有扎实理论知识和熟练技术技能的中初级技术人才。

"十五"期间,计划全日制在校生达到1500人,年中短期培训能力达到3000人次,以加工制造类、信息技术类等专业为支柱专业的设施完善、特色鲜明的现代化职业教育中心。

"十一五"期间发展目标是:建立完善的职业教育体系,适应社会主义市场经济体制需要,建立市场需求与劳动就业紧密结合,学校与企业双向介入,职前教育和职后培训并举,结构合理,功能多样的现代职业教育体系,为经济和社会发展输送新型的高技能劳动者和技术应用型人才。

"十二五"期间,全日制在校生800人、年均各类培训3000人次、占地100亩、建筑面积2.7万平方米,建成结构合理、灵活开放、特色鲜明、自主发展的职业中等专业学校,增强了职业教育的活力和服务经济社会建设的能力。

1996年,开设课程均按国家教委规定和教学大纲,开设基础课和专业技能课,在文化课基础上,进行专业技能训练。重视实践实习课,使学生真正学到知识,掌握专业技能,先后完善和配备服装实

2008年5月,学生在富海化工实习

习厂、微机室、财会模拟室、生化实验室。1998年9月,学校创办的高科技农牧示范基地,被评为"河口区先进集体单位"。

2004年,在专业结构上,突出"能力本位"原则,组建专业指导咨询委员会,定期召开会议对教学计划进行滚动开发,使教学计划紧贴市场需求。在课程体系上,采用综合化和模块化的课程教学体系。在教学内容上,加强对学生进行素质教育,强调理论和实践并举,保证学生的实践课占到专业课总课时的60%以上,突出学生专业实践动手能力培养。在教学管理上,重视学生个性差异,满足学生需求。在教学方法上,采用现代的教学手段和教学模式,采用分层教学,适应不同程度学生需要。有36人考取初级焊工证,45人考取山东省会计电算化初级资格证书。加大师资培训和教研活动力度,脱产培训专任教师31人次,培训率100%。

2006年,深化教研教改,坚持"以教学带动教研,以教研促进教学"的指导思想,开展以"听评课""公开课""优质课""精品课"和评选"优秀教案"等为主要内容的教师基本功测评活动。开展"理论与实践一体化教学"和"以就业为导向,创新职业教育课程设置和教学模式"课题研究,逐步形成科学的教科研网络。

2008~2009年,推进课堂教学改革,通过实施分层次和实践性教学探索和改革,举办职业资格考试,促进学生实践技能水平的提高,专业技能合格率达到98%以上。

2010年，探索"三段式"教学管理模式，加大工学结合、课堂内外结合、讲练结合的"三结合"课堂改革，组织毕业生参加电工、化工初级职业资格考试。

2011年，学校进行机电专业教学改革，按照"职业定位准确，层次定位准确，培养模式先进，专业特色鲜明，人才质量优良"的要求，在"工学结合""校企合作"的育人模式的引领下，建立以市场需求为导向，以就业能力为本位的人才培养机制，建立起以机电专业为主导，涵盖数控、机械维修、焊接、机具加工等，培养具有中专学历的技能型人才。

2012年，提出"高一打基础，高二学专业，高三找出路"的教学改革，采用理实一体化教学，以就业为导向，高考和就业两个方向并重。是年，进行化工专业教学改革，采用项目教学法与任务驱动教学法来培养学生的实践能力、社会能力。

2013~2015年，深化课堂教学改革，开展"理实一体化"教学研究，精选课堂教学内容，改进教学方法，围绕如何上好一堂课，开展专题研究。

第三节　招生与就业

1984~1995年，先后开设农、牧、机、电等12个专业面向社会招生。1996年，招生296人。1997年，开展联合办学，招生268人，开设电机、工业企业管理、财会、电算化、幼师、化工、微机7个专业。1998年，招生296人，开设财会、幼师、医士、微机、工业企业管理5个专业。1999年，完成微机、财会、农村干部培训1200人次，在校生144人，分别完成微机、财会、普法等培训任务。2001年，举办"绿卡工程"微机培训4期，培训400人；中小学教师信息技术初级培训11期，培训300人；与区财政局、计生局等部门联合举办各类培训15期，培训1300人。

2002年，举办各类信息技术培训14期，计1800人，举办特种作业人员培训13期，培训200人；举办全区财会人员继续教育培训班，培训1800人次。4月和11月，组织全区2000余名考生参加全省中小学生信息技术等级证书考试。

2003年，在校生90人。有服装实习车间、微机室、会计模拟室、语音室、电工实习考核室、金属焊接与实习考核室、物理实验室、化学实验室各1个。投资70万元，配备多媒体教室、语音室、电工实习室及部分实验仪器、器材。累计中、短期培训2405人，同比增长50%。被省财政厅确定为会计电算化培训考试考点，被市教育局确定为中小学教师计算机中级培训考试考点，被省安监局考核、验收为特种作业人员培训合格单位。

2004年，举办计算机、会计电算化、特种作业、继续教育等短期培训班22期，累计培训学员1996人次。学员取证率达到90.5%。"特种作业培训"顺利通过全省互查。

2005年，举办计算机、会计电算化、特种作业、继续教育等中短期培训班19期，累计培训学员1642人次，学员取证率90%以上，被命名为"山东省农村劳动力转移阳光工程培训基地"和"东营市残疾人实用技术培训基地"。

2006年，毕业生就业率达到98%以上，有8名学生参加对口高职升学考试，均被高职院校录取。开展特种作业培训、中小学信息技术等级证

2011年6月9日，学校与山东常青树化工有限公司化工专业教学实践基地揭牌

书考试、会计电算化等中短期培训,累计培训学员达到 1600 人以上。

2007 年,完成招生计划 120 人。毕业生 97 人,就业率达到 100%。实施春季和秋季招生,招生 108 人。2008 年,毕业生 117 人,全部被各大企业录用,就业率 100%。发挥农广校的作用,中专班招生 93 人。区职业教育中心被东营市总工会命名为"东营市促进就业培训基地"。

2009~2010 年,开设机电、化工、计算机等专业,重点培育机电和化工两个骨干专业,创出自己的特色,增设汽车运用与维修和餐饮专业,拓宽专业范围,两届毕业生一次性全部就业。

2011 年,采取电视、大屏幕、电话彩铃、致学生家长的一封信等形式,邀请学生、家长到校实地考察,邀请学生到校试读,扩大招生能力。举办 2011 届毕业生就业双选会,吸引富海、常青树化工、栋明铝业、海能钢构、金舜钢管等 11 家企业参加洽谈会,60 余名毕业生顺利就业。

2012 年,招生 93 人。实施校企合作、联合办学及培训。根据新型农民学校校委会要求,主动为农民学校提供办公场所,组织新农校 168 人的学历教育入学考试,并负责 300 名农广校学员的培训辅导。组织全区企业、行政事业单位 600 余名会计人员的继续教育培训,为合格人员发放会计继续教育合格证。开展为期一个月的 135 名下岗失业人员再就业计算机、家政服务、电气焊培训班。承担区总工会困难职工财会、电气焊、餐饮等为期一个月的培训班。与富宇化工联合举办 80 人 45 天的岗前培训。先后组织 430 余人的全区执法人员继续教育考试,270 余人的全区统计人员继续教育考试,200 余人的全区医师职业资格考试,800 余人的全区初中毕业生信息技术等级考试。

2014 年,加强与区财政局、人社局、住建局等 10 多家单位合作办学力度,共举办农村带头人、农棉技术、安全管理、计算机、会计教育、电气焊、文明礼仪、建筑业关键岗位培训,富宇化工、军胜化工岗前培训等中短期培训班 12 期,累计培训学员 1600 人次,学员取证率达到 95% 以上。

1984~2014 年河口区职教机构招生与就业情况统计表

年度	技术专业	招生数	就业数	学制
1984	畜牧兽医	40	38	三年
1985	农　　学	85	79	三年
1986	畜牧兽医	35	33	三年
1987	机　　电	37	34	三年
1988	农　　机	35	33	三年
1989	水产养殖	24	23	三年
1990	机　　电	25	63	三年
	水产养殖	43		三年
1991	电 气 焊	78	190	三年
	服　　装	63		三年
	财　　会	55		三年
1992	办公自动化	21	144	三年
	机　　电	97		三年
	服　　装	34		三年
1993	机　　电	81	167	一年
	医　　士	99		三年
1994	机　　电	99	95	一年

续表

年度	技术专业	招生数	就业数	学制
1995	财会	28	205	三年
	自动化控制	32		三年
	农学	150		一年
1996	化工企业管理	90	223	二年
	政治管理	145		二年
1997	财会 音体美 农学	74	128	二年
	财会 企管	60		二年
1998	农学 微机 医士	72	142	二年
	财会 企管	80		二年
1999	微机	200	320	一个月
	业余会计	60		二年
	汽驾 医士 机电	77		一年
2000	微机	200	280	一个月
	法律	70		一个月
	医士 机电	35		二年
2001	计算机 机电	60	57	二年
2002	计算机 机电	76	70	二年
2003	计算机 机电 化工 会计	100	93	二年
2004	计算机 机电 化工 会计	50	46	二年
2005	计算机 机电 化工 会计	126	119	二年
2006	计算机 机电 化工 会计	115	108	二年
2007	计算机 机电 化工 会计	92	87	二年
2008	计算机 机电 化工 会计	108	102	二年
2009	计算机 机电 化工 会计 汽修	52	50	二年
2010	计算机 机电 化工 会计 汽修	64	60	二年
2011	计算机 机电 化工 会计 汽修	83	80	二年
2012	计算机 机电 化工 会计 汽修	101	99	二年
2013	计算机 机电 化工 会计 汽修	86	85	二年
2014	化学工艺	39	18	三年
	会计	52		三年
	机电技术应用	64	16	三年
	汽车运用与维修	3	32	三年
	酒店服务与管理		7	三年
	焊工	65	65	中短期培训一个月
	企业安全	134	82	中短期培训一个月
	计算机	31	26	中短期培训一个月
	养老护理	17	17	中短期培训一个月
	化学工艺	419	419	中短期培训三个月
	机电技术	51	51	中短期培训一个月

附：学校简介

河口职业中专

河口区职业中专由利津"农机中学"、河口区"职业高中""职教中心"沿革而来。2014年，由河口区职业教育中心更名为东营市河口区职业中等专业学校。

1984年建校初，原"利津县农业技术中学"设施划归河口区农业技术中学使用。1985年9月，迁入义和高中旧址，原义和高中设施划归使用。1990年，区委、区政府实行校改，投资50万元建设教学楼、教学实验楼各一幢，7月迁入河口城区（现河口区黄河路176号）办学。原教学设施无偿移交义和镇中学。1998年10月，教职工集资、市教委扶持，筹措资金50万元建立农牧实习基地1个，被市教委定为教育科研推广基地。2006年7月，迁入原河口街道中学（现址，河口区河滨路677号），区政府投入100万元修缮，并建设锅炉房一处。2008年，区职教中心学校扩建工程列入河口区2008年度重点工程和便民实事（东河发〔2008〕2号）。投资600万元，新建教学实验综合楼一幢，建筑面积5000平方米。2011年，投资203万元，购置汽车维修实习所用设备、新建学生活动场所、建设教学实验综合楼多功能厅，并配套内部设施。2013年，区委区政府实施"三校合一"建设工程，该项目位于河滨路以北、苇场路以西，占地面积166.6亩，概算投资1.85亿元，总建筑面积约56757平方米。2014年9月，"三校合一"工程一期B段男生公寓楼投入使用。

2014年，河口区职业中专有专任教师39名。其中，中专学历4名，占教师总数的10.26%；大专学历3名，占教师总数的7.69%；大学学历32名，占教师总数的82.05%。其中，高级教师7名，一级教师7名，二级教师19名，中级专业职称的2名。三级教师6名。

第二章　成人教育

成人教育始于解放初期的识字班，后叫冬学（午校或夜校），就是每年冬季农闲时节组织识字班，故叫冬学。1945年，开展"冬学"运动，男女青壮年文盲和失学儿童大部分参加冬季学习。新中国成立后，境内继续坚持开办冬学，将有条件的村转为常年民校。1954年，开展大规模的扫盲运动，1958年，取得一定成效。三年经济困难时期，农民业余教育停办。1962年，农民夜校逐步恢复，由于当时处在国民经济的恢复时期，农村儿童入学率下降，导致再度出现新的文盲。1966~1976年，受"文化大革命"的影响，扫盲工作中断。1977年，恢复农民夜校，继续农民业余教育，开展扫盲运动。1984年，河口区成立，境内各村建立农民文化技术学校，开始以扫盲为主要工作的农民教育。扫盲结束后，转变为农民实用技术教育，主要有大棚蔬菜、畜禽养殖、食用菌栽培、上农下渔、冬枣管理等新技术培训，同时，聘任各村新技术、新项目带头人进行现场教学，解决农民生产生活中遇到的难题。

第一节　扫　盲

1942年冬，在抗日民主政府的领导下，各村办起冬学、识字班。1956年，农民业余教育发展迅速，扫盲人数大增。1963年，重新开展农民业余教育。农村的扫盲班、业余中学班、业余高小班、技术班、政治班普遍建立。1977年，沾化县成立扫盲、业余教育委员会，公社恢复扫盲教育，选用辅导员，各公社突击扫盲。1978年，国务院《关于扫除文盲的指示》规定，要求把12~45岁的少、青、壮年中的文盲基本扫除（即其非文盲人数达到85%以上）。至1983年，境内5个公社少、青、壮年非文盲率达到75%。在扫盲的同时，防止新文盲的产生是非常重要的工作。是年，中共中央、国务院发布《关于加强和改革农村学

127

校教育若干问题的通知》，要求农村小学把没有读过或没有读完小学的15岁以下少年儿童吸收到学校中来，采取多种形式，让他们较快地学完小学主要课程，防止新文盲产生，以便于最终完成扫除文盲的历史任务。1990年1月，中央十个部门团体联合召开迎接国际扫盲年电话会议，提出90年代平均每年扫除400万文盲的目标，并逐省逐年落实扫盲任务。1992年，党的十四大提出，到2000年年底全国基本上普及九年义务教育，基本扫除青壮年文盲的宏伟目标。1993年，中共中央、国务院颁发的《中国教育改革和发展纲要》提出：到本世纪末全国基本扫除青壮年文盲，使青壮年中的文盲率降到5%以下。同年国务院修改《扫除文盲工作条例》，加大各级政府的职责，提出扫盲工作验收制度的新标准，即青壮年非文盲率达95%的扫盲单位（县、乡、村）验收标准。

河口区历史较短，城乡居民多是外地移民，文化基础差，文盲多。据1990年的全国第四次人口普查统计，全区青壮年总人口为95859人（其中，地方青壮年人口36403人），文盲、半文盲人口为8881人（其中，地方文盲、半文盲5702人）。经教育部门核查后，全区文盲、半文盲人口为6767人（其中，地方文盲、半文盲4255人），地方人口青壮年非文盲率为88.3%。大量文盲的存在，严重制约河口经济社会发展。建区以来，特别是《中华人民共和国义务教育法》和国务院《扫除文盲工作条例》出台后，河口区从实际出发，积极发展，瞄准目标，全力扫除青壮年文盲。建立健全各项扫盲工作制度，配备专职工作人员，配齐扫盲教师，建立扫盲档案，脱盲人数不断增加。至1990年，青壮年非文盲率达到84.3%。河口区扫盲进程大致分为四个阶段：

第一阶段 1983~1985年，是扫盲工作的恢复阶段。文盲率下降速度快，但有些是自然脱盲。

第二阶段 1986~1989年，是扫盲工作的高峰阶段。这一阶段脱盲人员多，文盲率下降幅度大，扫盲成果比较显著。

第三阶段 1990~1992年，是扫盲工作的持续阶段。扫盲工作稳定、持续发展。区政府专门成立以分管教育的副区长任组长，教育、宣传、妇联等单位

负责同志为成员的扫盲工作协调领导小组，负责扫盲工作的组织、领导、监督和检查工作。先后出台《河口区1991~1995年农村成人教育发展规划》和《河口区扫盲工作实施办法》等文件。1984~1993年，累计扫除青壮年文盲7200人，青壮年文盲率由1983年的21.1%下降到1993年的1.1%，平均每年下降近两个百分点。

第四阶段 1993年以后，为扫盲工作的扫尾验收阶段。文盲人数虽然减少，但剩余文盲情况复杂，工作难度增大。在1991~1996年间，累计扫除文盲5610人，非文盲率由1990年年底的84.3%提高到99.8%（以上数字均不包括境内油田户口）。在举办扫盲班、全力扫除青壮年文盲的同时，重点开展脱盲学员的继续教育工作。六年间，累计举办脱盲人员培训班235期，脱盲人员继续教育培训率100%。1994年4月，市政府扫盲验收结果复盲率为2.7%。1996年，区、乡两级成人学校的办学面达到100%。是年3月21日，河口区通过省政府扫盲验收。

第二节 农民教育

农村科技教育 1989年，河口区农村科技教育的主要任务是宣传国家的科技方针、政策、法律法规。宣传新成果，加大科普教育力度，为全区人民提供发家致富信息。1995年，利用科普宣传周组织农技、林业、水产、农业机械等部门举办宣传活动，重点开展对蔬菜、林果、养猪、养兔、农业机械维修等实用科技知识宣传。1998~1999年，利用电影、电教、电视宣传，购置"双高一优"农业录像带175盘，区电视台开办《河口科技》专栏，利用周五、周六黄金时间向社会各界推广科技项目。1999~2000年，利用科技赶集进行科技宣传周、宣传月活动，两年间累计组织科技赶集15场次，百名科技人员参加，为农民解答技术难题300多项，发放各类科普宣传材料5万余份。

2001年，河口区组织区委宣传部、区科委、区科协开展以"科技在我身边"为主题的河口区"科技活动周"。在区电视台《科技专栏》栏目，向社会推介高新技术项目15个。聘请青岛海洋大学教授王克

行、沾化冬枣专家孙殿奎等举办水产、冬枣、畜牧等培训班18期，培训群众2600余人次。

2002年，在区电视台的《科技专栏》和《希望的田野》等科普栏目中播出农村致富信息、优秀科技成果等60期。区科协组织有关单位、企业参加"全省首期质量体系认证内部审核员""经济管理"及"会计实务及税务"等培训班5期，参加企业20余家，培训人员49人次，促进企业整体发展水平的提高。聘请山东农业大学、莱阳农学院等高校专家，举办"冬枣栽培技术""南美白对虾养殖技术""特种蔬菜栽培技术"等各种技术培训班20期，培训青年农民3000余人次。

2004年，河口区组织开展科技咨询、科普赶集等科技下乡活动40场次，进行科普展览、播放录像15场次，发放宣传挂图420套、科普书籍5000册、科技挂历5000本、科普报纸专刊2.5万份、科普明白纸7.0万份。结合创建小康文明村和千家万户农民科技培训工程，举办各种科技培训班82期，培训农民5000余人次。是年，全区开展科普活动11次，其中，大型科普活动4次，接受群众咨询550人次，提高群众的科技水平。

2006年，河口区在广大农村开展"科普惠农"活动，利用科普宣传日、科技赶集等形式，深入新农村建设试点村，有针对性地开展农民喜闻乐见的科普宣传教育活动。通过发放科普材料、举办科普展览、赠送科普物资。达到科普惠农、技术惠农、人才惠农、物资惠农的目的。

2007年，河口区在城区建成科普学校和科普宣传站各1处，组织"科技下乡"活动。在河口街道、六合乡、义和镇、孤岛镇等地开展以"棉花种植"为主题的讲座6场。参加人数6000人次，免费发放各种科普图书600余册。

2008年，组织各类技术专家深入农村开展棉花、蔬菜、畜牧等各类种养技术培训活动10余次，举办培训班30次，发放科普资料5000份，受教育群众万余人次。

2009年5月，在黄河广场进行防灾减灾科普宣传，发放材料300多份。6月，开展防治甲流科普宣传活动2场次，参与活动的科技工作者达10余

人次，接受科普知识教育的干部群众500多人次。2010~2014年，邀请各类农业专家举办各类培训班30期，发放科技书籍15000册。

新型农民教育　进入21世纪，河口区农民教育在扫除文盲，加强文化知识教育的基础上，全面开展科技、文化、专业知识、综合素质教育，称为"新型农民教育"。2001年，河口区在各乡镇、街道建起成教管理机构，加强城乡，特别是农村文化技术学校的建设，60%以上的农村以创办的文化大院、农民技校为基地，学文化、学技术。"农科教"结合的农村成人培训兴起。各乡镇成教中心实现人员、场地、经费"三落实"，青壮年非文盲率达95%以上。

2002年，充分利用农业广播学校的培训教育职能，使1200名群众取得绿色证书，500名群众获得农民技术员称号，其中，有30人获得助理农技师资格证书。4月，省级项目"河口区新世纪青年农民培训工程"立项，11月，有12项通过省农业厅、财政厅、团省委组织的验收。自项目实施后，共培训青年农民3000多人，使每人经过170学时的系统培训教育，初步掌握1~2门实用技术。

2003年，全区建有成人教育中心5处，总占地面积10万平方米。建筑面积1324平方米，成人教职工14人，专任教师10人。购置科技图书7079册，放录像设备3套，录音带216盘。各乡镇成教中心围绕水产、林果、畜牧、芦苇四大产业和自身实际开展培训工作。是年，培训农民3000多人次，成为全区"农科教"相结合的农村成人培训中心和基地。

2004年，根据《河口区千村万户农民科技培训工程实施方案》确定的任务目标，区教育局负责回乡初、高中毕业生培训工作，有54名应届高中毕业生参加4个专业的实用技术培训。

2005年，河口区继续推进"千村万户"农民科技培训工程。在培训推进工作中，围绕农业优势产业，重点对沼气、粮棉、林果、芦苇、蔬菜等实用技术进行培训，举办各类培训班90余期，培训农民1万余人次，发放培训资料1万份，组织赶科技大集5次，刊发信息、简报19期，建立"工程"培训基地7

处,科技书屋 25 处。期间,新户成教中心被评为"省级成人教育规范化学校",太平成教中心被评为"市级成人教育规范化学校"。是年年底,开始实施农村劳动转移"阳光工程"培训,主要是围绕农村产业结构调整后剩余劳动力从事第三产业的技术培训。至 2006 年,经过培训后劳动力转移 4200 余人,就业率 91.8%。

2007 年,河口区开始实施"新型农民"培训工程。旨在培训农村青年中具有初中以上文化程度,并有丰富经验的技术骨干。经过进一步培训,使其成为农业技术的辅导员,农民致富的带头人。是年,培训 2000 人,转移 1950 人,就业率 97.5%。

2009 年,新型农民培训进入常态化。继续实施以"培育新型农民、发展新型产业、打造新型环境、建设新型班子"为主要内容的"四新"工程,落实科学发展观,坚持统筹城乡发展和"多予少取放活"的方针,实现"生产发展、生活宽裕、乡风文明、管理民主"目标。利用举办培训班、田间讲座、到职业学校定期轮训等多种形式,每年培训 2 万余名农民。

2010 年,重点培训 200 名辅导员,每名辅导员带领 20 个农民掌握新技术。每年培训 20 个科技示范户,每个示范户带动 50 个专业户,达到示范标准的 1000 户。

至 2014 年,河口区各镇、街道每年组织村"两委"成员、村民小组长两次外出参观学习,面向农民群众广泛开展"知党情、报党恩"等宣传教育活动。开展家庭美德、社会公德和社会主义荣辱观教育,并组织各类文明创评活动;评选"十星级文明户""好媳妇、好婆婆""好儿女、好妯娌"等活动普遍开展,农民素质全面提高。

农村实用技术培训 1985 年,山东省农业广播学校河口分校(简称"农广校")成立(隶属区农委)。以服务农村经济发展和农业生产为宗旨,开展多项目、多层次的函授教育。主要设置农学系列、财会、机电、企业管理等专业。1993 年 3 月,开始举办大专学历函授班、本科学历函授班。至 2000 年年底,有 1548 名学员取得中专学历,187 名学员取得大专学历。

1990~1994 年,全区增设 32 处村级农民文化

技术学校,对原有农技校进行改造和扩建,改善办学条件,建立一处区成人教育培训中心。到 1994 年 4 月,全区有成人教育培训中心一处,乡镇级农民文化技术学校 5 处,村级农技校 125 处,全区建有农技校的行政村比例达 72%,办学面积达 87%。

1996 年,全区四乡一镇均建起独立设置的成教中心。校舍、仪器、图书等基本条件齐全,每校配备三人以上专职管理人员。全区各村均建立农村文化技术学校,乡村两级办学面达到 100%,乡村两级成教基地举办培训班 1836 期,参加培训人员 2 万余人次。

2004~2006 年,河口区有新户乡成人教育中心、太平乡成人教育中心、义和镇成人教育中心、河口街道办事处成人教育中心、六合乡成人教育中心等 5 所乡镇成人学校,其中,新户乡成人教育中心为省级规范化学校,太平乡成人教育中心为市级规范化学校。5 所乡镇成人教育中心占地面积 15 亩,建筑面积 1324 平方米;有教职工 14 人,其中,专任教师 10 人;有图书 7097 本、录像设备 3 套、录像带 216 盘。各乡镇成人教育中心围绕河口区水产、林果、畜牧、芦苇四大主导产业和本乡镇实际,加强学校建设,认真选聘授课教师,开展对农民和回乡初、高中毕业生的培训工作,年培训 7000 多人次,推动河口区主导产业的发展。

2007~2008 年,为解决下岗职工再就业和农民创收,区职教中心加大对下岗职工和农村群众的短期职业技能培训,提高城乡广大新增劳动力和下岗人员的综合素质和就业及创业能力。根据市场需求开展安全管理、电工、焊工、计算机、农村劳动力转移阳光工程、会计继续教育等各类培训,年累计培训学员近 2000 人次,学员取证率达到 95%以上。各乡镇成教中心、村农民文化学校围绕农、林、牧、渔开展农民工培训,年培训达 3000 人次。

2012~2014 年,区职业教育中心与市职业学院职教处、常青树化工、山东财大达成联合办学协议,先后与区农业局、财政局、人社局、统计局等开展阳光工程、会计继续教育、下岗失业人员、统计培训;与山东财大、富达培校、富海集团等联合举办保安员、机电、护厂队员、油田子弟、钻井工人、会计从业

人员资格等岗前培训班。累计培训各类人才16期，1200人次。

第三节　干部职工教育

河口区干部职工教育包括城乡在职干部、企业职工、事业单位专业技术人员等再教育。

1987年6月，河口区成立职工教育办公室（隶属区经委），主管全区职工业余教育工作。1987~1988年，对新上岗职工，采用脱产、半脱产、业余三种形式，进行职业道德和文化技术补课。两年培训737人。此后，职工业余教育的重点转入学历培训。乡镇企业局职工中专函授站，自1988年开始，面向全区（含油田、济军生产基地）职工，开展学历培训，先后开设财会、企业管理、经济管理等专业。1995年，培训1129人，其中，有772人取得中专学历毕业证明，35人取得大专毕业证书。从1991年开始，由区职业教育办公室牵头，联合乡镇企业局职工中专函授站、培训中心、农业广播学校等单位，对全区职工进行轮训。2000年，全区参加培训的职工，占在岗职工总数的80%。

2001年，举办法律培训班3期，培训干部和机关工作人员500人次，财务人员继续教育培训班3期，培训500人。区委组织部、党校联合区职教中心举办农村干部培训班2期，培训300人。开设电工、焊工两个专业培训班。2002年，开展职业技能培训176人，并全部进行初级职业技能鉴定。

2005年，先后举办全区经济强村党支部书记培训班、青年干部培训班、公务员和执法人员培训班、理论骨干培训班、科级领导干部轮训班、新录用机关人员任前培训班、全国招商引资专业骨干培训等各类主体班次17期次，培训干部1963人。是年，本、专科毕业207人。在师资培训方面，先后派5名骨干教师参加中央党校、省委党校专题研讨班，2名教师外出学习考察，选派一名教师到烟台市委党校学习深造。

2006年，实施成人继续教育。全区共培训专业技术人员2000余人。对276名经济专业、130名会计、4名审计、12名统计人员进行辅导培训考试，有

120余人获取相应的职业（执业）资格证书。2007年，河口区委党校共举办培训班17期次，培训1767人，选聘教师16人，涉及专题40个。在学历培训方面，利用函授教育方式，对52名法律专业本科生、64名经管专业本科生和81名经管专业专科生进行毕业论文指导。对302名本科学员，248名专科学员进行辅导。完成招生137人，毕业197人。

2008~2009年，河口区成人教育中参加培训的机关、农村干部达3000多人次，举行专题报告72场次。实行农村干部党校内部培训和外出培训相结合的方式，进行政治形势与经济专业理论对口培训。机关干部由区委党校每年举办干部理论培训班2期，每期培训60人，学期2个月，每5年对科级干部培训一遍；在高校举办领导干部研修班，每期60人，学制2周，举办农村两委成员培训，每期50人，学期一般在10天左右。

2009~2010年，河口区成人教育的重点是进行再就业培训。以职教中心为基地，设置电工、焊工、汽修、餐厅服务、酒店管理、市场营销等专业，累计培训人数达3000余人，通过培训先后有1000余人获得职业技术资格证书，并寻求到各自的就业门路。

2010~2011年，河口区职工培训工作按照"上下联动、分层组织、突出重点、分批培训"的原则，采取出去学、请来教、部门联动、企业自办结合等方式，全方位、多层次的开展。组织区内重点工业商贸流通30家企业负责人赴四川大学参加为期10天的企业高层管理人员高级研修班。引导企业加大资金投入，实施自主培训工程，全区重点企业自行培训人数达3600余人，组织职工外出培训人数达900余人。

2012~2014年，全区重点企业自行培训人数达3600余人，组织职工外出培训人数达900余人。

电大教育　1986年，河口区文教局设立电大工作站，具体负责全区师资培训工作。以短期培训为主，同时，进行不同层次的学历函授教育。1988年，电大站与东营电视大学联合办学，招收幼师中专班1个，有18人取得中专毕业证书。1992年，电大站与山东教育学院联合，开办12个专业的中学教师"三沟通"培训班，至1998年，先后有151人取

得专科毕业证书,53 人取得本科毕业证书。

党校教育 1994 年,区委党校面向干部职工举办函授形式的学历培训,开设行政管理、经济管理、法律专业等专业。至 2000 年,共招收 1733 人,其中,299 人获得大专学历证书,161 人获本科学历证书。

农广校教育 1985 年,山东省农业广播学校河口分校(简称"农广校")成立(隶属区农委)。以服务农村经济发展和农业生产为宗旨,开展多形式、多层次的函授教育。主要设置农学、财会、机电、企业管理等专业。1993 年 3 月始,举办大专学历函授班、本科学历函授班。至 2000 年年底,先后有 1548 名学员取得中专学历,187 名学员取得大

专学历。

自学考试 河口区自学考试始于 1984 年。至 1995 年,自学考试已形成文、理、工、民、医、师等门类齐全,人数众多的新型教育形式。开设研究生、本科、专科、专业合格证等四个层次的十几个专业。还为中小学教师、幼儿教师开设的自学考试(含专业合格证书考试),卫星电视高等师范教育等。至 2000 年,全区共有 183 人,先后通过自学考试,取得大专以上毕业证书。

2000 年起,函授自学考试,由县、区负责政策宣传、组织报名,由市统一组织考试。2001~2014 年,每年两次报名考试,共有 2800 人次参加报考,2600 人,取得相应的学历证书。

第三章　社会力量办学

第一节　政　策

中共十一届三中全会以后,社会上一些企事业单位、民主党派、人民团体、集体经济组织、社会团体以及公民,采取多种形式举办学校和培训班,这种社会力量办学形式,成为教育事业的组成部分,是国家教育办学的补充。

1987 年,国家教委印发《关于社会力量办学若干规定》的通知。1993 年年初,《中国教育改革和发展纲要》正式确定了对社会力量办学的方针:"积极鼓励,大力支持,正确引导,加强管理。"1997 年 7 月,国务院正式通过《社会力量办学条例》(草案),并于 10 月 1 日颁布施行,标志着我国的社会力量办学步入法制轨道。9 月,国家教育部下发《关于实施〈社会力量办学条例〉若干意见》的通知,山东省人民政府以 12 号令发布山东省实施《社会力量办学条例》办法。1998 年 4 月,教育部决定从 5 月 1 日起,全国 5 万余所社会力量办学机构全部启用新的办学许可证。按照《社会力量办学条例》规定的职责分工,在办学许可证正式使用之前,对依照

法律、法规和规章批准成立的教育机构实施全面检查,符合《条例》规定的条件的,发给或换发给办学许可证。7 月 1 日起,不具备许可证的社会力量办学机构属于非法办学。这些法规、条例的颁布,全面规范社会力量办学的活动,对全面提高河口区办学水平和教学质量,加强办学管理,促进民办教育发展具有十分重要意义。2004 年起,在国家及省、市有关社会力量办学的政策支持下,河口区民办教育开始兴起,一批办学行为规范的民办学校机构相继成立。

第二节　捐资助学

河口区教育投入除区、乡两级财政全力支持外,社会各界、企业和个人捐资助学成为教育经费来源的一个重要渠道。

1990 年 5 月 4 日,区政府下发《关于搞好全区公办校舍改造集资工作的通知》,要求区财政要优先安排部分资金,全区广大人民群众和社会各界要积极捐资、集资助学。河口区公办中小学校舍改造工作自 1989 年开始,经过一年的努力,先后投资

167.96 万元,竣工和开工建筑面积 8090 平方米。

1992 年 10 月 14 日,全市第一所希望小学——河口区四扣乡三合希望小学成立。由团市委和市教育局批准,四扣乡三合小学为全市第一所希望小学。团市委拨付希望工程资金 12700 元,用于三合小学建设和救助全区 9 名就学困难的少年儿童。

1994 年 8 月 30 日,河口区召开全区实施义务教育攻坚战动员大会,副市长郝敦典、市教育局局长魏丕永到会并各捐资 100 元。在领导带领下,当场捐资 8900 元。

2001 年 9 月,河口区设立贫困学生救助基金。区财政每年拨款 10 万元,当年筹资 50 万元,救助学生 135 名,使因家庭贫困面临辍学的学生全部就学。

2003 年,台湾台塑集团在河口区启动实施捐资助学项目。

2006 年 7 月,东营市方圆铜业有限公司捐资 100 万元,重建新户乡老鸦幼儿园。占地面积 2600 平方米。教学楼建筑面积 400 平方米,幼儿活动用房配套,设有活动室、多功能活动室。设有 2 个教学班。

2008 年 12 月,建成新户乡明德小学,位于新户中心小学校园内的教学区,主体三层,砖混结构,楼层高度为 3.6 米,建筑面积 1441.9 平方米。可容纳教学班 12 个。总投资 200 余万元,其中,台湾台塑集团捐助 45 万元,乡政府筹措资金 155 万元。

2009 年,建成义和镇明德小学,位于义和中学校园内的教学区,总建筑面积 2100 平方米,总投资 400 余万元。其中,台湾台塑集团捐助 45 万元,全镇筹措资金 360 万元。建成可容纳 20 个教学班,供 800 多名学生就读的教学楼和校园广场及配套设施。

2010 年 5 月,建成太平乡明德小学,位于太平中心小学校园内的教学区,框架结构,设计地上四层,总建筑面积 2000 平方米,总投资 380 余万元。其中,台湾台塑集团捐助 45 万元,乡政府筹措资金 335 万元。教学楼可容纳 16 个教学班,容纳 700 多名学生就读。

2012 年 9 月,建成河口街道明德小学,位于街道中心小学校园内的教学区,综合楼主体四层,框架结构,楼层高度为 16.8 米,建筑面积 2064 平方米。可容纳教学班 10 个。总投资 580 余万元,其中,台湾台塑集团捐助 45 万元,街道办事处筹措资金 535 万元。

第三节　民办学校

2004 年,河口区认真贯彻《中华人民共和国民办教育促进法》和《中华人民共和国民办教育促进法实施条例》,按照"积极鼓励、大力支持、正确引导、依法管理"的方针,加强对民办学校的管理,促进民办学校的健康快速发展。全区有经河口区批准办学的民办学校 7 所(小学 2 所、特长学校 5 所),其中,2004 年,新批民办特长学校 3 所。

2005 年,经河口区批准办学的民办学校有 7 所(小学 2 所、特长学校 5 所)。2006 年,经河口区批准的民办学校有 9 所。2007 年,经河口区批准的民办学校有 13 所(小学 2 所、培训学校 11 所)。2012 年,按照市综治办、市教育局下发《关于加强民办学校审批管理工作的通知》要求,对社会力量办学在坚持"积极鼓励,大力支持,正确引导,加强管理"的方针同时,加强对民办教育的管理,严格民办学校的审批程序,规范审批手续。2015 年,全区有民办学校 16 所。

2015年河口区民办教育统计表

学 校 名 称	主办者	许可证编号	地 址	审批日期	开办专业
河口区艺海琴行特长学校	张海东	137050270000011 No.2008037219	河口区中心路中段	2006.02	舞蹈、美术、钢琴、电子琴、古筝
河口区培优外语特长学校	李光福	137050270000021 No.20080372313	仙河镇孤东培校院内	2004.09	英语培训
河口区仙河金太阳亲子园	付爱华	137050270000031 No.20080372315	仙河镇群艺馆	2004.09	蒙台梭利教育
河口区艺蕾少儿舞蹈学校	王继慧	137050270000041 No.20080372314	仙河镇孤东培校	2005.01	舞蹈
河口区蓓蕾艺术培训中心	林 娜	137050270000051 No.2008042154	河口国美家电附近	2005.01	舞蹈、声乐、器乐、书画
河口区金色未来校外教育	赵院霞	137050270000061 No.20080372316	仙河镇中华路	2007.05	音乐、舞蹈、美术、棋类
河口区孤岛少年宫培训学校	宫金波	137050270000071 No.20080372317	孤岛镇永乐路6号	2007.05	音乐、舞蹈、美术
河口区星苗舞蹈学校	何建国	137050270000081 No.2008042158	仙河商贸城	2007.09	舞蹈
河口区东方金字塔儿童潜能培训学校	刘景常	137050270000101 No.20080372318	河口公园街16号	2008.03	珠心算、国学诵读
爱琴海音乐培训学校	顾宝燕	137050270000111 No.20080045751	河安小区夏安园E栋19号	2010.11	舞蹈、器乐
启航特长培训学校	苟春鹏	137050270000121 No.20080255541	河口区海宁路220号	2011.06	舞蹈、器乐、美术
首师教育培训学校	时新贞	137050270000131 No.20080255533	河口区朝阳街15号	2011.09	英语
世博艺术培训学校	李殿超	137050270000141 No.2008025534	河安小区中央街桥南168号	2011.09	器乐
河口区英华联培训学校	索 华	137050270000151 No.20080255535	河口区商业街18号	2012.03	少儿英语
河口区孤岛镇思学教育培训学校	宋 壮	137050270000161 No.20080372311	河口区孤岛镇光明路217号	2014.03	美术、英语、器乐
河口区仙河镇凌云教育培训学校	吴晓伟	137050200000171 No.20080372312	河口区仙河镇东方一招北邻	2014.03	英语、韩语

第四编　教　师

境内教师队伍变化历经由农户聘请、国家安置、民办代课等过程。1998年,民办教师陆续转为公办教师。此后,教师来源主要为国家安排分配的大中专以上毕业生、事业编制招考、合同制聘用等。河口区通过任用制度改革、师德师风建设、教师综合培训、在职继续教育、提高教师待遇等措施,使全区教师队伍整体素质普遍提高,教学水平明显提升。

第一章　师资队伍

第一节　教师来源与结构

新中国成立之前,私塾学校是居民教育的主要形式,境内学校多由农户自行组织或联合办校,教师主要来自民间,村人按照学生的多少聘请老师,当时称"教书先生"。给老师定出报酬,按户凑集钱粮,从村里找一住户闲置房屋作为教室,办学条件较为简陋。1937年,国民政府在义和庄创办小学,出现国家安置的公办教师。1942年,沾化县抗日民主政府将国民小学改为沾化第一抗日高小,调配公办教师任教。除此之外,多数偏远村庄的教育形式是私塾教学,教师由村民聘请。解放后,人民政府发展教育事业,逐步组建教师队伍。至1958年,在公办教师欠缺的时期,许多乡村有文化、有知识、有素养的青年进入教师队伍,境内教师队伍明显扩大,公办教师占80%以上。1959~1961年,因受三年自然灾害影响,不少学校教师队伍因生活所迫而解散。1963年以后,教学秩序逐步得以恢复并走向规范。

1966年开始,"文化大革命"时期,教师被诬称为"臭老九"、牛鬼蛇神,有的被下放劳动,有的被关进牛棚,很多人迫于政治压力而离开教师队伍。教师的社会地位严重下降,教育事业遭到摧残。中共十一届三中全会以后,教育战线开始拨乱反正,党的知识分子政策进一步得到落实。

1984年,河口区成立之初,教师来源主要是原在职的民办教师和代课教师,公办教师比例不到50%,仅有少数师范类大中专毕业生。当时,河口区中小学教师总数为742人,其中,民办教师388人。

1985年,在提高教师素质的同时,开始逐步缩减民办教师。1988年,全区有教师377人,其中,本科6人,专科40人,中专224人,其他学历107人。高级职称6人,中级职称72人,初级职称203人。1984年、1987年、1992年、1994年,先后四次为民办教师转公办,共计87人通过考试转为公办教师,另有师范院校招收民办教师40人,辞退不合格民办教师24人。1995年,全区民办教师减至234人,民办教师占教师总数的26%,公办教师占教师总数的74%。1998年年初,民办教师一次性转为公办教师的123人。此后,河口区不再有民办教师,教师的主要来源为毕业分配的大中专生。延续师范类大中专毕业生分配方式。2000年,教师总数为1125名,其中:本科128名,专科531名,中专452名,其他14名。随着调整农村学校和幼儿园布局,全区小学由2000年的35处调整为2001年的22处,到2002年,合并为17处;幼儿园由79处并为61处;专任教师由1146人减少到869人。按学历划分,幼儿园教师中专以上学历达95%,小学教师中专以上学历达100%,初中教师专科以上学历达96%,高中教师本科以上学历达91%。2001~2004年,共分配教师185人,其中,本科生66人,专科75人,中专44人。2004年4月,依据中小学教师新编制核定标准,全区各级各类全日制学校共有教师编制1133人,其中,普通中小学1041人。2005年,除引进33名、分配6名本科毕业生外,对大专及以下师范类毕业生首次采取考试方式录用,共录21名大专、3名中专,所有录用教师全部签订合同,试用期一年。2006年,分配32人、招考55人。2007年,招考教师40人。2008年,招考教师29人。2009年,招考教师 29 人。2009 年,全区教职工 1382 人。2010 年,全区教职工 1235 人。2011 年,全区教职工 1235 人,其中专任教师 987 人。2012 年,全区共招考教师 62 人,全部补充到教学一线。2014 年,全区教师总数为 1265 人,平均年龄 32 岁。学历结构为:研究生 9 人,本科 952 人,专科 264 人,中专 40 人。

第二节　教师队伍建设

任用调配与管理　河口区中小学教师为全民事业编制管理,工资来源为财政全额拨款,由区人事局编制部门会同教育部门按照上级有关规定和编制标准进行教师招聘或人员安置,依法履行教师的资格认定,进行招聘录用、职务评聘和考核等管理职责。

1992 年,河口区委、区政府出台《关于河口区教育改革的实施意见》(东河发〔1992〕8 号),在全区实施以"教育组长招聘制、中层干部选聘制、教师聘任制、岗位目标责任制"为重点的学校管理体制改革,促进教育教学质量的提高。1994 年,全区中小学进行内部管理体制改革,推行以"校长负责制、教师聘任制、绩效工资制和岗位责任制"为主要内容的学校内部管理体制改革(简称"四制"改革)。

1998 年,在全区进行民办教师转正工作,将 123 名民办教师选招为公办教师。2001 年 10 月,评聘高级教师职称 25 人,中级教师职称 80 人,初级教师职称 110 人。2002 年 10 月,评聘高级教师职称 29 人,中级教师职称 58 人,初级教师职称 100 人。2002 年认定教师资格 463 人。

2004 年,对新分配的 29 名专科学历教师实行新分配教师见习期制度,对在见习期内不合格的教师予以辞退。

2005 年,对全区师范类大中专毕业生实行考录制度,对教育系统中小学教师缺编岗位实施招考。是年,通过公开考试录取 24 名毕业生到教学一线,充实教师队伍。2011 年,采取面向社会公开招考的方式录用新教师 61 人。

2012 年,全区中小学教职工配备比例达到省定标准,职业学校专业教师比例达到专任教师的

62.16%。按照"双师型"教师的配备要求,是年河口区"双师型教师"比例达到 60.87%。学前教育具备幼儿教师资格的教师达到 62.96%。按照"就高不就低"原则,全面落实原民师及农村非公办幼儿教师工资保险待遇,稳定教师队伍。

2014 年 8 月,在河口区创建全国义务教育发展基本均衡区期间,中共河口区委组织部、区教育局、区人社局联合下发《关于印发河口区城乡教师交流工作方案的通知》,将区域内教师交流的范围扩大到各级各类学校和幼儿园,交流学习既包括城市学校到农村学校支教,也包括农村学校教师到城市学校学习,以此促进教育教师公平。

师资教育和培训　1984~1993 年,教师队伍建设的主要任务是建设一支具有良好思想素质、业务能力、结构合理、相对稳定的教师队伍。1988 年,河口区教育局成立职教股,教师培训工作成为职教股重要职责之一。区教育部门和学校在加强教师综合素质教育的同时,以市、区级培训基地为依托,持续抓好新增师资和在职教师的培训,鼓励支持教师采取多种形式完成学历达标。同时,通过招生、分配渠道,适度增加师范类定向委培指标,充实教学一线力量。教师培训工作主要任务:一是学历提高培训。通过函授、电大、音像等形式,对学历不达标的教师进行全面的培训,使教师学历达标率有大幅度的提升;二是紧缺专业教师培训。主要是小学音体美教师和幼儿教师的专业培训,经过培训在一定程度上缓解音体美教师和幼儿教师缺乏的现状;三是小学教师基本功培训。主要从普通话等方面培训,提高小学教师的专业素质和教学水平;四是校长岗位培训。从教育教学管理、专业理论等方面入手,提升校长的学校管理水平。通过教育培训,全区师资结构发生重大变化,小学校长岗位培训结束,小学教师、幼儿教师继续教育完成计划任务的 85%。1995 年,教师学历达标率为:小学 97.3%,初中 70.7%,高中 48.6%,比 1985 年分别提高 55%、68%、42%。民办教师总数由 1985 年的 48.7% 下降为 30%。

1998 年,全区小学、初中、高中专任教师学历达标率分别为 99.5%、92.9%、63.1%。2000 年,加强小学教师学历达标和提高学历层次。通过组织教师

参加助学自考、研究生课程班等形式，全区高中、初中、小学教师学历达标率分别达到67%、92.1%、99.7%。加强中小学教师的继续教育工作，完成小学教师基本功达标考核验收工作。开展小学教师综合基本功训练工作，全面启动中小学教师计算机应用能力培训，完成普通话等级水平测试、小学教师学科基本功理论考试、校长岗位培训等工作。2000～2003年，全区770名中小学教师参加普通话培训及测试，过关率达98%。

2009年9月10日，师德宣誓仪式

2001年，全区有教职工1183人，其中中学623人，小学523人，教育局机关37人。2001年，有1人被评为全国优秀教师，1人被评为省级优秀教师，8人被评为市级优秀教师，2人被评为市级优秀教育工作者，2人被评为市级师德标兵，127人被评为区级优秀教师，23人被评为区级优秀教育工作者。

2003年年底，全区有中小学教职工1024人，其中，高中教职工146人，初中教职工432人，小学教职工446人。高中专任教师本科以上学历97人，初中专任教师专科以上学历339人，小学专任教师中专以上学历366人。

2004年，区政府拨付25万元，用于教师培训工作。河口区教委从提高教师队伍的整体素质入手，开展以师德建设为重点的"强师德、铸师魂、提素质、树形象"活动。把师德考核作为教职工考核的重要内容，实行师德考核"一票否决制"，严禁体罚和变相体罚学生。涌现出一大批爱岗敬业、无私奉献、关心学生、热爱教育的优秀教师，全区有109名教师被评为区级以上"优秀教师"。

2005～2010年，区政府每年拨付专项培训资金30万元，用于组织全区骨干教师到教育发达地区和师范高校进行继续教育培训，累计培训教师456人次。采取学习培训、教育管理、考核奖惩等措施，

提高校长队伍的综合素质和管理能力。与山东省高校师资培训中心联合举办河口区中小学校长高级研修班，组织全区中小学校长等管理人员共46人参加培训研修，提高全区中小学管理者的理论和实际管理水平。

2006～2007年，组织开展"师德建设年"活动，将职业道德建设纳入教师考核范围，规范教师的教育教学行为，形成"爱岗、敬业、奉献"的职业道德风尚。通过落实各项工作措施，河口区师资队伍的年龄结构、知识结构、学科配置进一步优化，高中、初中、小学在职专任教师学历合格率分别为98.1%、97.4%和100%。初中在职专任教师中，取得本科学历的占33%；小学在职专任教师中，取得专科以上学历的占53%。全区共有国家级优秀教师3人、省特级教师1人、省级优秀教师6人、市级优秀教师24人、市级教学能手47人、市级师德标兵4人。

2008年，组织参加省级培训127人次、市级培训524人次、区级培训391人次。组织中小学教学视导活动，开展各科优质课评选17次，入选省级优质课6节，入选市级优质课21节。全区教育系统有35人受到省级表彰，129人受到市级表彰。

2010年，通过开展师德报告会、师德宣誓、签订《师德承诺书》《拒绝有偿家教承诺书》、争创师德先进集体等一系列活动，引导全区教师自觉加强职

业道德修养。围绕现代教育理论、基础教育课程改革、教师专业化发展等开展培养培训活动 19 期，培训教师 1121 人次。组织开展"和谐高效课堂"教学教研活动，通过理论学习、听评课、召开教学研讨会等多种形式开展课堂教学研究，使教师队伍的整体素质有较大提高。全区 17 人被评为省级以上优秀教师，56 人被评为市学科带头人、市骨干教师。是年，利用暑假外聘名师对全区所有在职教师分学段、分学科进行为期两周的集中培训，提高教师队伍的教学能力和专业水平。

2011 年，区政府每年拨付专项培训资金 50 万元。围绕河口经济社会发展，遵循"服务发展、人才优先、以用为本、创新机制"指导方针，推进教育人才队伍建设。把教育培训培养作为提高人才素质的重要措施，全年共开展培训活动 6 期，参训人员 2143 人次。认真组织各级人才推选工作，共推出区级教学能手 89 名、市级教学能手 25 人，2 名教师获得特级教师称号。10 月，河口区 2011 年教学工作会议召开，对 4 个素质教育工作先进单位、23 个优秀备课组（教研组）、60 名先进个人进行表彰。

2012 年，把师德建设作为教师队伍建设的首要任务，引导教师自觉加强职业道德修养，区一中、实验学校、河安小学、实验幼儿园、六合街道中心小学、新户镇中心幼儿园等学校被评为"东营市师德示范学校"，40 余名教师被区委、区政府授予"师德标兵"荣誉称号。为加强教师业务能力培养，区政府拨付专项资金 30 万元用于教师培训，寒暑假外聘名师对全区所有在职教师分学段、分学科进行集中培训。实施了名校长（园长）、骨干教师、学科带头人培养计划，全区有特级教师 2 人、市级以上优秀教师 53 人、"黄河口最美教师"3 人。

2013 年，坚持培训、培养、管理相结合的原则，多渠道、多形式开展教师培训活动，2 人被评为省特级教师，2 人被评为市特级教师，1 人被评为市"功勋教师"，3 人被评为"黄河口最美教师"，50 多人被市级及以上授予优秀教师等荣誉称号，22 名教师被确立为初中第二批、小学第三批市级重点培养对象。

2014 年，区政府在原来每年拨付专项培训资金 50 万元的基础上，又专门拨付专项培训经费 268 万元，用以支持学校与北大青岛集团合作办学项目。同时，拓展培训渠道，丰富培训内容，增强培训效果。一是加大骨干教师培训力度。通过高级研修班、专家讲座、名师培养等形式，促进骨干教师队伍不断扩大；二是教育管理干部培训。通过举办高级研修班、到高等院校进修、先进地区培训考察和聘请名校长来河口区培训等形式，对中小学校长进行从管理方法到管理理念全方位的培训，提升全区教育管理干部的水平；三是全员培训。举行聘请专家及名师教育教学教研、师德修养、心理健康教育等内容丰富的报告会，组织教师全员参与；四是加大校本培训力度。按照学用结合、注重实效的原则，有计划的组织全体教师开展校本培训。定期召开校本培训经验交流会，进行辐射带动，提高教师的教育教学水平。2014 年，全区有 6 处中小学被评为市级校本培训示范校。

2015 年，以师德建设为重点，完善教师评价、考核各项制度，加强督查、监管，8 月，对全区进行办学行为规范集中大检查。开展城乡教师交流活动，落实教师培训培养计划，实施名教师、名班主任、骨干教师培养工程，外聘名师、专家讲学 6 场次，开展教师培训提高活动 39 场次，培训教师达 3000 余人次。

继续教育 1995 年 7 月，河口区出台《关于进一步加强小学教师继续教育的实施意见》（东河发〔1995〕22 号），制定《河口区小学教师继续教育实施细则》，对教师继续教育的内容提出明确要求。

1999 年，河口区中小学教师的继续教育走向规范化。根据教育部发布的《中小学教师继续教育规定》（中华人民共和国 1999 年 9 月 13 日教育令第 7 号），开始实施教师学历达标工程。采取多种培训形式，补充、更新、拓展知识。是年，全区接受继续教育的中小学教师达到 591 人。包括非学历教育和学历教育两大组成部分。非学历培训包括：①新任教师培训。为新任教师在试用期内适应教育教学工作需要而设置的培训。培训时间应不少于120学时。是年,38名新任教师全部参加上岗培训;②教师岗位培训。为教师适应岗位要求而设置。培训时间每五年累计不少于240学时,全年参加岗位培训的511人,占教师总数的86.5%;③骨干教师培训。对有培养前途的中青年教师和现有骨干教师,按更高标准进行培训,全区有28名骨干教师被聘为兼职教研员。学历教育主要是对具备合格学历的教师进行的提高学历层次的培训。当时,全区包括民办教师在内的教师总人数为1125人,学历结构参差不齐。通过学历培训,历经10多年的教师学历不达标的问题开始得到解决。2000年,小学教师学历达标率为99.8%、初中教师学历达标率为94.8%、高中教师学历达标率为78.7%。总达标率为91.13%。

1999年1月,东营市政府发布第40号令,批准发布《东营市专业技术人员继续教育暂行规定》,明确规定继续教育应建立严格的学分考核制度,继续教育以业余学习为主,每人每年应安排累计不少于两周的脱产学习时间。晋升和续聘专业技术职务时,继续教育累计学分必须达到有关规定标准。5月,东营市人事局印发《东营市专业技术人员继续教育暂行规定实施细则》,对专业技术人员继续教育的学分计算办法进行详细的规定。从此,教育系统专业技术人员开始实施学分登记制度。是年6月,河口区制定《河口区继续教育实施办法》《河口区继续教育学分核算办法》,学分登记制度开始实行,为每位教师办理继续教育证书,每单位设立一名学分管理员,负责填写核算学分,按规定每学年登记一次。由教育局职教股依据原始证明材料进行审核,审核通过后签章。2000年,根据国家人事部制定的《关于加强专业技术人员继续教育工作的意见》(国人部发〔2000〕96号),河口区制定具体实施办法,规定初级专业技术人员每

年须完成13学时公共课程的学习,中、高级专业技术人员每年须完成24学时公共课程的学习,根据专业技术人员培训实际工作需要,每年从公布的公共科目课件中自选课程并按要求修完规定学分。

2012年,东营市人社局建立专门的教育培训网站,开始使用网络登记,逐步取代实行10多年的继续教育证书登记制度。网络登记的程序是教师进入个人账号登记学分,县区管理员进行网上初审,市人社局负责网上终审,达到自任现职以来平均每学年20学分的,为当年参加职称评审的教师打印合格证书,作为评审职称的必要材料之一。同年,东营市人社局开通教育培训网,为每个单位和个人设立账号,自此学分登记制度向网络登记、网上审核过渡。

学分登记管理及使用　1999年5月,按照东营市人事局暂行规定实施细则要求,明确规定专业技术人员要求晋升或续聘时,在任职年限内,晋升专业技术职务的继续教育学分平均每年必须达到或超过20学分;续聘专业技术职务的继续教育学分必须达到或超过10学分。并对专业技术人员继续教育的学分计算办法进行详细的规定,并为今后专业技术职务的晋升、续聘提供依据,在全市企事业单位专业技术人员中实行继续教育证书登记制度,证书由市人事局统一印制。证书登记手续由单位继续教育主管机构负责统一办理。

继续教育学分登记制度后,学分作为职称评审的必要条件之一,在教师评聘职称方面发挥重要作用。教师参加继续教育的积极性明显提高,通过发表论文、参加各级培训等形式,大部分教师每年继续教育学分平均在30学分左右,有的甚至达到50多学分,超过平均每年20学分的基本要求,在一定程度上对于提高教师专业化水平起到积极作用。

1984~1993 年河口区教师教育培训情况一览表

时　间	培训名称	地　点	培训内容	参训对象	参训人数	主办单位
1986~1988	中师函授班	利津县教师进修学校	教育教学	学历不达标的民师	155	河口区文教局
1988.08	电大幼师培训班	东营电视大学	幼儿教育	幼儿教师	18	河口区文教局
1988.07~1991.07	高师函授音像培训班	广饶教师进修学校	教师岗位培训	学历不合格的初中教师	146	河口区文教局
1991.08.15~22	中国近代、现代史及国情教育师资培训	河口区一中	江泽民同志指示信的意义、中国近代、现代史	区教育局中层以上领导干部、教研员、区直中小学教师	120	国家教育委员会（中国教育电视台讲座）
1991.09	东营市小学教师继续教育培训班	河口区电大工作站	社会主义基本理论和师德修养、教育教学知识	小学教师	150	河口区教育局
1991.08~09	小学校长岗位培训	河口区电大站、北京考察	教学管理	小学校长	42	河口区教育局
1991.10	小学音乐教师培训班	区实验小学	音乐教学	小学音乐	24	河口区教育局
1991.04.27~5.10	小学教师普通话培训班	区电大工作站	普通话语音基础知识	小学语文教师	68	东营市教育局
1992.09.20~10.05	小学音乐教师培训班	区实验小学	音乐教学	小学部分音乐教师	22	河口区教育局
1992.09.20~26	小学体育教师培训班	区电大工作站	体育教育	小学 体育教师	43	河口区教育局
1992.04.10~24	小学语文教师普通话培训班	区电大工作站	普通话语言基础、朗读训练、语言文字法规	小学教师	51	河口区教育局
1992.11.27~12.07	小学美术教师培训班	区实验小学	美术教学	小学美术教师	67	河口区教育局
1992.06.14~06.29	幼儿教师培训班	区实验小学	幼儿园教学	幼儿园教师		河口区教育局
1992.06~1994.08	小学教师教学基+本功培训	各乡镇辅导站、区电大工作站	小学教育教学研究	小学教师	305	河口区教育局
1992.08~1995.08	卫星电视高师（专科）教育培训	广饶、利津、垦利教师进修学校	分学科设置专业、教育学、心理学等	学历不达标的初中教师	144	河口区教育局
1992.11.26~12.01	小学校长岗位培训班	北京	德育管理、行政管理、教学管理	小学校长、教育组成员	24	河口区教育局
1992.11~1995.08	卫星电视高师（本科）培训	河口区电大工作站	各学科本科专业知识	专科学历高中教师	42	河口区教育局
1993.01~12	全区小学继续教育培训	实验小学阶梯教室、义和影院	小学教育学、小学数学	全区小学教师	203	河口区教育局
1993.07~08	小学校长岗位培训	河口区电大工作站、泰安考察	学校管理、教学考察	小学校长	35	河口区教育局

1994~2003 年河口区教师培训情况一览表

时间	培训名称	地点	培训内容	参训对象	参训人数	主办单位
1994.04	全区幼师自学考试音乐培训班	河口区电大工作站	音乐教育	幼儿教师	45	河口区教育委员会
1994.01	卫电师专考前培训班	河口区电大工作站	专科教育专业知识	中小学教师	55	河口区教育委员会
1994.01	音像本科考前培训班	河口区电大工作站	本科教育专业知识	高中教师	46	河口区教育委员会
1994.03	小学校长培训班	河口区电大工作站	教学管理	小学校长	18	河口区教育委员会
1994.07	小学新教师见习期培训	利津教师进修学校	教育教学理论	新教师	16	河口区教育委员会
1995.10~12	中学、职业学校教师普通话培训班	市教育中心	普通话知识	中学、高中、职业学校教师	738	东营市教育委员会
1995.08.15~19	"三防"知识教育教师培训班	市教育培训中心	"三防"教育基础知识、防护技能、防护器材的使用	理、化、生、科学教师	78	河口区教育委员会
1995.10	骨干教师培训班	区电大工作站	教育教学理论	小学骨干教师	110	河口区教育委员会
1995.11	小学新教师见习期培训	区电大工作站	教学方法及教育理论	新教师	17	河口区教育委员会
1996.07	小学新教师见习期培训	区电大工作站	教学方法及教育理论	新教师	15	河口区教育委员会
1996.10.20~22	教育科研知识培训班	市教育中心	教育科研和教育实验方法、科研论文撰写	骨干教师、教研员	129	东营市教育委员会
1996.06.2~7.14	计算机知识培训班	区职业高中	计算机应用知识	中小学教师	700	河口区人事局
1996.08	中小学校长岗位培训	区电大工作站	学校管理、教学管理	中小学校长	23	河口区教委
1997.09.16~20	中小学校长岗位培训班	区电大工作站、威海考察	马列理论、特色社会主义理论、教育法规、学校管理	中小学校长	25	河口区教委
1997.08	小学校长提高培训班	东营师范	学校管理、教育理论	小学校长	26	河口区教委
1998.07~2001.07	中师教师自学考试培训班	河口区电大工作站	学科知识、教育学、心理学	学历不达标的教师	78	河口区教委
1998.07	小学教师学科基本功训练辅导员培训班	东营师范	公共必修课程、小学学科课程	小学教师	38	河口区教委
1998.11	乡镇级学科基本功训练辅导员	东营师范	公共必修课程、小学学科课程	小学教师	33	河口区教委

续表

时间	培训名称	地点	培训内容	参训对象	参训人数	主办单位
1998.10	中小学教师教育心理学培训班	河口区电大工作站	教育心理学	中小学教师	560	河口区教委
1998	小学教师教具的使用与制作培训	河口区电大工作站	教具的使用与制作	小学教师	360	河口区教委
1999.07.26~08.02	全市中学教师普通话培训	东营市教育中心	普通话语言基础、朗读训练、语言文字法规	高中教师	4	东营市教委
1999.08.25~09.12	全市中学教师普通话培训	东营市教育中心	普通话语言基础、朗读训练、语言文字法规	初中教师	4	东营市教委
1998.09~1999.10	曲师大研究生课程进修班	曲师大	专业课程	高中教师	25	东营市教委
2000~2003	全区中小学教师计算机培训	区职业教育中心	计算机初级、中级、高级知识	全区中小学教师	501	河口区教委
2001.07~2004.07	中学教师自学考试培训班	河口区电大工作站	学科知识、教育学、心理学	中学教师	72	河口区教委
2001.08	中小学校长岗位提高培训班	东北师大	教育教学管理	中小学校长	19	河口区教委
2001.08	初中班主任培训班	东营教育学院	班级管理	初中班主任	50	河口区教委
2001.09	中小学教师普通话培训	区电大工作站	普通话语言基础、朗读训练、语言文字法规	中小学教师	148	河口区教委

2004~2014年河口区教师培训情况一览表

时间	培训名称	地点	培训内容	参训对象	参训人数	主办单位
2004.01.26~02.04	一期计算机培训	职教中心	教育技术	专任教师	40	区教育局
2004.03.04	初三语文、初二数学、初一英语示范课,学校管理工作报告	六合中学、义和中学、区实验学校	初三语文、初二数学、初一英语示范课,学校管理工作报告	初中语文、数学、英语教师和学校中层以上领导	200	职教股
2004.03.07	英语、数学、语文示范课	六合中学、义和中学、实验学校	教材教法	专任教师	209	区教育局
2004.03.08	学校管理报告会	实验学校	教育管理	校长、教师	200	区教育局
2004.03.20	校本培训交流会	义和中学	教育管理	校长	5	区教育局

续表

时间	培训名称	地　点	培训内容	参训对象	参训人数	主办单位
2004.03.25	校本培训试点学校第一次工作交流会	义和中学	校本培训试点学校第一次工作交流会	校本培训试点学校校长	7	职教股
2004.03.28~03.31	外出参观校本培训、新课程开展情况	潍坊高密市、平度市	外出参观校本培训、新课程开展情况	中小学校长	17	职教股
2004.04.06~06.29	第二、三、四期教师计算机中级培训班	义和中学	计算机中级培训班	中小学教师	280	区教育局职教股
2004.06.24	校本培训交流会	区教育局	教育管理	校长	15	区教育局
2004.06.23~24	网络管理培训	区一中	教育技术	专任教师	15	区教育局
2004.07.08	校本培训第二次经验交流会	区教育局	校本培训第二次经验交流会	中学和中心小学的校长	15	职教股
2004.07.09~30	五、六、七、八期计算机培训	义和中学、职教中心	教育技术	专任教师	204	区教育局
2004.07.01~18	农村幼儿教师美术培训班	区一中	农村幼儿教师美术培训班	农村幼儿教师	40	基教股
2004.07.24	加强学校管理提高教学质量经验交流会	区实验学校	加强学校管理提高教学质量经验交流会	区、乡教委全体人员、中小学中层以上领导和部分骨干教师	200	职教股
2004.07.23~24	加强管理、提高质量报告会	实验学校	教育管理	教育行政人员、校长、骨干教师	220	区教育局
2004.08.15~19	新课程培训	各中小学	新课程	专任教师	240	区教育局
2004.09.16~24	参观学习	湖南、上海	教育管理	校长	10	区教育局
2004.09.24	"扬长教育"报告会	河口社区金河会场	"扬长教育"报告会	中小学中层以上领导和骨干教师	150	职教股
2004.09.25	素质教育与教学模式改革、初中学生心理特点及教育对策	河口社区金河会场	素质教育初中学生心理特点及教育对策	中小学中层以上领导和骨干教师	300	职教股
2004.10.20	校本培训交流会	区教育局	教育管理	校长	15	区教育局
2004.11.01~03	实验教师培训	利津实验二校	教育技术	实验教师	32	区教育局
2004.11.13~17	参观学习	江苏泰州	教育管理	教育行政人员、教研员	24	区教育局
2004.11.22	办公平台培训	区一中	教育技术	教育行政人员、专任教师	50	区教育局

续表

时间	培训名称	地 点	培训内容	参训对象	参训人数	主办单位
2004.12.21~22	中小学远程教育	街道中学	教育技术	专任教师	18	区教育局
2004.12.24	校本培训交流会	区教育局	教育管理	校长	15	区教育局
2005.01.15~25	一期计算机培训	实验学校	教育技术	专任教师	60	区教育局
2005.03.02~06	示范课	实验学校	新教材教学法	中小学教师	460	区教育局
2005.04.20	校本培训交流会	区教育局	教育管理	校长	15	区教育局
2005.07.05~10	校长提高培训	利津	基本专题课、选修专题课、综合管理实践	中小学校长	12	区教育局
2005.07.10	校本培训交流会	区教育局	教育管理	校长	15	区教育局
2005.07.26~08.06	二期计算机培训	义和中学	教育技术	专任教师	60	区教育局
2005.07.06~14	计算机高级培训	义和中学	教育技术	专任教师	58	区教育局
2005.08.01~13	新课程培训	义和中学	中小学语、数、外新课程标准及新理念	中小学语、数、外教师	200	区教育局
2005.08.01~13	学校管理	实验学校	教育管理	校长、骨干教师	150	区教育局
2005.08.16~24	参观学习	平度、高密	教学管理	校长及骨干教师	30	区教育局
2005.08.18~23	全员培训	各中、小学校	当代教育新理念、新课程与教学改革	中小学教师	860	区教育局
2005.09.20	校本培训交流会	区教育局	教育管理	校长	15	区教育局
2005.11.01~15	校长高级研修	省培训中心	现代教育理论与职业道德	校长及教研员	46	区教育局
2005.10.10~11.11	校长高级研修	北师大	教育观念、管理能力等	校长及教研员	19	区教育局
2005.12.20	校本培训交流会	区教育局	教育管理	校长	15	区教育局
2006.12.22	班主任培训	市委党校	育人教育	中小学班主任	15	市教育局
2006.02.20~21	教师报告会	市实验小学	教育理念	主任、校长、教师	110	市教育局
2006.03.10~15	行政干部培训	北师大	教育管理	初中校长	6	市教育局

续表

时间	培训名称	地 点	培训内容	参训对象	参训人数	主办单位
2006.04.12~28	教委主任培训	北师大	教育管理	教委主任	5	市教育局
2006.04.18~19	考察学习	聊城杜郎口	新课程改革	初中校长	10	区教育局
2006.07.20~8.03	研究生课程进修班	实验学校	专业课程	中学教师	120	区教育局
2006.08.04	心理健康教育师资培训班	实验学校	中学生心理健康教育理论	中学教师	270	区教育局
2006.08.17~18	名师送教下乡活动	实验学校	教育管理及教育教学	中小学教师	800	市教育局
2006.09.12	学生报告会	区委礼堂	唤醒心中巨人	中学生	600	区教育局
2006.09.12	家长报告会	区委礼堂	如何培育优秀子女	学生家长	600	区教育局
2006.10.15~11.01	小学校长培训	济南	新课程实施现状及分析	小学校长	6	省教育厅
2006.10.14~15	"黄河之秋"课堂教学观摩活动	市实验小学	语文、数学、英语观摩课	小学教师	40	市教育局
2006.10.10~21	小学骨干教师培训	北师大	教育教学	小学教师	12	市教育局
2006.11.04~07	校长专业成长与地区教育发展论坛	东营区一中	学校文化建设教师专业成长	中小学校长	23	市教育局
2006.12.16~17	校长、班主任培训	广饶宾馆	学校特色建设、班级管理	中小学校长、班主任	90	市教育局
2007.04.16~27	心理健康教育	山师大	心理健康教育理论	骨干班主任	6	市教育局
2007.05.08~23	新课程省级培训	山东交通干部学院	新课程	小学语文、数学、英语、科学	16	省教育厅
2007.06.18~28	初中语文骨干教师培训	东北师范大学	课题研究等	初中骨干语文教师	6	市教育局
2007.07.10~25	研究生课程进修班	区实验学校	研究生课程	中学骨干教师	120	区教育局
2007.08.07~10	新教师培训	教育局	如何成为优秀教师等	2007年新录用教师	40	区教育局
2007.08.20~23	新课程远程研修	网络学习	新课程研修	中小学骨干教师	42	省教育厅
2007.08.12	新课程远程研修	市教育局、各学校	新课程理念	中小学骨干教师	40	省教育厅

续表

时间	培训名称	地 点	培训内容	参训对象	参训人数	主办单位
2007.10.19~21	市第四届黄河口之秋课堂教学观摩活动	市实验小学	语文阅读课教法等	全区小学语文骨干教师	32	市教育局
2007.10.27~11.12	中小学校长新课程省级研修	济南市东郊饭店	新课程试验与教师发展等	中小学骨干校长	13	省教育厅
2007.12.20~31	小学骨干班主任	北京师范大学	班主任理论	小学班主任	6	市教育局
2008.01.03~11	教研员信息化培训	东北师大	课程整合等	骨干教研员	3	市教育局
2008.02.19~29	普通话水平测试员培训班	山师大	普通话语音知识等	语文教师	1	省教育厅
2008.02.16	素质教育-校长培训	济南	搞好素质教育	中小学校长、行政干部	20	市教育局
2008.03.28~30	校长任职资格培训	利津进修学校	考察学习素质教育经验做法	中小学校长	10	市教育局
2008.04.15~30	新课程省级培训	济南	新课程改革	中小学骨干教师	16	省教育厅
2008.04.23~25	学术发展规划专题研讨会	北京校本教育文化交流中心	专业引领、案例剖析等	校长	1	北京师范大学国际学术交流中心
2008.05.17~19	班主任专业化与现代班集体研讨会	省教育学会	经验交流等	中小学班主任	1	省教育学会
2008.05.24	班主任培训	河口区教育局	如何做好班主任工作	中小学班主任	250	区教育局
2008.07.02~10	中小学英语教师口语培训班	北京	口语培训	中小学英语教师	1	国家外专局
2008.07.12~08.01	初中英语培训班	东营育才学校	英语口语培训	初中英语教师	11	市教育局
2008.07.22~29	农村教师提高工程	临沂师范学院	教育改革	中小学农村骨干教师	26	省教育厅
2008.07.13~25	新课程培训	省教育学院	公共课程、学科课程	区一中全体教师	197	省教育厅
2008.07.17	骨干教师培训	北京师范大学	教师专业化发展与课堂教学有效性	中小学骨干教师	520	区教育局
2008.08.26~27	新教师岗前培训	区教育局	教学教研指导、班主任经验介绍等	2008年新招聘教师	29	区教育局
2008.10.13~22	农村教师心理健康教育培训	鲁东大学	儿童心理健康状况与学校教育等	农村初中、小学教师	2	省教育厅

续表

时间	培训名称	地　点	培训内容	参训对象	参训人数	主办单位
2008.10.17~19	第五届黄河口之秋课堂教学观摩	市实验小学	小学英语、语文、数学	小学教师	60	市实验小学
2008.11.10	高中教务主任培训班	济南	教务管理	高中教务主任	2	省教育厅
2008.11.26~12.10	初中班主任培训	东北师大	班主任基本规范等	初中班主任全员	107	市教育局
2008.11.27~2009.01.6	农村中小学校长提高工程	省教育学院	学校管理等	农村小学校长	1	省教育厅
2008.11.13~14	中小学校长任职资格培训班	利津进修学校	校长职责等	新任校长	5	市教育局
2009.03.14~21	校长提高培训班	利津进修学校	学校管理等	取得任职资格证校长	8	利津进修学校
2009.04.20~06.07	小学班主任培训班	各学校	心理健康教育、班主任基本规范等	全区小学班主任	136	市教育局
2009.05.10~24	小学骨干校长培训班	北京师范大学	创建办学特色、塑造学校品牌等	骨干校长	3	市教育局
2009.04.19	名师春晖行	春晖小学	课堂教学观摩、教学报告	小学骨干语文、数学教师	100	市实验小学
2009.04.25~26	东庐中学、杜郎口、胜利四中三名校同课异构活动	胜利四中	课堂教学观摩	小学骨干教师	90	市教育局
2009.04.22~25	初中语文课堂教学观摩	淄博	课堂教学观摩	骨干教师	30	省教育厅
2009.06.23~26	高中校长素质教育培训班	东营市教育局	学分认定、于高中课程改革等	普通高中校长正职	1	市工会
2009.07.16~20	新农村美育工程培训班	利津进修学校	教学理念及教学实践	小学、幼儿园音乐舞蹈教师	10	市教育局
2009.07.27~8.07	初中语文、数学、外语培训	各中学	学科教材	初中语、数、外教师	128	省教育厅
2009.07.25	中小学校长培训班	区教育局五楼会议室	全区中小学校长及中层干部	中小学校长、中层干部	66	区教育局
2009.08.04~05	新教师岗前培训	市实验小学	办主任、教师职业道德等	2009年新招录教师	29	市教育局
2009.08.22~27	中小学教师全员培训班	区实验学校	课堂教学观摩、说课	初中语、数、外以外全体中小学教师	750	区教育局
2009.07.20	骨干教师培训	区委礼堂	教师专业发展基础研究	中小学校长、骨干教师	500	区教育局

续表

时间	培训名称	地　点	培训内容	参训对象	参训人数	主办单位
2009.10~12	中小学校长素质提高工程	济南市东郊饭店	教育政策法规、政治理论	中小学校长	6	省教育厅
2009.10.24	第六届黄河之秋课堂教学观摩	市实验小学	报告及课堂教学观摩	课堂教学	50	市实验小学
2009.10.27~28	名师送教下乡活动	实验学校、义和中学	课堂教学观摩、说课	中小学语文、数学、英语教师	450	区教育局
2009.08.22~26	美术教师培训班	实验学校、义和中学	电脑作画、软件建设	中小学美术教师	25	区教育局
2010.04.13~25	初中校长培训	北京师范大学	教育政策解读、学校文化建设	初中校长	3	北京师范大学
2010.04.16~30	名师名校长培训	上海、浙江	学校管理	东营名师名园长	2	市教育局
2010.03.27	"有效课堂"骨干教师培训班	区一中	有效课堂构建	骨干教师	400	区教育局
2010.03.20	齐鲁名师报告会	区一中	课堂教学	中小学校长、中层干部、骨干教师	400	区一中
2010.04.24	齐鲁名师报告会	区一中	班级管理	中小学校长、骨干主任	420	区一中
2010.08.04~13	英语教师听说强化训练班	东营胜利油田金桥培训中心	英语听说	小学英语教师	50	区教育局
2010.12.11~20	国培计划-骨干教师研修	四川教育学院	语文教育教学	陈华峰	1	教育部
2011.05.07	"名师春晖行"课堂教学观摩	东营市春晖小学	课堂教学、班级管理	小学骨干教师	55	市教育局
2011.04.27~30	山东省初中语文写作教学专题研讨会	淄博桓台	写作教学	初中语文骨干教师	8	省教研室
2011.07.10~20	英语教师听说强化训练班	东营胜利油田金桥培训中心	英语听说	初中骨干教师	46	区教育局
2011.02.18~3.18	校长任职资格培训班和提高培训班	利津教师进修学校	特色学校、专业提升	中小学校长	12	市教育局
2011.04.08~4.22	省第26期高中校长提高培训班	山东教育大厦	教育理论学校管理	高中校长	1	省师训处
2011.04.13~16	初中校长培训考察学习	广饶县、寿光市、高密市	学校管理	初中校长	9	区教育局
2011.05.22~06.05	初中骨干校长(上海)高级研修班	上海	学校管理	初中校长	4	市教育局

续表

时间	培训名称	地　点	培训内容	参训对象	参训人数	主办单位
2011.05.15~27	初中英语骨干教师北师大培训班	北师大	英语教学	初中英语教师	5	市教育局
2011.05.09	河口区学生心理健康教育课题研讨会	实验学校	心理健康教育	小学教师	45	区教育局
2011.05.18~19	市小学数学教学渗透思想方法研讨会	广饶县同和小学	数学教学	小学数学老师	50	市教育局
2011.05.20~26	小学骨干校长高级研修班(南京师大)	南京师大	学校管理	小学校长	4	市教育局
2011.07.10~16	市心理健康教育初中骨干教师培训班	济南	心理健康教育	初中教师	5	市教育局
2011.08.03~12	初中语文备课研讨会	泰安	课堂观摩	初中骨干教师	6	区教育局
2011.08.29	"十二五"教育科研课题研究培训会	区实验学校	课题研究	中小学幼儿园骨干教师	400	区教育局
2011.11.26	第八届"黄河口之秋"课堂教学观摩	东营育才学校	"同课异构"课堂教学	小学骨干教师	50	市教育局
2011.10.24~28	初中语文教学能手	山东龙口	课堂观摩	初中骨干教师	8	省教研室
2011.11.15~11.21	"省培"高中分管教学副校长培训(1期)	济南军区二所	学校管理	校长	5	省师训处
2011.11.22	市育才学校举办魏书生报告会	市育才学校	学校管理	中小学校长及骨干教师	56	市教育局
2011.11.06~11.12	"省培"小学校长培训(第2期)	山东教育大厦	学校管理	校长	1	省师训处
2011.11.23~11.29	"省培"高中分管教学副校长培训(2期)	济南军区二所	教育理论学校管理	校长	1	省师训处
2011.12.01~12.07	"省培"幼儿园园长培训(第1期)	山东教育大厦	教育理论学校管理	园长	1	省师训处
2011.12.09~12.15	"省培"幼儿园园长培训(第2期)	山东教育大厦	教育理论学校管理	园长	1	省师训处
2012.08.05~11	河口区骨干教师高级研修班	南京师范大学	教学管理、教学改革	初中业务校长、教务主任、骨干教师、教研员	60	区教育局
2012.10.17~24	市小学语文骨干教师培训班	东营	教育教学	小学语文教师	8	市教育局

河口区教育志

续表

时间	培训名称	地点	培训内容	参训对象	参训人数	主办单位
2012.04.16~22	市中学骨干班主任心理健康教育培训班	山东师范大学心理学院	中小学生心理健康教育	高中骨干班主任	5	市教育局
2012.04.22~28	市中学骨干班主任心理健康教育培训班	山东师范大学心理学院	中小学生心理健康教育	初中骨干班主任	5	市教育局
2012.04.17~05.23	义务教育课程标准学科骨干教师培训	济南军区第二招待所或山东林业大厦	课程标准	中小学教师、教研员	19	市教育局
2012.09~12	省培—学科骨干教师培训	山东教育大厦	学科教学	骨干教师	2	省师范教育处
2012.09~12	省培—骨干班主任培训	山东教育大厦	班级管理	骨干班主任	2	省师范教育处
2012.09~12	省培—骨干校长(园长)培训	山东教育大厦	学校管理	高中校长	1	省师范教育处
2012.09~12	省培–学前教育骨干教师培训	山东教育大厦	教育教学	小学校长	1	省师范教育处
2012.12.01~08	市骨干教研员培训	南京师范大学	教学改革	教研员	3	市教育局
2012.04.06~04.17	省第27期高中校长提高培训班	山东教育大厦	素质教育、学校管理	校长	1	省师范教育处
2012.07.22~08.03	2012年中小学义务教育课程标准学科教师全员远程研修	各学校	2011课程标准	中小学全体教师	663	省师范教育处
2012.08.26~31	2012年幼儿园教师远程研修	各幼儿园	教育教学	幼儿园全体教师	81	省师范教育处
2012.08.19~24	2012年高中教师教育技术能力(中级)全员远程研修	河口区一中	教育技术	高中全体教师	170	省师范教育处
2013.07~12	国培项目-骨干教师、教研员培训	承办大学	教育教学理论、教科研创新	骨干教师、教研员	4	省中小学师资培训中心
2013.07.29~08.01	中语会第26届年会	诸城市第一中学	新课程理念下教学方法和策略	初中语文教师	7	省教研室
2013.10.17	胜利河口二小和仙河镇振兴小学观摩研讨会	胜利河口二小、仙河镇振兴小学	校园文化建设、教育教学工作	各小学校长、教务主任	26	区教育局
2013.08.31	河口区新教师培训	河口区教育局	教学常规、师德教育	新教师	63	区教育局

152

续表

时间	培训名称	地　点	培训内容	参训对象	参训人数	主办单位
2013.07.07~14	华东师范大学小学骨干教师高级研修班	华东师范大学	教师专业化发展	小学部分管理人员和骨干教师	50	区教育局
2013.07.19~24	2013年幼儿园骨干教师高级研修班	山东女子学院	教师教育观念提升	幼儿园骨干教师	50	区教育局
2013.10.19~25	管理干部国家教育行政学院培训	云南师范大学	学校管理、特色教育	管理干部	2	市教育局
2013.05.18~26	小班化教育专题教育考察	上海	考察小班化教育	各试点学校校长	6	市教育局
2013.09.23~27	小班化教育大连培训班	大连西岗区	考察小班化教育	各试点学校校长、教务主任	8	市教育局
2013.04.08~09	东营市教育管理干部发展与能力	东营市一中	教育管理与能力提升	校长与局管理干部	15	市教育局
2013.06.01~02	"中小学德育工作新模式暨	东营市实验中学	班级管理	班主任	312	市教育局
2013.03.01~06.20	东营市教育管理干部发展与能力	网络研修	教育教学理论、教科研创新	教育管理干部	15	市教育局
2013.11.20~29	国培项目—骨干教师、教研员培训	中央美术学院	紧缺薄弱学科骨干教师	教研员	1	教育部
2013.08.19~24	高中教师Intel未来教育《基于项目的学习》全员远程研修	河口区一中	Intel未来教育《基于项目的学习》全员远程研修	高中教师	198	省师范教育处
2013.07.15~20	初中教师教育技术能力全员远程研修	各初中	教育技术能力	初中教师	362	省师范教育处
2013.07.23~28	小学教师新课标课例研究全员远程研修	各小学	新课标课例研究	小学教师	361	省师范教育处
2013.07.08~13	幼儿园教师全员远程研修	各幼儿园	课例研修	幼儿园教师	114	省师范教育处
2013.04.15~22	小学骨干教师高级研修班	山东林业大厦	教育教学理论	小学骨干教师	1	省师范教育处
2013.06.10~19	小学骨干教师高级研修班	山东林业大厦	教育教学理论	小学骨干教师	1	省师范教育处
2013.09.24~29	初中骨干校长省级培训班(第五期)	山东教育大厦	学校管理、特色教育	中学校长	1	省师范教育处

续表

时间	培训名称	地 点	培训内容	参训对象	参训人数	主办单位
2013.05.22~27	小学骨干校长省级培训班(第五期)	山东教育大厦	学校管理、特色教育	小学校长	1	省师范教育处
2013.05.17~23	2013幼儿园骨干园长省级培训班(第五期)	山东体育学院日照校区	学校管理、特色教育	小学校长	1	省师范教育处
2013.05.17~24	2014幼儿园骨干园长省级培训班(第五期)	山东体育学院日照校区	学校管理、特色教育	小学校长	1	省师范教育处
2013.08.10~16	幼儿园骨干教师培训项目(第二期)	山东女子学院	教学创新	幼儿园骨干教师	1	省师范教育处
2013.08.20~26	幼儿园骨干教师培训项目(第四期)	山东女子学院	教学创新	幼儿园骨干教师	1	省师范教育处
2013.09.10~16	幼儿园骨干教师培训项目(第七期)	聊城大学	教学创新	幼儿园骨干教师	1	省师范教育处
2013.09.20~26	省培—义务教育学科骨干教师高级研修班	曲阜师范大学	专业化发展	初中教师	1	省师范教育处
2013.10.08~14	省培—义务教育学科骨干教师高级研修班	济宁学院	专业化发展	初中教师	1	省师范教育处
2013.10.16~22	省培—义务教育学科骨干教师高级研修班	聊城大学	专业化发展	初中教师	1	省师范教育处
2013.10~15	省培—农村义务教育薄弱学科骨干教师班	滨州学院、鲁东大学、临沂大学	专业化发展	初中教师	4	省师范教育处
2013.06.28~30	东营市"与孩子共同成长"专题培训班	东营市职业学院	家庭教育指导、课程建设	幼儿园骨干教师	20	市教育局
2013.03.25	"雷夫中国行"济南报告会	济南山东大厦	教育理念	中小学骨干教师、管理干部	50	市教育局
2013.11.10~13	全市教研员小班化教育考察	大连	小班化教育	教研员	2	市教育局
2013.11.03	陈光立老师专题报告会	东营市实验中学	学生主动建构,讲究课堂教学艺术	初中骨干教师	20	市教育局
2014.04.01~03	山东龙口古诗文阅读教学研讨会	山东龙口	初中评议骨干教师	重点培养对象及教研组长	4	省教研室
2014.04.11	全市"自主作业"现场会	东营市一中	自主作业	校长、骨干教师	10	市教育局

续表

时间	培训名称	地点	培训内容	参训对象	参训人数	主办单位
2014.04.24~25	全国基础教育转型发展与学校特色建设专题研讨班	东营宾馆	学校特色建设	局科级干部、教委主任、中小学校长、中层领导	30	市教育局
2014.03.30~04.02	大连考察学习小班化教学(初中)	大连西岗	小班化教育	初中学校校长、部分骨干教师及教研室人员	15	市教育局
2014.04.27~29	大连考察学习小班化教学(小学)	大连西岗	小班化教育	小学部分校长、副校长和骨干教师	34	市教育局
2014.05.10	陈钱林校长"自主作业"报告会	实验学校报告厅	自主作业	中小学教师	430	区教育局
2014.05~06	市"教师专业化发展"全员培训工程	网络研修	教育教学	教育管理干部和学校中层	100	市教育局
2014.03.15	张斌博士课堂教学改革报告会	实验学校综合楼报告厅	课堂教学改革	中小学校长、骨干教师	390	区教育局
2014.07.08~10	河口区"提高素养、开阔视野、更新理念"中小学教师高级培训班	实验学校综合楼报告厅	班级管理、课堂教学改革、教育理论	中小学校长、骨干教师	400	区教育局
2014.05.06~12	省第四期骨干书法教师培训班	泰山青松宾馆	规范汉字与书法教学	书法教师	8	省语委
2014.03.29	市作"教响未来"大型课改公益专题报告会	东营区英才小学	课堂教学改革	教研员、中小学校长、骨干教师	43	市教育局
2014.04.23	市小班化教育专题培训会	东营市晨阳学校	小班化教育	教委主任、骨干教师	24	市教育局
2014.02.26~28	河口区毕业年级复习研讨培训	各初中学校	复习课研讨	毕业年级教师	120	区教育局
2014.07.07~12	幼儿园教师全员远程研修	各幼儿园	教师专业技术提升	幼儿园全体教师	142	省教培处
2014.07.30~08.04	小学教师全员远程研修	各小学	信息技术	小学全体教师	376	省教培处
2014.07.22~27	初中教师全员远程研修	各初中	课例打磨	初中全体教师	366	省教培处
2014.07.15~20	高中教师全员远程研修	河口区一中、职业教育中心	信息技术	高中、职业教育中心全体教师	218	省教培处
2014.06.27	指导教师、研修组长二级培训工作	区实验学校综合楼	研修课程及平台操作	指导教师及研修组长	95	区教育局
2014.05.17~06.12	高中、小学信息技术应用能力提升工程骨干教师高级研修班	山东省体育学院日照校区	"信息技术支持的教学环节优化"和"微课程的设计与应用"	指导教师	3	省教育厅

教师资格认定 1995年12月12日,国务院令第188号发布《教师资格条例》,1995年12月28日,国家教委下发关于实施《教师资格认定的过渡办法》(国教人〔1995〕110号)的通知,1996年,东营市教育委员会下发《关于印发〈东营市教师资格过渡工作的实施办法〉的通知》,按照通知要求,河口区开展教师资格过渡工作。幼儿园、小学、初级中学教师资格由县级教育行政部门认定,高级中学教师资格由县级教育行政部门审核后报市教育行政部门认定。此次教师资格过渡以1993年12月31日为限,凡1993年12月31日前,在岗的"在职教师"和"其他人员",均可参加过渡。1993年12月31日前已退(离)休或调离学校的人员不能参加教师资格过渡。申请教师资格过渡人员分别为:幼儿园教师资格19人,小学教师资格422人,初级中学教师资格239人,高级中学教师资格49人,中等职业学校教师资格23人,中等职业学校实习指导教师资格3人,共计755人。

2001年,首次开展认定教师资格工作。8~12月,根据山东省教育厅《关于全面实施教师资格制度的通知》(鲁教人字〔2001〕23号)要求,河口区开展首次认定教师资格工作,主要是对1994年1月1日以后补充到教师队伍中的在职教师和在教师资格过渡中暂缓过渡人员进行资格认定。此次河口区认定幼儿园教师资格16人,小学教师资格187人,初级中学教师资格258人。另有高级中学教师资格46人由东营市教育局认定。

2003年,河口区第一次开展面向社会人员认定教师资格工作。7月,根据《山东省教育厅关于开展面向社会人员教师资格认定工作的通知》,按属地化管理原则,幼儿园、小学和初中教师资格由河口区教育局负责认定,高中和中职资格由东营市教育局负责认定。经过考试、教育教学能力测评和体检,当年认定幼儿园教师资格59人,小学教师资格58人,初中教师资格74人,共计191人。

2004年,认定教师资格79人。2005年,认定教师资格43人。2006年,为42名合格教师办理教师资格证书。2007年,办理教师资格证书56人。2008年,办理教师资格证书28人。2009年,办理教师资

格证书38人。2012年起,河口区根据省、市工作安排,每年都组织一次初中及以下教师资格认定工作。

2003~2012年河口区面向社会人员认定教师资格情况表

单位:人

年度 / 资格种类	幼儿园教师	小学教师	初级中学	年度合计
2003	59	58	74	191
2004	38	14	27	79
2005	8	12	23	43
2006	5	10	27	42
2007	16	19	21	56
2008	5	8	15	28
2009	18	6	14	38
2010	9	9	12	30
2011	27	4	7	38
2012	25	5	4	34
总计	210	145	224	579

第三节 民办教师

民办教师出现在20世纪50年代,中国中小学全部为公办学校时期。由于师资力量不足,在知识青年中选拔合适人员充实教师队伍,选聘教师工资待遇由校驻地单位自行解决。60年代,河口地区度过"三年自然灾害",教育事业得到全面恢复。70年代后,民师待遇分两部分解决,财政发放少量薪水,所在生产大队每月补贴适量工分。至80年代,河口区境内民办教师达500多名,教龄多在10年以上。1988年,河口区共有初中、小学教师680人,其中,民办教师423人,占初中、小学教师数的62%。1990年,发放民师证书377人。

中共十一届三中全会后至1990年,国务院有关部委和各级人民政府采取措施,通过整顿教师队伍、中师招收民办教师、"民转公"等形式,促进教师

队伍转型。1992 年 8 月,国家教委、国家计委、人事部、财政部联合下发《关于进一步改善和加强民办教师工作若干问题的意见》,明确提出解决民办教师问题的"关、转、招、辞、退"五字方针。1994 年,在全国教育工作会议上,党中央、国务院明确提出,"争取到本世纪末基本解决民办教师问题"。解决民办教师问题从此出现历史性转折。1997 年,国务院办公厅发出关于解决民办教师问题的通知,各级人民政府加大解决民办教师问题的工作力度,使民办教师工作进入一个新阶段。1992~1998 年,河口区办理民办教师转正 240 人。1992 年,开始从师范院校招收民师。至 1998 年,通过师范进修学习,转为公办教师 47 人。1999~2000 年,合格民办教师全部转为公办教师。

第二章　教师待遇

第一节　政治待遇

1985 年 1 月 21 日,第六届全国人大常委会第九次会议决定,每年 9 月 10 日为"教师节"。1993 年 10 月 31 日,《中华人民共和国教师法》由第八届全国人大常委会第四次会议通过,自 1994 年 1 月 1 日起执行。《中华人民共和国教师法》对教师的"权利和义务""资格和任用""培养和培训""考核""待遇""奖励"等作出法律上的规定,保障教师的合法权益。

教师表彰　2004 年 9 月 8 日,河口区庆祝教师节暨表彰大会召开。中共河口区委、区人大、区政府、区委组织部、区委宣传部、区政协等有关部门领导及乡镇街道分管教育领导、教委主任、中学校长、中心小学校长、区直各学校校长、幼儿园园长、受表彰的优秀教师、优秀教育工作者、区教育局全体工作人员共 280 余人参加庆祝暨表彰大会。对 80 名优秀教师、20 名优秀教育工作者、7 个教育先进单位进行表彰,区一中记集体三等功并发奖金 10 万元。

2007 年 9 月 7 日,河口区第 23 个教师节庆祝暨表彰大会召开。对区教育局等 5 个单位授予"教育工作先进集体"称号,对新户乡党委政府等 5 个单位授予"尊师重教先进集体"称号,对韩玉生等 10 人授予"河口区优秀教育工作者"称号,对刘玉国等 60 人授予"河口区优秀教师"称号,并对每位优秀教育工作者和优秀教师颁发奖金 2000 元。

2010 年 9 月 8 日,河口区委、区政府在区委礼堂召开第 26 个教师节庆祝暨表彰大会。区委常委,各镇(街道)、区直各部门的负责人,区教育局机关全体工作人员,全区教委主任、中小学校长、幼儿园园长以及受表彰的单位和个人等 300 余人参加庆祝大会。中共河口区委、河口区人民政府作出《关于表彰全区教育工作先进单位和先进个人的决定》,表彰 5 个"教育工作先进单位"、10 个"尊师重教先进单位"、40 名"优秀教师"、10 名"师德标兵"、10 名"优秀班主任"、10 名"优秀教育工作者",并向先进单位和个人分别颁发奖牌和证书。

2014 年,第 30 个教师节来临前夕,河口区人民政府对区实验学校等 10 个"教育工作先进集体"、60 名"河口区优秀教师"和 10 名"河口区优秀教育工作者"进行集中表彰。

政治地位　1977 年开始,按照上级的有关政策为教师平凡或纠正冤假错案,妥善安置落实政策人员。各级党组织及时吸收优秀教师入党,至 2014 年全区教育系统党员发展到 316 名。一批优秀教师被提拔到领导岗位。并有一批优秀教师被选为省、市、区、镇街党代会代表、人民代表大会代表、政协委员。

孟德义,男,河口区教育局副局长、党组副书记,1993 年 1 月至 1998 年 1 月,当选为东营市第三届人民代表大会代表。

李清玲,女,河口区一中高级教师、党支部副书记,1997年9月当选为山东省第七届、2002年6月当选山东省第八届、2007年7月第九届省党代表。1998年2月至2003年1月,东营市第四届人民代表大会代表;2003年1月,东营市第五届人民代表大会代表;期间为河口区第十四届、十七届人大代表。

李延春,男,河口区实验学校校长,原河口区教育局副局长,2012年1月当选为东营市第五次党员代表大会代表。

刘其靖,女,实验学校小学高级教师,2008年10月当选为山东省第十一届人大代表。

张胜双,男,中共党员,原河口区教育局局长,2012年3月,当选为东营市第七届人大代表。

刘小燕,女,民盟,区职业中专一级教师,2007年12月当选为河口区第十六届人大代表;2012年3月当选为东营市第七届人大代表。

耿金光,男,无党派,区职业中专一级教师,区政协副主席退休。1984年9月,当选为河口区义和镇第一届人大代表;1987年4月当选为政协第二届东营市河口区委员会副主席;1990年3月,当选为政协东营市河口区第三届委员会副主席。

王月辉,男,河口一中高级教师,1988年2月至1993年1月,东营市第二届人民代表大会代表;

1984年9月至1987年4月,河口区第十届人民代表大会代表河口区第十一届人民代表大会代表1987年4月至1990年3月,1993年3月,被当选为政协第四届东营市河口区委员会常委。1993年2月至1998年1月,政协东营市河口区第四届委员会委员、常委。

1985~2014年,全区先后有30余名教师级出席过河口区党的代表大会。3名教师出席河口区人民代表大会,5名教师出席乡镇级人民代表大会;7名教师当选为河口区政协委员。

1985~2014年中共东营市代表大会河口区教育系统代表情况统计

姓　名	性别	工作单位	职务(职称)	届次
王月辉	男	河口区一中		第二届
李延春	男	河口区实验学校	校长	第五次
张胜双	男	河口区教育局	原局长	第三次
毕建军	男	河口区教育局	局长	第三、四次
王志华	男	河口区一中	校长	第三次
李清玲	女	河口区一中	原副校长	第三、四次

1985~2014年中共东营市河口区代表大会教育系统代表情况统计

姓　名	性别	工作单位	职务(职称)	届　次
王汝连	男	区职业中专	高级	第一次
王洪兰	女	河口区一中		第一次
明彩霞	女	东营市河口区新户镇中心幼儿园	园长	第十二次
赵　燕	女	六合街道中学	高级教师	第六、七次
李延春	男	河口区实验学校	校长	第五次
李秀林	女	新户镇太平幼儿园	园长	第五、六次

续表

姓 名	性别	工作单位	职务(职称)	届 次
张俊国	男	新户镇教委	主任	第七次
毕建军	男	河口区教育局	局长	第四、五、六、七次
曹秀林	男	河口区一中		第三、四次
薛花岭	女	太平小学		第三次
高登友	男			第三、四次
岳观祥	男			第三、五次
郭金玉	男	河口区一中		第三次
张胜双	男	河口区教育局	原局长	区第三、四、五、六、七次
宋卫东	男	区教育局	装备办主任	第四次
付景忠	男	区教育局	老教协主任	第四、五次
薄纯翠	女	太平中学	教师	第四次
王志华	男	河口区一中	校长	第四、五次
孙玉芹	女	河口街道小学	教师	第四次
张学武	男	河口街道		第四次
纪玉刚	男	六合教委	主任	第四次
吕金发	男	六合中学	校长	第四次
杜文礼	男	新户中学	校长	第五次
吴绪忠	男	新户教委	主任	第五次
王玉东	男	义和中学	校长	第五次
崔延娥	女	四扣中学	教师	第五次
王祥甲	男	六合教委	主任	第五次

续表

姓　名	性别	工作单位	职务(职称)	届　次
李清玲	女	区一中	党总支副书记	第五、六次
曲德民	男	区教育局	局长	第五次
韩丽君	女	区教育局	副局长	第五次
宋卫忠	男	区一中	校长	第四、五、六、七次
房建立	男	太平中学	校长	第六次
左振双	男	义和中心小学	校长	第六次
姜友良	男	义和中学	校长	第六次
范永军	男	义和教委	主任	第六次
刘新国	男	四扣教委	主任	第六次
杨丰文	男	区教育局	副局长	第六次
李秀香	女	河安小学		第六、七次
陈建国	男	义和中心学校	教委主任、中心学校校长	第七次

1985~2014 年河口区教育系统区级人民代表情况表

刘小燕	女	民盟	区职业中专	中级	第十六届
刘俊霞	女	群众	六合街道中学	高级教师	第十五、十六、十七届
李延春	男	中共党员	河口区实验学校	校长	第十七届
刘云战	男	中共党员	河口区教育局	主任科员	第十七届
李秀林	女	中共党员	新户镇太平幼儿园	园长	第十七届
曲德民	男	中共党员	河口区教育局	原局长	第十五届人大常委会副主任、党组成员
张胜双	男	中共党员	河口区教育局	原局长	第十四、十五、十七届区人大代表；十七届人大常委会第一副主任、党组副书记
毕建军	男	中共党员	河口区教育局	局长	第十五届

1985~2014 年河口区教育系统乡镇级人民代表情况表

姓　名	党派	职务(职称)	届　次
耿金光	群众	原政协副主席	河口区义和镇第一届人大代表
李秀林	党员	一级教师　园长	太平乡第十四届人大代表
张俊国	党员	高级教师　教委主任	新户乡第十七届
张俊国	党员	高级教师　校长兼教委主任	六合乡第十八届
赵志燕	党员	园长	新户镇第十九届

1985~2014 年河口区教育系统担任各级政协委员情况表

姓　名	性别	党派	工作单位	职务(职称)	届　次
周主文	男		河口一中		政协东营市第一届委员会
刘振兰	女		河口一中		政协河口区第二届委员会
耿金光	男		区职业中专	原政协副主席(中级)	政协河口区第二、三届委员会
许俊岭	男		区职业中专	中级	政协河口区第三届委员会
刘丕俭	男		河口一中		政协河口区第三届委员会
崔兴岭	男		河口一中	副校长	政协东营市第四届委员会
丁荣德	男		区职业中专	中级	政协河口区第四、五届委员会
韩丽君	女	中共党员	河口区教育局	副局长(已退休)	政协河口区第五、六届委员会
陈冬梅	女		河口一中	高级	政协河口区第六、七、八届委员会 市第七届委员会
宋卫忠	男	中共党员	原河口一中校长		政协河口区第五届委员会
李洪芝	女		新户镇太平小学	一级教师	政协河口区第四、五、八届委员会
周春江	男		区农广校	农广校校长高级	政协河口区七届、八届委员会
王向华	女		河口区实验学校	一级教师	政协河口区八届委员会
樊汝林	男		河口一中	教师	政协东营市第六届委员会
董国杰	男	民进	河口一中	教师	政协河口区第八届委员会
王志华	男	中共党员	河口一中	校长	政协河口区第七届委员会

第二节　经济待遇

工资　1985 年 1 月起,执行新的工资制度。6 月,中共中央、国务院颁发《关于国家机关和事业单位工作人员工资制度改革的通知》,国家机关行政人员、专业技术人员均实行以职务工资为主要内容的结构工资制,分为基础工资、职务工资、工龄津贴、奖金和职业津贴等 5 个部分。中小学、中专和技校教师、幼儿教师除按规定发给工龄津贴外,另按从事本职工作的年限,加发教龄津贴。7 月,河口区由四类工资区调为五类工资区。1986 年 7 月,由五类工资区调为六类工资区。1987 年 10 月,教育系统工资提高 10%。1989 年,工资在普调的基础上提高 1~2 档。

1997 年 7 月,每两年晋升一个职务工资档次。执行 1993 年工资制度改革后的制度,即机关事业单位中连续两年考核为称职以上的在册工作人员,依据鲁人薪〔1996〕13 号,每两年正常晋升工资档次一次。工作人员首次正常晋升工资档次的考核期为 1994 年 1 月 1 日至 1995 年 12 月 31 日,以后依次顺延。1994 年及以后新进工作人员正常晋升工资档次为偶数年。

1998 年,继续落实在乡镇工作的教师上浮一级工资和年满 30 教龄的退休教师享受 100%的工资。3月,在全市率先实行公办教师工资全区统筹(待遇)。2000年,全部完成乡村教师工资上浮一级和年满30年教龄离退休享受100%工资待遇政策。

2001~2003年,河口区共3次对教职员工工资标准进行调整。一是2001年1月1日起,将机关行政人员基础工资标准由原来的每人每月180元提高到230元,级别工资标准由十五级至十一级每人每月85元至720元提高到115元至1166元。并适当调整机关工人的岗位工资和技术等级(职务)工资标准,机关工人的奖金部分按照其在工资构成中的比例相应提高。调整事业单位工作人员工资构成中的固定部分,活的部分按其在工资中的构成比例相应提高;二是2001年10月1日起,再次对机关工作人员工资标准进行调整。机关行政人员职务层次职务工资起点标准由最低50元至最高480元提高到100元至850元。并适当调整机关工人的岗位工资和技术等级(职务)工资标准,机关工人的奖金部分按照其在工资构成中的比例相应提高。调整事业单位工作人员工资构成中的固定部分,活的部分按其在工资中的构成比例相应提高。三是2003年7月1日起,对机关工作人员工资标准进行调整。机关行政人员职务层次职务工资起点标准由最低100元至最高850元提高到130元至1150元。并适当调整机关工人的岗位工资和技术等级(职务)工资标准,机关工人的奖金部分按照其在工资构成中的比例相应提高。调整事业单位工作人员工资构成中的固定部分,活的部分按其在工资中的构成比例相应提高。

2006年7月,机关事业单位工资制度改革后,2008年,根据鲁人发〔2007〕47号精神,结合鲁政办发〔2006〕108号、人薪发〔1988〕22号文件精神,对河口区中小学校需提高工资标准(岗位工资和薪级工资)10%的教护人员,进行资格审查,对符合条件的中小学教师、幼儿园教师1297人提高工资标准10%。

2012年,河口区下发《关于解决农村非公办幼儿教师工资保险待遇有关问题的意见》(东河教〔2012〕10号),投资220余万元,用于解决农村非公办幼儿教师工资及保险待遇。

2013年,河口区对工资标准进行调整。11月,结合调整公务员津贴,对事业人员津补贴同时进行归并。归并后事业单位的津补贴由地方补贴和岗位补贴两项构成。具体划分为原职务补贴、岗位补贴、油区补贴、新增房帖、地方福利补贴、目标奖等6项津补贴合并为岗位补贴。午餐补助、综合考核奖、节假日补贴等3项合并为地方补贴。事业年终奖按发放办法,为当年12月份应发工资减去特岗津贴、水电气补贴、地方补贴。事业单位退休人员由原职务补贴、岗位补贴、油区补贴、新增房帖、地方福利补贴、午餐补助、节假日补贴等7项合并为生活补贴。水电气物业补贴作为单独一项继续执行。

公费医疗 1989年,河口区人民政府出台《关于改革公费医疗管理办法的暂行规定》。1991年8月,制定《河口区公费医疗管理办法》,公费医疗经费分为门诊和住院两部分,实行定额控制。从当年起,河口区公费医疗经费预算定额为每人每年90元,定额的60%为门诊医疗费指标,40%为住院费指标。门诊医疗费指标包干给各享受公费医疗的单位管理。单位门诊包干经费,结余留用,超支部分从单位福利费中解决。各单位采取部分门诊费由个人负担的办法,自负比例为:在职人员工龄在20年以下(含20年)者自负个人门诊费的20%,工龄在20年以上者自负10%,退休人员自负5%。住院费指标由区公费医疗办公室和乡镇财政所统一管理,个人负担住院费的5%。下列人员医疗费免于自负:在乡村二等乙级以上残废军人,因公负伤人员,建国前参加工作的在职老干部、离休人员,年内个人医疗费自负数超过本人年基础职务工资或退休金20%以上部分。公费医疗实行凭"公费医疗证"定点就医。

福利费 2001年,河口区机关事业单位工作人员每人每月发放油区补贴140元。职工住房补贴计发比例由25%提高到35%,乡镇教师的房帖开始由区财政解决。2001年执行的津贴有特岗补贴、独生子女补贴一直沿用。

2004年,河口区机关事业单位工作人员油区补贴增为每人每月340元。7月,乡镇工作人员每人每月增加100元生活补贴。

2005年,河口区决定从1月起为机关事业单位增加岗位补贴。岗位补贴根据机关事业单位工作人员的职务不同,分为200元、160元、120元三个档次。

2008 年，河口区下发《河口区人民政府办公室转发区人事局区财政局河口区机关事业单位工作人员带薪年休假实施意见的通知》（东河政办发〔2009〕9 号），河口区机关事业单位实行带薪年休假制度。

2013 年 11 月，调整住房补贴基数和比例。根据省、市文件要求，对住房补贴基数进行调整。调整前住房补贴基数为基本工资与津贴补贴之和，执行比例为 25%，调整后为以基本工资为基数，执行比例为 35%。

女教职工产假　1955 年 4 月，国务院下发《关于女工作人员生产假期的通知》，党政机关、事业单位的女工作人员产前、产后假期 56 天，难产和多胎生育增加假期 14 天，怀孕不满 7 个月流产者假期 30 天。产假期间工资照发，产假期满，因病继续修养者，按病假处理。怀孕、生育及产后所需检查费、接生费、手术费、住院费等均由单位报销。1980 年 4 月，山东省政府〔1980〕46 号文件公布《山东省关于计划生育若干问题的试行规定》，对女工作人员 25 周岁以上并按计划生育者，在原 56 天产假基础上，再增加产假 28 天，产假期间工资照发。对符合生育条件但自愿生一个孩子，由县（区）计划生育部门批准发给《独生子女优待证》者，其子女可优先入托、优先医疗、住院，从小学到高中免收学费，在同等条件下优先招工、招生，独生子女父母是党政机关、事业单位工作人员者，每人每月发给儿童保健费（独生子女费）5 元，退休时加发百分之一的退休费。1981 年，境内各乡镇随原属县执行惠民地区计划生育领导小组下发的《关于延长假期的通知》，从 1981 年 7 月 1 日起，女职工 25 周岁以上，终身只生一个孩子者，产假延长至半年，产假期间工资照发。建区后，河口区女教职工产假待遇按山东省政府〔1980〕46 号文件执行。

离退休待遇　至 2014 年年底，全区教育系统共有离退休人员 275 人，其中，离休人员 3 人，退休 272 人。

2006 年，机关事业单位已办理离退休手续的人员每两年增加离退休费。离休人员按照同职务同条件在职人员晋升一个工资档次的增资额增加离休费，每人每月增资额低于 25 元的按 25 元增加。

退休人员按下列标准增加退休费：处级、副教授及相当职务的人员月增 25 元，其他人员月增 20 元。2006 年 7 月 1 日起，河口区离退休人员根据相应职务增加离退休费，人均月增资总额 321 元。

2009 年 1 月 1 日起，根据鲁纪发〔2009〕25 号文件精神，河口区机关事业单位离休人员津贴补贴标准由占同级政府同职级在职人员津贴补贴水平 85% 提高到 90%，离休人员月增资额 2291 元。

教师遗属生活补助　根据鲁人福〔1999〕1 号文件精神，自 2000 年 1 月 1 日起，河口区根据最低生活保障线标准提高对遗属生活困难补助标准进行调整。2004 年 4 月，标准为非农业人口 210 元/月，农业人口 120 元/月。根据鲁人发〔2005〕22 号文件精神，符合生活困难补助条件的遗属，不分农村居民、城镇居民，每人每月补助标准均按户籍所在地政府公布的城镇居民最低生活保障线标准执行。2006 年 1 月，河口区将全区城镇户口和农村户口的遗属生活困难补助统一调整至当年城镇最低生活保障线。此后，先后进行过几次提高遗属生活困难补助标准。

河口区教师遗属生活补助一览表

执行时间 ＼ 类别	一般死亡的遗属	建国前参加革命工作死亡者遗属	因公死亡人员的遗属	死者有兄弟姐妹的遗属（父母）
2006.01	260	338	312	130
2007.04	280	364	336	140
2007.07	310	403	372	155
2008.01	330	429	396	165
2010.08	360	468	432	180
2011.01	390	507	468	195
2011.10	410	533	492	205
2012.01	460	598	552	230
2012.06	690	897	828	345
备注	标准	在标准基础上提高 30%	在标准基础上提高 20%	享受此标准基础的 50%

2011 年 9 月，河口区民政部门城市居民最低生活保障标准由每人每月 380 元提高到 410 元，机关事业单位工作人员死亡后的遗属生活困难补助相应调整。同时，对建国前参加革命工作的死亡职工遗属以及因公死亡职工遗属，在新标准的基础上分别提高 30% 和 20%。

自 2012 年 6 月 1 日起，符合生活困难补助条件的遗属，不分农村居民、城镇居民，每人每月补助标准按户籍所在地政府公布的城镇居民最低生活保障线标准的 150% 执行。

自 2013 年 1 月 1 日起，户籍在河口区的遗属生活困难补助标准由每人每月 460 元提高到 490 元。依据山东省人力资源和社会保障厅、山东省财政厅联合下发《关于调整机关事业单位工作人员死亡后遗属生活困难补助标准的通知》（鲁人社发〔2012〕23 号）规定。

民师待遇 2006 年 9 月，根据河口区人民政府区长办公会议纪要，河口区退养民师生活补助标准统一提高到每人每月 600 元，所需经费由各乡镇负责，自 2006 年 10 月执行。2010 年 6 月，根据河口区人民政府专题办公会议纪要：《关于提高退养民师生活补助标准的专题会议纪要》，河口区退养民师生活补助标准按照全区上年度农民人均纯收入的 1.2 倍进行核算并发放，所需经费由各镇、街

道负责，自 2009 年 1 月 1 日起执行。2012 年 3 月，根据市人社局、市财政局《关于解决原民办教师待遇的问题的意见》转发（〔2012〕2 号）和河口区人民政府常务会议纪要，河口区退养民师生活补助标准提高到地方农民上年人均纯收入的 2 倍，其中，镇街承担 11744 元/人/年，新增部分由区财政承担。自 2012 年 1 月 1 日起执行。2014 年 11 月，享受退养民师生活补助标准的共 12 人。

2012 年 2 月，根据《国务院关于当前发展学前教育的若干意见》（国发〔2010〕41 号）、《山东省学前教育普及计划（2011~2015 年）》（鲁教基字〔2011〕6 号）、《关于解决农村非公办幼儿教师工资保险待遇有关问题的意见》（东教发〔2012〕3 号）等国家、省、市政策规定。河口区教育局、河口区人力资源和社会保障局、河口区财政局联合下发了《关于解决农村非公办幼儿教师工资保险待遇有关问题的意见》（东河教发〔2012〕10 号）。2014 年 1 月，山东省教育厅、山东省财政厅、山东省人力资源和社会保障厅、山东省人口和计划生育委员会联合发文《山东省教育厅等 4 部门印发 关于向农村原民办代课教师发放教龄补助的实施意见 的通知》（鲁教人发〔2014〕1 号），教龄每满一年，一个月补助 20 元。同时，对 60 年代下放的公办教师发放精简定补每人每月 470 元。

第三章　教师管理

第一节　目标和要求

河口区成立后至 20 世纪 90 年代，为加强教师队伍建设，对教师管理提出总体管理目标。以爱国主义、集体主义、社会主义思想教育和中华民族优良传统教育为中心。主要目标分为：师德表现、教学目标、工作常规三大类。宗旨是解决教师的世界观、价值观的问题，使教师牢固树立起良好的社会形象。一是师德表现。主要包括：遵纪守法，依法执教，

加强理论学习，提高理论水平；遵守规章制度，爱护公物；为人师表，遵守公德；廉洁从教，洁身自爱，乐于奉献；尊重家长，协助学校构建学校、家庭、社会三位一体的教育环境。二是教学目标。主要包括：落实教学常规，积极参与集体备课，严禁备课和上课脱节；提前侯课；严格控制学生作业量；认真辅导，承认个别差异，帮助困难学生有所提高；主动开展或参与他人课题研究，汲取先进思想和理念，引领和改进自身教学，提高教学艺术和课堂效益。三是工作常规。主要包括：遵循教学常规，按课程表上

课,提前侯课,不迟到、不早退、不拖堂、中途不无故离开教室,课堂所需物品和教具必须事先备好;不得占用上课时间或因某问题将学生叫离教室,特殊情况须征得上课教师同意;根据学校需要,明确自身职责,创造性地完成各项目标任务。不说、不做与教学无关的话和事,不在学生课堂喝茶和他人叙谈家常。

1990年,河口区在教师管理上将宏观的管理目标进行分解,使目标管理具体化。在工作效率上要求,日常工作必须达到规定要求,当日工作当日了;课堂教学保证上课与备课相统一。在教学质量上要求,教师所任教班级的学科成绩与原基础相比要有提升。在学生全面发展的问题上,所任教班级的体、卫、艺、科技等学科要出现新的突破,组织活动要有成效,参加比赛要取得好成绩。组织开展相关训练队(或兴趣小组)活动。在搞好教学工作的基础上,教师要把教学教研工作放在重要位置,潜心研究适合自身特点的教育教学方式方法并有所创新。同时,每个教师要积极参加上级举办的各类教研活动。

1995年,教师队伍目标管理以《教师法》《教育法》为依据,以《公民道德建设实施纲要》和《中小学教师职业道德规范》为行为准则,以全面提高全区教师队伍的整体素质为核心,以提高教师思想政治素质、职业理想和职业道德水平为重点,以全面提高全区教育教学质量和全区公民素质为目标,努力造就一支忠诚于人民教育事业、为人民服务、让人民满意的教师队伍。

1993年,提出以提高教师思想政治素质为中心。广大教师要认真学习马克思列宁主义、毛泽东思想、邓小平理论和"三个代表"重要思想,牢固树立正确的世界观、人生观和价值观,自觉抵制各种错误思潮和腐朽思想文化的影响;拥护中国共产党领导,拥护社会主义,热爱祖国、热爱人民;坚持正确的政治方向,拥护党和国家的路线、方针、政策,在大是大非问题上,立场坚定,旗帜鲜明。要认真学习宪法和有关法律法规,支持学术研究无禁区、课堂讲授有纪律,严格教育教学纪律。要高度重视学生的思想道德建设和思想政治教育,以良好的思想政治素质影响和引领学生。

1998年,要求广大教师要树立正确的教师职业理想,要有强烈的职业光荣感、历史使命感和社会责任感,以培育优秀人才、发展先进文化和推进社会进步为己任,站在时代的前列,努力成为为人民服务的优秀实践者。提出,要志存高远,爱岗敬业,忠于职守,乐于奉献,自觉地履行教书育人的神圣职责,以高尚的情操引导学生全面发展。要正确处理个人与社会的关系,反对拜金主义、享乐主义和极端个人主义,把本职工作、个人理想与祖国的繁荣富强紧密联系在一起。

2000年,以全面提高教师的职业道德水平为总体要求,提出广大教师要坚持社会主义教育方向,全面贯彻党的教育方针,遵守法律法规;树立先进教育理念,自觉遵循教育规律,积极推进教育创新,全面实施素质教育,不断提高教育质量;牢固树立育人为本、德育为先的思想,全面关心学生成长,热爱学生,尊重学生,公平公正对待学生,严格要求学生,因材施教,循循善诱,形成相互激励、教学相长的和谐的师生关系,促进学生全面发展;自觉加强师德修养,模范遵守职业道德规范,以身作则,言传身教,为人师表,以自己良好的思想和道德风范去影响和培养学生;大力提倡求真务实、勇于创新、严谨自律的治学态度和学术精神,团结合作、协力攻关、共同进步的团队精神,努力发扬优良的学术风气。坚持科学精神,模范遵守学术道德规范,潜心钻研,实事求是,严谨笃学,成为热爱学习、终身学习和锐意创新的楷模。

2003年,河口区着力解决师德建设中的突出问题。要坚决反对教师讥讽、歧视、侮辱学生,体罚和变相体罚学生的行为;坚决反对向学生推销教辅资料及其他商品,索要或接受学生、家长财物等以教谋私的行为;坚决反对在教科研工作中弄虚作假、抄袭剽窃等违背学术规范,侵占他人劳动成果的不端行为;坚决反对在招生、考试等工作中的不正之风和违纪违法行为;严厉惩处败坏教师声誉的不良行为。

2009年,完善师德建设规章制度,努力推进师德建设工作创新。要积极探索新形势下师德建设的特点和规律,在内容、形式、方法、手段、机制等方面不断改进和创新,特别要在增强时代感,加强针对性、实效性上下功夫，讲究实际效果，克服形式主义，使师德建设更加贴近实际、贴近教师，把师德规范的主要内容具体化、规范化。

2010~2014年，河口区通过开展校长如何进行教师管理的探讨和研究，为教育教学总结出10条经验：①无条件地给予支持。在涉及家长的一些问题上，校长应给予教师全力支持；②不要使教师负担过重；③积极向教师征求意见；④处事要公正。⑤以身作则；⑥开门办公；⑦尊重教师的时间；⑧立即处理纪律问题；⑨听课之后立刻给出反馈意见。⑩让教师自由地发挥创造性，提出新见解。

第二节　师德师风建设

1984年，教育部、全国教育工会联合颁发《中小学教师职业道德要求（试行）》，各学校遵循职业道德要求，把育人放在第一位，恪守职责，身正示范，辛勤工作，无私奉献。1991年，国家教委、全国教育工会颁布《中小学教师职业道德规范》，核心内容是坚持社会主义方向，教书育人，培养德、智、体全面发展的社会主义新人。1994年，贯彻《中共中央关于进一步加强和改进学校德育工作的意见》，贯彻"一纲四法"（《中国教育发展纲要》《义务教育法》《教育法》《教师法》《职业教育法》），全区教育系统大力推行依法治校、依法治教。1995年，区教委制定下发《关于加强全区教师队伍建设的意见》，把教师职业道德建设作为首要任务来抓。

1997年，教育部下发《中小学教师职业道德规范》，全区教育系统开展"学习职业道德规范，做人民合格教师"活动。是年，河口区教育局坚持一手抓教育，一手抓教学，通过开展丰富多彩、格调高雅、健康向上的文化艺术活动，营造文明、现代、高品位、高层次的教育氛围，让学生形成良好的文明意识和正确的价值观念，培养高尚的道德情操、良好的生活方式和行为规范。1998~2004年，河口区从提高教师队伍整体素质入手，开展以师德建设为重点的"强师德、铸师魂、提素质、树形象"活动。完善教师师德考核和师德建设检查评比办法，推行师德标准社会承诺服务制，深入开展争做"文明教师"

"师德标兵"和"教师行为规范承诺"活动。把师德考核作为教职工考核的重要内容，实行师德考核"一票否决制"，严禁体罚和变相体罚学生。按照考核标准，表彰奖励一大批爱岗敬业、无私奉献、关心学生、热爱教育的优秀教师。

2005年，以"创建文明城市、争做文明市民"为主题，加强对教职工的理想信念教育和思想道德教育，建设一支师德素质高、教学业务精、爱岗敬业、无私奉献的教师队伍。是年9月，区教育局以东河教发〔2005〕41号文件，下发《关于加强和改进全区教师职业道德建设的意见》，通过"三轮驱动"铸师德，使全区教师职业道德建设得以深化。提出的主要任务是：提高教师思想政治素质，以良好的思想政治素质影响和引领学生；树立正确的教师职业理想。正确处理个人与社会的关系，反对拜金主义、享乐主义和极端个人主义，把本职工作、个人理想与祖国的繁荣富强紧密联系在一起；提高教师的职业道德水平。坚持科学精神，模范遵守学术道德规范，潜心钻研，实事求是，严谨笃学，成为热爱学习、终身学习和锐意创新的楷模。完善师德建设规章制度，努力推进师德建设工作创新。在内容、形式、方法、手段、机制等方面不断改进和创新，特别要在增强时代感、加强针对性、实效性上下功夫，讲究实际效果，克服形式主义，使师德建设更加贴近实际、贴近教师，把师德规范的主要内容具体化、规范化。总体要求：一是多渠道要求教师爱岗敬业，关心和尊重每一位学生，营造新型的师生关系，强化以生为本的师德理念；二是认真组织广大教师学习《教师法》《中小学教师职业道德规范》，出台系列措施，师德建设常抓不懈。同时还制定教师师德考核档案，实施师德建设"一票否决制"，确保师德建设纳入日常工作；三是采取系列监督措施，组织社会人士和学生代表评议师德师风，设立师德师风监督电话，及时发现问题，认真加以解决。

2006年2月，印发《河口区"师德建设年"活动实施方案》的通知（东河教发〔2006〕6号），制定出台《河口区师德建设自我评定标准》和《河口区教师职业道德考评办法》。各学校、幼儿园根据《河口区教师职业道德考评办法》，量化考核每位教师的师德行为,对位列后 5%(区直学校、乡镇中学以校为单位,乡镇小学以乡镇为单位)的教师,区教育局将亮"黄牌",第二年度不得晋级、晋职和评优树先,一年内跟踪管理。师德建设先进集体和个人要逐级进行评选,择优参加区级评选,推荐的先进集体和个人要在校内公示,区教育局在网上进行公示,接受群众和社会监督。

2007 年,将职业道德建设纳入教师考核范围,规范教师的教育教学行为,形成"爱岗、敬业、奉献"的职业道德风尚。印发《关于做好师德建设示范学校(幼儿园)创建活动的通知》,组织开展创建活动。河口区一中获东营市首批师德建设示范学校称号。

2008 年,河口区教育局下发《关于"开展师德建设主题实践活动,争当师德建设排头兵"的实施意见》,9 月 24 日,召开动员大会,在全区教育系统全面布置和安排本次活动。对全区各级各类学校校长、骨干教师进行集中培训学习,以"八荣八耻"为主要内容进行荣辱观、世界观、价值观教育。发放调查问卷,查找问题实施整改。安排各校教师学习《新时期教师职业道德》,每位教师写出《从教职业道德承诺书》。

2010 年,通过开展师德报告会、师德宣誓、签订《师德承诺书》《拒绝有偿家教承诺书》、争创师德先进集体等一系列活动,引导全区教师自觉加强职业道德修养。是年,河口区教育局印发《河口区教师职业道德评价暂行办法》,对教师职业道德考核办法进一步修订。新修订的考核办法以科学发展观为指导,以规范教师职业道德行为和全面提高教师素质为目的,提高针对性,增强操作性,为学校做好教师职业道德培养和考核工作提供指导性意见。为突出考核办法的导向作用,新的考核办法以教师日常工作和职业道德表现为重点,调整评议办法和考核内容的分值。考核办法对考核结果的运用进行规定:一是考核标准与年度考核配套使用,师德考核不是优秀等级的,年度考核不得评为优秀等次;二是师德考核为不合格等级的,实行"一票否决制",年度考核定为不合格等次,下一年度不得增加薪级工资、晋升职务职称,并予以批评教育;三是对连续两年师德考核为不合格等级的教师,根据不同情况,予以降职、调整工作、低聘或待岗等,对不服从

组织安排或重新安排后考核仍不合格的,经上报有关部门批准后,予以解聘。河口区实验学校、河口区六合乡中心小学、河口区新户乡中心幼儿园获东营市第三批师德建设示范学校(幼儿园)称号。

2011 年,河口区新户镇中心小学、河口区新户镇太平幼儿园获东营市第四批师德建设示范学校(幼儿园)称号。2012 年,河口区新户镇中学、河口区义和镇中心学校获东营市第五批师德建设示范学校称号。7 月,为严禁在职教师从事有偿家教,切实减轻学生课业负担,河口区教育局在网站等媒体发布《致全区学生家长的一封信》,设立治理有偿家教举报电话和举报邮箱,号召广大家长自觉抵制有偿家教,欢迎广大学生家长积极举报有偿家教,凡经调查核实者,给予第一举报人现金奖励 1000 元,对进行有偿家教的教师严肃查处,按照有关规定从严处理。2012 年,把师德建设作为教师队伍建设的首要任务,引导教师自觉加强职业道德修养,区一中、实验学校、河安小学、实验幼儿园、六合街道中心小学、新户镇中心幼儿园等学校被评为"东营市师德示范学校",50 余名教师被区委、区政府授予"师德标兵"荣誉称号。

2013 年 7 月,河口区政府纠正行业不正之风办公室和河口区教育局联合下发《关于规范办学行为加强行风建设工作的实施方案》,围绕违规补课收费、收费政策执行、规范征订教辅等群众反映强烈的问题,开展有偿办班、违规收费、违规接受谢师宴请、违规征订教辅、拉取赞助等"五项专项治理",着力解决发生在群众身边的突出问题,坚决纠正各种不正之风,维护人民群众的切身利益。

2014 年,教育系统狠抓师德师风建设,规范办学行为,不断转变行风、政风,通过说普通话、规范用字、文明班级、文明教师、文明学校评比、校园广播文明争创方案、征文比赛、书画展览等活动,教师的教育主动性、责任心进一步加强,职业道德理念进一步夯实,教育的公信力进一步提升。

第三节 职称评定

1988 年,教育系统职称评聘工作开始。是年,

1988~2014年河口区教师职称晋职表

年度	初级（人）		中级（人）		副高级（含中学高级教师）
	小学	中学	小学公办	中学公办	
1988	318	41	41	36	5
1992		64			
1993	122	39	11	8	
1994	109	49	21	12	
1995	102	116			
1996	56	24	30	37	
1997	44	76			
1998	70	96			2
2001			50	30	24
2002	111	116	14	44	21
2003	29	51	27	58	19
2004			20	36	
2005	86	106	16	24	25
2006	43	64	9	18	24
2007	60	78	12	25	
2008	39	30	11	20	22
2009	53	17	2	14	
2010	19	22	14	26	
2011	28	28			5
2012	1		13	24	7
2013			30		
2014			23		6

河口区评聘高级教师6人，中级72人，初级203人。2001年10月，评聘高级教师职务25人，中级教师职务80人，初级职务110人。2002年10月，评聘高级职务29人，中级教师职务58人，初级教师职务100人。认定教师资格463人。2014年，新聘任高级教师6人，中级23人。

2013年1月，根据山东省人力资源和社会保障厅、山东省教育厅《关于印发山东省深化中小学教师职称制度改革实施方案的通知》和市人社局、市教育局《关于印发东营市深化中小学教师职称制度改革实施方案的通知》要求，开展中小学教师职称改革工作。改革工作包括：按照原中小学教师专业技术职务与统一后的职称（职务）体系，以及现聘任的职务等级，直接过渡到统一后的职称（职务）体系，并统一办理过渡手续；根据岗位设置标准重新核定学校岗位数量；采用竞争推荐形式，对单位出现岗位空缺的根据工作需要进行推荐参加高一级职务评审。2014年，全区教师有高级职称167人，中级职称507人，初级职称554人。

中学教师职称设：中学高级教师、中学一级教师、中学二级教师、中学三级教师。中学高级教师为高级职称，中学一级教师为中级职称，中学二级教师和中学三级教师为初级职称。

小学教师职称设：小学高级教师、小学一级教师、小学二级教师、小学三级教师。小学高级教师为高级教师，小学一级教师为中级职称，小学二级教师和小学三级教师为初级职称。

第四节　支教与交流

2000年开始，河口区开展对疆、藏地区的支教工作。

援疆　2000年9月至2002年7月，太平中学语文教师陈永利，到新疆建设兵团农六师红旗总场小学援教，负责小学语文学科教学；河口区实验小学语文教师高新民，到新疆兵团农六师红旗总场小学支教，负责小学语文学科教学。

2002年8月至2004年7月，太平中学乔鸿伟，到新疆维吾尔自治区于田县第二中学支教师，任于田县二中副校长兼政教处副主任，负责初中美术学科教学。

2005年9月至2007年7月，河口实验学校李建新，到新疆维吾尔自治区阿勒泰市二中支教，担任初中英语学科教学。

2006年8月至2008年7月，河口区一中成梅山，到新疆维吾尔自治区疏勒县八一中学援教，担任高中政治学科教学。

2008年8月至2010年12月，河口区第一中学语文教师王英华（女），到新疆维吾尔自治区疏勒县八一中学援教，负责高中语文学科教学。

2010 年 11 月 28 日至 2012 年 7 月,河口区实验学校教师张洪军,到新疆维吾尔自治区疏勒县八一中学援教,负责高中英语学科教学。

2011 年 3 月至 2011 年 7 月,太平中学教师刘洪彬,到新疆维吾尔自治区疏勒县八一中学援教,负责初中英语学科教学。

2012 年 9 月至 2014 年 1 月,河口区第一中学教师刘志刚,到新疆维吾尔自治区疏勒县八一中学支教,负责高中数学学科教学。

2014 年 2 月开始,河口区第一中学教师许金刚,到新疆维吾尔自治区疏勒县八一中学援教,负责高中语文学科教学。根据市教育局通知,援疆教师需在疆工作 3 年时间。

2014 年 9 月至 2015 年 7 月,河口区实验学校教师单提德,到新疆维吾尔自治区疏勒县教育局基教股,负责初中数理化学科教研。

援藏 2007 年 8 月至 2009 年 8 月,义和镇中学数学教师宋加民,到西藏日喀则市第二中学支教,担任初中数学教师。

"三区"支教 2013 年 8 月至 2014 年 7 月,河口区派往聊城支教教师三人:李贺(义和镇中心学校)、程德涛(河口区实验学校)、武奉良(新户镇太平小学)到聊城东阿县第二实验小学支教,分别负责小学美术、音乐和体育学科教学。

2014 年 8 月 31 日至 2015 年 7 月,河口区派往聊城支教教师二人:程盈盈,自河口区新户镇中学到山东冠县实验中学支教,负责初中语文学科教学;扈宝龙,自河口区孤岛镇中心小学至山东东阿县第二实验小学支教,负责小学体育学科教学。

海外支教 2013 年 5 月,六合街道中心小学语文教师于耀伟、义和镇中心小学语文教师魏成志一同派往泰国支教。

城乡交流 2006 年 4 月,河口区创建"山东省教育工作示范区"之际,根据有关教师交流的政策法规,结合实际,河口区教育局与河口区人事局联合下发《河口区关于教师职称评聘和新教师招考录用等有关事项的暂行规定》(东河教发〔2006〕20号),提出"中小学教师(不含区一中、职教中心)晋升中、高级职称,除符合当年规定的资格、学历、教育教学能力等具体条件外,同时必须具备一年以上(含一年)农村学校任教经历的条件,申报者须提供在农村学校任教一年以上经历的有关证明材料,并经上级主管部门认可"。 2014 年 8 月,在河口区创建全国义务教育均衡发展示范区期间,中共河口区委组织部、区教育局、区人社局联合下发《关于印发河口区城乡教师交流工作方案的通知》,将区域内教师交流的范围进一步扩大到各级各类学校和幼儿园。

2013 年 5 月 24 日,区实验学校举行十八大精神进校园报告会

第五编　教学　教研

20世纪80年代,河口区认真贯彻落实"德、智、体全面发展"的教育方针,面向现代化、面向世界、面向未来,全面进行教学改革。1997年,实施"两轮"驱动战略。1998年,对教育评价体系进行改革。2007年,开展以教学管理为重点的"教育管理年"活动。2010~2014年,开展"和谐高效课堂"教学活动,全区教学改革实现突破,教研工作取得重大成果。

第一章　教　学

第一节　教学管理

河口区成立之初,以教育面向现代化、面向世界、面向未来为指导,认真贯彻落实德、智、体全面发展的教育方针,各级学校普遍开展以研究教材为中心,改革教法为重点,提高教学质量为目的的教学研究活动。

1990~1991年,区教研室组织全区中学教师分别在区一中初中部、义和中学、新户中学进行分学科集体备课。每位参与教师都上一节公开课,然后进行集体点评,提出存在的问题,集体研究适合学生发展、学习兴趣提高的教学思路。抓学生基础知识、基本技能的双基训练,强调基础知识的重要性。建立教师业绩档案,推行教育教学量化管理。

1992年,根据《东营市中学教学常规要求(试行)》,区教研室制订《河口区中学教学常规评估标准》,全区初中的教育教学工作步入正轨。

1993年,中共中央、国务院颁布《中国教育改革和发展纲要》,河口区深入贯彻文件精神,深化初中教学改革,强化课堂教学的研究和指导,各初中学科教研员带头开展教学实验改革和课题研究,带头上公开课,对所蹲点学校进行教改指导。

1996年,全区教学逐步树立素质教育、思维训练、创新教育等先进教学思想,确立学生为主体,教师为主导的教学理念。

1997年,调整全区教育工作思路,实施"两轮"驱动战略(一手抓学校管理,一手抓教学教研),工作重点由"两基"(基本实现义务教育,基本扫除青壮年文盲)转向"两全"(全面落实党的教育方针,全面提高教育质量)。

1998年7月,对教育评价体系进行改革,制定《河口区中小学教育教学质量评价方案》,改变以往以教学成绩为唯一评价标准的做法,融入班级量化管理、育人成效、教师素质等内容,教育教学评价趋于公正合理。

1999年,全区成立14个中心教研组,聘请兼职教研员29名,全区小学教研组133个,区、乡、校三级教研网络形成。是年,在全区中小学推行课堂教学"五个转变",即:把教师讲明白为主,转变为学生自己醒悟为主;把教师提问为主,转变为学生自己提出问题为主;把学生大量训练应付考试为主,转变为学生应用所学知识分析和解决实际问题为主;把物理、化学、生物等课程中教师操作演示为主,转变为学生自己独立操作为主;把强制性管理为主转变为科学、民主的管理为主。在整个实施过程中,坚决改变以单向灌输知识为主的教学思想和模式,教学观念得到更新。

2002年,推行学校教学管理体制改革,围绕《小学管理规程》和"初中八条",制定教学管理方案,并严格检查、评比、奖惩,学校管理的力度不断加大。完善班级量化管理,修改班级量化评价方案,使学校管理逐步走向科学化、规范化。

2004年10月,区委组织部、区教育局、区政府教育督导室联合下发《关于将教育工作纳入乡镇党政及区直部门领导政绩考核内容的通知》(东河组发〔2004〕52号),将督评结果列入对乡镇主要领导及区直单位主要负责人的政绩考核范围,区教育督导室制定下发《河口区2004年乡镇及区直部门单位教育工作督导评估实施细则》。

2007年，全区开展"教育管理年"活动，以教学管理为任务重点，根据教育发展需要，健全完善各项管理制度，规范办学行为，提高教育管理水平。建立健全各级各类教育督导评估体系，完善教学目标管理评估细则，完善中小学校教学管理制度，修订并实施《普通中小学校管理工作规程》，推进学校制度化建设和教学管理。

2008年，进一步加强教学管理。一是推进课堂教学改革。倡导和推行先进的教学理念和教学方法，通过实施分层次和实践性教学探索和改革，举办技能大赛、职业资格考试，促进学生实践技能水平的提高，技能合格率达到98%以上；二是推行教学改革。坚持每周教研日活动，开展以"听评课""公开课""优质课""精品课"和评选"优秀教案"等为主要内容的教师大练基本功活动。是年，在市级以上优质课、优秀论文、优秀教案、课件、教学案例、科技创新等活动中，有43人次获奖；三是落实教学常规，加强教学过程管理。按照《中小学教学常规》，加强常规管理，做到备课高质量，上课高效率，训练高水平，辅导测试高要求；四是发挥现有教育教学资源作用。以校园网为平台，开展创建东营市教育信息化示范校活动。

2010年，组织开展"和谐高效课堂"教学教研活动，通过理论学习、听评课、召开教学研讨会等多种形式开展课堂教学研究，教师队伍整体素质普遍提高。

2011年，进一步完善教育教学质量和学生综合素质评价机制。围绕提高教学质量，组织教师外出考察学习，开展"和谐高效课堂"研究等活动。利用暑假对全区所有在职教师分学段、分学科进行集中培训，组织专家授课指导6场次，组织全区中小学全学科教学视导2次，九年级专项视导1次，组织第九批教学能手评选活动。

2013年，深化教学改革，加强教学管理，打造"和谐高效课堂""小班化教学"等精品工程，推广自主、合作、探究的学习方式。加强对教学情况的评估，做好学业水平考试情况的分析，加强教学过程的精细化管理，推出一批特色学校和优秀学校。坚持规范办学，确保教学质量。是年8月，区纪委、区

教育局联合下发《关于规范办学行为加强行风建设工作的实施方案》，各中小学、幼儿园根据要求，将规范办学落实到工作的各个方面和各个环节。

2014年，严格落实《山东省普通中小学管理基本规范》，先后制定下发《关于做好全区义务教育阶段学校课程设置工作的通知》《关于规范办学行为加强行风建设工作的实施方案》等一系列规章制度，探索实施素质教育的新途径、新方法，深化教学改革、课程改革。加强学校教育行为监管，各学校做到均衡编班，并不定期开展办学行为规范大检查。

第二节　教学改革

1984年，河口区教研室坚持"请进来教，走出去学"的教学思路，广泛移植推广外地的先进教学经验与成果，先后开展20余项教改实验。自1990年开始，在全区初中一年级推广北京现代教学研究所马承的字母、音素、音标"小三位一体"及语音、语法、词汇"大三位一体"英语教学法。1993~2001年，在全区初中推广中央教科所课题——上海张思中的"相对集中、反复循环、阅读原著、因材施教"十六字英语教学法。1995~2001年，在全区推广"小学数学珠算式心算"和"小学语文汉语拼音直读法"。1997年开始，在全区中小学大面积推广单元达标教学实验，先后多次率团赴泰安考察学习，修订单元达标A、B表格式教案，突出师生的双边活动，增强达标意识，课堂教学效率明显提高。1997~2001年，在全区推广"初中作文目标全程训练"实验，同时启动初中作文课堂教学分点专项课题研究，完成子课题43个，编印《河口区初中作文课堂教学分点专项研究成果汇编》，项目于2001年12月获东营市第三次优秀教育科研成果评选三等奖。自1999年开始，在全区中小学开展课堂教学改革"五个转变"实验，突出学生的主体地位，促进教师教学方式与学生学习方式的转变，提高学生的创新实践能力。

2003年，区教育局下发《河口区中小学新课程改革实施方案》。7月，全区由"五四"学制过渡为"六三"学制，《课程标准》及课程改革在全区全面实施。制定中小学校长课改实验论坛制度、教师精品

课展示制度、课例专题研究制度及周六半日反思教研制度。组织教师认真学习研究《课程标准》，参加新教材培训，写出学习心得和教学札记，开展多层次、多形式的参与式校本培训和教学案例同步研讨活动，11月、12月，对全区所有中小学进行全面的教学视导，对视导情况进行认真的分析，提出整改意见。

2004年，推动课程改革和校本教研，落实教学常规，进一步更新教育理念，转变教学行为，实施素质教育。全区各级各类学校教学管理进一步规范，质量意识明显增强，逐步形成"比、学、赶、帮、超"的良性局面。

2005年，组织中小学升级（升学）质量调研统考。分2次组织命制期中考试试题79套，改写借用外县区试题的历史。参与市3科中考模拟题的命制工作。集中2个月的时间对全区中小学进行教学视导。召开5科初四毕业复习研讨会，并深入学校进行二轮复习专项视导，加大毕业年级分层次教学与管理的研究力度。2005年1月，区教研室制定《河口区中小学教学质量评价奖惩实施方案》《河口区中小学教学工作评估标准》《河口区中小学班主任工作常规及评价标准》《中学生日常行为规范》《河口区中小学班主任工作常规及评价标准》，全面推动课程改革的开展。7月，区教研室开展"课堂教学课改达标"和全区中小学教师课堂教学能力分级提高活动。

2006年，以开展中小学教师课堂教学能力分级提高达标课活动、中小学生面向未来读书成材活动为载体，狠抓"课堂教学改革、培养骨干教师群体、增加优秀生比例"三大工程，组织开展初中11科优质课评选、小学英语优质课评选、中小学教师教科研论文评选等活动，引领教师积极参与教学教研，开展课题研究，提高课堂教学效率。开展以校为本的教研活动，提高教研工作的实效性。全区各学校坚持把开展校本教研，作为促进教师队伍专业成长的有效载体，注重校本教研与课堂教学的有机结合，使教师在教学实践中不断总结、提炼、升华，形成自己富有特色的课堂教学模式。10月，区教育局召开2005~2006学年度教学质量分析会，表彰中小

学教学质量优胜单位4个、优胜教研组（备课组）26个、优胜教师80人、优胜班主任14人。

2007年，通过多层次、多形式的培训和教科研活动，教师的教育教学水平和课堂教学能力显著提高。是年，召开6科毕业复习研讨会，对全区中小学进行视导，对薄弱年级和学科进行有针对性的诊断和指导，重点解决课型、教法及学习效率等问题。组织开展优秀生联赛、小学生科普知识竞赛，壮大优秀生群体。

2008年，河口区教育局印发关于《河口区中小学"构建和谐课堂"教学改革实施细则的通知》（东河教发〔2008〕48号），推进课堂教学改革，倡导和推行先进的教学理念和教学方法，通过实施分层次和实践性教学探索与改革，举办技能大赛、职业资格考试，促进学生实践技能水平的提高，技能合格率达到98%以上。

2009年2月，区教研室印发东河教研字〔2009〕2号文件，在全区初中部分学科成立中心教研组。3月，为更好地发挥教研员对教学工作"研究、指导、引领、服务"的职能，强化教学常规管理，实行跟踪式指导，促进教学质量的提升。同时，印发东河教发〔2009〕31号文件《河口区教育局关于开展区教研员"包校"工作的实施方案》。为深入推进基础教育课程改革，提高课堂教学效率，印发东河教发〔2009〕32号文件《河口区中小学"课堂效率年"活动实施方案》，决定2009~2010年，在全区中小学开展"课堂效率年"活动。

2011年，东营市教育局印发《东营市初中学科教研基地建设方案（试行）》。2012年3月，东营市教科院对部分学校学科进行命名。河口区实验学校有8个学科被命名为"东营市初中学科教研基地"。

2013年4月，为贯彻落实《东营市中长期教育改革和发展规划纲要（2011~2020年）》，优化教育资源配置，推进教育现代化建设，办好人民满意的教育，根据东营市《中小学小班化教育试点工作实施方案》，河口区从2013~2014年，按照40人以内的班额标准，在河安小学、义和镇中心学校起始年级开展试点工作。

2014年，对全区所有农村义务教育阶段学校

起始年级进行小班化教育。4月，为减轻学生负担，河口区教研室确定河安小学，义和镇中心学校为中小学家庭零书面作业试点学校。

第三节 教学质量与评价

1996年，河口区开始进行教学质量评估工作，在完成"两基"工作的基础上，在全区实行教研员目标责任制，制定和完善教研员岗位目标责任制和业绩档案，从教育观念、教研水平、骨干教师的培养等方面实行量化管理。教研员定期深入基层学校，做好教学理论和实践相结合的文章，最大限度地发挥教研员的作用。

1997年4月29日，河口区教委出台《关于加强教学和教研工作的意见》和《河口区中学教师教学工作量化管理考核细则》，加强教学管理和教研工作，对教师的思想政治、教学工作、听课、工作量和教务活动等几个方面进行量化，加强中学教学管理，调动教师教书育人的积极性。7月，区政府批转《河口区教委关于教学质量奖惩的暂行意见》(东河政发〔1997〕9号)，下发《河口区人民政府关于实行教职工结构工资制的暂行意见》(东河政发〔1997〕10号)。同时，区教委出台《教学质量评价方案》《关于加强教学和教研工作的意见》《中学教师教学工作量化考核细则》等一系列政策性文件。自此，河口区开始教学质量评价制度改革，并于10月10日制定《关于开展中小学大面积提高教学质量实验与研

教学质量年宣传

究的实施方案》，建立全面深化教学质量评价制度改革的长效机制。

1998年，制定并修订《河口区教学工作评估细则》《河口区教育教学质量评价方案》等一系列教学管理制度，强化教学、教研、考试、评价管理，调动教师的工作积极性和主动性，促进教学质量的提高。

2000年，修订《河口区中小学教学工作奖惩意见》《河口区教学质量评价方案》《河口区教学质量等级标准》等奖惩评价制度。根据以上标准，评出6个教学成绩优胜单位和172名教学成绩突出的优秀教师。

2001年8月，河口区实行中小学教学质量评价改革。重新修订完善《河口区中小学教学工作奖惩意见》《河口区教学质量评价方案》《河口区教学质量等级标准》等奖惩评价制度。

2005年，修订《河口区中小学教学质量评价奖惩方案》，制定《河口区中小学教师课堂教学分级提高活动实施意见》和《河口区关于中小学生面向未来读书成材活动实施方案》，确定试点学校5处，召开试点学校调度会。组织全区300余名教师参加东营市14科课堂教学改革研讨会，为大面积开展教师课堂教学分级提高活动提供范式。12月，河口区教研室下发《关于评选首批区级教学示范校的通知》。

2006年1月，区教育局研究决定，在《河口区中小学教学质量评价奖惩实施方案》中增设"初中教学质量优胜年级组"。2月，为进一步深化教学领域改革，促进教育教学工作健康协调发展，开展首批教学示范校评选活动。河口区转发东营市教研室《关于进行全市小学期末教学质量调研考试的通知》和《关于进行全市初中期末教学质量调研考试的通知》，并结合实际，提出具体的实施意见。同时，河口区教育局下发《乡镇教委主任、中小学校长考核暂行办法》和《初中学校完成高中阶段招生计划情况专项考核暂行办法》，完善教学管理评价体系，大幅提高教学质量。发挥区政府教学奖励基金的作用，全面提高教育教学质量。区教育

局印发《河口区中小学教学质量评价奖惩实施方案》。年底，河口区教育局教研室出台《关于加强中小学教学教研工作的实施意见》，以深入贯彻落实全区教学工作会议及教学质量分析会议精神，细化强化教学过程管理，确保各项教学工作落到实处。

2008 年 11 月 28 日，根据东营市教育局《关于在全市开展普通中小学课程实施水平评估的通知》（东教发〔2008〕29号）要求，区教育局成立以局长

2014 年 3 月，区实验幼儿园开展优质课评比活动

为组长、以初中学科教研员为成员的课程实施水平评估复评小组，在学校自查的基础上，对照《山东省初中课程实施水平评价指标》，2008 年 11~12 月，在全区开展中小学课程实施水平评估。

2009 年，下发《河口区中小学"课堂效率年"活动实施方案》（东河教发〔2009〕32 号）。深入推进基础教育课程改革，提高课堂教学效率。

2010 年 3 月，东营市教育局召开全市小学构建和谐高效课堂工作会议，印发《东营市教育局关于在全市小学进一步深化构建"和谐高效课堂"工作的指导意见》，区教研室下发《河口区教育局关于在全区中小学开展构建"和谐高效课堂"工作的实施意见》（东河教发〔2010〕11 号）。根据《山东省教育厅关于印发〈山东省普通中小学课程实施水平评价方案（试行）〉的通知》（鲁教基字〔2007〕21号）、《山东省教育厅关于开展普通中小学课程实施水平评估工作的通知》（鲁教基函〔2010〕40 号）和《关于开展全市普通中小学课程实施水平评估工作的通知》（东教发〔2010〕30 号）等文件要求，在全区开展普通中小学课程实施水平评估工作。9月，河口区教育局印发《关于进一步加强听评课管理的意见》（东河教发〔2010〕40 号），以充分发挥听课与评课的教学管理和教学研究功能，促进教师的专业成长和学校的健康可持续发展。

2010 年，依据《东营市区域教学评价办法》《东营市初中课程实施水平评估方案》《东营市义务教育阶段教学创新评估方案》，对中学学校教育教学情况进行评估。通过评比和研讨，提高教师科学命制试题的能力；严格按照学生实有成绩确定是否达到初中结业水平，不合格的不能毕业，不颁发《义务教育证书》，补考合格方可颁发，增强社会对初中学校的关注程度。完善学生综合评价体系，建立规范有效地学生成长记录档案。

2012 年，围绕课程标准，各学校在对学生评价上采取以激励性评价为核心，从知识与能力、过程与方法、情感态度与价值观等几方面进行评价，内容上分成过程评价和期末评价两种。过程评价主要有单元考查、课堂表现、作业、写字、学习态度等构成平时成绩，记录以等级进行；期末以书面考查、口语表达构成期末综合成绩，记录以等级进行。学校不公布学生考试成绩，不排列名次。学生的成绩只是作为调整和改进教学的依据，不做他用。对于地方课程，学校也制定相应的评价方法和标准，为每个学生建立评价档案，评价结果都以等级形式表达。对教师的评价，各学校根据本校评价方案，从德、能、勤、绩各方面进行综合评价，注重学生评教和学生家长评教。

2014 年，随着教育教研工作长效机制的建立和管理体制的不断深化改革，河口区教育系统教学质量评价制度和模式基本形成。

第二章　教　研

第一节　机构与职责

机构　1984 年 7 月，河口区成立区文化教育局(简称"文教局")，随即组建教研室。根据区机构编制办公室的文件要求，教研室人员编制为 11 人，副科级事业编制。教研室分小学组、初中组，分管全区的小学、初中教学教研。1990 年，教研室开始出版内部交流材料《教学与科研》(双月刊)。2006 年，教研室开始出版《佳作欣赏》，每年出三期。《佳作欣赏》是全区中小学师生切磋技艺、交流心得、展示自我的平台。各学校的教研工作由校长主管，教导处具体负责组织实施。

1998 年，河口区成立乡镇教研室，分别是六合乡教委教研室、四扣乡教委教研室、义和镇教委教研室、太平乡教委教研室、新户乡教委教研室，乡镇教研室主要负责本乡镇小学、学前教学与研究。

2010 年，河口区撤乡划镇、街道，乡镇教研室改称镇、街道教委教研室。职能职责未变。

职责　主要负责本区普通初中、小学的教育教学管理、教学指导、教研改革、教育科研、教学成绩的管理等。区教研室初中组具体负责初中教学研究，小学组主要负责各乡镇小学教研的宏观指导与管理。主要职责是：全面贯彻党的教育方针，开展教学研究，改革教学方法，对全区中小学进行业务指导。制定教研计划，确定教研目标，建立教研制度，明确各学科教学研究任务。组织各级学校的教育教学研究活动，转变教育教学思想，努力提高教育教学质量。确定教研课题，搞好教学实验，探讨教育教学规律，以点带面，推动教育教学改革的深入发展。组织教育教学论文、优质课、教学能手评选和选拔工作。沟通教研信息，及时总结和交流本地经验，吸收外地先进经验。进行各年级各学科的抽、统考及成绩评估工作，毕业年级成绩分析与评估工作。

第二节　教研工作

1984 年，河口区教育主管部门以"三个面向"为指针，认真贯彻落实德、智、体全面发展的教育方针，各级学校普遍开展以研究教材为中心，以改革教法为重点，提高教学质量为目的的教学教研活动。

1999~2002 年，河口区共承担市级以上科研课题 13 项，主要有：区实验小学的市级课题《小学生"三位一体"管理模式研究》、区实验幼儿园的市级课题《幼儿双语教学实验》、六合中学、义和中学的市级课题《研究性学习实验》、新户中学的省级课题《中学生心理健康教育研究》等。1999 年，河口区被市教研室评为实施中小学教师课堂教学能力 ABC 达标工程先进单位。区一中、区实验小学、义和中学、义和中心小学等校先后在《东营教育研究》出版专刊，全面介绍本校历年来的教研成果。2000 年，确立义和中学、区实验小学和义和镇中心小学为龙头学校，在教研科研等方面率先带动其他学校共同发展。采取师生一助一等形式，狠抓尖子生培养。2001 年，在全市首届创新能力竞赛中：初中，河口区以万人比计算，列全市第三，小学，列全市第二。全区有 32 人获市级教学能手称号，115 人次获市优质课奖和公开课奖。

2003 年 11 月，在全区开展创建教研示范学校活动(东河教发〔2003〕84 号文件)，充分发挥评价的导向、激励、调控和改进功能，将全区教育教学改革引向深入，改进和加强教育教学中的薄弱环节，推进课程改革实施的进程，促进学生的全面发展，

2013年，全区教科研及教育工作会议

全面提高教学质量，全面推进素质教育。7月，区教研机构调整充实5名学科教研员，选拔聘任乡镇专职、兼职教研员19人，形成一支专兼职结合的教研队伍。先后有20余人次参加省内新课程标准培训会议。16名中学校长及骨干教师赴济南参加洋思等三校报告会。发挥区乡教研机构的教学管理、研究、指导和服务职能，以课堂教学"五个转变"为主要内容，开展丰富多彩的教研活动。制定中小学校长课改实验论坛制度、实验教师精品课展示制度、课例专题研究制度及周六半日反思教研制度。组织教师学习研究《课程标准》，参加新教材培训，写出学习心得和教学札记，开展多层次、多形式的参与式校本培训和教学案例同步研讨活动。

2004年10月12日，召开全区教学质量分析会，对全区93名教师进行表彰奖励，发放奖金52840元。

2005年，河口区组织参加全国初中生5科知识（能力）竞赛，获全国特等奖2人、二等奖8人、三等奖8人，省一等奖12人，市一等奖4人。5名学生享受到中考加10分的优惠奖励。组织骨干教师参加市重点培养目标教学能力讲课比赛，3人获市一等奖。

2006年，河口区安排专人负责教科研工作。至2007年，先后申请立项国家"十一五"课题"信息技

术与学科教学整合优化课堂教学""信息技术与教师专业化发展研究"，省级课题"信息技术在物理习题训练中应用研究""快乐作文课题研究""对初中数学复习课教学进程的试验、调控与反思的研究""班级管理评价体系的建构"等8个课题，涉及信息技术、学科教学、德育教育和班级管理各个方面。

2008年，河口区在学校中开展改进办学行为，减轻学生课业负担，向课堂40分钟要质量活动。一大批青年教师脱颖而出成为业务骨干，在市、区各级优质课比赛中，有5名教师获得市级优质课一等奖，12名教师获得市优质课二等奖，18名教师获得区级优质课一等奖。

2009~2010年，河口区提出"小组合作、自主和谐"课堂教学模式。加强学科教研组活动管理，重视活动过程评价，将教科研成果转化到实际工作中去。

2011~2014年，河口区多个课题研究顺利结题，如"初中生物网络课程资源开发与应用的研究"获优秀等次等，课题"少教多学"阶段研究成果被入选国家基础教育网展评。是年，河口区各学校以"课内比教学"为载体，扎实开展常规听评课、教学基本功比赛、课改课、同课异构课等活动。

第三节　教研成果

1984~1993年，全区先后组织实施小学教学、中学英语"三位一体"等12项教改实验项目，42名教师获全国、省级中小学竞赛辅导奖，84名教师获世纪辅导奖，5人撰写教研论文获省级优秀论文奖，58人获市级优秀论文奖，7人获省、市级优质课竞赛一等奖。涌现出国家级优秀教师2人，省级优秀教师、优秀教育工作者40人。1995年，河口区承担的《综合程序教学法在地理教学中的灵活运用：

2014 年 5 月 27 日，实验学校、河安小学与北大附属实验学校合作发展示范校授牌仪式

新课导入——展示作业——指导学习——讨论作业——串联讲授——质疑释疑——要求学习》课题，被收入《地理教学艺术探索》(1995 年出版发行)一书之中，编写的教案发表在《地理教育》1995 年第一期上。综合程序教学法通过公开课、观摩课、经验介绍等形式在全市地理教学中推广。是年，全区共评出市级教学能手 21 人，区级教学能手 130 人，有 7 人获市级优质课一等奖。

2000 年，开展中小学教学改革重点课题的申报、评审工作，11 项课题被列入市教育科研重点课题，4 人被选入"市百名科研骨干"，2 处学校被评为市教育科研成果推广先进单位，2 人被评为市教育科研成果实验先进工作者，3 人被评为市教科研成果推广先进个人，6 人被市教委评为优秀教研员。29 篇论文获第二届教科研成果试验推广优秀论文奖。2001 年，在教学论文评选中，河口区有 2 人获山东省第六届"百佳论文"评选一等奖，41 人获市级奖。

2002 年，东营市教育中心承担山东省教育科学"十五"重点课题："学生心理健康教育研究"之子课题：学科教学渗透心理健康教育。该课题研究于 2005 年 2 月完成。其相关论文《学科教学渗透心理健康教育的几点看法》在《心理健康教育》上发表。

研究报告《学科教学渗透心理健康教育研究》收入《学生心理健康教育研究》(2005 年 8 月由天津人民出版社出版发行)一书之中。

2003 年 6 月，全国教育科学规划课题"学科教学中培养学生综合能力的研究"之子课题：综合能力培养的教学设计研究。其相关论文《综合能力培养的教学设计研究》获省论文一等奖。7 月，组织全区 87 名教师开展精品课展示活动，并择优推荐 16 人参加市青年教师科研骨干评选，13 位教师入选，49 人通过全市小学教师课堂教学能力 A 级达标。举办全区初中历史优质课评选活动，择优推荐 2 名教师参加市评选，获市二等奖。组织参加全国第四届小学语文教师范文写作比赛，1 人获全国二等奖，9 人获全国三等奖，3 人获全省一等奖，7 人获全省二等奖。参加全国心理健康教育优秀论文评选活动，有 48 名教师获奖。4 项教研课题通过市审批，在全区实验推广。全区 9 名教师成为省教育学会中学语文教研专业委员会委员。

2005 年，河口区以开展中小学教师课堂教学能力分级提高达标活动。中小学生面向未来读书成才为载体，狠抓"课堂教学改革""培养骨干教师群体""增加优秀生比例"三大工程实施。河口区教师在省教学论文评选中，47 篇获省级一等奖，69 篇获省级二等奖；在全市优质课评选中，1 人获省一等奖，8 人获市一等奖。

2007 年，河口区第一中学在东营市第八批市级教学能手评选中取得优异成绩。学校承担的国家教师科研基金"十一·五"规划重点课题的阶段性成果《中学教师心理健康调查研究与对策》通过中国中小学幼儿教师奖励基金会与中教创新教育研究的中期评审，荣获国家教师科研基金"十一·五"规划课题 2006 年度阶段性成果一等奖，省重点课题

《课堂教学行为转变的研究》顺利结题。6月,全区第八届教学能手评选工作结束。参加本次评选活动的教师共有128人。评委会经过审查事迹材料、听课,最终确定94名老师为区级教学能手。其中,19人被评为"东营市第八批教学能手"。

2009年,河口区实施素质教育,践行"减负增效"等教学理念,先后开展初中"学科教学""减负增效"的策略与研究。《初中语文个性化阅读教学与文学教育的研究》《英语教学实施素质教育的研究》《小学科学教学实施素质教育的研究》《激发兴趣让学生享受写作快乐的研究》等多个课题。2010~2014年,学校每年将教师在开展课题研究中形成的论文、教学案例、课堂教学实录、教学反思、教学随笔等成果编印成册,进行交流,使课题研究成果应用到教学实践中。2014年,全区34名教师被评为市级教学能手。

2001~2014年河口区中小学优秀教学论文、教科研论文评选统计表

时　间	奖励人数	区　奖　次		市　奖　次		
		一等奖	二等奖	一等奖	二等奖	三等奖
2001	98	56	42	1	6	14
2002	88	16	24	5	17	26
2003	82	42	20	7	17	9
2004	116	14	26	10	17	39
2005	221	26	34	42	50	69
2006	295	12	28	51	75	129
2007	429	16	24	60	119	210
2008	229	7	16	55	112	41
2009	201	41	27	33	47	53
2010	210	27	50	33	53	47
2012	224	21	65	34	51	45
2013	230	30	68	38	58	50
2014	260	30	102	45	61	48

第六编　体育　卫生　艺术

建区之初,河口区体育教学和学校体育活动同步进行。1989年开始,体育考试列入中考升学总分之中;1990年,河口区全面加快操场、运动场等多种体育场地的建设和改造;2014年,全区所有学校体育器材配备达到省Ⅰ类标准。学校卫生教学始于2007年,即中学段卫生知识统一到《体育与健康》教材中,小学段卫生知识部分内容编入到《常识》课本中。20世纪90年代,境内传统的艺术专业化教学开始起步,教师以兼职为主;2000年起,河口区开始陆续引进专业艺术教师;2014年,全区艺术教学趋于规范化,城乡艺术教育得到均衡发展。

第一章 体 育

民国初年,高等小学堂设普通体操和兵式体操,对学生进行集合、列队、步伐等军事训练,每周教学时间为120~180分钟。1931年后,小学体育课每周安排两节,五、六年级以田径、体操、球类为主,三、四年级为普通体操,一、二年级以唱游课代替。另有课外体育活动,项目是滚铁环、踢毽子、跳绳等。当时缺专职体育教师,体育设施简陋,只有县立3所高等小学校体育活动较为正常,其余小学多数流于形式。

新中国成立后,体育课每周安排两节。低年级以游戏为主,中年级设体操和田径训练,高年级增加军事体育。完小(1~6年级为完整小学,称完小)大都配有专(兼)职体育教师,组织学生开展业余训练,进行小型体育比赛。从1951年始,除每周两节体育课和两节课外体育活动外,每天有早操和课间操,部分学校推行眼睛保健操。1954年始,在小学推行第一套少年儿童广播体操,各区(校)每年春季举行体育运动会。1957年,推行《准备劳动与卫国体育制度》(简称劳卫制),教学内容除田径、球类、体操外,还增加射击、滑冰和军事体育等项目。体育训练有体育课、早操、课间操和课外体育活动。1958年下半年,"大跃进"掀起高潮,大部分学校学生投入农村劳动,替代常规的体育教学。1960~1963年,由于生活困难,学生体力不佳,体育课只教体操,田径、球类活动基本停止。"文化大革命"运动开始后,体育课和课外体育活动全部停止,学生学工、学农、学军取代正规的体育训练。学校体育场地、体育器材多被闲置甚至破坏。1969年,体育课改为军体课,时间由学校自行安排。1970年,虽恢复体育课,但经常被生产劳动取代。1975年,推行《国家体育锻炼标准》,按《大纲》要求进行教学,学校体育趋向正常。1978年,随着高考制度的恢复,学校、学生几乎把全部精力用在学习文化知识上,出现学生课业负担过重,忽视体育的现象。为此,教育部指示:评"三好"学生和录取新生,要重视体育成绩,不能单凭文化课成绩;重点中学录取新生加试体育。学校体育逐步向正常发展。

1979~1984年,以贯彻《中、小学体育工作暂行规定(试行草案)》为重点,以《国家体育锻炼标准》的达标率为目标,以"防近"(防止近视的发病率)为中心,上好"两课"(每周两节体育课)、做好"两操"(广播操、眼睛保健操)、搞好"两活动"(晨间体育活动、课间体育活动)。其间多次开展达标验收和视力普查。时沾化县受达标验收的学生12564人,已达标8920人,达标率为71%,受视力检查者,仅据一中、二中统计,2255人中,视力在1.0以下的占16%。

当时学校体育由四个主要部分构成:一是体育教学(以体育课为主要形式);二是课外体育活动(由学校或学生自行组织,以学生体育锻炼为主要内容);三是运动代表队训练和各种形式的体育比赛(如班级赛、校际赛,以及参加市、区比赛等);四是早操和课间操。

1985年起,河口区境内中小学普遍设立体育教研组,具体负责体育教育和教学工作。各项体育工作学期初都制订计划,并列入各级学校的工作计划,学期末,学校在工作总结中,把体育教学工作作为一项重要内容进行总结和后续安排。各学校都配备有专职或兼职体育教师,随着经济的发展和体育教育的要求,逐年增加体育教育教学经费,不断改善体育场地和体育设备条件。同时在日常教学工作中,注重把体育与学校卫生保健有机结合,促进学生身心健康发展。

体育活动 项目多为男子 1000 米、女子 800 米、立定跳远、跳高、跳绳、仰卧起坐、篮球、足球、排球、实心球、标枪、铁饼、铅球等田径项目和眼睛保健操、广播体操、单杠、双杠、爬绳、爬杆、跳箱等体操项目。

按照国家全日制教育课时标准,小学低年级为一周 3 节课;小学高年级为一周 2 节课;初中为一周 2 节课。从 1989 年开始,河口区将体育成绩列入中考总分。

广播体操 自建国以后,广播体操的发展历程已 50 多年,其中已编成人广播体操 8 套,少年广播体操 5 套,中小学生广播体操 3 套。2004 年以前,河口区推广中小学生第六、七、八套广播体操,是年下半年开始,中小学推广全国中小学生(幼儿)韵律体操和广播体操(一)套和(二)套。其中,中学为《时代在召唤》,小学为《雏鹰起飞》。

教育部组织创编《第二套全国中小学生(幼儿)系列广播操》,包括《世界真美好》《雏鹰展翅》《初升的太阳》《时代在召唤》《青春的活力》五套操。这套系列操,动作新颖,舒展大方,融入较多健美操等时代元素,适合青少年身心特点。全区各学校充分运用自身优势,开展各种形式的比赛或广播体操汇演,扩大课间操的影响,提高全校师生对广播体操的认识,通过比赛和汇演展示师生风采。河口区中小学(幼儿园)除国家规定的广播体操外,每个学校(幼儿园)甚至每个班级都根据自身特点推出各具特色的课间自由操,学校课间活动更加丰富。

历史上广播体操变化表

套 次	推出时间	节数	拍数	各 节 名 称
第一套	1951.11.24	10	256	下肢 四肢 胸部 体侧 转体 腹背 平衡 跳跃 整理 呼吸
第二套	1954.07.27	8	224	体展 下蹲 踢腿 体侧 屈 前后屈 体转 全身 跳跃
第三套	1957.10.07	8	240	体展 下蹲 踢腿 体前后屈体 侧屈体 转回环 全身 跳跃
第四套	1963.04.15	8	272	体展 扩胸 踢腿 腹背 体侧 体转 全身 跳跃
第五套	1971.09.01	8	240	下肢 冲拳 扩胸 踢腿 体侧 体转 腹背 跳跃
第六套	1981.09.01	9	256	体展 四肢 扩胸 踢腿 体侧 体转 腹背 跳跃 整理
第七套	1990.05.08	10	320	体展 四肢 扩胸 踢腿 体侧 体转 腰部 腹背 跳跃 整理
第八套	1997.04.29	8	256	体展 扩胸 踢腿 体侧 体转 全身 跳跃 整理

学生课间操

1984年，河口区学校体育教学与常规教学同步进行。体育场地(或场院)从不规则到建成有围墙的标准土场地，发展成为炉渣场地，学校体育场地普遍提高。

2007年，全区开始施行"阳光体育运动"和大课间活动。河口区教育局印发《关于河口区中小学开展"阳光体育运动"的实施方案》(东河教发〔2007〕36号)，各学校也相继制定"阳光体育"实施方案并加以落实。

河运小学大课间活动

2008年，河口区中小学执行1982年的《国家体育锻炼标准》，开展达标活动，并填写"体育合格登记卡"，存入学生档案。全区各中小学课外活动围绕《国家体育锻炼标准》开展体育达标活动与体育合格测试活动，中小学生体育合格达标率90%以上。此后，河口区中小学施行《国家学生体质健康标准》，学生的《体育合格登记卡》改为《学生体质健康卡》。自2010年开始，各学校《学生体质健康标准》测试数据上报教育部。

2012年，河口区投资在中小学开始建设塑胶场地，体育场地走向现代化的标准模式。教师队伍的专业化水平提高。体育器材根据《山东省普通中小学基本办学条件标准》进行配备。

2014年，全区所有学校体育器材配备达省一类标准。学生"国家学生体质健康"标准测试合格率稳固在90%以上。

第一节　体育教学

师资　1984年建区初，河口区中小学体育教师缺乏，学校体育课多由民办教师、代课教师任教。为尽快改变这种状况，河口区教育部门在1987~1988年先后举办两届体育教师培训班，进一步提

1986~2014年河口区体育考生录取情况统计表

年份	本科	专科	中专	合计
1986	1	1		2
1987			2	2
1989	1	1		2
1990	1	1		2
1991		1		1
1992		5		5
1993		3	6	9
1994		2	1	3
1995			1	1
1996			4	4
1997		1	2	3
1998			1	1
2000	1	1		2
2001	2			2
2002	1			1
2003	13			13
2004	6	2		8
2005	1			1
2006	6	1		7
2007	8			8
2008	3			3
2009	12			12
2010	2	3		5
2011	16			16
2012	10			10
2013	24			24
2014	24			24
总计	132	22	17	171

187

高现有体育教师业务素质，缓解体育教学面临的师资不专业、教学不规范的压力。2001 年开始，鼓励在职体育教师参加自学考试和函授学习，先后有 10 余名体育教师完成自考学历，拿到相应的学历文凭。2007 年开始，按照教育和人事部门的有关文件精神，招聘和引进有专业知识的大中专毕业生，不断优化体育教师队伍。2012 年开始，通过举办体育教师教学基本功比赛，提高体育教师专业能力和实有教学水平。是年，东营市第九届全运会在河口区举办，河口区体育教师承担了裁判工作，2013 年承担东营市第六届残运会裁判工作，都出色完成裁判和服务任务。期间，有多名体育教师在《中国学校体育》《音体美报》《中国体卫艺教育》等报刊发表教学论文多篇，体育课省级评选优质课中获奖。

2014 年，全区有专职体育教师 64 人，本科 34 人、专科 30 人。高级教师 9 人、中级教师 12 人、市教学能手 7 人。山东省学校体育教学专业委员会先进工作者 2 人，东营市体育卫生工作先进个人 3 人，东营市竞训先进个人 2 人，东营市优秀教练员 5 人，6 名体育教师在山东省体育教学基本功比赛中获奖，38 人次在省、市教学论文评选中获奖。

教学　1984~2006 年，河口区学校体育课时为中小学每周 2 课时，体育教学贯彻执行《体育教学大纲》；2007 年开始调整为 1~2 年级每周 4 课时，3~9 年级每周 3 课时，高中不变，体育教学执行《体育与健康课程标准》，学生的教材从《体育》改为《体育与健康》。

教学模式改进过程为：1987 年以前为"放羊式"，1987~2006 年为"分组式"，2007 年后为"流水作业式"。教学理念改进过程为：以教师为中心—自省自悟（五个转变）—和谐课堂（五个学习领域）。学校体育课程课时开课率 100%。1986~2014 年，考入大中专体育院校的学生共计 171 名。

第二节　体育设施建设

业余体校和体育人才培训基地　1990 年，河口区教委与河口区体委联合组建河口区业余体校，

业余体校共办两届，至 1996 年撤销。期间共招收 60 余名学生，向市体育中专学校和东营师范共输送 15 名体育人才。首届学生在区一中学习训练，第二届学生在区职业高中学习训练。业余体校教师均为专职体育教师。业余体校解散后，各中小学注重在教学和体育活动中培养和发现人才，积极开展体育特色创建活动。2007 年，新户中学被东营市体育局命名为"东营市体育人才培训基地"，几年内，向市体校输送 20 余名体育人才，其中向体校输送的苏常艳参加全国散打比赛，获得冠军。2014 年，河口区实验学校被市体育局命名为"东营市体育后备人才培养基地"。

传统项目学校和场地器材建设　1999 年 11 月，河口区一中被命名为山东省体育传统项目（田径）学校，义和镇中学被认定为东营市体育传统项目学校（田径）。全区实施"两基"过程中，中小学体育场地和器材建设得到较快发展。1990 年，河口一中建成 400 米炉渣田径场。2003 年，区教育局下发《关于规范中小学运动场地建设的意见》，要求各乡镇中学、中心小学均建设规范的炉渣运动场地。至 2005 年秋季开学前，各乡镇中学、中心小学均完成标准炉渣运动场地建设任务；各教学点也按要求通过征地等手段建设完成运动场地任务。2007 年，河口一中运动场地进行改造，投资 600 万元，率先在东营市黄河以北地区建设 400 米高标准塑胶风雨操场。2010 年后，根据规范化办学要求和《山东省普通中小学基本办学条件标准》，区政府在体育场地建设和器材配备方面加大投入力度。2012 年，区财政投入 3000 余万元，在全区各中学、中心小学建设塑胶标准田径运动场地和球类场地。2013 年，区实验学校建成 400 米塑胶田径场地，结束该校无标准田径场地的历史。2014 年，全区共新建田径场地 9 个、篮球场地 29 个、排球场地 16 个、乒乓球场地 76 个；体育器材配备均达省一类标准，改善和加强中小学体育教学、训练条件，满足中小学体育教学、训练与选拔人才的需求。

第三节 训练竞赛与特色活动

训练竞赛 1985年,河口区定期召开全区春季中小学田径运动会,秋季进行球类比赛,春秋两项赛事已成惯例。1992年起,河口区学生参加市级各类体育竞赛,先后有22人次荣获单项比赛第一名,11人次荣获单项比赛第二名,23人次荣获单项比赛第三名。2012年,河口区开展"体育彩票杯"五项联赛(篮球、排球、足球、乒乓球、田径)活动。是年,河口区仙河小学男子足球代表队代表东营市参加山东省足球比赛,获得第八名。2014年,区实验学校小学男子足球代表队代表东营市参加山东省足球比赛,获第七名。

特色活动 2013年3月12日,河口区文体广新局联合河口区教育局下发东河文体广新发〔2013〕14号《关于授予实验学校等10所学校为特色运动队学校的决定》,命名区实验学校等镇、街道13处中小学特色运动队。主要项目有足球、排球篮球、田径乒乓球等。

2014年,根据"学生体育五项联赛"需求和学校申报,经过区文体广新局和区教育局审核,决定增加学校体育特色运动队建设,印发《2014年河口区特色运动队命名的决定》(东河文体广新发〔2014〕65号),命名区实验学校等区直、镇、街道15处中小学特色运动队,除传统项目外,主要增加的有武术运动。

学校体育运动队由河口区文体广新局、河口区教育局共同管理。运动队队员在各学校班级、级部运动队队员基础上,通过层层选拔产生。特色运动队的训练工作大部分安排在"体育一小时活动时间"和"阳光体育大课间"活动时间以及周末和假期部分时间。

2014年,河口区文体广新局和河口区教育局相继印发《学校体育特色运动队管理考核办法》,考核主要从参加区级"体育五项联赛"成绩、参加市、省体育比赛成绩和向上一级输送体育后备人才等方面进行。区文体广新局每年从"国家体育彩票基金"中拿出10万元用于特色运动队所需器材建设,12万元用于特色运动队和教练员奖励。仙河小学和实验学校的小学男子足球运动队分别代表东营市参加2012年、2014年山东省小学生足球比赛,分获全省第八和第七好成绩。

在体育特色运动队建设基础上,各学校"阳光体育大课间活动"丰富多彩,活动项目为:阳光跑步、广播操、特色操等。新户中学的抖空竹、义和中心学校的球操、河安小学的彩带操、实验学校的太极拳、太平中学的"绳舞飞扬"。其特色为:活动规模大、全员参加、活动时间长(40分钟)。2014年,在全市"阳光体育大课间"评比活动中,河口区推荐的义和中心学校、河安小学、实验学校、六合街道中学的"阳光体育大课间"活动,通过市专家组现场评比,获全市"阳光体育大课间"优秀活动案例称号。在此基础上,义和中心学校代表全市参加山东省"阳光体育大课间"评比活动,荣获"山东省2014年阳光体育大课间活动优秀案例"称号。

2014年5月30日,区实验学校举办第二届武术(太极拳)比赛

1992~2014 年河口学生参加市级体育竞赛成绩一览表(市级比赛前三名)

年 份	参赛学生、单位	级 别	项 目	名次
1992	张国增	市级	市四运会 400 米	3
1994	牟洪峰	市级	市运会铅球、市运会铁饼	1
	张景波	市级	市运会 100 米	1
		市级	市运会 200 米	2
1997	王连柱	市级	学生运动会 200 米	1
	牛昌珍	市级	学生运动会三级跳远	3
2000	高中男子组	市级	篮球赛	1
	李 强	市级	学生运动会 800 米破记录	1
2002	郭 峰	市级	田径达标赛 800 米	1
		市级	长跑比赛	3
		市级	运动会 800 米破记录	1
	杨宝林	市级	运动会 400 米破记录	3
	刘树和	市级	运动会 1500 米	3
	李元元	市级	运动会女子 3000 米	3
	徐海峰	市级	运动会 110 米栏	3
	男子篮球	市级	中学生篮球赛	3
2004	高 伟	市级	市运会 3000 米	2
	赵 阳	市级	市运会 1500 米	3
2005	高中学生	市级	学生冬季长跑比赛	3
	小学生	市第八届中小学生田径运动会	小学组团体总分	2

续表

年 份	参赛学生、单位	级 别	项 目	名次
2007	王鹏程	市第九届中小学生田径运动会	200 米	1
	白树楷	市第九届中小学生田径运动会	400 米	1
	李家辉	市第九届中小学生田径运动会	800 米	1
	谭秋楠	市第九届中小学生田径运动会	100、200 米	1
	李梦娇	市第九届中小学生田径运动会	800 米	1
2008	高中学生	市级	长跑比赛	3
	张丙瑞	市八运会	跳高(破跳高记录)	1
	刘 敏	市八运会	跳高(破河口记录)	2
2009	邹兴龙	市第十届学生田径运动会	三级跳远	3
	郭贞海	同上	110 米栏	2
	冉菲菲	同上	跳高	2
2011	乔海龙	市级	市越野赛	1
2012	赵志帅	市九运会	男子跳高	1
	郭贞海	市中学生体育联赛	男子跳远	1
	赵志帅	市中学生体育联赛	男子跳高	3
	张玉雪	市中学生体育联赛	女子铁饼	3
	魏 敏	市中学生体育联赛	女子跳高	3
2013	赵志帅	市中学生体育联赛	男子跳高	1
	魏 敏	市中学生体育联赛	女子跳高	3
	魏 梅	市中学生体育联赛	女子跳远	3
2014	仙河小学	市中小学生体育联赛	小学足球	男2女3
	仙河小学	市中小学生体育联赛	小学乒乓球	男3
	义和中学	市中小学生体育联赛	初中足球	女1男3
	实验学校	市中小学生体育联赛	初中排球	男2女3
	仙河小学	市中小学生体育联赛	小学田径	团2

1985~2014 年河口区历届学生运动会情况表

名　称	时　间	地　点	队数	比赛第一名团体
首届中小学田径运动会	1985.04	义和高中	11	小学组：六合乡代表队；中学组：六合乡代表队
第二届中小学田径运动会	1986.04	区一中	11	小学组：新户乡代表队；中学组：六合乡代表队
第三届中小学田径运动会	1987.09.05~06	区一中	7	小学组：六合乡代表队；中学组：六合乡代表队
第四届中小学田径运动会	1988.04.30~05.01	区一中	15	小学组：四扣乡代表队；中学组：六合乡代表队；高中组：高二·三班
第五届中小学田径运动会	1989.05	区一中	9	小学组：四扣乡代表队；中学组：四扣乡代表队；高中组：高二·三班
第六届中小学田径运动会	1990.05.15~17	区一中	9	小学组：四扣乡代表队；中学组：四扣乡代表队；高中组：高三
第七届中小学田径运动会	1991.05	区一中	9	小学组：新户乡代表队；中学组：六合乡代表队；高中组：高三
第八届中小学田径运动会	1992.04.18~19	区一中	14	小学组：新户乡代表队；中学组：一中代表队；高中组：一中
第九届中小学田径运动会	1993.10.15~17	区一中	9	小学组：新户乡代表队；中学组：新户乡代表队；高中组：一中
第十届中小学田径运动会	1994.10.14~15	区一中	17	小学组：四扣乡代表队；中学组：新户乡代表队；高中组：高二·三班
第十一届中小学田径运动会	1995.10.26~27	区一中	9	小学组：义和镇代表队；中学组：四扣乡代表队；高中组：高二·三班
第十二届中小学田径运动会	1996.10.02~04	区一中	9	小学组：新户乡代表队；中学组：四扣乡代表队；高中组：高三
第十三届中小学田径运动会	1997.04.03~05	区一中	9	小学组：实验学校代表队；中学组：四扣乡代表队；高中组：高二
第十四届中小学田径运动会	1998.04.25~27	区一中	11	小学组：新户乡代表队；中学组：一中代表队；高中组：高二
第十五届中小学田径运动会	1999.04	区一中	11	小学组：四扣乡代表队；中学组：六合乡代表队；高中组：高二·三班
第十六届中小学田径运动会	2003.05	区一中	14	小学组：四扣乡代表队；中学组：六合乡代表队；高中组：高二·三班
第十七届中小学田径运动会	2006.05	义和	10	小学组：仙河代表队；初中组：一中代表队
第十八届中小学田径运动会	2008.04.23~25	区一中	15	小学组：河运代表队；初中组：新户代表队；高中组：一中
第十九届中小学田径运动会	2011.10	区一中	15	初中：太平中学；小学：河安小学
河口区首届综合学生运动会	2013.05	区一中 河安小学	13	健身操：实验学校、仙河小学；跳绳：太平中学、仙河小学；踢毽子：实验学校、仙河小学；体质健康测试：义和中学、河安小学；团体：义和中学、仙河小学
第二十届中小学田径运动会	2014.05	实验学校	13	小学组：仙河小学；初中组：实验学校

2004~2014 年河口区学生球类比赛一览表

比赛名称	年度	举办地点	参赛队	团体项目第一名
中学生篮球赛	2004	新户中学	6	男篮:实验学校;女篮:实验学校
中小学生足球赛	2005	新户中学	中学:6;小学:7	新户中学;新户小学
小学生篮球赛	2005	实验学校	7	实验学校
中学生篮球赛	2006	新户中学	5	男:实验学校;女:新户中学
小学生男子篮球赛	2006	新户中学	7	河运小学
中小学生男子足球赛	2006	义和中学	12	新户中学;太平小学
中学生篮球赛	2007	新户中学	5	男:新户中学;女:新户中学
小学生男子篮球赛	2007	新户中学	7	太平小学
中小学生男子足球赛	2007	六合中学	5	义和中学;六合小学
中小学生篮球赛	2008	新户中学	中学男女队小学男子队	中学男:实验学校;中学女:太平中学;小学:仙河小学
中小学生男子足球赛	2008	六合中学	13	义和中学;仙河小学
中小学生篮球赛	2009	新户中学	中学男女队小学男子队	中学男:太平中学;中学女:六合中学;小学:实验小学
中小学生篮球赛	2010	新户中学	中学男女队小学男子队	中学男:实验学校;中学女:实验学校;小学:河安小学
中小学生男子足球赛	2010	河安小学	13	义和中学;河安小学
中小学生篮球赛	2011	实验学校	18	初中男:六合中学;初中女:新户中学;小学男:实验学校
体育五项联赛	2012	实验学校河安小学	18	田径　小学:仙河小学;中学:新户中学。篮球　小学:六合小学;初中男、女:太平中学。排球　初中男:实验学校;初中;女:新户中学。足球　小学男:实验学校;小学女:新户小学;初中男:实验学校;初中女:新户中学。乒乓球　小学女:河安小学;小学男:实验学校;初中男、女:实验学校
体育五项联赛	2013	河安小学实验学校六合中学	18	篮球　初中男、女:太平中学;小学男:仙河小学;小学女:河安小学。排球　初中男、女:实验学校;小学男:实验学校;小学女:仙河小学。足球　初中女:义和中学;初中男:六合中学;小学女:仙河小学;小学男:实验学校。乒乓球　小学女:河安小学;小学男:仙河小学;初中男、女:实验学校。田径　小学:仙河小学,初中:太平中学
体育五项联赛	2014	河安小学实验学校义和中学	18	篮球　小学男:义和小学;女:仙河小学;初中男:六合中学;初中女:太平中学。排球　小学男、女:仙河小学;初中男、女:实验学校。田径　小学:仙河小学;初中:实验学校。乒乓球　小学男、女:仙河小学;初中男:新户中学;初中女:实验学校。足球　小学男、女:仙河小学;初中男、女:义和中学

1985~2014 年河口区中小学田径运动会记录(初中组)

项目 \ 成绩	男子		女子	
	单位姓名	成绩	单位姓名	成绩
100 米	王双亮	11″60	綦小珍	13″5
200 米	王双振	24″00	綦小珍	28″5
400 米	盖和平	56″9	陈志华	1′02″4
800 米	刘美东	2′11″9	陈志华	2′24″2
1500 米	陈长山	4′14″8	陈志华	5′06″7
3000 米	陈长山	9′47″5	朱俊娣	14′27″7
4×100 米	河口一中	47″56	河口一中	55″7
4×400 米	太平中学	4′00″07	新户中学	4′54″46
跳高	张丙瑞	1.81 米	刘敏	1.35 米
跳远	王浩	6.34 米	李海霞	4.69 米
铅球(男5、女4)	徐明	12.64 米	王会敏	8.90 米
铁饼(1公斤)	常月峰	41.38 米	石振霞	29.14 米
标枪(600克)	边清河	51.12 米	吴玲梅	25.37 米
三级跳远	王振鹏	12.22 米	孙铭蕊	9.68 米
跨栏(男110、女100)	王双亮	16″42	毕宜飞	20″09

1985~2014 年河口区中小学田径运动会记录(小学组)

项目 \ 成绩	男子		女子	
	姓名	成绩	姓名	成绩
60 米	赵红军	7″8	胡志红	8″5
100 米	王光成	12″2	刘敏	13″55
200 米	黄绍志	25″12	薛红	29″3
400 米	张宁	55″6	马丹丹	1′10″7
800 米	张宁	2′06″5	李珊珊	2′40″4
60 米障碍	范井卫	11″34	王慧	12″06
60 米跳绳	田荣浩	9″45	张文秀	11″06
50 米迎面接力	男女各 10 人一组:2′24″			
跳高	李建华	1.52 米	罗永香	1.29 米
跳远	明东东	5.78 米	李爱美	4.40 米
铅球(4公斤)	石儒彬	6.68 米	王梦雪	6.54 米
沙包投准(250克)	田荣浩	27分(15米)	王静	18分(15米)
投垒球	胡兴邦	42.09 米	李佳琪	28.10 米
4×100 米	男	57″9	女	1′2″7
原地跳绳 90 秒	薛兴伟	304 个	王璐瑶	335 个

1996~2014 年河口区高中组田径运动会男子项目最高记录

班级姓名	项目	成绩	时间地点
郭学峰	3000 米	10′50″72	1996 年校一届
李建民	铁 饼	28.15 米	2000 年校五届
郭 浩	三级跳远	12.68 米	2002 年校六届
2000 级四班	4×100 米接力	47″43	2002 年校六届
黄理成	标 枪	34.07 米	2002 年校六届
郭 峰	800 米	1′58″60	2003 年市运会
于朋飞	200 米	23″81	2004 年省学校杯
高 伟	1500 米	4′13″64	2005 年市运会
扈宝龙	铅 球	11.50 米	2005 年市运会
赵长晖	400 米	52″38	2005 年市运会
校代表队	4×400 米接力	3′31″64	2005 年市运会
张亦华	5000 米	16′21″60	2005 年市运会
邹兴龙	100 米	11″26	2012 年校十四届
郭贞海	跳 远	6.30 米	2012 年市联赛
赵志帅	跳 高	1.85 米	2013 年市联赛

1999~2014 年河口区高中学生田径运动会女子项目最高记录

班级姓名	项目	成绩	时间地点
孙秀梅	3000 米	13′40″	1996 年校一届
常晓露	标 枪	25.07 米	1996 年校一届
李 芳	5000 米	25′16″99	1997 年校二届
代景红	200 米	30″50	1999 年校四届
袁明红	400 米	1′14″08	1999 年校四届
韩春燕	跳 远	5.05 米	2001 年市运会
韩春燕	三级跳远	10.67 米	2001 年市运会
韩春燕	100 米	13″79	2002 年校六届
成卫卫	800 米	2′40″13	2002 年校六届
李元元	1500 米	5′33″29	2002 年校六届
2002 级八班	4×100 米	1′02″37	2002 年校六届
2002 级八班	4×400 米	5′13″82	2002 年校六届
王志芳	铅 球	10.11 米	2005 年市运会
赵杉杉	铁 饼	24.07 米	2005 年市运会
魏 敏	跳 高	1.31 米	2011 年市运会

第二章 卫 生

第一节 卫生机构

1984 年开始，河口区逐步建立学校卫生管理机构，配备专门的卫生管理人员，负责各级各类学校卫生管理工作。

1984~1986 年，全区中小学卫生工作由区文教局普教股负责管理。1987~1998 年，中小学卫生工作由区教育局教研室负责，由体育教研员兼卫生管理干部具体组织实施。1998~2014 年，由区教育局体卫艺办公室负责全区学校卫生工作。区食品药品监督管理局、区卫生防疫站也设有专门负责学校卫生管理的人员。各乡镇教委、卫生部门主管所属学校的卫生工作，乡镇教委 1 名工作人员兼任学校卫生管理人员。

第二节 卫生教学

师资 从事卫生管理和教学的人员主要是校医、生理课教师、体育教师、心理健康教育教师。2014 年，河口区各级中学都配有专职的生理卫生课教师，区一中、区实验学校配有专职校医。此外，区一中、区实验学校配有专职心理健康教育教师，其他中学、小学均配置兼职心理健康教育教师。

2010 年开始，根据《学校卫生工作条例》和省体育、卫生专项督导标准，各中小学相继建立心理健康咨询室，配备必要的心理咨询设备。根据鲁教基字〔2013〕16 号《关于加强中小学心理健康教育工作的意见》，结合各中小学实际，配备专、兼职心理咨询教师，具体负责心理健康教育和学校"治未病"工作。所有中小学心理健康教育教师都经过国家、省组织的专项培训，除一名教师正在积极准

相关资质测试，其余人员均取得国家三级心理咨询师资质。

教学 传统的卫生教学，小学段没有卫生教材，卫生知识传授只靠教师随堂传授；中学段发放《生理卫生》课本，无教师讲授，卫生知识靠学生自学获得。2007 年后，中学段卫生知识统一到《体育与健康》教材中，小学段卫生知识部分内容编入到《常识》课本中。区教育局依据教育部《中小学健康教育指导纲要》和《学校健康教育工作计划》，将卫生教学课程改为《健康教育课程》，课时设置为间周一课时，并做到"任课教师（兼职）、课本、计划、教案、考核"五落实。学校日常传授的卫生知识基本为：卫生习惯养成知识、青春期卫生知识、常见病、传染病防治知识、运动卫生知识等。2010 年后，学校卫生知识传授内容加入减盐防控高血压知识、"艾滋病"预防与宣传防治知识、心理健康知识等内容。

从 2010 年开始，学校建立一系列卫生保健制度：卫生室工作职责和工作制度、学生视力保护条例、学校公共卫生应急预案、传染病疫情报告管理制度、卫生教学制度、环境卫生检查评比制度、食品卫生监督检查制度、师生体检制度、学生安全与卫生防护制度等。针对青少年成长特点，各学校注重加强问题学生的心理疏导或心理治疗，专、兼职心理健康理教育教师按照有关要求上好心理健康教育课，做好心理咨询工作，经常与学生进行面对面沟通。学校通过"心灵信箱""心灵热线"、校园平台、手机短信、专家讲座等形式进行教学和疏导，矫治学生心理误区。

针对常见病和传染病多发或流行季节，学校普及卫生保健知识，通过讲座、发放明白纸、悬挂横幅、图片展示等形式，加强常见病和传染病预防，培

养学生良好的健康行为和卫生习惯。2014年,学生对常见病、传染病等卫生知识知晓率、良好卫生习惯养成率均达95%以上。

第三节　卫生设施建设

1990年前,境内中小学只有河口一中、实验小学有卫生室和专职卫生管理人员,按照《中小学卫生暂行办法》,学校卫生室承担学生在校健康防病工作。1990年6月,经国务院批准,国家教委和卫生部联合发布《学校卫生工作条例》。1995年后,义和中学、实验学校先后设立卫生室。2008年,根据《条例》规定和山东省教育厅体育、卫生专项督导评估方案精神,各中学、中心小学建立学校卫生室,同时,配备简易的卫生器材和兼职卫生管理人员。2010年,乡镇中小学先后建立心理咨询室。2013年,根据《学校标准化建设》需求,各学校卫生室和心理咨询室建设得到规范。卫生室器材配备达到省一类标准。义和中心学校于2012年创建为山东省卫生工作先进单位。2014年,全区先后创建市级卫生工作先进单位6个,区级卫生工作先进单位12个。

第四节　饮食卫生与传染病防治

2008年,山东省教育厅下发鲁教督字〔2008〕25号《关于印发山东省中小学体育卫生专项督导评估方案的通知》。根据通知精神,河口区教育局制发《关于建立河口区中小学体质健康状况年度监测制度的实施意见》《关于贯彻落实教育部关于印发〈中小学生近视眼防控工作方案〉的通知》。开展学生常见病、多发病及其他疾病的防治工作,加强对学校的传染病管理和预防接种的指导。对视力低下、贫血、肥胖和营养不良、龋齿、沙眼、蛔虫及其他慢性病分别制定防治计划,有目的、有针对性进行

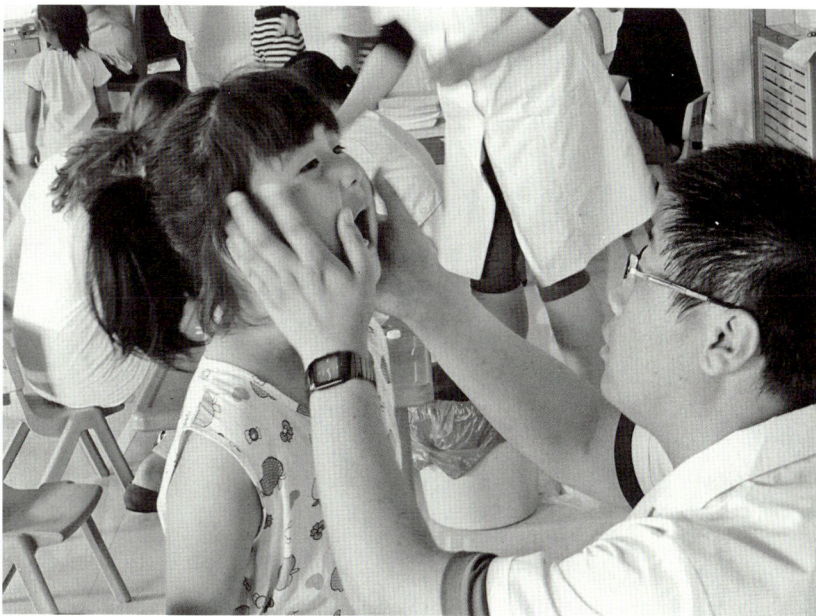
幼儿体检

治疗,降低发病率。

通过对学生常见病防治工作的贯彻落实,依据教育部《中小学健康教育指导纲要》,制订河口区《学校健康教育工作计划》,落实学校间周一课时健康教育课。区、乡(镇)两级教育行政部门及学校均成立卫生工作领导小组,配备专、兼职卫生管理人员,把学校卫生防疫与食品卫生安全工作纳入工作职责。教育、卫生、安监等校园安全工作领导小组成员单位定期召开联席会议,经常深入校园进行检查,督办食品卫生管理制度的执行情况,监管学校食品卫生管理工作。区教育局、镇街教委、各学校(幼儿园)层层签订学校食品安全工作责任书,明确各单位在食品安全工作管理、设施设备管理、活动安全管理及健康教育等方面的具体目标,把"卫生管理合格单位"创建情况纳入年度综合考评内容,实行卫生安全责任事故"一票否决"。

推进学校"四心食堂"建设工作,区财政投资1300余万元,为各中小学建设设施齐全的食堂和餐厅。加大食品安全管理,实行食品统一配送。学校食堂都建立管理制度、卫生制度、岗位责任制度,并张贴上墙,接受监督,从业人员均持有卫生许可证、健康证。食品原料贮藏、制作间及饮水设施有专人、专锁管理。学校食品的器具及时、定期做好消毒工作。学校采取召开主题班会、讲座、广播、专栏等形

式，对学生进行以食品卫生为主题的宣教活动，切实提高学生的食品安全意识和自我保护能力。加大对学校食品、饮水卫生等卫生设施的监管力度，建立学校食品以及饮水卫生安全工作的长效机制。2014年，全区各级各类学校学生全部用上热水直饮机。

2004~2014年，开展以清除校园卫生死角、整治校园周边卫生的校园环境卫生整治活动。同时，做好师生学习、生活场所的通风换气及日常环境消毒工作，预防和减少病媒传播疾病的发生和蔓延。加强个人卫生教育，班主任提醒学生养成勤洗手、勤换衣、勤剪指甲，饭前便后洗手的好习惯。大力开展阳光体育运动，教育和引导学生积极参加体育锻炼，确保学生每天一小时的体育锻炼时间，增强学生体质，提高学生抵御疾病的能力。邀请疾病控制、食品卫生监督等部门的宣教人员进校讲座，让学生更多地了解食品卫生安全、传染病防治常识，切实增强学生自我防范能力。区财政每年安排12万元专项经费，由区疾控中心对全区学生进行健康查体，查体结果反馈到学校、学生和家长，对学生健康到了保障作用。

2014年，河口区中小学生常见病发病率明显降低，学生的身体健康得到切实保障，中考、高考学生体检合格率均在99%以上。

2004年河口区中小学生健康查体结果汇总

学　　校	应检人数	实检人数	龋齿		视力低下		沙眼		乙肝表面抗体阳性	
			人数	%	人数	%	人数	%	人数	%
新户中心小学	493	485	164	33.8	132	27.2	23	4.7	108	22.3
老鸦小学	107	107	45	42.1	23	21.5	8	7.5	12	11.2
四顷二小学	134	132	67	50.8	28	21.2	2	1.5	16	12.1
兴合小学	93	92	51	55.4	15	16.3	3	3.3	29	31.5
太平中心小学	493	486	220	45.3	126	25.9	4	0.8	195	40.1
三合小学	174	171	58	33.9	43	25.1	0	0.0	58	33.9
东兴小学	67	66	15	22.7	11	16.7	9	13.6	18	27.3
义和中心小学	930	918	234	25.5	272	29.6	4	0.4	348	37.9
义和二小	175	173	89	51.4	25	14.5	0	0.0	48	27.7
义和三小	194	191	91	47.6	25	13.1	24	12.6	46	24.1
义和四小	154	152	73	48.0	13	8.6	4	2.6	45	29.6
河口街道一小	160	158	28	17.7	23	14.6	13	8.2	36	22.8
河口街道二小	326	322	131	40.7	46	14.3	7	2.2	68	21.1
六合中心小学	754	745	384	51.5	153	20.5	2	0.3	224	30.1
河运小学	551	543	99	18.2	159	29.3	20	3.7	117	21.5
河口实验学校	1229	1206	396	32.8	465	38.6	47	3.9	411	34.1

2008 年河口区中小学生查体结果汇总

年级	总人数	平均身高		平均体重		平均胸围		近视人数	近视率(%)	龋齿人数	龋齿率(%)	沙眼人数	沙眼率(%)
		男	女	男	女	男	女						
一年级	1430	123.1	121.5	26.6	24.4	61.1	59.1	469	24.3	735	38.1	30	2.0
二年级	1874	128.8	126.9	30.2	27.2	63.5	60.5	507	22.3	886	39.0	90	4.8
三年级	2210	134.3	132.5	33.8	30.8	65.9	62.4	826	34.3	912	37.8	66	2.9
四年级	2206	140.2	137.7	38.4	34.7	68.3	64.9	1059	44.0	786	32.7	58	2.62
五年级	2325	145.6	144.4	42.8	40.2	71.5	68.7	1321	54.1	591	24.2	69	2.96
六年级	2274	152.2	153.6	48.3	45.4	73.8	72.1	1379	60.6	252	11.1	72	3.16
七年级	2139	159.3	156.4	54.7	50.0	75.5	73.4	1476	69.0	214	10.0	50	2.33
八年级	1960	166.2	160.1	59.5	54.4	78.7	76.7	1541	78.6	226	11.5	44	2.24
九年级	1679	170.0	161.2	66.1	56.1	80.8	75.2	1380	82.2	177	10.5	80	4.7
高　一	637	172.2	158.7	64.9	56.0	81.2	78.0	557	87.4	75	11.8	69	10.8
高　二	700	174.3	160.2	65.4	56	80.4	80.4	588	84.0	66	9.4	90	12.8
高　三	653	174.2	161.9	67.1	56.1	80.7	75.5	594	91.0	87	13.3	38	5.8

2009 年河口区中小学生查体结果汇总

年级	总人数	平均身高		平均体重		近视人数	(%)	龋齿人数	(%)	沙眼人数	(%)	PPD阳性人数	PPD阳性率(%)
		男	女	男	女								
一年级	1084	122.8	120.8	26.5	24.6	284	26.2	544	50.2			207	19.1
二年级	1121	128.1	126.4	29.6	26.9	345	30.7	538	48			296	26.4
三年级	1059	133.9	132.6	32.7	30.3	388	36.6	474	44.8			229	21.6
四年级	1109	139.4	139.6	36.6	35.5	554	50	383	34.5			271	24.4
五年级	1314	145	145	41.3	40	801	61	317	24.1			321	24.4
六年级	1306	153.9	152.5	47.7	45	879	67.3	173	13.2			330	25.3
七年级	1246	158.9	157.5	52.9	50.4	961	77.1	127	10.2			344	27.6
八年级	1097	166.2	159.1	60.1	53.7	911	83	104	9.5	1		312	28.4
九年级	893	171.6	160.5	63.1	56.1	772	86.5	107	12			263	29.5
高　一	732	171.9	160.6	65	55.4	645	88.1	99	13.5	9	1.2	221	30.1
高　二	764	172.9	161	66.1	56.1	678	88.7	139	19.2	10	1.3	289	37.8

2010 年河口区学生查体结果汇总表

年级	总人数	平均身高		平均体重		平均胸围		近视人数	近视率（%）	龋齿人数	龋齿率（%）
		男	女	男	女	男	女				
一年级	956	122.0	120.9	25.6	23.9	58.8	57.2	270	28.2	425	44.5
二年级	1046	127.4	125.8	28.9	26.4	60.8	58.4	295	28.2	561	53.6
三年级	1142	133.6	131.3	32.1	29.2	63.9	60.0	410	35.9	590	51.7
四年级	1097	138.7	137.4	35.5	33.1	65.5	62.4	467	42.6	441	40.2
五年级	1105	144.6	143.4	40.1	39.3	68.8	66.9	599	54.2	345	31.2
六年级	1407	150.5	151.8	46.9	43.9	72.5	71.0	856	60.8	189	13.4
七年级	1281	158.7	155.7	52.7	48.5	75.1	70.1	913	71.3	184	14.4
八年级	1239	166.0	159.7	57.8	54.2	78.0	76.2	987	79.7	179	14.4
九年级	1029	169.7	160.8	64.1	55.5	78.2	72.0	888	86.3	141	13.7
高 一	637	172.2	158.7	64.9	56	81.2	78	557	87.4	75	11.8
高 二	653	174.2	161.9	67.1	56.1	80.7	75.5	594	91	87	13.3

2011 年河口区中小学生体质健康检查汇总表

年级	总人数	平均身高		平均体重		平均胸围		轻度视力低下	中度视力低下	重度视力低下	近视人数	近视率（%）	龋齿人数	龋齿率（%）	沙眼人数	沙眼率（%）	PPD阳性人数
		男	女	男	女	男	女										
一年级	2540	124.3	122.7	26.9	24.6	66.0	63.4	321	154	16	491	19.3	929	36.6	1	0.04	190
二年级	2369	129.9	128.2	30.5	27.9	68.4	65.6	391	281	39	711	30.0	854	36.0	5	0.2	
三年级	2225	136.0	133.9	34.8	31.8	71.2	67.2	314	377	100	791	35.6	695	31.2	5	0.2	
四年级	2571	140.9	139.8	39.8	35.2	73.0	69.5	358	616	251	1225	47.6	677	26.3	14	0.5	
五年级	2628	146.1	146.2	44.0	40.6	74.9	72.6	295	788	421	1504	57.2	494	18.8	11	0.4	
六年级	2493	153.0	153.0	49.0	45.8	77.8	75.8	223	778	659	1660	66.6	338	13.6	21	0.8	134
七年级	2658	159.2	157.3	55.0	49.9	80.2	78.1	251	839	905	1995	75.1	372	14.0	28	1.1	
八年级	2418	166.3	160.2	60.2	53.1	82.6	80.5	173	712	1027	1912	79.1	309	12.8	17	0.7	
九年级	2268	171.3	162.3	65.1	55.9	85.6	82.2	159	654	1122	1935	85.3	285	12.6	30	1.3	
高 一	1385	173.8	162.6	64.5	54.6	87.1	84.1	95	436	651	1182	85.3	220	15.9	25	1.8	
高 二	1173	175.3	162.9	67.3	55.6	89.7	85.5	70	316	644	1030	87.8	238	20.3	8	0.7	
高 三	301	175.4	162.7	72.2	58.9	87.3	83.5	32	113	88	233	77.4	28	9.3	2	0.7	

2012 年河口区中小学生体质健康检查汇总表

年级	总人数	平均身高		平均体重		平均胸围		轻度视力低下	中度视力低下	重度视力低下	近视人数	近视率（%）	龋齿人数	龋齿率（%）	沙眼人数	沙眼率（%）
		男	女	男	女	男	女									
一年级	2268	125.5	123.8	27.3	25.2	64.9	62.8	311	166	25	502	22.1	855	37.7	1	0.04
二年级	2245	131.5	129.6	31.0	28.0	68.9	66.1	288	252	71	611	27.2	893	39.8	4	0.18
三年级	2145	136.4	135.3	34.3	31.5	70.8	68.0	275	386	137	798	37.2	697	32.5	6	0.28
四年级	2057	141.9	140.9	39.0	35.8	72.9	70.0	237	483	256	976	47.4	489	23.8	5	0.24
五年级	2383	147.5	146.7	43.8	39.8	76.1	72.6	266	683	433	1382	58.0	350	14.7	7	0.29
六年级	2454	153.7	154.1	49.1	46.0	77.5	75.2	218	715	740	1673	68.2	166	6.8	4	0.16
七年级	2446	161.0	158.9	55.2	50.3	81.6	79.6	193	702	952	1847	75.5	199	8.1	33	1.35
八年级	2592	166.9	161.3	60.4	53.5	82.5	80.1	177	674	1276	2127	82.1	208	8.0	25	0.96
九年级	2225	171.8	162.0	64.9	55.1	85.7	82.6	128	543	1202	1873	84.2	192	8.6	12	0.54
高 一	1488	173.2	162.0	67.0	58.1	87.8	86.2	93	515	679	1287	86.5	47	3.2	0	0.00
高 二	1277	175.5	164.1	67.5	57.3	90.6	87.2	74	326	726	1126	88.2	92	7.2	20	1.57
高 三	301	176.5	164.2	72.5	57.6	94.8	89.2	15	70	181	266	88.4	13	4.3	0	0.00

2013 年河口区中小学生体质健康检查汇总表

年级	总人数	平均身高		平均体重		平均胸围		轻度视力低下	中度视力低下	重度视力低下	近视人数	近视率（%）	龋齿人数	龋齿率（%）	沙眼人数	沙眼率（%）
		男	女	男	女	男	女									
一年级	2199	122.8	123.2	30.9	25.2	67.4	64.9	306	159	16	481	21.9	743	33.8	2	0.09
二年级	2269	131.0	129.9	35.0	28.8	70.9	68.4	318	255	54	627	27.6	814	35.9	1	0.04
三年级	2368	136.4	135.1	39.8	32.8	73.5	70.5	296	420	143	859	36.3	747	31.5	4	0.17
四年级	2251	141.2	139.9	40.8	36.3	75.6	72.8	267	556	264	1087	48.3	482	21.4	3	0.13
五年级	2059	146.8	146.8	49.4	41.8	78.5	75.7	248	589	396	1233	59.9	271	13.2	11	0.53
六年级	2099	153.1	153.0	52.3	46.2	79.6	76.6	193	676	624	1493	71.1	110	5.2	0	0.00
七年级	2131	159.7	156.9	60.3	50.4	81.8	80.3	156	627	865	1648	77.3	96	4.5	4	0.19
八年级	2168	166.0	159.9	59.3	55.2	83.8	82.6	164	595	1024	1783	82.2	114	5.3	15	0.69
九年级	1551	170.1	162.5	72.3	56.8	88.7	86.0	73	429	786	1288	83.0	71	4.6	21	1.35
高 一	846	169.1	161.9	61.5	55.7	88.1	85.4	36	206	505	747	88.3	21	2.5	0	0.00
高 二	811	174.6	162.7	54.0	54.7	90.8	87.8	41	228	461	730	90.0	50	6.2	0	0.00

2014 年河口区中小学生体质健康检查汇总表（一）

年级	性别	受检人数	体检无异常		视力正常		视力不良							
							4.9		4.6~4.8		4.5 以下		合 计	
			人数	%	人数	%	人数	%	人数	%	人数	%	人数	%
一年级	男	1162	765	65.83	768	66.09	250	21.51	127	10.93	18	1.55	394	33.91
	女	1082	663	61.28	666	61.55	292	26.99	113	10.44	11	1.02	416	38.45
二年级	男	1169	782	66.89	784	67.07	196	16.77	149	12.75	40	3.42	385	32.93
	女	1104	683	61.87	692	62.68	234	21.20	146	13.22	32	2.90	412	37.32
三年级	男	1224	696	56.86	704	57.52	204	16.67	220	17.97	96	7.84	520	42.48
	女	1137	590	51.89	597	52.51	216	19.00	220	19.35	104	9.15	540	47.49
四年级	男	1425	722	50.67	725	50.88	202	14.18	322	22.60	176	12.35	700	49.12
	女	1164	512	43.99	520	44.67	171	14.69	309	26.55	164	14.09	644	55.33
五年级	男	1326	601	45.32	608	45.85	157	11.84	357	26.92	204	15.38	718	54.15
	女	1332	463	34.76	468	35.14	152	11.41	382	28.68	330	24.77	864	64.86
六年级	男	1078	383	35.53	402	37.29	98	9.09	306	28.39	272	25.23	676	62.71
	女	984	257	26.12	264	26.83	101	10.26	289	29.37	330	33.54	720	73.17
七年级	男	1319	386	29.26	392	29.72	100	7.58	381	28.89	446	33.81	927	70.28
	女	1203	198	16.46	206	17.12	92	7.65	359	29.84	546	45.39	997	82.88
八年级	男	1308	240	18.35	253	19.34	100	7.65	336	25.69	619	47.32	1055	80.66
	女	1249	140	11.21	144	11.53	82	6.57	289	23.14	734	58.77	1105	88.47
九年级	男	1326	239	18.02	250	18.85	76	5.73	353	26.62	647	48.79	1076	81.15
	女	1253	127	10.14	136	10.85	59	4.71	304	24.26	754	60.18	1117	89.15
高一	男	706	92	13.03	92	13.03	31	4.39	164	23.23	419	59.35	614	86.97
	女	698	58	8.31	58	8.31	24	3.44	143	20.49	473	67.77	640	91.69
高二	男	651	74	11.37	74	11.37	33	5.07	144	22.12	400	61.44	577	88.63
	女	646	48	7.43	48	7.43	24	3.72	140	21.67	434	67.18	598	92.57
高三	男	240	33	13.75	33	13.75	16	6.67	58	24.17	133	55.42	207	86.25
	女	192	19	9.90	19	9.90	5	2.60	45	23.44	123	64.06	173	90.10
合 计	男	12934	5013	38.76	5085	39.31	1463	11.31	2917	22.55	3470	26.83	7849	60.69
	女	12044	3758	31.20	3818	31.70	1452	12.06	2739	22.74	4035	33.50	8226	68.30

2014 年河口区中小学生体质健康检查汇总表（二）

年级	性别	受检人数	色盲色弱		沙眼		结膜炎		营养不良	
			人数	%	人数	%	人数	%	人数	%
一年级	男	1162	8			0.69			34	2.93
	女	1082			6	0.55			45	4.16
二年级	男	1169			6	0.51	1	0.09	95	8.13
	女	1104			15	1.36	1	0.09	109	9.87
三年级	男	1224			12	0.98			75	6.13
	女	1137			12	1.06			106	9.32
四年级	男	1425			4	0.28	2	0.14	91	6.39
	女	1164			15	1.29			111	9.54
五年级	男	1326	32	2.97	17	1.28			75	5.66
	女	1332	3	0.30	14	1.05			89	6.68
六年级	男	1078	7	0.53	11	1.02	18	1.67	83	7.70
	女	984	6	0.50	11	1.12	12	1.22	70	7.11
七年级	男	1319	6	0.46	9	0.68	19	1.44	95	7.20
	女	1203			11	0.91	10	0.83	61	5.07
八年级	男	1308			17	1.30	45	3.44	133	10.17
	女	1249			13	1.04	33	2.64	53	4.24
九年级	男	1326			20	1.51	67.00	5.05	121	9.13
	女	1253			16	1.28	58.00	4.63	39	3.11
高一	男	706			4	0.57			63	8.92
	女	698			1	0.14			25	3.58
高二	男	651			6	0.92			48	7.37
	女	646			1	0.15			11	1.70
高三	男	240	45	0.35	1	0.42			5	2.08
	女	192	9	0.07					4	2.08

河口区 2014 年度中小学生体质健康检查汇总表（三）

年级	性别	受检人数	龋齿(含乳恒牙)			牙周病		肥胖	
			人数	%	龋均	人数	%	人数	%
一年级	男	1162	514	44.23	1.57			235	20.22
	女	1082	558	51.57	1.89			196	18.11
二年级	男	1169	553	47.31	1.46			243	20.79
	女	1104	577	52.26	1.62			154	13.95
三年级	男	1224	549	44.85	1.28			312	25.49
	女	1137	520	45.73	1.29			199	17.50
四年级	男	1425	547	38.39	0.93			406	28.49
	女	1164	456	39.18	0.95			176	15.12
五年级	男	1326	293	22.10	0.45			421	31.75
	女	1332	358	26.88	0.52			232	17.42
六年级	男	1078	166	15.40	0.28	10	0.93	294	27.27
	女	984	195	19.82	0.35	14	1.42	205	20.83
七年级	男	1319	144	10.92	0.15	19	1.44	444	33.66
	女	1203	165	13.72	0.22	6	0.50	274	22.78
八年级	男	1308	135	10.32	0.17	15	1.15	334	25.54
	女	1249	182	14.57	0.25	12	0.96	270	21.62
九年级	男	1326	106	7.99	0.12	5	0.38	377	28.43
	女	1253	173	13.81	0.24	11	0.88	309	24.66
高一	男	706	54	7.65	0.13	1	0.14	192	27.20
	女	698	97	13.9	0.24			127	18.19
高二	男	651	95	14.59	0.26	30	4.61	172	26.42
	女	646	132	20.43	0.41	20	3.1	91	14.09
高三	男	240	45	18.75	0.35	32	13.33	78	32.50
	女	192	51	26.56	0.56	19	9.9	39	20.31

第三章　艺　术

第一节　艺术教学

教师　河口区成立之初，艺术教育师资严重不足，艺术教师以兼职为主，专业教师缺额很大。20世纪90年代初期，为解决艺术师资不足和教学水平不高的状况，区教育行政部门采取多项有效措施，保障艺术课程开设。一是在区教师进修学校举办首届艺术教师技能培训班；二是经市教育局下派干部的牵线，组织选派艺术教师在东营师范参加音乐、美术教师培训，进行业务学习，积累业务知识，提升业务水平，使现有艺术教师的教学水平大幅提高；三是从各类高校及中等专业学校引进艺术专业毕业生安置在相关学校，不断扩大艺术教学规模，使有艺术特长的学生得到基础学习的机会。

自1995年开始，河口区教育局组织多人次艺术教师参加全国、省、市各级教育部门组织的大纲教材(课程标准)培训及优质课评优、学习观摩、论文评选等活动。2013年暑期，组织全区音乐教师进行鼓乐、打击乐培训活动。

2014年，河口区有专职音乐教师42名，美术教师35名，学历达标率100%。其中，4人被评为市级教学能手。在市级艺术优质课评选中，有5人获得一等奖，20人获得二、三等奖。3人执教市级公开课。

教学　河口区成立之初，各学校由于专业师资缺乏，办学条件较差等原因，中小学艺术教学无法正常开展，艺术教研活动无法顺利进行。全区中小学艺术课教学普遍存在虚设现象，即使个别学校开课也是松散的，随意性比较大，开课的质量较差。1993年后，针对中小学艺术课教学中存在的问题，河口区除加强艺术师资力量外，还采取请进来走出去的方式，定期组织专人对全区中小学进行巡回教学，不断促使全区艺术教师的课堂教学水平得到提高。2008年，河口区教育局成立学科中心教研组后，艺术教学的巡回走教，送课上门活动得到进一步加强。至2014年，随着全区专业艺术教师队伍的增加，艺术学科教学趋于规范化，城乡艺术教学得到均衡发展。

2000年开始，河口一中办起艺术教育特长班，专业有音乐、舞蹈、表演、播音、文管等。抽调业务素质和教学水平一流的艺术教师为特长班上课，制定相应的教学计划和质量评价标准，艺术教学逐渐成为学校的品牌工作。河口区艺术特长生升学人数逐

2002~2014年河口一中艺术特长生升学情况表(不含美术)

年度	2002	2003	2004	2005	2006	2007	2008	2009	2010	2011	2012	2013	2014
本科	1	1	24	52	90	90	110	120	130	110	95	97	90
专科	2	1	5	6	5	6	15	16	16	10	12	15	13

2000~2014年河口一中美术特长生高考情况表

年度	2000	2001	2002	2003	2004	2005	2006	2007	2008	2009	2010	2011	2012	2013	2014
本科	1	2	6	37	65	125	60	83	115	105	85	86	65	95	73
专科															

2012年3月27日，山东省高中初中美术教学观摩研讨会

多媒体艺术教学专用教室、舞蹈室和器材室等。音乐教学配备钢琴、电教板、电子琴、民族乐器以及部分西洋乐器等；美术教学配备了书法室、画室等，个别学校还增设陶艺制作、泥塑、面人制作、剪纸等课程。

年上升，考入本科院校特别是名牌艺术高校的学生人数不断增加，至2014年升入本、专科院校的学生共1132人。

河口区美术教学随常规教学统筹安排，列入教学计划。自2000年河口一中办起美术教育特长班，美术教育走向规范化、正规化开始。至2014年，美术特长生升入本科院校的学生共1003人。

第二节　艺术设施建设

1999年，河口区学校艺术教育设施比较薄弱，无专用教室，教学器材匮乏。音乐教学：教师只能利用教科书、黑板、录音机、脚踏风琴、竖笛等简易器材教学；美术教学采用挂图、黑板、彩色笔和教师的范作以及简单写生教学。2010年，根据《山东省普通中小学基本办学条件标准》，各学校陆续建设艺术教学专用教室，配置教学器材。2014年，根据《学校标准化建设》要求，河口区各级各类学校均建设达到省一类标准的

第三节　艺术活动

1993年，专业艺术教师充实到一线，全区学校课外艺术活动有较快发展。在历年东营市教育系统组织的艺术展演活动中，河口区选派的区一中代表队、实验小学代表队等，都取得较好成绩。1996年，河口区教育系统举办首届庆教师节师生艺术展演活动。1997年9月，河口区一中、实验学校、义和中学、六合中学被命名为东营市艺术教育示范学校。1999年，区教育系统组织教师合唱团参加全区庆建国50周年的大合唱比赛，获得全区一等奖。在市历届艺术调演活动中，河口区参演艺术节目和艺术作品都取得优异成绩，多次获得优秀组织奖。2000年7月，河口一中被评为"山东省艺术教育示范学校""山东省

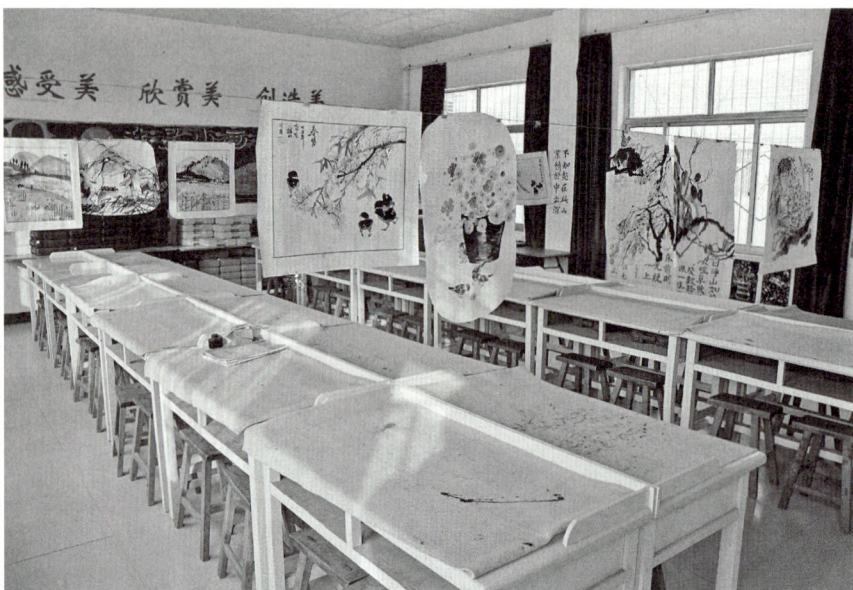

美术创作室

艺术教育工作先进单位""全国艺术教育特色学校
称号"。2008年11月,河口一中合唱队常演唱的
《飞来的花瓣》,荣获东营市电视合唱大赛一等奖。
2009年,在全国第三届中小学生艺术展演活动中,
河口区教育局选送的艺术节目和作品,荣获教育部
颁发的"全国第三届中小学生艺术展演优秀组织
奖";实验学校选送的二胡独奏《战马奔腾》荣获山
东省二等奖。2010年2月,河口一中舞蹈《新阿里
郎颂歌》荣获国家首届"校园时代全国青少年才艺
电视展演"银奖。

2012年3月,河口区首次举办山东省高中初
中美术教学观摩研讨会。会议期间,河口区教育系
统向来自全省17个地市,500余名与会代表进行
大型师生文艺汇报演出和美术作品展示。2013年,
在全国第四届学生艺术展演活动中,河口区教育局
获得"山东省优秀组织奖"。

2014年,河口区先后6次参加东营市体卫艺
办公室举办的中小学生三级文艺调演,先后获得
10个一等奖,26个二等奖和多个三等奖。多名艺术

教师获得市级奖励。

**2014年河口区参加东营市中小学生器乐舞蹈大赛
获奖名单**

类别	组别	节目名称	单 位	奖 次
器乐	小学	《彩云追月》	仙河小学	市三等
器乐	小学	《出旗》	太平小学	市三等
器乐	初中	《竖笛连奏》	六合中学	市三等
舞蹈	小学	《祖国的歌》	太平小学	市二等
舞蹈	小学	《巴木巴拉》	仙河小学	市三等
舞蹈	小学	《放飞梦想》	河口街道中心	市三等
舞蹈	初中	《牧区少年》	六合中学	市三等
舞蹈	高中	《欢乐恰恰》	区一中	市三等
舞蹈	高中	《欢聚一堂》	区一中	市三等

2012年12月14日,实验学校举行第二届"诵读经典润泽童心"古诗文比赛活动

第七编　招生考试

新中国成立后,学校招生制度经过一系列改革,在不同时期呈现出不同的特点。河口区成立之前,境内各校招生均由学校所在县招生委员会具体负责。1985年5月,河口区招生委员会成立,下设办公室,负责全区大中专招生工作。1984~1987年,河口区大中专考试归利津考点(河口区的大中专考生到利津考点参加考试)。1988年,河口区开始设大中专考点。大中专招生工作按国家教委和省、市招生部门的安排部署进行。

第一章　机构与职责

第一节　机　构

1985年5月,根据东河政发〔1985〕25号文件,成立东营市河口区招生委员会,下设办公室。该办公室设在河口区文教局,为股级事业单位,编制为4人,经费来源为财政拨款。

1991年10月,升格为副科级事业单位。1993年10月,根据东河发〔1993〕24号文件,全区进行机构改革,区教育局更名为河口区教育委员会(以下简称教委),保留河口区招生委员会办公室。

2006年,河口区教育局根据《山东省事业单位机构编制管理规定》(省政府第152号令)和《东营市关于事业单位清理整顿有关问题的通知》(东编发〔2003〕15号)精神,对所属事业单位清理整顿。保留东营市河口区招生委员会办公室。机构规格为副科级,编制5人。结构为:管理人员1人,专业技术人员4人,领导职数1人;经费来源为财政拨款;所属类别为社会公益类。2014年,河口区招生委员会办公室编制为4人,主任、副主任各1人。

历任招生办负责人

主　任

于寿波(1990.05~1991.07 兼)

孟德义(1991.07~1993.06 兼)

韩丽君(1993.07~1998.02)

燕同永(1998.02~2002.03)

李树根(2003.06 任职)

副主任

孟德义(1986.11~1991.07)

韩丽君(1991.10~1993.10)

赵龙江(2002.11 任职)

第二节　职　责

河口区招生办公室主要职责是,组织全区普通高校招生报名、体检、文化课统一考试、填报志愿。组织全区普通中专(含五年制高职、三、二连读高职)报名、填报志愿、文化课考试,组织实施区域内符合条件人员的成人高考、自学考试报名,组织实施全区初中学生体育测试、信息技术等级证书考试、学业考试,组织管理全区普通高中学业水平考试,接受区域内符合条件人员的教师资格考试报名,负责招生考试政策调研、宣传、考风考纪工作。

根据上级招生考试工作的方针、政策和决策部署,提出在本地的贯彻意见。搞好宣传,注意宣传上的广度和深度,使每名考生明白报名手续和应遵守的考规考纪。做好报名、体检、考试、填报志愿和建档等组织管理工作,严肃管理,从严治考。确保各环节工作的质量,妥善保管考生报名、体检、志愿等各类信息确认单。接送试卷和保管试卷,严格按上级要求办理。全面做好招生档案管理工作,认真填报各种表格,按时上报上级所需的报表材料。按时发放准考证、通知考生成绩和公布录取情况。指导、检查、督促搞好招生考试各环节工作。协调好部门的关系,积极争取有关部门的配合和支持。

第三节　制度改革

新中国成立之初,小学实行"四二制"(初级小学四年,高级小学二年),初级小学阶段毕业在升入高级小学时,各小学自行命题,组织考试,录取名单报县备案。1958 年，改由县教育主管部门统一命题,各高级小学组织考试。考试科目为语文、算术、常识 3 科。录取者张榜公布,报县备案,年龄的掌握上并不严格,进入青年时期,仍有考取高小的。升学率多控制在 80%以上,当时的高小生即为农村有用人才。1965 年,通过考试,排出名次,基本顺利升入高级小学。小学教育属普及性教育。1969 年开始,小学实行五年一贯制。随着社会经济的发展和对文化知识需求的不断提高,凡 7~11 岁的儿童,除失去学习条件和能力外,均属招生对象,原则上不考试。这是每个公民享受教育权利的开始。

1958~1966 年,实行大中专、高、初中招生考试制度。1970 年 1 月,废除大中专升学制度,实行"自愿报名,群众推荐,领导批准,学校复审"相结合的推荐选拔制度。高初中招生也采取这种办法。以后,增加文化考试, 称为 "选拔推荐与考试相结合"。1977 年 12 月,全国恢复大中专考试制度。

2000 年起,按照中华人民共和国教育部《关于普通高中毕业会考制度改革的意见》(教基〔2000〕12 号)和山东省教育厅《关于改革高中毕业会考制度的意见》,考试科目改为语文、数学、外语、物理、化学、生物、思想政治、历史、地理和信息技术 10 科,考察科目调整为物理实验操作、生物实验操作、信息技术、体育与健康和艺术 5 科。会考考试科目成绩按 A、B、C、D 划分等级,高考科目按 A、B、C、D 划分等级,C 以上为合格。2004 年 9 月, 自新学期起,普通高中学生实行学业水平考试制度,不再进行毕业会考。

2005 年 11 月起,按照省教育厅《山东省普通高中学生学业水平考试工作管理暂行规定》要求,普通高中学生学业水平考试实行学籍、考籍一体化管理。学生在学籍注册的同时,即取得考籍和参加学业水平考试资格。学业水平考试每学年组织两次,时间在每学年上下学期结束前三周进行,每次开考的科目为思想政治、历史、地理、物理、化学、生物和信息技术必修课程(语文、数学、外语 3 个学科学业水平考试的组织形式由市教育局决定),学生应在必修课程基本结束即第二学年第二学期末参加第一次考试。学生可自主选择考试科目。学业水平考试成绩按 A、B、C、D 四个等级和实际分数记录。成绩达到总分的 90%(其中思想政治、语文达到 85%)及以上者,记录等级 A,达到 75%~89%记录等级 B, 达到 60%~74%记录等级 C,59%及其以下记录等级 D。D 为不合格等级。成绩为"C"和"C"等级的学生在校期间可以重复参加同一科目的学业水平考试,成绩按高的一次记录。但最高记录为"B"。考试成绩为"C"等级,申请重考的学生,应当承担试题费用(信息技术为技术支持费用)。学生学业水平考试成绩全部合格,是学生获得高中毕业证书必要条件之一。因有不合格科目而未能获得成绩合格证的学生,离校后允许参加两次考试(两年内),成绩合格发给合格证,毕业证书的签发时间应为全部科目最后合格年度。

第二章　招　生

第一节　小　学

建区之初, 河口区小学的招生随意性较大,农村小学学生的入学年龄一般在七、八周岁,入学由学校自己决定,缺乏应有的管理制度。农村小学入学年龄 7~9 周岁不等。随着《义务教育法》及各项学籍管理规定的逐步实施,小学招生一直实行划片招生,就近入学。1984 年,招生条件由各学校制定。城区小学入学年龄一般为 7 周岁,1986 年,《中华人民共和国义务教育法》颁布实施,规定"凡满 6 周岁的儿童,不分民族、种族,应当接受规定年限的教育。条件不具备的地区,可以推迟到 7 周岁入学。"小学招生开始纳入法制化轨道。

1987年，河口区全面落实义务教育法，7周岁儿童必须入学。乡镇小学招收本乡镇儿童，按照就近入学、划片招生的原则，学校在秋季开学时，组织适龄儿童入学。学生报到后学校填写新生学籍注册登记表，报区教育主管部门备案；学校为学生建立学籍卡，教育主管部门加盖专用公章后由学校保存。自1991年起，全区农村小学入学年龄为7周岁，入学由各村委会按户籍提供名单，乡政府下发入学通知书，学籍由区教委统一管理，取消留级。城区小学的入学年龄为6周岁，招生由区教委具体负责。1995年开始，取消小学升初中考试，实行小学毕业生就近免试、划片入学。1996年"两基"实现后，随各项制度的日趋完善，学校规模的逐步扩大，幼儿教育条件的逐步好转，自2000年开始，全区向6周岁过渡。2001年，全区统一为6周岁入学，招收新生1016名。

2006年，河口区多数小学入学平均年龄6周岁，个别农村小学为6.5岁。2007年，山东省教育厅下发《关于加强全省普通中小学学籍信息管理的通知》(鲁教基字〔2007〕18号)，儿童入学年龄严格限制为6周岁。

第二节　初　中

1980年以后，初中实行计划招生，考试录取。县教育局统筹制定各初中招生计划并划定招生范围，统一命题并组织初中招生考试，各学校依据招生计划和招生范围，按照考试成绩从高到低依次录取。

河口区成立之初，全区初中招生实行计划招生，由区教育局将招生计划下达到各乡镇，由乡镇、学校组织考试录取。小学毕业生参加初中招生考试后，由乡镇教育组和录取学校根据本乡镇招生计划，按考试成绩由高分到低分依次进行录取。1992年，取消初中招生升学考试，实行划片招生，就近入学，教育部门不向学校下达招生指标，不单纯以分数和升学率实施奖惩。实行招生考试，按考试成绩录取，录取率在90%左右。随着《义务教育法》的颁布实施和《山东省普通中小学学籍管理条例》的颁

布，初中招生由区教委普教股统一管理。自1995年取消招生考试，要求小学毕业生全部升入初中。

第三节　普通高中(中专)

1955~1966年，高中招生改由地区行署教育局命题，县教育局配合招生，组织考试。

1966~1969年，高中学校停止招生。

1987年，全市初中中专停止招收民办教师。

1989年，东营市改革初中中专委托培养招生录取办法，改变委托培养费由市、县区、考生个人三方面筹集的办法，实行统招、委培两条分数线，统招分数线以上的考生严格按志愿录取，对委培线内的考生预先征集志愿，然后按志愿录取。

1990~1997年，河口区按省、市规定管理模式、考试科目及时间、录取政策等组织实施全区初中中专招生考试及考生录取。高中招生考试由省教研室命题。中专招生，由省下达计划，市组织阅卷、录取。高中招生，由市下达计划并组织阅卷，区择优录取。1990年，东营市进行初中中专招生体制改革，采取预选、报名、考试、录取均由县区负责的管理体制，初中中专招生计划全部分配到县区。恢复对中小学民办教师的招收。1992年后，中专招生从招生计划中拿出6~7%的名额招收委培生。1997年，东营市民办教师全部转为公办教师，初中中专取消招收民办教师。

1998年，东营市再次进行初中中专招生制度改革，根据各县区人口总数和初中在校生人数，按照市属中专按专业、非市属中专按学校的原则，将普通中专招生计划指标分配到县区。是年起，不再组织全市性的预选，河口区仍组织预选。

2000年，招生计划不再由省招生办按市人口比例分配，改由招生学校根据市生源情况制定计划，由省招生办汇总下发。是年，全市首次组织未被普通高中录取的考生填报中专志愿，东营师范设"五年制小学教育专业大专班"并组织招生，其他部分中专学校也试行招收三、二连读或五年制大专班。

2001年，初中中专招生权力由省下放到市，由

各市组织招生。招生计划为指导性计划,由招生学校自主确定,省部属学校招生计划由省招生办公室向市下达。考试采取一考多取的方式,与普通高中、职业高中、职业中专招生考试一并进行。报考类别逐步调整为普通中专(含五年制高职,三、二连读高职)、师范(东营职业学院师范类)、在职幼师三类。是年,普通中专报考59人,录取59人,录取率100%。

2004年,同等学历、往届生报考三年制普通中专的,实行注册入学。

2006年,又调整为普通中专(含五年制高职,三、二连读高职)、师范(东营职业学院师范类)两类。是年,普通中专报考56人,录取56人,录取率100%。

2007年起,普通中专学校录取分两次进行,第一次由市招生办公室和招生学校通过计算机网络完成,第二次全省统一时间、统一地点、统一程序,集中补录。

2008年,普通中专考生在招生办报名,被各类中专院校录取129人。

2009年,参加学业考试报名,文化课考试与普通高中同步,录取105人。

1984~2014年河口区普通高中在校生情况表

年度	处数	班级数	学生数
1984	1	8	432
1985	1	8	448
1986	1	10	580
1987	1	10	536
1988	1	9	482
1989	1	9	482
1990	1	10	475
1991	1	11	539
1992	1	12	590
1993	1	11	576
1994	1	12	526

续表

年度	处数	班级数	学生数
1995	1	12	636
1996	1	11	667
1997	1	11	635
1998	1	11	675
1999	1	14	848
2000	1	18	967
2001	1	18	967
2002	1	22	1146
2003	1	33	1800
2004	1	33	2276
2005	1	43	2615
2006	1	43	2775
2007	1	44	2696
2008	1	42	2324
2009	1	38	2277
2010	1	34	2040
2011	1	39	2260
2012	1	44	2432
2013	1	46	2645
2014	1	43	2440

第四节　高等院校

1977年,国家招生制度改革,废除推荐入学,恢复文化课考试。1978年,全国恢复高考制度以后,大中专招生制度不断改革,招生类型除统招外,还有定向招生、委培生、自费生等。

1984~1987年,河口区归利津考点(河口区的大中专考生到利津考点参加考试)。1984年,东营市实行高考预选制度,根据县区中学教学质量、上学年升学情况等分配预选指标。是年,河口区招生工作由利津县代管。1985年5月,河口区招生委员会成立,下设办公室,负责全区大中专招生工作。1985年起,东营市开始在全国部分高校、中等学校委托培养学生。

1988~1990年,东营市开展将本科指标分配到县区的改革试点工作,按指标分配原则,确定各县区分得的本科计划数,按全市划定的幅度带录取考生。1988年起,河口区设大中专考点,大中专招生工作,按国家教委和省、市招生部门的部署进行。全市改革专科和中专委托培养生录取办法,实行统招、委培两条分数线,对统招分数线上的考生严格按志愿录取;对委培线内的考生预先征求志愿,然后按志愿录取。1990年,山东省实行将普通高校招生计划分配到市地的办法,取消面向市地的定向招生办法。

1994年,国家教委进行招生计划"并轨"(即统招、委培、自费合为一种形式,划统一分数线录取)和新生缴纳部分培养费的试点工作。是年,国家教委所属院校和省属院校进行招生计划并轨和收费制度改革试点,将国家招生任务、委托培养、自费三种计划形式变为单一计划形式,被录取新生都要缴纳一定的培养费用。

1995年,全省统一划定录取分数线,山东省普通本科招生计划(师范、农业院校除外)不再分到市地。同时,东营市的师范、农业院校本科计划不再分到县区。

1997年,山东省普通高校招生计划全部并轨,不再接受任何单位的委培生、自费生以及国家教委规定以外的定向生。

1999年,新增"高职班"招生。顺利完成"3+2"考试科目等多项改革措施。

2000年,山东省再次实行本科招生计划分配到市地的办法,按分配原则,确定文理本科招生计划数,另外,重点院校、艺术、体育等招生计划不分配到市地,全省统一划线录取。当年,全省将本科分为重点和一般两批次录取。是年,山东省考生实行电子档案,试行网络录取。

1984~2000年,全区被录取大中专生3590人,其中,本科227人,专科1125人,高中中专358人,初中中专(含师范)1880人。

2001年,普通高考报考243人。录取155人,其中,本科56人,专科99人。成人高考报考227人,自学考试报考378人。

2002年,每年7月7~9日为全国统一考试时间。2002年,普通高考报考397人,录取293人,其中,本科86人,专科高职207人;成人高考报考447人;自学考试报考467人。

2008年开始,山东省大中专院校(技工院校)录取本省新生不再办理户口迁移手续,被外省普通高校录取的本省考生,可自愿选择是否办理户口迁移手续。是年,6所高职院校试点注册录取。

2010年,普通高考报名形式发生变化,实行网上报名,考生体检取消肝功检测项目,考生填报志愿实行网上远程填报志愿,提前批、本科一批、本科二批一次性填报志愿,本科三批、专科批采用征集志愿模式,需多次填报志愿,专科二批不再安排补录,新确认部分国家示范性高职院校单独招生,继续强化综合素质评价在录取中的作用,推进考务平台建设,建成区级保密室巡查系统,推进考点考场巡查系统建设,实现与省级平台的互联互通。

2011年,山东省普通高考增加自主招生批次,原本科二批、本科三批合并为本科二批,取消艺术、体育考生不能填报文理提前批、本科一批、专科一批志愿的限制,达到分数的艺术体育考生可以填报文科或理科志愿,但艺术、体育志愿与文理志愿不能同时兼报。当年,从本科二批开始,实行分批次征集志愿。同时,推进考务平台建设,推进考点考场巡查系统建设,实现与省市平台的互联互通。另外,继续强化高中学业水平考试和中学生综合素质评价在高校招生选拔体系中的作用。

2013~2014年,山东省夏季高考在普通文理类本科一批、本科二批及专科(高职)批均实行平行志愿。由于实行平行志愿,高校的投档比例、模拟投档办法、录取规则等均相应发生变化。是年,将原来的本科二批省属录取控制分数线和市属录取控制线统一合并为省属录取控制分数线。

1984~2014年河口区普通高校招生情况表

年度	报名人数	录取人数				录取率
		本科	专科	中专	小计	
1984	68	——	4	9	13	19.1
1985	49	3	6	35	44	89.8
1986	66	——	13	24	37	56.1
1987	56	3	24	8	35	62.5
1988	——	12	44	4	60	——
1989	——	10	48	12	70	——
1990	200	8	44	8	60	30.0
1991	——	12	38	16	66	——
1992	——	14	81	12	107	——
1993	242	8	138	36	182	75.2
1994	——	10	123	48	181	——
1995	259	16	106	28	150	57.9
1996	286	7	45	20	72	25.2
1997	——	10	101	28	139	——

续表

年度	报名人数	录取人数				录取率
		本科	专科	中专	小计	
1998	295	15	106	17	138	46.8
1999	227	12	70	49	131	57.7
2000	249	87	134	4	225	90.3
2001	243	56	99	——	155	63.8
2002	397	85	207	——	292	73.6
2003	428	134	224	——	358	83.6
2004	525	211	232	——	443	84.4
2005	629	298	238	——	536	85.2
2006	848	314	319	——	633	74.6
2007	988	372	394	——	766	77.5
2008	1042	485	373	——	858	82.3
2009	1033	545	353	——	898	86.9
2010	912	489	318	——	807	88.5

(2010年后,山东省教育厅规定对录取信息实行保密不再公开)

第二章 考 试

1984~2014年,几经变化,全区普通高校、成人高考、自学考试、体育测试、信息技术招生报名、初中升高中(含初中中专)、高中升各种高等院校、在职人员职务、职称、学历晋级等各类招生考试,均由区招生办公室组织实施。

高中招生考试由省教研室命题。中专招生,由省下达计划,市组织阅卷、录取;高中招生,由市下达计划并组织阅卷,区择优录取。

1994~1999年,为适应新生升学及就业形势的要求,实行标准分报告制度,完成从原始分到标准分的过渡。全方位实现计算机管理。取消三好学生加分照顾。改革高考档案管理办法,实行卡片式档案。

2000~2014年,组织考试的基本步骤是:1.实名注册。填写姓名、身份证号、手机号;2.填报个人信息。使用注册的用户名、密码登录报名系统,如实填报个人信息。填报基本信息:包括性别、民族、政治面貌、高考报名所在地、考生类型、外语语种、联系电话、地址、邮政编码、家庭信息等;3.填报志愿。首先要选择志愿学校,然后选择报考类别,选择考生具备的报名条件;4.下载申请表。每个志愿对应一张申请表。考生下载申请表后,需要中学盖章、本人签字;5.上传申请表。由中学盖章、本人签字后的报名表扫描(或拍照)后上传考试网络平台。

第一节 普通高中

建区之初,普通高中指令性招生计划由市教育局下达,各学校严格执行,坚决杜绝计划外招生。招生考试科目为政治、语文、英语、数学、物理、化学;语文、数学满分 120 分,考试时间 120 分钟,政治、英语满分 100 分,考试时间 90 分钟,物理、化学分别为 70 分、50 分,考试时间 70 分钟和 50 分钟。

1991 年,增加体育理论考试,满分 50 分。

1996 年,增加史地生(各 50 分,合卷 150 分),考试时间 120 分钟。

1998 年,普通高中学校招生考试考语文、数学、英语、政治、物理、化学、历史、地理、生物、体育共十科,其中,政治、历史、地理合卷,每科 50 分计 150 分,生物、物理、化学合卷,每科 50 分共 150 分,体育 50 分,其他各科 150 分,考试时间均为120分。

1999 年,中考招生考试科目是 3+2X,即:语文、数学、英语为必考科目,政治、物理、历史、化学等四科为选考科目,其中政治、物理为一类,历史、化学为一类;5 月上旬,在公证部门监督下,由市教育行政部门抽签,确定物理、政治为选考科目。语文、数学、英语分值各 150 分,考试时间为 120 分钟,政治 70 分,考试时间为 55 分钟,物理 80 分,考试时间为 65 分钟。

2000 年, 普通高中招生考试科目及分值为政治 80 分、语文 150 分、数学 150 分、英语 150 分、物理 80 分、化学 70 分,语、数、英考试时间均为 120 分钟,物理、政治 65 分钟,化学 55 分钟。

2001 年,普通高中学校招生考试科目及分值,政治 50 分,语文 100 分,数学 100 分,英语 100 分,物理 50 分,化学 50 分,考试时间语、数、英、理化均为 120 分钟,政治 60 分钟。实验技能 20 分,计入中考成绩。

2002 年起,考试科目及分值又有变化,政治 50 分,语文 150 分,数学 150 分,英语 150 分,物理 80 分,化学 70 分,音乐、体育、美术基础理论(合卷)30 分,政治课实行开卷考试,其他学科全部实行闭卷考试。考试时间语、数、英、理化均为 120 分钟,政治 60 分钟,音体美基础理论 50 分钟。

史、生物、地理、物理、化学。

1980 年以后, 初中中专招生实行在应届毕业生中预选的办法。由地区教育局命题,县组织考试阅卷。为保证招生质量,凡达到第一分数线的一律录取高中,达到第二分数线者向中专投档,地区教育局招生办负责录取。中考科目为:语文、政治、数学、英语、物理、化学、地理、历史、生物 9 科。分值为:语文、数学 120 分,政治、英语各 100 分,物理、化学两科合卷为 120 分,历史、地理、生物三科合卷为 100 分。

1984 年,东营市首次组织初中中专考试,分普通考生和民办教师两类,由全省统一命题,考试科目有政治、语文、数学、理化、常识、外语。

1986 年,河口区设初中中专招生考试考点,当年,组织全区第一次初中中专招生考试。

1991 年,实行高中初中会考。

1998 年,实行一考多录制度,同普通高中、职业高中(中专)招生考试一并进行,分别录取,全市统一命题,考试科目为语文、数学、英语、政史地、理化生,每门科目均为 150 分。录取工作由省招办具体组织,全省统一录取时间、统一录取政策、统一录取地点。

1999 年,东营市考试科目实行"3+2X",语文、数学、英语为必考科目,政治、物理为一组,历史、化学为一组,抽签确定。是年,考试科目为语文、数学、英语、政治、物理。

2009 年起,考试时间、考试科目及分值基本固定,考试时间为 6 月 11~13 日,考试科目为语文、数学、英语、物理、化学、思想品德、历史。语文、数学、英语各 120 分,物理 70 分,化学、思想品德、历史各 50 分。

2014 年,填报志愿略有调整,初中中专报名与普通高中报名时, 可具体填报市属中专学校及专业,总分及科目与普通高中招生完全相同,其他继续执行 2009 年的招生政策。

第二节　初中中专

1955~1966 年,考试科目:语文、数学、政治、历

第三节　普通高考

1977 年, 国家高考制度恢复。高考分文理两

科,科目均为政治、语文、数学,理科为物理、化学,文科为历史、地理。以后高考科目逐渐科学细化。

1992年后,高考科目,理科由原来的7科(语文、数学、外语、政治、物理、化学、生物)缩为5科(语文、数学、外语、物理、化学);文科由原来的6科(语文、数学、外语、政治、历史、地理),改为5科(语文、数学、外语、政治、历史)。中等专业学校的招生考试,与高中招生考试分设考点,同时进行,考试科目略有差异。中考科目为语文、数学、外语、政治、理化、史地生和体育共7门。

1994年,考试科目实行"3+2"改革,即:文科考语文、数学、外语、政治、历史;理科考语文、数学、外语、物理、化学。是年,往届生参加普通高考仍实行预选,应届生高考成绩总分增加10分后参加统一划线录取。次年,往届生参加高考取消预选,应届生加分政策调整为"总分高于学校提档分数线10分以内,优先录取应届高中毕业生"。高考科目,理科由原来的7科(语文、数学、外语、政治、物理、化学、生物)缩为5科(语文、数学、外语、物理、化学);文科由原来的6科(语文、数学、外语、政治、历史、地理),改为5科(语文、数学、外语、政治、历史)。

1996年,山东省普通高考实行标准分报告制度,将考生原始分数折算为标准分数。

2001年,停止使用标准分数,恢复使用原始分数。普通高考仍实行3+2模式,本科一批全省划线,本科二批及专科批分地市划线。停止招收高中中专。报考条件取消婚否及年龄限制。增加外语听力考试,实行电子档案。

2002年,普通高考实行3+X模式,"3"是指语文、数学、外语,"X"是指综合科目,分文科综合和理科综合,文化课考试时间全国统一为7月7~8日。

2003年,普通高考提前于6月7~8日两天进行,计划形势趋向单一,以《体检工作指导意见》代替体检标准,除有市财政办大学的市外,其他市不再单独划本科线,执行省线,东营市执行省线;是年,高考考场实行电子监控。

2004年,普通高考出台实施《国家教育考试违规处理办法》,本科一批实行全省一条线。自本科二批,全省分4条线,即有市级财政拨款办大学的市

一条线,济南市、青岛市各一条线,其他市一条线。

2005年,普通高考报考科类由艺术文、艺术理取代美术、音乐;语文、数学、英语三科由省自主命题,其他仍使用全国卷;语文科考试实行网上阅卷;招生计划、报名条件、录取批次略有变化。

2007年,山东省新课改后的首次高考,高考政策有新的变化。取消考生在外省借考政策,省内考生不能跨市地借考。应届高中毕业生的中学档案的主要内容为《山东省普通高中学生发展报告》,应届高中毕业生综合素质评价信息首次记入电子档案。文化课考试时间调整为6月7~9日上午;首次实行"3+X+1"考试模式;新增基本能力测试,即"1",其考试范围涉及高中新课程的技术、艺术、体育与健康、综合实践活动、人文与社会、科学六个学习领域的必修内容及相关内容。文科为语文、数学(文史)、外语、文科综合(包括政治、历史、地理)、基本能力测试;理科为语文、数学(理工)、外语、理科综合(包括物理、化学、生物)、基本能力测试;语文、数学、外语试卷分值仍分别为150分,"文科综合"和"理科综合"试卷分值由300分变为240分,基本能力测试卷面分值为100分,以考生卷面得分的60%计入高考总分,高考总分仍为750分。语文、数学、英语、文科综合、理科综合、基本能力测试六科由我省自行命题,英语听力和小语种科目由教育部命题。语文科、基本能力测试答卷实行网上阅卷;其他科目的卷一采用机器评阅,卷二组织人工评阅。

2008年,普通高考网上阅卷增加理科综合和基本能力两科,至此,语文、数学、综合和基本能力科目实行网上阅卷;外语和文科综合科目的卷一采用机器评阅,卷二采取非网上阅卷。从当年开始,考生高考信息进行加密,考生个人信息将被视为个人隐私,一律不向除考生本人以外的其他人和单位公布。

2009年,普通高考报名时间由4月7~9日,提前至考前一年的12月1~3日,全部高考科目实行网上阅卷,扩大高职院校注册录取试点范围和数量。

2012年起,山东省开设春季高考和夏季高考两种,春季高考由原高职对口演变而来,允许普通高中毕业生报考,考生既可参加春季高考,也可参加夏季高考。春季高考安排于5月中旬进行,夏季

高考仍在 6 月 7~9 日进行。夏季高考考生须参加体育测试，测试成绩以 A/B/C/D 等级呈现，记入考生电子档案，不计入高考总分。当年，本科一批采用征集志愿方式，至此，所有批次都采用征集志愿的方式填报志愿，录取批次调整为提前批、自主招生批、本科一批、本科二批、专科批五个批次。

2014 年，山东省夏季高考取消基本能力测试，取消英语科目听力考试，考试时间缩短为两天。全省夏季高考考试科目恢复"3+综合"模式，即"3"指语文、数学、外语三个必考科目，"综合"是指文科综合或理科综合。语文、数学、英语分值不变，60 分的基本能力测试分值增加到综合科目分值中，综合科目分值由 240 分提高到 300 分，高考总分值仍为 750 分。文化课考试时间为 6 月 7~8 日两天。全省统一划定各批次的录取控制分数线，取消济南、青岛单独划线政策。同时，山东省正式取消高考户籍限制，首次允许符合条件的外地户籍考生在我省参加高考，享受与本地考生同等录取政策。

1987~1996 年河口一中普通高考本科录取学生名单选录

1987 年

姓　名	录 取 学 校	学　历	姓　名	录 取 学 校	学　历
王建利	石油大学	本科	胡建林	曲阜师范大学	本科
张　萍	淮北煤炭师范学院	本科			

1988 年

姓　名	录 取 学 校	学　历	姓　名	录 取 学 校	学　历
荆寿山	南京师范大学	本科	张俊星	山东工业大学	本科
赵文泉	南京航空学院	本科	胡爱民	山东农业大学	本科
李希平	青岛医学院	本科	王天鹏	泰安医学院	本科
杨玉军	山东建工学院	本科	陈红梅	泰安医学院	本科
丁爱军	华东冶金学校	本科	刘志国	聊城师范学院	本科
王宝春	成都地质学院	本科	牛树国	聊城师范学院	本科

1989 年

姓　名	录 取 学 校	学　历	姓　名	录 取 学 校	学　历
王学春	山东师范大学	本科	李红梅	山东师范大学	本科
扈美荣	山东师范大学	本科	杨月明	山东农业大学	本科
王清林	山东工业大学	本科	张汇军	山东轻工业学院	本科
陈立民	山东工业大学	本科			

1990 年

姓　名	录 取 学 校	学　历	姓　名	录 取 学 校	学　历
宋昭旺	石油大学	本科	李丙泉	山东经济学院	本科
唐新军	中国民族学院	本科	韩秀亮	陕西机械学院	本科
张风雷	济宁医学院	本科	苏茂春	曲阜师范大学	本科
袁海城	潍坊医学院	本科	荆　强	聊城师范学院	本科
王玉珏	临沂师范专科学校	本科			

1991 年

姓　名	录 取 学 校	学　历	姓　名	录 取 学 校	学　历
李延辉	华东石油大学	本科	隋国正	中国矿业大学	本科
马龙照	山东师范大学	本科	李建民	山东工业大学	本科
史庆元	山东纺织工学院	本科	陈峰芝	山东工业大学	本科
王文良	山东经济学院	本科	苏学群	山东工程学院	本科
韩良民	山东轻工业学院	本科	苟军民	烟台大学	本科
高兴伟	广东石油化工专科学院	本科	王富强	江苏化工学院	本科
陈连梅	泰安医学院	本科			

1992 年

姓　名	录 取 学 校	学　历	姓　名	录 取 学 校	学　历
王金明	山东大学	本科	郑　妮	青岛医学院	本科
刘名利	山东工业大学	本科	刘云奎	山东工程学院	本科
李江涛	青岛化工学院	本科	薄尊国	山东经济学院	本科
张培禄	烟台师范学院	本科	许金刚	聊城师范学院	本科

1993 年

姓　名	录 取 学 校	学　历	姓　名	录 取 学 校	学　历
蔡美升	青岛化工学院	本科	刘利霞	徐州师范学院	本科
张立峰	聊城师范学院	本科	张宝岭	山东工业大学	本科
张秀营	烟台师范学院	本科			

1994 年

姓　名	录 取 学 校	学　历	姓　名	录 取 学 校	学　历
李向晖	吉林大学	本科	王秀艳	曲阜师范大学	本科
陈步花	山东农业大学	本科	薄其凤	烟台大学	本科
徐永刚	济宁医学院	本科	张　林	山东轻工学院	本科
程忠国	山东轻工学院	本科	刘士成	山东轻工学院	本科
韩　勇	山东轻工学院	本科	孙宪芝	南京林业大学	本科

1995 年

姓　名	录 取 学 校	学　历	姓　名	录 取 学 校	学　历
丁文渊	石油大学	本科	李玉新	山东工程学院	本科
王成侠	石油大学	本科	张建强	山东农业大学	本科
张立云	曲阜师范大学	本科	荆曰松	济宁医学院	本科
于跃辉	空军第1航空学院	本科	杨裕柱	焦作矿业学院	本科

1996 年

姓　名	录 取 学 校	学　历	姓　名	录 取 学 校	学　历
薄纯朴	青岛化工学院	本科	程红红	长春水利电利高等学校	本科

1997~2006 年河口一中普通高考重点大学本科录取学生名单选录

1997 年

姓　名	录 取 学 校	学　历	姓　名	录 取 学 校	学　历
李兴柱	西南农业大学	本科			

1998 年

姓　名	录 取 学 校	学　历	姓　名	录 取 学 校	学　历
李春英	山东农业大学	本科			

1999 年

姓　名	录 取 学 校	学　历	姓　名	录 取 学 校	学　历
张秀清	石油大学	本科	刘涛	西北工业大学	本科
韩玲玲	石油大学	本科	王树芹	石油大学	本科
任大鹏	石油大学	本科			

2000 年

姓　名	录 取 学 校	学　历	姓　名	录 取 学 校	学　历
宋斌	石油大学	本科	王冠	石油大学	本科
崔吉叶	石油大学	本科	刘志刚	石油大学	本科
刘滨	石油大学	本科	李振华	石油大学	本科
杨杰	中国地质大学	本科	李浩	青岛大学	本科

2001 年

姓　名	录取学校	学　历	姓　名	录取学校	学　历
邵光胜	山东大学	本科	崔荣新	东北大学	本科
周晓寒	山东大学	本科	唐璐璐	青岛海洋大学	本科
于　娟	石油大学	本科	王海成	青岛海洋大学	本科
王艳红	石油大学	本科	张永朋	青岛海洋大学	本科
李　健	石油大学	本科	李娜娜	山东农业大学	本科
丁燕红	石油大学	本科	张　鹏	山东农业大学	本科
孙希磊	石油大学	本科	李媛媛	山东农业大学	本科
侯全国	山东大学	本科	魏学鑫	山东农业大学	本科

2002 年

姓　名	录取学校	学　历	姓　名	录取学校	学　历
张临静	北方交通大学	本科	王　峰	山东大学	本科
王翠翠	石油大学	本科	张文娟	石油大学	本科
王　滨	石油大学	本科	付学军	石油大学	本科
刘永利	石油大学	本科	王春晖	石油大学	本科
孙　芳	青岛大学	本科	王景波	北京工商大学	本科
赵忠梅	北京林业大学	本科	刘晋忠	青岛大学	本科
韩树正	江汉石油大学	本科			

2003 年

姓　名	录取学校	学　历	姓　名	录取学校	学　历
刘俊梅	山东大学	本科	王　磊	石油大学	本科
李景坤	石油大学	本科	黄国强	石油大学	本科
王　颖	石油大学	本科	侯照锋	石油大学	本科
陈孝芝	石油大学	本科	赵永峰	石油大学	本科
王吉昆	石油大学	本科	王继强	石油大学	本科
查　鹏	山东中医药大学	本科	刘　林	东北师范大学	本科
陈玉良	中国矿业大学	本科	王　亮	南京财经大学	本科
牛思美	华南农业大学	本科			

2004 年

姓　名	录 取 学 校	学　历	姓　名	录 取 学 校	学　历
李　刚	北京大学	本科	王　飞	同济大学	本科
方新月	中国美术学院	本科	刘明文	中国美术学院	本科
韩希波	山东大学	本科	王学锋	山东大学	本科
王凯华	山东大学	本科	王永南	山东大学	本科
王　涛	山东大学	本科	于宁杰	山东大学	本科
徐　涛	山东大学	本科	赵　月	石油大学	本科
路来光	石油大学	本科	武志飞	石油大学	本科
张　兵	石油大学	本科	李吉鑫	石油大学	本科
冯姗姗	石油大学	本科	綦　飞	石油大学	本科
孙　磊	石油大学	本科	李　静	石油大学	本科
李园园	石油大学	本科	柴颖颖	石油大学	本科
刘建红	石油大学	本科	宋青涛	石油大学	本科
李　强	石油大学	本科	王　颖	石油大学	本科
吴　琳	石油大学	本科	刘金垒	石油大学	本科
刘如红	石油大学	本科	张振静	石油大学	本科
刘晓萌	石油大学	本科	崔向辉	石油大学	本科
张　涛	石油大学	本科	王　彬	石油大学	本科
李　皓	石油大学	本科	高　伟	石油大学	本科
张丽丽	石油大学	本科	孙峰华	石油大学	本科
张　敏	石油大学	本科	韩宝亮	石油大学	本科
劳彤彤	厦门大学	本科	秦　超	石油大学	本科
高　利	中国矿业大学	本科	李景欣	青岛大学	本科
刘媛媛	西安交通大学	本科	黄国强	青岛大学	本科
陈聪聪	海军工程大学	本科	王树敏	青岛大学	本科
孔祥福	南京财经大学	本科			

2005 年

姓　名	录 取 学 校	学 历	姓　名	录 取 学 校	学　历
董学建	同济大学	本科	王强强	山东大学	本科
曾现涛	南开大学	本科	薛荣涛	西南交通大学	本科
王　宁	中国传媒大学	本科	李全娟	西南交通大学	本科
刘　磊	中国美术学院	本科	娄士强	山东大学	本科
陈家丽	中国美术学院	本科	赵常星	山东大学	本科
王立伟	中央民族大学	本科	郭金洁	中国石油大学(华东)	本科
王玉明	苏州大学	本科	尚凡杰	中国石油大学(华东)	本科
秘冉冉	中南大学	本科	罗永洋	山东大学	本科
郑　岚	山东大学	本科	陈广涛	中国地质大学	本科

2006 年

姓　名	录 取 学 校	学 历	姓　名	录 取 学 校	学　历
邵　园	清华大学	本科	李素芹	中国石油大学	本科
聂　珍	南开大学	本科	马玲玲	中国石油大学	本科
郭韦伶	中国政法大学	本科	宋国娇	中国石油大学	本科
张　敏	中国医科大学	本科	王志学	中国石油大学	本科
杜晓梅	西南财经大学	本科	薄尊鹏	中国石油大学	本科
王　珊	中国美术学院	本科	高　超	中国石油大学	本科
陈春燕	中国美术学院	本科	牟银山	中国石油大学	本科
马　聪	中国地质大学	本科	时中华	中国石油大学	本科
刘　朋	中国海洋大学	本科	王丽娟	中国石油大学	本科
刘艳华	中国海洋大学	本科	张鸿涛	中国石油大学	本科
王红波	中国海洋大学	本科	张　涛	中国海洋大学	本科
陈建福	中国海洋大学	本科	张　瑞	中国农业大学	本科
陈　燕	中国海洋大学	本科	吴宇英	山东大学	本科
陈　倩	山东大学	本科	闫月君	山东大学	本科
李景娟	山东大学	本科	姚鹏亮	山东大学	本科
李　睿	山东大学	本科	岳春燕	山东大学	本科
宋志远	山东大学	本科	张　超	山东大学	本科
王银峰	山东大学	本科	赵德胜	山东大学	本科
张士宁	湖南大学	本科	何思源	中南财经政法大学	本科

2007~2014 年河口一中普通高考重点名校本科录取学生名单选录

2007 年

姓　名	录 取 学 校	学　历	姓　名	录 取 学 校	学　历
李秀山	清华大学	本科	吕光凯	中国石油大学(华北)	本科
蔡淑明	同济大学	本科	李延龙	西北政法大学	本科
张　阳	中央美术学院	本科	孙宏伟	西安交通大学	本科
张　斌	中国戏曲学院	本科	张玫浩	中国石油大学(华东)	本科
王成泉	中南财经政法大学	本科	郭海红	中国海洋大学	本科
刘　岩	中央戏剧学院	本科	张　敏	中国海洋大学	本科
黄远飞	中国矿业大学	本科	张浩田	中国石油大学(华东)	本科
陈双双	山东大学	本科	张松林	中国石油大学(华东)	本科
苟振玮	山东大学	本科	单如意	中国石油大学(华东)	本科
张召军	山东大学	本科	仝广军	中国石油大学(华东)	本科
李文宽	山东大学	本科	王庆利	中国石油大学(华东)	本科
范　欣	山东大学	本科	袁金雨	中国石油大学(华东)	本科
刘洪亮	山东大学	本科	张余炼	中国石油大学(华东)	本科

2008 年

姓　名	录 取 学 校	学　历	姓　名	录 取 学 校	学　历
宋　磊	南开大学	本科	韩家琪	海军航空工程学院	本科
袁婷婷	南开大学	本科	綦　擎	辽宁大学	本科
李玮雅	山东大学	本科	张璐婷	南京师范大学	本科
房　磊	山东大学	本科	张　倩	四川大学	本科
周雁飞	山东大学	本科	宋明远	四川大学	本科
荆访锦	山东大学	本科	石海东	四川大学	本科
王　颖	中山大学	本科	邓安鹏	武汉理工大学	本科
李琰斐	西南财经大学	本科	侯利斌	中国地质大学(北京)	本科
张荣辉	中国石油大学(华东)	本科	袁洪成	中国海洋大学	本科
田娜娜	中国石油大学(华东)	本科	朱鹏飞	中南大学	本科
李海龙	中国石油大学(华东)	本科	杨　青	大连海事大学	本科
张　磊	中国海洋大学	本科			

2009 年

姓　名	录 取 学 校	学　历	姓　名	录 取 学 校	学　历
陈　冰	中国政法大学	本科	马　帅	中国石油大学(华东)	本科
时圣光	中央美术学院	本科	岳会雯	中国石油大学(华东)	本科
刘启光	中央美术学院	本科	尚庆然	中国石油大学(华东)	本科
李　娜	中央美术学院	本科	古　博	中国石油大学(华东)	本科
吴智伟	中国美术学院	本科	李晓明	中国石油大学(华东)	本科
高　雷	中国美术学院	本科	孙淑敏	中国石油大学(华东)	本科
赵　甫	中国美术学院	本科	卢庆梁	海军工程大学	本科
李晓杰	山东大学	本科	王慧娟	中国海洋大学	本科
王亚然	山东大学	本科	盖　超	中南财经政法大学	本科
赵守明	山东大学	本科	杨　波	解放军理工大学	本科
魏媛媛	山东大学	本科	赵志洁	南京航空航天大学	本科
纪晓君	山东大学	本科	王云慧	中南财经政法大学	本科
杜丹丹	山东大学	本科	李真真	中国农业大学	本科
耿荣路	山东大学	本科	高　冉	西南大学	本科
胡延贞	大连海事大学	本科	郑皓月	西南大学	本科
李　伟	东北林业大学	本科	牛志强	西南大学	本科
邢玉凯	中南大学	本科			

2010 年

姓　名	录 取 学 校	学　历	姓　名	录 取 学 校	学　历
李若辰	中国人民大学	本科	徐　恺	电子科技大学	本科
王丽颖	复旦大学	本科	牛海瑞	中国石油大学(华东)	本科
闫　喆	复旦大学	本科	王秀娟	中国石油大学(华东)	本科
张　晨	复旦大学	本科	张亚男	上海交通大学	本科
陈丹丹	南开大学	本科	陈家兴	上海交通大学	本科
曹胜男	南开大学	本科	王　琨	中国海洋大学	本科
王　凯	同济大学	本科	金龙飞	中国海洋大学	本科

续表

姓　名	录 取 学 校	学　历	姓　名	录 取 学 校	学　历
高伟乐	中国美术学院	本科	赵志振	湖南大学	本科
李　姗	山东大学	本科	李晓雪	湖南大学	本科
韩晓峰	山东大学	本科	刘成明	西南交通大学	本科
燕泽群	山东大学	本科	孙洪迪	中国石油大学(华东)	本科
单宝菊	山东大学	本科	李庆润	中国石油大学(华东)	本科
孙　昊	山东大学	本科	刘秀良	中国石油大学(华东)	本科
孔令一	山东大学	本科	杨灵志	中国石油大学(华东)	本科
杨　帅	山东大学	本科	黄　赟	中国石油大学(华东)	本科
韩　平	山东大学	本科	李志卫	中国石油大学(华东)	本科
杨秀南	山东大学	本科	王海全	中国石油大学(北京)	本科
朱旗龙	西南政法大学	本科			

2011 年

姓　名	录 取 学 校	学　历	姓　名	录 取 学 校	学　历
韩　笑	浙江大学	本科	索田成	中南财经政法大学	本科
朱晓桐	上海交通大学	本科	李　锐	北京林业大学	本科
马营营	南开大学	本科	王青霞	北京中医药大学	本科
孙蓬飞	同济大学	本科	孙宗宗	大连海事大学	本科
刘胜华	同济大学	本科	王柏霖	大连海事大学	本科
张志刚	中央美术学院	本科	印瑭润	解放军理工大学	本科
黄　姝	中央美术学院	本科	张文孝	解放军理工大学	本科
侯文静	中国美术学院	本科	尚　斌	西北工业大学	本科
张恩水	中国美术学院	本科	孙浩哲	西南大学	本科
张文婷	中国美术学院	本科	高得锋	西南财经大学	本科
陈雯慧	中国海洋大学	本科	崔长青	中国石油大学	本科
梁晴晴	中国戏曲学院	本科	陈晓青	中国石油大学	本科

续表

姓　名	录 取 学 校	学　历	姓　名	录 取 学 校	学　历
鹿时建	北京科技大学	本科	王国龙	中国石油大学	本科
韩青青	中国医科大学	本科	温盼盼	中国石油大学	本科
郭文杰	中国地质大学	本科	张炳新	中国石油大学	本科
陈　曦	山东大学	本科	胡瑞泽	山东大学	本科
程晓静	山东大学	本科	董风鑫	山东大学	本科
刘睿智	山东大学	本科	王　震	中国石油大学	本科
王　飞	山东大学	本科	蒋延庆	中国石油大学	本科
王雪杰	山东大学	本科	马维平	中国石油大学	本科
李亚琼	山东大学	本科	胡瑞雪	中国石油大学	本科

2012 年

姓　名	录 取 学 校	学　历	姓　名	录 取 学 校	学　历
吴　凯	复旦大学	本科	张树伟	山东大学	本科
邵先领	中国美术学院	本科	宋铭辛	北京体育大学	本科
李洁琼	中国音乐学院	本科	张祥凯	山东大学	本科
张　昊	中央美术学院	本科	马　洁	厦门大学	本科
姚　鑫	中国海洋大学	本科	李文超	中国石油大学	本科
李欣欣	中南财经政法大学	本科	庞博训	中国石油大学	本科
尚　宵	中南财经政法大学	本科	吴明君	中国石油大学	本科
蒋延庆	北京航空航天大学	本科	刘　卿	山东大学	本科

2013 年

姓　名	录 取 学 校	学　历	姓　名	录 取 学 校	学　历
薄纯敏	南开大学	本科	王文杰	山东大学	本科
宋珂嘉	人民大学	本科	周忠毅	山东大学	本科
王　昊	浙江大学	本科	张　润	山东大学	本科
许若萧	中国人民大学	本科	邢向飞	中国石油大学	本科

续表

姓　名	录 取 学 校	学　历	姓　名	录 取 学 校	学　历
王一晗	中央民族大学	本科	韩雯惠	中国石油大学	本科
李炫昱	中央美术学院	本科	张英泽	中国石油大学	本科
陈晓敏	上海财经大学	本科	李文青	中国石油大学	本科
孟　维	中国地质大学	本科	刘芳林	中国石油大学	本科
李　敏	中国海洋大学	本科	许之方	北京电影学院	本科
梁邦亚	同济大学	本科	杨国琪	中南财经政法大学	本科
王紫璇	山东大学	本科	陈金旭	厦门大学	本科
张樱馨	天津大学	本科	李明阳	厦门大学	本科
孙　慧	中南大学	本科	崔向瑞	西南政法大学	本科
张云路	湖南大学	本科			

2014 年

姓　名	录 取 学 校	学　历	姓　名	录 取 学 校	学　历
毕景会	北京大学	本科	吴　鹏	西南政法大学	本科
李笑铭	复旦大学	本科	薄尊志	西安交通大学	本科
薄尊伟	南开大学	本科	杨靖玉	中国戏曲学院	本科
寇震梦	北京航空航天大学	本科	沈静思	东北农业大学	本科
张秀晨	上海财经大学	本科	时文剑	后勤工程学院	本科
王欣悦	中山大学	本科	杨　喆	华东政法大学	本科
姜彦君	中央美术学院	本科	李姝毅	大连海事大学	本科
解颖娇	中央美术学院	本科	李　杰	大连理工大学	本科
李杰茜	中央民族大学	本科	胡宗颖	中国石油大学	本科
马文静	山东大学	本科	丁　慧	中国石油大学	本科
胡承琪	山东大学	本科	高亚坤	中国石油大学	本科
李晓言	山东大学	本科	陈聪颖	中国石油大学	本科
胡义爽	山东大学	本科	綦婉灵	中国石油大学	本科
许志豪	山东大学	本科	王国麟	中国海洋大学	本科
赵　明	山东大学	本科	张文瑞	武汉大学	本科
罗传辉	解放军信息工程大学	本科	谭瑞宁	西北工业大学	本科

第四节　成人高考

　　河口区成立之初，由于各行各业的人才需求。成人自学成才或晋升学历，成为成年人提高自己文化知识水平的一条有效途径。成人高等学校招生统一考试，是为中国各类成人高等学校选拔合格的毕业生进入更高层次学历教育的入学考试，成人高考属国民五大教育系列之一，列入全国成人高校招生计划，国家承认学历，参加全国招生统一考试，各省、自治区、直辖市统一组织录取。

　　成人高考的范围比较广泛，河口区主要包括：在职国家干部职工、企事业单位的专业技术人员等。

　　报考成人教育的条件是：(1)遵守中华人民共和国宪法和法律；(2)国家承认学历的各类高、中等学校在校生以外的在职、从业人员和社会其他人员；(3)身体健康，生活能自理，不影响所报专业学习；(4)报考高起本或高起专的考生应具有高中毕业文化程度。报考专升本的考生必须是已取得经教育部审定核准的国民教育系列高等学校、高等教育自学考试机构颁发的专科毕业证书或以上证书的人员。特别规定报考成人高校医学门类专业应具备的条件：①报考临床医学、口腔医学、预防医学、中医学等临床类专业的人员，应当取得省级卫生行政部门颁发的相应类别的执业助理医师及以上资格证书或取得国家认可的普通中专相应专业学历；或者县级及以上卫生行政部门颁发的乡村医生执业证书并具有中专学历或中专水平证书；②报考护理学专业的人员应当取得省级卫生行政部门颁发的执业护士证书；③报考医学门类其他专业的人员应当是从事卫生、医药行业工作的在职专业技术人员；④考生报考的专业原则上应与所从事的专业对口。

　　考生一般应在户口所在地报名并参加考试。所有参加全国统考、单考和免试入学的考生均需办理报名手续。报名信息采集工作按照教育部的有关规定以及《各类成人高等学校招生工作管理信息标准》执行。

　　1984年开始，河口区成人高考逐年升温。由于工作或专业技术岗位的需要，每年都有一定数量的机关单位工作人员报名，通过脱产、半脱产等方式考入高等学府进行深造，接受高等教育。

　　1986年，成人高考实行全国统一考试，考试时间为5月10~11日。

　　1992年，国家规定全国各类成人高等院校统一考试时间定于每年5月的第二个星期六、星期天。对高中起点本、专科的政治、化学、历史三科考试试题进行标准化考试改革试点，报考人员由1986年的5名猛增到64名。

　　1993年，开始对高中起点本、专科的语文、数学、物理、地理、英语科目进行标准化考试改革试点。

　　2001年，教育部对专科升本科考试科目进行调整，所有专科升本科统考科目均为2门公共课、1门专业基础课。

　　2002年，成人高考人数达448人。

　　2003年，因"非典"成人高考统一考试临时改在下半年进行。

　　2004年起，成人高考报名、考试均在下半年进行。报考人数呈大幅上升趋势。

　　2007年，实行网上报名，考生须按时完成网上填报基本信息、现场确认及采集照片信息、网上缴费，网上报名时间一般为7月下旬至8月上旬，确认报名信息时间为8月下旬至9月初，考生一般应在户口所在地报名并参加考试。考试工作由市招生办组织，考试时间为10月第一个双休日。

　　2013年，全区成人高考报名者达650人，创历史最高记录。

　　2014年，高中起点升本、专科考试科目为：公共课统考科目均为语文、数学、外语三门，其中，数学分文科类、理科类两种，外语分英语、俄语、日语三个语种，由考生根据招生专业目录中明确要求的语种进行选择。报考高起本的考生，除参加三门统考公共课的考试外，还需参加专业基础课的考试，文科类专业基础课为"历史、地理综合"(以下简称："史地")，理科类专业基础课为"物理、化学综合"(以下简称："理化")。每门满分150分。

　　(一)高起本各专业考试科目：①文史类、外语类、艺术类：语文、数学(文科)、外语、史地；②理工类、体育类：语文、数学(理科)、外语、理化。

　　(二)高起专各专业考试科目：①文史类、外语类、艺术类、公安类:语文、数学(文科)、外语;②理工类、体育类、西医类、中医类:语文、数学(理科)、外语。

(三)专升本科考试科目。专升本考试统考科目均为三门。二门公共课为政治、外语,一门专业基础课根据招生专业所隶属的学科门类确定。每门满分均为150分。外语考英语、俄语、日语三个语种,由考生根据招生专业目录中明确的语种要求进行选择。

①文史中医类:政治、外语、大学语文;②艺术类:政治、外语、艺术概论;③理工类:政治、外语、高等数学(一);④经济管理类:政治、外语、高等数学(二);⑤法学:政治、外语、民法;⑥教育学:政治、外语、教育理论;⑦农学:政治、外语、生态学基础;⑧医学:政治、外语、医学综合。⑨体育类:政治、外语、教育理论。

成人高考县区设报名点,负责政策宣传、接受考生报名、发放有关材料资料,其他均由省市负责。

1984~2014 年河口区成人高考报名情况统计表

年度	考生数	年度	考生数
1984	5	2003	369
1985	5	2004	328
1986	64	2005	296
1987	26	2006	260
1988	——	2007	230
1989	130	2008	325
……		2009	504
1998	36	2010	465
1999	57	2011	401
2000	74	2012	570
2001	224	2013	650
2002	448	2014	332

第五节　自学考试

高等教育自学考试是对自学者以学历考试为主的高等教育国家考试。山东省高等教育自学考试开设本科、专科两个学历层次的考试。凡中华人民共和国公民,不受性别、年龄、民族、种族和以受教育程度的限制,均可按规定报名参加高等教育自学考试。

1984~2003 年,高等教育自学考试每年组织两次,报名时间安排在 6 月 18~24 日、12 月 18~24 日。考生报名时新考生持身份证、毕业证到区招办领取报考材料,进行填涂和录入信息,现场采集照片,老考生持长期准考证到招生办报名。

2004~2010 年,高等教育自学考试每年组织四次,除原报名时间安排外,新增 5 月下旬、12 月上旬两次报名时间。

2011~2014 年,高等教育自学考试每年组织三次,取消 5 月下旬报名时间,报名时间统一为 6 月 18~24 日、12 月上旬、12 月 18~24 日。2010 年 12 月上旬,试行网上报名,此后逐步推开,老考生可选择网上报名或现场报名,新考生仍需现场报名。根据山东省自考专业计划要求,课程(含实践、毕业考核)全部合格的考生需每年 6 月上旬、12 月上旬集中办理毕业手续,区招生办发放毕业材料,考生本人负责填写和向市自考办报送毕业材料,市自考办负责审核办理。县区仅负责政策宣传、组织报名、发放材料,其他均有省、市招生部门负责。

1984~2014 年河口区自学考试报名情况统计表

年度	考生数	年度	考生数
1984	——	2003	765
1985	11	2004	906
1986	63	2005	683
1987	167	2006	582
1988	——	2007	400
1989	114	2008	278
……		2009	163
1997	361	2010	116
1998	691	2011	68
1999	775	2012	33
2000	611	2013	31
2001	678	2014	39
2002	1174		

第八编　教育督导与管理

1995年,成立河口区人民政府教育督导室。2000年,确定对全区各乡镇(办事处)人民政府及其教育行政部门,区政府有关部门教育工作,中等及以下各级各类学校的工作进行监督、检查、评估、指导。通过对全区教育督导,促进和保障河口区教育事业健康快速科学发展。

第一章　教育督导

第一节　督导机构

1991年4月26日,国家教育委员会第15号令发布《教育督导暂行规定》,省、市、县各级政府成立教育督导室,对下级人民政府的教育工作、下级教育行政部门和学校的工作进行监督、检查、评估、指导,保证国家教育方针、政策、法规的贯彻执行和教育目标的实现。地方县以上均设教育督导机构。地方县以上教育督导的组织形式及其机构的职责,由各省、自治区、直辖市人民政府确定。地方县以上各级人民政府,根据本行政区域内教育事业的规模及其他实际情况,确定教育督导机构的编制。

1995年,根据《中华人民共和国教育法》第二十条规定:"国家实行教育督导制度和学校及其他教育机构教育评估制度"及《东营市实施〈中国教育改革和发展纲要〉的意见》中加强县区教育督导工作的要求,6月,河口区人民政府教育督导室正式成立(东河编发〔1995〕第12号)。机构设在区教委,为副科级事业单位,设督导室主任1人,兼职督学(副科级)2人。

1998年2月,区政府及教委对教育督导室人员进行充实和调整,由1人增为3人。

2000年11月,河口区人民政府教育督导室由副科级升格为正科级事业单位(东河编发〔2000〕30号)。是月,根据全市第一次教育督导工作会议精神要求和《东营市教育督导暂行办法》,为满足教育督导工作的需要,以区政府名义聘任第一批兼职督学及区特约教育督导员各10名（东河政发〔2000〕80号),聘期三年。

2006年8月,河口区人民政府教育督导室加挂东营市河口区教育条件装备办公室牌子,人员编制8人。

2009年3月,根据《关于设立河口区学生资助管理中心的通知》(东河编发〔2009〕2号),河口区人民政府教育督导室人员编制调剂2名到学生资助管理中心,人员编制为6人。

2010年7月,根据《河口区教育系统增设安全保卫机构及人员编制的通知》(东河编发〔2010〕16号),在河口区人民政府教育督导室加挂东营市河口区教育局安全工作科牌子,河口区人民政府教育督导室核增3名编制,用于配备专职安全工作人员,人员增至9人。

教育督导室历任负责人

主　任

张景利(1995.10~1998.02)

韩其华(1998.02~2010.09)

盖秀霞(2010.09任职)

副主任

高希文(1998.02~2010.09)

杨景田(1998.02~2010.09)

焦广民(2009.09~2014.11)

刘爱荣(2010.09任职)

第二节　任务职责

任务　1995年,督导室主要任务是对"两基"工作进行督导。2000年,全省县级政府教育督导评估工作会议在兖州召开,河口区被确定为全省20个教育督政试点县区之一。根据《河口区教育督导规定》,区政府教育督导室"代表区政府行使教育督

2002年3月29日,河口区教育教育督导视导反馈会

导权力"。其对象为:"乡镇(办事处)人民政府及其教育行政部门,区政府有关部门教育工作,中等及以下各级各类学校。"并增加对乡镇人民政府和区直有关部门领导、管理教育工作的情况督导及对教育工作中出现的重大问题进行调查,向区政府报告情况、提出建议等职责。

2001年,河口区委、区政府召开全区教育督导工作会议,下发《关于建立河口区教育目标执法责任制的意见》(东河办发〔2001〕4号),并与有关部门、单位签订《2001年教育目标执法责任书》。督导室严格按照上级文件规定程序,一年进行两次综合督导和若干次专项督政活动。对规范化学校建设、农村小学布局调整、乡镇教育投入、文明校园建设、初中生辍学情况、教工住宅建设及学校安全工作进行重点督导。

2012年8月29日,国家《教育督导条例》由国务院第215次常务会议通过,2012年10月1日起施行。条例分为总则、督学、督导的实施、法律责任及附则等5章。对法律、法规规定范围的各级各类教育实施教育督导,适用该条例。根据条例,教育督导的内容包括县级以上人民政府对下级人民政府落实教育法律、法规、规章和国家教育方针、政策的督导;县级以上地方人民政府对本行政区域内的学校和其他教育机构(以下统称学校)教育教学工作的督导。条例指出,国家实行督学制度。督学受教育

督导机构的指派实施教育督导。河口区对2000年特约专兼职督学人员进行调整。

职责 河口区教育督导室成立之初,根据国家的有关教育方针、政策、法规和制度对教育行政部门和各级各类学校进行监督、检查、评估、指导和帮助,旨在加强国家对教育事业发展的全面管理,以保障教育方针和政策的贯彻执行,提高教育质量,促进教育事业的健康发展。根据教育发展的任务特点,其主要职责为:贯彻落实国家教育督导方针、政策、法律、法规,代表区政府行使教育督导权力;规划制定教育督导方案,认真组织实施;督政督学相结合,努力改善办学条件,提高教育质量。

2001年12月7日,山东省人大常委会颁布的《山东省教育督导条例》(2002年3月1日起实行)对教育督导机构的职责作出明确的规定。河口区根据条例内容制定区政府人民教育督导室工作职责。主要是:统筹规划、组织实施本区教育督导工作,拟定教育督导、评估工作的实施方案和规章制度;负责区直有关部门及镇(街道)人民政府的实施教育法律、法规和履行教育职责情况的督导检查;负责全区中小学校及幼儿园的办学方向、办学条件、办学质量和办学效益的督导检查和评估;负责对实施素质教育情况的督导;负责对教育工作中的重大问题进行调查研究,向区政府或上级教育督导部门提出意见或建议;参与教育先进单位的评审,对被督导学校主要负责人的奖惩、任免向有关部门提出意见;牵头负责全区镇(街道)教委、各级各类学校的检查考核;负责做好法律、法规规定的其他职责。

第三节 督导实施

1996年11月,河口区"两基"(基本普及九年义务教育、基本扫除青壮年文盲)工作通过省政府

验收。

1998年，河口区根据市督导室《东营市教育督导机构工作制度》（东河政督字〔1998〕4号）精神，以教委文件形式下发《河口区普通中小学幼儿园督导评估工作制度》（东河教发〔1998〕3号），建立学校办学水平督评制度，每年对全区学区以上小学、中学及乡镇中心幼儿园进行一次综合评估。

2001年2月，区委、区政府联合召开全区教育督导工作会议，会上以区政府正式文件形式出台《河口区教育督导规定》（东河政发〔2001〕18号）；区委、区政府联合下发《关于建立河口区教育目标执法责任制的意见》（东河办发〔2001〕4号），并与有关部门单位签订《2001年教育目标执法责任书》。至此，督学、督政工作在河口区全面展开。

2003年，河口区通过省"两基"复查及省"普及实验教学区"验收；2003年、2004年，河口区连续两年接受省政府教育督导团综合督导评估，并取得优秀成绩。2005年，河口区被授予"省教育收费示范区"称号。

2006年开始，每年省、市督导团都会不定期对河口区教育工作进行督查验收。区政府成立由区长为组长，教育、财政、税务、人事等部门为成员的整改工作领导小组，确定"严格落实教育投入政策，高标准改善学校办学条件，全面提高中小学教育水平"的工作思路，认真分析存在问题，逐一制定整改措施，将任务及时分解到各乡镇、街道和区直有关部门。区委、区政府主要领导多次到教育部门及学校进行调研，分管领导靠上负责，到各乡镇进行现场办公，协调调度，教育行政部门通过采取外出参观、定期调度、领导包干、跟踪督导等形式，督促各项工作的落实，保证创建工作的质量和效果。河口区通过深入开展教育督导工作，推动全区教育事业持续健康快速发展。

普法工作　督导室负责普法工作宣传和监督，按照上级要求，协助区司法部门开展法制宣传的活动，从法制动漫征集到法律进学校示范点的创建，始终坚持把中小学法制教育作为教育工作的重要内容紧紧抓在手上，不断强化措施，稳步推进，广大中小学生的法制意识和思想道德素质得到显著增强。2010年，教育系统内部开展"五五"普法规划年，制定普法规划，深入开展法制宣传教育，提高干部职工的法律意识和法律素质，强化社会主义法治理念，提高依法行政的能力和水平，做到依法决策、依法行政、依法监督、依法管理。2013~2014年，开展"深化法制宣传教育，为实现伟大中国梦营造良好法治环境"主题活动，各学校响应号召开展演讲、知识讲座等形式多样的普法宣传活动。

普通中小学办学水平督导评估　1998年起，省教委决定在全省建立对中小学、幼儿园的督导评估制度。是年，河口区开展对全区中小学督导评估的工作，下发《关于做好中小学督评自评工作的通知》《关于对全区中小学办学水平进行督导评估的通知》《河口区普通中小学幼儿园督导评估工作制度》等文件。11月，督导室组织有关人员对各乡镇学校、区直实验小学、幼儿园进行督导检查。以后每年按照要求进行一次全区普通中小学、中心幼儿园办学（园）水平督导评估工作，并及时公布督导评估的结果，予以全区通报。通过严密的评估过程，督促

2012年3月15日，市政府教育督导团对河口区学前教育工作进行专项督导评估检查

各学校优化办学行为,提高教育管理水平。

1998 年 12 月 7 日起,河口区人民政府教育督导室开展对全区中小学办学水平综合督导评估工作,具体制定督评范围、督评内容,成立专门工作小组,主要采取听取汇报、查阅资料、实地考察、抽测、座谈了解、问卷调查等方式进行,督导考核新户乡、太平乡、义和镇、四扣乡、六合乡、孤岛镇和仙河镇,对各个乡镇的学校进行整体摸底,指出各个学校存在的问题,督促在限期内整改,使全区整体办学水平有较大幅度的提高。

义务教育均衡发展督导 根据《义务教育法》和《教育督导条例》规定,按照《国务院关于深入推进义务教育均衡发展的意见》(国发〔2012〕48 号)、《教育部关于印发〈县域义务教育均衡发展督导评估暂行办法〉的通知》(教督〔2012〕3 号)和《山东省人民政府办公厅关于印发山东省县域义务教育均衡发展督导评估实施办法的通知》(鲁政办发〔2013〕8 号)的要求,省政府教育督导组于 2014 年 5 月 21~22 日,对河口区义务教育均衡发展情况进行督导评估。此次督导评估中,省政府督导团分五个小组,对河口区域内义务教育阶段所有中小学校(25 所)进行了实地查看,重点查看学校办学条件、师资队伍建设、政府经费投入等三方面内容。同时,到区财政局、地税局、国税局、教育局等部门,查看有关的账簿;组织区人大代表、政协委员和学生家长等社会群体,采用不记名问卷的方式,开展公众满意度调查。5 月 22 日下午,省政府义务教育均衡发展督导评估团对河口区初评情况进行反馈。副区长、区编制办公室、财政局、地税局、国税局、人社局、教育局和各镇街分管负责人、教委主任、区直中小学校长参加反馈会,督导组对河口区着力优化教育优先发展环境,改善办学条件,完善均衡发展长效机制,规范管理等工作给予充分的肯定。调查问卷显示,公众对河口区推进义务教育均衡发展工作满意度高。

第四节 达标创建

创建省教育工作示范县区 2005 年,河口区委、区政府提出创建省教育工作示范区的工作目标。2006 年 12 月 28~30 日,省督导组一行 6 人对河口区创建"山东省教育工作示范区"工作进行督导评估。督导组听取河口区政府关于创建省教育工作示范区情况的汇报,查阅有关档案资料和财政、国税、地税以及教育部门的账册,随机抽查 1 所高中、1 所职业学校、1 所九年一贯制学校、4 所初中、10 所小学和 4 所幼儿园,各级各类学校(幼儿园)共计 21 所,全面了解河口区教育的整体状况。省督导组认为:河口区以创建"山东省教育工作示范区"为目标,不断加大教育投入,努力改善办学条件,全面落实教师待遇,不断深化教育改革,"以区为主"教育管理体制逐步完善,教育投入机制进一步健全,办学条件不断改善,管理水平和办学效益明显提升,全区各类教育呈现和谐健康、快速高效发展的良好局面,在许多方面都取得值得推广的经验。各项指标基本达到省定示范县区等级标准。2007 年 8 月 31 日,根据《山东省县级政府教育工作督导评估标准(试行)》(鲁政发〔1998〕48 号)及有关规定,认定 7 个县(市、区)达到示范等级。经省政府同意,决定命名河口区为"全省教育工作示范县区"。

语言文字工作督导评估 1988~2009 年,河口区语言文字工作由区教育局职教股负责。1993 年,举办小学教师铅笔字、毛笔字、简笔画辅导员培训班各 1 期,培训教师 80 人。根据 1993 年国家语言文字工作委员会、国家教育委员会联合发的 9 号文件《关于普通中学普及普通话的通知》,要求在教育系统推广普通话。第一阶段在教学和集体活动中运用普通话,第二阶段成为校园语言,最晚时限分别为 1996 年和 1998 年,农村普通中学争取到 2000 年实现各科教学和集体活动使用普通话。为此,每年举办小学教师普通话培训班两期。2007 年 12 月,河口区第一中学和河口区实验学校被评为市首批普通话示范学校。2010 年开始,由区教育局教师培训办公室负责。2012 年 12 月,河口区顺利通过国家二类城市语言文字评估验收。2013 年 8 月,教育部督导办、语用司联合下发通知,在全国开展中小学语言文字工作督导评估。河口区通过督导评估进一步推动中小学认真贯彻落实语言文字法律法规和政策,健全语言文字工作机制,完善相关制度,为学生全面发展提供良好的语言文字教育,为学生拓展成长成才空间打好基础。同时,将中小学校语言文字工作督导评估纳入素质教育督导评估范畴。

2015年8月13日,国务院教育督导委员会办公室关于印发《语言文字工作督导评估暂行办法》的通知(国教督办〔2015〕5号),这标志着我国语言文字工作督导评估制度正式建立。按照规定,每5年开展一轮语言文字工作督导评估。9月,河口区结合当地实际,基本形成完善的语言文字工作督导评估指标体系。

普通话推广　1998年,河口区按照国家、省、市语委的部署安排,每年出台推广普通话宣传活动方案,紧扣每年的宣传主题,组织全区各单位、各行业开展推广普通话宣传活动。教育系统通过广播站、宣传标牌、宣传栏、黑板报、画报及发放宣传册等渠道,积极宣传普通话基础知识和规范书写知识,开展推广普通话周宣传活动,扩大推广普通话活动的社会影响力。各学校结合自身特点,广泛开展普通话水平培训测试。通过每年分期分批培训、普通话水平测试等手段,提高教师普通话水平。

2011~2012年,为迎接省二类城市语言文字工作验收,河口区广泛组织普通话培训与等级测试工作。2011年9月,区语委办对全区在岗教师和校长(园长)集中进行普通话培训与等级测试,累计测试达700余人,合格率达99%。2012年,经过补测,全区中小学教师中应测人员全部持证上岗;7月,区语委办对全区党政机关、新闻媒体、企事业单位、公共服务行业的人员进行普通话等级测试,共计105个单位2530人参加培训测试,并获得国家级普通话等级证书。2014~2015年,河口区教师普通话授课率100%。

创建语言文字规范化示范学校　为不断规范汉字书写水平,河口区以创建语言文字示范校为契机,提高教育系统用字、用语规范水平。2008年开始,区语委办每年都下发通知,指导中小学积极

争创语言文字规范化示范校。要求各中小学把语言文字工作列入学校教育教学总体规划统筹安排,纳入到教师继续教育工程,纳入校园文化建设规划,渗透到素质教育的各个环节。学校采取多种有效措施,深入开展创建活动。如开展普通话演讲比赛、规范字展示、书法比赛等活动,推动全区各中小学普通话口语教学和汉字书写教学水平的提高。

2010年4月,河口区教育系统在全区师生中开展用字规范化征文活动,广大师生通过对城区及乡镇驻地进行调查,针对用字不规范现象,以调查报告、小评论、记叙文等形式提出整改建议,规范广

2009~2013年河口区省、市级语言文字规范化示范校一览表

学　　校	获得批次	获得时间	备注
河口区实验学校	第一批	2009.04	市级
河口区第一中学	第二批	2010.01	市级
河口实验幼儿园	第二批	2010.01	市级
新户镇太平小学	第二批	2010.01	市级
义和镇中心学校	第二批	2010.01	市级
河安小学	第三批	2012.01	市级
六合街道中心小学	第三批	2012.01	市级
六合街道中学	第四批	2013.12	市级
河安幼儿园	第四批	2013.12	市级
河口区实验学校	第二批	2009.12	省级
河口区第一中学	第二批	2012.01	省级
河口区实验幼儿园	第二批	2012.01	省级
义和镇中心学校	第三批	2013.12	省级
河安小学	第三批	2013.12	省级

2013 年 4 月 22 日上午，市政府督导组对河口区普通中小学办学条件标准化建设情况进行督导

大教师及中小学生的用字行为。2011 年 9 月，在全区师生中开展语言文字知识问卷调查活动。通过开展活动，丰富师生的语言文字知识，提高师生的用字规范意识。2012 年 9 月，在全区中小学广泛开展"啄木鸟"活动，发现纠正不规范用字 100 多处。至 2014 年，河口区中小学、幼儿园先后争创市级语言文字规范化示范校 9 个，省级语言文字规范化示范校 5 个。

国家二类城市语言文字评估验收　2012 年开始，河口区建立健全语言文字工作机制。4 月，召开全区语言文字工作迎检动员大会，调整语委会成员，成立由分管副区长任组长、区语委成员单位主要领导任成员的迎检领导小组，出台《河口区迎接国家二类城市语言文字工作评估实施方案》，在区教育局设立迎检办公室，专人负责语言文字工作，设立语言文字工作联络员，配备必要的办公设备，

建立健全语言文字工作机构。全区各单位相继成立以主要负责人为组长的领导小组，建立起齐抓共管、上下联动的全区语言文字工作网络机构，为全区语言文字工作的顺利开展奠定坚实基础。5 月，根据评估标准要求，经过实地考察，决定在河口比较繁华的商业街创建一条高标准的语言文字规范化示范街。区语委、工商、城管等部门对该路段进行实地查看，对公路两侧的单位及店铺用字不规范情况进行记录、拍照，并下发限期整改通知单，限期进行整改。以河安小区六合街道社区为中心，创建"语言文字规范化示范社区"。6 月，发动城区中小学师生开展查找不规范用字行动。分期分批对社区内的宣传栏、单位名称、店铺招牌、路标站牌、标语广告等用字不规范情况进行实地搜集、整理，根据学生们发现的问题进行整改。区语委联合工商、城管等部门进行两次集中检查，用字不规范问题得到根本解决。在区语委的统一部署下，经过多次考察，联合城市管理局等单位，在海盛路南端河口城区入口、中心路新华书店路口等主要路段设立大型永久性标志牌 2 处；并在大型服务场所设立宣传标语牌 5 处，全区各单位制作悬挂各种宣传标语、在办公场所张贴"一法一办法"宣传画等，通过多种措施，多角度多层面加大"说普通话 写规范字"的宣传力度，提升城市形象。12 月，河口区通过国家二类城市语言文字工作评估验收。

第二章 教育管理

第一节 制度建设

河口区教育局成立后，在实践中不断探索、修改、完善各项管理制度，制度建设成为全区教育管理的重要组成部分。

工作制度 重点是按照明确分工，各司其职，各负其责，团结协作，开展工作。工作人员必须服从领导，听从指挥。严格遵守各项规章制度。恪尽职守，坚守岗位，自觉维护安静、和谐、有序、文明的办公环境。发扬团队精神，不断开拓创新，树立教育干部职工的良好形象。

学习制度 强调全体工作人员要切实把加强学习作为提高自身素质和做好工作的前提和保障，增强学习的自觉性。学习内容以党和国家的有关方针政策、政治理论、教育理论、法律法规和业务知识为主。坚持集中学习和自学相结合的学习方式，提倡理论联系实际的学风，切实解决思想和工作中的实际问题。

会议管理制度 召开的会议主要有：局党委会议、局长办公会议、股室长会议、局机关全体工作人员会议，镇、街道教委主任、学校校长会议。主要强调严格会议审批权限管理。做好会议记录，其中，局党委会议、局长办公会由办公室主任负责记录，其他会议由责任股室长负责记录。会后，由召集人决定是否整理印发会议纪要。会议决定事项由承办股室负责落实，并及时将落实情况报送办公室或责任股室，由办公室或责任股室及时向局长汇报并定期通报。

人大代表建议及政协委员提案办理制度 要求严格依法务实办理。依据有关教育法律、法规及上级有关办理工作的规范性文件，进行认真细致地调查研究，实事求是地答复。实行领导批阅把关，规范化办理，从承办到答复都由局领导审核把关，保证答复质量。全面落实"三定"（定承办领导、股室、人员）"三亲自"（承办领导亲自安排办理工作、亲自同代表委员见面、亲自协调解决实际问题）的办理制度。规范办理程序，实行分级负责的制度。要加强同代表和委员之间的联系，坚持走访、座谈、追踪落实制度。对有提案的人大代表或政协委员及时进行走访、座谈，听取意见和建议，做到办前征求建议或提案人意见，办中反馈办理意见及办后追踪落实。严格登记、分类、审核、答复、反馈、存档程序。坚持部门合作，坚持办理工作与业务工作相互促进。对需要会同有关部门联合办理的提案，主动上门对接，恪守职责，积极配合。

考勤制度 工作人员必须遵守局机关作息时间，按时上下班，不旷工，不迟到，不早退，不脱岗，不串岗，严禁上班时间搞娱乐活动；工作人员有私事需离岗，要请假，事后销假。一般情况私事要服从工作，未经批准，不准擅自离岗。病假应有医生证明；上下班要签到、签退，不许他人代签。考勤情况每周由办公室统计公布。严格请销假管理，局长请假由区政府领导批准；请假半天由股室长批准，请假一天由分管领导批准，请假一天以上由局长批准；全体人员会议请假由局长批准；科级干部请假由局长批准；外出半天以上（含半天），经有关领导批准后及时到办公室填写外出登记表，否则按旷工处理。

卫生环境管理制度 保持办公环境干净整洁。废弃物品一律清入垃圾篓，过期文件粉碎后进入垃圾篓。所有堆积物品在使用后务必要整理工整。墙壁干净无蛛网，无乱画乱贴现象。局办公室每月组织一次卫生大检查活动，每股室抽调一名同志，进行集体打分。汇总平均后,得出各股室得分,作为年底股室目标考核依据。

公文管理制度 要严格按《公文处理程序》做好发文和收文的处理和管理工作。增强公文管理工作的规范性和严肃性。确保公文处理的安全、高效。文件只准竖传,不能横传,传阅处理要及时。已经签发的文件不准擅自更改,如确需更正时,须送局办公室处理。公文办理完毕,应及时将正文和底稿、处理单等送局办公室存档。行文应确有必要,注重实效,严格控制公文规格和数量。文件及重要会议材料要及时归档,加强公文管理。

信息宣传工作制度 信息宣传稿件的编写要坚持实事求是的原则,突出实效性和准确性。健全信息宣传工作网络,制订指标分配、情况通报、督查考核措施,保证信息管理渠道畅通。各镇(街道)教委、区直学校(幼儿园)、局机关股室,要高质量的及时完成分配的信息报送指标。严格报送程序。各单位、各股室的信息和宣传稿件都要经本部门主要领导审阅后报送局办公室,由局办公室进行汇总、整理与处理,一般稿件经局分管领导审阅后报送上级部门,重要稿件需经局主要领导审阅。

安全保卫制度 局成立安全保卫领导小组,组织做好局机关的安全保卫工作,同时指导协调好系统基层单位的安全保卫工作。完善和落实保卫人员岗位职责,实行24小时值班,加强巡逻,确保系统内部不出现任何治安问题。加强门卫管理,严格各种车辆人员的进院登记检查。加强对外来人员的管理,提高警惕,加强防范,防止各类重大刑事案件的发生。保卫人员要经常对本单位办公区、车库等进行检查,及时发现和消除一切不安全隐患,并及时向局领导报告。

校务公开制度 校务公开工作要坚持扩大基层民主,加强学校的民主管理与民主监督,促进学校依法治校指导思想和原则。校务公开的项目和内容:①向社会公开的事项,主要包括招生工作、职业教育毕业生就业推荐工作、收费;②向学生公开的事项,主要包括学生管理制度和办法、学生违纪处理情况和贫困生救助情况等;③向教职工公开的事项,主要包括学校重大决策、大额的财务收支、干部

人事工作、基建(维修)工程基础上及大宗物资和设备采购、领导干部重要事项、关系教职工切身利益事项、社会与公民向学校捐款等。

招生工作制度 掌握招生政策,熟悉招生业务,严格按招生政策办事,不得违反招生规定,不得自行其是。坚持原则,秉公办事,以高度负责,严肃认真的态度做好招生各个环节中的工作,做到一丝不苟,详细准确。

第二节　德育工作

河口区成立之初,全区教育系统认真贯彻落实《中共中央关于改进和加强中小学德育工作的通知》精神,不断加强德育队伍和阵地建设,积极创建学校、家庭、社会"三位一体"的管理格局,遵循新形势下德育工作的特点和规律,广泛深入地开展党的基本路线教育、社会主义思想教育、"两史一情"教育、法制教育、祖国优秀文化传统和革命传统教育。具体任务是:针对所处国际、国内形势,结合政治课教学,对中小学生进行"五讲、四美、三热爱"和法制教育,进行以"祖国在我心中""战士在我心中"为主题的系列爱国主义教育和以共产主义思想为核心的思想道德教育。

1990年,加强优化育人环境工作,中小学联合司法部门加强对青少年的法制教育。1991年秋,随着普及九年义务教育(以下简称"普九")工作的实施,各项工作日益规范。开展不同类型的社会实践活动,组织一些公益服务等,配合活动类课程的开设,开展一些专题性社会调查。随着国家教委《关于在普通中学开展社会实践活动若干问题的通知》的颁布,中学社会实践活动日趋规范,新生入学一般先进行两周的军训,暑假进行专题社会调查。1998年,以创建文明校园活动为载体,加强学校精神文明建设。2001年,初一、初二、初三、初四开设思想政治课,每周课时分别为2、2、3、4节。2002年,河口区坚持"德育为首,五育并举"的方针,出台《中共河口区委、河口区人民政府关于加强学校思想政治工作的意见》,建立德育工作运行机制和评价机制,把德育教育内容变为定量、细化、可操作性很强的

考核内容,区、乡教委制定《学校德育和思想政治工作验收标准》,完善德育工作网络,实行"德育渗透"制度、"全员育人"制度。班主任通过日常班级管理,加强学生德育教育工作,共青团充分发挥自身特点,通过开展一系列活动,丰富德育教育内容,陶冶情操;少先队通过开展雏鹰争章、"红领巾在我心中飘扬"等系列活动,渗透德育教育内容,学生会利用自身优势,组织学生开展社会实践活动,举办专题讨论、读书会等丰富活动内容,使其了解社会热爱生活。班主任、共青团、少先队、学生会互联互动,共同协作,促进学校德育工作,提高教育品位。2003年,在全区开展评比"三好学生""优秀学生干部""优秀共青团员""新长征突击手""雏鹰奖章""优秀少先队员"等评选活动。2004年,全区形成由教育、宣传、文化等有关部门具体实施的学校德育工作领导体系。至2006年,全区14处学校获市级文明校园称号。

2007年,在青少年学生中开展"五讲、四美、三热爱"(具体的内容是:"五讲",即讲文明、讲礼貌、讲卫生、讲秩序、讲道德;"四美",即心灵美、语言美、行为美、环境美;"三热爱",即热爱共产党、热爱祖国、热爱社会主义)活动、"学雷锋奉献在河口""两史一情(党史、历史、河口区情)"教育活动。少先队开展"雏鹰争章"活动。2008年,在各类学校中开展"学法、懂法、守法"教育活动、"百部爱国主义影评""两纲、两范"教育活动、"中小学生思想评定"活动、"学雷锋、学赖宁、树新风、创三好"活动、"文明班级、文明校园、文明青少年"评比活动、"中学社会实践营"活动、"红领巾实践周"活动、"向徐洪刚学习"活动、"向郑玉影学习"活动、"国旗下的演讲"活动、每周一升国旗唱国歌活动、"四个一活动"(即:读一本好书、看一部好电影、写一篇忆史性作文、举办一次"祖国在我心中"大讨论)、"我为团旗添光彩"活动、"红领巾在我心中飘扬"活动、"十八岁成人宣誓"活动、"学科学、爱科学、用科学"北京夏令营活动、每年一次的文艺汇演。"五一""六一""七一""八一""十一"、植树节、团队日、清明节、教师节等重大节日,开展丰富多彩的专项活动,以及不同形式的征文、演讲、古诗文诵读比赛等。全区

70%以上的学校建立"家长学校",实行"家长接待日"活动。初中以上学校办起学校广播站,中心小学以上的学校建起红领巾广播室,区一中办起校报、校刊。

2009年,坚持"以育人为中心,以学生为主体,"充分体现"以人为本"的教育思想。重点培养学生基本的政治方向和基础文明道德。通过给学生上党课、团课、开主题班会,使每个学生牢固树立"以德治校"的根本理念。2010年,各学校充分发挥思想政治课的德育导向功能,思想政治课以知识为载体,对中学生系统全面地进行公民品德和马克思主义常识等方面的教育,帮助学生确立正确的政治方向,树立科学的世界观、人生观和价值观,形成良好的道德品质。初一开设公民,初二开设法律常识,初三开设社会发展和中国社会主义建设常识,高一开设经济常识,高二开设哲学常识,高三开设政治常识。初中德育教育的重点是集体主义教育和较系统的理想教育,把他们培养成为合格公民。高中阶段则要在合格公民教育的基础上,对其进行正确的政治方向教育,引导学生逐步树立科学的人生观、世界观、价值观,并不断提高他们的社会主义思想觉悟。

2011年,围绕"从我做起,走向文明"等活动,结合教育工作的特点,以提高思想道德素质为宗旨,开展"文明礼仪大赛""校园之星大赛""师德标兵"和"文明少年"活动评选,发放宣传资料2万余份,举办报告会、国旗下演讲、主题班会60余场次。2013年,开展丰富多彩的系列教育活动,继续开展"文明礼仪大赛""校园之星大赛""师德标兵""文明少年"和"三好学生"评选等活动。充分发挥乡村少年宫、德育教育阵地作用,组织师生参加各种形式的社会实践活动,培养学生树立良好的道德风尚和社会责任感。

2014年,严格落实《山东省普通中小学管理基本规范》,坚持因材施教,鼓励学生发展特长,开展中小学艺术展演、经典诵读、艺术节、运动会、庆"六一"等活动。完善学校、家庭、社会"三位一体"的教育管理模式,充分发挥"家长学校"在教育管理中的重要作用,加强班主任培训管理,各学校配备专

兼职心理辅导教师,引导学生形成健康向上的思想理念。

第三节　安全管理

管理体制　河口区教育安全工作始于1999年,工作中心是校车安全。主要是针对学校布局调整后,解决远距离学生上学的车辆管理与收费问题。学校安全管理工作列入工作日程。2000年10月26日,市政府下发《东营市人民政府关于加强学生专用车辆管理的通知》(东政发〔2000〕33号),对车辆管理进行明确要求。2001年1月19日,区交通局、区公安交警大队、区教委发布《关于开通接送学生车辆线路运营有关问题的告示》。2002年11月26日,区教育局、区公安局联合下发《关于加强学生专用车辆管理的意见》(东河教发〔2002〕38号)。2004年4月5日,区政府下发《河口区人民政府关于印发河口区学生专用车辆管理暂行办法的通知》(东河政字〔2004〕36号),对接送学生专用车辆的技术要求、申请、检测、补贴、责任落实等方面进行详细的规定,接送学生专用车辆管理进一步规范,同时,校园安全管理水平得到提升。在此期间,接送学生专用车辆及学校安全管理工作由区人民政府教育督导室兼管。

2010年,成立以区委副书记、副区长为正副组长,以相关部门负责人为成员的河口区校园安全保卫工作领导小组,建立联系会议制度。河口区教育局成立学校安全工作领导小组,局主要领导任组长,分管领导任副组长,各科室负责人为成员,指导全区学校安全工作。领导小组下设办公室,设在区教育局安全工作科,办公室主任由安全工作科科长兼任。各镇、街道教委安排专人负责,各学校、幼儿园分别成立专门的安全管理办公室。9月,经区编委批准,区教育局学校安全工作科成立,编制3人,为股级事业单位。是年,各学校分别成立安全保卫处(室),区一中保卫处为副科级事业单位,其他中小学校为股级及股级以下事业单位。

任务职责　贯彻执行国家和省、市、区关于学校安全工作的法律法规、规章制度和工作部署,结合实际,及时研究制定全区学校安全工作计划、措施,并认真组织落实;负责局机关及全区各级各类学校、幼儿园安全工作的组织、指导和检查。积极向区、镇(街道)政府及有关单位反映问题、提出建议,督促隐患整改;负责督促指导全区各级各类学校、幼儿园安全管理机构、制度和各种应急预案建设和落实,进行突发事件应急处理,督导各学校、幼儿园门卫、值班巡逻等各项制度的落实,做好内部保卫工作;负责组织指导学校、幼儿园利用多种形式开展安全宣传教育、培训及应急预案演练活动,总结推广学校安全工作先进经验;负责全区教育系统社会治安综合治理工作,落实有关任务。组织做好积极协调、配合有关职能部门开展工作,大力开展"星级平安校园"创建活动,创造良好的育人环境。

安全教育　根据教育部颁发的《中小学公共安全教育指导纲要》和山东省教育厅关于加强地方课程建设的意见,区教育局结合全区中小学生安全状况和教育教学实际,选用地方教材《安全教育读本》,以中小学生生活为基础,以促进学生树立和强

消防演练活动

化安全意识,掌握必要的安全知识和技能,逐步养成自救自护的素养和能力。该课程主要体现"人文性、实用性、实践性、综合性"四个特点。内容主要有:1~3年级为"社会安全教育、公共卫生安全教育、意外伤害安全教育、自然灾害安全教育、校园安全教育",4~9年级分别为"社会安全教育、公共卫生安全教育、意外伤害安全教育、自然灾害安全教育、校园安全教育、网络、信息安全教育"。但7~9年级的内容比4~6年级的更加丰富。课时安排,每周0.5课时,每学期不少于10课时。

2002年开始,按照区安委会、市教育局的要求,全区教育系统连续开展十三次"安全教育月"活动。通过安全宣传手册发放、安全横幅标语挂贴、制作安全教育展板、开展"安全在我心中"有奖征文、发放安全宣传材料、组织万名中小学生安全知识答题、开展安全教育优质课比赛、布置安全隐患排查作业、组织安全应急演练等活动,增强广大师生的安全意识和自救互救、应急处置能力。

安全工程建设　1990年5月4日,区人民政府下发《关于搞好全区公办中小学校舍改造集资工作的通知》,全区积极集资、捐资助学、筹足筹齐公办校改资金,加快以校改为重点的安全工程建设。根据东营市中小学危房改造工程领导小组办公室统一安排,河口区中小学危房改造工程自2001年上学期启动。

2001年6月5日,区教委、区建委联合将完全中学1处,初中5处,小学35处(2002年调整为17处)校舍情况进行检查,确定需改造危房150间,危厕33间,当年规划拆除重建校舍116间,拆除新建厕所43间,维修加固校舍40间,总计投资162.4万元。全区危房改造工程在开学前基本完成。

2007年,河口区实施农村中小学校舍水泥檩条更换工程,更换水泥檩条校舍896间,面积21839.5平方米,水泥檩条12657根,全部更换为松木檩条。该工程当年实施,当年完成,总计投入资金121万元。

2009年,河口区制定三年学校安全工程建设规划。计划2009年开始,用3年时间,按照抗震加固、综合防灾的要求,对全区中小学达不到要求的校舍进行集中改造,使学校校舍达到8度抗震设防标准,并符合对地面塌陷、洪水、台风、火灾、雷击等灾害的防灾避险安全要求,彻底消除安全隐患。总体任务是:全区共有中小学校舍总面积137259.77平方米。根据排查鉴定情况,拟用三年时间重建、加固、改造校舍57909平方米,占总面积的42.18%。其中,重建28040平方米,维修加固29182平方米,拆除改造687平方米。总投资3001.5万元,其中,重建2161万元,维修加固840.5万元。全区以校舍危房改造为中心的学校生活安全工程建设全面铺开。是年,拆除重建校舍面积9560平方米,投资1570万元。①太平乡中心小学:拆除01号平房,拆除面积183平方米,重建教学楼一栋,建筑面积1648平方米,投资215万元,2009年4月1日开工,年底竣工。由太平乡政府投资建设。②义和镇中学:拆除04、11号两栋校舍,共计472平方米,重建教学楼一栋,建筑面积1800平方米,投资300万元。2009年3月1日开工,10月1日竣工。由义和镇政府投资建设。③街道办四扣小学:拆除06号平房,拆除面积160平方米,重建教学楼一栋,建筑面积1200平方米,投资205万元。2009年4月1日开工,9月1日竣工。由河口街道办事处投资建设。④职教中心:拆除01号平房,拆除面积276平方米,重建教学楼一栋,建筑面积4912平方米,投资850万元,2009年2月28日开工,年底竣工。由河口区政府投资建设。

2010年,规划重建校舍面积17460平方米,投资538万元,维修加固校舍面积19829.9平方米,投资688万元。①新户中学:拆除楼房一栋,拆除面积1581平方米,重建教学楼一栋,建筑面积2800平方米,投资160万元,2010年3月1日开工,12月31日竣工。由新户镇政府投资建设。②新户镇太平中心小学:加固维修07号教学楼,面积1648平方米,投资40万元。由新户镇政府投资。③新户镇三合小学拆除2号平房,拆除面积100.7平方米,新建平房120平方米,投资8万元。由新户镇政府投资。④义和镇中学:维修加固16号教学楼,面积3856平方米,规划投资150万元;维修加固22号学生餐厅,面积392平方米,投资8万元。由义和镇政府投资。⑤义和镇中心小学:维修加固 15 号教学楼,面积 2160 平方米,投资 80 万元。由义和镇政府投资。⑥河口街道二吕小学:维修加固 9 栋平房校舍,建筑面积 1516.9 平方米。投资 30 万元。由河口街道投资。⑦六合乡中学:维修加固 1 号教学楼,面积 2815 平方米,投资 170 万元。由六合乡政府投资。⑧职教中心:维修加固 18 栋平房校舍,总计建筑面积 4206 平方米,投资 90 万元。由河口区政府投资。⑨区一中:维修加固 6 号实验楼,建筑面积 3236 平方米,投资 120 万元。由河口区政府投资。⑩河安小学:拆除原河运小学教学楼 2800 平方米,新建教学楼面积 11680 平方米,总投资 350 万元。由河口区政府投资。⑪济军生产基地中学:重建教学楼一栋,建筑面积 2860 平方米,投资 20 万元。由济军生产基地中学自筹资金。

2011 年,重建校舍面积 1020 平方米,投资 53 万元;维修加固校舍面积 9352 平方米,投资 152.5 万元;拆除不再重建校舍面积 687 平方米。①新户镇太平中学:维修加固 11 栋平房校舍,共计建筑面积 3858 平方米,投资 50.5 万元;拆除重建厕所 1 处,建筑面积 300 平方米,投资 30 万元;由新户镇政府投资。②新户镇太平中心小学:维修加固 4 栋平房校舍,共计建筑面积 855 平方米,投资 17 万元。由新户镇政府投资。③义和镇中学:维修加固 9 栋平房校舍,共计建筑面积 2311 平方米,投资 46

万元。由义和镇政府投资。④义和镇中心小学:维修加固 8 栋平房校舍,共计建筑面积 1630 平方米,投资 32 万元。由义和镇政府投资。拆除 1、8、11 号三栋校舍不再改造,拆除面积 687 平方米。⑤义和镇大山小学:维修加固 4 栋平房校舍,共计建筑面积 698 平方米,投资 7 万元。拆除重建厕所一栋,建筑面积 120 平方米,投资 8 万元。由义和镇政府投资。⑥六合街道中心小学:拆除新建餐厅一处,建筑面积 600 平方米,投资 60 万元。由六合街道投资。

安全达标创建 "平安和谐校园"创建 2007 年 4 月,按照《山东省教育厅关于在全省中小学开展创建平安和谐校园的意见》以及市教育局有关要求,全区教育系统开展"平安和谐校园"创建工作。至 2012 年,河口区一中、新户镇太平小学等 9 所学校通过市"平安和谐校园"的验收。2013 年 5 月,市教育局在"平安和谐校园"创建标准的基础上,出台《东营市"星级平安校园"创建活动实施方案》,全区学校、幼儿园积极参与,当年区实验学校等 4 所学校、幼儿园通过"六星平安校园"验收,区一中等 3 所学校、幼儿园通过"五星平安校园"验收,义和镇中心学校等 3 所学校、幼儿园通过"四星平安校园"验收,新户镇中学等 9 所学校、幼儿园分别通过 1~3 星平安校园验收。全区星级学校通过率达 52.8%,超出市教育局 20% 的目标要求。

"四心学校食堂"创建 2012 年 3 月,为加强学校食堂管理,区食品药品监督管理局和区教育局联合下发《河口区"四心学校食堂"创建活动实施方案的通知》(东河食药监发〔2012〕6 号),全区"四心学校食堂"即"学校尽心、学生舒心、家长安心、政府放心学校食堂"创建活动正式启动。区一中、区实验学校、区实验幼儿园、河安幼儿园四所区直学校、幼儿园顺利通过 2012 年"四心学校食堂"验收。2013 年,区、镇街两级政府投资 1395 万元,新建农村学校

学校联合区公安消防官兵举行消防应急演练

食堂6处,区关工委积极争取,由安利公司按照食堂规模为每处食堂配备一套高标准炊具、餐具等设备、用品。2014年,秋季开学时全部投入使用,是年底,全区6处乡镇农村学校食堂,全部通过区"四心学校食堂"验收。

校车设施提升　2014年,区教育局积极配合市教育局开展校车设施提升工程,为每辆校车安装了内置摄像头、北斗定位系统、信息屏、读卡器、停车臂、警示灯、倒车雷达、应急救护箱等设施设备,建立市、区、校三级监控平台,对校车实施实时监控,有效地控制校车超速、超载及其他违规违法现象的发生。

"全国安全社区"创建　2009年6月起,河口区开展"全国安全社区"创建活动,全区各级教育主管部门及各级各类学校按照《河口区创建全国安全社区指导意见》要求,以"安全至上,预防为主"为抓手,全面加强安全队伍和安全制度建设,坚持管控并举,物防、人防、技防相统一,加大对校车、食堂、运动设施、活动场所的检查与管控力度,加强对学生乘车、就餐、游泳、消防、体育活动等方面的安全教育。2014年9月,新户镇、义和镇、河口街道、六合街道、孤岛镇五个镇、街学校分别通过"全国安全社区"验收。

安全应急演练　2010年3月22日,在区一中召开全区教育系统消防安全应急演练现场会,全区各镇街教委主任、各中小学(幼儿园)校(园)长实地观摩。自此,全区教育系统将应急演练活动正式纳入学校安全管理工作之中。2012年6月,区教育局下发《关于加强全区学校幼儿园应急疏散演练工作的意见》,对每年应急演练的次数、规范性进行要求。2014年3月,区教育局转发教育部办公厅《中小学幼儿园应急疏散演练指南》,各学校的演练次数由原来的每年四次变为现在的每月一次,内容由单一的消防应急演练转变为预防意外伤害、食物中毒、消防疏散等多方面的应急演练。

第四节　财务与校产管理

1985~1997年,河口区学校经费由学校设账管理。1997~1999年,全区在六合乡教委进行财务统管试点。1999年9月,区教育局下发《关于农村学校财务实行乡镇统管的意见》文件,乡镇农村小学财务实行乡镇教委统管,2001年4月,区教育局下发《关于乡镇中学财务实行乡镇统管的通知》,将乡镇中学财务纳入乡镇教委统一管理。全面落实"以县为主"教育管理体制,创建省"教育示范区"和"规范教育收费示范区"。2005年11月,成立河口区教育财务集中核算中心,实现"校财局管"的财务统筹管理。2012年8月,区教育局下发《河口区镇(街道)公办及公办性质幼儿园集中核算实施意见》,全区各镇、街道所有公办及公办性质幼儿园的财务实行镇、街道统一管理。

财务管理　1985~1900年,全区各乡镇教委未设独立财务,区直各学校建立完善的财务组织,乡镇中学、中心小学开始配备会计1人,出纳1人。随着学校公用经费的不断增加,区教委对教育财务的管理提出新的要求,1996年,下发《河口区教委关于加强教育财务管理的规定》。1997年,下发《关于加强学校财务管理的补充规定》。1999年9月,区教育局对乡镇教委、中小学财务每年内部审计一次,校长、会计离任前必须先进行审计而后交接,学校完善理财小组监督制度,做到民主管理、财务公开。乡镇农村小学财务实行乡镇教委统管,乡镇教委设置财务统管办公室,配备会计、出纳各1人,设置总账、经费拨款收入明细账、事业收入明细账、其他收入明细账、经费支出明细账、教育费附加收支明细账、银行存款明细账、现金收支明细账,以及分学校的收支明细账、固定资产明细账、往来款项明细账、代管款项明细账等。各农村小学作为各乡镇教委财务统管办公室的报账单位,配备报账员1人,及时到财务统管办公室处理财务收支结算业务。1999年10月21日,全区开始实行全区中小学财务通统管。2001年4月,河口区教育局下发《关于乡镇中学财务实行乡镇统管的通知》,将乡镇中学财务纳入乡镇教委统一管理。乡镇教委财务统管办公室对所辖中小学实行"集中管理、分校核算",统一建账、统一记账科目、统计记账凭证、统一收费收据、统一审核标准。各学校成立理财小组作为学校经费管理的监督机构对财务的收支情况进行把关。学校报账员凭经学校理财小组批准、校长签字的原始凭证到财务统管办公室办理报账业务。

2005年，为全面落实"以县为主"教育管理体制，创建省"规范教育收费示范区"。是年11月，成立河口区教育财务集中核算中心，实现"校财局管"的财务统筹管理。12月，区教育局、财政局联合下发《河口区教育财务集中核算实施意见》(东河教发〔2005〕55号)文件，制定《河口区教育局教育财务集中核算中心有关问题的暂行规定》。2007年2月，区政府制定《河口区义务教育经费保障机制改革实施方案》(东河政字〔2007〕6号)文件，坚持以公共财政和效益财政为核心，以"收支两条线管理"为依托，以"校财局管"和"方便学校"为原则，完善河口区农村义务教育管理体制，推动教育财务管理体制改革进程。

2012年8月，河口区教育局下发《河口区镇(街道)公办及公办性质幼儿园集中核算实施意见》全区各镇、街道所有公办及公办性质幼儿园的财务实行镇、街道统一管理。

校产管理 1985年，河口教育校产管理实行目标分离，各负其责，要求保值。1995年10月，区教委举办校产总管理员培训班，全区各校总管理员共13人参加。1996年3月，区教委举办校产总管理员培训班，全区各校总管理员共14人参加。1997年5月，区教委召开中小学校产管理工作会议，下发《1997年河口区校产管理工作实施方案》，区教委主任与乡镇教委主任、区直学校校长签订《校产管理责任状》，要求各级成立校舍设施管理委员会、校产管理工作升级达标，全区中小学校产管理工作步入规范化管理。2006年，全区校产管理工作纳入区财政局"山东省资产管理信息系统"管理。3月，河口区教育局下发《关于进一步加强中小学(幼儿园)校产管理工作的实施意见》;5月，河口区教育局下发《河口区教育局固定资产管理办法》;7月，河口区教育局下发《关于进一步加强校产管理工作的通知》。2013年2月，河口区教育局下发《河口区教育局2013年校产清查工作实施方案》。1990~2015年，河口区不断修改完善，校产管理各项规章制度，严格的出入库手续，做到合理使用。根据《山东省中小学校舍设施维护管理暂行办法》《山东省中小学校舍设施维护管理考核评估试行标准》、东营市《中小学校产管理使用手册》的要求开展工作。成立校舍设施管理委员会，区乡(镇、街)各级管委会都有党委、政府分管领导、财政部门以及相关政府职能部门领导组成;区直学校管委会有校长、分管校长、财务、总务等相关科室组成;乡镇中小学管委会有相关村支部书记、校长、治保主任及学校相关人员组成。同时，学校配备齐全专职或兼职总管理员、部门管理员等管理员队伍，管理员持证上岗。制定完善校产管理规章制度和岗位责任制度，建立规范的校舍档案、基建档案和固定资产档案。坚持校产清查制度，每年暑假进行一次年度清查，做到固定资产卡片、固定资产总账、固定资产明细账、固定资产分布账之间账卡相符、账实相符、账账相符。

第九编　教育经费与基本建设

　　河口区成立后,区委、区政府千方百计保证教育投入,努力改善办学条件,促进教育事业健康发展。1985年,教育总投入154.7万元;1991年,河口区实施义务教育后,建立健全教育投入保障机制,教育投入实现"三个增长";1995年,教育总投入首次突破千万元,达到1041.1万元,比上一年增长40.94%;2008年,教育总投入首次突破亿元,达到10997.1万元;2011年,达到25541.3万元;2013年,达到347472万元,是1985年的224.61倍;2014年,教育投入290929万元。全区镇、街道普遍建成教学楼,全区各学校教育装备,全部达到省级Ⅰ类装备标准。

第一章　教育经费

第一节　保障机制

农村中小学教职工待遇保障机制　1998年,河口区建立和完善农村中小学教职工工资保障机制,确保教职工工资按时足额发放。是年起,实行教师工资、医疗保险、住房补贴、住房公积金区财政统筹,农村中小学教师工资全额纳入区级财政预算。统一区内中小学教师工资标准,统一津贴、补贴政策和社会保障政策,医疗保险、失业保险、住房公积金。在购房等福利政策方面与区直职工享受同等待遇。

中小学预算内公用经费保障机制　2004年,建立中小学预算内公用经费保障机制,确保学校工作正常运转。将中小学预算内生均公用经费全额纳入财政预算,标准逐步提高。是年,农村中小学预算内生均公用经费执行标准小学80元,初中100元。从2005年秋季开学起,执行农村小学100元,初中120元,区直小学120元,初中300元的公用标准。2008年,执行农村小学110元,初中170元标准。2005年秋季,按照市政府统一部署,为减轻农民负担,在全市率先免除农村义务教育阶段在校生杂费、课本费和作业本费。2006年春季开始,对城市义务教育阶段学校学生也实行"三免"政策。2007年起,农村义务教育阶段在校生"三费"资金由市、区按4:6的比例承担,城区义务教育阶段在校生杂费由市、区按4:6的比例承担,课本费和作业本费全部由区财政承担。2009年,农村小学预算内生均公用经费由110元提高到140元,农村中学由170元提高到250元。

农村中小学校舍维修改造保障机制　2007年,建立农村中小学校舍维修改造保障机制,确保农村中小学校舍安全。区政府高度重视危房改造工作,将危房改造列入经济和社会发展规划与年度计划,设立农村中小学校舍维修改造专项资金,通过争取上级财政扶持、区乡财政拨款、社会捐助等多种形式筹措资金,加大农村中小学校舍维修改造资金的投入。是年起,区财政每年安排60万元资金专项用于农村义务教育阶段学校的校舍维修改造。

助学帮困长效机制　2004年开始,河口区实施贫困生救助工程,建立助学帮困长效机制,促进教育公平。将贫困生救助作为区政府"阳光190"五项救助内容之一,加大救助力度,形成奖、助、补、减、免等多措并举的助学帮困机制,减轻贫困家庭的经济负担,保证贫困学生正常入学,实现区政府"不让一名学生因贫困而失学"的承诺。落实"三免一补"政策,对贫困学生在免除杂费、课本费、作业本费的同时,免除贫困寄宿生学生生活费。

教育经费"三个增长"机制　1995年,第八届全国人民代表大会第三次会议通过的《中华人民共和国教育法》第55条规定:"各级人民政府教育财政拨款的增长应当高于财政经常性收入的增长,并使按在校学生人数平均的教育费用逐步增长,保证教师工资和学生人均公用经费逐步增长"。"三个增长"以法律形式确定下来,标志着各级政府对教育投入有明确法律依据,教育投入有法律保障。河口区按照规定，连年实现教育经费的"三个增长"。2008年，河口区贯彻落实《东营市人民政府关于进一步完善农村义务教育经费保障机制改革的通知》精神，明确区、乡政府发展义务教育的责任，各项教育税费政策得到落实，教育经费达到国家规定的"三个增长"的要求。预算内教育经费支出占财政支出的比例逐年提高。是年，财政对教育拨款增长率高于财政经常性收入增长率。河口区按照《财政部关于切实做好教育经费预算安排确保实现法定增长有关问题的通知精神》，做到教育投入"三个增长""两个比例"逐年提高。2010年起，河口区落实教育税费征收政策和义务教育经费投入保障机制。达到"三个增长"要求。预算内教育经费支出逐步提高。2012年，全区预算内教育经费支出占财政总支出比重提高到16.67%，与2009年相比，预算内教育经费支出增长近一倍，占财政总支出比重提高4个百分点，教育投入强度明显高于财政增收幅度。

一是预算内教育经费增长。河口区成立以后，在区财政困难的情况下，尽量保证教育经费的正常拨付，实现全区财政预算内教育拨款的增长。1985年预算内教育经费（含城市教育费附加）133万元，2013年达到28765.24万元，是1985年的216.28倍，1985~2013年平均年增速15.52%。地方经常性财政收入1985年463万元，2013年135458万元，是1985年的292.6倍。1985~2013年平均年增速16.95%。1985~2013年28年期间，教育财政拨款的增长应当高于财政经常性收入的增长的年份为16年，占总年份的57.14%。

二是生均预算内教育事业费增长。1986~2013年全区生均预算内教育事业费达到了逐步增长的要求。普通小学预算内生均事业费1986年51.52元，2013年达到7847.41元，平均年增长率22.28%；农村小学1986年28.18元，2013年达到10005.18元，平均年增长率41.5%。普通初中预算内生均事业费1986年107.18元，2013年达到8327.21元，平均年增长率19.36%，农村初中1986年107.18元，2013年达到10131.9元，平均年增长率141.03%。普通高中预算内生均事业费1986年457.94元，2013年达到15161.41元，平均年增长率33.36%。

三是生均预算内公用经费增长。1986~2013年，全区生均预算内生均公用经费达到了逐步增长的要求。普通小学预算内生均公用经费，1986年23.59元，2013年达到1796.65元，平均年增长率71.2%。农村小学1986年1.84元，2013年达到2339.09元，平均年增长率180.53%。普通初中预算内生均公用经费，1986年25.71元，2013年达到2308.07元，平均年增长率34.33%，农村初中1986年25.71元，2013年达到3094.85元，平均年增长率314.48%。普通高中预算内生均公用经费，1986年312.15元，2013年达到9593.09元，平均年增长率159.1%。

第二节 经费来源与投入

经费来源 河口区按照国家政策，逐步建立起教育经费筹措和投入机制。1984年开始，河口区委、区政府不断加大对教育的投入，教育经费来源有两部分组成：一是国家财政性教育经费，即区、乡财政对教育的拨款，中央及省、市级财政专项拨款，包括政府组织征收的农村教育费附加、城市教育费附加和地方教育附加等，这是教育经费投入的主体；二是非财政性教育经费主要包括社会团体和公民个人办学经费、社会捐集资办学经费、事业收入（主要指学杂费、住宿费收入）以及上述以外的其他收入。教育经费的主要来源有：政府财政预算内拨款、征收城乡教育费附加、教育税费，开展社会捐资、集资，收取非义务教育阶段学生杂费等。

教育经费构成 河口区教育经费由国家财政性教育经费、非财政性教育经费、非财政性教育经费中的其他收入三个方面构成。

一、国家财政性教育经费。包括：财政预算内教育经费（主要指：教育事业费、预算内教育基建费及其预算内拨款），各级政府征收用于教育的税费（主要指：城乡教育费附加，山东省出台的四项教育费，即按城镇就业职工工资额的2%征收义务教育费，按企业职工总工资额的8%由企业缴纳的职工教育经费，对宾馆、饭店、旅店、旅社、招待所按住宿标准加收的3%的用于义务教育的教育费，在水产品特产税中加收1%的教育费，企业办学经费、校办产业、勤工俭学和社会服务收取的用于教育的经费。

1985年，河口区国家财政性教育经费投入占教育经费总投入的89.53%。1990年，国家财政性教育经费占教育总投入的86.95%。1991~1995年，国家财政性教育经费投入占教育总投入的比例在85.99%~92.6%。1996~2000年，国家财政性教育经费投入占教育总投入的比例在71.02%~75.09%。2001~2005年，国家财政性教育经费投入占教育总投入的比例在78.02%~81.93%。2006~2010年，国家财政性教育经费投入占教育总投入的比例在85.95%~92.7%。2013年，国家财政性教育经费投入占教育总投入的比例为96.09%。

（一）预算内教育经费。预算内教育经费是各级财政部门当年用预算内资金安排并拨付到教育部门的经费，主要用于教师工资和生均公用经费。1985年，区安排预算内教育经费133万元，2013年为23487万元，年平均增长率23.38%。2013年预算内教育经费是建区初期1985年176.6倍。

（二）教育税费。为弥补国拨教育经费的不足，保证教育事业发展的基本需要，1988年开始征收农村教育事业费附加，征收比例为上年农民人均纯收入的2%，1987年开始征收城市教育费附加，征收比例为"三税"（销售税、营业税、产品税）总额的1%，1994年税制改革后，改成按"三税"（增值税、营业税、消费税）收缴。1988年6月，区政府转发了河口区财政局与文教局联合下发的《关于征收和使用农村教育费附加意见的报告》（东河政法〔1988〕39号）文件，对农村教育费附加的征收比率、征收办法、开支范围和标准、管理、使用等问题作了具体规定。农村教育费附加只能用于支付民办教师工资，改善办学条件、补充学校公用经费不足等。城市教育费附加主要用于改善中小学教学设施和办学条件。在教育费附加征收上，区政府每年都下达征收

任务，各乡镇、机关、企事业单位按计划完成。按规定征足用好教育费附加，做到"乡征区管""专款专用"。

1986~2001年，河口区教育税费收入共2231.8万元年平均增长30.26%，其中，城市教育费附加年平均增长126.2%，农村教育费附加年平均增长11.98%。从2002年开始，停止征收农村教育费附加，开始征收地方教育附加费。2002~2013年，教育的税费收入年平均增长41.85%。其中，城市教育费附加年平均增长35.78%，地方教育费附加年平均增长90.99%。2011~2013年，全区地方基金及其他年平均增长421.36%。

（三）校办产业、勤工俭学和社会服务收入用于教育的经费。1985~1998年，收入195.9万元，年平均增长率26.3%，1998年以后，校办产业及勤工俭学项目逐步取消，1999~2013年，只有2008年收入8.4万元，2009年收入8.7万元。

二、非财政性教育经费。主要包括社会团体和公民个人办学经费，社会捐、集资办学经费，事业收入（主要指学杂费、住宿费等收入）以及除上述以外的其他收入。

（一）社会捐资集资办学经费。1985年，3.3万元。1996年，社会捐集资办学经费首次突破百万元，达339.7万元。2013年，为22.7万元。

（二）事业收入。包括学杂费、借读费、住宿费等按规定向学生收取的费用。1985年，事业收入共2.4万元，1988年共22.3万元，1995年达到63.9万元，从1996年开始逐年增长，1996~2000年共854.6万元，平均每年213.65万元；从2001年开始呈现快速增长的趋势，主要体现在区一中收费政策的变化上。2001~2013年共11081.8万元，平均每年852.45万元。

三、非财政性教育经费中的其他收入。1993年之前，基本没有投入，从1993年开始，才逐步逐年有所提高，1993~2003年，共342.6万元，平均每年31.16万元，从2004年开始呈现快速增长趋势。2013年，达到495.9万元。

单位：千元

1985~2014年河口区教育经费收入情况统计表

年份	地方教育经费总投入	国家财政性教育投入占教育投入的比例（%）	国家财政性教育经费									非财政性教育经费			
			合计	预算内教育事业费	城市教育费附加	农村教育事业费附加	地方教育附加费	地方基金及其他	企业办学经费	勤工俭学用于教育经费	合计	社会捐集资办学经费	事业收入	其他收入
1985	1547	89.53	1385	1330			0	0	0	55	57	33	24	0
1986	1862	94.47	1759	1239	6	429	0	0	0	85	103	68	35	0
1987	1511	95.30	1440	1028	33	275	0	0	0	104	71	0	71	0
1988	2359	89.74	2117	1590	74	341	0	0	0	112	242	0	223	19
1989	4149	96.19	3991	3364	74	404	0	0	0	149	158	48	110	0
1990	4024	86.95	3499	2736	142	526	0	0	0	95	525	363	162	0
1991	4241	92.60	3927	3115	30	715	0	0	0	67	314	186	128	0
1992	4774	83.51	3987	3207	30	536	0	0	0	214	787	500	287	0
1993	4454	89.65	3993	3176	175	508	0	0	0	134	461	52	354	55
1994	7387	85.53	6318	5030	515	593	0	0	0	180	1069	735	288	46
1995	10411	85.99	8952	7500	260	863	0	0	0	329	1459	760	639	60
1996	19036	71.02	13519	10841	1310	1241	0	0	0	127	5517	3397	1347	773
1997	17581	83.86	14743	11800	1720	915	0	0	0	308	2838	1049	685	1104
1998	17979	91.19	16395	14774	960	631	0	0	0	30	1584	67	1242	275

续表

年份	地方教育经费投入总投入	国家财政性教育投入占教育总投入的比例(%)	国家财政性教育经费								非财政性教育经费			
			合计	预算内教育事业费	城市教育费附加	农村教育事业费附加	地方教育费附加	地方基金及其他	企业办学经费	勤工俭学用于教育经费	合计	社会捐集资办学经费	事业收入	其他收入
1999	23098	83.11	19197	16346	2002	849	0	0	0	0	3901	2043	1622	236
2000	25038	75.09	18802	17251	1259	292	0	0	0	0	6236	2148	3650	438
2001	31551	78.02	24617	20007	3969	641	0	0	0	0	6934	1372	5405	157
2002	29611	79.76	23619	20987	2522	0	110	0	0	0	5992	153	5568	271
2003	41540	79.72	33115	26765	5700	0	650	0	0	0	8425	214	8200	11
2004	46824	82.78	38759	30429	7369	0	961	0	0	0	8065	0	4039	4026
2005	62944	81.93	51572	36330	12762	0	2480	0	0	0	11372	111	9616	1645
2006	71514	85.95	61469	40290	16167	0	5012	0	0	0	10045	196	8788	1061
2007	88343	88.06	77794	57700	14410	0	5684	0	0	0	10549	35	9984	530
2008	109971	89.50	98426	64697	20357	0	6844	0	6444	84	11545	31	9779	1735
2009	130193	91.77	119484	75092	27368	0	8498	0	8439	87	10709	69	7975	2665
2010	193734	92.70	179591	118781	36410	0	14559	0	9841	0	14143	0	11593	2550
2011	255413	92.98	237477	170332	37788	0	18243	1100	10014	0	17936	64	12611	5261
2012	388876	96.87	376707	300190	42140	0	22470	800	11107	0	12169	0	8854	3315
2013	347472	96.09	333880	234870	52780	0	27910	7760	10560	0	13592	227	8406	4959
2014	290929	96.34	280285	190038	52587	0	26810	400	10450	0	10643	0	9597	886

经费投入 1984年建区开始,教育经费的投入体制大致经历三个阶段。

第一阶段 1984年7月至2000年。实施义务教育,沿用"划分支出,分级包干"的财政体制,农村义务教育实行"分级办学,分级管理"体制。逐步建立起了以国家财政拨款为主,辅之以教育费附加、教育集资、杂费、校办产业收入、社会捐资和设立教育基金等多种渠道筹措教育经费的体制。这一阶段,河口区的教育经费来源主要有五个渠道:①国家财政拨款。1985~2000年,累计国拨教育经费10388.16万元;②教育费附加。1986年河口区开征农村教育费附加(按上年农民人均收入的2%计征),至2000年用于教育的教育费附加累计1812.08万元;③勤工俭学收入。1985~2000年,累计收入186.5万元;④学杂费收入。1985~2000年,累计收入864.91万元;⑤群众集资、单位捐款,1985年后,广大群众、干部职工和党政机关、企事业单位集资办学、捐资蔚成风气,至2000年累计集资2071万元。其他经费来源842.5万元。1985~2000年,各项经费累计16165.15万元。

第二阶段 2001~2005年。2002年,根据国家和省市部署,河口区推行农村税费改革,以减轻农民负担,不再征收农村教育费附加,取消向农民征收教育集资。农村义务教育开始实行"在国务院领导下,由地方人民政府负责,分级管理,以县为主"的新体制,即"以县为主"体制。在实施"以县为主"管理体制过程中,配合落实国家"一费制"和"两免一补"(义务教育阶段学生免除学费、杂费,为寄宿制贫困学生补助生活费)等政策措施,实行"一费制"和"两免一补"政策,防止教育乱收费,控制因家庭困难而导致的辍学现象。

第三阶段 2006年开始,国家实行"义务教育经费保障新机制"。2005年12月16日,《国务院关于深化农村义务教育经费保障机制改革的通知》颁布后,制定"明确各级责任,中央地方共担,加大财政投入,提高保障水平,分步组织实施"的基本原则。东营市自2006年春季首批列入"新体制",农村义务教育经费全面纳入公共财政保障范围,建立中央和地方分项目、按比例分担的农村义务教育经费保障机制。

教育经费支出主要用于人员经费、学校公用支出、修缮费、购置费、基本建设投资等。

1985年,教育总投入154.7万元,1986年为186.2万元,比1985年增长20.36%;1996年,教育总投入首次突破千万元,达到1084.1万元;1999年,教育总投入达到2309.8万元;2001年,达到3335.6万元;2008年,教育总投入首次突破亿元,达到10887.4万元;2013年达到34135.8万元,是1985年的220.7倍。

1992~2014年河口区教育经费支出一览表

单位:千元

年份	总计	人员经费	公用经费	基建支出
1992	3987	1841	1192	954
1993	4454	2588	1851	15
1994	5030	3056	1494	480
1995	7500	4783	2717	
1996	10841	7047	2194	1600
1997	11800	9257	1243	1300
1998	17989	12356	2839	2794
1999	23098	12887	10111	100
2000	25038	13645	11393	
2001	33356	16312	15139	1905
2002	30853	18171	9179	3503
2003	44439	23307	12067	9065
2004	46824	29682	8229	8913
2005	62944	36163	26781	
2006	71514	43803	27394	317
2007	88343	53801	34542	
2008	108874	67337	41537	
2009	129598	77956	51642	
2010	185953	88817	94196	2940
2011	252535	95106	157429	
2012	388029	164093	223936	
2013	341358	117065	224293	
2014	289468	133166	156302	0

1985~2014 河口区国民生产总值、经常性财政收入、财政支出与教育经费各项指标比较表

单位：千元

年份	国家财政性教育经费	地方国内生产总值	预算内教育经费(含城市教育费附加)	地方经常性财政收入	地方财政支出	预算内教育经费增长速度(%)	地方经常性财政收入增长速度(%)	预算内教育经费占财政支出的比例(%)	国家财政性教育经费占国民生产总值的比例(%)
1985	1330	50000	1330	4630	7000			19.00	2.66
1986	1239	67000	1245	6327	8298	−6.83	26.82	15.00	1.85
1987	1061	77000	1061	13833	24244	−17.34	54.26	4.38	1.38
1988	1664	125000	1664	26702	17004	36.24	48.19	9.79	1.33
1989	3438	119000	3438	30708	21234	51.60	13.05	16.19	2.89
1990	3364	101000	2878	32069	22761	−19.46	4.24	12.64	3.33
1991	3927	148000	3145	35620	27690	8.49	9.97	11.36	2.65
1992	3987	201243	3237	33692	28784	2.84	−5.72	11.25	1.98
1993	3993	239830	3351	42230	36968	3.40	20.22	9.06	1.66
1994	6318	262000	5545	45891	41359	39.57	7.98	13.41	2.41
1995	8952	324000	7760	53503	54209	28.54	14.23	14.31	2.76
1996	13519	350000	12151	70160	73100	36.14	23.74	16.62	3.86
1997	14743	475100	13520	89287	93450	10.13	21.42	14.47	3.10
1998	16395	594000	15734	100420	103370	14.07	11.09	15.22	2.76
1999	19197	693000	18348	106660	110970	14.25	5.85	16.53	2.77
2000	18802	804000	18510	116250	121170	0.88	8.25	15.28	2.34
2001	24617	929400	23976	131840	162240	22.80	11.82	14.78	2.65
2002	23619	1100000	23509	112100	131400	−1.99	−17.61	17.89	2.15
2003	33115	1600000	32465	140830	197350	27.59	20.40	16.45	2.07
2004	38759	1615000	37798	180070	220340	14.11	21.79	17.15	2.40
2005	51572	3380000	49092	244600	304090	23.01	26.38	16.14	1.53
2006	61469	4800000	56457	359130	462730	13.05	31.89	12.20	1.28
2007	77794	5500000	72110	406280	536980	21.71	11.61	13.43	1.41
2008	98426	8500000	85054	459900	681040	15.22	11.66	12.49	1.16
2009	119484	11060000	102460	478320	810500	16.99	3.85	12.64	1.08
2010	179591	14000000	155191	656180	992994	33.98	27.11	15.63	1.28
2011	237477	16588900	208120	706290	1244215	25.43	7.09	16.73	1.43
2012	376707	19462000	342330	1068850	1550530	39.20	33.92	22.08	1.94
2013	333880	21981000	287650	1354580	1814650	−19.01	21.09	15.85	1.52
2014	280285	24320000	232625	1510540	810540	−19.09	−27.17	12.92	1.15

1986~2014 年河口区预算内生均教育事业费、生均公用经费统计表

单位:元

年份	普通高中		普通初中		农村初中		普通小学		农村小学	
	预算内生均教育事业费	预算内生均公用经费	预算内生均教育事业费	预算内生均公用经费	预算内生均教育事业费	预算内生均公用经费	预算内生均教育事业费	预算内生均公用经费	预算内生均教育事业费	预算内生均公用经费
1986	457.94	312.15	107.18	25.71	107.18	25.71	51.52	23.59	28.18	1.84
1987	268.79	116.55	102.06	16.13	102.06	16.13	34.65	3.35	31.64	2.75
1988	775.00	574.00	109.00	17.00	109.00	17.00	52.00	13.00	37.00	2.00
1989	2128.90	1796.30	150.96	34.98	150.96	34.98	77.90	20.40	53.09	4.92
1990	1108.11	815.58	205.08	57.62	205.08	57.62	91.49	16.45	16.15	0.00
1991	521.34	155.84	311.99	128.41	10.93	0.00	86.87	4.35	17.43	0.78
1992	1231.91	775.51	294.09	98.39	8.87	0.00	132.79	41.11	17.62	0.00
1993	469.30	166.67	314.54	18.51	314.54	18.51	137.35	5.59	121.85	1.50
1994	1260.63	86.44	530.62	35.32	519.17	29.50	207.72	12.82	187.83	8.92
1995	1118.86	509.04	672.39	67.18	672.39	67.18	222.64	24.32	191.05	13.11
1996	1689.54	738.56	1204.88	126.48	902.22	44.90	290.82	14.03	244.37	1.01
1997	1557.38	291.80	1041.93	72.44	997.45	49.22	452.88	31.35	407.90	8.29
1998	2225.15	707.91	1141.84	91.91	1087.11	31.03	635.72	31.42	599.10	14.69
1999	2639.94	1589.60	1068.95	61.88	1107.03	0.00	772.02	96.75	663.20	0.00
2000	2713.57	1262.66	1210.62	117.05	1126.40	0.00	880.96	153.95	726.30	12.71
2001	2457.38	1136.01	1208.66	117.25	1129.97	0.00	1173.60	146.72	1013.82	0.00
2002	1430.58	49.51	1201.64	61.10	1247.98	66.35	1159.56	48.56	1226.46	33.63
2003	1524.50	82.88	1348.60	73.47	1405.81	76.60	1435.87	64.13	1500.20	69.43
2004	1781.06	80.66	1686.02	97.89	1745.20	101.29	2031.29	116.73	2258.90	128.26
2005	1400.17	155.76	2373.47	131.25	2478.57	116.09	2348.38	90.47	2617.02	85.52
2006	1003.01	333.46	2915.21	140.83	3198.23	119.59	2808.36	103.27	2993.53	101.07
2007	1964.91	354.17	3379.78	178.19	3642.61	137.17	3220.69	128.81	3505.43	132.47
2008	2496.19	0.00	4162.06	533.71	4749.76	558.96	3574.60	343.64	3800.57	325.21
2009	4706.58	42.50	4606.98	545.63	5375.74	574.00	4014.90	386.59	4327.45	378.54
2010	5893.48	499.03	6009.18	832.00	6810.37	757.57	5016.95	589.66	5865.48	622.34
2011	16924.84	11207.75	6973.71	1036.66	7711.36	986.48	5116.23	778.32	6080.33	755.51
2012	12685.55	8198.83	7122.44	1978.45	7842.30	2542.15	6009.66	1378.39	7526.55	1760.77
2013	15161.41	9593.09	8327.21	2308.07	10131.90	3094.85	7817.41	1796.65	10005.18	2339.09
2014	10126.29	2539.98	11418.52	4062	16733.29	6558.58	10235.33	3506.33	1599.67	6398.23

第三节　勤工俭学

在教育事业中的勤工俭学历史悠久。1985年开始,河口区勤工俭学由学校创办,转向一种市场经营活动。勤工俭学既是学校办学经费的补充,也是对学生进行劳动观念教育和劳动技能训练的有效途径。河口区各级各类学校在不同历史时期,开展勤工俭学,取得一定的经济效益和社会效益。

1986年,全区中小学校大多数都设有勤工俭学基地,即校办工厂或校办基地(校田),经济效益相对较低。

1987年10月,区编委同意,区文教局成立勤工俭学管理办公室,为全额股级事业单位,负责管理、指导全区勤工俭学工作,全区各中小学建立健全勤工俭学机构。是年,区文教局成立"餐饮服务部",区一中成立"面粉加工厂"。 1989年10月,山东省教育图书供应社河口区代办站成立。是山东省教育系统内部的图书、报刊管理发行分支机构。站长由勤管办主任兼任,各乡镇教委、中学、区直学校有兼职图书代办员,负责本单位的教育图书的管理与发行工作。其宗旨是坚持"服务第一、育人第一、管理第一",为全区各类学校的教学、教改服务。

1987年,河口一中成立勤工俭学办公室,自筹资金、自己动手,修建厂房、安装设备,创办"河口一中印刷厂"。印刷厂每年为学校创收3~4万元,至2005年,为学校创收达60万元。1988年,借用印刷厂的房子建起食用菌栽培基地,并作为学校教育教学实习基地,既培育学生的实践能力,又有利于推广食用菌栽培技术。同年,学校在海宁路东开发水池52.5亩,养鱼种藕,既能创收,又可进行劳技教学实践。1989年,为提高面粉收购质量,保证学生伙食质量,学校自筹资金办起面粉加工厂。1994年关闭。1990年,为学校教职工子女解决入托难的问题,学校自筹资金并通过全体教职工捐资成立托儿所,招用部分教职工家属和临时工7人,当年入托达13人,1995年,区托儿所成立后,解散。

1993年9月,河口区职业高级中学成立服装实验厂。由区职业高级中学实习办公室管理,经营范围为服装专业学生实验实训,承担学生标志服装加工与制作。是年,根据社会需求设置服装专业,并开始招生。2003年8月,服装实验厂停办。1993年,全区各乡镇学校都建成相应的勤工俭学基地,全区勤工俭学收入达到数十万元。

学生加工服装

1988~2004年河口一中勤工俭学收入情况表

年　份	收入(元)	年　份	收入(元)
1988	54182.00	1998	30000.00
1989	38440.18	1999	31223.00
1990	85720.81	2000	84400.00
1991	94672.30	2001	149700.00
1992~1995	179118.39	2002	126968.00
1996	43682.74	2003	129000.00
1997	66000.00	2004	163000.00
累　计			1276107.42

1987~2005年河口一中印刷厂创收情况一览表

时　间	产值(元)	交校利润(元/年)	折旧费(元)	电费(元)	税金(元)
1987.07~12	27108.97	4760.00	1500.00		
1988.01~12	112825.53	16470.00	3000.00		
1989.01~12	120286.87	32199.81	3000.00		
1990.01~12	125700.90	30808.23	3000.00		
1991.01~12	129070.14	21859.37	5080.00	3260.00	5341.80
1992~1993		60000.00			
1994~1996		40000.00			
1997~2005		40000.00			

河口区职业高中服装实验厂收入情况表

年份	利润(万元)
1998	4.6
1999	5.0
2000	4.5
2001	2.0
2002	2.0
2003	0.8

续表

年份	利润(万元)
1998	4.6
1999	5.0
2000	4.5
2001	2.0
2002	2.0
2003	0.8

第二章　基本建设

第一节　学校建设

新中国成立之前,农村小学多租用民房或利用土地改革时没收的房屋改造而成,教学设施简陋。新中国成立后,国家有计划地投资建设中学,适当投资修缮完(高)小,农村小学由办学村负责修建。至1966年,区(公社)中心小学房舍建设、设施配备基本能满足教学要求。但农村小学校舍多数比较简陋,破、黑、旧、危房占据相当比例。缺桌凳、少门窗、无大门、少院墙。1975年,为解决课桌凳严重不足问题,在农村小学推广纸浆课桌和泥台子、泥坐凳。1978年,教育经费逐年增加。1981年,沾化县成立农村小学校舍改造领导小组,采用"两条腿走路"的办法,加快农村小学的校舍建设,农村小学的办学条件有较大改善。

河口区成立后,于1984年11月,成立河口区校改领导小组,全面进行农村校舍改造。区、乡、村三级先后投资655.33万元,新建校舍1305间,厕所373间,院墙14800米,大门96个,改造黑屋子931间,修缮危房239间,购置课桌10008单人套,课凳9898套,在校学生全部用上木质课桌凳。1986年11月,顺利通过省政府验收,农村小学全部达到

"六配套"标准(六配套:教室、院墙、大门、厕所、操场、木质课桌凳配套)的有91处,占全区农村中小学的98%。

2001年开始,河口区按照国家省、市危改办的统一部署和要求,组织教育、城建、质检等部门对全区中小学校舍安全情况进行拉网式排查。将学校的危房改造作为教育安全工程实施。对查出的等级为"D级"的危房全部拆除,进行重建。对等级为"C级"的全部维修加固,直至达标。

2002年,对所有排查出的"D级"危房全部拆除,对"C级"危房全部维修加固,新建校舍7800多平方米、新建院墙1300米、新建厕所30间。危改工作涉及六个乡镇共11处学校。2003年,实施中小学"食宿工程"建设。义和、太平、新户、河口街道、六合、孤岛6个乡镇街道,共计10处寄宿制学校,新建学生食堂580平方米,餐厅81平方米,学生宿舍6199平方米,其中,包括六合中学2300平方米的学生宿舍楼、义和中学2000平方米的学生宿舍楼,总计6860平方米,总投资472万元。

2004年,新建区实验学校综合实验楼,建筑面积7800平方米。幼儿园餐厅建设工程建筑面积1600平方米。根据全市援助农村教育计划,结合河口区实际,对河口区乡镇中心幼儿园进行新建、改

建和扩建。六合乡中心幼儿园大楼主体工程完成,建筑面积1800平方米。新户、义和、太平扩建和新建中心幼儿园全面展开。

2006年,投资150余万元,对学校所有功能用房进行维修改造。2007年,投资180万元,实施农村中小学危房改造工程。争取省市专项资金119万元,自筹资金111万元,新建校舍700平方米,建成1449平方米教学楼1栋。2008年,实施中小学低标准建材校舍改造工程,累计投资566.5万元,拆除农村低标准建材校舍面积1548平方米,维修面积17174平方米,新建校舍面积1459平方米。投资700余万元,新建区职教中心教学试验综合楼1幢。争取上级专项资金90万元,区、乡配套资金280万元,新建农村小学教学楼2幢,建筑面积4000平方米。

2009年,新建义和镇中心学校教学楼、街道办事处四扣小学教学楼、职教中心综合实验楼。河安小学建三栋教学楼和报告厅完成主体工程。2010年,投资4000余万元的河安小学建设工程于8月竣工。投资110多万元,在全区完成建筑面积8800多平方米的学校基础配套工程。2011年,仙河镇政府投资150余万元,进行园区改造,占地面积1040平方米,其中,建筑面积600多平方米,绿化面积348平方米,户外活动场地440平方米。次年9月1日,开班启用。是年,仙河镇建成公办幼儿园,占地总面积3500平方米,建筑面积2700平方米,教学楼占地770平方米,设计规模为9个教学班,投资700余万元。是年9月3日正式招生使用。2011~2012年,按照《山东省普通中小学基本办学条件标准(试行)》要求,义和镇投资810万元,实施义和镇中心学校综合教学楼和中小学场地标准化建设;投资460万元,进行体育场地高标准改造。建筑面积4150平方米;投资550万元,实施河口街道二吕小

2007年建成的河口一中塑胶跑道

学教学楼建设,建筑面积2064平方米。投资11万元,完成六合街道中学餐厅改造。投资3108万元,新建中小学高标准塑胶运动场地159个。其中,田径场地9个、篮球场地30个、排球场地20个、乒乓球场地100个。投资1896万元,为全区21所公办及公办性质幼儿园配备各类玩教具及多功能室、活动室、食堂等设施设备,对区实验幼儿园进行设施改造。

2013年,投资1200万元,建成新户镇中学、新户中心小学、太平中学、太平小学、义和镇中心学校、四扣小学、二吕小学、六合中学、六合小学水冲式厕所9个。为新户镇中学、太平中学、太平小学、义和镇中心学校、四扣小学、六合中学建成餐厅6个,建筑面积5900平方米。2014年,投资730万元,完成新户镇太平中学宿舍楼建设工程。

重点工程　1985~1987年,投资452.55万元,新建河口区一中;1988年,区委、区政府提出"学莱芜、赶寿光,力争用三年时间全面完成城镇校舍改造任务"的奋斗目标。1988年12月至1990年7月,投资509万元,建设区职业高中新校和续建区一中、实验小学的校舍,将职业高中从义和迁至河口。完成校舍改造面积18313.5平方米,其中,新建楼房7773平方米,维修平房1000平方米,建设运动场地6.3公顷,硬化路面1005米,配套标准课凳

新户中学教学楼

880 套,购置教学仪器投资 32 万元。

1990 年 4 月,充实调整区公办校舍建设改造领导小组,下发《关于加快完成公办校舍建设改造任务的决定》,加快城镇校舍改造的进度。1990 年 7 月,河口区城镇校舍改造首批通过省政府验收。1991 年,投资 33 万元,建区机关幼儿园教学楼一幢、平房两间,建筑面积 740.18 平方米。1992 年,投资 45 万元,建区职业高中教职工宿舍 36 间,1600 平方米。1994 年,义和镇学校新建平房 64 间,间院墙 890 米,建厕所 6 间,大门 5 个。至 1994 年,全区农村学校新建平房 854 间,建筑面积 12880 平方米,新建教学楼 3 幢,建筑面积 7398 平方米,建院墙 5460 米,建厕所 120 间,建大门 5 个。1995 年,投资 180 万元,建区一中教职工宿舍楼一幢,1890 平方米。投资 453 万元,建河口区实验幼儿园,建筑总面积 3528.9 平方米。1996 年,新户乡投入 400 余万元新建中学教学楼、学生餐厅和学生宿舍,并进行内部设施配套,太平乡投入 200 万元,大力实施"两基"工程。1997 年,河口区实验幼儿园建成并投入使用,占地面积 11000 平方米,建筑面积 5189 平方米。2000 年,全区农村中

小学、幼儿园校舍建筑面积达 68170 平方米,全区城镇校舍建筑面积 37525 平方米,其中,当年新增建筑面积 1179 平方米。

2002 年,太平乡投资 180 万元新建太平小学教学楼。是年,义和镇中心小学更名为"义和镇希望小学"。教学楼为 1998 年由山东省出版总社捐资援建,总投资 100 余万元,其中,镇财政资金 50 万元。教学楼为砖混结构,主体 3 层,总建筑面积 1900 平方米。至 2003 年,六合乡合并原老庙小学、夹联小学、六合小学,全乡保留一处小学。学校占地面积 54600 平方米,建有容纳 21 个教学班的教学楼一栋,平房 72 间,总建筑面积 4713 平方米。2005 年,投资 136 万元,建设改造农村中小学运动场地;投资 175 万元更新教育教学设备,建设改造全区教育的基础设施。2006 年 8 月 12 日,职业教育中心迁入河口区河滨路 677 号(原河口街道办事处中学旧址),现占地 72 亩,建筑面积 9400 平方米。2010 年,投资 1270 万元,新建新户镇中学教学楼一栋、新户镇太平小学教学楼一栋、扩建义和镇中心幼儿园教学楼。年底,启动河安幼儿园内部建设工程,占地面积 6679 平方米,建筑面积

2013 年 9 月 12 日,河口区一中新校开工奠基仪式

3668 平方米,最大办园规模为 12 个教学班。投资 97 万元,新建乡村少年宫 3 处。投资 760 万元。

2011 年,投资 1000 万元,新建中学教学楼一栋,对太平中心小学明德教学楼进行内部设施配套。投资 330 万元,新建二吕小学明德教学楼。

2013 年,河口一中新校址开工建设,新校占地 16.3 万平方米,总建筑面积 8.5 万平方米,预算投资 3.4 亿元。投资 400 万元,区实验学校完成 19000 平方米的学校塑胶操场建设。投资 1022 万元,新建六合街道中学综合教学楼 1 栋,建筑面积 7000 平方米。投资 560 万元建设河口街道四扣小学综合楼及配套设施。

2014 年,投资 22359 万元,完成区一中新校宿舍楼、食堂、餐厅、教学楼等建设项目。投资 1930 余万元,建设新户中学综合教学楼、中小学乡村少年宫。2015 年 9 月,河口一中新校建设竣工投入使用。

第二节　布局调整

河口区农村中小学布局调整工作始于 1985 年,大体经历五个阶段。即:一是建区初 1985~1986 年,以农村校舍改造为主。调整的原则是:因地制宜,先易后难,低年级就近入学,高年级相对集中。此次调整全区共投资 655.53 万元,中小学分别由原来的 11 处、178 处,调整为 9 处和 168 处;二是 1987~1990 年,这次调整在农村校舍改造的基础上进行。主要是扩大办学规模,消除三级复式,撤销办学条件薄弱的教学点。这次调整中小学分别由原来的 9 处、168 处,调整为 6 处和 151 处;三是 1991~1995 年,这次调整主要是配合"普九"工作而进行。调整的原则是:逐步实施村校联办,扩大规模优势,消灭复式班,中高年级集中教学,使各校生均建筑面积达到省定标准,为争创市、区级规范化学校打基础。这次调整,中小学分别由原来的 6 处、151 处调整为 5 处和 96 处,达到各乡镇一处中学的目标。1996~1998 年的调整,主要是配合巩固"普九"成果而进行。调整的原则是:进一步扩大联办学校的规模优势,学校覆盖人口在 2000 人以上,使学校布局趋于合理,为实施素质教育打下良好的基础。这次

调整小学由 96 处调整为 72 处;1999~2004 年,此次调整的原则是:因地制宜,科学规划,先易后难,分步实施,规模办学,提高效益和盘活教育资源,不加重农民负担。根据市政府关于每处完全小学覆盖 5000 人左右,规模在 10 个教学班以上,在校生达到 400 人左右,个别村庄过于分散、交通不便的地区每处小学覆盖人口 3000 人左右,实行单班单式,在校生达到 200 人左右的原则而进行的。这次调整全区小学由 72 处调整为现在的 18 处,调整后全区小学在校生由校均 128 人增加到校均 330 人,中学有 767 人增加到 1384 人。

2004 年,全区调整为小学 17 处、乡镇初级中学 5 处、九年一贯制学校 1 处、普通高中 1 处、职业技术学校 1 处、乡镇成教中心 5 处、幼儿园 62 处;四是 2005 年,乡镇幼儿园完成撤并 20 处,新建 1 处。全区农村幼儿园由上一年的 61 处调整为 42 处;农村中小学布局调整撤并小学 5 处,由上一年的 22 处调整为 17 处。根据国家和省、市推动职业教育改革与发展的决定,河口区对全区职教资源进行整合,区农广校、劳动就业培训中心和职业技术学校三校合一。2010 年,全区学校幼儿园布局为:幼儿园 37 处、小学 9 处、初中 3 处、九年一贯制学校 2 处、普通高中 1 处、职业学校(现名为河口区职教中心)1 处。

2014 年,全区有普通高中 1 处,职业教育中心 1 处,九年一贯制学校 2 处,初中 3 处,小学 8 处,幼儿园 20 处,其中,公办及公办性质幼儿园 18 处。

第三节　教育装备

管理机构　1986 年,河口区文教局设立仪器站。2003 年,仪器站和勤管办职能合并,设立河口区教育局条件装备办公室。主要职能是:贯彻《山东省普通中小学基本办学条件标准(试行)》,结合实际,及时研究制定全区中小学功能室建设的规划和年度计划,并协调实施;负责指导督促全区中小学实验室、图书室等功能室的建设、管理、使用及考核工作;负责全区中小学实验教学教研及实验教师的培训工作;落实上级行政部门的安排,组织做好教

学仪器、设备、图书、学生报刊杂志等征订发行及结算工作;负责全区校(园)方责任险工作。

仪器站站长

高树义(1988.02~1990.10)

李明顺(1990.10~2005.08)

勤管办主任

李新亭(1987.10~1990.02)

崔鸾英(1990.02~2002.07)

装备办主任

宋卫东(2005.08~2013.12)

实验室与图书室建设 河口区学校实验室与图书室建设河口区成立至2014年,大致经历5个阶段。即:"校舍改造"及"基本实施九年义务教育和基本扫除青壮年文盲"时期、创建"实验教学普及县"时期、"教育示范县(区)"创建时期、"山东省农村中小学仪器更新工程"时期和"标准化建设及创建义务教育均衡发展"时期。

1984~1998年,"校舍改造"及"基本实施九年义务教育和基本扫除青壮年文盲"时期 1984年,河口区教育事业发展初始,全区中小学实验室设备落后。1986年初,东营市教育局提出要加快学校实验室建设、加强教学仪器配备,要求全市75%的初中教学仪器配备达到三类标准,农村中学要解决实验室和实验农场的问题。1988年,国家教委印发《关于加强中小学实验室和仪器设备工作的若干意见》等7个文件。是年,山东省教育厅印发〔1988〕14号文件,颁发实验室建设标准,规范实验室建设和实验教学。1989年,东营市教育局下发《关于对全市中小学实验室建设检查验收的通知》,要求加强对实验室及教学设施的配套建设。1991年,河口区政府办公室下发《关于加强中小学实验室和仪器设备工作的几点意见》(东河政办发〔1991〕77号)。提出:①1992年全面完成实验室房屋建设任务;②1993年、1994年两年完成内部实施配套任务(包括:仪器木橱、实验台、实验桌凳、理科仪器、电教器材、图书、音体美器材);③乡镇中学实建资金,区财政负责投资的30%,其余的由乡镇政府采取措施筹措;④乡镇中心小学实建资金,区财政负责总资金的20%,其余的由乡镇筹措;⑤学区小学实建资金,

乡镇政府负责总投资的20%,其余的由村委会筹措;⑥完全小学的演示仪器,音体美器材购置资金,乡镇负责总投资的10%,其余的由村委会筹措;⑦每年教学仪器购置费不低于各级教育事业费的2%,要设立专项经费专款专用,实行奖筹结合的办法鼓励乡镇投资;⑧区、乡(镇)征收的教育费附加,应有一定比例用于实验室建设,以改善教学条件;⑨要鼓励各种社会力量以及个人捐资助学;⑩学校要设法通过勤工俭学创收,自行筹措一部分经费。

1995年9月,全区累计捐集资314.2万元,其中,新户37.4万元,太平36万元,义和107万元,四扣25万元,六合87.5万元,区直21万元,基本满足功能室建设所需。1995年12月,全区中小学各自建起各类实验室、音体美器材室,河口一中还配语音室和微机室。全区中学基本达到国家教委颁布的实验室建设及教学设施配套二类标准。乡镇中心小学和学区小学基本达到国家教委颁布的实验室建设及教学设施配套三类标准。是年,山东省教委下发《关于加强小学教学仪器设备管理工作的通知》《小学数学、自然教学仪器配备目录》《中学理科教学仪器配备目录》。按照目录,全区各学校分别按国颁一、二、三类标准,对各科仪器进行补充、完善。1996年,河口区通过山东省人民政府"两基"验收。河口区中小学的教学仪器配备全部达到国家教委颁布的实验室建设及教学设施配备标准。

1999~2003年,创建"实验教学普及县"时期 1999年,全区用于"普实"(普及实验教学)工程投资743.16万元。其中,用于教学仪器、设备及音体美器材、图书配备418.36万元,先后购置教学仪器4826件、音体美器材2438件、图书11.6万册,用于新建改造功能用房324.8万元。2003年,通过省级实验教学普及县验收。农村中小学教学仪器配备已具备一定的规模和标准。河口区农村中学、中心小学的实验仪器、音体美教学器材的配备达到国家一类标准,其余农村小学均达到国家二类标准。

2004~2006年"教育示范县(区)"创建时期 2004年,东营市援助河口区图书13649册,其中,中学6206册、小学7443册;总码洋19.5万元(人民币)。援助仪器设备2639件,价值63.5万元。

阅览室

2005 年，东营市援助全区图书 112811 册，总计 113 万元(人民币)。是年，河口区投资 97.1 万元(其中，中学投资 79.5 万元、小学投资 17.6 万元)，在 19 处学校建设 13 个卫星接收点和 6 个计算机教室，完成农村中小学现代远程教育工程试点工作。2005 年，河口区结合市政府"双十工程"的落实，投资 85 万元，为农村小学配备 201 台微机，8 套多媒体教室；投资 54.31 万元配备图书 3.6 万册。区政府多方协调资金，为全区骨干教师配备 300 台计算机；为全区中学装备 8 个多媒体教室。2006 年，河口区为迎接"教育示范县(区)"验收，投资 226.8 万元，更新全区中小学的仪器、实验设备、音体美器材、图书阅览设备。历经 3 年，河口区功能室建设、仪器设备内部配套及图书室、阅览室、图书配备都焕然一新，均达到国家一类标准。

2007~2011 年，"山东省农村中小学仪器更新工程"时期　2007 年，河口区实验学校、六合中学、太平中学、二吕小学、六合中心小学、义和中心小学七处学校通过东营市中小学"实验室及实验教学管理示范学校"。2008 年，农村仪器更新工程共接收仪器 3699 件，价值 12.42 万元。是年，河口区制定下发《河口区中小学实验室管理办法》《河口区中小学图书室管理办法》《东营市河口区中小学实验室及实验教学管理示范学校评选细则》。2009 年，农

村仪器更新工程接收仪器 5283 件，价值 19.2 万元。2010 年，接收"省农村中小学仪器更新工程"仪器 4428 件，价值 3.4 万元。是年，在河安小学内部配备、设施建设中，依据《山东省中小学实验室建设与配套标准》，通过招标为河安小学采购实验室、科学探究室、图书室、阅览室、实践活动室教学仪器，价值 30 万元。4 月，河口区"农村中小学仪器更新工程"顺利通过省政府验收。2011 年，接收"省农村中小学仪器更新工程"仪器 2836 件，价值 1.47 万元。新增图书 29623 册，总价值 20.12 万元。新增图书设备 110 件，价值 15.3 万元，新增挂图 5 万元。

2012~2014 年，"标准化建设及创建义务教育均衡发展"时期　2012 年，河口区标准化建设工程启动，先后投资 1060.7 万元，新增仪器设备 70895 件，价值 832.7 万元，新增图书 94012 册，价值 228 万元。仪器设备、图书配置都达到国家 A 级标准。2014 年，区委、区政府将全区中小学课桌椅更新工程列入河口区 2014 年为民办实事工作中，计划利用 3 年时间将全区中小学课桌椅更新为可升降课桌椅，每年更新 4000 套，投资 104 万元。是年，4000 套招标完成，中标价 73.2183 万元。是年，山东省农村义务教育阶段学校图书馆配备工作启动，分配河口区图书 19656 册，总实洋 21 万元，总码洋 56.7 万元。图书全部分配到实验学校和河安小学。2014 年 5 月，河口区标准化建设和教育均衡发展通过省政府验收。

实验教师队伍建设与实验教学　1988 年，河口区文教局加强学校实验教师队伍建设，实验教师在福利待遇、职称评定、教龄补贴上做到与其他教师一样。1990 年起，根据东营市教育局对实验教学提出的要求，将一批责任心强、工作认真、业务水平高的教师充实到实验教师队伍中。1998 年 5 月，东

营市教育局下发《东营市初中毕业生实验技能考试合格证》，作为升入高一级学校的资格，制定详细的《实施细则》和《监考评分细则》，通过初中生实验技能考试，促进河口区实验教学。经过不断调整、不断优化，至 2006 年，河口区区直学校、乡镇中学配备理、化、生专职实验管理人员，小学配备兼职管理人员。至 2013 年，河口区初中演示实验开出率 100%，学生分组实验开出率 98% 以上。

2014 年河口区小学教育技术装备统计表

指标名称	单位	代码	数额
实验教学人员合计	人	01	25
其中:专职		02	6
兼职		03	19
其中:高级职称		04	3
中级职称		05	10
初级职称		06	11
其他		07	1
实验室及功能教室数量合计		08	114
其中:科学		09	14
综合实践		10	7
体艺		11	23
计算机		12	10
语言		13	2
多媒体		14	27
其他		15	31
装备用房使用面积合计	平方米	16	12496.0
其中:实验室使用面积		17	898.0
实验室及功能教室仪器器材设备原价合计	元	18	5162405
仪器		19	740126
其中:科学		20	588404
数学		21	151722
科学室设备		22	174726
功能教室器材设备		23	4247553
其中:综合实践		24	477905
体艺室		25	1922927
计算机室		26	1140910
语言室		27	188012
其他		28	517799

续表

指标名称	单位	代码	数额
计算机原价总金额	元	29	3172007
网络及外部设备原价总金额		30	666328
多媒体设备总金额		31	3634756
当年教育技术装备购置经费总计	元	32	2566114
其中:财政拨款		33	2565254
自筹及其他		34	860
功能教室器材设备		23	4247553
其中:综合实践		24	477905
体艺室		25	1922927
计算机室		26	1140910
语言室		27	188012
其他		28	517799
计算机原价总金额	元	29	3172007
网络及外部设备原价总金额		30	666328
多媒体设备总金额		31	3634756
当年教育技术装备购置经费总计	元	32	2566114
其中:财政拨款		33	2565254
自筹及其他		34	860
科学实验开出情况			
应做演示实验	个/学年	35	32.0
实做演示实验		36	30.1
应做分组实验		37	74.2
实做分组实验		38	72.2
功能教室使用状况			
计算机室:生均计划	课时/学年	39	39.8
生均完成		40	39.6
语言室:生均计划		41	11.1
生均完成		42	11.1
图书室(馆)管理人员总计	人	43	9

2014 年河口区初中教育技术装备统计表

指标名称	单位	代码	数额
实验教学人员合计		01	19
其中:专职		02	2
兼职		03	17
其中:高级职称	人	04	6
中级职称		05	9
初级职称		06	4
其他		07	0
实验室及功能教室数量合计		08	105
其中:物理		09	10
化学		10	10
生物		11	9
综合实践		12	5
体艺	个	13	27
计算机		14	9
语言		15	1
多媒体		16	20
其他		17	14
装备用房使用面积合计	平方米	18	8784.6
其中:实验室使用面积		19	2347.0
实验室及功能教室仪器器材 设备原价合计		20	5461144
仪器		21	1350213
其中:物理		22	426856
化学	元	23	204713
生物		24	324728
数学地理		25	393916
设备		26	647967
其中:物理室		27	209132

续表

指标名称	单位	代码	数额
化学室		28	251411
生物室		29	187424
功能教室器材设备		30	3462964
其中:综合实践		31	379587
体艺室		32	1998486
计算机室		33	914051
语言室		34	45000
其他		35	125840
计算机原价总金额		36	2805403
网络及外部设备原价总金额	元	37	628441
多媒体设备总金额		38	2525995
当年教育技术装备购置经费总计		39	1162154
其中:财政拨款	元	40	1132154
自筹及其他		41	30000
实验开出情况			
物理:应做演示实验		42	29.4
实做演示实验		43	29.4
应做分组实验		44	16.8
实做分组实验		45	16.8
化学:应做演示实验		46	28.4
实做演示实验	个/学年	47	28.4
应做分组实验		48	14.0
实做分组实验		49	14.0
生物:应做演示实验		50	11.2
实做演示实验		51	11.0
应做分组实验		52	22.6
实做分组实验		53	21.6
计算机室:生均计划		54	77.8
生均完成		55	77.8
语言室:生均计划	课时/学年	56	8.0
生均完成		57	0.0

续表

指标名称	单位	代码	数额
图书室(馆)管理人员总计		58	11
其中:专职		59	3
兼职		60	8
其中:高级职称	人	61	1
中级职称		62	6
初级职称		63	4
其他		64	0
图书室(馆)设施状况			
阅览室:数量	个	65	13
使用面积	平方米	66	931.0
其中:电子阅览室:数量	个	67	1
使用面积	平方米	68	133.0
藏书室:数量	个	69	9
使用面积	平方米	70	228.0
资料室等:数量	个	71	2
使用面积	平方米	72	58.0
图书室(馆)藏书状况			
图　书:数量	册	73	166510
金额	元	74	8587119
电子图书:数量	册	75	702
金额	元	76	22680
当年图书购置经费合计		77	628481
其中:财政拨款	元	78	628481
自筹金额		79	0

2014 年河口区高中教育技术装备统计表

指标名称	单位	代码	数额
实验教学人员合计	人	01	48
其中:专职		02	5
兼职		03	43
其中:高级职称		04	8
中级职称		05	13
初级职称		06	26
其他		07	1
实验室及功能教室数量合计	个	08	112
其中:物理		09	10
化学		10	10
生物		11	8
通用技术		12	4
体艺		13	13
计算机		14	2
语言		15	0
多媒体		16	63
其他		17	2
装备用房使用面积合计	平方米	18	12123.0
其中:实验室使用面积		19	1357.0
实验室及功能教室仪器器材设备原价合计	元	20	4458278
仪器		21	1497492
其中:物理		22	672101
化学		23	262365
生物		24	328479
数学地理		25	234547
设备		26	343600
其中:物理室		27	130000

续表

指标名称	单位	代码	数额
化学室		28	122200
生物室		29	91400
功能教室器材设备		30	2617186
其中:通用技术		31	540000
体艺室		32	941586
计算机室		33	485600
语言室		34	0
其他		35	650000
计算机原价总金额		36	2093855
网络及外部设备原价总金额	元	37	1986980
多媒体设备总金额		38	1400000
当年教育技术装备购置经费总计		39	95000
其中:财政拨款	元	40	95000
自筹及其他		41	0
实验开出情况			
物理:应做演示实验		42	46.0
实做演示实验		43	46.0
应做分组实验		44	15.0
实做分组实验		45	15.0
化学:应做演示实验		46	32.0
实做演示实验	个/学年	47	32.0
应做分组实验		48	23.0
实做分组实验		49	23.0
生物:应做演示实验		50	2.0
实做演示实验		51	2.0
应做分组实验		52	18.0
实做分组实验		53	18.0
计算机室:生均计划		54	36.0
生均完成		55	36.0
语言室:生均计划	课时/学年	56	0.0
生均完成		57	0.0

续表

指标名称	单位	代码	数额
图书室(馆)管理人员总计		58	3
其中:专职		59	3
兼职		60	0
其中:高级职称	人	61	0
中级职称		62	2
初级职称		63	0
其他		64	1
图书室(馆)设施状况			
阅览室:数量	个	65	1
使用面积	平方米	66	665.0
其中:电子阅览室:数量	个	67	1
使用面积	平方米	68	93.0
藏书室:数量	个	69	1
使用面积	平方米	70	665.0
资料室等:数量	个	71	0
使用面积	平方米	72	0.0
图书室(馆)藏书状况			
图　书:数量		73	110286
金额	元	74	2466489
电子图书:数量		75	200000
金额	元	76	50000
当年图书购置经费合计		77	130093
其中:财政拨款	元	78	130093
自筹金额		79	0

第四节 信息化建设

信息中心 2002年10月,东营市中小学"校校通"工程开始实施。2003年,河口区投资建成教育系统网络中心和中小学校园网。2005年11月,河口区教育局成立信息中心,配备2人。职责是:贯彻落实上级有关教育信息化建设的法规、政策和文件。负责全区教育信息化发展规划的起草和实施。做好教育信息网日常管理和维护,指导学校校园网建设。负责河口区教育城域网IP地址的发放、管理、网络安全和保密工作。组织城域网内网络技术人员和网络应用人员的培训。负责中小学多媒体网络课件、整合优质课评选、电教论文评选及学生电脑制作、机器人比赛等活动。负责电教软件的征订、发放工作。

现代远程教育 2003年,按照"鲁教电字〔2003〕3号"和"东教办发〔2003〕39号"文件要求,结合河口区实际,投资27万元,在18所中小学安装远程教育接收设施(其中,党员电教3套),于2005年2月投入使用。18所学校具体为初中学校6所,即:区实验学校、街道中学(于2006年7月撤销)、六合中学(现六合街道中学)、义和中学(现义和镇中心学校)、太平中学(现新户镇太平中学)、新户中学(现新户镇中学)。小学12所,即:河运小学

网络设备

(学校于2010年7月撤销)、六合乡中心小学(现六合街道中心小学)、义和镇中心小学(现义和镇中心学校)、太平乡中心小学(现新户镇太平小学)、新户乡中心小学(现新户镇中心小学)、街道四扣小学(现河口街道四扣小学)、义和镇大山小学(于2013年7月撤销)、义和镇六顷小学、太平乡三合小学(党员电教,于2012年7月撤销)、太平乡东兴小学(党员电教,于2005年7月撤销)、新户乡老鸹小学(于2008年7月撤销)、新户乡四顷二小学(党员电教,于2007年7月撤销)。学校根据远程教育节目单收看精品课堂、教学实况、接受培训,指导教师教学。党员电教可收看党员教育、实用技术培训等内容。

中小学信息技术 1993年前,在全区各类学校中,电教设备较少,主要集中在城镇学校,且大多限于电视机、录像机、投影仪、幻灯机等传统器材,且数量很少。1993年后,河口区开始把学校电教器材作为学校内部配备重点来抓,各学校先后配备了幻灯机、电视机、录像机等电教设备,很大程度上改善了教学条件。至1998年9月,全区有微机室5个、学生用微机81台,投影仪78台,幻灯机49台,录音机87台,录放机22台,电视机32台,照相机10台。

2000年,河口区高中阶段学校全面开设信息技术课。2002年开始,东营市教育局根据市政府48次会议精神,制定《2002年东营市中小学"校校通"工程实施方案》(东教发〔2002〕77号)。2003年,投资75万元,为5所乡镇初中配备250台学生用微机。2005年,投资60.3万元,为农村小学配备学生用微机201台。区一中配备学生用微机112台,区职业教育中心配备学生用微机90台,区实验学校配备学生用微机144台,河运小学26台。2004年,初中学校全面开设信息技术课。2005年开始,农

村小学三年级以上的学生全部开设信息技术课。至 2006 年 10 月，全区共有学生用微机 831 台。

2010 年，投资 32 万元，建设河安小学微机室，配备学生用微机 100 台。投资 30 余万元，配备河安小学语音室 1 个，足球机器人 6 个，灭火机器人 4 个，网络机房 1 个，数码摄像机 1 台，数码照相机 1 台等电教设备。2011 年，通过"信息化教学设施配套项目"投资 30 万元，配备学生用微机 100 台；通过"教育信息化建设项目"，投资 177.1 万元，配备学生用微机 307 台，校园网 5 个，摄像机 13 台，影碟机 12 台，电视机 9 台，数码相机 11 台，扫描仪 13 台，打印机 4 台，复印机 7 台，速印一体机 15 台。

2012 年，通过"中小学办学条件标准化建设仪器配备（C 包）项目"，投资 60.6 万元，配备学生用微机 151 台，电视机 2 台，录音机 18 台，复印机 8 台，扫描仪 8 台，刻录机 8 台，打印机 8 台，无线语音扩音机 16 台。2013 年，通过"配备现代化学校建设（学生用微机）项目"，投资 24.4 万元，配备学生用微机 81 台。2014 年，通过"数字校园建设项目"，投资 17.7 万元，配备学生用微机 42 台。

中小学"校校通"工程　2003 年 6 月，区财政投资 42.6 万元，建设河口区中小学"校校通"工程。是年 7 月，区财政投资 50 万元，完成通往区一中、区职业教育中心（原址）、实验小学（现区实验学校）、河运小学（于 2010 年 7 月撤销）、区实验幼儿园、六合乡中学（现六合街道中学）、六合乡中心小学（现六合街道中心小学）、四扣乡中学（后改名为街道中学，2006 年 7 月撤销）；区职业教育中心（新址）、四扣乡中心小学（现河口街道二吕小学）、义和镇中学（现义和镇中心学校）、义和镇中心小学（于 2009 年 7 月撤销）、新户中学（现新户镇中学）、新户乡中心小学（现新户镇中心小学）、太平中学（现

微机室

新户镇太平中学）、太平乡中心小学（现新户镇太平小学）等 15 所学校（幼儿园）的光纤铺设（由区广播电视局随着"村村通"有线电视项目一同进行铺设）。各学校的校园网建设由区教育局仪器站（现装备办）负责统一招标，区财政负责区直中小学、区实验幼儿园的校园网建设费用，乡镇财政负责乡镇中学、中心小学的校园网建设费用。2003 年 7 月 9 日，河口区教育局与区网通公司（原山东省通信公司东营市河口分公司）签订由区教育局网络机房通向东营市教育局网络机房的一条 100M 光纤租赁协议，并于 2003 年 7 月底开通，全区实现 15 所学校（幼儿园）的"校校通"。

2006 年 2 月 27 日，区教育局与区网通公司签订新户乡老鸦小学（于 2008 年 7 月撤销）、街道第二小学（现河口街道四扣小学）、义和镇第三小学（于 2013 年 8 月撤销）、义和镇第四小学（现六顷小学）、太平乡三合小学（于 2012 年 7 月撤销）等 5 所小学的光纤租赁协议，使 5 所小学实现"校校通"。3 月，河口区成为东营市第一个中小学全部宽带上网的县区，被山东省教育厅以"河口区在全市率先实现中小学全部宽带上网"为标题发布在网站上。同年 11 月，河口区教育局被东营市教育局评为中小学"校校通"建设先进单位。

2011 年 3 月，区教育局与中国移动通信集团山东有限公司河口分公司签订网络租赁协议。其

中,河口区教育局至东营市教育局1条;学校到区教育局的专线7条分别为河安小学、河安幼儿园、河口街道二吕小学、河口街道四扣小学、义和镇大山小学(于2013年8月撤销,其光纤由义和镇大山幼儿园使用)、义和镇六顷小学、新户镇三合小学(于2012年7月撤销,其光纤由新户镇南楼社区幼儿园使用);河口区教育局到区广播电视局机房(现海宁路光纤箱)专线1条。区教育局信息中心负责区教育局通向11所校园(区第一中学、区职业教育中心、区实验学校、区实验幼儿园、六合街道中学、六合街道中心小学、义和镇中心学校、太平中学、太平小学、新户中学、新户镇中心小学)的线路维护。

2013年10月,区教育局与中国移动通信集团山东有限公司河口分公司签订网络租赁协议,租赁区教育局通向11所校园(仙河镇中心小学、新户镇兴合幼儿园、新户镇郭局幼儿园、新户镇老鸦幼儿园、新户镇四顷二幼儿园、义和镇仁韩社区幼儿园、六合街道三义和社区幼儿园、六合街道老庙幼儿园、孤岛镇中心幼儿园、仙河镇中心幼儿园、仙河镇渔村幼儿园)光纤。至此,全区所有中小学、公办幼儿园全部接入教育城域网,实现"校校通"。

中小学多媒体教学"班班通"工程 2002年,东营市政府启动的中小学多媒体教学"班班通"工程。是年,投资13.5万元,为河口区中小学配备多媒体3套,分别是:新户乡中学(现新户镇中学)、太平乡中学(现新户镇太平中学)、河口街道中学(于2006年7月撤销)各1套。2005年,东营市教育局投资16.3万元,为新户乡中心小学(现新户镇中心小学)、太平乡中心小学(现新户镇太平小学)、义和镇中心小学(现义和镇中心学校)、六合乡中心小学(现六合街道中心小学)各配备1套多媒体。是年,河

口区通过"多媒体设备政府采购项目",投资31.6万元,配备多媒体8套。其中,区实验学校2套、区直第一幼儿园(现区实验幼儿园)1套、河运小学(于2010年7月撤销)1套、六合中学(现六合街道中学)1套、义和中学(现义和镇中心学校)1套、太平中学(现新户镇太平中学)1套、新户乡中学(现新户镇中学)1套。

2006年,通过"多媒体设备政府采购项目",投资81万元,配备多媒体27套,分别是:区实验学校5套、河运小学(于2010年7月撤销)2套、六合中学(现六合街道中学)3套、义和中学(现义和镇中心学校)4套、太平中学(现新户镇太平中学)3套、新户中学(现新户镇中学)3套、六合乡中心小学(现六合街道中心小学)1套、义和镇中心小学2套、太平乡中心小学(现新户镇太平小学)1套、新户乡中心小学(现新户镇中心小学)1套、四扣小学1套、二吕小学1套。2007年,通过"教室多媒体设备政府采购项目",投资115.4万元,配备多媒体78套,分别是:区实验学校22套、河运小学(于2010年7月撤销)2套、职业教育中心1套、义和中学(现义和镇中心学校)23套、太平中学(现新户镇太平中学)8套、新户中学(现新户镇中学)11套、六合中学(现六合街道中学)10套、区教育局1套。

2010年,通过"河安小学内部设施配套项目(D包)",投资100余万元,配备多媒体37套;通过"小

多媒体教学

录播教室

学信息化教学配套项目",投资95.6万元,配备多媒体73套。分别是:河安小学37套、六合街道中心小学13套、二吕小学4套、四扣小学8套、义和镇中心学校15套、大山小学(于2013年7月撤销)4套、六顷小学4套、太平小学(现新户镇太平中学)9套、新户镇三合小学(于2012年7月撤销)3套、新户镇中心小学13套。2011年,通过"信息化教学设施配套项目",投资45.9万元,配备多媒体27套;通过"教育信息化建设项目",投资147.4万元,配备多媒体88套。分别是:实验学校36套、仙河镇中心小学6套、义和镇中心学校8套、六合街道中学11套、新户镇中学11套、新户镇太平中学7套、河安小学4套、六合街道中心小学4套、二吕小学5套、新户镇四扣小学4套、大山小学(于2013年8月撤销)2套、六顷小学2套、新户镇中心小学5套、太平小学6套、新户镇三合小学(于2012年7月撤销)4套。

2012年,通过"中小学办学条件标准化建设仪器配备(C包)项目",投资99.5万元,配备多媒体44套,分别是:区一中23套、区实验学校9套、区职业教育中心11套、区实验幼儿园1套。同时为区实验幼儿园配备教学一体机11台、便携式录播展台11台。2013年,通过"现代化学校建设(录播系统)项目",投资3.2万元,为义和镇中心学校配备多媒体2套。2014年,通过"数字校园建设项目",

投资170.1万元,配备多媒体88套。对2007年及以前配备的多媒体设备进行更新,分别是:区实验学校18套、义和镇中心学校29套,新户镇中学13套、新户镇太平中学13套、六合街道中学12套、六合街道中心小学2套、二吕小学1套。

多媒体及录播室建设
2010年,河口区第一中学建设多媒体及录播教室1个。2013年,通过"教育教学装备标准化建设(录播系统)项目",投资192万元,建设多媒体及录播教室6个;通过"现代化学校建设(录播系统)项目",投资128万元,建设多媒体及录播教室4个。分别是:区实验学校、河安小学、义和镇中心学校、新户镇中学、新户镇中心小学、太平中学、太平小学、二吕小学、六合街道中学、六合街道中心小学各1个。

教师教育信息化建设　2000年,河口区教育局制定出台《河口区中小学教师计算机培训工作的实施意见》,先后举办16期计算机初级培训班,对男45周岁、女40周岁以下教师进行培训。692名教师通过培训、测试取得《计算机应用能力初级合格证书》。2002年,东营市政府投资46万元,为河口区中小学配备教师用微机92台。2005年,河口区通过政府采购投资27.36万元,配备教师办公用微机72台。其中,区财政每台微机补助2000元,其余费用由教师个人负担。2003年,区教育局出台《关于加强中小学教师培训工作的意见》,要求"没有取得计算机中级证书的教师,不得参加职称评定、续聘,单位考核不得评为优秀"。制度的建立,充分调动教师"我要学"信息化知识的积极性,先后有811名教师通过培训、测试取得《计算机应用能力中级合格证书》。

2006年,通过办公自动化设备政府采购项目,投资159.2万元,配备教师办公用微机407台(其中,台式机306台,笔记本101台)。其中,区财政每台微机补助 2000 元,其余费用由教师个人负担。全区共有教师用微机 794 台。2010 年,通过"河安小学内部设施配套项目(D 包)",投资 23.1 万元,配备教师用微机 70 台。2011 年,通过"教育信息化建设项目",投资 317.9 万元,配备教师办公用微机 904 台。

2012 年,通过中小学办学条件标准化建设仪器配备(C 包)项目,投资 26.8 万元,配备教师用微机 81 台。是年 9 月,河口区中小学教师达到每人一台微机。2014 年,全区拥有学生用微机 1286 台,多媒体 432 套,教师用微机 1053 台。

教育信息化

第十编　党群工作

河口区教育局党群工作始终坚持以党的建设为中心,不断加强组织建设、制度建设、思想建设、党员教育和党风廉政建设,建立健全教育机构党组织,不断加强工会、青少年、妇女组织建设,充分发挥工会、青少年、妇女组织的作用,扎实有效地开展帮扶贫困职工、扶贫助学、志愿者服务等公益活动,定期开展爱国主义教育,加强思想道德建设。全力抓好关心下一代工作,开展好"感恩教育""读千古美文、做少年君子"诗文诵读、系列才艺培养等"三项活动"。全区教育系统党风廉政建设成绩斐然,打造树立了干部职工"为民、务实、清廉"良好形象。全区教育系统突出强化思想政治教育、道德教育和反腐倡廉教育,开展群众性精神文明创建活动,校园文化建设深入发展。通过加强党的建设和群团工作的开展,为促进全区教育系统持续、快速、健康、科学发展提供了有力的政治保证和组织保证,全区教育系统党员干部的整体素质普遍提高,党群工作取得明显成效,精神文明建设实现长足发展。

第一章 党的建设

第一节 组织与制度建设

组织建设 1987~1991 年,河口区文教局成立党支部。1990 年 10 月,根据东河办发〔1990〕11 号文件,文、教分离,教育行政机构独立设置,区文教局更名为河口区教育局。1991~1993 年,河口区教育局成立党组。1993~2002 年,河口区教育局改称河口区教育委员会,成立党支部。2002 年 5 月,根据东河政办发〔2002〕26 号文件,河口区教育委员会更名为河口区教育局。2002~2006 年,河口区教育局成立党组。2007 年,河口区教育局成立党委,下设区一中党总支,局机关、区职教中心、区实验学校、河安小学、河安幼儿园五个党支部。

河口区成立后,教育机构的党组织很快建立健全,党员队伍建设得到健康发展。采取积极慎重、保证质量的方针,大量吸收在改革开放和两个文明建设中的先进分子入党,一大批优秀知识分子加入党组织。1987 年,教育系统共有党员 36 名,其中,女党员 10 名。1986~1987 年,按照中央和省、市、区委的要求,开展整党工作,统一思想,整顿作风,加强纪律,纯洁农村基层组织,坚持每年度一次党员民主评议活动及民主评议党员活动。

1991 年起,党组织建设进一步加强,认真贯彻

"坚持标准,保证质量,改善结构,慎重发展"的方针,积极做好发展新党员工作,妥善处理不合格党员,保持党员队伍的纯洁性。同时,全面贯彻干部队伍的"四化"方针和德才兼备的原则,按照"五个好"要求,选好支部书记,配齐支部班子,大力培养优秀后备干部。1997 年,加强党员思想教育和业务锻炼,在党员干部中开展"双学"活动、学习十五大精神和市场经济知识,在基层支部中开展创"五好"活动。强化党员教育,提高班子整体素质。

2001~2013 年,按照"培养一个,成熟一个,发展一个"的新时期对党员的标准要求,培养发展党员。2014 年,全区教育系统党员共发展到 316 名,其中,女党员 117 名。

制度建设 2002~2014 年,河口区教育局建立健全"为民、务实、清廉"的长效机制,先后多次召开领导班子会议,研究加强制度建设工作,分类修订建立 21 项制度。其中,修订制度 4 项,新制定 17 项。修订《河口区中小学(幼儿园)财务监督管理办法》《关于进一步加强中小学(幼儿园)内部审计工作的暂行规定》《教育系统公文管理规定》《加强师德建设,提高教师队伍素质的意见》《关于加强信访稳定工作的办法》等一系列规章制度,规范权力运行,管住党员干部行为,制度的建立与完善,成为党员干部改进作风的行为准则和刚性约束。

第二节　党员教育

教育内容　1984~2015 年,河口区教育系统党员教育的主要内容是:马列主义、毛泽东思想、邓小平理论、"三个代表"重要思想、科学发展观、习近平总书记系列重要讲话精神。学习党的路线、方针、政策,开展党性、党风、党纪和组织观念教育,进行党的宗旨和理想信念教育、形势任务教育、党员权利义务教育等。

基本形式　一般以党小组为单位进行,上党课、观看电教片、请专家辅导、组织学习;举办学习园地、印发学习材料、开展知识竞赛等,从实际出发,灵活多样。工作中注意把教育管理与多方服务、多方沟通结合起来,把解决问题与解决实际困难结合起来。通过教育,使每个党员都能正确行使权力,自觉履行义务,在维护全局稳定、精神文明建设和促进社会发展等方面发挥先锋模范作用,做群众的表率。

教育活动　1984 年,邓小平同志提出建设有中国特色社会主义的开创性伟大理论。按照区委要求,河口区教育系统组织全体党员认真学习,在思想上从建国以来建设社会主义的伟大实践中加以总结、探讨什么是马克思主义,什么是发展社会生产力的社会主义这一深远的历史性理论。同时,在全体党员内开展坚持党的领导,坚持社会主义道路,坚持人民民主专政,坚持马列主义、毛泽东思想的深刻教育。

1991 年开始,党的建设得到进一步加强。紧紧围绕提高党员素质,深入进行党的基本路线、基本知识教育和党性、党纪、党风的教育,引导广大党员自觉地坚持"一个中心,两个基本点",在改革开放和现代化建设中充分发挥先进模范作用。中共十五大召开以后,重点学习落实会议精神,认真学习邓小平理论和社会主义市场经济知识。深入开展"学理论、学科学、学经济、争做发展社会主义市场经济带头人"及"学理论、讲奉献、做合格党员"活动。同时,加强党风廉政建设。要求党员干部强化自律意识和公仆意识,带头廉洁奉公、艰苦奋斗。建立健全机关工作的各项规章制度。在接待、就餐、用车等方面做出规定,严明党的纪律。按照"讲学习、讲政治、讲正气"的要求,深入开展以"三个代表"(代表中国先进生产力的发展要求,代表中国先进文化的前进方向,代表中国最广大人民的根本利益)重要思想为主要内容的党性党风教育,坚持党的干部路线,教育干部牢记党的宗旨,增强群众观念,从思想上、感情上、工作上解决好为谁掌权、为谁服务的问题。

2001~2003 年,在教育系统集中开展"学习先进找差距,解放思想促发展"主题教育活动。2004 年,全区教育系统深入学习中共十六届四中全会精神,以《中共中央关于加强党的执政能力建设的决定》为主题,明确"为谁执政,靠谁执政,怎样执政"。提高"五种能力",坚持"立党为公,执政为民"的执政理念。以《中国共产党纪律处分条例》《中国共产党党内监督条例》为准则,加强党风廉政建设,发扬民主,坚持民主集中制,科学决策,增强党组织的凝聚力和战斗力。

2005 年,根据党的十六大和十六届四中全会精神,加

2006 年,职教中心参加全区学习党的十七大精神演讲比赛

强党的执政能力建设，全面推进党的建设这一新的伟大工程，确保党始终走在时代前列，更好地肩负起历史使命。1月开始，区教育局党组用一年半左右的时间，开展以实践"三个代表"重要思想为主要内容的保持共产党员先进性教育活动。目标要求是：①提高党员素质。党员学习、实践"三个代表"重要思想的自觉性、坚定性进一步增强，对新时期保持共产党员先进性的要求进一步明确，理想信念进一步坚定，先锋

教育系统"解放思想大讨论"活动动员会

模范作用进一步发挥；②加强基层组织。党的基层组织在成为贯彻"三个代表"重要思想的组织者、推动者和实践者上取得新进展，战斗堡垒作用进一步发挥，党执政的组织基础进一步巩固；③服务人民群众。党员全心全意为人民服务的宗旨观念进一步增强，作风进一步改进，组织群众、宣传群众、教育群众、服务群众的本领进一步提高，党群、干群关系进一步密切，真正做到为民、务实、清廉；④促进各项工作。党的路线方针政策在全区教育系统进一步贯彻，科学发展观和政绩观进一步树立和落实，各项工作取得新进展。是年3月28日，河口区教育局党组制定保持共产党员先进性教育活动分析评议阶段实施方案，要求：①认真搞好动员部署；②讨论确定党员保持先进性具体要求和不合格党员主要表现；③广泛征求党员群众意见；④深入开展谈心活动；⑤深入搞好党性分析；⑥认真组织开好专题生活会；⑦研究提出对每个党员的评议意见；⑧搞好评议情况通报；⑨认真组织好阶段工作测评。根据《实施方案》，结合本单位实际情况，局党组采取多种形式，把握学习方法，扎实推动先进性教育活动深入开展。通过教育活动的开展，河口区教育系统领导班子成员的思想和行动更加统一到全区教育中心工作上来，智慧和力量更加集中到推进教育事业的可持续发展上来，形成团结协作、齐心合力、齐抓共管的良好局面。在工作作风方面，全区教育

系统形成扎实肯干、任劳任怨、与时俱进、专心致志、心无旁骛的工作作风，"献身、求实、负责"的教育行业精神得到发扬光大。廉政建设方面，领导干部以身作则，以自身作表率，增强廉洁自律的自觉性，自觉接受党和群众的批评和监督，每个班子成员常修为政之德、常思贪欲之害，常怀律己之心，真正做到坚持原则不动摇，执行标准不走样，遵守纪律不放松。

2006年，河口区教育局按照"理念新、素质高、能力强、作风正"的标准，加强党员的思想教育、作风教育、廉政建设教育，采取学习培训、教育管理、考核奖惩等措施，不断提高党员干部的综合素质和管理能力。2008年，在党员干部中开展"争当排头兵"和"记三情、铸三线"主题实践活动，加强内部管理，狠抓工作落实，使教育事业健康协调快速发展。2010年，区教育局开展"从我做起走向文明活动"教育活动，进一步完善体制机制、狠抓工作落实。

2014年3月，区教育局党委全面开展群众路线教育实践活动。按照"照镜子、正衣冠、洗洗澡、治治病"的总要求，坚持从严要求与敞开大门相结合，规定动作与自选动作相结合，解决问题与建章立制相结合，开展活动与推动工作相结合，加强领导、深入发动、分类指导，注重领导带头、以上率下，注重群众参与、群众评判，注重从实督导、从严把关，注重宣传引导、营造氛围。一是强化学习教育，在真学

真懂上下功夫;二是认真听取意见,在求广求深上下功夫;三是深入查摆问题,在查准查实上下功夫;四是普遍开展谈心,在谈开谈通上下功夫;五是深刻对照检查,在剖深剖透上下功夫。认真撰写对照检查材料,做到"像、深、准、诚"。六是严肃开展批评,在动真碰硬上下功夫。区教育系统先后开展"慵懒散"专项治理、"吃空饷""收红包"及购物卡等专项整治活动。2014~2015年,通过活动开展,区教育系统"三公经费"同比下降17.6%,调整清理办公用房565.6平方米,规范教育行政审批事项2项,研究确定30项重点整改事项。本着群众关注、短期见效的原则,分3批研究确定15项即知即改事项,分别明确责任领导、责任股室、整改和完成时限,主要领导亲自督办,定期督查调度,所有整改事项全部按时限、按要求整改到位。

第三节 党风廉政建设

作风建设 河口区教育系统把党风、行风、干部的工作作风建设作为党建工作的重中之重。结合教育工作点多、面广、人员分散的特点,采取个人自学、集体学习、报告会、座谈会、知识竞赛等形式,举行廉政法规知识测试,撰写体会文章,深入学习《廉政准则》《纪律处分条例》《义务教育法》等党纪政纪条规及《典型案件剖析教育读本》《黄河作证》等党风廉政教育教材。

1986年,全区教育系统学习贯彻《中国共产党中央委员会关于建国以来党的若干历史问题的决议》,统一思想,解除顾虑,明确工作方向,坚定走改革开放之路的信心和决心。1987年,组织全体党员干部学习《关于机关干部转变作风的意见》,以党的廉政建设为中心,通过转变工作作风,树立党员的公仆形象。同时,组织全体党员开展向人民的好公仆孔繁森学习活动。1999年,组织全体党员干部开展"三讲"活动,"讲学习、讲政治、讲正气"。教育党员干部树立"立党为公、艰苦创业、勤政为民、无私奉献"的精神。

2001~2003年,开展典型案件警示教育。组织党风党纪知识测试6次,受教育党员达300余人

次。同时,开展典型案例教育,用实例震慑违纪行为。2004~2005年,根据中央、省、市、区委的统一部署,组织开展以实践"三个代表"重要思想为主要内容的保持共产党员先进性教育活动。党员领导干部要以普通党员的身份参加所在党支部的活动。2005年,开展牢固树立全心全意为人民服务的思想,继承和发扬党的优良传统和作风,遵守中共中央关于惩治腐败的有关规定进行作风整顿。自觉遵守办公纪律,不迟到,不早退,不串岗。一般情况下,上班时间不请假。树立团结、协作、严肃、活泼的机关工作作风。树立为基层服务的观念,对来局办事的人员要热情接待,做到说话有礼貌,办事要诚恳。能办到的事情尽快办理,不能或暂时不能办到的事情,要讲明情况作出解释。

2006~2007年,开展"作风建设年"活动。按照"解放思想有新突破、转变职能有新举措、服务水平有新提高,更好地为发展服务、为基层服务、为群众服务"的总体要求,把加强作风建设落实到全面推进可持续发展教育上来,落实到继续发扬"忠诚、立人、求索、致远"的教育行业精神上来。2008年,以"争当排头兵"活动为契机,开展"记民情,铸牢联系群众生命线。记勤情,铸高干事创业标准线;记廉情,铸实廉洁从政保障线"为主要内容的"记三情铸三线"主题实践活动。按照"解放思想、提升境界、创新机制、优化环境、改进作风、争先创业、推动发展、跨越突破"的总体要求,区教育局领导班子确立"工作重心下移、工作阵地前移"的工作思路,每位班子成员分别对各自分管的工作,经常性深入学校,有针对性地开展工作。推行"实事在一线办理,情况在一线调研,经验在一线体现,形象在一线树立,问题在一线解决,工作在一线推进"的"六个一"工作新机制,促进河口区教育教学水平再上新台阶。

2009~2010年,根据区委、区纪委的统一安排部署,开展"治庸、治懒、治散"行动。区教育局制定《关于进一步改进机关作风严肃工作纪律的若干规定》。主要规定为:一是按时上下班,严格考勤。严格执行上下班的各种制度规定,按时到岗到位,并如实签到签退。杜绝代签现象发生,代签、漏签行为一经查出,一律按旷工处理;二是认真做好值班工作。

实行局领导带班、工作人员轮流值班。坚持昼夜值班，白天正常上班时间由办公室工作人员负责，夜间、公休日、节假日统一安排由工作人员轮流值班。值班人员要坚守工作岗位，在值班室值班，不得以任何理由离开值班地点。按照值班要求，切实履行好上传下达、安全保卫、来访接待等职责，保证政令畅通；三是遵守请销假制度，严格请销假程序。局工作人员有事需要请假时，按照《河口区教育局请销假制度》规定，认真填写请假时间、事由等内容，按照管理权限由相关领导签批，交办公室留存。出差严格按管理权限由领导同意或派出，并到办公室填写外出登记。做到周汇总、月通报、半年年终进行考核；四是严肃工作纪律，保持良好的工作秩序。严格执行工作制度，遵守严明的工作纪律，上班时间要认真履行工作职责，不做与工作无关的事情，不许上网玩游戏、聊天等娱乐活动。加强工作人员上班期间安全管理工作，严禁非专职驾驶人员的公职人员驾驶公车，严格派车制度，公务用车统一调度，驾驶员出车严格按规定程序审批。五是增强节约意识，建设节约型机关。从局机关实际出发，强化节约意识，提高人、财、物的利用效率，努力建设节约型机关。

2011年，区教育局党委深入贯彻区委、区政府《关于以执行力建设为核心深化机关效能提升行动的实施方案》(东河发〔2011〕4号)和机关效能提升行动领导小组办公室《关于印发〈河口区"治庸、治懒、治散"专项行动实施方案〉的通知》(东河效组办发〔2011〕3号)文件精神，进一步深化作风建设，切实转变教育系统干部作风，有效治理工作平庸、纪律松散现象，提高全区教育系统各级干部各单位的执行力和工作质量、工作效率，将"机关效能提升行动"引向深入，教育系统利用3个月左右的时间，集中开展"治庸、治懒、治散"专项行动，着重解决十二个方面的问题：①工作目标不明确，责任落实不到位，缺乏大局意识，对上级的决策部署执行不力，对安排部署或领导交办的工作任务缺乏主动性和创造力，落实迟缓、效力不佳，影响工作进度及成效；②不积极履行工作职责，岗位权责不明，工作推诿扯皮的问题；超出规定时限或承诺时限办理行政许

可事项、非行政许可审批事项和行政监管事项，或向社会公开承诺的事项没有践诺，对能够当场办理的事项拖延办理；③领导干部不认真履行管理职责，单位、学校管理混乱，考核评价和奖惩制度不完善，绩效管理"平均化"，导致干部、教职员工碌碌无为；④股室之间、岗位之间责权不明，推诿扯皮，致使工作受影响，群众切身利益的问题得不到解决，甚至引发群体性事件；⑤宗旨观念淡薄，服务态度差，作风粗暴，干部服务基层、服务群众意识不强、热情不高；教师有体罚或变相体罚学生现象；⑥业务素质差，不讲标准，不讲效率，上班、上课期间精神状态差，对科室和岗位职责范围内的工作敷衍塞责、被动应付，能当场解决的不立即解决，质量达不到标准，教师上课不准备教案或准备不充分，对家长、学生的咨询不耐烦等；⑦工作纪律松弛，上班迟到、早退，擅离职守，无故不上班；甚至上班时间玩游戏、看电影、炒股的问题；⑧法纪观念不强，不守职业道德，教师课堂教学质量差，家庭有偿补课热情高，师德师风差，群众满意度低；⑨思想僵化，不研究新情况、新问题，因循守旧，缺乏改革创新意识，对学校和群众遇到的新困难和反映的新问题不能提出有效解决办法；不认真研究教学新方法、探讨教学新课题、充实教学新内容，影响教育教学质量提高；⑩虚于应付，不抓落实，把任务压给下面，把矛盾交给上面，当"甩手掌柜"的问题；⑪对应当受理的投诉、举报不受理，对应当追究责任的违纪违规行为不追究的问题；⑫其他违反单位内部管理制度，有损单位形象，影响效能提升的行为和问题。

2012年，在全区教育系统党员领导干部中开展"恪守从政道德、保持党的纯洁性"教育活动，重点解决各支部、各学校和广大党员干部，特别是党员领导干部在从政从教道德方面不符合纯洁性要求的突出问题。本次教育活动以邓小平理论和"三个代表"重要思想为指导，深入贯彻落实科学发展观，按照思想纯洁、队伍纯洁、作风纯洁、清正廉洁的要求，坚持党要管党、从严治党，坚持强化思想理论武装和严格队伍管理相结合、发扬党的优良作风和加强党性修养与党性锻炼相结合、加强教育和严肃党的纪律与完善规章制度相结合，增强党员干部

自我净化、自我完善、自我革新、自我提高能力,广大党员干部真正做到信仰坚定、忠诚可靠、艰苦奋斗、拒腐防变、克己奉公、服务师生,永葆共产党人政治本色,为实现全区教育事业科学发展、跨越发展提供有力保障。

2013~2014年,按照"谁主管谁负责"和"管行业必须管行风"的原则,建立完善专项治理工作责任制,健全考核机制和问责机制。区教育局把开展专项治理工作情况纳入学校党风廉政责任制和政绩考核、行风评议的重要内容。教育局党委办公室负责对此次专项治理工作的组织协调、总体调度和监督指导,强化责任分工和责任考核,确保每项治理取得应有成效。

廉政建设 河口区成立以来,教育系统不断加强廉政建设,并取得一定成效。2006年,河口区教育局制定五项措施禁止乱收费。主要内容为:一是加强领导,明确责任。进一步完善治理教育乱收费联席会议制度,做到组织领导有力、工作职责明确,治理教育乱收费联席会议成员单位各司其责,协调配合,齐抓共管;二是实行收费审批、公示、报告制度。收费前各学校所有收费、代收费项目及标准,必须报区教育局审批后方可收取。严格执行教育收费公示制度,通过多种形式将学校收费项目和标准向社会公示,主动接受学生、家长和社会监督,增强学校收费透明度,切实做到按证收费、公示收费、透明收费。各单位及时将收费金额、人数及减免比例等情况上报区教育局备案;三是依法保障教育投入,减轻学校负担。进一步完善"以区为主"的义务教育管理体制,生均公用经费按时划拨各学校;四是严格责任追究制。按照"谁主管、谁负责"和"一把手负总责,分管领导各负其责"的原则。对发生乱收费行为的学校,追究当事人和校长的责任。五是加大监督检查,严肃查处违纪违规行为。把落实"一费制"收费办法、高中招收择校生"三限"政策和高中招生录取中收费政策情况,作为治理教育乱收费工作监督检查的重点。

2007年,河口区教育局实行领导干部廉洁从政"八不准"。①不准借职权之便牟取私利,为亲朋好友参与招投标提供便利和优惠条件,教育系统的各项工程一律实行公开招投标;②不准利用职权干预正常的学校工程建设活动和以任何形式介绍工程;③不准违反规定收送现金、有价证券和支付凭证,对违反规定收钱送钱的,一律交区纪检监察机关严肃处理;④不准借婚丧喜庆之机大操大办甚至借机敛财;⑤不准组织和参与用公款支付的高消费娱乐活动及外出旅游或变相旅游;⑥不准接受事先未经批准的与工作有关的单位或个人的宴请,不准工作日午餐喝酒、不准酗酒;⑦不准以任何形式跑官要官、拉票贿选;⑧不准违反规定购买、更换超标小汽车和超标住房。

2008年,局主要领导与各领导班子成员、各班子成员与分管股室分别签订《河口区教育局党风廉政承诺书》,从局长到各班子成员认真履行"一岗双责",严格落实廉政建设责任制。一是领导班子正职对党风廉政建设和反腐败工作负总责,重大问题亲自过问;领导班子其他成员抓好分管股室的反腐倡廉工作,对职责范围内的党风廉政建设负直接领导责任。领导班子年内至少要召开2次专题会议,听取党风廉政建设和反腐败工作汇报,研究部署职责范围内的党风廉政建设工作。制定贯彻落实反腐倡廉任务的配套措施,并组织实施。加强"记三情铸三线"主题实践活动、"实践科学发展观争当黄河三角洲开发建设排头兵"活动和廉政文化建设的组织领导,把其列入重要日程,定期研究,统筹安排,确保效果;二是认真贯彻"八个坚持八个反对"的要求,加强对党员干部特别是领导干部作风的监督检查。严格执行"四大纪律八项要求"和领导干部廉洁从政各项规定。坚持勤俭办学,严格控制经费支出,不搞攀比,不搞形象工程,坚决反对铺张浪费。领导干部要发挥示范作用,带头落实勤俭节约原则,带头廉洁自律,积极创建廉洁型、节约型机关;三是加快体制机制创新,从源头上制止教育行业的不正之风。在局机关和学校全面推行政务和校务公开,规范公开的内容、程序和范围,增强公开的时效性,杜绝形式主义;四是以学习贯彻《建立健全教育、制度、监督并重的惩治和预防腐败体系实施纲要》为重点,积极开展党风廉政宣传教育工作,进一步健全完善惩治和预防腐败体系;五是加强教师职业道德建设。认真遵守《中小学教师职业道德规范》,严格执行《关于加强教育队伍廉洁从教工作的通知》要求,做到教书育人,为人师表,廉洁从教;六是进一步规范教育收费行为。义务教育阶段学校,严格执行"一费制"收费办法,严格做到"六个不准";对高中学校,严格执行"三限"政策,严格执行教育收费公示制,全面落实审批报告制;七是进一步规范中小学办学行为。加大监督检查力度,采取有力措施,坚决纠正不规范办学行为,充分保障招生区域内适龄少年儿童的受教育权利;认真开展好中小学行风评议工作;八是高度重视群众来信来访,积极做好和配合做好案件查办工作。落实信访工作制度,对上级转办的信访件(含行风热线)认真进行调查处理,并按时间要求反馈处理结果,办结率达到98%以上。重视对集体访、越级访、重复上访和上访老户的处理工作,拟定解决方案,采取稳控措施,及时向区教育局反馈案件进展情况;九是加强纪检监察和信访工作人员队伍建设,建设本系统教育纪检监察和信访工作联络员队伍,强化基层组织网络建设,并适时开展相关业务学习培训,加强理论研究,组织开展专项调研活动。

2009年,以转变作风为重点,加强党风廉政建设。一是切实抓好领导干部的理想信念、宗旨意识、党纪国法、廉洁自律和落实科学发展观教育,强化领导干部的廉洁从政意识,自觉接受干部群众的监督,不断夯实廉洁从政的思想道德基础、筑牢拒腐防变的思想道德防线;二是坚持全心全意为人民服务,坚持群众路线,真诚倾听广大职工群众的呼声,真实反映职工群众愿望,真情关心广大职工的疾苦,多为群众办好事、办实事;三是牢固树立求真务实、勤奋高效的工作作风,切实改进工作方法,统筹兼顾、突出重点,加快工作节奏,强化工作效率,坚持调查研究,讲究务实高效。

2010年,以廉政准则学习为抓手,开展党风廉政建设,让党员干部廉洁从政之风"三入",即"入脑、入心、入行"。一是廉政教育"入脑"。进一步加强组织领导,局主要领导为党风廉政建设第一责任人,对贯彻实施《廉政准则》工作负总责、亲自抓,局班子其他成员结合业务分工,抓好贯彻实施《廉政

准则》的督促落实,各股室根据自身职责,各负其责,形成层层抓落实的工作机制。征订并组织职工学习《廉政准则》学习资料,集体学习与个人自学相结合。先后组织集体学习180余人次;二是廉政宣传"入心"。组织党员干部观看《远山的红叶》等廉政教育片,并举行《廉政准则》专题辅导、大讨论活动、制作廉政教育展板和开设宣传栏等多种方式扩大宣传教育,深化《廉政准则》教育活动,引导党员干部尤其是领导干部树立廉洁意识、法律意识和制度意识,使廉政思想"入心";三是廉政之风"入行"。大力推进制度建设,严格落实教育行政审批制度、学校投资管理制度、学校工程建设资金管理制度等若干廉政制度,结合《廉政准则》建立和完善局内车辆管理规定、公务接待管理规定、公章使用管理规定等多项规章制度,用制度管人、管事、管权,使党员干部从政行为有"硬杠杠"。着力强化监督检查,发挥局内党风廉政小组、督查室的作用,加强对党员领导干部的日常监督,全面掌握党员领导干部遵守执行《廉政准则》的有关情况。通过规章制度和监督检查的双重约束,保证廉政之风"入行",为教育事业的健康快速发展创造"软环境"。

2011~2014年,河口区教育局围绕行政审批、行政执法、学校工程建设、教育项目资金使用等重点岗位和关键环节进行全方位的廉政防控排查。通过对干部职工坚持"一岗双责"排查(业务工作职责、党风廉政职责),"六步法"排查(自己找、大家提、群众评、上级点、集体议、组织审),共排查出风险点59个(三级风险点48个,二级风险点11个)。针对排查出的问题,全面开展防控工作:①抓好廉政风险排查,确保廉政风险点"找得准"。查找风险点是整个廉政风险防控管理工作的基础。围绕行政审批、预算拨款、政府采购、干部人事管理、专项资金使用等重点环节和关键岗位,按照"自己找、大家提、组织点、群众议、集体定"的方法查找风险点,准确查找每个岗位、每个股室的廉政风险,确保不缺不漏,保证防范管理有的放矢、对症下药。实行"下管一级"审核把关,股室负责人既要查自己的,又要监督指导下属人员的;分管领导既要查找本岗位的,也要负责分管股室的股室长,形成一级抓一级、

层层有落实的工作机制。对互查确定的每个人的"风险点"，由全体职工就其准确性进行公示，并对遗漏的"风险点"进行补充。②抓好防控措施制定，确保廉政风险"防得牢"。按照"工作有程序，程序有控制，控制有标准"的要求，进一步梳理职权，编制审批流程图。同时，对原有制度进行一次全面清理排查。重点清查制度已经过时的，不能约束权力运行全过程的，对某些关键环节存在盲区的制度。同时，针对查找出来的风险点完善制订相应的管理制度。在制定制度过程中，把工作重点放在强化责任追究上，放在制度之间的相互制约上，保证制度的严肃性、约束力、可执行性和制度执行的易监督性。③着力构建"三道防线"，做到廉政风险"防得住"。局属各股室按照党风廉政建设责任制的要求，对查找出来的岗位廉政风险，明确防控责任领导和责任人，做到任务明确、责任到人，形成以岗位为点、以程序为线、以制度

为面的岗位廉政风险防控机制，从而达到化解廉政风险，有效预防腐败，避免苗头性、倾向性问题演变为违纪违法行为的目的。④搞好"五个结合"，做到廉政风险防控"抓得实"。一是与落实惩防体系任务紧密结合，把它列入惩防体系建设中预防腐败的重要内容来抓；二是与党风廉政建设责任制紧密结合，按照"一岗双责"的要求，同布置、同落实、同检查、同考核，充分发挥每个责任主体的作用；三是与业务工作紧密结合，通过推行廉政风险防控管理工作，进一步梳理岗位职责、清理工作流程，完善和优化办事规则，规范操作程序，净化工作环境，推动业务工作再上台阶；四是与制度建设相结合，针对查找出的风险点，完善和健全相应的制度，做到用制度管人，用制度管事。五是与自身建设紧密结合，通过开展廉政风险防控管理工作，加强机关内部管理和队伍建设，树立干部职工"为民、务实、清廉"的形象。

第二章　群团工作

第一节　工会工作

职责　积极参政议政，充分发挥"桥梁""纽带"作用。负责指导全区各镇街教育工会工作，领导管理各学校、幼儿园工会工作。参与涉及教职工切身利益的法规、政策的调研和制定，依法维护教职工的合法权益，推进学校民主建设工作，代表反映教职工的合理权益诉求，保障教职工民主权利，提高教职工主人翁地位，组织学习《劳动合同法》知识。做好教职工思想政治工作，组织开展具有教育特色的教职工职业道德建设和专业技术技能竞赛活动。指导推行学校教职工代表大会制度建设，协助做好校务公开工作。关心群众生活，帮扶救助生活困难教职工。抓好"教工之家"工作，组织开展教职工文体活动，丰富教职工的精神文化生活。依法维护女教职工的特殊权益。加强教育工会组织建设，负责

教育工会干部培训和教育工会系统先进集体、先进个人评选表彰等工作。

主要工作　1985年7月，河口区教育工会成立，紧紧围绕教育教学中心工作，履行"维护、建设、参与、教育、组织"等多项职能，开展系列活动。

推行教代会制度　学校教职工代表大会，简称教职工代表大会或教代会，是教职工依法参与学校民主管理和监督的基本形式。学校教职工代表大会的职权是：听取学校章程草案的制定和修订情况报告，提出修改意见和建议；听取学校发展规划、教职工队伍建设、教育教学改革、校园建设以及其他重大改革和重大问题解决方案的报告，提出意见和建议；听取学校年度工作、财务工作、工会工作报告以及其他专项工作报告，提出意见和建议；讨论通过学校提出的与教职工利益直接相关的福利、校内分配实施方案以及相应的教职工聘任、考核、奖惩办法；审议学校上一届(次)教职工代表大会提案的办

理情况报告;按照有关工作规定和安排评议、推荐学校领导干部;通过多种方式对学校工作提出意见和建议,监督学校章程、规章制度和决策的落实,提出整改意见和建议;讨论规章制度的制定以及学校与学校工会商定的其他事项。至1987年年底,河口区教育工会督促指导完成7个教代会组织建设,推行教代会制度。教代会每届任期2~3年,每学年召开一次。必要时可根据实际需要适当增加次数。开好教代会,是搞好学校民主管理的重要环节。1999年6月,市教委、市教育工会联合下发关于开展中小学教代会评估文件,河口教育工会加大评估推动工作,使教代会工作走上规范化、制度化的轨道。2003年8月,区教育局根据市局文件要求,印发《教代会星级创建活动实施方案》,在全区开展教代会星级创建评比活动。2006年,区教育局工会先后印发《河口区教代会星级创建活动实施方案》和《关于进一步加强校务公开工作的意见》,成立评审领导小组,促进教代会工作、校务公开工作的制度化、规范化。

维护教职工合法权益 1994年1月,市教育工会发出《关于建立教师工资发放情况报告制度的通知》,河口区教育工会对教职工工资待遇、民办教师工资拖欠和公办教师医疗费用报销等问题进行调查,对教师合法权益遭受侵害情况进行定期报告,对严重问题紧急报告,切实为教职工维权。1999年3月,市教委和教育工会联合下发通知,进一步规范教师工资发放情况统计汇报制度。通过建章立制充分发挥教代会、校务公开作用,保障教职工合法权益。按照市教育工会要求,利用暑假组织优秀教师赴外地休养、学习,调整紧张的教学节奏,放松心情,保养身体。关注教职工身体健康,每年为教职工进行健康查体,对女教职工进行生殖健康检查,防患于未然,做到早预防、早诊断、早治疗。

文体活动 1985年开始,教育工会每年组织教职工开展文体活动,特别是重要节日来临时,都组织庆祝活动。如"三八"妇女节女职工趣味运动会、健步行、五一劳动节职工运动会、篮球、乒乓球、象棋、跳棋、扑克、拔河、跳绳、书画等比赛活动,教师节举办文艺汇演等活动。

1990年,教育工会主要开展以"双增双节"(增产节约、增收节支)为主要内容的工作技能竞赛活动,参加全区相关的征文活动。1994年,教育工会开展以"组织建设、民主管理、经济事业、财务管理"为主要内容的"四好"先进集体创建活动,开展"主人与市场经济"为主题的教育活动及法制宣传教育活动。1996年,教育工会建立起"工会之家",组织干部职工广泛开展多种活动,主要包括"三爱六学"活动,即爱党、爱国、爱社会主义;学理论、学文化、学技术、学管理、学法律、学科学。使全局干部职工形成爱岗敬业的良好风貌。1999年,实施"112"工程,即学好一个理论(邓小平理论),突出一个重点(开展"99基层组织建设年"活动),实现两个突破(在民主监督上有新突破,在参加管理上有新突破)提高干部职工主人翁意识。2000年,全面开展多方面多层次的文化体育活动。

2014年5月24日,在河安小学举办全区68名中小学艺体教师教学业务技能大赛活动。通过组织开展各项活动,丰富教职工的精神生活,调动广大教职工的工作积极性,提高职工的团结协作能力。

帮扶救助 2008年,区教育局成立河口区学生资助中心,全面负责贫困生救助工作。各镇街教委、各基层学校、幼儿园均设有专(兼)职资助管理员负责各单位的救助工作。落实《东营市人民政府办公室关于进一步完善教育救助体系的实施意见》《东营市贫困生救助实施细则》等文件规定,健全学

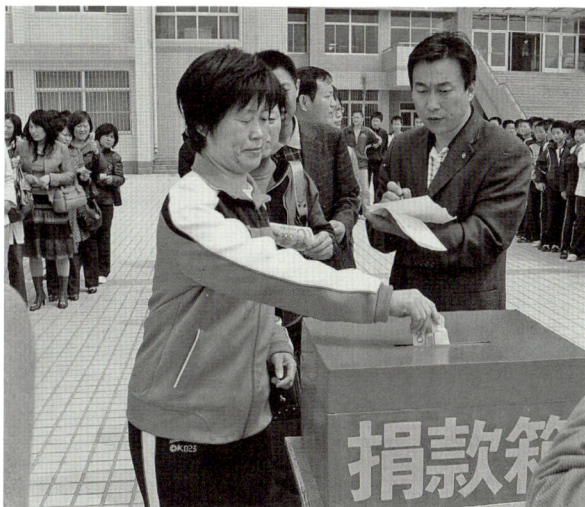

教职工爱心捐款

生资助制度,保障经济困难家庭子女接受平等义务教育。详细调查摸底,实事求是、专款专用,确保助学资金及时足额发放到真正贫困生和家庭困难职工手中,保证贫困家庭学生得到及时救助。区教育局与多部门联动,开展帮扶困难职工、"希望工程""爱心助困""扶贫助学金""春蕾计划""夏送清凉""金秋助学""冬送温暖"等系列活动。在关键时刻为困难职工、遗属、学生献上温暖和爱心,送去慰问金、慰问品或是满足微心愿,切实帮助解决实际困难。每年9月,各学校面向全体学生摸底,掌握学生的家庭经济状况,对享受低保家庭的学生,因大病、天灾等原因造成家庭经济困难的学生进行登记,建立贫困生档案,为各级救助做好准备。全区每年向低保中小学幼儿园学生、高考大学生、农村贫困寄宿生发放救助金100余万元。2009~2014年,河口区每年开展城乡少年"手拉手"互助活动。城镇学校同乡村学校结成共建学校,城镇学生和乡村学生结成互助对子,定期开展学习和联谊活动。

老教育工作者协会 1995年11月15日,河口区教育局成立老教育工作者协会(简称"老教协")。根据自身特点,开展活动,全面落实"老有所养、老有所为、老有所学、老有所乐、老有所医"的"五有方针"。积极为广大离退休教职工"老有所为、老有所乐"创造条件,发挥他们的余热。每逢重大节日,分头到年老体弱会员家中慰问,把温暖送到他们家中。

老教协每年定期组织有经验的离退休老教师到学校开展教学督导,对全区教育教学质量把关,提升全区教育教学水平;定期组织离退休老教师开展老年体育活动,丰富老教师日常生活,增强体质。2004年,各基层老教协把创设机制、落实待遇、开辟场所、丰富生活摆上议事日程。区老教协先后组建老年太极拳队、门球队、秧歌队等。2013年,8名老教育工作者参加东营市首届钓鱼活动,取得团体三等奖、个人第五名。

第二节 青少年工作

共青团职责 根据党的路线、方针、政策,围绕局党委的中心工作,贯彻团区委的工作部署,制定并组织实施全区教育系统共青团工作规划和年度计划,积极完成党组织交给的各项任务。开展青少年思想动态和青少年工作状况调查,研究青少年运动、青少年思想教育和青少年事业发展等问题,研究提出相应对策。有针对性地开展青少年理想信念教育、道德教育、纪律教育和革命传统教育,引导青少年提高思想政治觉悟。负责制定实施全区教育系统团员发展计划;积极推荐优秀团员入党;负责团费的收缴、管理和使用。加强团的基层组织建设和各项规章制度建设,协助组织部门搞好团干部的管理、使用和考察。

负责组织召开全区教育系统团员代表大会,并指导基层开好团员大会、团员代表大会。负责指导全区少先队的工作,协助有关部门选拔好中小学少先队总辅导员和辅导员。对少先队员进行理想信念教育和爱国主义教育。负责全区教育系统志愿者队伍建设,开展志愿服务活动。

主要工作 1991年,成立区教育局团工委,全区教育系统青少年工作开始步入规范化。1991~

青少年志愿者服务活动

2014 年，先后组织开展"学党史、知党情、跟党走""红领巾心向党"等理想信念教育活动；开展形势政策教育、国情教育、革命传统教育和国防教育，坚定中国特色社会主义共同理想活动；通过"民族精神代代传""祖国发展我成长，我与祖国共奋进"等主题活动，加强民族精神和时代精神教育，激励青少年热爱祖国，热爱家乡。开展"心愿直通车"关爱少年儿童行动、城乡少年"手拉手"、少先队文化建设、阳光体育运动等活动，做好青少年心理健康教育工作，加强心理健康教育的课题研究。开展"安全进校园"系列教育活动和全年中小学安全教育，引导中小学生树立安全意识，掌握基本的自护自救知识，为孩子们健康成长创造良好的环境。

广场欢乐节活动

少先队职责　根据《中国少年先锋队章程》规定，凡是 6 周岁到 14 周岁的少年儿童，愿意参加少先队，愿意遵守队章，向所在学校少先队组织提出申请，经批准，成为队员。河口区少先队员从小学一年级学段开始发展。2014 年，全区有少先队大队 13 个（包括中学 3 个，小学 8 个，九年一贯制学校 2 个）。

团结教育少年儿童听党的话，爱祖国，爱人民，爱劳动，爱科学，爱护公共财物，努力学习，锻炼身体，培养能力，立志为建设有中国特色社会主义现代化国家贡献力量，努力成长为社会主义现代化建设的合格人才，做共产主义事业的接班人。服务少年儿童的健康成长。维护少年儿童的正当权益。

主要工作　1985 年，组织全区各级少先队开展"人人争戴新风尚小红花""我们爱科学""红领巾读书读报奖章"等活动，使他们在实践中增长知识，培养能力，全面发展。1986 年，河口区召开第一次少代会。1989 年 6 月，开展"黄河口少年新星"评选活动；12 月，开展"学赖宁见行动、争做文明好少年"活动。1990 年，举行"学赖宁做党的好孩子"红领巾传递活动迎接仪式。1991 年，召开河口区第二次少代会；11 月，举办全区小学生"两史一情"知识大赛。1992 年，开展"争戴少先队劳动奖章"活动。1993 年 10 月，举办河口区少先队鼓号队检阅式。1995 年 6 月 1 日，油田、地方 10 所学校签署"手拉手协议"，缔结为"手拉手"学校，首批 100 名少先队员结成"手拉手"朋友。至 2003 年年底，全区"手拉手"小伙伴达 1200 对，辅导员 60 对，城乡结对学校 19 所。

2000 年 5 月，河口区被列为全国三十个首批实施古诗文诵读工程的试点县区之一。主要活动对象是 6~13 岁少年儿童，这项活动的开展，吸引全区参与的青少年达 2 万人，实现由"诵读"向"育人"的深化。2001 年，组织"爱我东营事业，共建美好家园"百名少年儿童现场绘画活动、"万名油地青少年签名百米长卷"公民道德宣传月活动。2002 年，开展经典诗词朗诵音乐会、古诗文诵读知识竞赛，以及"手拉手"学校联谊活动。2003 年，开展少年儿童科技创新大赛、油地青少年书画展等活动，协调资金 7 万余元在区实验学校建成 100 人的铜管乐队，在全市少先队检阅式上获二等奖。2 所小学被评为"全市少先队工作规范化学校"。2004 年，评选表彰河口区"十佳少年"，组织北京科技夏令营活动和全市中学生电脑制作竞赛活动。2009 年，全区各中、小学校举办"我与家乡共成长"主题演讲比赛 7 场；组织青少年书画大赛。2010 年，全区各中小学校深入开展"文明礼仪普及行动""争当四个好少年""知荣明耻,我们在行动""红领巾与光荣同行"等一系列主题教育活动,引导全区青少年牢固树立建设有中国特色社会主义的共同理想和正确的世界观、人生观、价值观。2011年,举办"环保杯"第三届庆"六一"儿童广场欢乐节活动。300名学生先后在"建设低碳河口,环保你我同行"横幅上签名;参观科技大篷车—走进河口科普展览,了解航天、生物等科技方面的知识;百名青少年进行广场书画表演。是年12月,联合团区委、区邮政局成功举办河口区"华欧杯"儿童贺卡封面设计书画大赛,收到作品280幅,选取30幅优秀获奖作品印制成爱心贺卡,全区范围内发行,免费向全区4000名小学生发放。

2013年5月,团区委、区教育局联合举行纪念"五四"运动94周年暨中学生18岁成人仪式活动。全区500余名18岁学生面对国旗庄严宣誓,由学生家长为其佩戴成人纪念章,进一步增强中学生公民意识、责任意识。在全区范围内开展"心愿直通车"活动,先后走进二吕小学、河安小学、新户镇太平中学,为学生们送去围巾、手套和帽子80套,实现微心愿30个。举办第十一届"星星火炬"英语风采大赛东营赛区河口海选,荣获国家级铜奖3个。

2014年,开展各类主题实践活动、示范团队日等活动20次,举办青春大讲堂、交流分享会5期,参与人数达2500人次。为纪念少先队建队65周年,联合团区委、人社局举办河口区首届少先队优质活动课大赛,吸引380名少先队辅导员及学生参与。开展河口区中小学鼓号、军乐队大赛,全区中小学共9支鼓乐队500名学生进行了展演。成功举办第十一届"星星火炬"才艺大赛东营赛区河口海选,荣获国家级金奖3个、银奖1个。

学生会 1987年,河口区境内各重点学校先后成立学生会。2014年,河口区有4所中小学设有学生会。分别为河口区一中学生会,成员100人;河口区实验学校学生会,成员48人;义和镇中心学校学生会,成员32人;新户镇太平中学学生会,成员20人。

学生会在学生自主管理中发挥模范先锋作用,是学生管理的重要组织。学生会由主席团领导,下设秘书处、学习部、宣传部、纪检部等部门,各部分别负责分管工作,负责学校各项常规工作检查。通过开展一系列健康有益、丰富多彩的学习、文体、社会实践活动,不断加强和完善自身建设,打造让学校领导、老师放心,让同学满意的学生组织。1990年,学生会推行学生自主管理,使学生在自我管理的过程中实现"自我教育、自我完善、自我提高",做到"学会学习、学会做人、学会合作、学会成长"的态势。第一遵守校规校纪,思想上和行动上自觉和学校保持一致。第二,努力做好学生会自身建设,内塑团队,外树形象,努力提高学生会成员的整体素质。第三,增强服务意识,立足岗位扎实奉献。第四,打造学生精品活动,丰富素质教育内涵。学生会协助学校承办校学校文化艺术节、田径运动会等重大文体活动。每学期,学校对学生会进行换届,吸纳新成员、举行成立大会、新一届学生会吸纳新成员时采用班级推荐、介绍人推荐、审查了解等步骤,严格把好入口关,把思想品德表现作为重点考察内容。纳新完毕后,举行学生

市区主要领导组织油田、地方学生手拉手五自劳动实践活动

会成立大会。学生会在主席团统一调度下,每天进行两操执勤(包括教学楼楼层疏散学生、广场执勤和运动场地执勤)、宿舍两休执勤和自行车停放执勤。经常参与一些常规性检查,以确保学校学生管理工作正常进行。

第三节　妇女工作

职责　根据《中华人民共和国妇女权益保障法》《中华全国妇女联合章程》等有关法规,教育局妇委会职责是:开展评选、表彰、推荐、宣传先进典型工作,教育引导广大妇女树立自尊、自信、自立、自强"四自"精神。维护广大妇女的合法权益,发挥桥梁纽带作用。关心并帮助特困女教工树立信心,克服困难。开展丰富多彩的文体活动,维护女教职工的精神文化权益。组织调查研究,学习考察、对外交流等工作,加强妇女工作队伍建设。完成上级妇女组织交办的工作。联系团区委、区妇联、区总工会等有关部门做好贫困女童的助学工作,帮助贫困女童健康成长。

主要工作　2006年,区教育局下发《关于"完善学校教育、家庭教育、社会教育网络"的通知》,各单位调整家庭教育领导小组。建立健全各项规章制度,各个家长学校定期开班,对引导家长树立正确的教育观和人才观,为公民道德建设的开展创造良好的家庭教育环境。

2007年3月,区教育局妇委会制定2007年公民道德建设活动计划,开展各项活动。4月,开展"珍爱生命健康成长"活动,"六一"期间,开展以"我做合格小公民"为主题演讲活动,开展以"家庭小帮手,环保小卫士,独立小主人"等五小活动。

2009年2月,按照市教育局、市妇联《关于东营市教育系统开展"三八"红旗手评选表彰活动的通知》要求,在全区教育系统中认真组织推荐,择优选拔优秀女职工报送参加上级评选,3人获得"东营市教育系统三八红旗手"称号。是年,6名教师被选入"山东省家庭教育骨干"。

2010年6月,区教育局与区妇联联合在区教育局五楼会议室举办"关爱女性健康知识大讲堂"讲座,由西安医学院附属医院妇产科专家居兰英教授主讲,区教育局全体女职工及区直学校部分女教师代表共75人参会。11月,举办东营市"关注孩子成长"家庭教育系列报告会,邀请知心姐姐心理健康教育培训中心研究员、团中央《知心姐姐》杂志社心理健康教育全国巡回报告团讲师陈薇老师,为家长讲述为人父母的科学方法、正确方式。巡回报告会分别在区实验学校、河安小学、实验幼儿园和义和镇中心学校举行,1360余名家长参加。2013年6月18日,举办女职工幸福大讲堂报告会,全区有170名教职工参加。

第四节　关心下一代工作委员会

2011年5月,河口区教育关工委成立。主要职责是广泛动员和组织离退休老同志,特别是各个领域的老学者、老专家、老劳模等,发挥他们的优势,以丰富多彩的活动形式,对青少年进行革命传统、爱国主义、集体主义、社会主义教育,法制和科学技术教育。

2014年,女教师参加全区"三八"健步行活动

2011年9月17日，在河安社区活动中心举行河口区关工委"五老"报告团报告会

2012年，区教育关工委在学校设立护学岗，成立"五老工作室"，在河安小学、街道二吕小学开设书法、剪纸、航模、二胡等特色教育活动，开设开学第一课、核心价值观等报告团活动等。抓好"学雷锋、心向党、讲品德、见行动"主题教育活动，树立社会主义核心价值理念。是年，成立"五老"报告团，与区"五老"报告团互相补充，适时深入学校，利用开学第一课、重要节庆日、纪念日和重大事件，组织青少年参观青少年教育基地和志愿服务活动等，帮助青少年树立远大理想，爱党爱国，做一名有理想、有品德的文明好少年。

2013年，重点抓好"三项活动"活动，全面提升青少年素质。一是开展"感恩教育"系列活动。根据学生特点有针对性地开展主题班会、队会、国旗下演讲等活动，充分利用校园广播、宣传栏、网站等载体，强化感恩意识，寓感恩教育于日常活动之中；二是开展"读千古美文、做少年君子"诗文诵读活动。精选部分意境高远、胸怀天下、激励奋进的古诗文名篇编印成册，让古诗文诵读走进课堂、走进生活，引导学生多读精美诗文，开展争做"诵读小明星""书香家庭"评选等活动，调动家庭、社会等积极因素，培养学生良好的诵读习惯；三是开展系列才艺培养活动。组织开展绘画比赛、小发明小制作比赛、艺术节等系列活动，形成了学才艺、展才艺的浓厚氛围。

2014年，开展"关爱明天、普法先行"活动，加强青少年法制教育。结合普法宣传，广泛开展青少年法制教育和重点青少年帮教工作。开展"青少年模拟法庭大赛"、法律知识进校园、法律专家进课堂等活动。以校外辅导站、"爱心妈妈"等为载体，做好"留守儿童"关爱工作，使"留守儿童"学习上有人指导，生活上有人照顾，思想上有人疏导。以心理辅导站、"谈心屋""温馨小屋"等为载体做好青少年心理咨询工作。以组织学校、教师、学生"手拉手"活动等为载体，对病、弱、孤、贫学生给予帮助，确保每一个学生学习上受到帮助，生活上受到关爱。是年，区教育关工委被评为全市"五好"关工委。

第三章　精神文明建设

1996年，党的十四届六中全会召开，作出《关于加强社会主义精神文明建设若干重要问题的决议》，提出精神文明建设总的指导思想、要求和奋斗目标。区委、区政府召开全区精神文明建设会议，要求把公民道德教育和精神文明建设有机结合，打造文明、和谐、富裕的新河口。

1997~2014年，东营市教委制定《东营市教育系统精神文明建设五年规划》，对学校精神文明建设和德育工作作出总体部署。区教委依据《东营市教育系统精神文明建设五年规划》《东营市校长文明行为规范"十则"》《东营市教师"八要""十不"守则》《河口区"九五"期间社会主义精神文明建设规划》，印发《关于加强学校精神文明建设的意见》《河口区教育系统精神文明建设五年规划》，召开全区动员大会，安排部署全区教育系统精神文明建设工作，强调高素质教师队伍建设的重要性和紧迫感。区教育局与各股室、镇街教委、区直学校签订《精神文明建设目标责任书》，以"加强和改进未成年人思想道德建设"为突破口，以"加强教育环境建设"为着力点，明确精神文明建设工作思路。定期召开专题会议，做到精神文明工作与教学工作同安排、同部署、同落实、同考核、同奖惩。学校精神文明建设实现规范化、常态化、制度化。

第一节　组织机构

2003 年，河口区教育局调整精神文明建设委员会。主任由局党组书记担任，副主任由副局长担任，委员由各股室长组成。具体人员随领导班子调整变化而变化。委员会下设办公室，主要职责是组织实施区文明办安排的创建活动，倡导组织本局职工开展争创文明单位、文明股室、文明家庭、文明职工等活动。

2005~2007 年，区教育局围绕精神文明建设总体工作，在全区教育系统开展争创国家级卫生城和国家级环境保护模范城活动，定期定时整治环境卫生，巩固争创成果。2010 年，河口区教育局对精神文明建设领导小组进行调整。2013 年，河口区教育局成立"道德讲堂"，建立工作领导小组，引导局机关全体干部职工积极投身道德实践活动。领导小组下设办公室，具体负责工作开展。

第二节　文明创建

1987~1997 年，河口区教育系统先后在教师中开展 "庆三八，树新风"、创"文明办公室"、创"文明教工"等系列活动；开展以"展师德风采，创优秀群体，树教育新风"为主题的群众性活动，举办教书、管理、服务"三育人"经验交流会等，强化师德教育。1998 年，区教委与区文明办联合出台文件，在全区学校中广泛开展区级文明校园创建活动。各级学校按照创建标准，制定切合学校实际的文明校园实施方案，加大工作力度，积极争取政策和资金支持，不断改善学校办学条件，进一步优化教育环境。1999年，组织班主任开展主题为"如何培育一个良好的班集体"的班级工作经验交流活动。在中青年教师中开展"假如我是学生"征文比赛活动。

2000 年，在全体教职工中开展"讲学习，讲政治，讲正气"党性党风党纪教育活动。2001 年，召开教育系统"崇尚科学，反对迷信"座谈会，坚持教育

的正确方向，培育文明、健康、守法的未来建设人才。9 月，《公民道德公约》颁布，教育系统大力倡导"爱国守法、明礼诚信、团结友善、勤俭自强"的基本道德规范和行为准则，促进学生诚信习惯和文明礼仪习惯的养成，进一步提高学生的思想道德水平。2002年，在全区教育系统开展"十六大"精神进课堂、演讲比赛和举办学校文化艺术节等活动。2003 年，组织教职工开展"学理论，学业务，讲师德，强师能"活动。2004 年，开展"诚信河口"文明建设工作。是年，区教育局被评为市级"精神文明单位"。

2005 年，加强法制宣传和教育，使广大青少年学生知法、懂法、守法，做遵纪守法的公民。把青少年法制教育纳入学校的教学计划，完善兼职法制副校长和法制辅导员制度，确保计划、教材、课时、师资"四落实"。完善学校、家庭、社会"三位一体"的教育网络，预防青少年违法犯罪。2006 年，以社会主义荣辱观为导向，以建设优良的校风、教风、学风为核心，以优化、美化校园文化环境为重点，以丰富多彩、健康向上的校园文化活动为载体，推动形成厚重的校园文化积淀和清新的校园文明风尚，使学生在日常学习、生活中接受先进文化的熏陶和感染，在良好的校园人文、自然环境中陶冶情操，养成"热爱祖国、服务人民、崇尚科学、辛勤劳动、团结互助、诚实守信、遵纪守法、艰苦奋斗"的良好品德，促进自我全面发展和健康成长。各学校相继制订特色鲜明的校风、学风、教风和校训，部分学校谱写了校歌。2007 年，全区教育系统开展社会公德、职业道德和家庭美德教育活动。组织开展"知荣辱、讲文明、树新风、促和谐"为主题的道德实践活动，推动"八荣八耻"的基本要求进机关、进校园、进家庭。河口区形成全社会关心青少年健康成长的良好氛围。2008 年，实施市民教育工程，把家庭教育、学校教育、单位教育、社会教育紧密结合，利用文化展板、校园板报等载体进行思想道德宣传教育。持续开展好 "青年志愿者服务""慈善一日捐""全民环境日""无偿献血"等社会公益活动。做好农村留守儿童的帮扶教育工作，开展关注留守儿童"手拉手"结对帮扶活动，重点解决留守儿童在教育、心理、道德行为、安全等方面的一批重点、难点问题。

2009 年,配合文明校园创建,各学校开展一系列丰富多彩的活动,陶冶学生情操,树立远大的理想和抱负。每年清明节组织"网上祭英烈"活动,"六一"期间组织"做一个有道德的人"签名寄语,"七一"期间组织"红领巾心向党"歌咏活动和"我与诚信手拉手"诚信教育,"十一"期间组织国旗下的演讲比赛活动。持续开展"忠心献给祖国、爱心献给社会、热心献给他人、孝心献给父母、信心留给自己"的"五心"教育实践活动,培育学生胸怀祖国、心系社会、关爱他人、孝敬父母、自信自强的精神。

2010~2011 年,在全区教育系统中开展"四个一"文明创建活动,即:制定一套文明制度:各单位结合各自实际,对各项制度进行进一步完善、修订,通过制度建设教育引导广大机关干部职工以身作则,说文明话,办文明事,做文明人,不断提高教师育人水平和机关办事效能,推动全区教育系统精神文明建设水平提高。创建一个文明服务品牌:深入开展"树文明教育形象,创优质教育品牌"活动,进一步引导广大干部职工提高对教育品牌创建的认识,树立品牌意识,增强品牌观念,提高服务水平,营造"人人争创品牌,建设和谐教育"的良好氛围。建设一支文明队伍:以"政治强、业务精、纪律严、作风正"为目标,以切实提高教师素质作为工作重点,进一步加强师德建设和教师培训,提高其思想素质和业务能力,使其在工作实践中成为广大干部职工学习的榜样和工作的表率。树立一批文明典型:通过典型引路、典型示范,增强教育行业的影响力和教育力,引导干部职工积极参与各项文明创建活动,为全区经济建设营造良好的人文环境。

2012 年,利用"道德讲堂"等有效载体,采取组织宣讲、专题讲座、演讲比赛和知识竞赛等形式,推动社会主义荣辱观教育进机关、进单位、进校园。开展富有特色的群众性精神文明创建活动。依托各学校团委,成立爱幼志愿服务队,参加河口区"志愿服务月"活动。按照网格化管理要求,组织局机关年轻职工在城区参与网格化管理,安排志愿者开展志愿服务活动,集中整治网格化管理路段环境卫生,并在早晚上班高峰期,协助交警做好交通秩序维持工作。组织开展"讲文明树新风"公益广告宣传。各学校紧扣"讲文明树新风"公益广告宣传主题,围绕培育社会主义核心价值观、规范师生道德行为、建设校园生态文明,开展"乡村文明行动""文明餐桌行动"、志愿服务等活动。2013 年,围绕全区"从我做起,走向文明"活动和"争先创优"活动,成立领导机构并制定实施方案,促进全局精神文明工作不断发展。完善中小学生心理咨询室、电子阅览室、图书阅览室等"三室"建设。印发《关于进一步加强中小学生心理健康教育的通知》,要求全区中小学校改善心理健康教育工作的软、硬件建设,加强心理咨询室的建设工作,开展专兼职心理辅导员的专业培训工作;全区各学校都建立图书阅览室,依托微机室建立电子阅览室,制定各项规章制度,并公示免费开放时间,对辖区未成年人免费开放。

2014 年,结合市教育局开展的"最美教师"评选活动,在全区营造"评好人、学先进、当模范"的浓厚氛围。下发《关于党的十八大精神、"中国梦"和社会主义核心价值观进校园活动的通知》,通过少先队、共青团活动和国旗下演讲等形式,结合品德与社会、思想品德教育活动,开展党的十八大精神、"中国梦"和社会主义核心价值观教育活动。组织举办手抄报比赛、读书作文评比、书画比赛、朗读比赛等,营造"好读书、读好书"的校园文化环境,培养学生博览群书的好习惯。下发《河口区教育系统 2014 年"道德讲堂"建设工作方案》,以"我听、我看、我讲、我议、我选、我行"为主要模式,开展多层次和多样化道德讲堂。

第三节　校园文化建设

1985 年,河口区成立之初,学校各项制度不够完善,育人环境不够理想,校园文化建设滞后。文化活动的形式和要求实行因地而宜,因校而宜。主张各校从自己的实际出发,量力而行。1986 年,河口区出台一系列文件,加强校园文化建设。全区各学校,根据各自的经济条件和实际能力,开辟课外活动空间。主要任务是实施校园文化建设,营造和谐优美的育人环境,让高雅的校园文化成为一部立体、多彩且富有吸引力的教科书。这一时期,全区各学校文化建设的主要形式是:升国旗、组织合唱队、器乐队,特别在重大活动的庆典时,彰显学校风采。

1990年以后,学校的文化活动趋于多样化,不少学校都有各自的文艺组织,如秧歌队、器乐队、体操队、仪仗队等。多出现在全区重大节日或庆祝活动的演出。同时,一些寓教于乐的社会实践活动也陆续开展起来。1998年,河口区以创建文明校园活动为载体,加强校园文化建设。2001年,义和中学、太平中学、新户中学三处学校获市级文明校园称号。

2003年,河口区在教育系统内开展党校团校培训、政治理论课堂教学、时事政策教学、国内外热点问题报告会、每周团员政治学习日、革命歌曲比赛、参观爱国主义教育基地、组织学党章小组开展活动、社会实践活动、政治理论学习交流会等等。2004年,全区开展"四自教育"(自省、自悟、自强、自信)活动。2005年,河口区成立校园文化建设领导小组,各乡镇(街道)教委、学校分别成立由单位主要负责人任组长的校园文化建设领导小组,把开展"校园文化建设工程"列为年度工作的重点,实行一把手负责制,建立健全工作机构和组织,层层抓落实,把校园文化建设工作贯穿到学校各项工作中去,形成齐抓共管的良好格局。4月,制定印发《河口区校园文化建设工程实施方案》,正式启动校园文化建设工程。各乡镇(街道)教委、学校按照区教育局统一部署,针对本年度重点工作,结合实际,广泛征求意见,广开思路,制定出切实可行的"校园文化环境建设活动"和"校园读书活动"实施方案,把校园文化建设和学校教育教学工作结合起来,一起部署,一起落实,一起检查,确保校园文化建设与学校其他工作同步进行。是年,区教育局在校园文化建设上,以学校环境建设为突破口,组织各学校加强校园环境的美化、绿化,在学校现有条件的基础上,适当调整,合理布局,划分出教学区、生活区、运动区,根据各功能区

设置不同的文化主题。开发利用一切手段,拓宽育人渠道,丰富校园文化内容,提出要让一草一木一墙一砖都育人。各学校在不同的场所张贴名人照片、名言以及内涵丰富、教育性强的警示语言,激励学生奋发向上,努力学习。在绿地、花池以及公共场所用提示牌的形式,温馨提示学生要遵守公共秩序,爱护花草树木,潜移默化地培育学生好的行为习惯。有的学校在教室内、寝室内以及楼道内张贴悬挂师生自己的书画作品;有的学校广泛发动学生,充分发挥学生的想像力和动手能力,自己动手,做好教室文化、宿舍文化和餐厅文化的创建活动;有的学校还开办校园广播站、校报、校刊,营造出浓厚的校园文化氛围。

2006年,全区14处学校获市级文明校园称号。是年,全区有四所学校被评为市级"绿色学校",河口区一中被评为省级"绿色学校"。2007年,河口一中获"和谐中国·首届全国中小学校园文化建设百佳创新学校"荣誉称号。2008年11月,河口一中合唱队的合唱《飞来的花瓣》荣获东营市电视合唱大赛一等奖。2009年,在全国第三届中小学生艺术展演活动中,河口区教育局选送的艺术节目和作品成绩突出,荣获教育部颁发的"全国第三届中小学生艺术展演优秀组织奖";实验学校选送的二胡独奏《战马奔腾》荣获山东省二等奖。2010年2月,河口一中的舞蹈《新阿里郎颂歌》荣获国家首届"校园时代全国青少年才艺电视展演"银奖。2013年,在

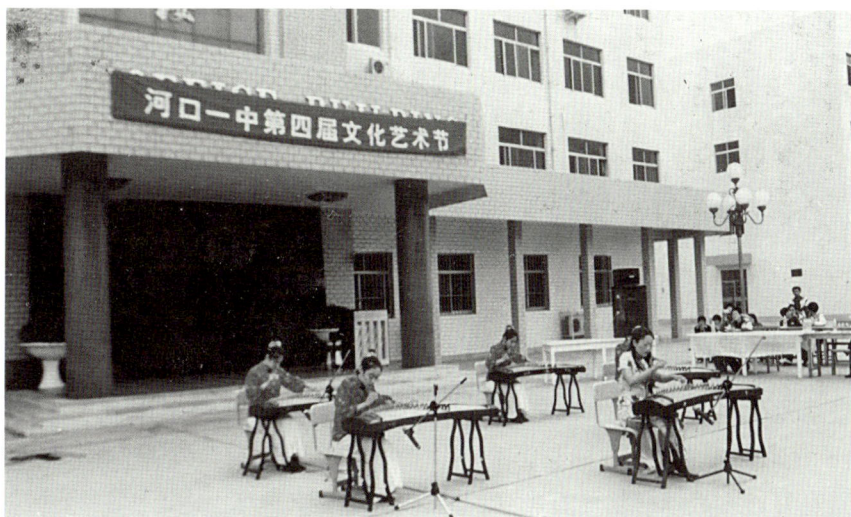

河口一中文化艺术节

全国第四届学生艺术展演活动中,河口区教育局获得山东省优秀组织奖。2014年,河口区以思想道德教育为基础,利用文化艺术活动、课外学术科技活动、体育活动、社会实践活动、创业活动、志愿服务活动、文明校园创建活动等为载体,开展校园文化建设。

廉政文化进校园 河口区通过举办"弘扬廉政文化 共建廉洁校园"师生书画作品展、张贴廉政漫画、悬挂廉政标语等途径,开展廉政文化教育,将廉洁从教考核作为教师聘任、晋级、奖惩的依据。开展"小手牵大手"开学第一课廉政教育基地参观活动,组织党员干部和学生分批到河口区人民法院参观山东省廉政教育示范基地;开展廉政读书活动,收集编撰廉政教育资料发到学生手中,坚持出版专题黑板报或手抄报以反腐倡廉为主题刊出专题板报,开辟廉政先进人物故事、廉政知识、争当廉洁小公民等栏目,开展廉政文化教育课、开展师生"崇廉尚洁"宣誓活动、组织召开廉政主题班会、教唱廉政歌曲等活动,培养学生正直、廉洁、守法、公正等文明生活的基本素养。把廉政教育"进校园"向家庭延伸、向整个社会延伸,构建学校、家庭、社会三位一体的廉洁教育网络,提升教育系统的社会形象和公信力,教育的外部环境得到优化和提升。

教师参观廉政文化教育基地

校园绿化美化建设 校园环境,是校园文化建设的重要组成部分,是培养人才、提高学生综合素质、全面实施素质教育的基础。校园绿化美化是创造良好教育教学环境的基础建设之一,也是创建"绿色学校"的一项重要工程。1990年后,国家教委颁布《中小学校园环境管理暂行规定》,学校把校园建设和管理列入重要工作议事日程,区一中组织专门力量进行校园绿化建设。1991年,校园文化建设主要体现在学校基础设施建设上。教师院墙定期粉刷先进文化的宣传标语或名言警句,启迪学生奋发有为。

1992~1999年,河口区不断加大校园绿化力度,改善生态环境,建设绿色和谐校园,为师生打造一个清新、舒适、宁静的工作和学习环境。按照市、区两级绿化工作的要求,教育系统积极响应植树造林的号召,认真贯彻有关学校绿化工程的各项要求。在保质保量完成区规定绿化任务的基础上,超额完成区政府下达的绿化指标。因校制宜,种植不同树种,千方百计提高树木成活率。同时,加大管理力度,责任到人,落实奖励制度。成立校园绿化领导小组,主要领导任组长亲自抓,分管领导任副组长靠上抓,团委书记具体抓,办公室主任协助抓,严格落实学校绿化"一把手"责任制,将学校绿化工作完成情况作为考核学校总体工作的一项重要指标,进行检查和评比。学校校园绿化美化工作取得成效。1999年,区一中校园内建设假山凉亭、林中曲廊。2000年10月,区一中在教学楼东侧建成橱窗式宣传廊,长33米,内外20个橱窗,每窗高0.9米,长2米,全部铝合金制成。各教学楼、办公楼内,每层装饰1块长5米,高1.5米的灯光画橱,所有画橱内共装200余块名人名言、警句和临摹的世界名画。画橱共投资15万元。2005年,校园铺设草坪4000平方米,花园、绿化带,面积5830平方米,全校绿化面积9830平方米,占校园总面积的12%,人均绿化面积达4.5平方米。2006年,河口区加大投入,完善校园文化设施,设立校园文化橱窗,新建德育文化展室;结合校舍建筑布局,利用楼道长廊建成具有自身特色的"长廊文化",包括:传统文化廊(古诗)、童雅创意廊(剪纸)、班级书艺廊(书法)、童画博艺廊(绘画)等。2012年,投资20余万元,建设河口区首个楹联文化教育基地,建设楹联展室、制作高质量楹联,在校园文化建设中融入楹联,在校本课程中引入楹联,开发楹联文化教材,开设楹联文化课,让楹联走进校园,走进课堂。学校先后荣获创建"中国楹联文化城市"特殊贡献奖、山东省楹联文化学校、中国楹联教育基地称号。2013~2014 年，河口区各重点学校均建有不同主题的雕塑，造型别致，寓意深刻，象征着时代学生朝气蓬勃、积极向上，向着远大理想奋斗的精神面貌。

校园环境综合治理　建区以后，区委、区政府高度重视学校及周边环境综合治理工作，成立由区委副书记任组长、各相关单位主要负责人为成员的全区校园安全保卫工作领导小组，按照"打防结合、预防为主""集中整治和长效管理相结合"的工作方针，组织公安、教育、工商、文体、食药等部门联合开展学校及周边治安秩序专项整治行动，着力排查和整治学校周边治安重点地区和影响青少年健康成长、师生安全的突出治安问题，全力维护学校的安全稳定和社会稳定。区教育局与各乡镇教委、区直学校及局机关各股室签订目标责任书，分解细化目标任务。多次召开专题会议，研究和部署教育系统的综治工作。按照"属地管理""谁主管谁负责"的原则，健全完善区、乡、校三级领导目标责任制，依据综治工作的好坏优劣，给予奖惩，对出现问题造成不良影响的，在单位评先树优和个人的晋级晋职上实行一票否决。同时，把法制宣传教育与法制实践结合起来，把依法治校与争创省、市规范化学校、市、区级"文明校园"结合起来，建立健全学校管理制度，依法治理学校教育秩序，依法管理学校，优化育人环境，推动各项工作开展。

1985~2014 年，全区中小学先后聘用兼职法律副校长 7 名，兼职校外法律辅导员 37 名。完善学校、家庭、社会"三结合"的青少年学生法制教育网络。把每年 4 月的"义务教育宣传月"5 月份的"职业教育宣传月""教师节"作为教育法律法规的集中宣传时期，研究制定宣传计划和实施方案，出动鼓号宣传队、宣传车、张贴大字标语、悬挂过街横幅，组织局机关人员、学校师生走上街头，深入农户开展广泛的社会宣传。每年，区教育局联合建设、公安、卫生、交通等部门定期进行专项检查。依法取缔学校附近的录像点、游戏室、商业摊点，严把图书报刊进货渠道和质量，学校周围均无"三厅一吧"，净化校内外育人环境。区文明办和区教育局联合制定下发《全区教育系统文明校园建设活动评比细则》，把文明校园的评比渗透到学校管理、师德建设、环境卫生、美化绿化等各方面，层层分解，层层负责，全区各中小学按细则开展富有成效的评比创优活动。2009~2014 年，区教育局连年被评为"东营市学校安全工作先进单位"。2010~2014 年，区教育局连年被评为"河口区综治工作先进单位"。

美丽的校园

第十一编　镇　街道教育

河口区成立之初,地方行政区划由新户、太平、义和、四扣、六合五个乡、镇及河口、孤岛两个办事处组成。各乡镇分别设有中学、小学,实行"三级(县、乡、村)办学""两级(乡、村)管理"。1992年,建制孤岛、仙河两个镇。2001年,四扣乡撤销,与原河口办事处建制为河口街道。2010年,河口区撤乡划镇、街道,太平乡与新户乡合并建制新户镇,六合乡撤销建制六合街道。2014年,河口区行政区划为新户、义和、孤岛、仙河4个镇,河口、六合2个街道。各镇、街道教育多次进行布局调整,从小到大、从弱到强,一座座崭新的校舍拔地而起,一批批优秀人才充实到社会各行各业。教育事业的健康发展促进了各镇、街道社会事业全面进步,经济跨越发展。

第一章　河口街道教育

1965年,四扣人民公社成立,隶属沾化县管辖。时有村小学20所,其中,完全小学(完小)3所,分布于公社机关驻地和各个生产大队。1968年,"文化大革命"期间,公办教师回原籍,师资力量出现严重失衡。缺额教师由民办教师补充,农村开始实行"贫下中农管理学校"。1969年,公办教师开始恢复国家统一调配,"贫下中农管理学校"结束,教育教学秩序得到恢复。是年,国家实行普及中学教育,推行社办中学。四扣公社成立四扣中学和二吕中学。1976年,在新建村设立中学。1977年8月,四扣中学增设一个高中班,2名任课教师,学生54人。1980年,四扣中学高中年级撤并到沾化三中。1984年,河口区成立时,境内有中学2所,小学19所,幼儿园3所。1996年"普九"验收时,有中学1所,小学7所,幼儿园18所,小学经过初步布局调整,村与村开始联合办学,幼儿教育快速起步。2014年,河口街道有小学2所,14个教学班,教职工40人,在校生467人。幼儿园2所,10个教学班,幼师38人,在园幼儿322人。教师学历和专业达标率均为100%。

第一节　机构沿革

1965年,四扣人民公社成立前,本辖区教育工作主要由"完小"校长负责。四扣人民公社成立后,由公社设置文教助理。河口区成立之前,教育工作属沾化县教育局管理。1983年9月至1984年8月,为利津县代管时期。1984年8月,河口区文教局成立,负责全区的教育、文化管理工作,四扣乡设置教育组,负责全乡的教育管理工作,为股级行政单位。1994年,四扣乡教育组更名为四扣乡教育委员会。2001年,更名为河口街道教育委员会,行政级别未变,全面负责本街道教育行政管理工作。

第二节　基础教育

学前教育　建区以前,四扣乡没有开办幼儿园。1984年,新建、四扣、六扣三个村办起幼儿园,设施比较简陋。有教师4名,入园幼儿108人。学习科目主要是简单的算术、语言、唱歌、游戏。从1985年开始,境内各村相继办起幼儿园,当时一般为5~7周岁入园,教师、办园经费由办园村负责,乡妇联负责管理。

1990年12月,乡教育组接管学前教育,加强幼儿教育管理,加强幼教队伍建设,协调办园村改善办园条件。1995年,全乡学前教育覆盖率达到100%,入园幼儿336人,入园率87%,幼师22人。1991~1995年,全乡累计投资16万元,新建、维修部分园舍,购置童桌147套,大型活动器具1套,图书1100余册。教育教学内容逐步按照国家规定执行,教育组负责统一征订教材,统一组织幼师进行培训,幼师队伍不断壮大。幼师工资由过去的村委会筹措转变为由乡政府和办园村共同负责。管理制度、教学制度、培训制度逐步趋向完善。

1995年,乡政府与二吕村共同投资15万元,建成四扣乡中心幼儿园,配备教学仪器、图书、教玩具、录音机等设备，当年达到市级一类幼儿园。1998年，乡教委统一对全乡学前教育进行调整，合并部分幼儿园。全乡由1996年的18所撤并为14所。撤并中心幼儿园周边的2所村幼儿园，覆盖乡直及周边3个村，入园幼儿102人，全乡3~6周岁幼儿入园率90%。当年通过市政府基本普及学前三年教育验收。2005年，有幼儿园8所，幼师14人，入园幼儿226人，幼儿入园率93%，办园率100%。是年，由于二吕村内拆迁，河口街道中心幼儿园搬迁至二吕小学院内，借用二吕小学部分校舍继续办园，同时，草桥沟以东各村办园全部撤并。

2007年，河口街道整合学前教育资源，采取民办公助的形式，在原四扣医院旧址筹建河口街道第二幼儿园，草桥沟以西各村办幼儿园全部撤并。

2011年，东营市启动《学前教育三年行动计划》，河口街道以此为契机，拆除原二吕小学的平房校舍，在其旧址上新建河口街道中心幼儿园。占地面积4560平方米，建筑面积1500平方米，总投资490万元。2012年9月投入使用。设6个教学班，教职工24人，学历合格率100%。2013年11月，通过东营市一类园认定。12月，通过山东省乡镇中心幼儿园认定。2014年5月，河口街道第二幼儿园通过东营市"二类幼儿园"认定。

小学教育 1965年，四扣公社有小学20所，实行四年制。有刘坨、四扣、五顷3所"完小"，实行"四二制"。每所学校都配备公办教师，师资不足的由大队聘请民办教师，人口多的村小学二级复式，人口少的村小学四级复式，师生比最多达到1:40。办学条件很差，校舍是土木结构、低矮的平房，泥土台子为课桌，简易的长木凳为座位，只有"完小"的课桌是木质，适龄儿童入学率60%左右。

建区之初，四扣乡有小学19所，72个教学班，学生1108人，学龄儿童入学率96%。1986年开始，实施"六配套"工程，即教室、院墙、大门、厕所、操场、木质课桌凳，对农村校舍进行改造。乡、村两级投资100多万元，逐步对小学布局进行适度调整，全乡保留小学17处。

1995年，实施"两基"工程，新建四扣乡中心小学，覆盖乡直和二吕、六吕、八吕三村。乡、村共投资75.6万元，按照省政府颁布的标准对小学校舍、内部设施配备进行改造，配备图书、仪器、音体美器材、电视机、放像机、录音机等电教器材。

1996年10月，撤并六扣、四扣、大学堂、三合小学4处，在原四扣中学校舍的基础上组建四扣联校，复式班和20人以下的教学点不复存在。

2000年，四扣乡完成布局调整任务，全乡保留2所小学，即四扣乡中心小学、四扣联校。2001年，四扣乡与河口办事处合并成立河口街道，中心小学更名为河口街道第一小学，四扣联校更名为河口街道第二小学。2006年，河口街道第一小学更名为河口街道二吕小学，河口街道第二小学更名为河口街道四扣小学。2008年，河口街道投资260万元，建设四扣小学教学楼及配套设施，建筑面积1960平方米，2009年8月，投入使用。

2011年，河口街道投资610万元，建设二吕小学综合教学楼及配套设施，建筑面积2064平方米，2012年8月投入使用。2013年，河口街道投

四扣小学"少年中国梦 童心永向党"合唱比赛

资760万元,建设四扣小学综合楼及配套设施,建筑面积2210平方米,2014年8月投入使用。2013年4月,二吕小学更名为河口街道中心小学。2014年,河口街道小学在校生467人,14个教学班,教职工40人,其中高级职称1人,中级职称17人,初级职称21人,工勤人员1名,学历达标率100%。适龄儿童入学率、巩固率100%,残疾儿童入学率100%。

河口街道中心小学

中学教育　1969年,四扣公社创办四扣、二吕两所初级中学,在此之前,"完小"毕业的学生需到义和就读。1976年,在新建村新增设村联办中学,只有一个教学班。根据中共中央"调整、改革、整顿、提高"的原则和教育部"关于中等教育机构改革"的指示精神,新建村中学1980年招收最后一批学生,1983年并入四扣中学。

1991年,二吕中学撤并入四扣中学。1996年,四扣中学重建迁址,乡政府投资180万元,通过"普九"验收。

2000年,市、区、乡三级政府累计投资200余万元,完成"危房改造""布局调整""食宿工程"等任务,办学条件进一步改善。学校音体美室、微机室、多媒体教室、语音室、实验室、图书室、阅览室等各功能室齐全,各类仪器设备、音体美器材、图书资料及相关用品配备合理。2003年,四扣中学被评为"市级文明校园""区级规范化学校"。2004年,被评为"市级规范化窗口单位""市级民主管理示范学校"。2003~2005年,连续三年获得区教学质量优胜奖。

2005年8月,四扣中学有教学班12个,在校生535人,教职工53人,其中,高级职称6人,中级职称36人,初级职称10人,中级工1人,专任教师中具有大专及以上学历的48人,学历达标率100%,学生入学率100%,巩固率99.8%。2006年7月,四扣中学撤并到河口区实验学校,自此河口街道无中学教育。

课程设置和教学教研　建区后,小学实行五年制。课程有思想品德、语文、数学、体育、音乐等科目。三年级开设自然,四年级增设劳动、地理,五年级增设历史。1993年,调整小学课程,从一年级开始设自然,取消地理和历史,从三年级开始设置社会和劳动。2003年,实施新课程改革,重新设置科目,整合自然、社会劳动科目为科学、品德与生活(社会),开设校本课程和地方课程,形成多元化科目结构。另外安排上午、下午各30分钟大课间和下午不少于1小时的课外活动。

中学学制起初沿用"五四"分段制,实行秋季开学。自2003年用"六三"分段制,六年级在初中学习,课程主要有语文、数学、英语、品社、科学、音乐、体育、美术。七年级、八年级、九年级开设的课程增加了地理、生物、历史、物理、化学。2004年,东营市下发东营市地方教材,主要包括传统文化、国防教育、齐鲁历史等,严格执行课程计划,按要求开全课程,开足课时,音、体、美、劳、活动等课安排专兼职教师。

建区初,小学生升初中必须参加全区统一考试。1991年始,普及九年制义务教育,取消小学升初中考试,采取毕业会考形式,凡会考合格的小学毕业生均可就近升入初中。会考的科目有语文、数学、常识(包括自然、地理、历史、思想品德)。小学毕业会考一般在每年 7 月举行，由市教研室统一命题。

1996 年，新的教育教学思想逐步影响教学教研工作，愉快教育、素质教育、创新教育等先进教学思想溶入教学，确立学生为主体、教师为主导的教学观念。1997 年，区教育局提出"两轮驱动"战略，即一手抓学校管理、一手抓教学教研，进一步强化教学教研工作，随后乡教委成立教研室，配备 2 名专职教师负责教学教研工作，各学区小学成立教研组、中学成立以学科为中心的教研组，区、乡、校三级教研网络形成，教学观念得到更新，教研力量得到加强，教研内容更加丰富。以单元达标活动、目标作文全程训练、英语三位一体教学法、小学珠算式心算、汉语拼音换韵直读等为主。1999 年，推广课堂教学"五个转变"还课堂给学生。2000 年，开始以"校本培训"为主要内容的教学教研活动。2003 年，开始新课程改革，2011 年，中小学开始进行高效课堂改革。2014 年，推行"小班化"教学改革。

第三节　职业与成人教育

新中国成立后，按照沾化县人民政府要求，四扣人民公社各生产大队开办农民夜校、识字班，主要以扫盲、政治学习为主。1966~1976 年，境内扫盲工作中断。1977 年，依照中共中央、国务院指示，恢复农民夜校，继续农民业余教育，继续开展扫盲运动。1984 年，河口区成立，全乡各村建立农民文化技术学校，开始以扫盲为主要工作的农民教育。全乡 22 个村设有村农民文化技术学校，聘任小学教师进行扫盲和科技知识教育。

1995 年，四扣乡成立成人教育中心。设校长 1 人，主任 1 人，教师 2 人，校长由乡长兼任，主任由教委成员兼任，常年抓成人教育。最初，扫盲工作为重点，扫盲结束后，转变为农民实用技术教育，主要任务是搜集引进新技术、新项目，组织各村分期分批针对农业生产的需要进行培训。先后组织棉花种植、苇板加工、食用菌栽培等新技术培训。

第四节　教师队伍

1984 年，四扣乡中小学教师总数为 67 人，其中，民办教师 32 人。经过几次整顿，民办教师逐步减少。1987 年，大中专毕业生开始充实到中小学教学一线。1991 年，在区教育局的统一组织下，四扣乡中小学教师进行"三字、一话、一画"及教具制作和使用培训，中学教师参加"三沟通"及自学助考、普通话等级水平测试、计算机培训、教师能力 ABC 达标工程、精品课工程等活动，教师队伍整体素质大幅度提高。1994 年，全乡有民办教师 21 人，全部取得中师及以上学历，经过"四制"（校长负责制、结构工资制、目标责任制、教师聘任制）改革，辞退民办教师 2 人。1998 年，一次性转正民办教师 19 人，从此，境内不再有中小学民办教师。师资力量来源主要是分配的师范院校大中专毕业生。2006 年，大中专毕业生不再分配，统一纳入全区事业编招考。

1985 年，国家设立教师节，教师政治地位显著提高，区、乡两级政府每年的教师节都对优秀教师予以表彰。1985 年 2 月，河口街道教委党支部建立，在河口街道党工委领导下，按照计划发展教师党员。1987 年，境内中小学教师为中级、助级、员级，各占比例为 15%、25%、50%；1996 年，设置为 20%、30%、40%；2000 年以后，中学教师设有副高级职称，占教师总数的 15%。

2000~2014 年，先后有 12 人次参加市教育局组织的中小学校长、骨干教师高级研修班，赴北京、济南培训。是年开始的"校本培训"使教师队伍素质普遍提高。2014 年，河口街道教委党支部党员总数为 16 人。小学教师 40 人，幼儿教师 38 人。专任教师学历达标率 100%，市、区级教学能手 16 人。

第五节　学校园所简介

河口街道中心小学　河口街道中心小学前身为四扣乡中心小学，始建于 1995 年，2001 年，更名为河口街道第一小学。2005 年，河口街道投资 10

万元,完成食宿工程。2006 年,更名为二吕小学。2011 年,实施学校改、扩建工程,总投资843.8 万元。2013 年 4 月,更名为河口街道中心小学。学校位于河口区河雁路 T3–7 号,占地面积 20740 平方米,建筑面积 2614 平方米,总资产 918.4 万元。其中,2012 年 9 月,在位于街道中心小学校园教学区内建成明德小学教学楼 1 栋。2013 年 3 月,学校荣获全市"少先队工作红旗单位"称号;2014 年 2 月,荣获"学校团队工作先进集体"称号;9 月,在河口区"庆祝教师节师生才艺大赛"中获得金奖,被选送参加 2014 年东营市中小学生器乐舞蹈大赛,获得优秀表演奖;获得全市"教育工作先进集体"的荣誉称号;11 月,被评为东营市六星级平安校园。

学校设校长 1 名,副校长 1 名,教务主任、总务主任、政教主任各 1 名。2014 年,有教学班 7 个,在校生 244 人,教职工 16 人。其中高级教师 1 人,中级教师 4 人,初级教师 10 人,工勤 1 人;专任教师 14 人,其中硕士 1 人,本科学历 9 人,大专 4 人,学历达标率 100%。至 2014 年,有市教学能手 2 人,区教学能手 5 人;市优秀教师 3 人,区优秀教师 5 人;市优秀班主任 2 人,区优秀班主任 5 人;

河口街道四扣小学 前身为四扣联校,位于四扣村以西,滨孤路以南,成立于 1996 年 10 月。由原四扣中学搬迁后,撤并四扣小学、六扣小学、大学堂小学、三合小学及西五村联校高年级而成立。2000 年 8 月,撤并新建小学、东西劝联校、西五村联校、民生小学。2001 年,更名为河口街道第二小学。2006 年,更名为河口街道四扣小学。

2008 年,河口街道筹资 200 万元,对旧校舍进行全面改造,新建三层教学楼 1 幢,建筑面积 1596 平方米,可容纳 10 个教学班,400 名学生。教学楼竣工以后,河口街道投资 60 万元对校园进行硬化、美化。2012 年 11 月,河口街道投资 140 余万元建

河口街道中心小学体育设施

起高标准的塑胶操场。2013 年 10 月,河口街道投资 536 万新建综合楼一幢,建筑面积 2217 平方米。其中,一楼为总建筑面积 560 平方米的学生营养厨房,可容纳 200 余人同时就餐,厨房设备设施齐全,综合楼二、三楼为功能用房,包括图书室、多功能室、电子琴室、美术书法室、少先队活动室等 17 个功能室。

学校占地 34055 平方米,建筑面积 4364 平方米,绿化面积 7188 平方米,教学仪器达省一类标准。有图书 9614 册,报刊杂志 50 余种,学生用微机 46 台,教师微机 27 台,普通教室和各功能室均配备多媒体电教设备,实现"班班通"。

2014 年,有教学班 7 个,在校生 223 人,教职工 24 人,其中,本科 17 人,专科 2 人,中专 5 人,学历达标率 100%;一级教师 13 人,二级教师 11 人;市级优秀教师 1 人,区教学能手 6 人,区师德先进个人 1 人,区优秀班主任 6 人。

河口街道中心幼儿园简介 位于二吕小学院内,始建于 2011 年 10 月,2012 年 9 月 10 日启用,是政府投资建设的公办幼儿园。该园建筑面积 1500 平方米,主体二层,局部一层,集幼儿活动室、办公室、卫生间、食品操作间等为一体。大、中、小各 2 个班级,功能用房齐全,可容纳 180 余名孩子学习和生活。总投资 450 万元。其中,投资 80 万元,按省定教学及生活设施配套标准,每个班配有触摸一

河口街道中心幼儿园

体机、柜式空调、电脑、钢琴等,室外配有幼儿大型玩具,铺设塑胶场地。2013年11月,被评为东营市一类幼儿园。2014年1月,被认定为山东省乡镇中

心幼儿园。11月,被评为东营市六星级平安校园。2015年5月,被评为东营市现代化学校。

河口街道第二幼儿园 为民办幼儿园,位于四扣村西首,滨孤路以南,2007年开始建园,2008年9月,建成并开园招生。占地面积8250平方米,绿化面积1680平方米,生均活动面积10平方米。建有砖混结构的综合教学楼1栋,辅助用房10间,建筑面积1020平方米。有教职工14名。园内开设小班2个、中班1个、大班1个共四个班,在园幼儿146名。2014年5月,被认定为东营市"二类幼儿园"。

第二章　六合街道教育

1942年9月,中共山东清河区党委、行署,处于战争之需,将位于博兴县纯化镇的"燿南中学"迁至今六合街道老庙村,创建为"战地学校",机构设置为:校长、副校长、教务处、训导处、事务处。共有学生200余名,多为机关干部、年轻战士、部分抗日根据地及济南地区的进步青年。实行"学(习)、劳(动)、武(军事)"三结合的教学方式,有资料记载,当时的燿南中学设初中班3个,师范班1个,为部队培养文化人才和后续干部。1945年初,燿南中学与渤海干部学校合并,成立渤海公学。1948

年,清河行署设立梅家、后毕2处小学。

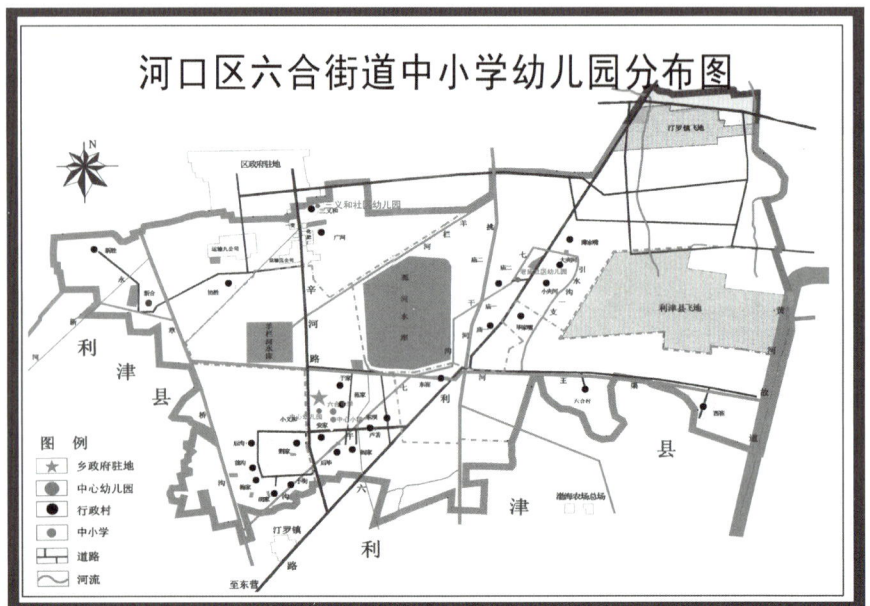

2014年的六合街道学校分布图

1949~1984 年,六合街道(原六合公社)先后属沾化县、利津县管辖。1967 年 1 月,实行"社队办中学",六合公社成立中学,命名为六合公社中学。之后建立"老庙中学""荆家中学"。1976 年,推行"村村有中学、社社有高中",是年 8 月,公社驻地中学增设高中班,共招收两届学生 108 人。1984 年,河口区成立,建制六合乡人民政府。2010 年 5 月,河口区撤销六合乡,建制六合街道。2014 年,六合街道共有幼儿园 3 处,入园幼儿 539 人,幼儿教师 47 人;小学 1 处,在校生 320 人,教职工 40 人;初中 1 处,在校生 617 人,教职工 64 人。初中、小学、幼儿园教师学历达标率均为 100%。

第一节　机构沿革

1965 年,利津县设立六合人民公社,同时,设立文教助理。1966 年,设立教育组。1983 年,六合教育工作属利津县教育局管理。1984 年 8 月,河口区文教局成立,负责全区的教育、文化管理工作。六合教育隶属河口区文教局领导,六合乡设立教育组,负责全乡的教育管理工作,为股级行政单位。1994 年 10 月,教育组更名为教育委员会。2010 年 5 月,更名为六合街道教育委员会,行政级别未变,全面负责本街道教育行政管理工作。

第二节　基础教育

学前教育　1983 年,六合人民公社投资 13 万元,在六合村新建中心幼儿园,隶属利津县,教师 2 名,幼儿 20 余人,配备一定的教学仪器、图书、玩具、录音机等设备。

1984 年,六合乡有学前班 28 个(每村一个),5~7 周岁入园,入园幼儿 258 人,学习科目主要是简单的算术、语言、唱歌、游戏。以村办为主,由乡妇联负责管理。教师、办园经费由办园村负责。

1990 年,六合乡教委接管学前教育。1995 年,全乡办园率达到 100%,5~7 周岁入园幼儿达到 438 人,幼儿入园率 87%,幼师 42 人。

1991~1995 年,全乡投资 56 万元,新建、维修

部分园舍,购置童桌 247 套,大型玩具两件,图书 1359 册。教育教学内容逐步按照国家的规定执行,教委负责统一征订教材,统一负责组织幼师进行培训,幼师队伍不断壮大,幼师工资由过去的村委会负责发放到由乡和办园村共同负责。管理制度、教学制度、培训制度逐步趋向完善。

1998 年,统一对全乡学前教育进行改革,合并部分幼儿园,由 28 处合并为 22 处。

2004 年,六合乡投资 200 余万元,新建主体建筑为二层、建筑面积为 1600 平方米的中心幼儿园,同时,对全乡幼儿园进行适度调整,合并中心幼儿园周边的 6 处幼儿园(范家幼儿园、后毕幼儿园、东崔幼儿园、荆家幼儿园、安家幼儿园、小义和幼儿园),使中心幼儿园覆盖乡政府周边 9 个自然村,在园幼儿 250 人,全乡 3~6 周岁幼儿入园率 91%。2005 年,六合乡中心幼儿园通过市级一类幼儿园验收。2006 年,获"东营市学前教育先进单位"称号。

2011 年,六合街道新建社区幼儿园两处:一是三义和社区幼儿园。设计建筑为三层楼房,建筑面积 5300 平方米,规模 18 个教学班。2011 年 4 月,开工建设,投资 1400 余万元,2012 年 9 月交付使用;二是老庙社区幼儿园。平房院所,建筑面积 886 平方米,设置 3 个教学班。投资 180 余万元,2011 年 4 月开工建设,2012 年 9 月交付使用。是年,六合街道有幼儿园 7 处(两处公办园:六合中心幼儿园、协胜村办园。5 处民办园:小红花幼儿园、育才幼儿园、蓝天幼儿园、小天使幼儿园、启蒙幼儿园),幼师 36 人,在园幼儿 426 人,3~6 周岁幼儿入园率 100%。2012 年,六合街道对幼儿园布局进行进一步调整,由原来的 7 处幼儿园合并为 3 处,全为公办幼儿园。即,六合街道中心幼儿园、三义和社区幼儿园、老庙社区幼儿园。是年,实现农村幼儿园学前三年免费教育。

2013 年,六合街道先后投资 100 余万元,对幼儿园进行全面装修。更换活动场地花砖 2700 平方米,建设 30 米直跑道,铺设室外塑胶活动场地 1500 平方米,室内全部铺上防滑地胶 1800 平方米,更换幼儿园围栏 259 米,对幼儿园楼房内外墙体进行粉刷,按山东省幼儿园设施、教玩具配备标

准配齐配全保教设施。对幼儿园厨房设施全部进行更新改造。同时，投资65余万元，为三义和社区幼儿园购置电教设施、办公用具、生活用具、大中小型教玩具、图书等。投资27.65万元，购置多功能室投影仪、笔记本、幼儿桌椅、床、教师办公桌椅、监控设施、空调，新盖动物饲养角和戏水池，新铺塑胶和草坪等。投资26.4万元，为老庙社区幼儿园购置保教设施，硬化活动场地600平方米，绿化面积230平方米，软化滑梯、秋千下的路面，新建30米塑胶直跑道。2014年，全街道3~6岁幼儿总数539人，入园幼儿539人，入园率100%。幼儿教师47人，学历达标率100%。六合街道中心幼儿园顺利通过市级一类园复评，并顺利通过山东省中心幼儿园认定，三义和社区幼儿园被确定为市级一类幼儿园，老庙社区幼儿园被确定为市级二类幼儿园。

小学教育 1952年，利津县罗家管区设立范家小学。后来相继创建荆家、安家、老庙小学。1965年，利津县设立六合人民公社，次年创建六合人民公社中心小学，后来各村均创办小学。到建区之初，六合有小学27处，72个教学班，学生1326人，学龄儿童入学率95%。1986年后，实施"六配套"，全乡撤点并校，消除复式班，保留小学17处。分中心、三联、老庙、协胜四个学区。1999年开始，实施农村小学危房改造，调整布局撤并小学。2000年，六合乡中心小学迁址，合并原中心小学、东崔小学、后毕小学、荆联小学四处小学。2001年，合并三联小学。2002年，合并老庙小学、夹联小学、六合小学，全乡保留一处小学。现学校占地面积54600平方米，建有容纳21个教学班的教学楼一栋，平房72间，总建筑面积4713平方米。学校各种体育训练设施齐全。有书画活动室、综合实践活动室、琴室、图书阅览室、体育器材室、音乐舞蹈活动室、科学实验室、仪器室、计算机网络活动室、语音室、少先队活动室各一个，所有功能用房建筑设计、使用面积及内部设施配备均达到省定标准，各教学班均安装多媒体教学设备并连接校园网，实现多媒体"班班通"。2004年，被评为市级规范化学校、市级文明校园。

2012年，六合街道中心小学在校生532人，15个教学班，教职工43人，其中，高级职称1人，中级职称的13人，初级职称29人，专任教师中具有本科学历32人，大专学历11人，学历达标率100%。全街道适龄儿童入学率、巩固率100%，残疾儿童入学率100%。

2014年，在校生762人，13个教学班，教职工56人，其中，高级职称1人，中级职称的20人，初级职称35人，专任教师中具有本科学历38人，大专学历18人，学历达标率100%。全街道适龄儿童入学率、巩固率100%，残疾儿童入学率100%。学校先后获"东营市十佳小学""东营市规范化学校""东营市文明校园""东营市师德建设示范学校""东营市安全工作先进单位""市级校本培训示范学校""市级绿色学校""市级实验教学示范学校""市级语言文字示范学校"等多项荣誉称号。

中学教育 1967年1月，时兴"社队办中学"，六合公社成立中学。命名"六合公社中学"，之后建立"老庙中学""荆家中学"。1976年，时兴"村村有中学、社社有高中"，是年8月，各公社驻地中学增设高中班，招生两届，共108人。1980年，遵照"充实加强小学、整顿提高初中、调整改革高中"的原则，撤并老庙中学，高中班撤销。1984年，撤并荆家中学。是年，六合公社划归河口区建制六合乡，在农村校舍改造过程中，中学的办学条件有所改善。1996年10月，实施义务教育，迁至新址。

2004~2007年，市、区、乡三级政府，累积投入资金2000余万元，实施中学"危房改造""布局调整""食宿工程"等。2010~2011年，东营人民市政府援助农村教育计划，为学校配备微机、仪器设备、音体美器材、图书等，改善学校的办学条件。2012年，学校音体美室、微机室、多媒体教室、语音室、实验室、图书室、阅览室等各功能室齐全，各类仪器设备、音体美器材、图书资料及相关用品配备合理。学校占地75亩，校舍建筑面积8099平方米，绿化面积6815平方米，硬化面积7666平方米。

2013年9月，启动新综合教学楼和"春苗营养餐厅"建设。至2014年，学校先后获得"市级规范化学校""市级文明校园""市级规范化窗口单位""河口区职代会星级创建合格单位""区教学质量优胜奖""河口区先进基层党组织""办学水平综合评估优秀学校""东营市教育信息化示范学校""校本培训示范学校""东营市语言文字规范化示范学校""东营市教学示范学校"等多项荣誉或奖励。

教学工作 坚持"德育为首、五育并举"的办学方针,贯彻素质教育思想与创新教育理念,探索教育教学工作新思路。重视教学研究和教学改革工作,坚持向教研要质量、要效益。教研教改重点是培养学生思维能力和创新能力以及提高学生解决实际问题能力。教研教改成果的推广使用,使教师实有教学水平得以提高,也促进师生整体素质的提高。建立听评课制度,实施"推门听课",任课教师每周讲一节公开课,听后认真组织讲评;校长及教研人员深入课堂听课,与教师评课;组织开展"新老教师结对,一帮一"活动。规范办学行为,减轻学生的课业负担,向课堂40分钟要质量。全体教师在教研中大练基本功,形成比、学、赶、帮、超的良好氛围。改进教学方式方法,引导、鼓励和支持学生自主、合作、探究学习,注重培养学生的独立思考能力、创新能力和实践能力,发展学生的个性特长。研究新的教学理念和方法,进行课堂教学改革,提升先进教学手段在教学领域的使用效能。实现由应试教育向素质教育的转变。

第三节 职业与成人教育

1945年,境内开展"冬学"运动,男女青壮年文盲和失学儿童大部分参加冬季学习。新中国成立后,境内继续坚持开办冬学。1954年,开展大规模的扫盲运动,1958年,取得一定成效。1966~1976年,农民教育以政治为主,扫盲工作基本停止。1976年,利津县在老庙村南侧创办农业技术学校,定名为利津县共产主义劳动大学。学校占地400多亩,

六合街道中心小学

其中,实验基地360多亩,房屋60多间。1977年,依照中共中央、国务院指示,恢复农民夜校,开展扫盲运动,是年,成立乡扫盲教育委员会,专人负责全乡扫盲工作。

1984年,成立乡农民文化技术学校,开始以扫盲为主要工作的农民教育。全乡28个村设有村农民文化技术学校,聘任小学教师进行扫盲、科技知识教育。

1994年,六合乡成立成人教育中心,设副校长1人,教师2人,校长由乡长兼任。常年抓成人教育,特别是农民实用技术教育。主要任务是搜集引进新技术、新项目,组织各村分期分批针对农业生产的需要进行培训。组织塑料大棚蔬菜、养猪、养鸡、食用菌等新技术培训,同时,聘任各村新技术、新项目带头人进行现场教学,解决农民生产生活中遇到的难题。

1997年,六合乡着手实施"两基"工程(基本普及九年制教育、基本扫除青壮年文盲),对全乡青壮年进行全面的扫盲教育。1997~2005年,通过创办农民文化夜校,对青壮年进行扫盲及农业技术培训。2005年6月,省、市"两基"评估验收时,全乡青壮年非文盲人数为9183人,非文盲率为99.71%,文盲率为0.29%。2005年,六合乡对已脱盲的学员坚持一年一度的脱盲巩固文化测试,共组织抽考297人次,脱盲巩固率为99.2%。

第四节　教师队伍

建区初期,原六合乡中小学教师 160 人,其中,民办教师 89 人。经过几次整顿,民办教师逐步减少。1994 年,全乡有民办教师 76 人,经过"四制"(校长负责制、结构工资制、目标责任制、教师聘任制)改革,辞退民办教师 15 人,退养 8 人。1994~1998 年,考入中师的民办教师 14 人。1995 年,全乡幼师 42 人。1996 年,国家实施义务教育后,大批高等院校毕业生分配到学校。1998 年,一次性转正民办教师 39 人。

2004~2009 年,教师队伍实行严格的招考录用制,教师的整体素质得到全面提高。2012 年,六合街道合并为 3 处公办幼儿园,幼师 32 人,非公办幼儿教师 25 人,其中,有本科 3 人,中级职称 3 人。区级教学能手 1 人,区级优秀教师 2 人。幼儿教师学历合格率 100%。

2014 年,六合街道幼儿园有教职工 47 人,其中,公办幼儿教师 10 人,非公办幼儿教师 37 人。中级职称 4 人,初级职称 6 人。本科学历 5 人,幼儿教育专业合格率 91%。2014 年,六合街道中小学有专任教师 104 人,其中,研究生学历 4 人,本科学历 83 人,专科学历 17 人,高级职称 11 人,中级职称 38 人,专任教师学历合格率 100%。

第五节　学校园所简介

六合街道中心小学　1965 年,利津县设立六合人民公社。1966 年,设立六合人民公社中心小学。河口区成立后,建制六合乡,改称六合中心小学。1986 年,进行农村校舍改造,实施"六配套",全乡撤点并校,消除复式班,保留小学 17 处,分中心、三联、老庙、协胜四个学区。2000 年,六合乡中心小学迁址,合并原中心小学、东崔小学、后毕小学、荆联小学四处小学,建成新的六合乡中心小学。占地 54600 平方米,总建筑面积 4713 平方米。学校操场设有 300 米跑道,有室外乒乓球台 4 个,篮球场地 3 个,排球、羽毛球、沙池场地各 1 个,均独立设置,

各种体育训练设施齐全。学校有书画活动室、综合实践活动室、琴室、图书阅览室、体育器材室、音乐舞蹈活动室、科学实验室、仪器室、计算机网络活动室、语音室、少先队活动室各一个,所有功能用房建筑设计、使用面积及内部设施配备均达到市定标准,室内布置体现学科特点。各教学班均安装多媒体,教学设备连接校园网,实现多媒体"班班通"。

2014 年,学校配备实验室、仪器室、图书室、阅览室、微机室(电子阅览室)、语音室、少先队活动(德育)室、心理咨询室、音乐舞蹈教室、美术书法教室、画室、电子琴室、棋类活动室、卫生保健室、体育器材室、体育活动室、音美器材室、综合实践室、录播室各 1 个,其中,语音室 48 座,微机室内有计算机 45 台。至 2014 年,学校先后获河口区人口和计划生育工作"先进单位"、东营市少先队工作"红旗单位"、东营市首批"教育现代化学校"等称号。

六合街道中心小学课间操

六合街道中学　六合街道中学创建于 1968 年 1 月。1996 年 9 月,迁址新建。位于六合街道永河路 1 号。2014 年,有教学班 15 个,在校生 655 人,教职工 64 人,其中,专任教师 62 人,专任教师学历合格率 100%。学校占地 50000 平方米,建筑面积 7791 平方米,绿化面积 6681 平方米,学校教学设施齐全,实验室、仪器室等功能室配备合理,理、化、生及音体美器材、图书报刊及电教器材均达到国家Ⅰ类标准。

学校坚持以人为本的办学理念,形成"学会做人,学会求知,学会创造,学会生存"的核心理念;

六合街道中学

"千学万学学做真人，千教万教教人求真"的办学策略；"我自信，我出色，我拼搏，我成功"的学校精神；"严格细致，科学扎实"的校训；"严谨治学，严格管理"的校风；"勤教科教，爱教严教"的教风；"深学活学，好学勤学"的学风。

六合街道中心幼儿园　始建于 1983 年 8 月，占地面积 6126 平方米，建筑面积 1600 平方米，固定资产 218 万元。是年 11 月迁入新园。2005 年，被评为河口区乡镇第一个市一类幼儿园。2006 年，被评为东营市学前教育工作先进单位。2013 年，通过市级一类幼儿园复评，通过山东省中心幼儿园认定。2014 年，幼儿园有 6 个教学班，2 个大班、2 个中班、2 个小班，在园幼儿 153 名，有教职工 12 人，其中，一级教师 2 人，初级教师 5 人，非公办幼儿教师 5 人。专任教师 11 人，教师学历合格率 100%，学前教育专业合格率 92%。

六合街道中心幼儿园

三义和社区幼儿园　始建于 2011 年 4 月，设计为三层楼房，占地面积 12500 平方米，建筑面积 5300 平方米。规模 18 个教学班，总投资 1500 余万元。位于六合街道三义和村。覆盖三义和、广河等村，辖区内有蔬菜、五金建材、家具三大市场，富海家园、枫林绿洲等居民小区以及河口经济开发区的居民子女及外来务工人员子女。基础设施按照省一类标准配备，寝室、活动室、盥洗室一体设计符合幼儿特点，教室内配备多媒体等先进的教学设备。室外有滑梯、蹦蹦床、攀爬墙、攀爬山、森林小屋、秋千、荡桥、平衡木、摇马等各类大中小型教玩具，户外活动场地铺有塑胶和草坪。配备图书室、保健室、隔离观察室、总务室、财务室、教师办公室、会议室以及多功能室等，适合幼儿娱乐、游戏和学习。2012 年 9 月，招收第一批幼儿入园。2013 年 11 月，通过市级一类幼儿园验收，成为全市办园历史最短，评估定类级别最快的幼儿园。2014 年，幼儿园有 12 个班级，6 个小班，3 个中班，3 个大班，共计幼儿 380 人；教职工 27 人，学历合格率 100%。学前教育专业合格率 90%，一级教师 1 人，非公办幼儿教师 26 人。

三义和社区幼儿园

老庙社区幼儿园　始建于 2011 年 4 月，结构

313

为平房院所。位于六合街道老庙社区前院。设置 3 个教学班,容纳 100 名幼儿。占地面积 4200 平方米,其中,建筑面积 886 平方米,绿化面积 230 平方米,户外幼儿活动场地 600 平方米。室内外教学设施配备齐全,总投资 180 余万元。覆盖庙一、庙二、毕家咀、小夹河、大夹河、薄咀、六合、西崔 8 个村。2012 年 9 月,招收第一批幼儿入园。2013 年 11 月,通过市级二类幼儿园验收。2014 年,在园幼儿 75 人。教职工 8 人,其中,一级教师 1 人,二级教师 1 人,非公办幼儿教师 6 人,专任教师 6 人,学历达标率 100%,学前教育专业达标率 85%。

老庙社区幼儿园

第三章　新户镇教育

1920~1944 年,天主教、基督教流传到中国,均在沾化县兴办教会学校。先后在太二村中学老校址、太平粮所、建设村、郭局村举办教会学校。建国后,虽有公办、民办小学或识字班,新教育开始起步。至 1966 年,多数村建有小学,每个村都设立妇女识字班、农民文化夜校,各种扫盲班都采取业余和脱产相结合的方式,开展脱盲教育,青壮年文盲率大幅下降。1969 年 5 月,沾化县推行社办高中教育,在境内设沾化县第九中学,即太平中学前身。"文化大革命"期间,教育受到很大冲击,教学内容以农为主,文化为次,新户、太平中学改名为"农业中学"。1977 年 6 月创办郭局中学,1979 年 8 月撤销。

1984 年,全镇有中学 6 处,完全小学 7 处,每个村均有教学点,幼儿教育开始起步。1996 年,"普九"验收时,全镇有中学 2 处,完全小学 6 处,出现村联办幼儿园。2014 年,全镇有中学 2 处,教学班 22 个,在校生 866 人,教职工 102 人,教师学历和专业达标率 100%;小学 2 处,教学班 25 个,在校生 875 人,教职工 77 人,教师学历和专业达标率 100%;中心园 2 处,社区幼儿园 5 处,教学班 23 个,在园幼儿 443 名,教职工 58 名,教师学历和专业达标率 100%。

第一节　机构沿革

境内最早的基层教育机构为郭局人民公社和太平人民公社文教办公室,职务称文教助理。1984 年,改设教育组,设教育组长、副组长。1994 年,设置教育委员会,职务名称为教育委员会主任。2010 年 5 月,新户镇成立,设新户和太平两个教委,2011 年 9 月,撤销新户和太平两个教委,成立新户镇教育委员会。

第二节　基础教育

学前教育　1982 年,新户人民公社创办机关幼儿园。机关幼儿园多为社直机关或邻近公社驻地的部分村儿童入托。教学方式以看管孩子为主,课程设置简单。1990 年,扩建成 5 间平房,教师增加到 3 名,孩子按年龄段划分为三个班级。2006 年,原新户乡投资 300 余万元,新建标准化幼儿园,占地面积 6060.5 平方米,建筑面积 1543 平方米,户外活动场地达到 4000 平方米,园内绿化面积 1200 多平方米。2010 年 5 月,更名为新户镇中心幼儿园。

新户镇中心幼儿园

1984 年，由原太平乡妇联具体负责，创建太平乡直幼儿园，设在原太平乡敬老院内，规模一个学前班，教学设施设备简陋。1994 年开始，先后建成郭局、老鸦、南楼、兴合、四顷二 5 处村和社区幼儿园。共计 23 个教学班，入园儿童 441 名。2002 年，原太平乡政府投资 80 余万元，在乡政府驻地新建太平乡中心幼儿园，新建教学楼一栋及平房一排。2003 年 5 月正式投入使用，办园规模三个教学班。占地面积 5576 平方米，建筑面积 1531 平方米，分教学区、活动区、生活区三部分。2010 年，更名为新户镇太平幼儿园。

小学教育　河口区成立之初，境内有完全小学 10 处，其中，原太平乡 3 处，即太平中心小学、刘酆联小、三合联小，划分为太平、建设、三合、东兴、刘酆五个学区。1992 年 8 月，建设学区并入太平学区，东兴学区并入刘酆学区，保留太平、三合、刘酆三个学区。完全联小 3 处：太平中心小学、三合联小、刘酆联小，教学点 6 处：建设、西华、东兴、南李、双泉、南楼。1996 年，原太平乡投入 200 万元，实施"两基"工程。2002 年，太

平乡投资 180 万元，新建太平小学教学楼。1998 年 8 月，西华教学点并入刘酆乛联小，双泉、南楼教学点并入三合联小，调整为太平乡中心小学、三合联小、刘酆联小、东兴联小四处。太平中心小学下设南李、建设两处教学点。2002 年 7 月，撤并刘酆联小。南李、建设两处教学点撤并到太平乡中心小学，全乡保留太平乡中心小学、三合联小、东兴联小三处小学。2005 年 7 月，撤并东兴联小到太平乡中心小学，三合联小保留 1~4 年级。全乡保留太平乡中心小学、三合联小两处小学。2012 年，撤并三合联小到新户镇太平小学。

建区初，原新户乡有完全小学 7 处：中心小学、四顷二、永和、兴合、老鸦、东风、麻郭，教学点基本每个村都有。随着教育形势的发展，撤点并校成为趋势。1990 年，全乡有完全小学 6 处：中心小学、四顷二、兴合、老鸦、东风、麻郭。1996 年"普九"验收时，原新户乡有完全小学 5 处、教学点 9 处。2001 年，调整为完全小学 5 处、教学点 1 处，分别是新户中心小学、老鸦小学、四顷二小学、兴合小学、永合小学和东风教学点。2001 年暑期，调整为完全小学 4 处，分别为：新户中心小学、老鸦小学、四顷二小

新户镇中心小学体育场地

学、兴合小学。2006年,完全小学2处:新户镇中心小学、老鸦小学,四顷二和兴合保留小学低年级。2007年完全小学1处,老鸦保留小学部分年级。2008年初,老鸦小学撤并到中心小学。至此全乡保留一处小学,即新户中心小学(又称新户明德小学)。

中学教育　建区初,原太平乡中学有2处,即太平中学、三合中学,1986年,三合中学并入太平中学。原新户乡建区初有中学3处,即新户中学、老鸦中学和兴合中学。随着学校布局调整和教育资源整合,老鸦中学和兴合中学先后撤并。至1996年"普九"验收时,新户乡有中学1处。

新户镇太平中学始建于1969年,位于东营市河口区西北部,新户镇太平社区驻地,学校原名为河口区太平乡太平中学。建区初,全乡有太平中学和三合中学两处中学。1986年,合并三合中学到太平中学。2010年5月,太平乡中学改名为新户镇太平中学。

新户中学建校于1969年,从沾化迁至新户乡。时有中学4处,即新户中学、老鸦中学和兴合中学、东华中学,随着学校布局调整的深入进行,陆续合并为新户中学,更名为河口区新户乡新户中学,校址位于新户乡新义路西侧院内。2010年,更名为东营市河口区新户镇中学。

1986年,随着普及初等义务教育和"六配套"校舍改造,通过省政府验收。新户乡、太平乡共计投入170万元,完成校舍改造,基本消除危房和脏乱差现象,办学质量和办学水平有显著提高。1996年,新户乡投入400余万元,新建中学教学楼、学生餐厅(学校搬迁后建)和学生宿舍,并进行内部设施配套。3月,学校由西校迁址到现在的东校,原西校作为教职工住宿和生活区。

2006~2009年,新户乡筹措资金183万元,硬化学校广场及路面、校舍维修、安装空调85台,新建室外乒乓球场地和排球场地、安装多媒体和校园网。太平乡投入480万元,实施教学仪器更新工程、新建太平中学综合教学楼、改造低标准建材校舍、安装空调85台,完成"取暖工程"。

2010~2014年,新户镇投资1930余万元,建设新户中学综合教学楼、中小学乡村少年宫,完成运动场地改造、营养餐厅建设、新建水冲式厕所及太平中学宿舍楼。

第三节　职业与成人教育

1984年,河口区成立后,新户乡、太平乡成教中心揭牌成立,乡长兼任校长,日常工作由教育组负责,最初以扫盲为工作重点。扫除文盲后,结合当地经济发展和新农村建设的需要,逐步对青年农民开展实用技术培训。新户乡成教中心被评为"省级规范化成人教育中心学校"。

太平乡成教中心设在原太平乡政府院内,教学设施齐全。设副校长1名,工作人员2名。集中开展大范围、综合性培训。2003年扫盲工作结束以后,转向农村成年人的技能培训,结合当地经济发展需要,着重围绕机电、特色种植、特色养殖、林果等进行培训。2005~2010年,举办各类培训班50余期,300余课次,培训率85%。

新户乡成教中心设在东鲍井村以南,教学设备齐全。

新户镇中学校园

工作人员 3 名,其中,设副校长 1 名。扫盲工作结束后,结合当地经济发展和新农村建设的需要,逐步对青年农民开展实用技术培训。2006 年后,实施"一十百"工程,即一年政府出资十万元培训 100 名青年农民。

2010 年,太平乡、新户乡合并建制为新户镇。2011 年 9 月,撤销太平乡成教中心,成立新户镇成教中心,拥有教室 9 间,教学设备齐全。配备工作人员 3 名,其中,设副校长 1 名。主要开展对青年农民开展实用技术培训,培训内容主要有水产养殖、冬枣种植技术、机械维修、特色旅游等,为村民致富和和谐农村建设提供智力支撑。

第四节　教师队伍

1985 年,教师队伍主力是民办教师和代课教师,新户中学教师 18 名,其中,民师 30 名。太平中学 27 名教师,民师占 56%。小学教师中民师、代课教师占 85%。1986 年,开始有少量师范院校毕业生充实到教育队伍中。经过 1986 年、1992 年、1994 年、1996 年、1998 年,民师招考、转正,中小学民办教师全部转为公办教师,代课教师辞退。2006 年,教育事业编制实行公开招考,每年有一批全日制正规院校毕业生充实到教育教学一线。

1985 年,中学教师 15% 左右为中师生和高中毕业生。小学教师主体是民师,25% 的为 20 世纪 50~60 年代的中师生。是年,组织教师参加函授和自学等学历提高培训,到 1991 年,中学教师学历达标率 75%,小学教师 85%。1992 年,中小学教师参加"三沟通"培训。1996 年,中学教师学历达标率提高到 95%,其中,本科学历占 35%。小学教师学历达标率 100%,专科学历占 40%。2014 年,中小学教师学历达标率均为 100%。

1987 年,教师职称评聘开

始,中小学教师为中级、助级、员级,各占比例为 15%、25%、50%;到"普九"为 20%、30%、40%。2000 年,出现副高级职称,占中学教师总数的 15%。2008 年后,小学教师可参评副高级职称,教师职称按照设定的不同岗位进行评聘。

第五节　学校园所简介

新户镇中心小学　1985 年 8 月,新户乡接收沾化县卫生学校校舍,成立乡中心小学。1996 年,全乡有完全小学 5 处。2000 年 9 月,郭局、东六合、永合小学四、五年级并入中心小学。2001 年 9 月,东风,永合小学一、二、三年级并入中心小学。2004 年 9 月,兴合小学五年级,四倾二小学三、四、五年级并入中心小学。2005 年 9 月,兴合学区小学二、三、四年级并入中心小学。2006 年 9 月,兴合小学一年级,四倾二小学一、二年级并入中心小学。2007 年 9 月,老鸦小学五年级并入中心小学。2008 年 3 月,老鸦小学一、二、三、四年级并入中心小学。至此全乡只保留中心小学 1 处。2010 年 5 月,成立新户镇,学校更名为东营市河口区新户镇中心小学。

学校占地面积 20067 平方米,人均占地面积 41 平方米,校舍总使用面积 5346 平方米,生均 11.05 平方米,办公用房面积 397 平方米。学校按标准要求配备实验室、仪器室、图书阅览室、微机室、

新户镇中心小学

数字录播室、音乐舞蹈教室、电子琴室、科技活动室、体育活动室、书法教室、棋牌室、美术教室、综合实践室、卫生室、心理咨询室等功能室。学校有学生用计算机48台,教师用机44台,服务器2台。普通教室和功能用房全部实现"班班通"。仪器设备达省一类标准,图书21296册,生均44册。学校拥有固定资产总额达742万元。

2014年,拥有12个教学班,425名学生,辐射35个村。有专任教师38人,其中,小学高级17人,小学一级20人,学历合格率为100%。学校建立健全教师继续教育制度,全面开展新任教师上岗培训,教师业务知识进修,骨干教师培养带动工程。适龄儿童入学率、巩固率及按时毕业率达100%。

学校先后获得"市科技教育先进单位""市级文明校园""市级规范化学校""市级绿色学校""市师德示范学校""山东省少先队红旗单位""东营市教学示范学校""东营市现代化学校"山东省"小学科学课堂教学规律的研究"实验学校等称号。

新户镇太平小学 创建于1983年,学校原名为东营市河口区太平乡中心小学。学校占地面积20010平方米,总建筑面积4326平方米,体育用地面积10502平方米,绿化用地面积2175平方米。2013年,先后完成水冲式厕所、学生食堂、教学录播室、围墙粉刷、校园场地硬化、校园绿化以及校园文化完善等建设。

校园划分为教学区、活动区、生活区,规划布局合理。学校功能室齐全,各功能室配备齐全,均达到国家一类标准。配备微机室1个,学生用机45台,人手一机;每位教师均配备办公计算机,实现无纸化办公;校园网基本实现公共信息交流、行政管理、教育资源、教学科研的功能,普通教室和专用教室均配备了多媒体设备,实现"班班通"。

学校拥有教学班13个,学生450余人。适龄儿童入学率100%,巩固率100%。有教师39名,学历达标率100%,有高级教师1人,一级教师12人,二级教师25人;市级先进个人3人,市级骨干教师培养对象2人,区级教学能手7人。

学校先后荣获教育部"十五规划课题实验学校"、中国关工委"春苗营养计划"优秀管理奖、"东营市规范化学校""东营市少先队工作规范化学校""东营市文明校园""东营市十佳学校""东营市中小学实验室及实验教学管理示范学校""东营市学校安全管理工作先进单位""东营市语言文字规范化学校""东营市绿色学校""东营市教学示范校""东营市首批现代化学校"等称号。

新户镇中学 新户中学始建于1969年。沾化县管理时期,新户人民公社有中学4处,即新户中学、老鸦中学、兴合中学、东华中学。建制河口区以后,随着学校布局调整的深入进行,陆续合并到新户中学。2010年5月,更名为东营市河口区新户镇中学。学校占地面积65300平方米,建筑面积6936平方米,绿化覆盖面积15826平方米。至2014年,有教学班11个,在校生442人,教职工53人。其中,高级教师9人,一级教师20人,教师学历达标率100%。2014年,学校有山东省特级教师1人、市首批特级教师1人,市教学能手3人,市优秀教师2人,东营市青年骨干教师重点培养对

新户镇太平小学

象 3 人,市优秀班主任 2 人,区教学能手13 人,区优秀教师 13 人,区优秀班主任 4 人,区素质教育先进个人 3 人。

1996 年,新户乡实施普及九年义务教育。乡、村两级和社会各界投资 300 余万元,新建中学教学楼进行内部设施配套,购置高标准的办公、教学设备。乡政府投入 100 余万元,新建学生餐厅和学生宿舍,解决全乡学生的吃住问题。2007年,政府筹措资金 30 万元,对学校广场及路面进行硬化。

新户镇中学

2008 年,乡政府筹措资金 60 余万元,高标准地完成全校93 间校舍,水泥檩条全部更换。投资 65 万元,安装空调 85 台,彻底解决学校冬季取暖问题。2009 年,筹措资金 38 万元,新建室外乒乓球场地10 个和排球场地 1 个,并对食堂餐厅进行全面维修。投入 20 余万元,安装多媒体和校园网,实现教育资源共享。2010 年,投资 1000 余万元,开工建设综合教学楼,2012 年投入使用。2013 年,学校标准化建设顺利完成,通过市、区验收。直饮机投入使用。投资 270 余万元,完成营养餐厅建设,建筑面积1200 平方米。投资 50 余万元,新建水冲式厕所。学校有图书 23840 册,生均 42.2 册,年更新率在 5%以上,报刊种类 85 种。教师办公电脑人手一机,学校建有学生微机室一个,配备学生用机 50 台,多媒体教室 16 个,实现"班班通"。

学校先后荣获"省级绿色学校""市级规范化学校""市级文明校园""东营市素质教育示范学校""市十佳初中""市级教育信息化示范学校""东营市师德建设师范学校""市级艺体工作先进单位""市体校训练基地""东营市特色运动队学校""东营市学校卫生先进集体""东营市实验教学先进学校""东营市中小学教师校本培训市级示范学校""区级师德建设年先进集体""东营市劳动关系和谐校园""河口区创建五好基层关工委先进集体""东营市第五批教学示范学校"等荣誉称号。

新户镇太平中学　始建于 1969 年。是年 9 月,沾化县扩大中学教育,各公社中学下放到公社管理,普遍实行初中二年、高中二年的"二二分段制",当时的太平完小升格为太平中学,为沾化第九中学。1984 年,划归东营市河口区,太平中学与三合中学合并为太平乡中学。1986 年,实施"六配套"建设,太平乡投资 80 余万元,完成校舍改造。1992~1996 年,乡政府投资 200 余万元,实施"两基"工程,顺利通过省级验收。2006 年,投资 30 万元,实施教学仪器更新工程。投资 322 万元,新建综合教学楼。投资 100 万元,改造低标准建材校舍 137 间。2008 年,投资 28 万元,完成"取暖工程",安装空调85 台。

2010 年 5 月,太平乡与新户乡合并建制为新户镇,太平乡中学改称为新户镇太平中学。投资 30万元,完成校舍抗震安全改造工程,共改造维修校舍 1000 平方米。投资 60 万元,建成太平乡村少年宫。2012 年 9 月,建成"新户镇乡村少年宫"。2013年,学校少年宫通过国家级验收。2013 年,投资 300万元,完成运动场改造,铺设塑胶和草坪。2013~2014 年,投资 220 万元,建设水冲式厕所和食堂各一栋。学校占地 42669 平方米,有教职工 45 人,专任教师 44 人。研究生学历 1 人,本科学历 40 人,大专学历 4 人,教师学历达标率为 100%。有教学班11 个,在校生 424 人。

新户镇太平中学

学校先后荣获教育部"十五规划课题实验学校""东营市规范化学校""东营市文明校园""东营市十佳学校""东营市中小学实验室及实验教学管理示范学校""东营市学校安全管理工作先进单位""东营市语言文字规范化学校""东营市绿色学校""东营市教学示范校""东营市首批现代化学校"等荣誉称号。

新户镇中心幼儿园 始建于 1982 年。2006 年 7 月,新户乡投资 300 余万元迁址新建。占地面积 6060.5 平方米,建筑面积 1543 平方米,户外活动场地达到 4000 平方米,园内绿化面积 1200 多平方米。活动用房配套,辅助用房齐全,冬季政府集中供暖,夏季采用空调降温。2011 年,随着学前三年行动计划的实施,政府先后投资 60 余万元更新教学器械和厨房设备,达到省乡镇中心幼儿园配备标准。2012 年,通过省级乡镇中心幼儿园认定。

2014 年,有 6 个教学班,在园幼儿 121 人,有教职员工 18 人,其中,公办 8 人,非公办幼师 10 人。教职工学历达标率为 100%,专业合格率为 89%,高级教师 1 人,一级教师人 9 人,二级教师 4 人。

学校先后被评为"东营市市级一类幼儿园""东营市十佳幼儿园""东营市师德示范幼儿园""东营市文明校园""东营市星级平安校园"。

太平幼儿园 原名太平乡中心幼儿园,是一所全日制市级十佳幼儿园,1984 年,由太平乡政府投资成立,位于太平乡幸福院内,1 个教学班,1 名幼师,招生范围为乡直及附近村幼儿。1997 年,和太二村幼儿园合并,迁址太二村,设 3 个教学班,3 名幼师。2002 年,投资 80 余万元,迁址新建,位于太平乡政府南侧,占地面积 5576 平方米,建筑面积 1531 平方米,分教学区、活动区、生活区三部分。2006 年,荣获"东营市诚信建设先进单位"。2008 年,被评为"东营市市级一类幼儿园""东营市十佳幼儿园"。2011 年 1 月,被评为"东营市师德示范幼儿园""东营市学前教育先进单位"。2012 年 12 月,顺利通过山东省乡镇中心幼儿园验收。2014 年,有 6 个教学班,在园幼儿 120 余人。教职工 17 人,其中,本科学历 4 人,专科学历 5 人,中师 8 人,

新户镇中心幼儿园校园

太平幼儿园

学历达标率100%。小学高级教师2人，小学一级教师7人。

郭局幼儿园　创办于1994年，位于郭局村南部，原名新户乡郭局村幼儿园。园内设施简陋，设一个混合班。2011年，镇政府投资30多万元新建。2012年9月，正式启用，校园占地面积960平方米，园舍占地面积260平方米。校园设施齐全，室内设计幼儿活动室、午睡室、园长办公室、食堂，配备柜式空调、挂式空调、电脑、彩电、电子琴、实物展台、DVD播放器、计算机等。儿童乐园中有中型玩具20余套和秋千、滑梯、平衡木、体操垫等画册90余册。2014年，在园幼儿21人，教职工3人。有教职工3人，专科1人，中专2人，学历合格率100%。

郭局幼儿园

四顷二幼儿园　2012年，镇政府投资100多万元，新建并投入使用，位于新户镇四顷二村，是一所市二类幼儿园。占地面积2700平方米，建筑面积938平方米。幼儿活动用房配套，设有活动室、多功能活动室、科学发现室。辅助用房齐全：设有厨房、保健室、办公室、教具资料室、储藏室、会议室等。采用空调制冷、制热确保幼儿冬暖夏凉。活动室内配有多媒体教学一体机、电子琴等现代教学设施，中小型玩具一应俱全。室外配有大型玩具、塑胶场地、30米跑道，幼儿沙池，室外活动场地充足。2014年，有3个教学班，在园幼儿40人，有教职工4人，其中，一级教师1人，二级教师1人，均为大中专及以上学历，学历合格率100%。

四顷二幼儿园

老鸦幼儿园　2006年7月，由东营市方圆铜业捐资100万元迁址重建，教学楼2层，配套设施达到区内一流水平。幼儿园占地面积2600平方米。教学楼建筑面积400平方米，幼儿活动用房配套，设有活动室、多功能活动室。厨房、办公室、教具资料室、储藏室、会议室、等各种用房齐全。采用空调制冷、制热，确保幼儿冬暖夏凉。活动室内配有多媒体教学一体机、电子琴等现代教学设施,中小型玩具一应俱全;室外配有大型玩具、室外活动场地充足。2014年,2个教学班,在园幼儿30人。有教职工3人,专科1人,中专2人,学历合格率100%。

老鸦幼儿园

兴合社区幼儿园　2011年,镇政府投资300多万元建成。辐射中和堂、兴合、官庄三个村。占地面积3050平方米,建筑面积973平方米,二层楼房;幼儿园设园长1名、教师2名,保安1名。教师均具有大专学历水平;在园幼儿47名。幼儿园为2个幼教班,配套活动室、会议室、厨房、餐厅等设施。配置多款电教设施、寓教于乐玩具,实行幼儿入托三年免费。

南楼社区幼儿园　2012年,新户镇政府在市、区政府的支持下投资建成。校园占地面积1715平方米,建筑总面积986平方米。园内环境优美,设施齐全,办学条件优越。主体建筑为幼儿活动室、寝室、保健室、办公室、接待室(会议室)、科学发现室、资料室、玩教具资料室、综合活动室、盥洗室、流动洗手、独立厨房等设施。配套设施有主副食加工间、食品、消毒间、炊事员更衣室等。校园布局分教学区、活动区、生活区三部分,富有浓厚的儿童气息。园内设有幼儿种植园、动物饲养角、图书室,配备适合幼儿年龄特点的桌椅用具及桌面玩具、大型组合玩具。教学用具设备齐全,有电脑一体机、电子琴、音响、VCD,照相机等。有教学班3个,入园幼儿64人。教职工9人。其中,园长1人,专业教师6人,大学学历1人,专科学历4人,中专学历2人。小学一级教师1人,未评职称6人。保安1人,厨师1人。2014年4月,通过"市级二类园"评估验收。

兴合社区幼儿园

南楼社区幼儿园

第四章　义和镇教育

义和镇教育始于 1910 年,时有私塾 2 处。1914 年,随着沾化县、寿光县、利津县、无棣县居民逐渐迁入,境内私塾教育发展到 5 处,分布在王集、东南、五二、小河、大英村。1937 年,沾化县国民政府在义和庄开办初级小学,称义和联小。1958 年,沾化县第三中学成立,学校位于义和镇政府驻地东北侧,开设初中和高中教育课程,下设三个初中教学点(大英中学、大山中学、五二中学)。1962 年,义和庄 46 个村分别设置小学教学点,其中,义和完小被确定为沾化县重点完小。境内教育步入规范化、科学化发展轨道。

进入 20 世纪 80 年代,境内教育进行全面改革,教育资源得到优化,教育水平得到提高。1996 年,义和镇投资 200 万元,建起镇中学教学楼,中小学教师的居住生活条件得到提高。是年,通过山东省"普九"验收。1999 年,镇中学被评为"省级艺术教育示范学校"和"市级规范化学校"。2000 年,全镇有小学 8 处,在校生 2507 人;有中学 1 处,在校生 1426 人。2009 年,义和镇投资 2000 万元,新建教学楼两栋、餐厅一栋、实验楼一栋、宿舍楼一栋和塑胶场地一处,全镇中小学教学点进行撤并,建立义和镇中心学校,在校生 1963 人,下设大山和六顷两处教学点。投资 450 万元,对义和镇中心幼儿园进行改扩建和撤并教学点,设六顷幼儿园、大山幼儿园和仁韩幼儿园三处幼儿教学点。2013 年,义和镇中小学教育和学前教育办学条件均达到省级一类标准。

第一节　机构沿革

境内最早的教育机构为义和人民公社教育组,设文教助理一人。河口区成立之前,义和教育工作属沾化县教育局管理。1984 年 8 月,河口区文教局成立。义和设立教育组,负责全镇的教育管理工作,为股级行政单位。1994 年 10 月,教育组更名为教育委员会,行政级别未变,全面负责本镇教育行政管理工作。

第二节　基础教育

学前教育　**村办园所**　1981 年 3 月,境内创建第一所村办幼儿园——梁家村幼儿园。设有一个学前班,入园儿童 36 名。1986 年,东北村幼儿园、西南村幼儿园和三合村幼儿园相继成立。1992 年,通过面向社会招聘的方式,录用一部分素质高、责任心强的往届初中以上毕业生为幼儿教师,经济南七里山幼儿园专业培训,就职于新办的薄家、艾河、五一、河北、草场等村幼儿园。

2012 年,义和镇按照"就近入园,扩大规模,统一管理"的原则,采取多种形式,发展村级幼儿园,乡镇教委参与布局协调,成立联合管理委员会,明确责任,签订联合国协议书,发挥农村最基层的作用,镇政府制订《村级幼儿园建设管理办法》。通过布局调整,建成大山幼儿园、六顷幼儿园、仁韩社区幼儿园三所具有一定规模和标准的全托幼儿园。

公办园所　1992 年,义和镇创办中心幼儿园,位于义和镇中学院内。是全镇第一所公办性质幼儿园。随着中心幼儿园生源的不断增加,原有房屋已经不能满足需要。2010 年,投资 400 多万元,对幼儿园原平房进行改建,对户外场地重新布局,购进一批全新的玩教具。2011 年,调整村级园所,新建大山、六顷、仁韩社区三处幼儿园。2012 年,投资 100 多万元,对全镇四处幼儿园所的基础设施进行配备,达到省级幼儿园配备标准。2014 年,义和镇有幼儿园 4 处,入园幼儿 520 人,幼儿教师(含园长)40 人。

发展模式 1986 年,镇设立专职幼教干部,具体负责管理全镇学前教育工作,从当地实际出发,创新办园体制。按照大村辐射小村的布局,坚持有利于生产,有利于就近入园的原则,在全镇确立 5 个村,支持帮助办起民营幼儿园。1992 年,确立"政府统筹、以中心园为窗口,辐射村级园"的办园体制,采取中心园统一管理,带动村级园的网络化管理,调动农村幼儿教师的积极性。

2003 年,义和镇针对农村园布点散、规模小、效益低的问题,按照"就近入园,扩大规模,保大放小,保好放差,大村及偏远小村独办,相邻小村联办",乡镇"集中办好一处中心园"的原则,制定《河口区义和镇幼儿园布局调整方案》。从调整园所布局、优化教育资源入手,通过科学规划布局,使学前教育走上规范化发展道路。是年,全镇幼儿园共 23 处。

2008 年,全镇 23 处幼儿园通过整合资源,撤并、精简为 8 处。2010~2011 年,再次调整梁家、三合幼儿园,合并到中心园。原宝联幼儿园和大山幼儿园合并为大山幼儿园,夹联幼儿园和大牟幼儿园合并,更名为六顷幼儿园。原寿光幼儿园更名为仁韩社区幼儿园。2012 年,义和镇对村办幼儿园合理布局,优化教育资源,把村办改制为政府办,多方筹措资金,建成三所高标准的幼儿园。全镇形成镇中心幼儿园为骨干,以村级幼儿园为主体的发展格局。

园所建设 2001 年,镇政府为中心幼儿园建成独立院落,9 月迁到现址。2005 年,投资近 100 万元,对义和镇中心幼儿园进行改扩建。是年,中心幼儿园被评为市级二类园。2008 年,通过市级一类幼儿园验收。2010 年,政府投资 400 多万元,对中心幼儿园内平房进行改造,建成一栋融活动室、寝室、盥洗室、洗手间为一体的标准化教学楼一栋,对户外场地重新布局、铺设塑胶场地、购进滑梯、攀登架等大型玩具,配备符合标准的幼儿桌椅、床、各类橱柜。2011 年,义和镇投资 300 多万元,选址新建大山、仁韩、六顷三处社区幼儿园,三处社区园由原来的村办性质改为政府负责的公办性质幼儿园,为社区园配备公办园长。

2012 年,政府投资 100 多万元,对四处幼儿园进行多媒体、玩教具设施配备。是年 12 月,中心幼儿园先后通过市级一类园复评和山东省乡镇中心幼儿园达标验收。

园所管理 2003 年,义和镇下发《义和镇幼儿园规范整治实施方案》和《关于进一步做好全镇幼儿园清理整顿和安全管理工作》等文件,要求各园限期对园内隐患进行整改,整顿合格的幼儿园以政府文公布进行登记备案。

2008 年,义和镇建立由镇政府分管领导和公安、交警、卫生、建设等部门主要负责人参加的学前教育安全管理委员会。负责幼儿园的日常安全管理检查,公安、交警主要负责幼儿园及周边治安综合治理和交运路口安全警示、安全教育指导工作;卫生部门主要负责幼儿园饮食卫生监督检查和指导,负责幼儿园教师的健康体检;建设部门主要负责幼儿园房屋安全的检查鉴定等工作。幼儿园工作严格按照《幼儿园工作条例》实施,幼儿园的保育和教育工作逐步完善。实行园长负责制,负责幼儿园的全面管理。

小学教育 1937 年,境内所有学校全部解散。国民党沾化县政府逃迁于太平镇,先后在太平镇、义和庄、新户、老鸹嘴等较大的村庄恢复开办 10 余处初级小学。1941 年 10 月 3 日,义和庄解放,垦、沾抗日根据地建立后,兴办小学。将义和联小创办为义和抗日高级小学,招收 1 个班,40 余人,初小 3 个班,100 余人,教员 6 人。1944 年,更名为沾化县第一抗日高小。至 1949 年,义和"高小"已发展成为完全小学(包括高小和初小),时称义和"完小"。有 4 个教学班,学生 178 名,教员 8 名。

1985 年,义和"完小",更名为东南村小学,位于今东南村村委会南邻。1989 年,"东南村小学"迁至济南军区马场二十七连驻地旧址,更名为义和镇中心小学。1990 年,义和镇各小学开始局部合并,由 46 个合并为 36 个。2000 年,整合为义和镇小学、大山小学、六顷小学、三合小学。1996 年,义和镇中心小学更名为义和镇希望小学。1998 年,山东省出版总社捐资援建教学楼,投资 100 余万元,总建筑面积 1900 平方米,可容纳 500 余名学生就读。

2008年3月,三合小学并入义和镇中心小学。2009年9月,义和镇中心小学和义和镇中学改建为义和镇中心学校。2013年9月,大山小学并入义和镇中心学校。2014年,共有教职工63人,教学班20个,在校学生890人。教师学历达标率100%,其中,本科11人,专科30人。学校设有远程教育1套、多媒体教室3处、微机室、图书室、仪器室、实验室及音体美器材室等多功能用房,设备均按省一类标准配置。

学制与课程设置变化历经清末,民国至新中国成立。出现最大变革是在1975年以后。

2010年,初等小学堂和高等小学堂均设修身、读经讲经、国文、算术等科。实行五年一贯制后,课程设置是:周会、语文、数学、常识、体育、图画、音乐。"文化大革命"期间,课程设置混乱,主要有政治课、生产劳动课、社会主义文化课、军体课和革命文艺课。在低年级以学习《毛主席语录》为主,高年级加授"老三篇"(即毛泽东的《为人民服务》《纪念白求恩》《愚公移山》三篇文章)。1949~1951年,小学学制一直沿用"四二"分段制,实行春季始业。1952年,改春季始业为秋季始业。 1968年,小学学制实行五年一贯制,改秋季始业为春季始业。1975年始,改春季始业为秋季始业。课程的具体变化为1978年秋,使用全国统编教材(试用课本),设政治、语文、数学、自然常识、体育、音乐、美术7科。1981年,教育部规定小学政治课改为思想品德课。从此,小学课程按教育部颁布的教学计划开设。1985年开始,课程逐步健全,一二年级开设语文、数学、生理卫生、音乐、体育、美术,三年级新增常识课,四五年级新增自然,后逐步完善,形成语文、数学、英语、音乐、体育、美术,自然、社会科学、健康教育等课程。1985~2007年,实行五年制。2007~2012年,实行六年制。

1984~2014年河口区义和镇小学教育发展一览表

年度	学校数	班级数	在校学生(人)	入学率(%)	年度	学校数	班级数	在校学生(人)	入学率(%)
1984	46	186	2046	88.2	2000	8	39	1385	100
1985	44	172	2214	87.5	2001	4	38	1389	100
1986	42	167	2400	89.5	2002	4	40	1425	100
1987	41	162	2436	91.5	2003	4	40	1405	100
1988	37	159	2512	96.3	2004	4	39	1380	100
1989	36	145	2473	98.8	2005	4	40	1372	100
1990	36	142	2546	98.9	2006	4	40	1259	100
1991	36	135	2389	100	2007	4	36	1223	100
1992	33	126	2307	100	2008	3	34	1169	100
1993	26	123	2423	100	2009	3	30	1154	100
1994	24	124	2322	100	2010	3	30	1086	100
1995	24	112	2544	100	2011	3	28	1023	100
1996	21	106	2499	100	2012	3	28	988	100
1997	20	98	2543	100	2013	2	28	911	100
1998	19	85	2604	100	2014	2	28	852	100
1999	13	72	2763	100					

中学教育 义和镇境内中学教育始于1958年。是年4月,创建的沾化县第三中学(沾化三中)。建校初,学校占地55.95亩,教职工16人,招生4个班,208名学生。是年11月,沾化县、利津县两县合治,沾化三中更名为沾化五中,1960年,义和人民公社划归垦利县,学校更名为垦利五中。是年,学校规模扩大到9个班。

1961年9月,行政区划调整,义和划归沾化县,垦利五中更名为沾化三中。1962年,学校只招收一个班,共50名学生,有6名教师充实到学校。教学上落实"课堂、书本、教师三中心",学校管理和教职工思想教育得到加强,教育质量逐步提高。1964年,贯彻中共中央"双规教学(全日制、半工半读制)"指示,学校招收农业中学班1个,学生40人,配备专职教师2名。1965年,学校初中升学率达85%。

"文化大革命"期间,学校党政机构瘫痪,招生工作停止。1968年,按照"学制要缩短,教育要革命"的指示精神,中学学制由"三三制"改为"二二制"。是年,学校开始招收高中班,高中一级共招4个班,208人。1972年,将初中部分离,只招高中班。是年,大中专院校和中学招生开始实行推荐制,学生高中毕业回村劳动两年后,各个方面表现好的,可由大队党支部推荐上大学。以后增加文化考试,称为"选拔推荐"。1975年,沾化县革命委员会决定将沾化三中改为沾化县义和"五七"中学,由县直属管理。

1977年,高考制度恢复,所有应届生、往届生,包括"老三届(1966年~1968年毕业生)",年龄不超过35周岁都可以报考。是年,学校共有30多名学生考入大中专。1978年,教师的政治地位提高。1980年,沾化县四扣中学高中班并入沾化三中,学校管理得到加强,教学质量逐步提高。是年,共有10多名学生考入大中专院校。1984年,义和镇划归河口区,沾化三中改称河口区义和中学。1989年,义和镇共有四所初中,分别是大英中学、大山中学、五二中学、义和镇中学。1990~1991年,调整为两处中学:分别为义和镇大山中学和义和镇中学。1996年,义和镇大山中学并入义和镇中学。2009年,义和镇中学和义和镇中心小学合并,分初中部和小学部,更名为义和镇中心学校,为九年一贯制学校。2014

年,学校有教学班26个,学生1042人,教职工103人,专任教师89人,教师学历达标率100%。

1958年,沾化三中只设初中班,按教育部颁发的《中学暂行教学计划》(草案)设置课程,使用全国统编教材。生产劳动课采用省编教材。1983~1991年,初中先后执行1981年教育部颁发的《全日制六年制中学教学计划》,课程设置不变。初中一年级至三年级均开始设政治、语文、数学、英语、体育、音乐、美术、劳动技术课。初中一年级增设历史、地理、植物课;初中二年级增设历史、地理、物理、动物课;初中三年级增设物理、化学、生理卫生课。1992年,东营市开始"五四"学制改革,初中部课程设思想政治、语文、数学、外语、历史、地理、物理、化学、生物、体育、音乐、美术、劳动技术等13科。

教育设施 校舍改造 解放前,农村小学多租用民房或利用土地改革时期没收的房屋改造而成,教学设施简陋。建国后,国家有计划地投资建设中学,适当投资修缮完小(高小),农村小学由办学村负责修缮。至1966年,区(公社)中心小学房舍建设、设施配备基本能满足教学要求。但农村小学校舍多数比较简陋。破屋、黑屋、危房占多数,缺桌凳、少门窗、无大门、少院墙,有的甚至没有厕所。1975年,在农村小学推广纸浆课桌和泥台子、泥坐凳。1978年,教育经费开始逐年增加。

1981年,沾化县成立农村小学校舍改造领导小组,采取"两条腿走路"的办法,加快农村小学的校舍建设,农村小学的办学条件有较大改善。1984年11月,区、乡、村三级投资数万元,新建校舍,修缮危房,购置课桌,在校学生全部用上木制课桌凳。1986年11月,通过省政府验收,农村小学全部达到"六配套"标准(即教室、院墙、大门、厕所、操场、木制课桌凳配套)的有45个村,占全镇农村小学的98%。

1994年,义和镇学校新建平房64间,院墙890米,厕所6间,大门5个。2000年,全镇农村中小学、幼儿园校舍建筑全面得到改善。2001年,义和镇共查出危房24间、危厕5间、危院墙340米。2002年,全镇中小学完成危房改造投资124万元,所有排查出的D级危房全部拆除,354平方米的C级危房全部维修加固,新建院墙340米。投资150万元,新建教学楼 1 栋。是年,实施"中小学校校通工程",配备教师用微机 11 台,学生用微机 51 台。投资 10 万元,建成校园网。

2003 年,投资 101 万元,义和镇中心小学拆除新建校舍 1956 平方米。投资 130 万元,建起一栋 2000 平方米的学生宿舍楼,可容纳 600 名学生住宿。2007 年,政府投资 60 万元,对全镇各校水泥檩条进行更换。2009 年,实施"校舍抗震安全改造"工程。投资 320 万元新建义和镇中心学校教学楼。投资 120 万元,对义和镇中心学校南教学楼进行维修加固。2011 年,投资 360 万元,顺利完成农村幼儿园标准化建设工程建设任务,4 所幼儿园完成主体建筑进行内外装修。

2012 年,实施中小学校舍标准化建设工程,按照《山东省普通中小学基本办学条件标准(试行)》要求,对中小学办学条件进行标准化建设,投资 810 万元,实施义和镇中心学校综合教学楼建设。实施中小学场地标准化建设,投资 460 万元,在原体育场地铺设 300 米 6 跑道塑胶田径场地,中间为人工草坪足球场,新建塑胶篮球场地 5 个、塑胶排球场地 3 个,铅球、跳远场地各一个、其他体育健身器材场地一个。

教学仪器　1988 年开始,义和镇中学逐步配备教学仪器。1991 年,河口区人民政府发布《关于加快中、小学实验室和仪器设备工作的几点意见》,加快乡镇中小学实验室建设进程。1992 年,区财政拨专款 20 万元,用于补助奖励中小学实验室建设。1991~1994 年,投资 75 万元,为农村中小学配置仪器设备,全区农村学校达到国家二类标准。1994 年 11 月,通过东营市政府对河口区初等义务教育的验收。1995 年,按照"普及九年义务教育"验收要求,河口区投资 200 万元,为义和镇初中配备理化生教学仪器、音体美、电教器材,义和中学达到国家二级标准。

1996 年,通过省政府的验收。

2005 年,市中小学援助工程为义和镇中小学配备电教及音体美器材,价值 10 万元。区政府投资 11.8 万元,配备教师用微机 59 台,投资 19.6 万元配备多媒体设备 8 套。2006 年 7 月,政府共投资 101.5 万元,为中小学更新仪器室、实验室设备并购置部分教学仪器和音体美器材。2006 年,政府投资 19.6 万元,配备教师用微机 98 台,投资 13.8 万元配备多媒体设备 12 套。2008 年,政府投资 150 万元,镇中小学配备空调 225 台,完成中小学取暖工程。

2010 年,义和镇组织实施中小学标准化建设、小学多媒体"班班通"、乡村少年宫建设工程和图书仪器更新工程。投资 29.4 万元,购置多媒体 19 套,实现小学多媒体"班班通"。投资 30 万元,新建义和镇乡村少年宫。投资 100 多万元,对全镇中小学实验室、图书室设备进行更新,增补实验仪器和音体美器材,教学条件逐步改善。投资 60 万元,为各中小学、幼儿园安装监控设施、报警系统,购置防爆器材,配备专职保安人员,人防、技防、物防措施逐步完善健全。

2012 年,投资 89 万元,完成中小学教育信息化建设,为全镇中小学配备学生用微机 16 台,教师用微机 152 台,多媒体 8 套,电教设备 8 台。投资 33 万元,为中小学校配备各类教学仪器设备、图书和部分馆(室)设备。

义和中学

第三节　职业与成人教育

扫盲　1942年，沾化县抗日民主政府成立后，为使群众教育、群众运动、群众工作密切结合，创办冬学。边识字，边进行抗战教育。各村均由本村小学教员兼任或由年龄较大的在校学生当"小先生"上课。1945年10月，开展"冬学"教育，推动扫盲运动的开展。男女青壮年文盲和失学儿童大部分参加"冬学"学习。建国后，继续坚持开办冬学，并将有条件的冬学转为常年民校。1952年春，按照沾化县人民政府的要求创办扫盲班。1959~1961年，农民业余教育停办。1962年冬，民校逐步恢复。1977年，沾化县依照中共中央、国务院指示，恢复农民业余教育，大力开展扫盲运动。是年秋，成立县扫盲业余教育委员会。1982年，义和镇15周岁以上文盲、半文盲人口占总人口的比重为29.65%，1990年25.30%。至1996年，义和镇基本扫除文盲。

职业培训　1994年，义和镇加强农村文化技术学校的建设。60%以上的农村以创办的文化大院、农民技校为基地，学文化、学技术。"农科教"结合的农村成人培训兴起。镇成教中心实现人员、场地、经费"三落实"，青壮年非文盲率达95%以上。围绕水产、林果、畜牧三大产业和自身实际开展培训工作。培训农民800多人次，全镇形成"农科教"相结合的农村成人培训的长效机制。

2004~2005年，义和镇推进"百村千户"农民科技培训工程。在培训推进工作中，围绕农业优势产业，重点对沼气、粮棉、芦苇、蔬菜种植等实用技术

义和镇实用技术培训

进行了培训。先后举办各类培训班20余期，培训农民2000余人次，发放培训资料1万份，组织赶科技大集5次；建立"工程"培训基地2处，科技书屋5处。

2005年，实施农村劳动力转移"阳光工程"培训，主要是围绕农村产业结合调整后剩余劳动力从事第三产业的技术培训。2006年，培训1200余人，就业率91.8%。2007年，培训800人，转移780人，就业率97.5%。2008年，培训农民900人，实现转移就业886人，就业率98.4%。2009年，累计培训农民3100人，实现农村劳动力转移2926人。

2007年，实施"新型农民"培训工程。旨在培训农村青年中具有初中以上文化程度，有丰富经验的技术骨干。经过培训，使其成为农业技术的辅导员，农民致富的带头人。2008~2012年，每年重点培训20名辅导员，每名辅导员带领20个农民掌握新技术。每年培训5个科技示范户，每个示范户带动50个专业户，达到示范标准的1000户。

义和镇成教中心在摸清全镇生源的情况下，本着发展什么行业，需要什么样人才，培养什么人才，开设什么专业的原则和要求，对培训专业进行不断调整，针对社会人才需求再设置新的专业。集中而分散、固定而灵活，合理设置各种专业。2001~2005年，义和镇成教中心的专业设置基本为中短期培训。主要为从业成年人的技术培训而设置，主要有果树种植、水产养殖、兽医等。2014年，培训规模加大，中短期培训增加沼气利用、汽修、电脑维修等课程，以适应农业产业化发展的需求。

第四节　教师队伍

1984年后，在提高教师素质的同时，逐步缩减民办教师。1985年，义和镇中小学教师总数为207人，其中，民办教师161人。1991年，有计划组织中小学校长培训、小学教师"三字一话一画"及教具制作和使用、中学教师"三沟通"及自学助考、省市区骨干教师培训、普通话等级水平测试、计算机培训、教师能力ABC达标工程、骨干教师带动工程、精品课工程等活动，教师队伍整体素质大幅度提高。至

义和镇新型农民学校

据中小学新编制核定标准,义和镇各级各类全日制学校有教师242人。2005年,分配4名本科毕业生,试用期一年,全部签订合同。2006年,招考17人。2007年,招考15人。2008年,招考6人。2009年,招考5人。2010年,通过考试、面试、考察新录用教师11名。2013年,义和镇中小学在职教职工184名,其中,专任教师182名(中学105名,小学77名),工人2名。中小学教师学历达标率100%。省级优秀教师2名,市级优秀教师2名,市级优秀教育工作者1名,市级劳动模范1名,市级教学能手15名,市级师德标兵2人。区级优秀教师32名,区级优秀教育工作者3名,区级教学能手25名。中学专任教师:中学高级教师14名,占13%;中学一级教师37名,占35%。小学专任教师:中学高级教师1名,占1%;小学高级教师25名,占32%。

1994年,先后四次为民办教师转公办,共计23人;师范院校招收民办教师36人;辞退不合格民办教师18人。

1995年,全镇民办教师减至82人,民办教师占教师总数的36%,公办教师占教师总数的64%。1998年初,一次性转正民办教师69人,从此,境内不再有民办教师。

2000年,义和镇中小学教师235人,中高级职称教师136人;幼儿教师42人。小学、初中学历达标率分别为99.8%、94.8%。1995~2000年,培养各级优秀教师41人,其中,国家级1人,省级2人,市级11人,区级27人。

2001年,河口区首次认定教师资格工作,义和镇共认定教师资格142人,其中,初中教师资格66人,小学教师资格61人,幼儿园教师资格15人。2003年9月,河口区首次面向社会公开进行教师资格认定工作,义和镇有62人申请教师资格,其中,初级中学教师42人,小学教师18人。2004年,面向社会认定教师资格17人。2005年,面向社会认定教师资格14人。2006年,办理教师资格证书14人。2007年,办理教师资格证书20人。2008年,办理教师资格证书13人。2009年,办理教师资格证书13人。2001~2004年,义和镇中小学共分配25人,其中,本科生1人,专科24人。2004年4月,依

第五节 学校园所简介

六顷小学 创建于2000年5月25日,前身为义和镇第四小学。学区覆盖义和镇六顷村、草场村、前夹村、中夹村、后夹村、大牟村和五二村七个村。位于义和镇六顷村东首五十米路南,占地面积11396平方米,各项建筑设施完善,教学器材配备齐全。学校校舍坚固、实用,各项学校管理制度健全,配有高标准实验室、仪器室、综合实践室、微机室、卫生保健室、心理咨询室,各教室配有先进的多媒体教学设施,学校图书室有图书3780册,生均35册。2010年,被评为"市级卫生先进单位"。2011年,被评为"东营市绿色学校",在全省暑期远程研修中被评为"远程研修优秀组织奖"。

2014年,有教学班4个,在校生106人,教职工11人,其中,本科以上学历10人,专科以上学历

六项小学

1人。中级职称2人,初级职称9人。

中心学校　中学部　前身为沾化县1958年创建的第三中学(沾化三中),划归东营市河口区后,其迁至河口城区,为河口区第一中学。2009年,义和镇建成九年一贯制中心学校,是河口区规模最大的农村初级中学。建有教学楼三栋,宿舍公寓一栋,所有教室均配有多媒体和空调,其他实验室、器材室、图书室、阅览室、德育室、劳技室等功能齐全,内部教学设施达到国家Ⅰ类标准。学校有自己的校园网,依托校园网络实现教室、办公室和微机室的资源共享。2014年,学校拥有教学班26个,学生1042人,教职工103人,专任教师89人,教师学历达标率100%。

在学校管理上,成立民主评议小组、民主理财小组等组织;实行规范化民主管理和校务公开制度。加强教师常规管理,强化了师德建设,调动教职工的积极性。在教学教研方面,勤于探索,求实创新,落实课堂教学"五个转变",实施"骨干教师带动工程"和"精品课工程",开展研究性学习理

论与实践的研究,提高教师队伍的整体素质。实施学生自主管理,强化学生道德行为规范,形成学校良好的秩序。

学校先后荣获"中国中小学素质教育研究中心"教研单位、"山东省教育科学'十五'规划重大课题研究性学习理论与研究重点实验基地""山东省艺术教育示范学校""山东省初中教育工作先进单位""山东省交通安全示范学校""山东省绿色学校""市级规范化学校""市师德建设先进集体""市科普示范学校""市体育传统项目(田径)学校""东营市十佳学校""东营市教书育人先进单位""东营市五四红旗团委创建单位""河口区办学水平督导评估优秀学校""河口区教学质量优胜单位"等多项荣誉称号。

小学部　2014年,有教职工63人,教学班20个,在校学生890人。教师学历达标率100%,其中,本科11人,专科30人。山东省优秀教师1人,东营市优秀教师3人,河口区优秀教师64人次,市级教学能手4人,区级教学能手12人。2000年起,教师撰写的论文已有40多篇获国家级奖,60多篇

义和镇中心学校

获省级奖,110 多篇获市级奖。

学校设有远程教育设施 1 套、多媒体教室 3 处、微机室、图书室、仪器室、实验室及音体美器材室等多功能用房,设备均按省一类标准配备。

学校先后荣获:"东营市规范化学校""山东省模范希望小学""中国少先队工作学会实践基地""东营市十佳学校"等多项殊荣。

中心幼儿园　始建于1992 年 8 月,位于义和镇政府驻地,占地面积 5180 平方米,服务范围包括 23 个村及镇直各单位。2010 年,政府投资 400 余万元,对中心幼儿园进行改扩建,新建融活动室、寝室、盥洗室、卫生间四室为一体的标准化保教楼一栋,建筑面积 2680 平方米。各活动室按标准配备适合幼儿使用的桌椅床铺以及电视、电子琴、多媒体等保教用品。经过改造后的户外场地,新配备幼儿滑梯、攀登架、跷跷板等大型玩具。2011 年,义和镇中心幼儿园被评为"东营市一类幼儿园"。2012 年,顺利通过"山东省中心幼儿园"认定。2014 年,拥有 11 个班,设大、中、小、托四种班型。教职工 28 人,均为大中专及以上学历,学历达标率为 100%。

大山幼儿园　始建于 2011 年 6 月,2012 年 6 月投入使用。幼儿园位于义和镇大山小学院内,是一所农村全日制公办幼儿园。有 3 个教学班、92 名

中心幼儿园

学生,9 名教师,其中,公办 2 人,非公办 7 人。覆盖大山村、德民村、河王等 9 个村。教育教学设施、游戏活动设施、生活设施等配套齐全,设有高标准的食堂、餐厅、寝室。

仁韩社区幼儿园　原名"义和镇寿光村幼儿班",始建于 2011 年 6 月,位于义和镇寿光村东首,覆盖寿光、东韩、西韩、六顷五、大英等 9 个自然行政村,于 2012 年 5 月 28 日投入使用。该园占地面积 3791 平方米,建设项目为砖混一层,建筑面积 675 平方米,总投资约 110 万元。设计规模为,大、中、小三个班,可容纳在园幼儿 75 人。是一所农村全日制公办性质幼儿园,按照省定标准建设,按省定标准配备保教设施、游戏活动设施、生活设施等。2014 年,在园幼儿 72 人,教职工 7 人。

大山幼儿园

仁韩社区幼儿园

六顷幼儿园　始建于 2012 年 6 月，是一所政府办幼儿园,辐射六顷村、草场村、后夹村、中夹村、前夹村、大牟村、五二村七个自然村。幼儿园占地面积 5986 平方米,建筑面积 693 平方米;幼儿园设园长 1 名、教师 4 名;在园幼儿 73 名。该园设有"四季农场",利用农村环境资源培养幼儿从小爱劳动的良好品质。成立家委会,争取家长的密切配合,充分发挥家庭教育的功能,真正使幼儿园教育和家庭教育密切结合，创设幼儿健康成长的最佳环境。

六顷幼儿园

第五章　孤岛镇教育

孤岛镇建制较晚,地方教育历史短。此前,整个孤岛地域的教育活动主要是胜利油田和黄河三角洲济南军区生产基地(原称军马场)创办的各类学校。

第一节　机构沿革

1998 年 12 月,孤岛镇建制后成立政府教育机构,即孤岛镇教育委员会。主要职责是油、地、军教育工作的协调,提高服务,进行综合性的管理。

1994 年,孤岛镇兴建镇苑小学,是年 9 月投入使用,2004 年 9 月撤销,合并于东营市胜利油田孤岛第二小学,为油田地方联合办学。2003 年,境内出现民办幼儿园,后发展到 3 家。2011 年,孤岛镇政府着手中心幼儿园的建设,2012 年,建成并投入使用。

第二节　基础教育

学前教育　孤岛镇学前教育始于 1987 年 9 月,西韩村建成村办幼儿园。由村委会腾出平房 3 间,购置桌椅 20 套,入托幼儿 10 余名,混龄学习。两年后,与新建的西韩小学融入一个大院,2005 年撤销。

2003 年 3 月,孤岛镇出现民办幼儿园。一是个体户闫绪芬创办的星星河幼儿园。位于孤岛镇共青团路南首。2014 年,入园幼儿 20 余名。分大中小 3 个班级,教职工 3 名;二是个体户李娟创办的小红花幼儿园。创办于 2008 年 3 月,位于马场红绿灯北侧,在园幼儿 50 余名,有大中小 3 个班级,教职工 4 名;三是 2011 年 9 月,个体户杨俊科创办的明星幼儿园。位于孤岛镇镇苑村村内，有大班和中班各 1 个。3 名任课教师,1 名食堂工作人员。2014 年,入园幼儿 50 余名。

1998 年,孤岛镇政府于老政府驻地院内,筹建公办幼儿园。分大、中、小 3 个班,入园幼儿 100 余名。幼师 5 名,厨房人员 1 名。2001 年撤销。

2011 年 6 月,孤岛镇政府投资 700 多万元,建成孤岛镇中心幼儿园,是年 11 月投入使用。占地面积 6000 平方米,其中,建筑面积 2400 平方米,户外活动场地 2000 平方米。现有教职工 34 人,框架结构三层,设计规模 9 个班,可容纳 300 名幼儿入园。幼儿园按照省级示范园标准建设,活动室,寝室,盥洗室三室配套。同时配有卫生间、衣帽间、储藏室、医疗保健室等专用活动室和幼儿食堂。建有多功能厅、家长科学发展室、幼儿阅览室。

2012 年 11 月，开始实施学前三年免费教育。2013 年春,开始施行学前儿童资助政策。2014 年 9

月，入园幼儿 184 名，教职工
32 名。其中，园长 1 人，副园长
1 人，办公室主任 1 人，保教主
任 1 人，安保主任 1 名。

2013 年 12 月，孤岛镇中
心幼儿园顺利通过山东省乡镇
中心幼儿园验收。10 月，被认
定为东营市市级一类幼儿园。

小学教育 最早的地方小
学是西韩村小学，始建于 1989
年。1994 年 9 月，由孤岛镇镇
苑村村委会出资，筹建创办镇
苑村小学。学校开设 5 个班，在
校生 70 余名。1999 年，开始校
舍改造，先在原教学班的西北
方建成平房 11 间，临时做学生教室。2000 年，教学
楼建成并启用。在教学楼东边建成面积 150 多平方
的学生餐厅。学校实现教学、住宿一体化管理。2001
年 9 月，西韩小学合并到镇苑小学，更名为孤岛镇
中心小学。合校后，为方便西韩的学生就学，将原来
的平房改造成学生宿舍，住宿生达到 80 余人。
2002~2003 年，孤岛镇投资 200 万元，建成建筑面
积近 2000 平方米的孤岛镇中心小学综合教学楼，
将西韩小学合并，学生 200 余名。2004 年 9 月，孤
岛镇中心小学撤销，与胜利油田孤岛第二小学联合

孤岛镇中心幼儿园

办学，形成"一校两制"的特殊教育体制。

第三节 职业与成人教育

1999 年 2 月 10 日，境内胜利油田孤岛社区成
立培训中心(党校)，挂胜利油田第六职业高中的牌
子。2000 年 7 月，第六职业高中撤销后，成为社区
机关直属单位，拥有专用教室、电教室、微机室、图
书资料室等，固定资产 300 余万元。主要负责孤岛
社区干部职工培训工作，根据形势任务教育的需
要，不定期到各个三级单位巡
回上课。同时，结合全镇情况，
定期或不定期的组织一些教
育活动下基层，教育和培训的
对象是境内农民与外来务工
人员。

2012 年 5 月，河口区新
型农民学校在孤岛镇设立分
校，位于共青团路 136 号。分
校培训内容涵盖党性教育、家
庭教育、实用技术、致富服务、
社会创新管理和精神文明等
6 大模块。至 2014 年，先后举
办各类培训 45 期，参训人员

孤岛第二小学

1200 余人。开展流动人口技能培训 22 期 600 人次。镇苑、西韩村开展广场舞培训 4 期 200 余人次。邀请区农业局、区渔业局开展种养殖培训 10 期 400 余人次。

第四节　教师队伍

孤岛镇中心小学建校初，只有 3 名公办老师任教，一至五年级开全课程。当时的四五年级学生很少，一个班只有几个学生。因此，一个老师教两个班。半年后，调入两名民办老师。1995 年 9 月，学生人数增加，教师队伍不断壮大。由原来的三名公办教师，提高到 6 名。学历达标率不断提高。2004 年，与胜利油田孤岛二小合并，民办教师全部清退。

小学教师的业务进修，主要通过教师进修学校培训来完成。在职提高学历，主要通过函授学习。

第五节　学校园所简介

孤岛镇中心小学　最早的孤岛地方小学，是西韩村小学，始建于 1989 年。1994 年 9 月，孤岛镇镇苑村小学成立。五个年级分别由三名老师任教。2002 年，西韩小学合并到镇苑小学，更名为孤岛镇中心小学。至 2003 年投入资金近 200 万元，建成建筑面积近 2000 平方米的孤岛镇中心小学综合教学楼。2004 年 9 月，孤岛镇中心小学与东营市胜利油田孤岛第二小学联合办学，形成"一校两制"的特殊教育体制。教职

工人数达到 13 人。招生规模 200 余名。

孤岛镇中心幼儿园　始建于 2011 年 6 月，设计规模 9 个班。服务范围为孤岛镇地方职工、境内常住农村户籍及外来务工人员子女。2014 年，有在园幼儿 184 名，教职工 32 名，其中，园长 1 人，副园长 1 人，保教主任 1 人，办公室主任 1 人，安保主任 1 名。教师专业合格率 80% 以上。

2013 年 10 月，被评为东营市市级一类幼儿园。12 月，通过山东省乡镇中心幼儿园验收。2014 年 1 月，通过东营市三星级校园验收工作。

民办幼儿园　①明星幼儿园。位于孤岛镇镇苑村，始建于 2011 年 9 月，有在园幼儿 50 余名。有大班和中班各一个。3 名任课教师，1 名园长，1 名食堂工作人员。②星星河幼儿园。始建于 2003 年 3 月。位于孤岛镇共青团路南首。在园幼儿 20 余名。分大中小 3 个班级。有教职工 3 名。③小红花幼儿园。位于马场红绿灯北侧，始建于 2008 年 3 月。在园幼儿 50 余名，有大中小三个班级，教职工 4 名。

孤岛镇中心幼儿园校园

第六章 仙河镇教育

河口区成立之初,仙河、孤岛两镇区域并未正式建制,该地域原为胜利油田按开发建设时期与地方协调发展而设置的孤岛办事处。1992 年,仙河镇建立,境内地方教育为 1987 年建成的河口区孤岛办事处渔村小学。1994 年,更名为河口区仙河镇渔村小学。1992 年建镇后,镇教育组指定 1 名教师具体负责学校工作。1994 年,学校办学规模扩大。2001 年 7 月,仙河镇渔村小学与胜利振兴小学联合办学,更名为仙河镇中心小学。是年,河口区仙河镇中心小学增设教务处和办公室。

第一节 机构沿革

1994 年,仙河镇成立镇教科文卫办公室,设 1 名主任,负责镇村教育行政管理工作。1998 年 7 月,镇机构改革,撤销镇教科文卫办,成立教育委员会,负责本镇的教育工作。设教委主任 1 名,由区教育局任命。镇教育委员会由河口教育局和仙河镇政府双重领导和管理,农村小学由镇教育委员会与镇政府协调管理。

第二节 基础教育

学前教育 仙河镇学前教育从村办幼儿园开始。1990 年 3 月,渔村村民委员会暂时借用村民新房,创办仙河镇第一所村办幼儿园。采用大中小班复式混合编班,入园儿童 18 名。

1994 年 5 月,渔村建成综合教学楼,幼儿园迁至新教室,幼儿增至 40 余人。2003 年,渔村幼儿园扩展招生,园内按新标准设有活动室、寝室、功能室,规模为 3 个班,幼儿 70 余名,教职工 4 名。均为大专学历。2011 年,镇政府投资 150 余万元,进行园区改造,占地面积 1040 平方米,建筑面积 600 多平方米,绿化面积 348 平方米,户外活动场地 434 平方米。2012 年,仙河镇将幼儿园建成公办幼儿园。

渔村幼儿园

小学教育 1987 年,境内渔村、垦利县黄河管理站投资建设孤岛办事处渔村小学,有 7 间平房,占地 1500 平方米,建筑面积 240 平方米。教师 3 人。教学班 3 个,采用复式教学(一年级和三年级、二年级和四年级、五年级)。

1994 年,河口区孤岛办事处渔村小学搬至渔村教学楼,更名为河口区仙河镇渔村小学。2001 年 7 月,渔村小学与胜利振兴小学实现联合办学,更名为仙河镇中心小学。在校学生主要分布在振东村、卫东村、渔村、海星村、仙河市场、仙河车站等区域,90% 以上为外来务工人员子女。

第三节 职业与成人教育

1999 年,仙河镇创建培训和社会就业指导中心。2012 年,建立新型居民学校,内设书画摄影、企业高管、青年创业、巾帼建功等 10 处功能室,4 个农村教学点。同时,建设农牧业培训基地和实训基地

2个。2015年5月,仙河镇党委、政府提出"慧民连心桥、惠及千万家"的职业成人培训总目标。整合油地教学资源,投资150万元,建成占地3000余平方米的新型居民学校(内含书画摄影等10余处功能室)、4个农村教学点,2个农牧业培训基地和实训基地,6个油田企业用工培训站或实训基地,1个培训和社会就业指导中心。

2012~2015年,先后组织培训82期,培训群众1500余人次,有15户群众经过培训发展养殖、加工等项目。收集油田企业岗位需求14个,举办培训就业见面会20次。

第四节　教师队伍

1984~1994年,境内有小学教师3名。2001年,对教师实行核编定员,推行教师职务制度和任职资格制度,实现职务认定和岗位聘任的统一。同时,将小学、幼儿园教师培训工作贯穿于整个教育教学活动中,通过参加各类小学、幼儿园教师培训班,提高教师整体素质。2015年,境内有教职工44人。

第五节　学校园所简介

仙河镇中心小学　创办于1992年,属于油田、地方联合办学。前身为1987年渔村、垦利县黄河管理站投资建设的孤岛办事处渔村小学。1994年,更名为河口区仙河镇渔村小学。

2001年7月,仙河镇渔村小学与胜利振兴小学实现联合办学,更名为仙河镇中心小学。占地面积2400平方米。教师增至7人,教学形式由复式改为单式。

学校硬件基础设施均与胜利振兴小学合用,办公室、风雨教室、实验室、多媒体教室、微机室、图书室、阅览室、卫生室、劳动教室、科技活动室、音乐教室齐全。2014年,有班级6个,在校学生317人,在职教师17人,均为大专以上学历,中级职称教师6名,教师专业达标率100%。

仙河镇中心幼儿园　仙河镇中心幼儿园是2012年河口区"双十"工程之一,按照山东省标准化幼儿园建设的一所全镇规模最大、标准最高的地方公办幼儿园。幼儿园占地面积3500平方米,建筑面积2700平方米,教学楼占地770平方米,设计规模为9个教学班,投资700余万元。2012年9月正式使用。入园儿童87人,有3个班级(大班、中班、小班),专业教师11人,专业达标率85%。2013年9月,扩招到6个教学班,幼儿181名。2014年9月,教学班级9个,入园幼儿229名,专业教师27人,专业达标率100%。

园内设有活动室、多媒体室、寝室、办公室、伙房等,室外配有各种大、中、小型利于幼儿智力开发的教育玩具。活动场地全塑胶覆盖,教学仪器及玩具均达省一类标准。幼儿园先后被评为:"市级一类幼儿园""市级一类幼儿园""市级一类幼儿园""市级一类幼儿园""东营市现代化幼儿园""东营市安全工作先进单位""东营市无烟单位""东营市四星级平安校园""东营市五四红旗团支部"。

仙河镇中心幼儿园

第十二编　油田与济南军区黄河三角洲综合训练基地教育

20世纪70年代初,河口区境内油田教育开始发展。2014年,河口境内油田教育遍布河口、孤岛、仙河3个社区;共有各类学校、幼儿园20所。60年代开始,济南军区黄河三角洲综合训练基地(初称"军马场")创立托儿所;2014年,有幼儿园1所,实验学校1处(为九年一贯制寄宿学校)。

第一章　油田教育

20世纪70年代初,河口区境内油田教育开始发展。1979~2015年,油田教育历经企业办教育、教育地方社会化管理、教育资源全面整合等过程。2004年7月,划归东营市人民政府。2015年,东营市胜利教育管理中心在河口境内有教育行政机关5处,学校、幼儿园20所。按类别划分为:完全中学1所,初中学校3所,小学8所,幼儿园8所。建成省级规范化学校9所,市级规范化学校3所。在校高中生1651人,初中生5380人,小学生6505人,学前教育在园生1370人。

第一节　河口社区教育

学前教育　1979年11月,胜利油田河口会战指挥部第一所托儿所建立。1986年12月,建成第二幼儿园。1990年10月,建成第三幼儿园。1998年10月,位于河盛小区的第四幼儿园建成。托儿所、幼儿园的管理归属河口采油厂。1997年6月,胜利油田河口社区成立,原属河口采油厂建设管理的幼儿园及钻井、运输分处、建工、油建等单位的幼儿园相继划归河口社区管理。1998年2月,撤销河口社区第十幼儿园。是年4月,石油天然气运输总公司三分公司幼儿园归河口社区管理,更名为河口社区第十幼儿园。7月,撤销位于呈东油田的第五幼儿园。8月,将位于钻井运输公司的第九幼儿园并入第八幼儿园。10月,成立河口社区第四幼儿园。12月,撤销河口社区第九幼儿园。1999年7月,撤销河口社区第五幼儿园。2000年,河口社区有幼儿园8处,幼教职工192人,幼儿1807名,幼儿入园率为99.7%。2003年2月,撤销河口社区第八幼儿园。2005年,河口社区有7所幼儿园,分别是河口社区

第一幼儿园、河口社区第二幼儿园、河口社区第三幼儿园、河口社区第四幼儿园、河口社区第六幼儿园、河口社区第七幼儿园、河口社区第十幼儿园。2007年,建立河阳幼儿园,2008年正式招生。

河口社区第一幼儿园　位于河口区公园街7号,1979年11月成立,是河口地区较早的一所幼儿园。成立之初,为河口采油厂指挥部全托,设有六个班级,在园幼儿300名左右,保教人员32名,全部为家属,整体师资水平较低。1986年,河口采油厂在原址建设新幼儿园,1989年7月,定名为河口采油厂第一幼儿园。在园幼儿300名左右,保教人员35名,幼师毕业生3名,园所师资力量有所增强,课程设置为分科教学,全部采用全国统编教材,幼儿园教学管理逐渐规范。1989年10月,成为油田一类达标幼儿园。1991~1992年,连续两年被评为一类达标幼儿园、胜利石油管理局先进幼儿园。1993年,成为首批胜利石油管理局示范幼儿园。1994年,成为首批省级示范幼儿园。设有8个教学班,在园幼儿300余名,教职工39名,专业教师7人。

1997年,河口社区成立,幼儿园更名为河口社区第一幼儿园,大、中专以上水平专业教师增至14名。在胜利石油管理局组织的各项活动中屡次获奖,幼儿舞蹈《祖国多美好》分获中石化、省大赛一等奖;幼儿美术在省、部获奖32人次;教师在胜利油田管理局局级各项活动中获奖29项,在各类报刊杂志发表文章10篇。

1999年,幼儿园课程全面改革,采用综合主题教学,使用山东省编教材。2003年,开办河口地区首个亲子班和"蒙台梭利"教学班,2008年,亲子园迁出成立星宝贝早教中心,在园幼儿200多名,教职工37人,大、中专以上水平专业教师增至17人。

是年9月,园所全面转型为特色园。2012年9月,在园幼儿200多名,教职工35人,专业教师16人,全部达到大、中专以上水平。

河口社区第二幼儿园 位于河口区河康小区8号,是一所全日制省级示范幼儿园。1986年10月创建,1987年1月正式开园,全称为河口采油厂第二幼儿园,设有6个班级,在园幼儿200名左右,保教人员36名,大部分教职工为油田职工家属,整体师资水平较差。1990年,晋升为胜利石油管理局局级一类幼儿园,课程设置为分科教学,采用全国统编教材。

1997年,更名为河口社区第二幼儿园,园所设施得到持续改善。1999年,晋升为管理局局级示范幼儿园,在各项活动中屡次获奖:幼儿舞蹈《博》获中石化大赛一等奖;幼儿美术在省、部级获奖60人次。教师在胜利石油管理局局级各项活动中获奖23项,在各类报刊杂志发表文章5篇。1999年,使用山东省编教材。2001年,园所积极拓宽施教领域,投资数万元,改善班级环境和教学器械。2006年,开办教学实验班。2009年,晋升为山东省省级示范幼儿园。2012年,晋升为黄河以北唯一一家胜利石油管理局局级十佳幼儿园。

河口社区第三幼儿园 建园于1990年10月,园所占地面积6600平方米。开设6个教学班,在园幼儿190余人,教职员工20人。2002年,晋升为局级示范幼儿园。2012年,晋升为省级示范幼儿园。

河口社区第四幼儿园 位于河口社区河盛小区,1998年10月成立,占地面积为7800平方米,建筑面积1323平方米,设6个班。园所整体设计突出以"幼儿为主体"的原则,是一所花园式幼儿园。1999年9月,扩大到6个班,小中大各2个班,在册幼儿178人,教职工23人。2000年,达到胜利石油管理局一类幼儿园。2003年,晋升为局级示范园。2013年3月,四幼将教育职能延伸到0~3岁,成立"星宝贝亲子早教活动中心"。2015年,开办走走、跑跑、跳跳等10个亲子周末班、3个半日班、1个大班,在册幼儿达到200余人,教职工18人。

河口社区第六幼儿园 1973年,钻井二公司设立托儿所,教职工为本公司职工家属。1986年,迁址于河口区河龙小区8号(兴河街5号),全名为"渤海钻井二公司幼儿园",开设6个教学班,在册幼儿约200名。1993年,被评为胜利石油管理局示范幼儿园。1997年,河口社区成立,更名为"胜利油田河口社区第六幼儿园",开设7个教学班,在册幼儿约210人。2003年,创建为山东省示范幼儿园。开设6个教学班,在册幼儿园约180人。幼儿园现总占地面积9630平方米,教职工23人,教职工学历达标率实现100%。

河口社区第七幼儿园 始建于1986年,占地面积5400平方米,建筑面积1796平方米,绿化面积1245平方米。1987年,园所规模达到4个班,教职工人数增至17人,更名为胜利油田运输处第三幼儿园。1988年10月,通过局级一类幼儿园的达标验收,在园幼儿达到200余名,隶属胜利油田运输处。1997年6月,合并原胜利油田测井一公司幼儿园,更名为胜利油田河口社区七幼。2000年,社区投资70余万元改善办园条件。2009年,投资160多万元,对幼儿园室内外环境进行维修改造,达到局级示范幼儿园。2013年,晋升为省级示范幼儿园。现有6个教学班,170名幼儿,23名教职工,学历达标、持证上岗率均为100%。2014年,实施胜利石油管理局规范化保健室达标。

河口社区第十幼儿园 建于1989年9月。最初名为中国石油天然气运输三分公司托儿所,位于河口区河运小区院内,南邻河口经济开放区。1998年4月移交河口社区,更名为河口社区第十幼儿园。2000年,社区对十幼旧教学楼进行部分拆迁,扩建新的二层教学楼,增加幼儿公共区域的活动面积。2003年11月,创建为胜利石油管理局一类幼儿园及管理局办园水平优秀园所。2012年9月,创建为局级示范园所。2014年11月,投资百余万元,进行基础设施的维修改造。开设有4个教学班,12名教职工,在册幼儿100余人。

河口社区河阳幼儿园 始建于2007年,位于河口社区河阳小区内,占地面积8100多平方米,建筑面积约3500平方米,设9个班。户外活动场地约3200平方米,绿化面积约1400平方米。2008年9月,与北京万花筒教育科技发展中心合作办园。主要使用北京万花筒园本教材,重点以蒙氏教学为主，课程设置有快乐实践数学、体智游戏、奥尔夫音乐、轮滑等。同时选用一部分山东省幼儿园教材。河阳幼儿园职工总数为26人，全部为合作方人员，教学班6个，分小班、中班、大班，在册幼儿130人。

小学教育　自20世纪70年代开始，共建成小学3个，分别是：东营市胜利河口第一小学、东营市胜利河口第二小学、东营市胜利河口第三小学。

东营市胜利河口第一小学　1973年9月，胜利油田河口会战指挥部于河口城区德盛街102号创办河口中心路小学，由河口会战指挥部职工子弟中学(今东营市胜利第十三中学)管理。1985年7月，更名为河口采油厂第一小学。2005年5月，划归东营市胜利教育管理中心，更名为"东营市胜利河口第一小学"。

学校为五年制小学，占地面积48773.6平方米，其中，建筑面积5021平方米，绿化面积13878平方米。共有综合楼3栋：西楼(树人楼)作为教学楼，设有23个标准学生教室，20间教师办公室。东楼(崛起楼)作为综合楼，共有12个普通教室。南楼(正德楼)作为综合楼，学校计算机室、科学实验室、多功能教室、党团活动室和小型会议室。3栋楼把整个校区分为运动区、活动区和种植园区。运动区内有400米环行跑道、100米直跑道和带看台的标准田径场；活动区内有2个标准的篮球场地、1个标准的排球场地、摆放10幅乒乓球台的场地和摆放联合体育器械的快乐体育园地。

学校设计规模为20个教学班，现有15个教学班，在校生620人，教职工48人，其中，专职教师47人，教师学历达标率100%。大专以上学历占92%，本科学历21人，小学高级教师37人。省市级教学能手、胜利名师、学科带头教师、教坛新秀等占专职教师的24%。其中，山东省教学能手2名，东营市教学能手4人，胜利名师2名，教学能手10名，

胜利河口第一小学新队员入队仪式暨学生社会实践基地授牌仪式

教坛新秀1名。

东营市胜利河口第二小学　建于1972年9月，原名为河口会战指挥部采油职工子弟小学。1993年9月，更名为河口采油厂第二小学。1997年10月，更名为胜利石油管理局河口社区第二小学；学校占地面积22361平方米，建筑面积6725平方米。共开设20个教学班，在校学生932名。2005年8月，定名为东营市胜利河口第二小学。2007年，学校成为市级规范化学校。2008年，被评为省级规范化学校。

2001年，河口二小实现网上办公。2013年，拥有自己的教学资源库，开设有FLASH网站、视频在线、德育网、课件网、备课网、图片网、学生电子档案管理平台、小作家网站、教育科研网站、K12教学库、特级教师家园、体育网等14个独立子网站。2014年，拥有教职工51人，专职教师50人，教师学历达标率100%，省级教学能手1人，东营市学科带头教师2人，教学能手9人，胜利名师1人、教坛新秀3人。

学校先后荣获"山东省信息技术教学示范学校""东营市实验室管理与实验教学示范学校""东营市群众满意窗口单位""胜利教育管理中心综合治理先进单位""河口交通安全示范学校等荣誉称号。

东营市胜利河口第三小学　原名河口指挥部钻井大队小学，位于河口区团结街13号。建于

1973年。1985年,更名为胜利油田钻井工程公司第四小学。1990年,与胜利油田钻井工程公司第五小学合并,更名为胜利油田钻井第四小学。1997年,划归河口社区,更名为胜利油田河口第四小学。2005年,油田教育移交东营市,学校更名为东营市胜利河口第三小学。学校占地22188平方米,建筑面积7067平方米,教学楼3栋,拥有多媒体设备29套,各学科专用教室15间,高清录播室1个,建有校园电视台和校园广播站。

2014年,学校拥有17个教学班,在校生总数656人,教职工56人,专任教师51人。其中,一级教师39人,具有本科学历36人,专科学历19人,学历达标100%。

学校建立《东营市胜利河口第三小学学生学分手册》,本着目标多维化、方式多样化、主体多元化的原则,利用多种方式,对学生进行全面、客观和具有激励性的评价。以日常行为规范教育为基础,加强学生学习、日常行为习惯的培养。学校围绕"为每一个孩子提供适合的教育"主旨,坚持"环境育人"和"文化育人"相结合的教育思路,形成具有"尊重特色"的三级课程体系。开发实施以"蒲公英媒体课程""蒲公英入学阳光课程""蒲公英邮局课程""蒲公英消费课程""蒲公英家长课程"及"蒲公英灵动拓展课程"等系列蒲公英特色课程。

1997年,被全国少工委办公室授予全国队报

金奖学校的荣誉称号;1998年,被评为全国优秀少先大队;2001年,学校被评为山东省多媒体网络教学实验研究基地;2006年,被评为山东省少先队工作规范化学校;2007年,被评为东营市规范化学校、东营市中小学实验室及实验教学管理示范学校;2009年,被评为山东省依法治校示范校;2012年,获得山东省电脑制作活动最佳组织奖;2013年,被评为全国"十二五"重点课题(中小学教育信息化推进与教育均衡发展的实证研究)课题研究工作先进单位,山东省电化教学示范学校,山东省探究教学重点研究基地,东营市教学示范学校;2014年,被评为东营市实验室管理实验教学优秀学校,东营市教育现代化学校。获得第四届山东省青少年"七巧科技"竞赛团体赛二等奖,第29届学生信息学奥赛暨第20届全国青少年信息学奥林匹克联赛(山东赛区)团体总分第四名。学生参加各级各类竞赛,获市级以上奖励300余次。

中学教育 1973年6月,创办胜利油田河口会战指挥部职工子弟学校。1982年8月、1984年8月、1986年7月,分别创办河口指挥部第二中学(后称四十四中)、钻井第六中学(后称三十九中)及运输处中学(1995年与油田四十四中合并,校名用四十四中)。1998年4月,石油部运输三公司中学(九年制学校)划归河口社区。是年,河口社区有中学4处,在校初中生2276名,高中生834名,高初中教职工486名。2000年,有在校初中生2593名,高中生799名。初中教职工283名,教师学历达标率为99%。高中教职工106名,教师学历达标率85%。高、初中具有中级以上职称的教师204人。2014年,胜利油田河口社区中学教育有2个教学机构,即东营市胜利第十三中学和东营胜利第三十九中学。

东营市胜利第十三中学
1973年6月,胜利油田河口会战指挥部职工子弟学校创

20世纪90年代的校园

建,1982年9月,改为胜利油田河口指挥部第一中学,后更名为胜利油田第十三中学。并开设初中部、高中部,初中部有初一3个班,初二2个班,高中部有高一1个班,共有学生326名,教职工68名。1997~2000年,学校初中考取高中、中专学生598人;高中向高等院校输送学生1601人。2000年,学校被评为胜利石油管理局"规范化学校"。2005年7月,学校划归东营市人民政府,更名为东营市胜利第十三中学。2007年8月,原胜利第四十四中学(初中)整体并入胜利第十三中学,再次成为完全中学。2012年6月,设置东营市胜利教育管理中心初中学生学业考试考点。2014年,在校学生2475人(初中893人,高中1582人)。教学班49个(初中17个,高中32个)。

学校规模　学校占地86002平方米,建筑面积22414平方米。学校设施齐全,屋舍俨然。有教学楼、办公楼、实验楼、现代化电教楼、健身房、后勤楼、400米塑胶田径场、标准学生宿舍、教工单身宿舍以及完整的校园网络系统和校园音响系统等。2014年,全校初、高中教学班41个。有教职员工163人。其中,专任教师152人,中、高级职称教师占88%,拥有胜利名师、学科带头人和教学能手32人。

中华小学校园

基础设施建设　1981年4月,一号教学楼破土动工。1982年,投入使用。1982年3月,学校食堂改建工程完成,可容纳600人同时就餐。1986年5月,学校实验大楼开工建设,1987年7月投入使用。1988年6月,3号教学楼正式施工。建筑面积为3123平方米,于1989年8月竣工。1992年7月,2号教学楼正式开工建设,建筑面积2650平方米。1993年12月竣工。1995年9月,学校体育馆开始动工,面积1100平方米,投资168万元。1996年6月投入使用。1997年1月,学校综合办公楼投入使用。2003年12月,第二学生公寓开工建设,建筑面积4455平方米,2004年9月投入使用。2010年4月,学校运动场塑胶跑道及人工草坪运动场改造工程开工,是年10月25日完工。

2014年5月建成的塑胶运动场

1986年，学校建成第一个语音教室

教学教研 学校坚持落实国家中学课程标准，按照国家规定的教育教学内容开齐开全课程，开足课时。开展好技术、艺术、体育与健康教育、综合社会实践活动等领域的教育教学工作。开展"齐鲁文化行"社会实践活动课。选修课开出率为67.8%。开发"电视文学""汉语与英美语法比较""三次函数与二次方程根的分布""篮球"等十三种学校课程。编写校本培训教材《解读新课程150问》，引导教师转变教育教学观念，以"培养学生全面素质，开发学生内在潜能"为核心，以说课、讲课、评课等丰富多彩的活动为载体，以信息技术与课程整合为手段，在实践中独创的"四段式教学法"（学生自学—疑难预设—讨论答疑—当堂检测）已经成熟并推广，取得较好的教学效益。

学校教研室以"小问题即是课题，解决问题就是成果"为指导思想，带动全体教师开展课题研究工作，探讨实践中遇到的问题的解决办法。《网络环境下中学生心理健康教育的研究》《面向信息化的教师专业发展内容的研究》两项课题分别获山东省课题研究成果一等奖、全国教育科学

"十一五"规划教育部重点课题《有效应用信息技术促进新课程教与学的研究》一级子课题一等奖。

2014年3月，胜利第十三中学牵头，成立由胜利十三中、胜利三十九中、胜利河口一小、胜利河口二小和胜利河口三小等五所学校组成的河口地区教育联盟，共同开展教育教学研究，促进河口油区中小学教育资源共享和均衡发展。

学校先后荣获"全国中小学信息技术道德教育实验学校""全国教育科学'十一五'规划重点课题实验学校""全国教育科学'十一五'规划教育部重点课题单位""全国教育科学'十一五'规划教育部重点课题研究先进单位""全国优秀校园文化建设单位""全国中小学德育科研联合体理事单位""全国教育科研先进单位""山东省心理健康教育先进学校""山东省学校民主管理先进单位""省级绿色学校"。

东营胜利第三十九中学 原称胜利油田钻井总公司第六中学（简称钻井六中），隶属于胜利油田钻井总公司，建于1984年。1986年，更名为胜利油田第三十九中学。1995年，学校划归胜利石油管理

原胜利石油管理局党委书记董丕久（右五）到三十九中调研

新生军训

局钻井公共事业总公司管理。1997年,划归胜利石油管理局河口社区管理中心。2005年1月,整体移交东营市,更名为东营胜利第三十九中学。

学校规模　学校占地面积37453平方米,有教学楼3栋,实验楼、服务楼、综合办公楼各1栋。建筑面积10761平方米。各功能室及教学仪器配备均达到国家标准,300米环形跑道的塑胶田径场及各种球类活动场地一应俱全。2014年,有教学班20个,在校生1056人,在职教职工107人。有专任教师87名,市级教学能手9人,胜利教育管理中心教学能手17人,中学高级教师17名,中学一级教师70名,教师学历达标率100%。

学校管理　学校实行校长负责制,党支部发挥政治核心和保障监督作用。管理体制健全,重大问题由校务会和职代会集体讨论决定。学校管理机构设置合理,设有办公室、教务处、政教处、总务处、艺体处等四处一室和工会、团委、少先队等部门,实行层级管理与负责制,人员分工明确,信息反馈迅速准确。

教学教研　学校倡导用"服务的态度做教师",通过强化校本培训、课题研究、职业道德教育、专业发展等工作,转变教育教学理念和教学态度,提升教师的综合素质。学校通过开展示范课、公开课、教学开放周、一人一节精品课、讲课比赛等活动,加强校际和教师间的业务交流,提升教师的业务水平。

通过地方课程、校本课程(如书法课)的开发和丰富多彩的第二课堂活动,开发特色教育。2005年,被中国教育学会授予"艺术教育特色单位"称号。2012年,学校荣获胜利教育管理中心暑期社会实践活动优秀组织奖。2014年,学生代表东营市参加山东省汉字听写大赛总决赛。

学校荣获"市级规范化学校""市级实验教学示范校""市级文明校园""市级文明单位"等荣誉称号。

第二节　孤岛社区教育

学前教育　1972年10月,建立孤岛地区第一个托儿所。之后,采油一大队等11个单位相继建立托儿所。至1982年年底,达到21所。2000年,合并为9所。其中,有1所达到石油管理局示范园标准。6所达到胜利石油管理局一类标准。2014年,有教职工230人,入园幼儿1439人,入园率100%。

小学教育　1971年10月,建立孤岛地区第一所小学——运输小学。随着孤岛油田的开发建设,适龄入学儿童急剧增加。之后相继成立东方红小学、井下小学、东区小学、102小学和垦东小学、西苑小学。2000年,经过教育资源的整合和布局调整,保留4所小学。在校生1948人,教职工189人。2014年,调整布局为小学2处。分别是东营市孤岛第一小学、东营市胜利孤岛第二小学。

东营市孤岛第一小学　1972年1月,胜利油田在孤岛建成东方红小学。1989年春,胜利油田滨海采油厂筹集资金120万元,于孤岛朝阳二村为该校建设新址,建筑面积4441平方米。1990年2月,学校迁至新校址,更名为胜利石油管理局滨海采油厂孤岛小学,前山东省政协主席陆懋曾亲笔为学校题写校名。12月,被评为山东省规范化学校。1997年4月,更名为胜利石油管理局孤岛社区孤岛小学。2002年，胜利石油管理局孤岛社区投资152.8万元，进行校舍扩建，扩建面积1570平方米。2003年3月，与胜利石油管理局孤岛社区协作小学合并，更名为胜利石油管理局孤岛社区孤岛第一小学。2005年5月，整体移交东营市，更名为东营市胜利孤岛第一小学。

基础设施 学校有教学楼、综合楼、行政办公楼各1栋。普通教室26个，多功能教室1个，阅览室2个，实验室2个，科学活动室1个，计算机教室2个，综合实践活动室2个，体育活动室1个，德育展览室1个，卫生保健室1个，音乐教室3个，美术教室2个，舞蹈教室1个，科技活动室1个，心理咨询室1个，机器人实验室1个，教工之家1个，高清录播室1个，塑胶田径运动场（200米环形跑道）1个，塑料草坪足球场1个，乒乓球台16张，塑胶篮球场2个，排球场2个，多媒体教学终端设备39套，教师办公用计算机75台，学生用计算机106台，图书室藏书160种，33600册，各类教学器材设备齐全。

学校管理 学校坚持"德育为首、教学为中心，面向全体、主动发展、和谐发展、全面发展"的宗旨，以"精、细、严、实"为目标，制定"项项工作讲规范，方方面面创一流"的工作要求，修订《东营市胜利孤岛第一小学管理手册》，完善学校制度建设；实施校长负责制、全员聘任制、岗位责任制等，严格执行《山东省普通中小学管理基本规范（试行）》，注重民主管理，建立以教职工大会（教代会）为主的民主管理机制，全面实施校务公开，推行阳光教育，接受群众监督，让权力在阳光下运行，调动广大教职工参与学校管理的积极性。

教学教研 学校确立"抓常规，打基础，以教育科研为先导，以教改实验为突破口，全面实施素质教育"的指导思想，强化校长--分管校长--教务主任--教研组长四级管理体制，严格落实国家课程计划和标准，开全课程，开足课时；按照市教育局的规定开好地方课程。学校相继研发智力七巧板、国际数棋、古诗文诵读、围棋与数学、养成教育、跳绳、乒乓球、篮球、陶笛、口琴、泥塑、面塑等校本课程。1999年以来，相继完成中央电教馆"九五"课题《利

用多媒体技术优化数学教学过程提高教学质量和效率的研究》、东营市"十五"课题《现代信息技术对数学教学过程的影响》、山东省课题《研究性学习与学生人文素养的培养》、中央电教馆"十一五"课题《信息技术环境下小学语文教学模式的创新研究》、东营市"十一五"滚动课题《"综合实践活动促进作文教学"研究》和《建好劳动实践基地，发展学生综合能力》、北京师范大学生命教育实验课题《培养小学生生命意识的实践研究》、全国中小学计算机教育研究中心"十二五"研究项目《小学数学优质教育资源建设及有效应用研究》、山东省教育科学"十二五"规划重点课题《基于Blog的学生自主学习平台的建设与应用》等课题的研究。2002年，学校被确定为山东省"十五"重大科研课题"研究性学习"实验基地。2013年，学校荣获全国"十二五"重点课题《中小学教育信息化推进与教育均衡发展的实证研究》课题研究工作先进单位。2014年，学校荣获山东省教育科学"十二五"规划重点课题子课题研究成果一等奖和山东省教育科学"十二五"规划重点课题子课题研究优秀学校。

学校定期举办每年一届的科技节与艺术节活动，发展学生的个性和特长。建立以"少儿科学院"为依托的科技教育新模式，制订《胜利孤岛第一小学少儿科学院章程》，成立多样化兴趣小组，开展奇思妙想、国际数棋、智力七巧板、智力美画板、电脑机器人等科普系列活动，激发学生兴趣和潜能。学校先后被评为山东省智力七巧板示范推广示范学校、全国智力七巧板推广示范学校、全国"七巧科技"系列活动示范学校、全国地理科普教育基地、全国"走进科学自主创新"系列活动科普基地、中国少年科学院科普教育示范基地、全国第十八届"七巧板"系列活动科普示范学校等。2012年4月，入选"东营市首批中小学素质教育科技教育特色学校"培育单位。

学校荣誉 1996年，学校被评为"山东省电化教育示范学校"。2000年，被授予"全国现代教育技术实验学校"。2002年，被授予"全国红旗大队"。2004年，被授予"山东省少先队工作规范化学校"。2006年，被评为东营市"实验室及实验教学管理示

范学校"。2007年,被授予"东营市文明校园"。2008年,被评为"东营市师德建设示范学校"。2010年,被评为"东营市教学示范校"。2011年,被评为"东营市素质教育实施水平督导评估优秀等级学校"。2013年,被评为"东营市教育信息化工作先进单位"。2014年,通过东营市教育现代化学校评估验收。2015年,被评为"全国中小学信息技术创新与实践活动NOC信息化教育实验学校"。

2011年11月11日,"感恩励志中国行"报告会

东营市胜利孤岛第二小学 原名胜利油田孤岛第二小学,最初属胜利油田第四十五中学小学部。1999年7月,四十五中学撤并后,小学部正式改名为胜利油田孤岛第二小学。2000年7月,孤岛社区把胜利油田芙蓉小学、胜利油田丰收小学合并到胜利油田孤岛第二小学,组建成一所寄宿制学校。2003年2月,胜利油田西苑小学合并到胜利油田孤岛第二小学。2004年9月,河口区政府与孤岛社区协调,孤岛镇中心小学并入孤岛二小,实施合作办学。2005年8月,更名为东营市胜利孤岛第二小学。

学校建设 占地面积23962.8平方米,建筑面积7375平方米。学校现建有两座教学楼,一座综合楼,一排平房,学校设有录播室1个,微机室1个,学生用电脑45台,白板教室4个,实现多媒体"班班通"。学校依据课程标准,配齐各类教学器材、仪器,实验室及艺术、体育、卫生、心理咨询室所需器具。学校图书室目前藏书21893册,每年补充200余册,阅览室报刊杂志88种。学校篮球、排球、足球、乒乓球等设备设施齐全。

教学教研 学校以"区域联盟为平台,小班化教育为主导,校本研训为依托,课堂教学为抓手",落实课程方案,深化教育教学改革,探索和谐高效课堂,全面提升学生素质。学校探索和谐高效课堂教学模式,"课前预习卡·研究性课堂教学模式"在全校各班级推广。学校先后开发、开设富有特色的校本课程30余门。

学校荣誉 2007年,学校被东营市教育局授予"东营市教育信息化示范学校"。2008年,被东营市教育局评为"东营市中小学实验室及实验教学管理示范学校"和"东

2007年11月27日,东营市规范化学校达标验收

孤岛第二小学学校第一届运动会

馆、多功能电教馆、图书馆、乒乓球馆各1栋，设微机室2个，多功能录播室1个，理化生实验室6个，音乐、美术及实践课专用教室6个，各教室均配置多媒体电子交互系统、网络实现"班班通"。2015年，有32个教学班，在校生1567人，在职教职工122人。其中，高级教师28人，中级教师58人，研究生学历4人，本科学历105人，教师学历达标率100%。

教学教研 按照"落实常规、合作教学、释放潜能、优质高效、低负高质"的原则改革课堂教学，切实提高课堂教学效率，全面提升教育教学质量。学校从抓教学常规入手，抓实课例教研，不断深化"八环节"和谐高效课堂教学模式，推动学生的自主、合作、探究性学习。先后有19项国家、省级教研课题结题。学校开发、编写手工制作、学生礼仪、古诗文诵读、石油科普知识、走进黄河口、美文赏析、物理探究性学习、化学探究性学习等8本校本课程素材。其中，"走进黄河口""石油科普知识"在东营市

营市规范化学校"。2011年被东营市文明办、东营市教育局评为"市级文明校园"。2011年，被东营市总工会授予"模范职工小家"和"先进职工之家"。2012年，被中国青少年研究会、中国青少年研究中心授予"中国青少年素质教育研究实践基地"。2014年，东营市教育局评为"东营市教学示范学校"、全市"少先队工作红旗单位""市级文明单位"等多项荣誉称号。

中学教育 1972年9月，孤岛境内油田中学教育历经孤岛中学、孤岛一中、胜利油田第十四中学、胜利油田第五十五中学及胜利油田第六职业高中、第四十五中学、五十五中学合并发展变迁。2005年8月，更名为东营市胜利第五十五中学。

东营市胜利第五十五中学 位于东营市河口区孤岛镇，创建于1972年9月。2005年8月，更名为东营市胜利第五十五中学。学校占地面积89.1亩，校舍建筑总面积16132.29平方米。学校有教学楼2栋，科技楼、体育

胜利五十五中教学楼

推广。2014年,以小班化教育为突破口,推进学生小组合作学习,深化"关注每一个,互动每一个,自信每一个,成就每一个,幸福每一个"的教育理念，促进学生素质的全面发展,推动办学的转型。在"第十九届全国青少年信息学奥林匹克联赛(NOIP2013)山东赛区"决赛暨山东省青少年信息学奥林匹克竞赛中,获得山东省"优秀参赛学校"称号。学校被评为全市第一批教育现代化学校。

东营市胜利中华小学

学校荣誉　建校至2014年,先后被评为中国石油天然气总公司教育先进集体、山东省初中教学先进单位、山东省规范化学校、山东省德育工作先进集体、山东省信息技术教育实验学校、全省科普示范学校、山东省中小学安全文化建设重点研究基地、胜利石油管理局教育培训先进单位、胜利石油管理局双文明先进单位。2005~2014年,学校先后被评为"东营市文明单位""东营市文明校园""东营市群众满意的窗口单位""东营市依法治校示范学校""市十佳初中学校""市职工代表大会先进星单位""管理局综合治理先进单位""市德育工作先进学校""市实验室及实验教学管理示范校""全市行政事业单位资产统计和产权登记工作先进单位""市教育局先进基层党组织""市素质教育督导评估优秀等级学校""市事业单位法人信用等级五星级""市安全生产工作先进集体""市首批教育现代化学校""山东省中小学安全文化建设重点研究基地"等称号。

第三节　仙河社区教育

学前教育　1986年9月,孤岛采油指挥部建立两所幼儿园(中华一村幼儿园、中华二村幼儿园),当年招收幼儿350人。2014年,社区有幼儿园7所,教职工245人,幼儿入园率100%。

小学教育　仙河社区有小学3处,分别是东营市胜利中华小学、东营市胜利振兴小学和东营市胜利友爱小学。

东营市胜利中华小学　学校建于1986年9月。1987年,更名为胜利油田滨海采油指挥部仙河镇中华村小学。1989年,更名为胜利石油管理局孤东采油厂中华村小学。1997年,更名为胜利石油管理局仙河社区管理中心中华小学。2005年,企业办学社会职能移交地方政府管理,学校更名为东营市胜利中华小学。

学校有4500平方米运动场1个,150米环形跑道1个,280平方米体育活动室1个,标准篮球场、排球场1个。根据课程标准和学校规模配备各类教学仪器。艺术、体育、卫生、实验室、心理咨询室以及公共教学用房配备专用固定设施,符合标准要求。配备微机室1个,学生用机50台,上机学生人手一机,每位教师配备办公计算机。按标准配备多媒体设备和各类电教器材,完善教育资源库。建立具备公共信息交流、行政管理和教育资源共享的校园网。录播室、图书室、学生阅览室、教师阅览室、实验室、保健室、档案室、器材室等基本完善。

2010年,学校承担全国新教育实验课题、山东省"十二五"电教课题《小学语文网络课程资源开发与应用研究》、东营市"十二五"规划重点课题《基于

读书节图书漂流活动

生活体验的作文教学研究》等8个国家、省市级重点教学课题。开展《通过"每日简评,每周一稿"提高学生撰写小作文的能力》《如何在小学数学教学中渗透数形结合的思想方法》等多项校本小课题的研究。走科研育人之路,把每一个课题组都建成一个小的学习型组织,让课题成为促进教师专业成长、壮大骨干教师队伍的基础。

2011~2014年,学校先后举行艺术节、读书节、科技节、运动会、"阳光体育"大课间活动,培养学生终身受益的习惯和能力。学生先后荣获国家级奖励115人次,省级奖励149人次,地市级奖励396人次。

1986~2014年,学校先后荣获"市级教育先进单位""东营市劳动关系和谐校园""东营市文明单位""东营市依靠职工办企事业先进单位""东营市群众满意窗口单位""东营市诚实守信明星单位""东营市师德建设示范校""东营市素质教育实施水平督导评估优秀等级学校""东营市德育工作""科技教育特色学校""东营市实验室及实验教学示范学校""东营市教学示范学校""东营市第三批小班化教育示范学校。全市中小学德育工作先进单位""山东省首批规范化学校""山东省艺术教育示范校""山东省电化教育示范校""山东省少先队工作规范化学校""山东省科普示范学校""山东省心理健康教育先进单位""山东省中小学信息技术教育先进单位""山东省中小学教师远程研修组织工作先进单位""全国'十一五'规划课题和谐德育研究与试验先进实验学校""全国和谐德育研究先进实验学校""'研训一体'教师成长项目实验基地"等荣誉称号。

东营市胜利振兴小学 原名为滨海采油指挥部振兴村小学,建于1988年9月。1990年9月,更名为胜利石油管理局孤东采油厂振兴村小学。1997年1月,更名为胜利石油管理局仙河社区管理中心振兴小学,移交仙河社区管理。1999年9月,与仙河社区管理中心幸福小学合并。2000年7月,与河口区仙河镇三处小学联合办学。2005年4月,更名为东营市胜利振兴小学,移交东营市管理。学校占地18亩,总建筑面积为4443平方米,拥有总面积为6000平方米的运动场地,150米跑道的田径场,设施配套、面积为300平方米的风雨操场。拥有实验室、微机室、图书室、阅览室、美术室、科技活动室、音乐教室、德育室、少先队活动室等多个专用教室,校园网和电视闭路连接到教室。

1990年,学校成为首批"义务教育基本条件达标学校"。1991年,被胜利石油管理局评为"办学水平一级学校"。1992年,成为"局级规范化学校"。1999年,被评为"胜利油田办学水平优秀学校"。2001年,被省教育厅授予"山东省电化教育示范学校"。2002年,成为"山东省双语教学实验基地"。2008年,通过东营市规范化学校复检,成为"东营市实验教学示范学校"。2012年,被省教育厅评为"山东省规范化学校"。

东营市胜利友爱小学 原名孤东采油厂友爱村小学。1992年9月,孤岛采油厂成立友爱村小学,隶属孤东采油厂教委。1997年1月,更名为仙河社区管理中心友爱小学。2005年5月,更名为东

东营市胜利友爱小学

营市胜利友爱小学。学校位于仙河镇洞庭湖路3号,占地16710平方米,建筑面积5300平方米,绿化面积4300平方米。设计规模为25个教学班。2014年,有17个教学班,740名学生,教职工50人。其中,高级教师1人,一级教师30人,二级教师18人;大学学历39人,大专学历7人,中专学历2人,学历达标率100%。

学校开设语文诵读、英语诵读、说话叙事、实物作文、快乐作文、趣味数学、书法、发散性思维训练、足球、篮球、剪纸、计算机、科学探究、儿童画、围棋、象棋、小主持、小指挥等校本课程,让广大师生健身、健心、健脑、健美,全面落实素质教育。先后有366余人次在国家、省、市级优质课、电教优质课等竞赛中获奖,有335余人次所撰写的教育教学论文在国家、省、局、市级论文评选中获奖;有1216名学生在各级各类活动中获奖。

1992~1993年,学校先后被胜利石油管理局教育培训处评为"办学水平督导评估一级学校"。1995年,被胜利石油管理局教育培训处评为"局级

规范化学校"。2007年,被东营市教育局评为"东营市规范化学校"。2008年,被东营市任命政府授予"东营市人民群众满意窗口单位"。2008年,被东营市文明办授予"东营市文明校园"。是年,被省教育厅评为"山东省规范化学校"。2009年,被市教育局评为"东营市十佳小学"。2010年,被市教育局评为"东营市实验室及实验教学管理示范学校"。2013年,被市教育局评为"东营市教学示范校"。2014年,通过全国义务教育均衡发展督导评估。

中学教育　仙河社区的中学教育起步较晚。1991年7月,胜利油田第六十二中学成立。2008年8月,原胜利三中和胜利十四中并入胜利六十二中,仙河社区的中学规模迅速扩大。合并之初,在校学生达2200余人,教职工175人。2014年,学校有初、高中教学班41个,学生近2300人,有教职员工163人,专任教师152人。中、高级职称教师占88%。有胜利名师、学科带头人和教学能手32人。随着学校规模的不断扩大,2010年8月,原校区重

2012年10月17日,东营市胜利友爱小学建校二十周年庆典

新启用,形成一校两区的办学格局。

东营市胜利第六十二中学 学校位于河口区仙河镇,西邻东港高速,南依黄河,东傍渤海,北靠东营港,交通便捷,信息流畅。学校占地 86002 平方米,建筑面积 22414 平方米。学校设施齐全,有教学楼、办公楼、实验楼、现代化电教楼、健身房、后勤楼、400 米塑胶田径场、标准学生宿舍、教工单身宿舍以及完整的校园网络系统和校园音响系统等。校园环境幽雅,四季常青。

学校创建之初命名为胜利油田第六十二中学。学校位于仙河镇团结二小区。2005 年 8 月,胜利教育整体移交东营市,学校更名为东营市胜利第六十二中学。

2008 年 8 月,原胜利第三高级中学和胜利第十四中学并入,组建新六十二中。学校整体迁入原胜利第三高级中学校址。

1994 年,学校晋升为胜利石油管理局办学水平一级学校。1996 年,晋升为胜利石油管理局规范化学校。1998 年,晋升为山东省规范化学校。1999 年,被胜利石油管理局督导评估为办学水平优秀学校。2000~2015 年,学校先后荣获山东省《国家体育锻炼标准》达标先进单位、山东省初中教学先进单位、山东省初中语文教改先进单位,山东省依法治校示范学校,中国石油天然气总公司教育培训先进单位,全国推行《国家体育锻炼标准实施办法》先进单位。

第二章　济南军区黄河三角洲综合训练基地教育

第一节　机构沿革

1982 年,济南军区黄河三角洲综合训练基地(初称"军马场")设教育科,统管全场普教和职教工作。1984 年,撤销教育科,中学对外行使教育科职能,中学校长兼教育科长。1998 年,教育科升格为教育处,中学校长兼教育处长。

学校教职工的工资、人事、档案关系属于原济南军区黄河三角洲生产基地管理。学校教育教学业务关系在东营市建市前由垦利县教育局代管。东营市成立后,除大中专考试由垦利县教育局代管,其他教学业务关系由东营市教育局代管。高中部撤销后,所有教育教学业务均由东营市教育局管理。

学校为副处级单位,设校长 1 人、书记 1 人、副校长 2 人。设办公室、教务处、政教处、总务处四个处室。

第二节　学前教育

济南军区黄河三角洲综合训练基地(以下简称

"综合训练基地")幼儿园创建于 1967 年 3 月,原名济南军区军马场托儿所,1992 年 12 月更名为济南军区黄河三角洲生产基地机关幼儿园,幼儿园位于生产基地机关驻地,是生产基地唯一一所军队公办幼儿园。2012 年 8 月迁址新建基地北苑新区,于2012 年 9 月 1 日投入使用。2013 年 11 月被东营市教育局评估定类为东营市一类幼儿园,2013 年 12月更名为济南军区黄河三角洲综合训练基地幼儿园。

办园规模 综合训练基地幼儿园占地面积5000 平方米,建筑面积 3300 平方米。招收 3~5 周岁的幼儿,设有大、中、小幼儿班,实行全日托。2014年,有 5 个教学班,在园幼儿 130 人。教职工 17名。其中,研究生 1 人、本科 3 人、专科 11 人、中专 2 人,具有小学一级教师职称 5 人,学历达标率100%,普通话合格率 100%。

园内各类办公用房、硬件设施齐全,完全符合一类一级幼儿园的标准。设有多媒体教室、保健室、会议室、体育器材室、档案室、资料室、幼儿食堂等。每个班级均配有独立的活动室、寝室、盥洗室以及电视、电脑、空调、饮水机、电子琴、太阳能热水器、紫外线消毒灯、多功能区域玩具等适合孩子发展的教学设施和卫生保健设施。园内配有钢琴、摄像机、消毒柜、烘烤箱等各种设备。幼儿户外塑胶活动场地1280平方米,室外配有多套大型组合玩具、户外活动玩具30多件。

第三节　小学教育

1959年,成立的济南军区孤岛农牧场创办复式班学校,学生30人,教师1名,是为综合训练基地小学教育的雏形。1963年12月,根据济南军区后勤部司令部通知,撤销"济南军区孤岛农牧场"番号,成立"中国人民解放军济南军区军马场"。1965年7月,垦利县教育局分配1名公办教师到军马场复式班任教,工资、口粮、编制关系在垦利县教育局。

随着"军马场"的发展,官兵职工家属子女不断增加,各分场单位开始创办小学班。到1966年,全场有小学12所,教师15人,学生近300人。

1980年12月,小学18处,在校生2786人。1984年,区域内4个初中分校合并为2处,分场小学集中为3处。1994年,3所小学合并为2所,分别是位于机关院内的机关小学和位于造纸厂院内的三分校(后更名为实验小学)。2005年,实验小学并入机关小学。

第四节　中学教育

1968年8月,原军马场创办两年制初中学校。1970年,在原初中学校的基础上成立济南军区军马场"五·七"红校。1972年,创办两年制高中。1975年,济南军区军马场"五·七"红校更名为济南军区军马场中学,成为一所完全中学。1980年12月,学校迁址,成立军马场中学,设4个初中分校。1978年,初中部改为三年制。1990年,高中部改为三年制。1991年,学校更名为济南军区黄河三角洲生产经营开发局中学。1992年,学校更名为济南军区黄河三角洲生产基地中学。2010年,生产基地中学高中部因生源、师资不足被撤销。2011年,机关小学并入生产基地中学,学校更名为济南军区黄河三角洲生产基地实验学校,成为九年一贯制寄宿学校。2014年,济南军区黄河三角洲生产基地更名为济南军区黄河三角洲综合训练基地,学校随之更名为济南军区黄河三角洲综合训练基地实验学校。

学校概况　实验学校位于河口区孤岛镇西南侧,东靠312省道,南邻310省道,西部、北部被神仙沟环绕。学校占地面积90.71亩,校舍建筑面积11992.48平方米。学校设有教学楼、办公楼、图书室、运动场、多功能报告厅、餐厅、学生公寓等现代化学习、活动、生活场所。配有微机室、理化生实验室、剪纸教室、音体美教室、科技活动室等功能室。各教室配备多媒体、投影、电子白板等现代化教学设备;建设宽带数字化校园网络。教师人手一台高配置电脑,教学办公实现自动化、信息化。学校有固定资产1789.88万元。其中,校舍839.5万元,车辆44.8万元,体育场地及器材88.71万元,教学办公设备184.1万元,文化设施82.01万元,生活设施435.43万元,教育教学器材115.33万元。

2014年,学校设有26个教学班,在校学生1356人。有专任教师72人。其中,高级教师17人,一级教师44人,二级教师11人。高级教师职务占专任教师的23.6%。有本科学历的教师29人,专科学历的教师43人,学历达标率100%。学校是济南军区唯一一所寄宿制学校,实行封闭式管理。

1985~2015年,学校先后被评为"山东省尊师重教先进单位""高中教学质量优胜学校""教学工作先进单位""市级文明单位""东营市依法治校规范学校""全市教育工作先进单位""市规范化学校""东营市实施素质教育先进单位""市级文明单位""市师德建设规范学校""市学校民主管理先进单位"等荣誉称号。

第十三编　荣　誉

第一章　集体荣誉

1988~2014 年河口区教育系统集体获得省级及以上荣誉称号一览表（部分）

单　位	荣　誉　称　号	颁　奖　单　位	获奖时间
河口区一中	山东省勤工俭学先进单位	山东省政府	1988.01
河口区一中	山东省实验室及仪器工作先进集体	山东省教育厅	1988.12
河口区一中	山东省勤工俭学先进集体	山东省教育厅	1989.12
河口区一中	山东省城镇校舍改造先进集体	山东省教育厅	1990.08
河口区一中工会	先进集体	山东省教育厅工会	1990.12
河口区教育局	山东省校舍设施管理基础工作先进单位	山东省教育委员会、山东省财政厅	1998.12
河口区教育局	全省教育督导先进集体	山东省人民政府教育督导室	1999.03
河口区教育局	山东省教育督导工作先进集体	山东省人民政府教育督导室	2001.02
河口区教育局	山东省"两基"工作先进单位	山东省教育厅、山东省财政厅、山东省发展计划委员会	2001.08
河口区教育局	山东省普通高中毕业会考工作先进集体	山东省教育厅	2001.12
河口区实验学校	山东省少先队工作规范化学校	共青团山东省委	2004.05
河口区一中	山东省级规范化学校	山东省教育厅	2005.04
河口区一中	山东省级校本培训示范学校	山东省教育厅	2005.09
义和镇中心校	山东省优秀交通安全示范学校	山东省公安厅	2006.02
河口区一中	第三批省级"绿色学校"	山东省教育厅、省环保局	2006.03
河口区职业中专	全省电化教育示范学校	山东省教育厅	2006.04
河口区实验学校	山东省优秀交通安全示范学校	山东省公安厅	2006.07
河口区实验学校	山东省"绿色学校"	山东省教育厅、省环保局	2007.05
河口区实验学校	全国德育科研工作先进学校	中央教科所	2007.08

续表

单 位	荣 誉 称 号	颁 奖 单 位	获奖时间
新户镇中学	山东省绿色学校	山东省环保局 山东省教育厅	2007.08
河口区教育局	省级文明单位	山东省精神文明建设委员会	2009.12
河口区一中	山东省艺术教育工作先进单位	山东省教育厅	2009.01
河口区实验幼儿园	山东省十佳幼儿园	山东省教育厅	2009.01
河口区一中	山东省高中教学示范学校	山东省教育厅	2009.04
河口区一中	山东省素质教育工作先进单位	山东省教育厅	2009.09
河口区一中	中小学教师远程研修组织工作先进单位	山东省教育厅	2009.11
河口区一中	山东省平安和谐校园建设先进单位	山东省教育厅	2009.12
河口区一中	创建国家卫生城工作先进单位	山东省卫生厅办公室	2009.12
河口区一中	2009 年度省级文明单位	山东省精神文明建设委员会	2009.12
河口区实验学校	山东省语言文字示范学校	山东省教育厅	2009.12
河口区教育局	全省教育工作先进单位	山东省人民政府	2010
河口区实验学校	山东省首批消防安全教育示范学校	山东省公安厅 省教育厅	2010.11
河口区一中	山东省国防教育工作先进单位	山东省教育厅	2010.05
新户镇中心小学	山东省优秀少先队集体	共青团山东省委、山东省教育厅	2010.11
河口区一中	山东省教育系统行风建设先进单位	山东省教育厅	2011.02
河口区一中	第三批山东省语言文字规范化师范学校	山东省语言文字工作委员会、山东省教育厅	2011.04
河口区实验幼儿园	省级语言文字规范化示范学校	山东省语言文字工作委员会、山东省教育厅	2011.04
六合街道中学	山东省地震科普示范学校	山东省地震局、山东省教育厅	2012.09
六合街道中学	山东省绿色学校	山东省环境保护厅、山东省教育厅	2013.06
河口区河安小学	山东省语言文字规范化学校	山东省教育厅	2013.12
河口区教育局	全国义务教育发展基本均衡县(市、区)	国务院教育督导委员会	2014.12

第二章 个人荣誉

1985~2014 年河口区教育系统省级及以上个人获得荣誉称号统计表(部分)

姓 名	单 位	荣 誉 称 号	颁 奖 单 位	获奖时间
刘兆军	河口区职业中专	山东省政治思想工作先进个人	山东省教育厅、人事厅	1989.03
杜玲春	河口区教育局	山东省托幼先进工作者	山东省妇联	1990.06
王美三	河口区教育局	山东省城镇中小学校改先进工作者	山东省教育委员会	1992.03
杨传海	新户镇教委	山东省青春立功二等功	共青团山东省委	1993.05
张立民	河口区教育局	山东省师资培训先进个人	山东省教育委员会	1997.05
韩金芳	六合街道教委	山东省学前教育先进个人	山东省教育委员会	1995.05
张兆枝	河口区教育局	山东省优秀教研员	山东省教育委员会	1995.08
薄其君	河口区教育局	山东省先进工会工作者	山东省教育委员会	1996.03
王树林	河口区教育局	山东省学校体育卫生国防教育工作先进工作者	山东省教育委员会	1998.08
张立民	河口区教育局	山东省师资培训先进个人	山东省教育厅	2001.05
裴泽安	河口一中	山东省中小学德育先进个人	山东省教育厅	2001.06
李若华	河口区实验学校	山东省优秀教育工会工作者	山东省教育厅、教育工会	2001.12
张俊国	六合街道中学	山东省优秀实验教师	山东省教育厅	2004.01
翟乃军	六合街道中学	体育卫生艺术与国防教育宣传工作先进个人	山东省教育厅	2004.12
李长江	河口区教育局	山东省优秀少先队辅导员	山东省人事厅、教育厅,共青团山东省委	2005.01
王雪梅	河口区河安小学	山东省女职工建功立业标兵	山东省总工会	2007.03
王向华	河口区实验学校	山东省艺术教育先进个人	山东省教育厅	2009.01
荆桂叶	河口区实验幼儿园	山东省学前教育先进个人	山东省教育厅	2010.07
时胜国	河口区教育局	第六届山东省优秀少先队辅导员	山东省教育厅	2010.11
李 贺	义和镇中心校	山东省农村优秀文化人才	山东省文化厅	2011.03
张照霞	新户镇中心小学	山东省教研先进工作者	山东省教育厅	2012.04
薛传强	六合街道中心小学	山东省中学共青团先进工作者	共青团山东省委、山东省教育厅	2012.12

1985~2014 年河口区教育系统市级个人获得荣誉称号统计表（部分）

姓　名	单　位	荣誉称号	颁奖单位	获奖时间
张景福	新户镇太平小学	东营市优秀教师	东营市委、市政府	1985.09
张景福	新户镇太平小学	东营市优秀教师	东营市委、市政府	1986.09
黄增芹	河口区河安小学	东营市优秀教师	东营市委、市政府	1987.09
武明和	新户镇太平中学	东营市优秀教师	东营市委、市政府	1987.09
冯金龙	新户镇太平小学	东营市先进工作者	东营市委、市政府	1988.05
吴乃星	新户镇太平小学	东营市优秀教师	东营市委、市政府	1991.09
黄增芹	河口区河安小学	东营市教学能手	东营市教育局	1991.12
于花兰	河口街道中心小学	东营市教学能手	东营市教育局	1993.07
张硕平	河口区一中	东营市优秀教师	东营市委、市政府	1993.09
宋加月	河口区一中	东营市优秀中学校长	东营市委、市政府	1994.11
周明泽	新户镇教委	东营市模范校长	东营市委、市政府	1995.01
李希和	六合街道中心小学	东营市优秀教师	东营市人事局 东营市教育局	1995.09
陈道华	六合街道教委	东营市先进工作者	东营市教育局	1995.09
马永祥	河口区一中	东营市优秀教师	东营市人事局、东营市教委	1997.09
李献花	河口街道四扣小学	东营市优秀教师	东营市人事局、东营市教委	1997.09
陈朝玲	河口区实验幼儿园	东营市教学能手	东营市教委	1997.12
丁丙双	河口区教育局	东营市优秀教师	东营市人事局、东营市教委	1999.09
王英华	河口区一中	东营市教学能手	东营市教委	1999.09
杨景田	河口区实验幼儿园	东营市教学能手	东营市教委	1999.09
黄增芹	河口区河安小学	东营市教学能手	东营市教育局	1999.12
董梅星	河口区实验幼儿园	东营市优秀教师	东营市人事局 东营市教育局	2001.09
马华东	河口街道中心小学	东营市优秀教师	东营市人事局 东营市教育局	2001.09
张希花	河口街道中心小学	东营市优秀教师	东营市人事局 东营市教育局	2001.09
李　萍	河口街道中心小学	东营市教学能手	东营市教育局	2001.09
刘俊霞	六合街道中学	东营市优秀教师	东营市人事局 东营市教育局	2001.09
陈雪峰	六合街道教委	东营市先进工作者	东营市人事局 东营市教育局	2001.09
范永军	新户镇中学	东营市先进工作者	东营市人事局 东营市教育局	2001.09

续表

姓　名	单　位	荣誉称号	颁奖单位	获奖时间
王金星	河口区教育局	东营市教学能手	东营市教育局	2002.05
李红军	六合街道中学	东营市教学能手	东营市教育局	2002.05
夏兆叶	六合街道中学	东营市教学能手	东营市教育局	2002.05
刘俊霞	六合街道中学	东营市教学能手	东营市教育局	2002.05
陈冬梅	河口区一中	东营市教学能手	东营市教育局	2002.06
霍元东	河口区一中	东营市教学能手	东营市教育局	2002.06
裴泽安	河口区一中	东营市教学能手	东营市教育局	2002.06
陈永利	新户镇太平中学	优秀援疆教师	新疆建设兵团农六师	2002.08
张成花	河口区实验学校	东营市教学能手	东营市教育局	2002.06
张灵芝	河口区实验学校	东营市教学能手	东营市教育局	2002.06
李永英	河口区实验学校	东营市教学能手	东营市教育局	2002.06
王洪梅	河口区实验学校	东营市教学能手	东营市教育局	2002.06
张治霞	河口区实验学校	东营市教学能手	东营市教育局	2002.06
张增霞	河口区实验学校	东营市教学能手	东营市教育局	2002.06
刘瑞芹	河口区实验学校	东营市教学能手	东营市教育局	2002.06
韩华梅	河口区河安小学	东营市教学能手	东营市教育局	2004.06
刘晋月	河口区职业中专	东营市优秀教育工作者	东营市人事局　东营市教育局	2004.09
吴　燕	河口区一中	东营市教学能手	东营市教育局	2004.09
黄新荣	河口区实验学校	东营市优秀教师	东营市教育局	2004.09
明彩霞	新户镇中心幼儿园	东营市优秀教师	东营市教育局	2004.09
吴　燕	河口区河安幼儿园	东营市教学能手	东营市教育局	2004.09
刘庆凤	义和镇中心校	东营市优秀教师	东营市教育局	2004.09
毕景林	河口区实验学校	东营市教学能手	东营市教育局	2004.11
印　涛	河口区一中	东营市教学能手	东营市教育局	2004.12
荆桂凤	河口区一中	东营市教学能手	东营市教育局	2004.12
李建玲	河口区一中	东营市教学能手	东营市教育局	2004.12
李延山	河口区一中	东营市教学能手	东营市教育局	2004.12
刘爱英	河口区一中	东营市教学能手	东营市教育局	2004.12

续表

姓　名	单　位	荣誉称号	颁奖单位	获奖时间
刘新欧	河口区一中	东营市教学能手	东营市教育局	2004.12
王英华	河口区一中	东营市教学能手	东营市教育局	2004.12
胥建华	新户镇教委	东营市教学能手	东营市教育局	2004.12
胡成珍	河口区实验学校	东营市教学能手	东营市教育局	2004.12
方向红	河口区实验学校	东营市教学能手	东营市教育局	2004.12
胡希媚	河口区实验学校	东营市教学能手	东营市教育局	2004.12
王丽霞	河口区实验学校	东营市教学能手	东营市教育局	2004.12
张连敏	河口区实验学校	东营市教学能手	东营市教育局	2004.12
黄增芹	河口区实验学校	东营市教学能手	东营市教育局	2004.12
杨德峰	河口区一中	东营市教学能手	东营市教育局	2007.05
杨红梅	河口区一中	东营市教学能手	东营市教育局	2007.05
王乃收	河口区一中	东营市教学能手	东营市教育局	2007.05
张秀营	河口区一中	东营市教学能手	东营市教育局	2007.05
董兴双	河口区一中	东营市教学能手	东营市教育局	2007.05
陈再生	河口区一中	东营市教学能手	东营市教育局	2007.05
郭金梅	河口区一中	东营市教学能手	东营市教育局	2007.05
陈丽霞	河口区实验幼儿园	东营市教学能手	东营市教育局	2007.06
葛新莲	河口区职业中专	东营市教学能手	东营市教育局	2007.06
杨桂玲	河安幼儿园	东营市教学能手	东营市教育局	2007.06
闫爱林	河口区河安小学	东营市教学能手	东营市教育局	2007.06
黄新荣	河口区实验学校	东营市教学能手	东营市教育局	2007.06
薄尊娥	河口区实验学校	东营市教学能手	东营市教育局	2007.06
赵清玉	河口区实验学校	东营市教学能手	东营市教育局	2007.09
石　磊	河口区实验学校	东营市优秀教师	东营市教育局	2007.09
吴　燕	河口区河安幼儿园	东营市优秀教师	东营市教育局	2007.09
杨　明	河口街道四扣小学	东营市优秀教师	东营市人事局　东营市教育局	2007.09
刘成强	河口区职业中专	东营市优秀教师	东营市人事局　东营市教育局	2007.09
赵　燕	六合街道中学	东营市优秀教师	东营市人事局　东营市教育局	2007.09

续表

姓　名	单　位	荣誉称号	颁奖单位	获奖时间
高长春	河口区一中	东营市优秀教师	东营市人事局　东营市教育局	2007.09
刘　云	河口区实验学校	东营市教学能手	东营市教育局	2007.12
吴　燕	河口区河安幼儿园	东营市教育先进个人	东营市教育局	2008.01
孙月孝	六合街道教委	东营市教学能手	东营市教育局	2008.01
程德花	河口区河安小学	东营市"十佳少先队辅导员",并记三等功	东营市人事局　东营市教育局	2009.01
陈再生	河口区一中	东营市优秀教师	东营市人事局　东营市教育局	2009.09
蔡宝婵	河口街道中心小学	东营市优秀教师	东营市人事局　东营市教育局	2009.09
张树河	河口区职业中专	东营市优秀教师	东营市人事局　东营市教育局	2009.09
李艳军	六合街道中心小学	东营市优秀教师	东营市人事局　东营市教育局	2009.09
刘增寿	河口区实验学校	东营市优秀教师	东营市人事局　东营市教育局	2009.09
石　磊	河口区实验学校	东营市教学能手	东营市教育局	2010.01
盖冬梅	河口区实验学校	东营市教育工作先进个人	东营市教育局	2010.01
陈月云	河口区实验学校	东营市教学能手	东营市教育局	2010.04
王月红	河口区实验学校	东营市教学能手	东营市教育局	2010.04
田学霞	河口区实验学校	东营市教学能手	东营市教育局	2010.04
崔志霞	河口区实验学校	东营市教学能手	东营市教育局	2010.04
刘成强	河口区职业中专	东营市教学能手	东营市教育局	2010.04
石自军	河口区实验学校	东营市教学能手	东营市教育局	2010.06
张洪军	河口区实验学校	东营市教学能手	东营市教育局	2010.06
于　霞	河口区实验学校	东营市教学能手	东营市教育局	2010.07
乔建荣	河口区河安小学	东营市教学能手	东营市教育局	2010.07
吴绪忠	新户镇教委	东营市先进教育工作者	东营市政府	2010.09
张念香	河口区实验学校	东营市教学能手	东营市教育局	2011.01
韩华梅	河口区河安小学	东营市教育工作先进个人	东营市教育局	2011.03
闫文华	河口区实验学校	东营市教学能手	东营市教育局	2011.04
姜秀云	河口区河安小学	东营市教学能手	东营市教育局	2011.05
张忠卫	河口区实验幼儿园	东营市教学能手	东营市教育局	2011.05
宋媛媛	河口区实验幼儿园	东营市教学能手	东营市教育局	2011.05

续表

姓　名	单　位	荣誉称号	颁奖单位	获奖时间
吴玉萍	河口实验学校	东营市教学能手	东营市教育局	2011.05
刘增寿	河口实验学校	东营市教学能手	东营市教育局	2011.05
王宪花	河口实验学校	东营市教学能手	东营市教育局	2011.05
牛树玲	河口实验学校	东营市教学能手	东营市教育局	2011.05
孟庆涛	河口实验学校	东营市教学能手	东营市教育局	2011.05
朱军华	河口实验学校	东营市教学能手	东营市教育局	2011.06
盖冬梅	河口实验学校	东营市教学能手	东营市教育局	2011.07
高新民	河口实验学校	东营市先进个人	东营市教育局	2012.01
张秀珍	新户镇中心幼儿园	东营市教育工作先进个人	东营市教育局	2012.06
丁丙双	河口区教育局	东营市语言文字工作先进个人,记三等功	东营市人社局	2013.07
王英华	河口区一中	第一届东营市功勋人民教师	东营市政府	2013.09
马兴霞	河口区实验学校	东营市教学能手	东营市教育局	2013.12
李尊海	河口区实验学校	东营市五一劳动奖章	东营市总工会	2013.12
李曰雷	六合街道中学	东营市教学能手	东营市教育局	2014.01
翟乃军	六合街道中学	东营市教学能手	东营市教育局	2014.01
王雪梅	河口区河安小学	东营市教学能手	东营市教育局	2014.06
何炳银	河口区一中	东营市优秀教师	东营市人社局、东营市教育局	2014.09
高　雯	河口区河安幼儿园	东营市优秀教师	东营市人社局、东营市教育局	2014.09
张海鸥	河口区实验幼儿园	东营市优秀教师	东营市人社局、东营市教育局	2014.09
陈长青	河口街道中心小学	东营市优秀教师	东营市人社局、东营市教育局	2014.09
李海霞	六合街道中心小学	东营市优秀教师	东营市人社局、东营市教育局	2014.09
李曰雷	六合街道中学	东营市优秀教师	东营市人社局、东营市教育局	2014.09
张俊国	新户镇教委	东营市优秀教育工作者	东营市人社局、东营市教育局	2014.09
高胜滨	新户镇中学	东营市优秀教师	东营市人社局、东营市教育局	2014.09
宋加民	义和镇中心校	东营市优秀教师	东营市人社局、东营市教育局	2014.09

续表

姓　名	单　位	荣誉称号	颁奖单位	获奖时间
张海霞	河口区实验学校	东营市教学能手	东营市教育局	2014.11
刘明红	河口区实验学校	东营市教学能手	东营市教育局	2014.11
蔡建华	河口区实验学校	东营市教学能手	东营市教育局	2014.11
张玉娟	河口区实验学校	东营市教学能手	东营市教育局	2014.11
王　霞	河口区实验学校	东营市教学能手	东营市教育局	2014.11
刘利霞	河口区教育局	东营市教学能手	东营市教育局	2014.12
李光全	河口区一中	东营市教学能手	东营市教育局	2014.12
马海军	河口区一中	东营市教学能手	东营市教育局	2014.12
王玉兵	河口区一中	东营市教学能手	东营市教育局	2014.12
王芝瑞	河口区一中	东营市教学能手	东营市教育局	2004.12
王　彬	河口区一中	东营市教学能手	东营市教育局	2014.12
张作宝	河口区一中	东营市教学能手	东营市教育局	2014.12
高胜滨	新户镇中学	东营市教学能手	东营市教育局	2014.12
刘小燕	河口区职业中专	东营市教学能手	东营市教育局	2014.12
宁　妍	河口区职业中专	东营市教学能手	东营市教育局	2014.12
王娟娟	新户镇中心小学	东营市教学能手	东营市教育局	2014.12
付同军	河口区河安小学	东营市教学能手	东营市教育局	2014.12
闫桂花	河口区实验学校	东营市教学能手	东营市教育局	2014.12
赵常虹	河口区实验学校	东营市教学能手	东营市教育局	2014.12
于新莉	河口区实验学校	东营市教学能手	东营市教育局	2014.12
徐　明	河口区实验学校	东营市教学能手	东营市教育局	2014.12
王振宇	河口区实验学校	东营市教学能手	东营市教育局	2014.12
张海鸥	河口区实验幼儿园	东营市教学能手	东营市教育局	2014.12
路　伟	河口区河安小学	东营市教学能手	东营市教育局	2014.12
王春霞	河口区河安小学	东营市教学能手	东营市教育局	2014.12

1985~2014年河口区教育系统区级个人获得荣誉称号统计表

姓　名	单　位	荣誉称号	颁奖单位	获奖时间
王月辉	河口区一中	河口区优秀教师	河口区区委、区政府	1985.09
孙金贵	新户镇太平小学	河口区优秀教师	河口区区委、区政府	1985.09
杜金亭	新户镇中心小学	河口区优秀教师	河口区区委、区政府	1985.09
武明和	新户镇太平中学	河口区优秀教师	河口区区委、区政府	1985.09
孙庆国	河口街道四扣小学	河口区优秀教师	河口区区委、区政府	1985.09
王月辉	河口区一中	河口区优秀教师	河口区区委、区政府	1986.09
黄加河	河口区一中	河口区优秀教师	河口区区委、区政府	1986.09
姜竹村	河口区一中	河口区优秀教师	河口区区委、区政府	1986.09
王会胜	河口区一中	河口区优秀教师	河口区区委、区政府	1986.09
武明和	新户镇太平中学	河口区优秀教师	河口区区委、区政府	1986.09
薛成刚	新户镇教委	河口区优秀教师	河口区区委、区政府	1986.09
张吉叶	河口街道中心小学	河口区优秀教师	河口区区委、区政府	1986.09
王风成	河口街道教委	河口区优秀教师	河口区区委、区政府	1986.09
殷树彬	新户镇太平中学	河口区先进教育工作者	河口区区委、区政府	1987.02
薄印池	河口区一中	河口区先进教育工作者	河口区区委、区政府	1987.09
薄印池	河口区一中	记功一次	河口区区委、区政府	1987.09
刘培俭	河口区一中	河口区优秀教师	河口区区委、区政府	1987.09
刘振兰	河口区一中	河口区先进教育工作者	河口区区委、区政府	1987.09
王月辉	河口区一中	河口区优秀教师	河口区区委、区政府	1987.09
刘登华	义和中心学校	河口区优秀教师	河口区区委、区政府	1987.09
蔺保举	新户镇太平小学	河口区优秀教师	河口区区委、区政府	1987.09
刘明刚	新户镇太平小学	河口区优秀教师	河口区区委、区政府	1987.09
时寅俊	新户镇太平小学	河口区优秀教师	河口区区委、区政府	1987.09
王俊美	新户镇太平小学	河口区优秀教师	河口区区委、区政府	1987.09
王风成	河口街道教委	河口区先进教育工作者	河口区区委、区政府	1987.09
刘守恩	河口街道教委	河口区优秀教师	河口区区委、区政府	1987.09
殷树彬	新户镇太平中学	河口区先进教育工作者	河口区区委、区政府	1988.02

续表

姓 名	单 位	荣誉称号	颁奖单位	获奖时间
王兆奎	河口街道教委	河口区先进教育工作者	河口区区委、区政府	1988.02
张合义	河口街道四扣小学	河口区优秀教师	河口区区委、区政府	1988.09
吴绪忠	新户镇教委	河口区优秀教师	河口区区委、区政府	1988.09
张洪泉	新户镇太平小学	河口区先进教育工作者	河口区区委、区政府	1988.09
于维照	仙河镇中心小学	河口区优秀教师	河口区区委、区政府	1988.09
殷树彬	新户镇太平中学	河口区先进教育工作者	河口区区委、区政府	1989.02
杨传海	新户镇教委	河口区优秀教师	河口区区委、区政府	1989.02
张广生	新户镇太平中学	河口区先进教育工作者	河口区区委、区政府	1989.02
张洪泉	新户镇太平小学	河口区先进教育工作者	河口区区委、区政府	1989.02
王月辉	河口区一中	记功一次	河口区区委、区政府	1989.09
薄印池	河口区一中	河口区先进教育工作者	河口区区委、区政府	1989.09
薄印池	河口区一中	记功一次	河口区区委、区政府	1989.09
许振海	新户镇太平小学	河口区优秀教师	河口区区委、区政府	1989.09
郭振东	河口街道教委	河口区优秀教师	河口区区委、区政府	1989.09
陈守义	河口街道教委	河口区优秀教师	河口区区委、区政府	1989.09
李杰红	河口街道教委	河口区优秀教师	河口区区委、区政府	1989.09
方景来	河口区一中	河口区先进教育工作者	河口区区委、区政府	1989.09
刘培俭	河口区一中	河口区优秀教师	河口区区委、区政府	1989.09
殷树彬	新户镇太平中学	河口区先进教育工作者	河口区区委、区政府	1990.02
姜友良	河口街道教委	河口区先进教育工作者	河口区区委、区政府	1990.02
闫文俊	河口区一中	河口区先进教育工作者	河口区区委、区政府	1990.09
王月辉	河口区一中	河口区先进教育工作者	河口区区委、区政府	1990.09
薄印池	河口区一中	河口区先进教育工作者	河口区区委、区政府	1990.09
崔兴岭	河口区一中	河口区优秀教师	河口区区委、区政府	1990.09
刘培俭	河口区一中	河口区先进教育工作者	河口区区委、区政府	1990.09
刘培俭	河口区一中	河口区优秀教师	河口区区委、区政府	1990.09
袁明英	河口区实验学校	河口区优秀教师	河口区区委、区政府	1990.09

续表

姓　名	单　位	荣誉称号	颁奖单位	获奖时间
刘君凤	河口区实验学校	河口区优秀教师	河口区区委、区政府	1990.09
张金柱	新户镇太平小学	河口区优秀教师	河口区区委、区政府	1990.09
李杰红	河口街道教委	河口区先进教育工作者	河口区区委、区政府	1990.09
王清明	河口区一中	河口区先进工作者	河口区区委、区政府	1991.02
许铭玺	河口区一中	河口区先进工作者	河口区区委、区政府	1991.02
王新宝	河口区一中	河口区先进工作者	河口区区委、区政府	1991.02
刘振兰	河口区一中	河口区先进工作者	河口区区委、区政府	1991.02
方景来	河口区一中	河口区先进工作者	河口区区委、区政府	1991.02
姜友良	河口街道教委	河口区先进工作者	河口区区委、区政府	1991.02
颜秉文	河口街道教委	河口区先进工作者	河口区区委、区政府	1991.02
刘登华	义和中心学校	河口区先进工作者	河口区区委、区政府	1991.02
单中华	新户镇太平中学	河口区先进工作者	河口区区委、区政府	1991.02
王新春	河口区教育局	河口区优秀教师	河口区区委、区政府	1991.02
张硕平	河口区一中	河口区优秀教师	河口区区委、区政府	1991.02
张洪友	新户镇太平中学	河口区优秀教师	河口区区委、区政府	1991.02
王丙如	新户镇太平小学	河口区优秀教师	河口区区委、区政府	1991.02
张俊国	新户镇教委	河口区优秀教师	河口区区委、区政府	1991.02
陈朝凤	孤岛镇中心幼儿园	河口区先进工作者	河口区区委、区政府	1991.02
颜秉文	河口街道教委	河口区先进工作者	河口区区委、区政府	1992.02
李乃华	河口街道中心小学	河口区先进工作者	河口区区委、区政府	1992.02
姜友良	河口街道教委	河口区先进工作者	河口区区委、区政府	1992.02
刘　鑫	河口区一中	河口区先进工作者	河口区区委、区政府	1992.02
刘洪泽	河口区一中	河口区先进工作者	河口区区委、区政府	1992.02
裴泽安	河口区一中	河口区先进工作者	河口区区委、区政府	1992.02
王清明	河口区一中	河口区先进工作者	河口区区委、区政府	1992.02
王新宝	河口区一中	河口区先进工作者	河口区区委、区政府	1992.02
王英华	河口区一中	河口区先进工作者	河口区区委、区政府	1992.02

续表

姓　名	单　位	荣誉称号	颁奖单位	获奖时间
王月辉	河口区一中	河口区先进工作者	河口区区委、区政府	1992.02
张硕平	河口区一中	河口区先进工作者	河口区区委、区政府	1992.02
颜廷刚	新户镇教委	河口区先进工作者	河口区区委、区政府	1992.02
杨传海	新户镇教委	河口区先进工作者	河口区区委、区政府	1992.02
郭爱良	新户镇太平小学	河口区先进工作者	河口区区委、区政府	1992.02
季春海	新户镇太平中学	河口区先进工作者	河口区区委、区政府	1992.02
张硕平	河口区一中	河口区优秀教育工作者	河口区区委、区政府	1993.02
王英华	河口区一中	河口区优秀教育工作者	河口区区委、区政府	1993.02
王新宝	河口区一中	河口区优秀教育工作者	河口区区委、区政府	1993.02
王清明	河口区一中	河口区优秀教育工作者	河口区区委、区政府	1993.02
刘洪泽	河口区一中	河口区优秀教育工作者	河口区区委、区政府	1993.02
陈冬梅	河口区一中	河口区优秀教育工作者	河口区区委、区政府	1993.02
方景来	河口区一中	河口区优秀教育工作者	河口区区委、区政府	1993.02
许铭玺	河口区一中	河口区优秀教育工作者	河口区区委、区政府	1993.02
刘新燕	河口区实验幼儿园	河口区优秀教育工作者	河口区区委、区政府	1993.02
姜友良	河口街道教委	河口区优秀教育工作者	河口区区委、区政府	1993.02
左振双	河口街道教委	河口区优秀教育工作者	河口区区委、区政府	1993.02
王兆奎	河口街道教委	河口区优秀教育工作者	河口区区委、区政府	1993.02
颜秉文	河口街道教委	河口区优秀教育工作者	河口区区委、区政府	1993.02
杨爱华	河口街道教委	河口区优秀教育工作者	河口区区委、区政府	1993.02
张广生	新户镇太平中学	河口区优秀教育工作者	河口区区委、区政府	1993.02
赵宝安	新户镇太平中学	河口区优秀教育工作者	河口区区委、区政府	1993.02
姜足文	新户镇太平中学	河口区优秀教育工作者	河口区区委、区政府	1993.02
姜花顺	新户镇太平小学	河口区优秀教育工作者	河口区区委、区政府	1993.02
颜廷刚	新户镇教委	河口区优秀教育工作者	河口区区委、区政府	1993.02
李同英	新户镇太平中学	河口区优秀教育工作者	河口区区委、区政府	1993.02
陶广忠	新户镇教委	河口区优秀教师	河口区区委、区政府	1993.09

续表

姓　名	单　位	荣誉称号	颁奖单位	获奖时间
王玉芳	河口街道四扣小学	河口区优秀教师	河口区区委、区政府	1993.09
张合义	河口街道四扣小学	河口区优秀教师	河口区区委、区政府	1993.09
宋加民	义和镇中心校	河口区优秀教育工作者	河口区区委、区政府	1993.09
姜足文	新户镇太平中学	记三等功	河口区区委、区政府	1994.02
王梅庆	新户镇太平中学	记三等功	河口区区委、区政府	1994.02
姜友良	河口街道教委	记三等功	河口区区委、区政府	1994.02
左振双	河口街道教委	河口区优秀教育工作者	河口区区委、区政府	1994.02
王兆奎	河口街道教委	河口区优秀教育工作者	河口区区委、区政府	1994.02
薄海防	新户镇中心小学	河口区优秀教育工作者	河口区区委、区政府	1994.02
张洪泉	新户镇太平小学	河口区优秀教育工作者	河口区区委、区政府	1994.02
陈龙英	河口区一中	记三等功	河口区区委、区政府	1994.02
高长春	河口区一中	记三等功	河口区区委、区政府	1994.02
方景来	河口区一中	记三等功	河口区区委、区政府	1994.02
马永祥	河口区一中	记三等功	河口区区委、区政府	1994.02
王清明	河口区一中	记三等功	河口区区委、区政府	1994.02
薄纯红	河口区实验幼儿园	河口区优秀教育工作者	河口区区委、区政府	1994.02
董梅星	河口区实验幼儿园	河口区优秀教育工作者	河口区区委、区政府	1994.02
王新春	河口区教育局	记三等功	河口区区委、区政府	1994.09
薄纯红	河口区实验幼儿园	河口区优秀教师	河口区区委、区政府	1994.09
孙庆国	河口街道四扣小学	河口区优秀教育工作者	河口区区委、区政府	1994.09
陈华峰	义和镇中心校	河口区优秀教育工作者	河口区区委、区政府	1994.09
董梅星	河口区实验幼儿园	河口区优秀教师	河口区区委、区政府	1995.01
陈朝玲	河口区实验幼儿园	河口区优秀教师	河口区区委、区政府	1995.01
裴泽安	河口区一中	河口区优秀教师	河口区区委、区政府	1995.02
马永祥	河口区一中	河口区优秀教育工作者	河口区区委、区政府	1995.02
方景来	河口区一中	河口区优秀教育工作者	河口区区委、区政府	1995.02
丁花爱	河口区一中	河口区优秀教师	河口区区委、区政府	1995.02

续表

姓　名	单　位	荣誉称号	颁奖单位	获奖时间
陈龙英	河口区一中	河口区优秀教育工作者	河口区区委、区政府	1995.02
高长春	河口区一中	河口区优秀教育工作者	河口区区委、区政府	1995.02
荆桂叶	河口区实验幼儿园	记三等功	河口区区委、区政府	1995.02
范永军	新户镇中学	记三等功	河口区区委、区政府	1995.02
姜花顺	新户镇太平小学	记三等功	河口区区委、区政府	1995.02
王清明	河口区一中	河口区优秀教育工作者	河口区区委、区政府	1995.02
左振双	河口街道教委	记三等功	河口区区委、区政府	1995.02
王兆奎	河口街道教委	记三等功	河口区区委、区政府	1995.02
马永祥	河口区一中	河口区劳动模范	河口区区委、区政府	1995.05
于花兰	河口街道中心小学	河口区优秀教师	河口区区委、区政府	1995.09
姜友良	河口街道教委	河口区优秀教师	河口区区委、区政府	1995.09
付云英	河口街道四扣小学	河口区优秀教师	河口区区委、区政府	1995.09
李献花	河口街道四扣小学	河口区优秀教师	河口区区委、区政府	1995.09
陈步萍	河口街道四扣小学	河口区优秀教师	河口区区委、区政府	1995.09
张荣秀	新户镇太平小学	河口区优秀教师	河口区区委、区政府	1995.09
李竹贤	新户镇太平小学	河口区优秀教师	河口区区委、区政府	1995.09
蔡金豹	新户镇教委	河口区优秀教师	河口区区委、区政府	1995.09
陈宝春	新户镇中学	河口区优秀教师	河口区区委、区政府	1995.09
张乃忠	新户镇太平中学	河口区优秀教师	河口区区委、区政府	1995.09
单金云	新户镇太平小学	河口区优秀教师	河口区区委、区政府	1995.09
崔淑秀	仙河镇中心小学	河口区优秀教师	河口区区委、区政府	1995.09
张闽英	河口区一中	河口区优秀教育工作者	河口区区委、区政府	1996.09
张林兰	河口区一中	河口区优秀教师	河口区区委、区政府	1996.09
许文娥	河口区一中	河口区优秀教师	河口区区委、区政府	1996.09
李明宾	河口区一中	河口区优秀教师	河口区区委、区政府	1996.09
陈龙英	河口区一中	河口区优秀教育工作者	河口区区委、区政府	1996.09
李少军	河口区一中	河口区优秀教师	河口区区委、区政府	1996.09

续表

姓　名	单　位	荣誉称号	颁奖单位	获奖时间
李建玲	河口区一中	河口区优秀教师	河口区区委、区政府	1996.09
谭训岭	河口区一中	河口区优秀教育工作者	河口区区委、区政府	1996.09
王乃收	河口区一中	河口区优秀教师	河口区区委、区政府	1996.09
薛燕萍	河口区一中	河口区优秀教育工作者	河口区区委、区政府	1996.09
周明泽	新户镇教委	记三等功	河口区区委、区政府	1997.01
王新宝	河口区一中	河口区优秀教师	河口区区委、区政府	1997.09
李明宾	河口区一中	河口区优秀教师	河口区区委、区政府	1997.09
闫文俊	河口区一中	河口区优秀教育工作者	河口区区委、区政府	1997.09
董华芳	河口区实验幼儿园	河口区优秀教师	河口区区委、区政府	1997.09
马华东	河口街道中心小学	河口区优秀教师	河口区区委、区政府	1997.09
李　萍	河口街道中心小学	河口区优秀教师	河口区区委、区政府	1997.09
陈新华	河口街道四扣小学	河口区优秀教师	河口区区委、区政府	1997.09
李凤英	河口街道四扣小学	河口区优秀教师	河口区区委、区政府	1997.09
邱因秀	河口街道四扣小学	河口区优秀教师	河口区区委、区政府	1997.09
安建军	六合街道老庙幼儿园	河口区优秀教师	河口区区委、区政府	1997.09
李向红	六合街道教委	河口区优秀教师	河口区区委、区政府	1997.09
崔立霞	仙河镇渔村幼儿园	河口区优秀教师	河口区区委、区政府	1997.09
李洪芝	新户镇太平小学	河口区优秀教师	河口区区委、区政府	1997.09
李增华	新户镇太平小学	河口区优秀教师	河口区区委、区政府	1997.09
杜金亭	新户镇中心小学	河口区优秀教师	河口区区委、区政府	1997.09
刘庆凤	义和镇中心校	河口区优秀教师	河口区区委、区政府	1997.09
宋加民	义和镇中心校	河口区优秀教师	河口区区委、区政府	1997.09
张立民	河口区教育局	河口区优秀教育工作者	河口区区委、区政府	2003.09
刘志刚	河口区一中	河口区优秀教师	河口区区委、区政府	2003.09
李贞玉	河口区一中	河口区优秀教师	河口区区委、区政府	2003.09
李少军	河口区一中	河口区优秀教师	河口区区委、区政府	2003.09
李延山	河口区一中	河口区优秀教师	河口区区委、区政府	2003.09

续表

姓　名	单　位	荣誉称号	颁奖单位	获奖时间
陈再生	河口区一中	河口区优秀教师	河口区区委、区政府	2003.09
杜红艳	河口区一中	河口区优秀教育工作者	河口区区委、区政府	2003.09
陈冬梅	河口区一中	河口区优秀教师	河口区区委、区政府	2003.09
刘　鑫	河口区一中	河口区优秀教师	河口区区委、区政府	2003.09
王玉兵	河口区一中	河口区优秀教师	河口区区委、区政府	2003.09
薛永强	河口区一中	河口区优秀教师	河口区区委、区政府	2003.09
左振双	河口街道教委	河口区先进工作者	河口区区委、区政府	2003.09
李凤英	河口街道四扣小学	河口区优秀教师	河口区区委、区政府	2003.09
曲洪先	河口街道四扣小学	河口区优秀教师	河口区区委、区政府	2003.09
孙玉芳	河口街道教委	河口区优秀教育工作者	河口区区委、区政府	2003.09
张树河	河口区职业中专	河口区优秀教师	河口区区委、区政府	2003.09
吴绪忠	新户镇教委	河口区优秀教育工作者	河口区区委、区政府	2003.09
时寅俊	新户镇太平小学	河口区优秀教师	河口区区委、区政府	2003.09
刘春霞	新户镇太平小学	河口区优秀教师	河口区区委、区政府	2003.09
明彩霞	新户镇中心幼儿园	河口区优秀教师	河口区区委、区政府	2003.09
李玉玲	新户镇中学	河口区优秀教师	河口区区委、区政府	2003.09
陈方霞	新户镇中学	河口区优秀教师	河口区区委、区政府	2003.09
程　梅	仙河镇中心小学	河口区优秀教师	河口区区委、区政府	2003.09
于维照	仙河镇中心小学	河口区优秀教师	河口区区委、区政府	2003.09
于兰秋	孤岛镇中心小学	河口区优秀教师	河口区区委、区政府	2003.09
陈月江	孤岛镇教委	河口区优秀教师	河口区区委、区政府	2003.09
胡希媚	河口区实验学校	河口区优秀教师	河口区区委、区政府	2003.09
张增霞	河口区实验学校	河口区优秀教师	河口区区委、区政府	2003.09
刘梅芳	义和镇中心学校	河口区优秀教师	河口区区委、区政府	2003.09
韩海城	义和镇中心学校	河口区优秀教师	河口区区委、区政府	2003.09
王新春	河口区教育局	河口区优秀教育工作者	河口区区委、区政府	2004.09
刘兆军	河口区职业中专	河口区优秀教育工作者	河口区区委、区政府	2004.09

续表

姓　名	单　位	荣誉称号	颁奖单位	获奖时间
许文娥	河口区一中	河口区优秀教师	河口区区委、区政府	2004.09
徐进华	河口区一中	河口区优秀教师	河口区区委、区政府	2004.09
王芝瑞	河口区一中	河口区优秀教师	河口区区委、区政府	2004.09
王英华	河口区一中	河口区优秀教师	河口区区委、区政府	2004.09
刘新欧	河口区一中	河口区优秀教师	河口区区委、区政府	2004.09
范金庆	河口区一中	河口区优秀教师	河口区区委、区政府	2004.09
陈冬梅	河口区一中	河口区优秀教师	河口区区委、区政府	2004.09
陈晓庆	河口区一中	河口区优秀教师	河口区区委、区政府	2004.09
印　涛	河口区一中	河口区优秀教师	河口区区委、区政府	2004.09
张香全	河口区一中	河口区优秀教师	河口区区委、区政府	2004.09
陈丽霞	河口区实验幼儿园	河口区优秀教师	河口区区委、区政府	2004.09
杨建美	河口街道中心小学	河口区优秀教师	河口区区委、区政府	2004.09
左振双	河口街道教委	河口区优秀教育工作者	河口区区委、区政府	2004.09
于花兰	河口街道中心小学	河口区优秀教师	河口区区委、区政府	2004.09
耿洪美	河口街道四扣小学	河口区优秀教师	河口区区委、区政府	2004.09
杨明	河口街道四扣小学	河口区优秀教师	河口区区委、区政府	2004.09
郭静	六合街道中学	河口区优秀教师	河口区区委、区政府	2004.09
张玉清	六合街道中心小学	河口区优秀教师	河口区区委、区政府	2004.09
刘清美	新户镇中学	河口区优秀教师	河口区区委、区政府	2004.09
李强	新户镇中心小学	河口区优秀教师	河口区区委、区政府	2004.09
杜金亭	新户镇中心小学	河口区优秀教师	河口区区委、区政府	2004.09
陈朝凤	孤岛镇中心幼儿园	河口区优秀教师	河口区区委、区政府	2004.09
李子明	河口区河安小学	河口区优秀教师	河口区区委、区政府	2004.09
张连敏	河口区河安小学	河口区优秀教师	河口区区委、区政府	2004.09
周晓艳	河口区河安小学	河口区优秀教师	河口区区委、区政府	2014.09
王月涛	河口区河安小学	河口区优秀教师	河口区区委、区政府	2004.09
张洪军	河口区实验学校	河口区优秀教育工作者	河口区区委、区政府	2004.09

续表

姓　名	单　位	荣誉称号	颁奖单位	获奖时间
毕延永	义和镇中心校	河口区优秀教师	河口区区委、区政府	2004.09
扈玉叶	河口区河安小学	河口区优秀教师	河口区区委、区政府	2007.09
张泽兰	河口区实验学校	河口区优秀教师	河口区区委、区政府	2007.09
王丽霞	河口区实验学校	河口区优秀教师	河口区区委、区政府	2007.09
孟昭燕	河口区实验幼儿园	河口区优秀教育工作者	河口区区委、区政府	2007.09
张忠卫	河口区实验幼儿园	河口区优秀教师	河口区区委、区政府	2007.09
刘玉国	河口区一中	河口区优秀教师	河口区区委、区政府	2007.09
刘金生	河口区一中	河口区优秀教师	河口区区委、区政府	2007.09
郭金梅	河口区一中	河口区优秀教师	河口区区委、区政府	2007.09
常学平	河口区一中	河口区优秀教师	河口区区委、区政府	2007.09
陈树智	河口区一中	河口区优秀教师	河口区区委、区政府	2007.09
荆桂凤	河口区一中	河口区优秀教师	河口区区委、区政府	2007.09
马德光	河口区一中	河口区优秀教师	河口区区委、区政府	2007.09
时树行	河口区一中	河口区优秀教师	河口区区委、区政府	2007.09
许金刚	河口区一中	河口区优秀教育工作者	河口区区委、区政府	2007.09
张维红	河口区一中	河口区优秀教师	河口区区委、区政府	2007.09
陈步萍	河口街道四扣小学	河口区优秀教师	河口区区委、区政府	2007.09
陈丽荣	河口区职业中专	河口区优秀教师	河口区区委、区政府	2007.09
齐学功	河口区职业中专	河口区优秀教师	河口区区委、区政府	2007.09
刘宝平	河口区职业中专	河口区优秀教育工作者	河口区区委、区政府	2007.09
张希芹	六合街道中学	河口区优秀教师	河口区区委、区政府	2007.09
张英	六合街道中心小学	河口区优秀教师	河口区区委、区政府	2007.09
牛宗花	六合街道中心幼儿园	河口区优秀教师	河口区区委、区政府	2007.09
蔡金豹	新户镇教委	河口区优秀教育工作者	河口区区委、区政府	2007.09
薄海防	新户镇中心小学	河口区优秀教师	河口区区委、区政府	2007.09
王秀庆	新户镇太平小学	河口区优秀教师	河口区区委、区政府	2007.09
王秀庆	新户镇太平小学	河口区优秀教师	河口区区委、区政府	2007.09

续表

姓　名	单　位	荣誉称号	颁奖单位	获奖时间
吴绪忠	新户镇教委	河口区优秀教育工作者	河口区区委、区政府	2007.09
崔淑秀	仙河镇中心小学	河口区优秀教师	河口区区委、区政府	2007.09
闫爱林	河口区河安小学	河口区优秀教师	河口区区委、区政府	2007.09
王雪梅	河口区河安小学	河口区优秀教师	河口区区委、区政府	2007.09
程德花	河口区河安小学	河口区优秀教师	河口区区委、区政府	2007.09
薄纯霞	河口区河安小学	河口区优秀教师	河口区区委、区政府	2007.09
常国云	河口区河安小学	河口区优秀教师	河口区区委、区政府	2007.09
王月涛	河口区河安小学	河口区优秀教师	河口区区委、区政府	2007.09
宋加民	义和镇中心校	河口区优秀教师	中共日喀则市委、市政府	2008.09
张　丽	河口区一中	河口区优秀教师	河口区区委、区政府	2010.09
张　明	河口区一中	河口区优秀教师	河口区区委、区政府	2010.09
王玉兵	河口区一中	河口区优秀教师	河口区区委、区政府	2010.09
刘晓丽	河口区一中	河口区优秀教师	河口区区委、区政府	2010.09
付桂玲	河口区一中	河口区优秀教师	河口区区委、区政府	2010.09
代　鑫	河口区一中	河口区优秀教育工作者	河口区区委、区政府	2010.09
李延山	河口区一中	河口区优秀教师	河口区区委、区政府	2010.09
王学军	河口街道中心小学	河口区优秀教师	河口区区委、区政府	2010.09
耿洪美	河口街道四扣小学	河口区优秀教师	河口区区委、区政府	2010.09
张　迪	河口街道中心幼儿园	河口区优秀教师	河口区区委、区政府	2010.09
任景利	河口街道教委	河口区优秀教育工作者	河口区区委、区政府	2010.09
孔庆东	河口区职业中专	河口区优秀教育工作者	河口区区委、区政府	2010.09
来维恩	河口区职业中专	河口区优秀教师	河口区区委、区政府	2010.09
黄丽华	河口区职业中专	河口区优秀教师	河口区区委、区政府	2010.09
崔仁芳	新户镇太平小学	河口区优秀教师	河口区区委、区政府	2010.09
王洪俊	新户镇中心小学	河口区优秀教师	河口区区委、区政府	2010.09
张呈林	新户镇中心小学	河口区优秀教师	河口区区委、区政府	2010.09
李凤先	新户镇中学	河口区优秀教师	河口区区委、区政府	2010.09

续表

姓　名	单　位	荣誉称号	颁奖单位	获奖时间
李景东	新户镇中学	河口区优秀教师	河口区区委、区政府	2010.09
蔺素华	孤岛镇中心小学	河口区优秀教师	河口区区委、区政府	2010.09
郭志义	河口区实验学校	河口区优秀教师	河口区区委、区政府	2010.09
田效军	河口区实验学校	河口区优秀教师	河口区区委、区政府	2010.09
张保华	河口区实验学校	河口区优秀教师	河口区区委、区政府	2010.09
董海军	河口区实验学校	河口区优秀教师	河口区区委、区政府	2010.09
刘瑞芹	河口区实验学校	河口区优秀教育工作者	河口区区委、区政府	2011.11
魏萍萍	河口区实验学校	河口区优秀教育工作者	河口区区委、区政府	2011.11
窦现国	河口区河安小学	河口区优秀教师	河口区区委、区政府	2011.12
黄玉霞	河口区实验幼儿园	河口区优秀教师	河口区区委、区政府	2014.01
楚燕清	河口区一中	河口区优秀教师	河口区区委、区政府	2014.09
董兴双	河口区一中	河口区优秀教育工作者	河口区区委、区政府	2014.09
何敬理	河口区一中	河口区优秀教师	河口区区委、区政府	2014.09
李延山	河口区一中	河口区优秀教师	河口区区委、区政府	2014.09
刘金生	河口区一中	河口区优秀教师	河口区区委、区政府	2014.09
时树行	河口区一中	河口区优秀教师	河口区区委、区政府	2014.09
王玉兵	河口区一中	河口区优秀教师	河口区区委、区政府	2014.09
信连亮	河口区一中	河口区优秀教师	河口区区委、区政府	2014.09
周春生	河口区一中	河口区优秀教师	河口区区委、区政府	2014.09
吴　燕	河口区河安幼儿园	河口区优秀教育工作者	河口区区委、区政府	2014.09
蔡建霞	河口街道四扣小学	河口区优秀教师	河口区区委、区政府	2014.09
任景利	河口街道教委	河口区优秀教师	河口区区委、区政府	2014.09
张树河	河口区职业中专	河口区优秀教育工作者	河口区区委、区政府	2014.09
徐高利	河口区职业中专	河口区优秀教师	河口区区委、区政府	2014.09
刘昆仑	河口区职业中专	河口区优秀教师	河口区区委、区政府	2014.09
张朝霞	六合街道中心小学	河口区优秀教师	河口区区委、区政府	2014.09
李吉燕	六合街道中心小学	河口区优秀教师	河口区区委、区政府	2014.09

续表

姓 名	单 位	荣誉称号	颁奖单位	获奖时间
綦跃花	六合街道中心幼儿园	河口区优秀教师	河口区区委、区政府	2014.09
高玉芳	新户镇中心小学	河口区优秀教师	河口区区委、区政府	2014.09
张秀珍	新户镇中心幼儿园	河口区优秀教师	河口区区委、区政府	2014.09
武奉良	新户镇太平小学	河口区优秀教师	河口区区委、区政府	2014.09
刘美庆	新户镇太平小学	河口区优秀教师	河口区区委、区政府	2014.09
李玉翠	新户镇中学	河口区优秀教师	河口区区委、区政府	2014.09
王 维	仙河镇中心小学	河口区优秀教师	河口区区委、区政府	2014.09
王学志	仙河镇教委	河口区优秀教育工作者	河口区区委、区政府	2014.09
王家家	仙河镇中心幼儿园	河口区优秀教师	河口区区委、区政府	2014.09
巴忠艳	孤岛镇中心小学	河口区优秀教师	河口区区委、区政府	2014.09
魏真真	孤岛镇中心幼儿园	河口区优秀教师	河口区区委、区政府	2014.09
王文红	孤岛镇中心幼儿园	河口区优秀教师	河口区区委、区政府	2014.09
付同军	河口区河安小学	河口区优秀教师	河口区区委、区政府	2014.09
刘倩倩	河口区河安小学	河口区优秀教师	河口区区委、区政府	2014.09
常国云	河口区河安小学	河口区优秀教师	河口区区委、区政府	2014.09
薄尊娥	河口区实验学校	河口区优秀教师	河口区区委、区政府	2014.09
刘增寿	河口区实验学校	河口区优秀教师	河口区区委、区政府	2014.09
吴玉萍	河口区实验学校	河口区优秀教师	河口区区委、区政府	2014.09
杨其凯	河口区实验学校	河口区优秀教师	河口区区委、区政府	2014.09
杨月银	河口区实验学校	河口区优秀教师	河口区区委、区政府	2014.09
刘瑞芹	河口区实验学校	河口区优秀教师	河口区区委、区政府	2014.09
张洪军	河口区实验学校	河口区优秀教师	河口区区委、区政府	2014.09
于新莉	河口区实验学校	河口区优秀教师	河口区区委、区政府	2014.09
于 霞	河口区实验学校	河口区优秀教师	河口区区委、区政府	2014.09
王明霞	义和镇中心学校	河口区优秀教师	河口区区委、区政府	2014.09
许孝梅	义和镇中心学校	河口区优秀教师	河口区区委、区政府	2014.09
李玉梅	义和镇中心学校	河口区优秀教师	河口区区委、区政府	2014.09
毕春美	义和镇中心学校	河口区优秀教师	河口区区委、区政府	2014.09
宋科栋	义和镇中心学校	河口区优秀教师	河口区区委、区政府	2014.09
韩海成	义和镇中心学校	河口区优秀教育工作者	河口区区委、区政府	2014.09
李 贺	义和镇中心学校	河口区优秀教师	河口区区委、区政府	2014.09

人　物

历任领导干部

牛立元　男，汉族，1938年7月出生，山东省利津县人，中共党员。1958年7月，毕业于北镇师范学校，中师学历。

1958年7月，参加工作，历任利津县东屏完小数学教师，利津县三中团委书记，利津县二中团委书记，原利津县六合中学校长，河口区文教局（教育局）局长、党组书记。1999年12月退休。

1985年12月，被评为"山东省教育工作先进个人"，1988年4月，被评为"山东省校舍改造先进工作者"，1990年7月，被评为"河口区优秀党员"。

曲德民　男，汉族，1952年7月出生，山东省利津县人，中共党员。1975年8月，毕业于沾化师范学校，中师学历；1986年8月，毕业于北京中国青年政治学院，专科学历。

1973年1月参加工作（其间：1973年8月至1975年8月，在沾化师范学校学习），历任利津县陈庄中学教师，利津县教育局职员，共青团利津县委职员、副书记，利津县北宋公社党委常委、管委会副主任，共青团利津县委副书记，共青团东营市委办公室主任（其间：1984年8月至1986年8月，在北京中国青年政治学院学习），东营市政府办公室一科科长，利津县委政策研究室主任，河口区政府办公室主任，河口区教育局（教委）党组书记、局长（主任）兼

任河口一中党支部书记，河口区第十五届人大常委会副主任、党组成员。2007年12月内退，2012年8月退休。

先后被评为河口区先进工作者、东营市先进工作者、东营市青少年工作先进个人、东营市教育督导工作先进个人等。

张胜双　男，汉族，1962年11月出生，山东省沾化县人，中共党员。1981年7月，毕业于山东北镇农校农经专业，中专学历；1998年10月，毕业于山东省委党校经济管理专业，本科学历；2000年6月，毕业于南京大学社会学专业，研究生学历。

1981年7月，参加工作，历任惠民地区沾化县义和公社农经站管理员，共青团河口区委副书记，河口区农委副主任，河口区农开办主任，河口区太平乡党委副书记、乡长、党委书记，河口区四扣乡党委书记，河口区河口街道党委书记、人大办主任，河口区教育局局长、党组（党委）书记兼任河口一中党总支书记，河口区委常委、办公室主任。2012年1月起，任河口区第十七届人大常委会第一副主任、党组副书记。

2000年4月被河口区委、区政府授予"计划生育工作嘉奖"，2001年，被东营市委、市政府授予"1998——2000年信访工作记三等功"，2001年6月，被评为"东营市优秀党务工作者"，2005年3月，被评为"东营市农村教育工作先进个人"。

宋卫忠 男，汉族，1963年3月出生，东营市河口区人，中共党员。1982年7月，毕业于北镇师专汉语言文学专业，专科学历；1987年7月，毕业于山师大汉语言文学专业，本科学历。

1982年7月，参加工作，历任沾化六中语文教师、太平中学语文教师、教导主任、校长、河口区太平乡政府秘书、组织委员、党委副书记，河口一中校长、党支部（总支）书记兼任河口区教委副主任、河口区教育局党委副书记。2012年2月起，任河口区政协副主席、党组成员。

1988年9月，被评为"东营市优秀教师""东营市思想政治工作优秀工作者"，2007年9月，被评为"全国优秀教育工作者"，2008年8月，荣获"山东省教育创新人物（校长系列）提名奖"，2009年12月，被评为首届"齐鲁名校长建设工程人选"。

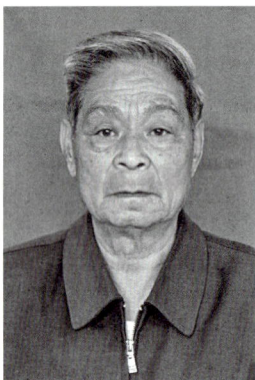

李忠干 男，汉族，1938年10月出生，山东省邹平县人，中共党员。1958年7月，毕业于济南三中，高中学历；1986年7月，毕业于人文函授大学，专科学历。

1965年10月，参加工作，历任胜利油田钻井公司宣传干事，河口区文教局副局长，河口区总工会主席，钻井二公司老年工作站书记。1997年8月退休。

1987年2月，被评为"山东省宣传文化系统优秀工作者"，1987年12月，被评为"河口区先进教育工作者"，1990年1月，被评为"东营市先进文艺工作者"，1989年6月、1991年6月、1995年6月被评为"河口区优秀共产党员"。

张学文（1939.08~2004.08） 男，汉族，山东省垦利县人，中共党员。毕业于惠民师范学校，中

师学历。

历任利津县付窝中学数学教师，罗镇中学数学教师，利津县教育局职员，六合乡教育组组长，河口区教育局（教委）副局长（副主任），河口区政协祖国统一委员会副主任。1999年9月退休。

于寿波 男，汉族，1936年2月出生，山东省烟台栖霞市人，中共党员。1963年7月，毕业于山东师范学院化学系，本科学历。

1963年8月，参加工作，历任淄博市桓台三中化学教师，胜利油田教育处干事，胜利油田十三中

化学教师，河口区教育局教研室主任、副局长，胜利油田十三中副校长。1996年7月退休。

1984年9月，被评为"胜利采油厂先进工作者"，1987年9月，被评为"东营市先进工作者"。

孟德义 男，汉族，1948年4月出生，东营市河口区人。1967年7月，毕业于惠民师范学校，中师学历；1996年6月，毕业于曲阜师范大学教育管理专业，本科学历，高级教师。

1967年7月，参加工作，历任沾化三中教师，河

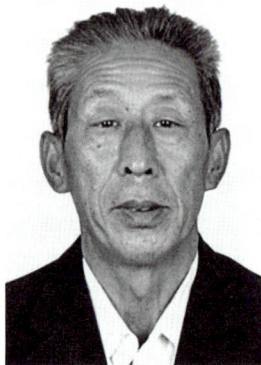

口区招生办主任，河口区教育局副局长、党组副书记，河口区职业高中副校长、校长、党支部书记。1997年4月，被聘为中国党风科学专业委员会研究员。2008年4月退休。

1987年10月，被评为"山东省先进工作者"，1988年11月，被评为"东营市先进工作者"，1995

年2月、1998年11月，分别被区委、区政府记三等功。1998年10月，被评为"东营市师德标兵"。

周俊田 （1948.02～2013.07）　男，汉族，东营市东营区人，中共党员。1967年7月，毕业于惠民师范学校，中师学历；1988年3月，毕业于惠民师范学校数学专业，专科学历。

1967年8月，参加工作，历任义和中学数学教师、义和镇大山中学数学教师、教导主任、校长、义和中学校长、义和镇党委纪检书记，河口一中副校长、校长、党支部书记兼任河口区教委副主任，河口区统计局局长。2008年2月退休。

1993年1月，被评为"河口区先进工作者"，1995年9月，被评为"东营市先进教育工作者"。

韩丽君　女，汉族，1958年5月出生，山东省利津县人，中共党员。1986年8月，毕业于利津师范学校，中师学历；1995年8月，毕业于山东省教育学院，专科学历。

1975年7月，参加工作，历任利津三中教师（其间：1984年7月至1986年8月，在利津师范学校学习），河口区招生办副主任、主任，河口区教委（教育局）副主任（副局长）。2005年8月内退。

1992年11月，被评为"山东省招生工作先进个人"，1993年9月，被评为"山东省优秀教育工作者"，2001年9月，被评为"东营市先进教育工作者"。

张俊海　男，汉族，1957年1月出生，东营市河口区人，中共党员。1980年7月，毕业于沾化师范学校，中师学历；1993年6月，毕业于中央党校函授学院经济管理专业，专科学历。

1976年3月，参加工作，历任原沾化县新户中学数学教师（其间：1978年9月至1980年7月，在沾化师范学校学习），原沾化县太平乡三合中学语文教师，河口区教育局职员，河口区委秘书（其间：1990年7月至1993年6月，于中央党校函授学院经济管理专业学习），河口区新户乡党委副书记、人大副主任，河口区孤岛镇党委副书记、镇长，河口区教委党组副书记、副主任，河口区农机局局长、党组书记，河口区区直机关党工委书记，河口区人大财政经济工作委员会主任。2009年4月内退。

2001年3月，被河口区委、区政府记二等功，2002年，被评为"山东省农机技术推广先进工作者"，2004年，被评为"东营市优秀党务工作者"。

刘文彬　男，汉族，1956年9月出生，东营市东营区人，中共党员。1980年7月，毕业于滨州师专数学教育专业，专科学历；1996年7月，毕业于曲师大数学教育专业，本科学历。

1976年1月，参加工作，历任利津县水利局职员（其间：1978年9月至1980年7月，在滨州学院进修学习），利津三中数学教师，河口区教育局教研室副主任、主任，河口区教育局副局长，河口区实验学校校长。2008年12月内退。

1998年9月，被评为"东营市优秀教育工作者"，2006年11月，被中央教科所评为"全国教育科研先进工作者"。

孙德宾　男，汉族，1956年1月出生，山东省潍坊寿光市人，中共党员。1980年1月，毕业于沾化师范学校，中师学历；1986年8月，毕业于山师大汉语言文学专业，本科学历。

1980年1月，参加工作，历任新户中学语文教师、教导主任、校长，河口区新户乡宣传委员、副乡长、副书记，河口区教育局副局长。2008年12月内退。

1989年9月，被河口区委区政府记三等功，1993年7月，被评为"河口区优秀党员"，1999年9月，被评为"河口区优秀教育工作者"。

胡友文　男，汉族，1965年7月出生，东营市河口区人，中共党员。1987年7月，毕业于泰安师专化学系，专科学历；1992年11月，毕业于山东省委党校经济管理专业，本科学历。

1987年7月，参加工作，历任河口一中化学教师、校长办公室秘书，河口区广播电视局记者、编辑、新闻部主任，河口区委宣传部办公室主任，河口区委文明办副主任，河口区委宣传部副部长，河口区文化体育新闻出版局党组书记、局长，河口区教育局副局长、党组（党委）委员。2010年3月起，任河口区老龄工作委员会办公室党组书记、主任。

1996年3月，被东营市委、市政府记二等功，2004年6月被评为"河口区优秀党务工作者"。

李延春　男，汉族，1967年4月出生，山东省沾化县人，中共党员。1988年7月，毕业于曲师大教育行政管理专业，专科学历；1996年6月，毕业于曲师大政治暨思想教育专业，本科学历；2014年8月，毕业于天津师范大学——韩国世翰大学教育行政学专业，硕士研究生学历。

1988年7月，参加工作，历任河口区教育局职员，河口一中副校长，河口区教育局副局长、党委副书记，河口区职教中心主任、河口区职业技术学校校长。2008年12月起，任河口区实验学校校长。

2008年11月，被评为"东营市依靠职工办事业优秀个人"，2010年9月，被评为"东营市优秀教育工作者"，2011年6月，被评为"河口区优秀共产党员"，2014年9月，被评为"东营市优秀教育工作者"。

樊学东　男，汉族，1963年7月出生，山东省沾化县人，中共党员。1984年7月，毕业于滨州师专化学教育专业，专科学历；1995年12月，毕业于曲师大化学教育专业，本科学历。

1984年7月，参加工作，历任沾化县永丰中学化学教师，义和中学化学教师，河口区教育局教研室化学教研员、普教股股长、纪委书记、副局长，河口区教育局党委副书记、河口区职教中心副主任、河口区职业技术学校副校长。2013年11月内退。

2008年6月，被评为"东营市国家安全工作先进个人"，2008年11月，被评为"东营市纪检监察信访举报工作先进个人"。

张景利　男，汉族，1944年12月出生，山东省垦利县人，中共党员。1986年9月，毕业于东营师范学校，中师学历；1999年1月，毕业于山东省委党校经济管理专业，本科学历。

1968年7月，参加工

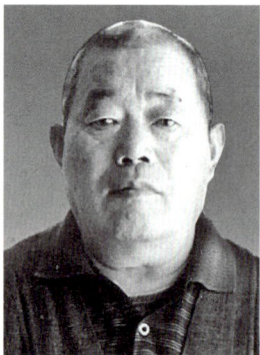

作，历任义和公社大牟小学语文教师、义和公社五二中学语文教师、义和公社大山中学语文教师、教导主任、河口区教育局教研室副主任、主任、河口区政府教育督导室主任。2005年2月退休。

1985年9月，被评为"河口区优秀教师"，1991年6月，被评为"河口区优秀共产党员"，1991年9月，被评为"东营市优秀教育工作者"，1989年2月、1990年9月、1991年2月、1992年2月，被评为"河口区先进教育工作者"。

周学武 男，汉族，1940年9月出生，东营市河口区人，中共党员。1961年7月，毕业于惠民师范学校，中师学历；1995年12月，毕业于曲师大政治专业，专科学历。

1961年7月，参加工作，历任渤海农场子弟学校语文教师、黄河农场子弟中学语文教师、教导主任、副校长，黄河农场教育科副科长，河口区职业高中副校长，河口区教委老教协副理事长。2000年12月退休。

1962年9月、1963年9月，被山东省公安厅劳改局评为"山东省优秀教师"。

燕同永 （1966.08～2012.06） 男，汉族，山东省广饶县人，中共党员。1987年7月，毕业于昌潍师专思想政治教育专业，专科学历；1994年7月，毕业于青岛海洋大学思想政治教育专业，本科学历。

1987年7月，参加工作，历任河口一中政治教师、教研组长、团委副书记、办公室主任，河口区委党校理论教员、总务处主任、业余教育处副主任，河口区招生办主任，河口区油地结合办副主任、义和镇党委副书记（挂职）。

2006年，任河口区油区办公室主任科员、河口区油地结合办副主任。

2005年，被评为"河口区优秀党务工作者"，2008年被评为"山东省优秀工会积极分子""山东省油区管理工作先进个人"。

马晓静 女，汉族，1966年11月出生，山东省广饶县人，中共党员；1988年7月，毕业于济宁师专政史系，专科学历；1995年6月，毕业于曲师大历史教育专业，本科学历。

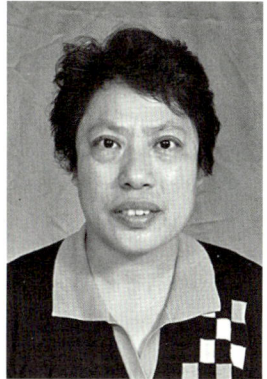

1988年7月，参加工作，历任河口一中历史教师、政教处副主任，河口区教育局党委委员、工会主席。2013年2月起，任河口区职教中心（河口区职业中专）副主任（副校长）。

2005年12月，被评为"山东省优秀教育工会工作者"，2012年2月，被评为"东营市优秀工会工作者"，2012年3月，被评为"东营市妇女儿童先进个人"并记三等功。

刘晋月 男，汉族，1965年9月出生，山东省利津县人，中共党员。1987年7月，毕业于曲师大英语专业，本科学历。

1987年7月，参加工作，历任河口区教育局教研室英语教研员、副主任、主任，河口区教育局党委委员、河口区职教中心主任、河口区职业技术学校校长。

2004年9月，被评为"东营市优秀教育工作者""山东省教育科研先进工作者"，2008年10月，被评为"东营市第四届优秀科技工作者"。

杨景田 男，汉族，1968年3月出生，山东省无棣县人,中共党员。1991年7月,毕业于济宁师专历史系,专科学历;2001年10月,毕业于山师大政治管理专业,本科学历。

1991年7月,参加工作,历任义和中学历史教师、义和镇教委教研室主任,河口区实验小学语文、数学教师,河口区教育局教研室教研员、办公室主任,河口区政府教育督导室副主任。2010年9月起,任河口区实验幼儿园园长。

1999年9月,被评为"河口区优秀教育工作者",1999年9月、2004年12月,被评为"东营市教学能手",2010年9月,被评为"河口区优秀教育工作者"。

李 琳 女,汉族,1969年2月出生,山东省无棣县人,中共党员。1988年7月,毕业于山东省滨州卫校助产专业,中专学历;2005年7月,毕业于山东省滨州医学院临床医学专业,本科学历。

1988年7月,参加工作,历任河口区卫生局团支部书记、妇幼保健站医师、妇产科主任、副站长、站长,河口区人口和计划生育局党组成员、计划生育妇幼保健综合服务站站长,河口区教育局党委委员、工会主席。2014年11月起,任河口区疾病预防控制中心副主任。

2003年,被评为"河口区抗击非典优秀共产党员",2004年,被评为"山东省廉洁行医树新风先进个人",2007年,被评为"东营市卫生系统先进个人"并记三等功,2014年,被评为"东营市心理健康教育先进工作者"。

刘 波 男,汉族,1977年3月出生,山东省垦利县人,中共党员。1996年7月,毕业东营师范学校,中师学历;1999年7月,毕业于福州大学法律专业,专科学历。

1996年7月,参加工作,历任新户中学美术教师、团委书记、办公室主任,河口区教育局办公室秘书、副主任,教育局基教股股长、教研室主任。2014年11月起,任河安小学校长、党支部书记。

2005年9月,被河口区委、区政府记三等功,2009年9月、2014年9月,被评为"河口区优秀教育工作者"。

现任副科级以上领导干部

毕建军 男，汉族，1965年2月出生，山东省利津县人，中共党员。1990年6月，毕业于山东省青年管理干部学院文秘专业，专科学历;2003年1月，毕业于山东省委党校经济管理专业，本科学历。

1983年7月，参加工作，历任河口区四扣乡办公室职员、团委书记、组织委员、副乡长，河口区义和镇党委副书记、镇长、党委书记、人大主席，河口区政府区长助理、办公室主任。2007年10月起，任河口区教育局党委书记、局长兼任河口一中党总支书记。

1999年12月、2000年12月、2001年12月，被河口区委、区政府记三等功，2001年12月，被东营市委、市政府记三等功，2006年11月，被评为"东营市优秀党务工作者"。

王志华 男，汉族，1962年11月出生，山东省沾化县人，中共党员。1982年7月，毕业于沾化师范学校，中师学历;1998年12月，毕业于山东省委党校经济管理专业，本科学历。2014年8月，毕业于天津师范大学——韩国世翰大学教育行政学专业，硕士研究生学历。

1982年7月，参加工作，历任河口区太平乡中学(新户镇太平中学)英语教师，太平乡党委秘书、人武部副部长、部长、党委副书记，河口区四扣乡党委副书记，河口区河口街道党委副书记，河口区仙河镇党委副书记、镇长，河口区民政局局长、党组书记，河口区交通局局长、党组书记，河口区交通运输局局长、党组书记。2012年3月起，任河口一中校长兼任河口区教育局党委副书记。

1995年11月，被评为"东营市征兵工作先进个人"，2000年3月，被东营市人事局、信访局授予"1999年度信访工作嘉奖"，2003年3月，被评为"全国创建环境优美乡镇优秀领导"，2008年3月，被评为"东营市拥军优属模范"，2008年11月，被评为"全省民政宣传工作先进个人"。

王明章 男，汉族，1968年2月出生，山东省沾化县人，中共党员。1990年7月，毕业于东营电大企业管理专业，专科学历;2001年12月，毕业于山东省委党校经济管理专业，本科学历。

1991年1月，参加工作，历任河口区盐务局办公室主任，河口区委办公室科员、秘书室主任、综合室主任(其间:1997年9月至2001年12月，在山东省委党校经济管理专业本科班学习)，河口区委督查局局长，河口区委督查考核办公室副主任、主任，河口区教育局副局长、党组(党委)成员。2014年5月起，任河口区教育局党委副书记。

1999年4月，被评为"东营市督查工作先进个人"，2011年4月，被评为"河口区落实党风廉政建设责任制先进个人"，2012年4月、2013年5月，被评为"河口区精神文明建设目标考核先进个人"。

韩其华　男，汉族，1965 年 2 月出生，山东省广饶县人，中共党员。1986 年 7 月，毕业于淄博师专化学系，专科学历；1992 年 6 月，毕业于山东教育学院化学系，本科学历。

1986 年 7 月，参加工作，历任河口一中化学教师、政教处主任、工会主席，河口区政府教育督导室主任。2010 年 10 月起，任河口区教育局副局长。

2006 年 3 月，被评为"东营市学校安全工作先进个人"，2007 年 1 月、2010 年 6 月，被评为"山东省教育督导先进工作者"，2011 年 11 月，被评为"东营市普法依法治理先进个人"。

刘云战　男，汉族，1971 年 1 月出生，东营市河口区人，中共党员。1987 年 7 月，毕业于河口一中，高中学历；1999 年 12 月，毕业于山东省委党校档案文秘专业，本科学历。

1987 年 9 月，参加工作，历任河口区市政工程公司技术员，河口区委办公室职员（其间：1989 年 9 月至 1991 年 10 月，在东营市财经学校会计专业学习），河口区委办公室会计、后勤办副主任、保密办副主任，河口区孤岛镇副镇长，孤岛镇党委委员、副镇长，孤岛镇人大副主席。2014 年 11 起，任河口区教育局党委委员、主任科员。

1995 年 2 月，被河口区委、区政府记三等功，2003 年 3 月、2005 年 3 月，被评为"东营市保密工作先进个人"，2010 年 12 月、2012 年 12 月，被评为"河口区招商引资工作先进个人"，2013 年 3 月，被评为"河口区党务工作先进个人"。

杨丰文　男，汉族，1971 年 10 月出生，山东省广饶县人，中共党员。1992 年 7 月，毕业于东营师范学校，中师学历；2005 年 12 月，毕业于曲师大思想政治教育专业，本科学历。

1992 年 7 月，参加工作，历任河口一中政治教师、级部主任、办公室主任，河口区六合乡（六合街道）副乡长（副主任），河口区总工会副主席。2012 年 3 月起，任河口区教育局党委委员、副局长。

2008 年 3 月，被东营市委、市政府、东营军分区记三等功，2012 年 2 月，被评为"东营市优秀工会工作者"。

韩玉生　男，汉族，1968 年 8 月出生，山东省利津县人。1988 年 7 月，毕业于昌潍师专英语教育专业，专科学历；2002 年 6 月，毕业于曲师大英语教育专业，本科学历。

1988 年 7 月，参加工作，历任河口一中英语教师，河口区教育局教研室英语教研员、副主任，教育局基教股股长、教研室主任。2012 年 9 月起，任教育局副局长。

2001 年 9 月，被评为"河口区优秀教师"，2007 年 2 月，被评为"东营市教育督导先进工作者"，2007 年 9 月，被评为"河口区优秀教育工作者"。

高希文　男，汉族，1967 年 11 月出生，滨州市滨城区人，中共党员。1988 年 7 月，毕业于昌潍师专数学教育专业，专科学历；1995 年 6 月，毕业于山大数学教育专业，本科学历。

1988 年 8 月，参加工作，历任河口实验小学初

中部数学教师,河口一中初中部数学教师、级部主任、团委副书记,河口区教育局教研室教研员、基教股股长、河口区政府教育督导室副主任、纪委书记,河安小学校长、党支部书记(教育局党委委员)。2014年11月起,任河口教育局党委委员、工会主席。

2004年3月,被评为"山东省基础教育先进个人",2005年3月、2006年3月、2007年3月,被评为"东营市学校安全工作先进个人",2007年1月,被评为"东营市教育督导先进个人"。

李树根 男,汉族,1966年3月出生,东营市河口区人,中共党员。1986年7月,毕业于沾化师范学校,中师学历;1996年6月,毕业于曲师大思想政治专业,本科学历。

1986年7月,参加工作,历任河口区六合中学物理教师,河口区实验小学初中部思想政治教师,河口一中初中思想政治教师,河口区教育局办公室主任。2003年6月起,任河口区招生办主任。

2007年9月,被评为"东营市优秀教育工作者",2011年4月,被评为"山东省招生工作先进个人"。

盖秀霞 女,汉族,1968年8月出生,山东省利津县人,九三学社社员。1989年7月,毕业于昌潍师专数学系,专科学历;1995年6月,毕业于曲师大汉语言文学教育专业,本科学历。2009年6月,毕业于山师大教育管理专业,教育硕士学位。

1989年7月,参加工作,历任河口区教育局职员,河口区实验幼儿园园长。2010年9月起,任河口区人民政府教育督导室主任。

2007年3月,被评为"东营市'三八'红旗手",2008年6月,被评为"东营市儿童工作先进个人",

2009年9月,被评为"东营市优秀教育工作者"。

焦广民 男,汉族,1968年6月出生,东营市河口区人,中共党员。1989年7月,毕业于徐州师专物理系,专科学历;2006年12月,毕业于曲师大思想政治教育专业,本科学历。

1989年7月,参加工作,历任太平中学化学、物理教师,义和中学化学教师,大山中学化学教师、教导主任,河口街道中学化学教师、副校长,河口区教育局教研室化学教研员、副主任,河口区政府教育督导室副主任、教育安全科科长。2014年11月起,任河口区教育局教研室主任。

2006年6月,被评为"山东省小学科学教学教研先进工作者",2009年9月,被评为"山东省优秀教研员",2014年10月,被评为"山东省校园安全管理与研究工作先进个人"。

刘爱荣 女,汉族,1967年4月出生,山东省烟台栖霞市人。1989年7月,毕业于曲师大教育行政管理专业,专科学历;1995年6月毕业于曲师大汉语言文学教育专业,本科学历。

1989年7月,参加工作,历任河口区教育局电大站教师、职教股职员、人事股股长。2011年3月起,任河口区政府教育督导室副主任,河口区教育局人事股股长。

2002年5月,被评为"山东省中学教师助学自考工作先进个人",2004年9月、2007年9月,被评为"河口区优秀教育工作者",2008年1月,被评为"东营市优秀妇女工作者",2009年9月,被评为"东营市优秀教育工作者"。

先模人物

姜竹村　男，汉族，1933 年 5 月出生，山东省沾化县人，中共党员。1955年 7 月，毕业于惠民师范学校，中师学历；1966 年 7 月，毕业于烟台师范大学中文系，本科学历。高级教师。

1950 年 8 月，参加工作，历任沾化县第三高小语文教师，无棣一中语文教师，沾化九中语文教师，沾化三中语文教师，河口一中语文教师。1993 年 5 月退休。

1985 年 9 月，被评为"山东省优秀教师"，1986年 9 月、1987 年 9 月，被评为"河口区优秀教师"，1989 年 9 月，被评为"东营市优秀教师""全国优秀教师"。

郭金玉　男，汉族，1949 年 1 月生，东营市河口区人，中共党员。1968年 7 月，毕业于原沾化二中，高中学历；1996 年 6月，毕业于曲师大政治和思想品德教育专业，本科学历。高级教师。

1968 年 9 月，参加工作，历任原沾化县义和公社大山小学语文、数学教师，义和镇大山中学政治教师，义和中学副校长，河口一中副校长、工会主席，河口区职业高中副校长。2003 年 3 月内退，2009 年 1 月退休。

1984 年 10 月，被评为"东营市优秀教师"，1988 年 4 月，被授予"东营市建功创业劳动奖章"，

1989 年 9 月，被评为"全国优秀教师"，1991 年 1月，被评为"东营市教学能手"。1993 年 10 月，当选为东营市党代会代表，1995 年 10 月，当选为河口区第三届党代会代表，1997 年 12 月，当选为河口区第十四届人民代表大会代表。

崔兴岭　男，汉族，1963 年 8 月出生，山东省利津县人，中共党员。1981年 7 月，毕业于东营师范学校，中师学历；1987 年 6月，毕业于齐鲁师范大学数学系，专科学历；1989 年6 月，毕业于山师大地理系，本科学历。高级教师。

1981 年 7 月，参加工作，历任原利津县六合公社梅家小学语文教师，河口一中地理教师、政教主任。2007 年 12 月起，任河口一中副校长。

1991 年 12 月，被评为"东营市教学能手"，1995年 9 月，被评为"全国优秀教师"，2006 年 9 月，被评为"山东省特级教师"。当选为东营市第四届政协委员。

李清玲　女，汉族，1967 年 10 月出生，山东省沾化县人，中共党员。1988年 7 月，毕业于东营电大汉语言文学专业，专科学历；1993 年 7 月，毕业于山东教育学院汉语言文学专业，本科学历。高级教师。

1988 年 7 月，参加工

作,历任四扣中学语文教师,义和镇大山中学语文教师,义和中学语文教师,河口一中工会主席、副校长。2007年12月起,任河口一中党总支副书记。

1996年9月,被评为"全国'三育人'先进个人",1997年3月,被评为"全国三八红旗手",1998年9月,被评为"全国模范教师"。2000年4月,被评为"全国先进工作者"。2001年,其事迹被改编成电视剧《红柳》。1997~2012年,连续当选为山东省第七、八、九届党代表,当选为东营市第四、五届人大代表。

刘其靖 女,汉族,1963年4月出生,山东省利津县人。1982年6月,毕业于利津三中,高中学历;2008年1月,毕业于山师大小学教育专业,专科学历。一级教师。

1983年8月,参加工作,历任原利津县六合公社梅家小学语文和数学教师、三联小学语文和数学教师,河口区实验小学数学教师,河口区河安小学副校长。2013年7月内退。

1999年9月,被评为"山东省优秀教师""山东省师德标兵",2001年9月,被评为"全国师德标兵""全国优秀教师"。

马永祥 男,1963年12月出生,山东省利津县人,中共党员。1984年7月,毕业于滨州师专数学系,专科学历;1988年7月,毕业于北京师大数学系,本科学历。中学高级教师。

1984年7月,参加工作,在阳信四中任数学教师,1992年7月,调入河口一中,历任数学教师、级部主任。1998年2月起,任河口一中副校长。

1994年2月,被河口区人民政府记三等功,

1997年9月,被评为"东营市优秀教师",2008年,被评为全国教育科研杰出校长,2011年10月,被评为东营市第二批名校长,2013年11月,被评为第二届东营市青少年科技教育"春晖奖"优秀科技校长。

王昌述 男,汉族,1940年8月出生,四川省广安市广安区人,中共党员。1966年7月,毕业于成都理工大学石油专业,本科学历。高级教师。

1966年7月,参加工作,历任河口作业二队技术员,河口职工大学石油地质教师、工会主席,河口一中校长兼书记,河口采油厂工艺所教导员。2000年9月退休。

1988年9月,被评为"河口区先进工作者""东营市先进工作者",1989年9月,被评为"河口区先进工作者""东营市优秀教师""山东省优秀教师"。

王玉东 男,汉族,1959年10月出生,东营市河口区人,中共党员。1977年7月,毕业于沾化三中,高中学历;1997年12月,毕业于山东省教育学院汉语言文学系,本科学历。高级教师。

1977年7月参加工作,历任义和镇北太平中学英语教师,义和中学英语教师,大山中学校长,义和中学副校长,新户中学校长,义和中学校长,义和镇教委主任,河口区河运小学校长。2010年9月内退。

1987年9月,被评为"河口区优秀教师",1991年9月,被评为"山东省优秀教师",1999年9月,被评为"东营市师德标兵",2004年9月,被评为"东营市优秀教育工作者"。

崔延娥 女，汉族，1964年5月出生，东营市河口区人，中共党员。1982年7月，毕业于沾化三中，高中学历；1989年6月，毕业于山东省教育学院英语教育专业，专科学历。高级教师。

1983年7月，参加工作，历任义和中学英语教师，河口街道中学英语教师。2006年7月起，任河口区实验学校英语教师。

1995年9月，被评为"山东省优秀教师"，1985年9月、1999年9月、2001年9月，被评为"河口区优秀教师"，2010年4月，被评为"东营市教学能手"。

魏春芳 女，汉族，1963年7月出生，山东省利津县人，中共党员。1987年7月，毕业于东营师范学校，中师学历；1996年12月，毕业于曲师大汉语言文学专业，专科学历。高级教师。

1980年7月，参加工作，历任原利津县六合公社（河口区六合乡）小义和小学语文教师（其间：1985年9月至1987年7月，在利津师范学习），六合中学语文教师。1988年8月起，任河口区实验小学(实验学校)语文教师。

1993年2月，被评为"东营市教学能手"，1994年2月，被评为"河口区优秀教育工作者"，1995年9月，被评为"山东省优秀教师"。

程振红 女，汉族，1966年6月出生，东营市河口区人。1984年7月，毕业于沾化三中，高中学历；1991年1月，毕业于东营师范学校，中师学历。

1984年9月，参加工

作，历任义和镇西南村小学数学教师，义和中心小学数学教师。2009年8月起，任义和中心学校数学教师。

1993年9月、1995年9月、2004年9月，被评为"河口区优秀教师"，1997年9月，被评为"山东省优秀教师"。

宋学花 女，汉族，1966年3月出生，东营市河口区人，中共党员。1985年7月，毕业于滨州师专物理系，专科学历；1994年5月，毕业于山师大物理系，本科学历。高级教师。

1985年7月，参加工作，历任河口一中物理教师、教研组长、级部主任。2007年9月起，任河口一中物理教师。

1993年9月，被评为"东营市教学能手"，2001年9月，被评为"山东省优秀教师"，2004年5月，被评为"东营市劳动模范"，2011年12月，被评为"东营市特级教师"，2013年4月，被评为"山东省先进工作者"。当选为东营市第七届党代会代表。

李秀香 女，1972年4月出生，汉族，山东省利津县人，中共党员。1992年7月，毕业于东营师范学校，中师学历；2002年，毕业于曲师大思想政治教育专业，本科学历。一级教师。

1992年7月，参加工作，任河口区实验小学(实验学校)语文教师。2010年9月起，任河口区河安小学语文教师、教务主任。

2002年6月，被评为"东营市教学能手"，2002年9月，被评为"东营市优秀教师"，2003年3月，被评为"东营市优秀女职工"，2004年9月，被评为"山东省优秀教师"。

季海宏　女，汉族，1979 年 11 月出生，山东省沾化县人。1999 年 7 月，毕业于东营电大汉语言文学专业，专科学历；2005 年 7 月，毕业于沈阳师范大学汉语言文学专业，本科学历。一级教师。

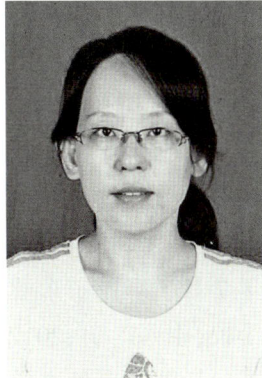

1999 年 7 月，参加工作，任义和中学语文教师。2006 年 8 月起，任河口区实验学校语文教师。

2007 年 9 月，被评为"山东省优秀教师"，2007 年，被评为"山东省初中语文教学能手"，2011 年，被评为"东营市名师"，2014 年 9 月，被评为"东营市优秀教师"。

陈建国　男，汉族，1969 年 7 月出生，东营市河口区人，中共党员。1991 年 7 月，毕业于济宁师专汉语言文学专业，专科学历；2006 年 12 月，毕业于曲师大汉语言文学专业，本科学历。高级教师。

1991 年 7 月，参加工作，历任义和中学语文教师、副校长，河口街道中学校长、六合乡教委主任、中学校长、义和镇教委主任、中学校长。2009 年 8 月起，任义和镇教委主任、中心学校校长。

2007 年 5 月，被评为"全省扎根基层建功立业优秀人才"并记三等功，2007 年 12 月，被评为"山东省中小学校本研究先进个人"，2009 年 7 月，被评为"山东省优秀教师"。

吴金叶　女，1965 年 6 月出生，汉族，东营市河口区人。1985 年 6 月，毕业于河口一中，高中学历；1996 年 7 月，毕业于东营市师范学校，中师学历。一级教师。

1985 年 6 月，参加工作至今任河口区太平乡（新户镇）太平幼儿园幼儿教师。

1990 年 7 月，被评为"东营市少年儿童先进工作者"，1999 年 9 月，被评为"河口区优秀教师"，2009 年 7 月，被评为"山东省优秀教师"。

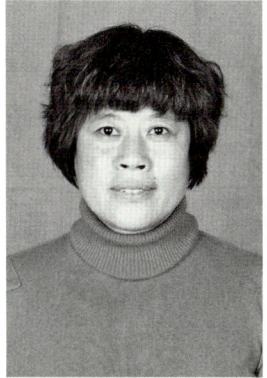

丁来成　男，汉族，1972 年 9 月出生，东营市河口区人。1994 年 7 月，毕业于胜利油田师专物理学教育专业，专科学历；2004 年 7 月，毕业于山师大物理学教育专业，理学学士，大学学历。高级教师。

1994 年 7 月，参加工作，任新户中学物理教师。2013 年 9 月起，任河口区实验学校物理教师。

2011 年 5 月，被评为"东营市物理教学能手"，2011 年 12 月，被评为"东营市特级教师"，2013 年 11 月，被评为"山东省特级教师"，2013 年 6 月，被评为"黄河口最美教师"。

张顺河　男，汉族，1968 年 11 月出生，东营市河口区人，中共党员。1990 年 7 月，毕业于济宁师专物理系，专科学历；1995 年 7 月，毕业于曲师大物理教育专业，本科学历。高级教师。

1990 年 7 月，参加工作，任六合中学物理教师。1992 年 7 月起，任河口一中物理教师，政教处主任。

1999 年 9 月、2001 年 9 月，被评为"河口区优秀教师"，2004 年 9 月，被评为"东营市优秀教师"，2005 年 4 月，被评为"东营市教学能手"，2014 年 9

月,被评为"山东省优秀教师"。

刘洪彬　男，汉族，1977年10月出生，东营市河口区人，中共党员。2000年7月，毕业于胜利油田师专英语教育专业，专科学历;2008年12月，毕业于曲师大英语教育专业,本科学历。一级教师。

2000年7月，参加工作,历任太平中学英语教师,新疆喀什疏勒县八一中学英语教师(支教)。2011年7月起,任太平中学英语教师。

2001年9月、2004年9月,被评为"河口区优秀教师",2007年6月,被评为"东营市教学能手",

2011年6月,被评为"东营市援疆先进个人",2014年9月,被评为"山东省优秀教师"。

黄丽萍　女，汉族，1981年11月出生,山东省垦利县人,中共党员。2001年7月，毕业于东营师范学校,中师学历;2011年1月，毕业于青岛大学小学教育专业,教育学学士,大学学历。一级教师。

2001年8月，参加工作,任太平乡中心小学数学教师。2002年9月起,任仙河镇中心小学数学教师。

2010年9月,被评为"河口区优秀教师",2014年9月,被评为"山东省优秀教师"。

附　录

文献辑存

河口区人民政府批转文教局
《关于一九八五年搞好农民教育工作的意见》的通知

东河政发(1985)24 号

我区农民教育工作,自党的十一届三中全会以来,特别是十二大把教育列为发展国民经济的战略重点之一后,各级党委政府加强了业余教育和扫盲工作的领导,并取得了一定的成绩,目前在农村已把扫除文盲工作列为重点来抓。

农民教育工作是一项社会性很强的工作,涉及面广、工作量大,任务很艰巨。为此,各级政府要切实加强领导,制定规划,采取有力措施把这项工作搞好。据统计,目前我区尚有青、少、壮年文盲 6257人。占青、少、壮年总数的 16.1%,这种状况与我区广大农村的经济发展很不适应。为了提高农民技术、文化素质,改变我区农民教育工作落后状况,促进农村经济的发展,完成省、市提出的在八五年基本扫除文盲的任务,根据我区实际状况提出如下意见:

一、我区扫盲工作的任务和要求

搞好农民教育,是进一步贯彻落实党的农村经济政策,搞活农村经济的迫切需要,也是广大农村物质文明建设的需要,根据省教育厅(83)37 号文件关于不断提高广大农民的思想觉悟和文 化技术水平,培养有理想、有道德、有文化、守纪律的新型农民,为农业生产服务,为社会主义建设服务的任务和要求,结合我区实际,一九八五年农村扫盲工作总的要求是:凡是没有达到小学毕业的 12 至 15岁的校外少年儿童(盲、聋、哑 、严重智力障碍的除外)必须全部插入全日制小学读书,堵住新文盲的产生,全部扫除青年文盲、扫除一半壮年文盲。使青、少年、壮年的文盲比例下降到 10%以下,达到国务院规定的扫盲标准。

各乡(镇)的扫盲任务是:六合乡 434 人,新户乡 490 人,太平乡 560 人,四扣乡 306 人,义和镇682 人。全区共计 2472 人。

二、采取的措施

①摸清底子,制定规划,分期分批地扫除文盲。各单位要层层组织专门班子,对本单位的人口进行全面调查,对各年龄段的文盲、半文盲脱盲人员逐个核对落实,登记入册,切实做到底子清、数字准、情况明。

在摸清底子的基础上,各乡(镇)、村要认真分析每个人的情况及文化现状,分类排队,制定扫盲规划,分期分批地举办各种类型的扫盲班。对那些有一定文化基础的半文盲,要利用冬、春农闲时机,集中时间,采取打歼灭战的办法,提前扫盲。对没有文化基础的,要举办多种形式的扫盲班,在办学形式上要多层次、多规格,区别对待、方便群众、服务于生产。个别文盲少的村,也可采取包教、包学的办法,限期完成。在开展扫盲的同时,各乡(镇)要办好农民技术短期训练班,或试办一所农民技术学校。

全区要集中人力、物力办好农技中学,为农村培养好技术人才,建立农民教育的牢固阵地,逐步形成农民教育的体系。农民文化技术教育以技术教育为主,兼学文化。

②认真推行农民教育工作责任制

各乡(镇)党委、政府要切实加强对扫盲工作的领导,要经常开会研究,在区政府的领导下制定本乡(镇)的扫盲计划和措施,并付诸实施,要认真解决扫盲教师的选用和劳动报酬问题,定期检查工作,推广先进经验,切实解决实际问题。各乡(镇)政府要认真抓好各村的扫盲工作,对拒不参加学习的青、少、壮年文盲不能评为先进、不能招工、不能参军,并由乡政府每月征收扫盲费5元,直至脱盲为止。不能按时完成扫盲任务的乡(镇)、村,不得评为"先进单位"和"文明单位"。

③切实保证扫盲质量

扫盲工作要严格标准,保证质量,防止流于形式、走过场、弄虚作假。对基本完成扫盲任务的单位要进行认真验收。其标准是:会读、会认1500个生字,能读"农村大众"上的文章,写出二、三百字的短文,经考核合格的学员,发给脱盲证书,作为今后统计文化程度的依据。

三、加强党对农民教育工作的领导

扫盲工作要健全机构,配齐干部。区里要成立"农民教育委员会",下设办公室,各乡(镇)也要抓紧成立"农民教育委员会",由党委、政府分管教育的同志任主任,下设业务办公室,由3至5人组成,负责本单位的农民教育工作,乡(镇)的专职农民教育干部要尽快配齐,做到专职专用。

各单位要在党的统一领导下,教育、农业、团委、妇联、科协等有关部门要通力协作,密切配合,共同抓好扫盲及其它农民教育工作。

四、妥善解决农民教育经费问题

各乡(镇)的教育经费要随着整个教育经费的增长比例,逐年有所增加,并且切实做到专款专用。市政府(1985)41号文件"教育经费中的农民教育经费实行财政切块包干后,已按人口平均每人七分钱的指标下拨到县区",农民教育经费的投资靠国家包下来是不可能的,主要还是乡(镇)、村和地方自己解决。

五、奖优罚劣,表彰先进

对八五年扫盲工作搞的好的单位,要进行表彰给予奖励,对完不成任务的单位,不能评为先进。八五年底召开适当会议,表彰农民教育工作,评先进单位和先进个人。

一九八五年全区基本扫除文盲是区政府提出的,事关重大、任务繁重。全区各级党委、政府及有关部门都要十分重视,要扎扎实实抓好农民教和扫盲工作,坚决完成本单位的扫盲任务。确保全区农民教育工作的顺利进行,为发展我区经济,开发建设黄河三角洲做出贡献。

一九八五年四月三十日

东营市河口区普教十五年规划方案及说明

一、现状分析

我区为一九八四年新建区。全区有四乡一镇,两个办事处,170个自然村。总人口为7.52万人,其中农业人口7.07万人,农民人均纯收入为365元。总的情况是经济基础差,底子薄,困难大。但是通过区委、区府的正确领导,全区人民的共同努力,经济形势逐年好转,河口区出现了经济振兴的好势头。

全区中小学发生了历史性变化。一九八六年顺利地完成了普及初等教育的任务和校舍改造任务,并以优异成绩通过了省府验收。一九八六年全区有小学90处,50个教学点,共420个教学班,在校生10456人。全区适龄儿童入学率为98.4%,巩固率为99.7%,普及率为98.5%;初中6所,4个教学点,区实验小学附设初中部一处,56个班,在校生3392人;普通高中1所,10个班,在校生580人;职业高中一所,4个班,在校生164人。现有小学教师496人,其中民办教师379人,学历合格占教师总数的81.5%、(含高中文化程度的)初中教师174人,其中民办68人,学历合格占3.4%;高中教师29人,学历合格占教师总数的13.8%;职业高中教师17人,学历合格占17.6%。通过校舍改造,我区农村中小学的办学条件发生了历史性变化,但与国家规定的实施九年制义务教育的基本办学条件相比还有较大距离。如:仪器室、试验室、图书室、储藏室、教工宿舍、学生宿舍、图书资料、文体器材等,还亟待解决。

二、制定规划的指导思想

(一)以贯彻落实《中华人民共和国义务教育法》和《中共中央关于教育体制改革的决定》为宗旨,以十三大提出的"百年大计、教育为本"为指针,充分体现十三大提出的加快、深化改革这个基本点。

(二)坚持"教育必须为社会主义建设服务,社会主义建设必须依靠教育"的方针。

(三)坚持标准,以条件定发展,积极稳妥地发展我区各级各类教育。这既是我们制定规划的指导思想,又是我们办教育的一条基本原则。

三、规划的内容和依据

(一)规划的内容:

1、学龄人口预测;2、在校学生预测;3、师资配备情况预测;4、经常经费和基建经费预测。这四个方面决定了教育的发展规模和速度。

(二)规划的依据:

《山东省在本世纪末实现九年制义务教育战略研究》、《中华人民共和国义务教育法》、《中共中央关于教育体制改革的决定》、国家教委教规字(87)001 号、002 号文件,国发(1984)174 号文件,即:《国务院关于筹措农村学校办学经费的通知》,鲁政发(85)120 号文件,即:《山东省人民政府关于贯彻执行<国务院关于筹措农村学校办学经费的通知>的通知》、赵紫阳总书记在十三大上的报告、省普教规划会议上的有关文件及省、市关于贯彻《中华人民共和国义务教育法的意见》。

四、预测和规划方案

(一)学龄人口预测:

学龄人口预测是规划的最基础、最基本的条件,因此,搞好人口出生和学龄人口预测是极为重要的。我们依据自一九八五年普教建档以来,掌握的 0 岁人口出生和区统计局、计生委提供的一九八六年人口出生的数据,综合全区计划外出生人数的数据,全区的人口出生率在 12‰和 14‰之间,计划

外出生在 1‰和 3‰之间。我们制定方案中,考虑到执行计划生育这一国策,结合我区的实际情况,按12‰的人口出生进行了预测,结果是由现在的总人口 75199 人到 2000 年上升到 82439 人;全区 0 周岁儿童由现在的 1098 人到 2000 年出生为 977 人左右。

(二)中小学发展规模:

1、小学发展规模:

根据学龄人口预测,小学学龄人口趋于下降趋势,在校生相应减少,为此确定小学布局、规模进行两次决策性调整。即:由 1986 年的 90 处到 1995 年调整为 70 处;1996 年后逐步调整为 50 处。1990 年初等教育普及的"四率"均达到 98%以上,从 1989 到 1991 年用三年时间,六周岁儿童全部入学。

2、初中发展规模:

根据省的每 1 万人设一所初中的规定,全区设7 所初中,学校规模不得少于 12 个教学班,当前亟待解决的问题是扩建学校规模,要标准化、高质量,迅速适应九年义务教育发展的要求。我们规划从1988 年起到 1990 年河口初中,首先实现九年义务教育,提前两年实施九年制义务教育;乡镇驻地从1991 年起到 1995 年实现九年义务教育,提前三年实施九年义务教育;1997 年全区 100%的五年级毕业生全部入学,基本完成实施九年制义务教育的任务。关于学制问题,确定从 1995 年起到 1997 年用三年时间,由"五·三"学制过渡到"五·四"学制。

3、高中发展规模:

我区有高中一所,在校生 580 人,10 个教学班。我们坚持严格控制高中发展,大力发展职业高中的原则,规划确定 1990 年前规模控制为 12 个教学班,1991 年至 1995 年,规模为 12—15 个教学班;1996 年后逐步发展为 18 个教学班,在校生 900人左右。

4、职业高中发展规模:

现有职业高中一所,根据大力发展职业高中,为当地经济建设服务的这一原则,确定投资 200 多万元,在区驻地建一所一校多能的职业技术学校。实行长短班结合,用啥学啥的原则。班数、招生数、在校生均占高中阶段的一半。

(三)1986年—2000年专任教师情况预测:

1、小学教师情况预测:

全区小学教师趋于逐年减少,根本问题是加强小学教师的在职培训和离职培训。根据文件规定,在预测小学教师的需求时,我们对区实验小学、乡镇中心小学用了师生比,对一般小学采用了班与教师比。综合计算,小学的班与教师比为1:1.4,教学点为1:1,1995年前需新增合格教师58人,到2000年小学教师减少到332人。

2、初中教师情况预测:

初中教师存在严重的学历不合格因素。在制定规划中,从三个方面进行了预测。一是十五年内需新增合格教师90人。二是分期分批对100名教师进行在职培训。三是1995年前通过退离休、自然减免和不称职调整对44名教师进行妥善安置和安排。预测的师生比为1:17.5。

3、高中教师情况预测:

高中教师的需求是依据班与教师的1:3.4进行的预测,需新增合格教师40人,需在职培训30人,对退离休、自然减员、不称职的进行安置和安排27人。

4、职业高中教师情况预测:职业高中教师的需求是依据班与教师的1:3.4进行的预测。需新增合格教师40人(其中专业课教师20人);需在职培训20人,对退离休、自然减员、不称职的进行安置和安排10人。

对新增师资除接收国家分配的大专生外,计划在1995年前代培专科生72人,本科生24人,总投资为65.2万元。

(四)1985年、1990年、1995年、2000年教育经费预测:

通过调查统计,我区85年的生均经费是:见表一。

根据省普教规划规定:小学经费按每生每年11.81%增长,初中、高中、职业高中按每生每年10.81%增长。我们按照这样预测:到2000年的生均经费比85年:小学增长4.1倍,初中增长3.91倍,高中增长3.68倍,职业高中增长2.78倍。发展到2000年的年生均经费是:见表二

表一 单位:万元

	平均合计	平均每年国拨(元)	平均每生教育费附加(元)	国拨(万元)	教育费附加(万元)	合计
小学	54.66	19.31	35.35	21.69	40.86	62.5
中学	128.34	87.72	29.62	28.47	8.54	37.01
高中	250.38	201.31	48.05	8.46	2.05	10.51
职业高中	315.15	267.25	47.90	4.14	0.74	4.88
合计				62.76	52.19	114.95

表二 单位:元

	生均合计	生均国拨经费(元)	生均教育费附加(元)	国拨经费(万元)	教育费附加(万元)	合计
小学	224.03	81.78	142.25	34.59	60.17	94.76
初中	502.40	393.53	108.87	133.44	38.48	17192
高中	921.97	756.50	175.47	68.09	15.79	83.88
职业高中	877.12	702.18	174.94	42.13	10.50	52.631
合计				278.25	124.94	403.19

按照以上增长比率预测总需国拨经费约2538.01万元,"七五"、"八五"、"九五"期间分别投入580.82万元,814.63万元、1142.58万元。见表三

表三 单位:万元

年份	数额	年份	数额	年份	数额	备注
"七五"期间	580.82	"八五"期间	814.63	"九五"期间	1142.56	
1986年	101.00	1991年	141.66	1996年	198.68	
1987年	108.07	1992年	151.57	1997年	212.59	
1988年	115.63	1993年	162.18	1998年	227.47	
1989年	123.73	1994年	173.54	1999年	243.39	
1990年	132.39	1995年	185.68	2000年	260.43	

仪器设备、图书、文体器材约需经费 106.14 万元。"七五"、"八五"、"九五"期间分别投入 45.00 万元、41.20 万元、19.94 万元。见表四

表四 单位:万元

年份	数额	年份	数额	年份	数额	备注
"七五"	45.00	"八五"	41.20	"九五"	19.94	
1986 年	5.00	1991 年	8.70	1996 年	5.50	
1987 年	8.00	1992 年	7.50	1997 年	7.00	
1988 年	11.00	1993 年	6.00	1998 年	7.44	
1989 年	9.00	1994 年	9.00	1999 年		
1990 年	12.00	1995 年	10.00	2000 年		

图书根据省的规定,中小学需购存图书资料 18 万册,约需资金 18 万元。

(五)1985—2000 年基建经费预测:

基建投资的多少,直接关系、影响着教育的发展和教学质量的提高。这项基金投入的预测是根据 1982 年 4 月原教育部制订的(82)教基字 23 号文件规定的标准。小学每生占有校舍面积为 3.8 平方米,初中每生占有 4.8 平方米,高中每生占有 5.0 平方米,每平方米造价为 200 元。建设一批有本区水平的标准化、高质量的中小学,基建投资约需 1351.92 万元。"七五"、"八五"、"九五"期间分别投入 749.92 万元、213.00 万元、389.00 万元。见表五

表五 单位:万元

年份	数额	年份	数 额	年份	数额	备注
"七五"	749.92	"八五"	213.00	"九五"	389.00	
1986 年	293.78	1991 年	38.00	1996 年	59.00	
1987 年	0	1992 年	40.00	1997 年	64.00	
1988 年	153.43	1993 年	43.00	1998 年	81.00	
1989 年	145.25	1994 年	40.00	1999 年	84.44	
1990 年	157.46	1995 年	52.00	2000 年	101.00	

另外:为提高教学质量,加强教师的培养和培训,确定一九八八年筹建教师进修学校。规模为两个班,投资 10 万元。"八五"期间扩建进修学校的规模,扩为三个班(一个中师班,一个短训班、一个 1—2 年制的长训班),约需投资 20 万元。"九五"期间,充实完善装备好教师进修校。约需投资 20 万元。共投资 50 万元。

计划 1995 年后在进修学校附设特殊教育班一个,约需投资 10 万元,十五年内总投资约需 139.27 万元。

普教规划的过程,也是本区教育发展的决策过程。制定过程中在区府的统一领导下,由文教局、劳动局、计生委、统计局、财政局、经委组成了规划领导小组和规划办公室。自下而上经过摸底、预测、论证、汇报、通过,已确定了规划的实施方案。这一方案充分体现了深化改革这个基本点,体现了以条件定发展的求实原则,体现了它的权威性和可能性。

在区府的正确领导下,认真实施规划方案。方案的实施将对积极、稳妥地发展我区教育事业,为振兴我区经济发挥很大作用。

河口区人民政府普教规划领导小组
一九八八年二月十日

河口区人民政府
关于加强和深化教育改革的若干问题的规定

东河政发(1988)38号

各乡镇人民政府、区直各部门、各单位:

为了认真贯彻《中华人民共和国义务教育法》(以下简称"义教法")、《山东省实施〈中华人民共和国义务教育法〉办法》(以下简称"办法")和《东营市河口区人民政府关于贯彻〈中华人民共和国义务教育法〉实施九年义务教育的意见》(以下简称"意见"),保证儿童和少年受完九年义务教育、完成我区普及九年义务教育的任务,防止和控制中、小学学生流失,根据国家教委、经委、公安部等七个部门联合发的(87)教中字010号文件,山东省教育厅、经委、公安厅等八个部门联合发的(88)鲁教普字1号文件和东营市教育局、经委、公安局等八个部门联合发的(88)东教发15号文件精神,确定我区教育的发展宗旨是:"巩固提高初等教育成果,加快发展初中教育步伐,加强高中建设,大力发展职业、成人教育"。为此,河口区人民政府就加强和深化教育改革的若干问题作如下规定:

一、各部门、各单位及广大干部群众、学生家长都有学习、宣传、执行《义教法》的任务。增强法制观念,积极支持和主动做好九年义务教育工作。

二、年满七周岁和1991年起年满六周岁的儿童(除残疾儿童外)都必须按期接受初等义务教育;确因特殊情况需要延缓入学的,按省《办法》第十一条规定:须由儿童、少年的父母或其他监护人提出申请并提交有关证明,经乡镇人民政府和街道办事处批准。按法定入学年龄其父母或监护人不送子女入学的,按省《办法》第十一条"由乡镇人民政府或街道办事处对其父母或监护人进行批评教育,并采取有效措施,责令送子女或被监护人入学"精神分别进行处理。第一、由乡镇人民政府或街道办事处对其父母或监护人进行批评教育;第二、处以60-200元的罚款,并责令限期送子女入学;第三、此项罚款由区财政局和乡镇财政所收缴,并转教育事业附加专户。

三、加强中、小学的学籍管理。教育行政部门和学校由同级教育行政部门审定并要按照省学籍管理规定,严格履行学生的转学、借读、休学、复学手续,严防在各个环节上因手续不健全而导致学生的流失。小学和初中学生不得以任何借口中途退学,对违反《办法》规定造成中途辍学的中小学生,确定实施四条措施:第一、由学校和学生父母或监护人所在单位敦促学生父母或监护人,在规定的时间内送子女或被监护人返校就学;第二、对逾期不送子女复学的小学、初中、高中和职业高中学生的家长或监护人,分别处以1500-2000元、1000-1500元、200-1000元的罚款,由同级教育行政部门审定,由区财政局和乡镇财政所收缴,并转教育事业附加专户;第三、因手续不健全或工作失误造成学生中途流失的,要追究学籍档案管理人员的直接责任和领导责任;第四、凡国家干部、职工,如有违者,扣发当年的奖金,不予评为各级先进工作者。

四、严格禁止任何单位或个人安排应当接受义务教育的学生到区、乡镇、村办企业就业;工商行政管理部门对未受完义务教育的儿童、少年不得发给个体营业执照;劳动人事部门和企事业单位不得安排其招工就业,已经安排各种工作的流失学生要坚决予以辞退,并动员他们返校学习,学校要及时做好入学接收工作,不得以任何借口刁难他们;对逾期不辞退流失的小学、初中、职业高中和普通高中学生的单位，分别处以 4000-5000 元、3000-4000 元、2000-3000 元、500-1000 元的罚款，由同级教育行政部门审定，由区财政局和乡镇财政所收缴，并转教育事业附加专户。对直接责任者给予行政或党内处分，由工商行政管理部门吊销其营业执照。

五、加快普及九年义务教育步伐，鼓励优等生上职业高中、普通高中和中等专业学校就学，凡初中毕业生已进入高中阶段录取分数线的学生，在上学、招干、招工、就业等方面做到四优先一奖励：优先录取、毕业后优先招工、优先招干、社会福利优先得到照顾，学校录取后，由村委会奖励 30 元，由乡政府奖励 60-120 元，对考入普通高中的学生由村和乡一次性补贴助学金 36 元和 60 元，对于升入中等专业学校的学生，凡自愿报考定向招生专业，毕业后为振兴河口经济服务的，由乡镇政府一次性奖励 30-50 元，高中毕业升入专科和本科，又是定向招生，并回河口工作的学生，由区政府分别一次性奖励 50 元和 100 元。

六、招工、招干及其他形式的就业

第一、根据上级招工、招干的规定精神，劳动人事部门要优先考虑，妥善安排职业高中毕业生，原则由区统一分配到区、乡镇企业；第二、安排普通高中的就业；第三、对初中毕业生和其他待业青年就业，需经专业培训合格后方可安排就业，在招工就业中要严格审查毕业证。

七、搞好校改建设，三年内国办区直学校、乡镇初中彻底完成校改任务，加强和改善教学手段，建设一批高标准、正规化的国办学校和民办中学，依据规划方案，积极稳妥的实施好九年义务教育这一伟大工程。

八、根据上级有关规定要求和外地经验，确定初中生在五华里以内方可走读，凡五华里以外的学生必须在校食宿就读。

九、毕业证书的发放与管理，根据省学籍管理规定和市、区补充规定的意见精神，对于高中毕业生、初中毕业生和小学毕业生的毕业证书发放和管理自一九八八年起，普通高中、职业高中的毕业证书由市教育局普教科和职教科，用钢印统一签发，学籍由市教育局统管；初中毕业证书由区文教局普教股用钢印统一签发，并统一印制毕业证书序号存根，学籍由教育局统管；五年级毕业生由乡镇教育组长统一签发毕业证书专用章，学籍由教育组统管；八八年毕业生，凡不是市、区、乡三级统一签发的毕业证书，一律无效，学校不得以任何借口补发毕业证书和出具证明信；个人不得以任何借口索取毕业证书；学籍管理机关不得滥签毕业证书，违者给予行政或党内处分。

十、关于领导体制。根据《中共中央教育体制改革的决定》的规定，确定我区实行区、乡、村三级管理办学的领导体制。即：区负责普通教育、职业教育、成人教育的国办学校和区直中心幼儿教育；乡镇负责中学、中心小学、乡直幼儿教育及职业、成人教育；村负责村办小学、幼儿教育及职业、成人业余教育。

十一、以上规定确定半年检查一次，年终进行全面总结，由文教局、经委、公安局、司法局、劳动人事局、工商行政管理局、财政局七部门负责实施此项工作。

十二、此文由文教局负责解释。

此规定自公布之日起执行。

河口区人民政府
一九八八年四月二十日

河口区人民政府转发财政局、文教局《关于征收和使用农村教育经费附加的意见的报告》的通知

东河政发(88)39号

为大力发展我区教育事业,尽快普及九年制义务教育,认真贯彻落实《国务院关于筹措农村学校办学经费的通知》和鲁政发(85)120号文件精神,结合我区实际情况,现对农村征收和使用教育费附加问题,提出以下意见。

一、关于农村征收教育费附加的比率

征收农村教育费附加, 是教育事业发展的需要,除国拨教育经费包干基数外,其余不足部分应由农村教育费附加解决 (包括民办教师的工资、补助、中小学公务费、职业教育经费的不足部分、幼儿教育、中小学设备、图书、仪器购置及房屋修缮等)。征收比率:乡镇企业、村办企业、联合体及个体企业按当年计税利润的4%计征;非工商企业按经营收入的1%计征;有营业收入的事业单位,按其营业收入的1%计征;外地区在我区乡镇承包工程的施工单位,按承包工程造价的0.5%计征;各类专业户,可按其收入高低进行计征;在"双田制"规定的提留中, 有关教育费部分, 应计入2%的教育附加费之中;农业(含农、林、牧、副、渔)教育费附加的征收额,应从计划征收额中,减去上述征收数额后确定,但征收率不得超过上年人均收入的2%。凡已按规定征收教育费附加的个体企业,不再按农业收入重复征收。

二、农村教育费附加的征收办法

农村教育费附加的征收,应在乡镇人民政府领导下,按照征收范围和征收比率,由乡镇财政所具体负责,分口代征,及时结转。乡镇财政所设农村教育费附加专户。具体征收办法如下:

1、乡镇办企业,由乡镇政府将征收任务年初下

达给经委, 由经委代办。征收比率为企业利润的4%,按月或季度代扣,并及时结转给乡镇财政所教育费附加专户。全年征收任务应于十一月底完成,代征单位可按1%—3%的比例提取代征费。

2、村办企业、联合体、个体工商企业、包括私人安装队、建筑队、油坊、面坊以及外地在本乡镇承包工程,由各税务所、工商所紧密配合,分别按月或按季征收,并及时划拨给乡镇财政所农村教育费附加专户, 全年征收任务应当在当年十一月底完成,代征单位可按3%—5%的比例提取代征费。

3、机动车辆专业运输户由各乡镇农技站代征,交通监理部门积极协助,征收金额按下列标准执行。

汽车:两吨半的年征150元, 三吨半的年征200元, 五吨的年征300元, 八吨以上的年征500元,客运汽车年征600元。

拖拉机:十二马力的年征100元,二十四至二十五马力的年征150元, 二十五马力的年征200元,五十马力的年征300元。

三轮机动客货车,年征60元。

以上三类机动车辆可按季或按年征收,在供油、验证、年审时进行,年征任务应当在当年十一月完成。代征单位可按3%—5%的比例提取代征费,代征结束后,要及时划转给乡镇财政所教育费附加专户。

4、农户:由乡镇财政所直接征收,农经站协助,经研究决定,我区各乡镇均按一九八七农业人均纯收入的2%统算计征,一定三年不变。

三、农村教育费附加的开支范围和标准

（一）开支范围：

（1）用于民办教师的工资、补贴和奖金；

（2）用于办好职业技术教育；

（3）用于农村中小学的公务费、购置费、业务费和房屋修缮费及其他开支；

（4）用于乡镇幼儿教育经费；

（5）用于本乡镇中学教育的部分发展经费。

（二）开支标准

（1）首先要保证民办教师的工资按月发给，中学民办教师的工资除国家补助的 23 元外，乡镇补助每月不得低于 37 元。小学民办教师的工资除国家补助的 20 元外，乡镇补助每人每月不得低于 35 元。中小学民办教师担任班主任的，按公办教师担任班主任的标准发给班主任津贴，其经费从教育费附加中开支，对于出村任教，在校食宿的中小学民办教师，每人每月从民师福利基金中发给 2 元的补助。

（2）中小学班办公费，中学每班每月 40 元，小学每班每月 10 元，按月发给，扣除假期 2 个月，每年按 10 个月发放。

（3）每年从教育费附加总额中提取 5%，用于中小学的设备、图书、仪器的购置，这部分款由乡镇教育组统一使用，不平均分配。

（4）每年教育费附加总额的 2%，用于中小学校舍的维修和初中扩班费。

（5）每年教育费附加总额的 15% 上缴区财政，用于区办职业技术教育，这部分资金，由教育部门掌握使用，其他部门不得平调、挪用。

（6）乡镇幼儿教育经费，应在教育费附加总额的 5% 以内开支。

（7）乡镇教育组每人每月按 20 元的标准开支公务费和业务费。

（8）每年教育费附加总额中提取 2%，用于优秀教师、三好学生的奖励和各种竞赛活动的支出。

（9）关于学校学生的饮水费、医药费、差旅费、会议费及其它开支等，目前可从学校收取的杂费中解决。

四、农村教育费附加的管理

农村教育费附加是发展农村教育的专项资金，任何单位和个人都不准平调、不得挪用。教育费附加的收入和开支都必须在"农村教育费附加征收管理委员会"的领导下进行。乡镇财政所要设立农村教育费附加专户。各乡镇教育组要建立教育费附加收支帐，按月向乡镇财政所报预算，月末向乡镇财政所报帐，并逐级上报，年末单独编制决算，随同国家决算逐级上报。每年将收支情况向乡镇人民代表大会及人民政府报告，向全乡镇人民公布，并接受财政、审计、教育主管部门的检查和监督。

五、切实加强对教育费附加征收和使用的领导

做好农村教育费附加征收工作，对于振兴我区教育事业，普及九年制义务教育都有十分重要的意义。为此，经研究决定成立"河口区农村教育费附加征收办公室"，由财政局局长王永昌同志任主任，文教局局长牛立元同志任副主任，办公室设在财政局。各乡镇也要成立由分管财政的乡镇长参加的（包括财政、税务、工商、经委、教育、银行等）农村教育费附加征收管理委员会，要充实加强乡镇财政人员，财政所要有专人负责好此项工作，乡镇教育组也应设专人负责此项工作。

河口区人民政府

一九八八年五月四日

附：河口区各乡镇农业教育费附加费征收和上缴数额表。

河口区各乡镇农户教育费附加征收数和上缴数

单位：人、元

乡镇名称	农业人口数	一九八七年人均农业纯收入	全年征收任务数	上缴区财政数	备注
新户乡	13610	392	106700	16000	
太平乡	12020	334	80200	12000	
义和镇	23849	468	223200	33400	
四扣乡	7806	415	64700	9700	
六合乡	14329	484	148700	22300	
合　计	71614	／	623500	93400	

关于进一步深化教育改革
大力发展职业技术教育的决定

东河政发(1991)41 号

建区以来,我区的职业教育在办学条件、师资配备以及教学质量等方面都有了较大发展,区职业高中经过城镇校舍改造,建起了高标准的办公教学楼和图书实验楼及其他配套附属设施,办学条件得到了根本的改善。但是,目前职业高中存在招生困难、固生难和办学难等突出问题,影响了我区职业教育的发展,远远不能满足我区经济建设和社会发展的迫切需要。为了加快我区教育改革步伐,大力发展职业技术教育,促进经济振兴和社会发展,特作如下决定:

一、明确发展职业技术教育的总体目标和任务

发展职业教育,认真贯彻中央关于"教育必须为社会主义建设服务,社会主义建设必须依靠教育"的指导方针,紧紧围绕全区经济建设,把职业人才的培养与科学技术的推广和应用紧密结合起来,实行经济、科技、教育三位一体;基础教育、职业教育、成人教育,三教统筹、协调发展。积极为我区经济建设和社会发展培养更多的既有好的思想品德、又有扎实的理论知识和熟练的技术技能的中、初级技术、管理和劳动人才。

"八五"期间,职业教育学校要大力发展,上一个新台阶,职业高中每年招收四个教学班,到1993年,在校生达到500人以上。同时要搞好短期培训,农业广播学校、劳动就业训练中心、乡镇企业培训中心、中华会计函授学校河口分校、东营电视大学河口工作站等成人教育也要大力发展,努力提高办学质量。在大力发展职业技术教育的同时,有条件的乡镇、村要建立文化技术学校,使回乡的高初中毕业生受到良好的实用技术培训。另外要抓好初等职业技术教育,做好长远规划,逐步发展壮大,适应改革开放形势的需要。

二、落实好职业技术教育的办学经费

认真贯彻《山东省中等职业技术教育条例》,多渠道解决职业技术教育的办学经费。

(一)区财政要增加对职业高中的投资。除按省委、省府(1983)48 号文件规定,保证职业高中每年每班专业教学补助费 5000 元外,还要逐年增加基本建设和实验实习基地的投资。

(二)认真贯彻执行山东省教育厅、财政厅《关于加强农村教育费附加征收工作的几点意见》,每年从全区征收的教育费附加中提取 20%用于职业高中的建设和教学,做到专款专用,不得挪用。

(三)同职业高中联合办学的单位和个人要提供一部分资金,支持职业高中的实验、实习和教学。

(四)职业高中要针对所开设的专业,搞好勤工俭学和实习生产项目的开发,增加学校的收入,进行自我完善、自我发展,优化育人环境。财政、税务、银行等部门在投资、税收、贷款等方面给予优惠。

三、加强生产、实验实习基地的建设

加强生产、实验实习基地的建设是实施职业技术教育、提高办学效益、培养学生职业技能的基本条件。职业高中要在搞好实验室建设的同时,依据自己的优势,搞好考察论证,尽快建立同所设专业相配套的生产、实验实习基地,有关部门要在场所、物资、设备、资金、产品销售等方面提供方便。

四、加强职业技术师资队伍建设

建立一支数量充足、政治素质好、具有较高水平的师资队伍,是发展职业技术教育,提高教育质量的可靠保证。为此必须下大决心搞好师资队伍建设。

要有计划的分配大中专毕业生到职业高中任教,保持职业高中专业教师的相对稳定,任何部门、单位不得随意抽调专业教师做其他工作。在分配大中专毕业生的同时,可从普通学校选拔优秀教师到职业高中任教,要通过委托代培、调入、聘请、联办单位派遣等办法解决专业教师和技能教师不足的问题。

五、采取多种办学形式、拓宽办学道路

职业高中要坚持为当地经济建设和社会发展服务的社会主义办学方向,走教育教学、生产经营、科技推广、社会服务一体化的办学道路,采取联合办学、定向招生、委托代培等灵活多样的办学形式,以提高办学效益为中心,深化内部改革,强化教育管理,优化内部环境,吸引社会力量办学,大面积、大幅度提高教育质量。

六、强化学校管理,提高办学效益

职业高中要建立健全各种规章制度,加强教职工的职业道德教育和业务学习,不断提高教职工的政治素质和业务水平。加强学生的德育教育和教学,使学生得到全面发展。学校要牢固树立为我区经济建设和社会发展服务的指导思想,在学生学习理论知识的基础上,注重提高学生的专业技术技能,使学生知行统一,有一技之长。学校要逐步采取量化措施管理,提高管理水平,使学校管理工作达到科学化、规范化。

七、认真做好职业高中毕业生的安排使用工作

解决职业高中毕业生的出路问题,是目前我区发展职业技术教育的关键所在。因此,要认真贯彻《山东省中等职业技术教育条例》规定,切实解决职业高中毕业生的出路问题,做到按需办学、学有所用、办学同使用挂钩。

今后,职业高中招收城镇户口的学生,在搞好人才预测的基础上,同劳动部门协商,按需设置专业。毕业生经学校考试合格后,招工时凡符合条件的专业对口或相近的,不再参加招工考试,劳动部门根据当年的劳动计划,择优录取。其中专业对口并能独立顶岗的,经用工单位试用三个月合格的,其工资待遇按省劳动局(1990)鲁劳薪字090号文

件的第二条有关规定执行。专业不对口的,可参加劳动就业训练中心短期专业培训,根据当年招工政策参加招工,优先录用。

对于农村户口的职业高中毕业生也要进行妥善安置。今后,各单位、各部门,尤其是乡镇企业在招收农民合同工、临时工和其他形式的用工时,应首先从专业对口或相近的职业高中毕业生择优录用,劳动部门要给予积极的配合。其待遇按有关文件执行。职业高中毕业生要优先被聘为村级技术员,按各级规定给予一定待遇,各村民委员会、专业协会和科协组织要积极吸收职业高中毕业生参加。

八、切实加强对职业技术教育的领导

发展职业技术教育,促进经济与教育的协调发展是一项面广量大的社会工程,加强领导是关键。区政府成立"河口区职业技术教育协调领导小组",由分管文教的副区长任组长,由人事局、劳动局、财政局、教育局、农牧局、乡镇企业局、计委、科委、经委、科协等有关部门的主要领导参加,协调小组每年都要制定工作计划,确定工作任务,定期召开会议,听取教育局和职业高中的情况汇报,研究制定全区职业技术教育和成人教育的发展规划和计划,制定有关政策,协调解决职业技术教育办学中出现的问题。

要加强全区各种职业培训学校班子建设,把有魄力、有能力、事业心强、有开拓精神的同志提拔到领导岗位上来,建立一个作风端正、事业心强、敢于创新、勇于开拓的领导班子。计划、人事、劳动、财政等部门要积极配合,大力支持。教育局要根据我区经济和社会发展的需要,对各类教育实行综合管理。

总之,大力发展职业技术教育,努力提高劳动者素质,是"八五"计划和教育改革的重要内容,也是我区经济建设和社会发展的迫切需要。我们一定要下大力气发展职业技术教育,培养和造就一大批适应我区经济建设需要的既有政治觉悟又有专业特长的中、初级劳动管理和技术人才。

一九九一年六月十日

关于进一步开展勤工俭学工作的通知

东河政发(1990)70号

各乡(镇)人民政府、区直有关部门:

为全面贯彻教育方针,认真落实全国、省、市勤工俭学工作会议精神,开创我区勤工俭学工作的新局面,促进学生德、智、体、美、劳全面发展,结合我区实际情况,现提出如下意见,望认真贯彻执行。

一、统一思想,提高认识。要继续认真地学习和宣传国务院和省、市关于勤工俭学的文件及会议精神,进一步明确开展勤工俭学工作对于落实教育方针,培养"四有"人才的重大意义。教育组和各级各类学校要真正把勤工俭学工作作为教育工作的重要组成部分自觉地抓紧抓好。

二、贯彻改革精神,坚持育人方向。在勤工俭学工作中要贯彻改革精神,努力端正方向,克服单纯追求经济收入的偏向,切实把育人放在首位。要认真组织学生开好劳动课和劳动技术课,达到劳动教育的目的,培养学生的劳动意识,提高劳动技能,真正把教育与生产劳动相结合落到实处。

三、切实解决好学农基地问题。这是执行"义务教育法"的内容之一。在规定时间内不落实的,要依据法律追究责任。学农基地所用土地仍按鲁政发(84)30号文件执行,小学每班半亩,中学在十个班以内的每个班一亩,十个班以上的限制在十五亩以内。各乡镇在九一年底以前必须有百分之五十的学校落实好学农基地,九二年全部落实。征用办法:乡镇以上学校按省政府文件规定执行,村办小学由村委会决定,就近划拨。中学所用土地,都要按照《土地管理法》规定,由县以上土管部门批准,发给用地执照,凡是过去已安排了土地的,应补办手续,一般不再变动,要保证学校拥有土地使用权,任何单位和个人不得侵占。各学校一定要把土地管好用好,不得以任何形式将其承包或变相承包给其他单位和个人。

四、各乡镇年前要建好一个教学用品服务部,负责本乡镇一切教育用品的供应工作。按照东教发(88)6号文件精神,把图书征订和供应工作做好,列为勤工俭学项目,以方便师生为主,增加学校勤工俭学收入。严禁强行摊派和搭配,教育局要责成乡镇教育组有专人负责,定好责任、办法和措施等,保证把服务部管好、用好。

五、农村中小学勤工俭学以学农为主,有条件的也可办一些小型企业。区直学校以校办企业和开辟第三产业为主,要通过自力更生办企业;学校可与企业、科研单位挂钩联合办厂;区直学校也可与有关单位协商,进行农田实验基地开发和农业技术开发,要争取社会力量资助企业等多种渠道和形式进行自我完善和发展。

六、开发校园经济,美化育人环境,充分利用教育本身的知识优势和人才优势,动员师生进行校园经济开发,是推动德育教育发展的有力措施。各学校一定要充分利用校园,能种则种,能养则养,美化、绿化校园,增加校园经济收入。

七、加强管理,合理使用勤工俭学收入。勤工俭学收入必须有专人管理,设立专门会计人员,建立收支帐簿,勤工俭学收入除扩大再生产外,主要用于改善办学条件,补充教学经费不足。用于扩大再生产的部分不得低于百分之四十;用于改善办学条件的部分不应低于百分之三十。向职工发放奖金和用于福利的部分要从严掌握,按国家有关规定执行。

八、建立健全管理机构,切实加强领导。区教育局勤工俭学办公室配齐3人,负责全区勤工俭学和图书代办工作。并成立教育劳动服务公司。乡镇教育组可成立相应的机构,配齐 2—3 名专职人员,包括一名会计人员,负责本乡镇勤工俭学和图书代办工作。各学校要有专职或兼职人负负责勤工俭学工作。从事勤工俭学工作的专职人员,小学应占教职工总人数的百分之三,中学占教职工总人数的百分之五。从事勤工俭学工作的人员,原是教师的,享受教师的一切待遇。民办教师要与任课民办教师在工资、职称等方面同样对待。

河口区人民政府关于公布《东营市河口区教育发展"八五"计划和十年规划方案》的通知

东河政发(1991)84 号

一、现状分析

我区为一九八四年新建区,全区有四乡一镇两个办事处,173 个自然村,总人口 7.8 万人,其中农业人口 7.2 万人,农民人均收入九〇年 438 元。"七五"期间,在区委、区政府的正确领导下,通过全区人民的共同努力,经济形势逐年好转,全区教育事业发生了历史性变化。一九八六年顺利完成了普及初等教育的任务和农村中小学校舍改造,一九九〇年胜利完成了城镇中小学校舍改造,并先后以优异的成绩通过省政府验收。普通教育有了很大发展,各方面工作都有很大的进步,目前,我区中小学设点布局趋向合理,中小学德育工作初见成效,学校管理逐步走向标准化、科学化轨道,教育教学质量不断提高,全区教育事业呈现一派蒸蒸日上的大好局面。

一九九〇年,全区共有小学 92 处,教学点 54 个,413 个教学班,在校生 7935 人,适龄儿童入学率达 95.8%;初中 7 处,77 个教学班,在校生 3656 人;普通高中 1 所,10 个教学班,在校生 480 人;职业高中 1 所,2 个教学班,在校生 93 人。全区现有小学教师 446 人,其中民办教师 62 人,学历合格率为 45.7%;高中教师 44 人,学历合格率为 31.8%;职业高中教师 23 人,学历合格率为 30.4%。

"七五"期间,我区中小学办学条件变化巨大,但与国家规定的实施九年制义务教育的标准要求还有较大差距,如实验室、仪器室、图书室、师生宿舍、图书资料、音体美器材等,还亟待解决。

二、制定"八五"计划和十年规划的指导思想

(一)以贯彻落实《中华人民共和国义务教育法》和《中共中央关于教育体制改革的决定》为宗旨,以党中央提出的"治理整顿,深化改革"为基本点,为振兴我区经济、文化教育事业,培养"四有"人才。

(二)坚持"教育必须为社会主义建设服务,社会主义建设必须依靠教育"的方针。

(三)坚持按标准,以条件定发展的原则,积极稳妥地发展我区各级各类教育,逐步普及初中教育,稳定高中规模,大力发展职业技术教育,进一步加强成人教育、终身教育,提高教育教学质量,为我区经济建设服务。

三、规划的内容和依据

(一)"八五"计划

1.教育发展规模;2."八五"期间要认真解决的教育发展中的几个主要问题;3. 搞好教育教学改革,提高教育教学质量。

(二)十年规划

1.学校人口预测;2.在校学生预测;3.师资配备情况预测;4.经常经费和基建经费预测。

(三)制定"八五"计划和十年规划的依据

《中华人民共和国义务教育法》《山东省在本世纪末实现九年制义务教育战略研究》《中共中央关于教育体制改革的决定》《山东省九年制义务教育学校设置暂行规定(试行)》、省普教规划会议上的有关文件及省、市关于贯彻《义务教育法》的意见等。

四、"八五"计划

(一)教育发展规模:

1、义务教育:根据省、市、区有关实施《中华人民共和国义务教育法》的有关文件、决定,区直及各乡镇实施九年制义务教育规划如下:

河口区实施九(八)年制义务教育规划

单位	类别 年份	初等义务教育		初级中等义务教育	
		实施年份	实现年份	实施年份	实现年份
六合		91	95	95	98
四扣		91	95	95	98
义和		91	94	94	98
太平		91	95	95	98
新户		91	95	95	98
区直		91	92	92	95

今年四月份,我区四乡一镇均已按法律程序依法宣布实施了初等义务教育。目前,区直依法宣布实施九(八)年义务教育和全区依法宣布实施初等义务教育的工作正在履行法律程序。

2、幼儿教育:幼儿教育是基础教育的一个重要组成部分,"八五"期间要在现有基础上有更进一步的发展,计划如下:

年份	处数	班数	在校人数	入园率%	备注
91	55	55	950	60	
92	60	60	1100	70	
93	60	65	1200	75	
94	65	70	1300	80	
95	70	75	1500	82	

3、小学:我区小学"八五"期间主要任务是完善内部设施配套,提高教育教学质量,积极创造条件,实现初等义务教育。由于学龄人口趋于下降,在校生稳中有降,小学处数相应减少,

"八五"期间,我区小学将由目前的92处调整为70处,尽量集中办学,减少复式教学,提高办学水平。从九〇年起,区直六周岁儿童全部入学,农村没有学前一年教育或搞得不好的乡镇、村,仍按七周岁入学,预测情况如下:

小学教育发展计划

年份	学校处数	班 数	招生数	毕业数	在校生数
91	92	413	1276	1407	7804
92	81	410	1291	1606	7489
93	81	400	1300	1474	7315
94	70	350	1300	1459	7156
95	70	300	1434	1513	7077

4、初中:我区初中布局已定,由于小学毕业生波动不大,初中规模在"八五"期间无大变化。小学毕业生升初中率每年提高一个百分点到一九九五年达90%,为实施初级中等义务教奠定基础,主要任务是发挥规模效益,提高教育教学质量。

初中教育发展计划

年份	处数	班数	招生	毕业	在校生	升学率场
91	7	78	1239	1179	3716	85
92	7	78	1310	1390	3636	87
93	7	78	1290	1220	3706	88
94	7	78	1310	1350	3666	89
95	7	78	1340	1310	3685	90

5、高中:我区高中招生坚持控制规模,严格指令性计划的原则,"八五"计划为:

高中教育发展计划

年份	班数	招生数	毕业数	在校生数
91	11	200	134	530
92	12	200	150	580
93	12	200	180	600
94	13	240	200	640
95	14	240	200	680

6、职业高中:职业高中坚持大力发展的原则,充分发挥应有效益,到"八五"末,使职业高中在校生占我区高中在校生的一半。

职业高中发展计划

年份	招生	毕业	在校生
91	200	42	251
92	200	51	400
93	200		600
94	240	200	640
95	240	200	680

7、成人教育:"八五"期间,要在完善有文化技术学校,健全成人教育体制的基础上,进一步扩大办学规模,强化办学措施,增加收入,加强管理,提高办学率。具体计划是:

①力争九一年完成全区扫盲任务,使我区文盲率降低到1%以下。

②办好农民文化技术学校,传播科学文化知识。"八五"期间,使农民文化技术学校由现在的47处,增加到90处,累计办班300个,培训人数达10000人次。重点抓好养殖、缝纫、林果、种植、机电维修等与群众生活密切相关的各种学习培训班。具体计划是从九一年到九五年,各乡镇农民文化技术学校增加到:六合18处,四扣12处,义和30处,太平15处,新户15处。分年度建校数为九一年7处,九二年8处,九三年9处,九四年11处,九五年12处。每年办班情况是:九一年50个班,培训1500

人,九二年50个班,培训1500人,九三年60个班,培训2000人,九四年65个班,培训2500人,九五年75个班,培训2500人。

(二)认真解决好教育发展中的几个主要问题:

1、校舍改造及内部设施的配套完善

我区乡镇中小学校舍改造于八六年已通过省政府验收,公办校改于九○年通过省政府验收,公办学校内部设施在校舍验收的同时,已按要求达到配套标准,今后仅是维修、增补等保护性任务。而乡镇中小学校改任务还很重:一是原六配套标准中缺乏仪器室、实验室、图书室、阅览室、各类活动室等项目,这些项目至今基本上属于空白;二是验收时的改造房子和新建校舍,随着时间的推移,也有一部分成为"新危房"。"八五"期间,解决这些何题成为我区校改和内部设施配套的关键性问题。具体计划是:九一年至九二年完成各乡镇中学、中心小学的校舍扩建和内部设旋的配套,配齐各室及师生宿舍。九三至九四年完成各乡镇小学的改建和内部设施的配套,九五年扫尾完成我区校改及内部设施配套任务。

2、师资队伍建设

①幼儿师资:

我区现有幼儿教师83人,到九五年需95人,尚缺12人,九三年配齐。主要来源是培训,经过培训,到九五年使幼儿教师学历合格率达到80%。

②小学师资:

我区小学教师学历合格率现在为92.6%(包括高中学历),通过合格师资分配及在职培训,到九五年,师资学历合格率可达95%以上。

小学合格师资情况

年份	达标数	分配	培训毕生	学历合格率热
91	454	38	15	92.6
92	450	10	60	93
93	443	12	0	94
94	420	15	60	95
95	415	13	0	96

以上预测包括现在高中学历进修中师的,数学有部分重复。

③初中师资

我区目前初中教师学历合格率较低,"八五"期间,我区初中稳定在78个教学班,主要是师资学历达标配备问题。按标准需合格师资204人,九一年至九五年预计分配每年20人计100人,培训毕业计34人,自考毕业预计15人,计新增合格师资146人,加上现有学历合格师资,排除调出等减少因素,到九五年,初中学历达标率可达90%。

"八五"期间初中合格师资学科需求情况

学科	政	语	数	物	化	外	历	地	生	音	体	美
现有	3	17	13	11	5	3	2	1	8	0	1	1
需增	14	20	23	8	8	18	8	7	12	8	13	7

④高中师资

"八五"期间,我区高中发展规模控制在14个教学班,需专任合格师资42人,按现行分配速度,加上培训毕业,排除减少因素,九四年高中师资学历达标率可达90%。

⑤职业高中师资

职业高中学历达标教师到"八五"末需达到60人,配备主要依靠分配和在职培训,预计到九五年学历合格率可达90%。

3、中小学仪器设备

"七五"期间,区直各校已完成了实验室配套任务,"八五"期间主要是仪器的增补和音体美器材的购置与补充。按实验室、仪器室规划,"八五"期间主要是乡镇中小学的配备问题,乡镇中小学实验室、仪器配套总体规划是:各乡镇中学、中心小学要达到国家教委1类实验室配套标准,大山中学,其它完全小学达到Ⅱ实验室配套标准,不完全小学达到Ⅲ类教学仪器配套,音体美器材达到相应标准,具体计划是:九一年至九二年完成各乡镇中学、中心小学配套任务,九三年至九四年完成大山中学及完全小学配套任务,九五年充实补充并完成不完全小学的仪器配套。

4、各项经费预测

①教育经费

年份	91	92	93	94	95	合计(万元)
事业费	241.8	258.7	276.8	296.2	316.9	1390.40
基建费	100	50	40	30	30	250

②公用经费

目前,我区中小学生均公用经费偏低,离义务教育的要求还有很大差距,九一年,我区各乡镇宣布实施了初等义务教育,到规划实现初等义务教育的年份,小学生均公用经费也要达到33元的省定标准,初中生均公用经费也要逐年增长,到实施初级中等义务教育的年份力争达到生均65元的省定标准,分年度公用经费需求见下表:

中学校 \ 年份		91	92	93	94	95	合计(万元)
小学	人均(元)	18	20	25	30	33	
	合计(万元)	14.7	16	19.9	23.4	25.5	99.6
初中	人均(元)	30	40	50	60	65	
	合计(万元)	11.9	15.5	19.8	23.5	25.6	96.3

③仪器设备费

仪器设备包括实验室设备,音体美器材及图书购置,"八五"期间共需投资150元,分年度投资额为:

年份	91	92	93	94	95	合计
投资(万元)	5	15	45	55	30	150

(三)搞好教育教学改革,提高教学质量。八五期间,我区仍要继续深入地贯彻落实上级有关教育改革等文件精神,深化教育教学改革,加强党对各级学校的领导,坚持教育的社会主义方向,强化学校管理,跟管理要质量,提高我区的教育教学水平。在学校管理方面,我们将认真执行省教委(90)111号文件,九〇年开始在全区实施学校管理评估方案。到九一年,区一中、实验小学、义和中学要达到

优秀水平。新户、六合、太平中心小学和义和镇粱家小学达到良好水平，其他各中小学有50%以上达标。以后要有至少10%达不到优秀水平的学校每年升一级，到八五末评估时，要有80%以上的中学，50%以上的小学达到优秀级水平。其余学校除极个别的以外，达到良好水平。

2、将德育工作放在首位，坚持社会主义办学方向。"八五"期间，我们要继续把德育工作放在学校各项工作的首位，加强对师生的思想政治工作，坚定不移地坚持四项基本原则，贯彻落实中共中央《关于改革和加强中小学德育工作的通知》和各级领导部门的贯彻意见，落实《两纲》《两范》，实施《德育评估方案》。通过二至三年的努力，使全区95%以上的中小学生在德、智、体评定中达到良好级以上水平，将他们培养成为德、智、体、美、劳全面发展的社会主义"四有"新人。

3、搞好教育教研改革，提高教学质量。为更好地搞好教育教学改革，不断提高我区基础教育的质量，"八五"期间，在教研工作上，要认真落实省教委制定的《教研工作条例》，使教研在全面贯彻党的教育方针，发展我区基础教育事业，提高基础教育水平方面，充分发挥其作用。

"八五"期间，要通过调整充实，逐步配齐各科教研人员，建好必备的图书室、资料室等设施，对教研员实行目标管理，采取措施，不断提高教研员的政治和业务素质。

每年要围绕教学开展听课、评课、优质课评选、教学能手评选等一系列活动来提高广大教师的教学水平，培养一批在教学的各个环节上达到规范要求，掌握教材，驾驭教材，胜任教学工作的骨干教师。每年要培养出二至三名具备或接近市级水平的骨干教师。

狠抓教学常规，大练教学基本功。每年要使15%左右的中小学教师在教学常规方面达到正规化要求。"八五"末要使60%以上的中小学教学教师达到要求。

要逐步建立健全教学管理中带有常规性的教学管理章法，使教学管理有章可循。

在教学改革方面，首先要配合市教研室搞的小

学数学实验教材和初中化学实验教材的实验部分学科的目标分类教学，还要配合本区实际，探索如何进行因材施教，转化差生，大面积提高教学质量。探索在各科教学中如何对学生加强思想政治教育和德育教育，每年确定一至二个课题进行研究和探索，力争拿出既有理论又有实际的具有一定水平的效果来。

在教研工作上，认真学习教育教学理论和国家对教育的方针、政策、法令，进一步端正教学指导思想，坚决克服片面追求升学率的错误思想，真正转到全面贯彻教育方针，德、智、体、美、劳一起抓，对学生进行素质教育的轨道上来。抓好典型，以点带面，每年都要抓出一定数量的在教学管理和教学质量上的先进中小学校。"八五"末，一中、实小要达到优秀水平，其余六处中学至少有四处达到优良水平，小学60%以上达到优良水平。

"八五"期间，我区中小学教学质量要逐年有明显提高，高中要达到全市会考合格率在90%以上，优秀率在40%以上，毕业率达到95%以上。高考生均成绩达到省平均水平，全区小学升初中成绩生均达到及格水平以上，全区中小学毕业率在95%以上，各初中中考成绩，中心小学、实验小学的升学成绩在良好以上；中小学体育达标率在90%以上。

"八五"期间，我们将在区委、区政府和上级主管部门的领导下，认真实施以上方案，为繁荣我区经济，振兴我区教育事业而努力。

五、十年规划

(一)学龄人口预测

我们根据自一九八五年普教建档以来掌握的零周岁人口出生数和区统计局、计生委提供；一九九〇年人口出生数据，全区计划外出生的数据，全区的人口出生率在12%至14%之间，计划外出生率在1%至3%之间，预测我区人口将由一九九〇年的7.8万人上升到2000年的8.2万人，全区零周岁儿童将由一九九〇年的1087人，降为2000年的977人左右。

(二)中小学发展规模

1、小学发展规模

根据学龄人口预测，小学学龄人数呈下降趋

势，在校生相应减少，为提高小学教育教学质量，发挥规模效益，本着小学"低年级就近入学，高年级相对集中"的原则，在"八五"、"九五"期间，小学布局将进行两次决策性调整，即由现在的92处调整到95年的70处，96年至2000年逐步调整为50处。方法是扩大学区规模，将初级小学或教学点分属学区中心小学，实行学区中心小学为中心的网式管理体制，统计中只出现50处完全小学，这样可以节省师资、校舍设备；减少复式教学有利于发挥规模效益，提高教学质量，从今年开始，区直六周岁儿童全部入学，农村学前一年教育搞得好的乡（镇）、村可实行六周岁入学，条件不具备的仍实行七周岁入学，并要积极创造条件，发展学前教育，九三年入学年龄完成七周岁向六周岁的过渡。全区九五年前实现初等义务教育。

2、初中发展规模

根据山东省每万人设一所初中的规定，全区设七所初中，布局基本合理，当前亟待解决的问题是扩建学校规模，每所初中不少于12个教学班，发挥规模效益，要标准化、高质量，迅速适应九年制义务教育发展的要求。

3、高中发展规模

我区一中现有10个高中教学班，在校高中生480人，我们遵照控制高中发展规模，严格按市指令性计划招生的原则，一九九五年规模为14个教学班，一九九六年后逐步发展为18个教学班，在校生达900人左右。

4、职业高中发展规模

根据大力发展职业技术教育，为当地经济建设服务这一原则，91年职业高中开设了财会、服装、建筑、电焊3个专业4个班，招生200人，在校学生达251人，并不断拓宽职业教育渠道，扩大办学规模，把职业高中办成一所专业门类齐全的人才基地，并不断根据需要开设短班，为农村、乡镇企业等培训各种人才。

（三）1991—2000年专任教师情况预测

1、小教师资情况预测

今后十年，我区小学因在校生下降趋势，所需专任教师数量也将逐步减少，根据文件规定区实验小学、乡镇中心小学的师生比是1:19，其他小学班与教师比1:4，教学点是1:1，到2000年小学教师将逐渐减少到332人左右。

2、初中师资情况预测

目前，我区初中教师存在严重学历不合格因素，在制订规划中，我们从三方面进行了预测。一是今后十年内需新增合格师资180人，二是分期分批对100名教师进行在职培训，三是通过离休自然减员和不称职教师的调整，对44名教师进行妥善安置和安排，预测师生比为1:17.5。

3、高中师资情况预测

高中教师的需求依据是班与教师比为1:3.4，今后十年需新增合格教师40人，需在职培训30人，对离退休、自然减员、不称职的进行安置和安排27人。

4、职业高中师资情况预测

职业高中教师的需求依据是班与教师比为1:3.4，预计今后十年需新增合格师资46人，其中专业课教师不少于26人；需在职培训20人，对离退休、自然减员、不称职的进行安置和安排10人。

（四）教育经费预测

根据省普教规划规定，小学经费按每生每年11.8%的比例增长，初中、高中、职业高中按每生每年10.8%的比例增长，我们以1985年为基数，发展到2000年的生均经费是：小学224.03元；初中502.40元，高中921.97元，职业高中877.12元。

仪器设备、图书文体器材"八五"、"九五"期间分别所需经费150万元和50万元。

（五）基建经费预测

依据1982年4月原教育部制订的(82)教基字22号文件规定的标准，小学学生占有校舍面积为3.8平方米，初中每生占有4.8平方米，高中每生占有5.0平方米，按每平方米造价200元计算，"八五""九五"期间基建投资分别约需250万元和150万元。

（六）成人教育

"七五"期间，我区成人教育有了较大发展，但同形势发展的需要尚有较大差距，今后十年，我们坚持普通教育、职业教育、成人教育三教统筹的原则,理顺和加强成人教育,到 2000 年,全区计划累计培训 15000 人次,使大部分职工都能得到系统的专业培训,使 30%左右青年农民通过技术培训,获得一种或多种实用的专业技术,为发展我区经济服务。今后,续续强化农村农民文化技术学校的管理,使五个乡镇的农民文化技术学校和多数村办农民文化学校的办学条件有所改善,师资水平

有较大提高,办学效益大大提高;区直成人教育将进一步加强,使农广校、企业培训中心进一步完善巩固提高;我们还计划建一所成人中专学校,为当地经济建设培养更多的人才,为四化建设的宏伟大业贡献力量。

一九九一年十月十日

中共河口区委　河口区人民政府
关于河口区教育改革的实施意见

东河发(1992)8 号

为促进我区教育事业的进一步发展,使教育更好地为当地经济和社会发展服务,区委、区政府研究决定,自九二年开始,在全区教育系统实行管理体制等方面的教育改革。改革的指导思想:以党的十三届七中全会精神为指针,以《中共中央关于教育体制改革的决定》为依据,深化教育内部改革,启动学校内部活力,努力提高教育教学质量,促进全区教育事业进一步发展,以适应我区经济建设和社会发展的需要。通过改革,使全区各级各类学校更好地坚持社会主义方向,全面贯彻党的教育方针,培养德、智、体、美、劳全面发展的社会主义事业的建设者和接班人。改革的主要内容是:进一步加强学校思想政治工作和德育工作;改革学校管理体制;强化学校内部管理;建立优质高效的教育运行机制。

一、进一步加强学校思想政治工作和德育工作

全区各级各类学校要深入贯彻执行《中共中央关于改革和加强中小学德育工作的通知》精神,切实加强对德育工作的领导,真正把德育工作放在各项工作的首位,抓紧抓好。在完善现有的校长负责德育工作体制的基础上,突击抓好三条线:一是以学校党支部(党小组)为核心,教代会、工会组织配合,重点抓好教职工的思想政治工作和师德教育,

使广大教职工坚信党的领导,坚定社会主义信念,牢固树立献身党的教育事业,全心全意为人民服务的思想。二是以校长、教导处、政教处、班主任和政治教师为主线,按照"两纲"、"两范"的要求,坚持学校、社会、家庭"三教"结合,对学生进行系统的德育教育和日常行为规范的教育。三是在校党支部(党小组)领导下,以共青团、少先队为主,结合青少年特点,开展丰富多彩的、以德育教育为主的教育活动。

当前,学校思想政治工作和德育工作的重点是:从防止"和平演变"、培养社会主义合格接班人的战略高度出发,对师生进行长期的、坚持不懈的社会主义思想教育、近代史教育、国情教育和法制教育。

二、改革学校管理体制

(一)改革乡镇小学管理体制

各乡镇除设一处中心小学外,其余的应以几处较大的骨干小学为依托,就近划片联网、建立学区小学。本片内的小学可作为学区小学的教学点。

学区小学的学生可实行"低年级就近入学,高年级就近集中,减少并尽量消灭三级复式教学"的办法,为提高教学质量创造条件。

建立学区小学后,各教学点的教师可统一调配

使用,统一进行教学业务研究。音乐、美术、体育教师只配备到学区,可实行各教学点巡回教学,解决各教学点课程开不全的问题。

学区小学的规模要适当,布局要合理。各乡镇要立足当地实际、确定学区小学的数量、规模和布局。

(二)学校管理体制推行"四制"

学校管理体制推行"四制",即:招聘制、选聘制、聘任制、岗位目标责任制。

1、招聘和选聘:区一中、区职业高中、乡镇中学、区实验小学的校长、乡镇教育组长均实行招聘制。招聘工作应在本区、乡教育改革领导小组领导下,由区、乡考评委员会主持进行。

具体程序是:在全区教育系统发动报名,通过组织考察、工作答辩、业务考核、群众投信传票等(得分比率分别为30%、30%、20%、20%),根据考评得分确定人选。区一中、区职业高中校长,由组织部和教育局负责考察,区实验小学的校长由人事局和教育局负责考察,乡镇教育组长、初中校长由人事局、教育局、乡镇政府负责考察,以上单位的副职和中层干部均由单位正职选聘;各乡镇中心小学、学区小学的校长由乡镇教育组长选聘,其副职和业务干部由校长选聘。以上人员考察确定后,按照干部管理权限予以公布。

本着"条件公开、机会均等、公正民主"的原则,中小学民办教师可以参加中小学校长和中层干部的招聘和选聘。

校长、教育组长的任期一般为三年。经年度考核和任职期满综合考核,政绩突出者给予一定的职务补贴,也可连聘连任;如有重大失误,可中途解聘,解聘后不再享受原职务待遇。

2、教职工聘任:教职工的聘任原则上区直学校在本校、乡镇学校在本乡范围内进行,实行学校、教师"双向选择"、校长聘任的办法。区直学校教职工的聘任,在区教育改革领导小组领导下进行;乡镇学校教职工的聘任,由各乡镇制定一套符合本乡镇实际、切实可行的实施方案报区教育改革领导小组批准后,在乡教育改革领导小组领导下进行。

3、岗位目标责任制:全区各级各类学校都要建立岗位目标责任制,并层层签订岗位目标责任书。区直学校校长与教育局签订;乡镇教育组长、中学校长与区教育局和乡镇政府签订;乡镇小学校长与教育组和办学单位签订;其余人员均与单位正职签订。

对责任书上签订的各项目标,当众公布,接受群众监督,同时制定和完善考评制度,根据考核情况,决定奖惩和任免。其奖励资金的来源:一是教职工奖励工资,二是勤工俭学收入的一部分,三是教育费附加中用于教职工奖励的部分,四是社会奖励。

(三)落聘人员的工作安置和工资待遇

对落聘的公办教师和职工,可根据不同情况,分别按以下规定执行:

1、实行学校内部消化和试聘的办法。对落聘人员,可根据本人实际情况在校内调做其他工作,也可进行试聘,试聘期限为一年,试聘期间,每月扣除10元的奖励工资;试聘期满后,再按聘任程序进行聘任。

2、对还有一定教学能力、学校内部又无法安排的落聘人员,由区教育局或乡镇教育组在征得缺编学校同意后,调往该单位任教,仍按试聘对待。

3、对符合退休条件的落聘人员,要及时办理退休手续。

4、接近退休年龄(男在55岁以上、女在50岁以上)或教龄30年以上的落聘人员,可由学校内部适当消化,但不能参加职称评定。待到符合退休条件时,再办理退休手续。

5、对于男在50岁以上、女在45岁以上体弱多病的落聘人员,按病休人员对待,并享受病休人员待遇。

6、暂时无法安排的落聘人员(享受病休的除外)学校人事关系不变,由区教育局组织集中进行培训。从落聘之日起至培训期间,停发奖励工资、节支奖、岗位考勤费和教师10%的补贴,经过培养培训后,区教育局在全区范围内组织缺编学校对这类人员进行选聘。

7、对试聘后落聘和培训后落聘人员,从落聘之日起可在本单位安排工人岗位,但不享受教师待遇,不能参加职称评定。

对落聘的中小学民办教师一律辞退,按有关规定给予一次性补助。

三、强化学校内部管理,努力提高管理水平

1、行政管理方面:学校必须制定体现本校特色的校训、校歌及校风、教风;建立升国旗、唱国歌、校歌、队歌制度;建立教代会,学校重大决策提交教代会讨论;学校工作有计划安排,有检查评比,有总结表彰。

学校特别是乡镇村办学校一律安排教师留校住宿,严格杜绝人走校空,校内设施丢失、损坏现象的发生。

2、教学管理方面:培养学生有道德、有理想、有纪律、有文化,健康成长为"四有"新人,是学校、家庭、社会的共同目标。为全面实施素质教育,促使学校由应试教育向素质教育转变,各级各类学校要严格执行教学计划,开足课时、开全课程;建立教学研究制度,实行教研人员目标化管理,严格执行教学常规标准和要求,有计划、有组织的开展第二课堂;注意减轻学生负担,严格控制作业量,教师要向45分钟要质量。

3、教职工管理方面:严格执行《教职工职业道德行为规范》,大力提高教职工队伍素质。教职工要爱护学生,严禁体罚和变相体罚学生,严禁用多布置作业逼压学生;学校要有具体的教师培训进修计划,有措施有保证;建立教师德、勤、能、绩综合评估方案和教师业务档案,教师每项政绩根据"综合评估方案"中的指标体系和执行标准,按照组织考察、群众评议、学生投票等程序按比率计算总分,记入教师业务档案,在评选先进、晋升提干、职称评定、民师转正等方面,均以教师业务档案为重要依据。

4、学生管理方面:贯彻落实《中共中央关于改革和加强中小学德育工作的通知》精神,按照"两纲"、"两范"的要求,培养学生具有优秀的思想品德和良好的行为习惯;执行《山东省中小学学籍管理条例》,严格学籍管理;按照实施九年义务教育的要求,保证适龄儿童全部入学,防止学生辍学,非毕业年级学生留级率控制在2%以下,努力提高义务教育的实施水平。

5、环境设置管理方面:区教育局统一制定中小学环境设置规范。学校要绿化、美化、净化、优化育人环境。各校可根据原有的布局和现有的房屋设置,对教学区、生活区、运动区、生产实验区进行适度调整;无法调整的学校,则必须采取有效措施,加强小区域范围管理。

为检查、督导学校管理工作的落实情况,大力提倡办学水平竞争,表彰先进督促后进,区教育局设"河口区中小学管理水平检查评估办公室",不定乡镇、不定学校、不定时间对全区中小学进行检查评估,检查结果备案入档。同时,为科学地、实事求是地评定学校的教育质量和教师的教学成绩,区教育局设"河口区中小学水平考试办公室",监考、阅卷、统分、成绩评定等事宜均由水平考试办公室负责;评定中小学水平考试成绩时,均以新生备案入档人数为准。

四、稳定教师队伍,加强教职工管理,将约束、奖惩机制引入学校管理体制

(一)人事调动和人员调配

1、区教育局根据工作需要,与组织人事部门共同负责系统内部领导干部的调整和调配,乡镇教育组负责本乡镇教职工的调整。

2、未经区教育局同意,任何学校不得私自放走老师,任何单位和部门不得以借调为理由抽调合格教师做其他非教育性工作。凡对教育系统干部的提拔任免,必须征得教育局的意见。

3、任聘期间的学校干部、教职工不得弃教转行。对落聘人员,"双向流动"中降级使用人员登记造册,在册人员一律不准转出教育。

4、对每年分配的师范类大中专毕业生,区教育局要严格把关,坚持"面向基层,面向一线,按学历使用"的分配原则,分配到乡镇任教,不断充实教学一线力量。

(二)有关奖惩规定

1、建立综合评价为基础的、以教学成绩为主要量化依据的公办教师"双向流动"制度。双向流动的依据为:教师德、勤、能、绩考核占50%,教学成绩占50%。凡德、勤、能、绩考核优秀,所教学科单科成绩在市、区同一水平考试中名列第一者,小学类教师由学区小学或教学点调至中心小学或区直小学任教,初中类教师由乡镇调至区一中初中部任教。凡德、勤、能、绩考核差,所教学科单科成绩在市、区同一水平考试中倒数第一者、第二者,视学校原基础情况和该教师所教学科单科成绩年降低率,给予降级试聘;所任教师属区实小、区一中者,全部下调乡镇任教;属乡镇中学、中心小学者调至学区小学或教学点任教。

区直下调乡镇人员的粮户、工资、组织关系,均由教育局办理并强令性下转。对所有降级试聘人员均实行新单位试聘的办法,试聘期一年。

所教学科单科成绩在本乡镇水平考试中倒数第一者,经考核德、勤、能、绩较差的民办教师,一律辞退。

2、凡德、勤、能、绩考核优秀,所教学科单科成绩在市、区同一水平考试中名列第一者,给予当年向上浮动一级工资的奖励;所教学科单科成绩连续三年在市、区同一水平考试中名列第一者,给予晋升一级工资的奖励。

3、通过综合评估,中学列全区第一、小学列全区前三名的学校,给予校长当年向上浮动一级工资的奖励;若学校连续三年保持先进,给予校长晋升一级工资的奖励。校长是民办教师的,除给予一定奖励外,可在职称评定、评选先进、民师转正等方面,优先照顾。

4、学校可以根据人员编制、总课时数、主副课区别、教师年龄结构等,自行研究制定满工作量的执行标准,然后实行超课时酬金制度。基本原则是:以学校制定满工作量课时为基数,超课时给予一定酬金补助;任课不满工作量者,按照超工作量酬金的两倍扣其奖金部分。

(三)病休规定

确属健康原因,需休假的干部、教职工(包括体弱多病,按病休安排的落聘人员),需要出具区人民医院院长、主治大夫三人以上签字盖章的病休证明。乡镇由校委会、教育组同意后报乡镇人民政府。区直学校由校党支部、校委会同意后报区教育局,经批准后方可病休。病休期间的工资待遇按有关文件执行。凡手续不完备、未履行呈报程序者,一律按旷工处理:奖金扣除,工资以其基本工资的日平均

数,按旷时计算予以扣发。

五、大力发展职业技术教育,形成以职业高中为主体的我区职业技术教育的框架结构,促进普教、职教、成教"三教"统筹、协调发展

认真贯彻落实《国务院关于大力发展职业技术教育的决定》,把职教纳入经济建设和社会发展的总体规划,并进行统筹和决策,使经济建设真正转到依靠科技进步和提高劳动者素质的正确轨道上来。

区教育、计划、财政、劳动、人事等部门,要在区政府统一领导下,充分发挥职能作用,加强协作和配合,认真贯彻落实国务院《决定》,努力做好人才需求预测、师资来源、资金投入、毕业生就业录用和有关职业技术教育管理等方面的工作。重点是:加强对职业技术教育的领导,努力增加对职业教育的投入,有计划地推行"先培训后就业"的原则,保证各单位招工、招干首先从专业对口的区职业高中毕业生中择优录用。

区职业高中要深化内部改革,加强学校基本建设。要把思想政治工作,把德育放在首位;面向社会实际需要,合理规划学校布局、专业设置;改革教学内容和方法,突出实践性教学环节,加强技能训练;改革招生制度,大力加强师资、实验实习基地建设。

六、区直、乡镇幼儿园参照上述意见执行,区教育局、区职业高中、乡镇教育组除执行上述有关规定外,其他制度措施另行研究制定。

七、区成立由区委、区政府及有关部门负责同志组成的"河口区教育改革领导小组",加强对全区教育改革工作的组织领导和决策指导,下设办公室。各乡镇也要成立相应的机构。

实行教育内部改革,是一项政策性强,涉及面广,艰巨复杂的社会化系统工程。各单位要加强领导,精心组织,周密安排,强化措施,抓好落实,保证改革工作顺利进行,努力开创我区教育工作新局面,使我区教育质量提高到一个新水平。

全区教育改革的具体实施方案和有关细节由区教育局负责制定和落实。

随着教育事业的进一步发展和教育改革的不断深入,意见中的有关方面还要做进一步充实和完善。

一九九二年四月三日

中共河口区委　河口区人民政府
关于提高教育质量、办好教育为人民的决定

东河发(1992)19号

为深入贯彻落实《中共山东省委、山东省人民政府关于提高教育质量、办好教育为人民的决定》，进一步加强我区的教育工作，全面提高教育质量，使教育更好地为当地经济和社会发展服务，特作如下决定：

一、充分认识办好教育的意义，坚定不移地把教育放在优先发展的地位

党的十一届三中全会以来，我区认真贯彻省、市关于教育工作的一系列方针、政策，从本区实际出发，提出了"科技兴业，教育立区"的方针，作出了关于深化教育体制改革，实施义务教育，大力发展职业技术教育，实行普教、职教、成教"三教"统筹，多渠道筹措教育经费等一系列决策，全区上下重视教育，依靠人民办教育，深化改革促教育，使教育发挥了重要作用。但是，教育工作还存在一些薄弱环节和落后方面。"科技兴业，教育立区"的方针还没有完全落到实处，对教育必须为社会主义建设服务、社会主义建设必须依靠教育的认识还不深；教育结构不够合理，中等职业教育起步较晚，成人教育缺乏协调领导，各类培训基地建设不足，大良教育培训活动尚未真正有计划的开展起来；教育管理队伍亟须加强；教育经费不足，基础设施不够完善，教育缺乏向高层次发展的物质基础。

九十年代是社会主义现代化建设的关键时期，到本世纪末实现经济和社会发展第二步战略目标，教育是基础。有了与经济相应发展或超前发展的教育，才能有人才成长的先决条件，才会有科技，才会有经济的高速发展。办好教育为人民是现代化建设的迫切需要。各级要从战略高度，对教育在现代化建设中的重要地位进行再认识，再提高，切实加强

领导，统筹协调各类教育的发展，提高整体办学效益。各级都要关心教育、支持教育、兴办教育。教育部门要树立大教育观念，着眼于提高全社会劳动者的素质，为二十一世纪河口经济腾飞奠定坚实的人才基础。切实加强对各级各类教育的宏观管理，统筹管好学历教育，贯彻落实《中共河口区委河口区人民政府关于河口区教育改革的实施意见》，深化内部改革，提高教育质量，使教育紧紧跟上经济和社会发展的步伐，真正把"科技兴业，教育立区"的方针落到实处。

要进一步明确教育工作的指导思想，理清我区教育改革和发展的思路。要按照党的基本路线和要求，根据经济和社会发展的需求办教育、育人才。基础教育要把立足点切实转移到提高国民素质的轨道上来，扎扎实实的实施九年义务教育；大力发展职业技术教育，拓宽办校路子，提高办校质量，完善配套政策，逐步形成全社会兴办职业技术教育的新局面；成人教育要坚持直接有效地为社会主义建设服务的方向，以开展多种形式的岗位培训为重点，全面提高广大工人、农民和基层干部的素质。通过发展与改革，到本世纪末，建立起与河口经济建设和社会发展相适应、规模适度、结构合理、功能完善、质量和效益较高的社会主义教育体系，把全区教育工作提高到一个新水平。

二、强化德育首位意识，全面贯彻落实党的教育方针

坚持社会主义办学方向，强化德育首位意识，是培养社会主义建设者和接班人的战略措施，是关系到党和国家前途命运的大事。各级要以对国家和民族未来高度负责的态度，认真贯彻《中共中央关

于改革和加强中小学德育工作的通知》,组织协调各部门、各行业和社会各界,按照统一目标,共同关心和保护青少年儿童健康成长。支持校外德育基地建设,为学生参加德育活动和生产劳动创造条件。各级党委、政府的领导成员都要建立德育工作联系点,深入基层调查研究,把握德育工作主动权,及时了解和解决德育工作中的问题,把握办学方向,坚持科学标准,不单纯以考分和升学率评价学校工作的优劣。

各部门,各群众团体,社会各方面都要依据各自的特点,履行关心和保护青少年儿童健康成长的职责和义务,积极参与"关心下一代委员会","社区教育委员会"和其他形式的"共建、共管、共育"活动,形成社会全方位、多层次、多渠道的育人环境,推动学校德育工作的开展。

区、乡教育部门和学校要认真贯彻德、智、体、美、劳全面发展的教育方针,努力培养"有道德、有理想、有纪律、有文化"的社会主义事业合格接班人,强化德育首位意识,建立和完善校长负责德育工作的机制,实行目标管理;加强德育教育工作队伍建设和德育研究,努力探索新形势下做好德育的新方法,切实增强教育的针对性、科学性和实效性。

要更新观念,坚决克服片面追求升学率的倾向。要在改革中等教育结构、发展职业教育的基础上,实行学生多阶段分流,缓解升学竞争;改革招生、考试制度,使其适应全面提高学生思想、文化、劳动和身体素质的需要;建立评估中小学教育质量的科学标准,在全面实施素质教育的基础上,促进学校规范化发展。学校、教师要从促进学生身心健康发展出发,切实解决中小学生课业负担过重的问题。

三、坚持"三教"统筹,实行经科教结合,结合教育改革,促进教育更好地为经济建设服务

要按照面向现代化的要求,大胆改革,开拓创新,进一步加强教育改革的步伐,建立起教育与经济有机结合、协调发展的运行机制。

改革管理体制和办学体制,促进"三教"统筹,协调发展。基础教育实行政府分级办校为主,企事业单位和其他社会力量办学为辅;职业教育由政府统筹,行业、企事业单位办学和教育部门办学并举;成人教育在政府统筹下,以行业、企事业单位办学为主,充分发挥社会力量办学的作用。基础教育,乡镇政府要建立健全依法实施的各项规章制度。保证完成工作目标,力争九五前全区实现初等义务教育。职业教育,以区职业高中为主体,要建立教学、生产、科研、经营管理、社会服务一体化的办学模式,继续走好企校结合、产教合一、联合办学的路子,努力提高教育质量和办学效益。成人教育,坚持"巩固基础、稳步发展"的原则,把重点放在岗位培训,实用技术培训和继续教育上,充分发挥广播、电视等现代化教育手段,不断扩大培训规模,力争"八五"末建立健全职工教育的培训网络,逐步实行持证上岗制度,所有乡镇和一批村办农民文化技术学校,达到较高的办学标准。

积极推进经、科、教结合。要加强对经济科技与教育事业发展的统筹规划,充实和健全科技培训与推广网络,采取有力措施,推动经济、科技与教育事业的结合,建立起相互依存、相互推动的发展机制。中等以下教育要积极进入经科教结合的社会大系统。要根据发展优质高效农业和乡镇企业的需要,大力提高从业人员、管理人员和基层干部的政治文化科技素质;根据企业转换经营机制和调整结构、提高效益的需要,全面开展对企业干部的培训,大力加强工人岗位培训和新增劳动力的岗位培训;根据对外开放的需要,大力培训外经外贸人员。充分发挥学校人才、智力优势,推动"燎原计划"的实施,使教育在科学研究、技术推广、人才培训和社会服务等方面发挥更大作用。

坚持"先培训后就业"的用工制度,今后各单位招工、招干,首先从专业对口的区职业高中毕业生中择优录用。在对口专业合格毕业生尚未全部录用、聘用的情况下,用人单位一般不要从社会上招用人员。

贯彻落实《中共河口区委河口区人民政府关于河口区教育改革的实施意见》,在认真总结试点经验的基础上,在全区中小学推行管理体制改革,实行"四制",即:招聘制、选聘制、聘任制、岗位目标责任制,同时加强学校规范化管理。通过改革,启动学校内部活力,调动干部管理育人、教师教书育人和办学单位尊师重教的积极性,全面提高教育质量和办学效益,多出、快出、出好人才。

搞好教学改革和教育科研工作。进行与素质教育相适应的教材、学制、教法、考试等改革,加强教学和教育理论研究,统筹协调科研力量,及时研究探讨教育发展和改革中的理论与实践问题。

四、进一步加强以教师为重点的师资队伍建设,提高教育者的素质

乡镇党委、政府和区、乡教育部门,都要把教师队伍建设放在教育工作的突出位置,采取有效措施,切实抓紧抓好。

贯彻巩固、发展、培养、提高的方针,努力提高教师队伍的整体素质,教育广大教师热爱教育工作,献身教育事业,并采取多种形式,努力提高教师岗位合格率和学历达标率。要抓好学校领导班子建设,特别是要把校长、书记选配好。加强中小学校长培训,到"八五"末全部轮训一遍,同时要抓好岗位培训后的继续教育和新任校长上岗前的培训工作,使校长培训工作制度化、规范化。

教育主管部门要选调德才兼备、经验丰富的干部做好督学工作,经常深入学校检查帮助工作,保证党的教育方针的正确贯彻,保证教育质量不断提高。

树立全社会尊师是重教的良好风尚,提高教师的社会地位和待遇。要认真落实国家有关中小学教师工资、补贴、医疗等方面的政策规定,满30年教龄的,其退休费可补贴到本人原工资的100%。城镇中小学教师住房,按照分级管理的体制,由区乡政府统筹解决。要进一步加强教师队伍管理,严格控制中小学教师外流,对教改中落聘、试聘和待聘人员,具体工作安置和工资待遇要按照区委(92)8号文件规定执行。严格毕业生分配制度,师范类毕业生要全部分配到学校任教,充实教学一线力量。要

稳定民办教师队伍,逐步减少民办教师比例。关于提高民办教师工资国拨经费补助标准问题,由各乡镇根据财力情况确定,逐步做到与公办教师同等待遇。要认真做好优秀中小学民办教师报考师范类学校和转公办教师工作。

五、增加教育投入,进一步改善办学条件

坚持以政府投入为主,多渠道筹措教育资金。立足当地实际,建立多渠道筹措教育经费的体制,使教育经费的增长与经济发展相协调并适当超前增长。

财政拨款是教育经费的主渠道。乡镇政府要继续加大教育投入,确保地方政府教育拨款的增长高于地方财政经常性支出的增长,确保按在校生人数平均的公用经费逐年增长。采取切实措施,争取"八五"末使我区中小学公用经费达到全省平均水平。教育附加费实行乡征区管,按时定额征收,同时建立和完善教育附加的管理、使用制度。乡镇政府要加大措施,保证九二年乡镇中学实验用房达到省验收二类标准,九三、九四年完成实验室内部设施、教学仪器的配备任务。贯彻落实区政府《关于进一步开展勤工俭学工作的通知》精神,大力支持学校开展勤工俭学活动,辅助学校搞好校办产业。

集资办学是多渠道筹措教育资金的重要渠道。要建立各种教育基金制度,完善社会集资、捐资办学及多渠道筹措教育经费的体制,继续鼓励企事业单位和社会各方面集资办学和捐资助学,对筹集的资金一定要管好、用好,提高资金使用效益。

振兴河口的希望在教育。全区上下要进一步解放思想,振奋精神,全面落实"科技兴业,教育立区"的战略方针,努力做好"办好教育为人民"这篇大文章,为实现我区第二步战略目标提供人才和智力保证。

一九九二年七月

河口区推行学校内部管理改革实施方案

东河政发(1994)23 号

为认真贯彻执行中共河口区委、区人民政府制定的东河发(94)22 号文件《关于在全区推行学校内部管理改革的意见》，确保全区学校内部管理改革健康、稳妥、顺利地进行，特制定此方案，供各乡(镇)、区直学校参照执行。

一、宣传发动阶段(10 月 1 日—10 月 9 日)

为抓好这次改革，成立了以王少飞区长任组长，分管领导及有关部门的主要负责同志为成员的全区学校内部管理改革领导小组，下设办公室，办公室设在区教委，负责改革日常工作。各乡(镇)区直学校也要成立相应的领导小组，按《意见》精神和此方案要求，认真组织本单位的改革工作。

1、组织广大干部和教职工认真学习《中国教育改革和发展纲要》以及全国教育工作会议精神，做到统一思想，达成共识、积极参与、支持改革。区改革领导小组组织召开教职工参加的改革动员大会，动员广大教师积极参与改革。要充分利用广播报道、电视讲话等形式广泛宣传，层层发动，在全区范围内进行改革总动员。

2、认真学习贯彻区委、区政府制定的改革配套文件，同时要采取多种形式，使每位教职工认识到这次改革的重要性和必要性，全面了解改革的指导思想、内容、方法、步骤及有关政策。动员其积极参与改革，投身改革；为实施改革方案打下良好的思想基础。

3、各乡(镇)、区直学校在广泛宣传发动和认真摸底的基础上，依据区委、区政府关于本次改革的意见和实施方案，联系本单位教育实际，制定出既切实可行又符合上级改革精神的实施方案。

二、组织实施阶段(10 月 10 日—10 月 25 日)

1、核编定岗：

各乡(镇)、区直学校结合区编委对本单位的编制要求，进一步核实所有学校处数、班数、学生数、教职工数 (含代课教师)，明确学校今后的发展规划、规模，为核编定岗提供准确详实的基础材料。

(1)核编：区教委会同区编委根据鲁编(88)113 号文件规定，并结合我区村落稀疏、小学布点分散、学校规模较小的状况，对本单位进行核编。核编的原则是：初中以上学校严格按省规定的编制标准和实际规模定编到各校；小学核编到乡镇，乡镇再定编到学校，核编测算公式为：所需教职工编制数=在校生数÷〔(规定师生比学生数+现有师生比学生数)×1/2〕(3 舍 4 入)。各乡镇要结合义务教育的实施，通过近校换班、合班、联合等形式，努力减少复式，彻底消灭三级复式，合理调整学校布局，严格按照东河发(94)11 号文件的编制指标统一调配教师。

(2)定岗：按照满负荷工作标准(中学周课时 12—14 节，小学周课时 18—24 节)确定各校实际需要的工作岗位。

中等以上学校干部的设岗原则是：24 个班以上规模的学校，可配校长 1 人，副校长 2 人，教导主任 1 人，教导副主任 2 人，政教主任 1 人，总务主任 2 人，办公室主任 1 人；16 个班以上规模的学校可配校长 1 人，副校长 1 人，教导主任 1 人，教导副主任 1—2 人，总务主任 1 人，政教主任 1 人；16 班以下规模的学校可配校长或副校长 1 人，教导主任 1 人，教导副主任 1 人，总务主任 1 人。校长和总务主任可不兼课，其他领导干部每周兼课 6 节以上为满工作量。团委书记、工会主席、少先队总辅导员由教师兼任，计算工作量时加计 4 课时。

小学干部设岗原则是：乡(镇)中心小学、学区小学配校长 1 人，每周兼课 6 节以上的为满工作量,少先队大队辅导员由教师兼任,计算工作量时加计工课时,乡(镇)中心小学、学区小学所辖的村小学及教学点隶属中心小学、学区管理,规模较小的农村小学(完全小学)可指定一名教师负责。

教职工设岗的原则是:教师严格按照国家教学计划设置的课程及规定的课时计划,分学科设岗;职工严格按照鲁编 (88)113 号文件的标准计划设岗,要因事设岗,任人唯贤,不能因人设岗,任人唯亲。

各级各类学校的设岗,不得超过区编委规定的编制数。

2、考试考核

(1)中学教师免试。

(2)小学在职的全体公民办教师(包括兼课人员)都要参加业务考试。考试工作由教委统一组织,实行闭卷考试,密封阅卷。考试内容原则上所教学科占80%,教育理论,常规教学和教学基本功占20%。

各单位要严格按照市教育局制定的《中小学教师业务考核评分标准》和办法,对所有教职工进行考评,确定好等级与得分记录在案,作为选聘的重要依据。

3、选聘区直科级学校校长和乡镇教委主任

由区教委会同组织人事部门对现任科级学校校长(乡镇教委主任),区教委提名人员和群众推荐的优秀人员按德、勤、能、绩四个方面,进行综合考核。根据考察考核结果,由区教委提出区直科级学校校长及乡镇教委主任人选,区直科级学校校长,经区委、区政府研究同意后,区教委聘任,区委、区政府行文公布。乡(镇)教委主任经乡(镇)党委政府研究同意,区教委聘任,并行文公布。

科级学校的副较长,由校长按设岗指数提名,区教委会同组织部门考察,报区委、区政府研究同意后,校长聘任,区政府行文公布,经考察不合格者,校长要更换人选。

4、选聘科级学校的中层领导,实验小学校长。

科级学校的中层领导由群众集体推荐,也可自荐,由校长提名,经区教委会同人事部门考察同意后,校长聘任,区教委行文公布。

实验小学的校长经区教委会同人事部门考察同意后,区教委聘任,并行文公布。中层领导由校长按设岗指数提名,区教委考察同意后,校长聘任,区教委行文公布。

5、选聘乡(镇)中学校长

乡(镇)中学校长人选由乡(镇)教委主任提名,区、乡(镇)两级教委会同人事部门进行综合考察,征得乡(镇)党委、政府的同意后,乡、(镇)教委聘任,区教委行文公布。

6、选聘乡(镇)中学中层领导与乡(镇)中心小学校长。

中学中层领导由校长按设岗指数提名,经区、乡(镇)两级教委考察同意后,由校长聘任,区教委行文公布。

中心小学校长由乡(镇)教委主任提名,区、乡(镇)两级教委考察,乡(镇)教委聘任,区教委行文公布。

7、选聘学区小学校长和乡(镇)教委人员

学区小学校长和乡(镇)教委人员,由乡(镇)教委主任提名,经区、乡(镇)两级教委考察同意后,由乡(镇)教委聘任,并行文公布。

各级干部的选聘,要按干部管理的有关程序,分别按干部管理权限报批备案。

8、选聘教职工

选聘教职工旨在实现人才的合理配置,做到人尽其才,人事相宜。根据区委、区政府制定的《关于在全区推行学校内部管理改革的意见》,选聘教职工的方法和步骤是:

区直学校,各乡(镇)初中以上以校为单位选聘教职工,乡(镇)初中原则上不再选聘民办教师。各学校要依据考核 (九一至九三年三年考核占40%,九四年考核占60%)情况,制定具体选聘办法,按定编设岗的要求,选聘教职工。

小学以乡镇为单位,实验小学以校为单位选聘教职工,小学不再选聘代课教师;各单位要依据四年考核情况(九一至九三年三年考核30%,九四年考核占40%)和业务考试分数(占30%),制定具体选聘的办法,按定编设岗要求先中心小学,后农村小学,先高年级,后低年级依次选聘教职工。

中学民师参加小学选聘，并参加小学业务考试，但选聘的主要依据为考核成绩(九一至九三年三年考核40%，九四年占60%)，任聘期满年度综合考核在称职以上的中学民师原则上优先选聘。

九四年新分配的大中专毕业生，按期报到者必须聘任上岗实习。

具备下列情况之一的教师不能选聘：

(1)考试成绩在合格分数线以下的(区教委根据考试成绩划定一条合格分数线)。

(2)九二年至九四年三年综合考核在基本称职以下的。

(3)公办教师男满55周岁，女满50周岁的；民办教师男满50周岁，女满45周岁的一般不再选聘。

经选聘后，有些学科出现空岗，解决的方法：一是增加在岗教师的工作量；二是返聘，但必须上报区教委批准后方可执行。

实行聘任制后，区教委对各单位一年一核编。学校领导三年一聘任，教职工一年一聘任，聘任单位或个人要与受聘人签定目标责任书，使双方明确目标和责任，干有目标，行有准则，充分调动在岗教职工的工作积极性。

9、经费总额包干

实行聘任后，按照《意见》中"减人不减经费"的精神和各单位的编制，实行教职工全员工资总额包干。在保证"三个增长"和正常公用经费的前提下，各单位现有职工的"人头费"作为工资总额基数。区教委会同有关部门要查实核准，区、乡(镇)财政部门要严把总额关，并保证资金落实到位，做到增人不增经费(缺编单位除外)，减人不减经费，足额按月拨付。节余部分由学校自由安排使用，主要用于提高在岗教职工的工资待遇。乡(镇)财政部门不得因减人而扣减公用经费和人头费，且如遇政策性增资，必须按政策增加工资经费，新分配师资要按人头增加工资经费。教委将会同有关部门对教育经费一年一核定。工资的发放办法，由单位根据《意见》

精神，结合本单位实际制定。

10、妥善安置落聘人员

对落聘的公民办教职工要做好深入细致的思想工作，教育他们认清当前形势，正确对待这次改革，正确对待自我。同时各级党委、政府、教育行政部门和学校要研究措施，实事求是，根据区委、区政府(94)22号文件精神和国家有关政策，想方设法妥善安置落聘人员。

(1)对落聘的公办教师一是可调整到校办企业；二是进入人才交流市场，但对完不成服务期的，要严格控制，严格审批手续。其他情况遵照东教发(89)58号文件执行。

(2)对落聘的民办教师一是农村经验丰富的，可充实到村级领导班子；二是有一定专长的，可安排到乡镇企业工作；三是鼓励有特长的自谋职业或充分发挥个人特长兴办学校幼儿园；四是乡镇、村已办起农民文化技术学校的，可安排为成教师资。有关民师的其他情况遵照东教发(92)100号文件执行。

11、区直幼儿园可参照此方案执行。

三、总结验收阶段(10月26日—10月31日)

各乡(镇)、区直学校在改革方案实施中，要高度重视，加强领导，主要领导要亲自抓，分管领导要靠上抓，及时指导，认真总结，多角度、多方位观察分析、发现问题，及时研究，完善解决，并注意及时总结经验，吸取教训，扬长避短，确保这次改革的顺利完成。各单位务于10月26日前写出书面总结，上报区改革领导小组，同时将选聘后的各种表格报区改革办公室。区改革领导小组将采取普查和抽查的方法对各单位的改革情况进行检查验收。10月底圆满结束全区的改革工作，使受聘教师按时上岗，确保我区教育教学工作健康、稳妥、协调发展。

中共河口区委 河口区人民政府

一九九四年九月三十日

中共河口区委　河口区人民政府
关于贯彻《中国教育改革和发展纲要》的实施意见

东河发(1994)24 号

中共中央、国务院颁布的《中国教育改革和发展纲要》(中发〔1993〕3 号文件)是指导我国九十年代乃至二十一世纪初教育改革和发展的纲领性文件。最近省委、省政府和市委、市政府相继出台了《关于贯彻〈纲要>的实施意见》。认真贯彻《纲要》和省、市《实施意见》对促进我区教育事业健康、稳妥、协调发展，确保"科教兴区"战略目标的顺利实现，具有十分重大而深远的意义，现根据《纲要》和省、市《实施意见》精神，结合我区经济建设和社会发展的实际，提出如下实施意见。

一、到本世纪末，我区教育发展的目标和任务

(一)到本世纪末，我区教育发展总的指导思想是：遵循党的十四大精神，以建设有中国特色的社会主义理论为指导，全面贯彻实施《纲要》，进一步落实教育优先发展战略，根据我区经济建设和社会发展的实际需求，高质量地普及九本义务教育，大力发展各级各类教育，切实提高教育质量和办学效益，为我区经济发展和社会进步提供高智能保障。

我区教育发展的总目标是：全区到 1996 年基本普及九年义务教育，基本扫除青壮年文盲。到 2000 年，区直基本普及高中阶段教育；全民受教育水平有明显提高；城乡劳动者的职前职后教育有较大发展，基本满足各行各业对专业技术人才的需求；初步形成与我区经济建设和社会发展相适应的规模适当、结构合理、功能完善、质量高、效益佳、各类教育相互衔接的社会主义教育体系的基本框架。

实现《纲要》和我区教育发展的总目标，必须始终坚持把教育摆在优先发展的战略地位，进一步巩固提高实施初等义务教育成果，以 1996 年提前实

现"两基"为重中之重，把政策、精力、资金立即转移到 1995 年实施初级中等义务教育上来，大力改善初中学校的办学条件，努力提高初级中等义务教育的实施水平。与此同时，大力发展以初中后为主的职业教育和以岗位培训为重点的成人教育，适当发展普通高中教育，积极普及学前教育。乡镇要集中人力、物力、财力，把中心小学和初级中学办成教育质量高、办学条件好、能带动全乡镇教育发展的龙头学校；区直要集中人力、财力，把区一中、区实验初中、区实验小学和职业高中办成教育教学质量高、办学条件一流、带动全区教育发展的省、市规范化学校。

(二)努力发展学前教育。到 1997 年，全区普及学前一年教育，3—6 周岁幼儿入园率达到 75%以上。区政府投资 160 万元，建成一所占地面积 4680m²，建筑面积 3182m²、规模达 12 个班，能容纳 360 名幼儿入园的设施配套、标准较高的区直实验幼儿园。六合乡、新户乡、义和镇中心幼儿园要在市验收达标的基础上，进一步扩大规模，完善功能，配备设施，再上新台阶；四扣乡、太平乡要积极筹措资金，1995 年建成高标准的中心幼儿园，并接受市政府验收；各行政村要自筹资金，办好村幼儿园。区实验幼儿园和乡镇中心幼儿园分别按同级实验小学和中心小学的管理办法进行管理。到本世纪末，3—6 周岁幼儿入园率达到 85%以上。

(三)切实加强基础教育。在巩固实施初等义务教育成果的同时，立即把主要精力、资金投入到 1995 年实施初级中等义务教育上来，确保 1996 年全区基本普及九年义务教育。具体目标是：小学毕

业生升学率由 1993 年的 95.2% 提高到 99.8% 以上；普及初级中等义务教育的人口覆盖率达到 100%。到本世纪末,我区全面完成普及九年义务教育的任务。

——大力改善初中学校的办学条件。目前,我区乡镇中学办学条件较差,区直没有初级中学,与实现初级中等义务教育的标准要求差距很大。为彻底改善初中学校的办学条件,迅速提高我区初级中等义务教育的实施水平,区政府决定今后几年积极创造条件,筹措资金,将区一中初中部从区一中分离出来,建设河口区实验初级中学。各乡镇政府要采取有力措施,多渠道筹集资金,努力改善初级中学的办学条件,新户乡、义和镇、六合乡要在 1995 年建成中学教学楼,四扣乡、太平乡也要在 1996 年建成中学教学楼,各乡镇要对现有中学校舍进行彻底改造。力争到 1996 年,使我区初中学校的办学条件均达到校园布局合理、环境优美、校舍充足、各类功能用房配套达标、教学仪器、图书及其它教学设施齐全的规范化学校标准,确保按期实现初级中等义务教育,并顺利通过省政府"两基"验收。

——加强学校管理。研究制定我区中小学办学质量标准,建立和完善教育水平评估和督导制度,促使各级各类学校逐年上档次、上水平。力争到本世纪末全区创建 1 所省级、10 所市级、30 所区级规范化学校。

——努力发展特殊教育。各乡镇要积极创造条件创办弱智儿童辅读班,也可以实行弱智儿童随班就读,确保残疾儿童与正常儿童同步接受九年义务教育。

——适当发展普通高中。到 2000 年,区直基本普及高中阶段教育,全区普通高中在校生由目前的 600 人增加到 900 人,占高中阶段在校生总数的 45% 左右；初中毕业生升入高中阶段的综合升学率达到 85%。

(四)大力发展职业技术教育。执行"先培训,后就业"的政策,在全区实行学历文凭和职业资格证书并重制度。到本世纪末,努力做到城乡新增劳动力上岗前都能受到必需的职业训练；

专业技术性较强的劳动岗位就业者能普遍受到系统严格的职业技术教育。

——到 1997 年,区职业高中在校生达 750 人,占高中阶段在校生总数的 50%；到 2000 年,在校生达 1100 人,占高中阶段在校生总数的 55%。通过不断增加职业教育投入,改善办学条件,强化内部管理,力争在本世纪末将区职业高中办成一所规模较大、设备完善、科类齐全、教育质量高、具有河口特色的综合性职业技术学校,达到省级重点职业高中水平。

——加强职业教育与普通教育的沟通与衔接。在普通中学适当增加职业技术教育内容,有计划、分步骤实行初四、高三分流。

——从 1995 年起,在城镇达不到中等职业教育水平者,一律不得就业上岗；在农村,要逐步推行"绿色证书"制度。企事业单位(含乡镇企业)招工、招干以及从事技术性强的生产经营工作,必须通过相应的职业技术培训。各单位招工、招干必须优先录用专业对口的各类职业学校毕业生。

(五)积极发展成人教育。成人教育以扫盲、岗位培训和继续教育为重点。到 1996 年,全区基本完成青壮年扫盲任务,非文盲率达 99% 以上,以实用技术培训为重点,巩固提高扫盲成果,把复盲率控制在 2% 以内。

——区政府在 1996 年建成规模为 6 个班、学员达到 300 人的河口区成人教育培训中心(成人中专)。积极推进职工在岗和转岗制度的建立,以行业为主导、企业为主体,对广大职工实施形式多样的培训。

——各乡镇在 1995 年投资 20 万元,建成规模达 100 名学员的成人教育中心；各行政村要进一步加强农民技术学校建设,完善区、乡、村三级培训网络,积极为乡镇企业和农村经济发展培养专业技术人才。到 2000 年,全区 50% 以上的乡镇成人教育中心,要达到省级示范成人学校水平。

——成人学历教育要向多样化、职业性方向发展。成人中专教育以充实完善办学条件、提高办学质量和效益为重点,不断扩大办学规模。到 1997 年,自学考试事业要有较大发展,每年参加自学考试的人数稳定在 150 人左右；待业青年参加自学考试取得学历且专业对口者，在就业安置时优先录用。

（六）积极发展广播电视教育和电化教育，积极推广运用现代教学手段。到本世纪末，建好区教育电视台和乡（镇）卫星地面接收站，村小学要有教学放像点，基本形成覆盖全区城乡的设施齐全、功能完善、服务于各类教育的电教网络。

（七）合理调整学校布局，努力提高办学效益。各级各类学校的办学规模要达到初中在 12 个班以上，高中 18 个班以上，职业高中 12 个班以上。乡镇政府要下定决心，进一步合理规划、调整农村中小学布局，各乡镇设 1 所初中；小学布局的调整要遵循"低年级就近入学，高年级联合办学"的原则，四扣乡要在 1995 年完成乡中心小学建设。在 1996 年，全区撤销学生在 20 人以下的教学点，集中人力、物力办好学区小学以上的学校。积极发展"寄宿学校"，实行小学生学习、生活规范化管理。

二、深化教育改革的任务和政策措施

（八）教育发展的出路在于改革，深化教育改革是教育发展的根本动力。要从我区教育实际出发，加大改革力度，完善各项配套措施，到 2000 年，初步建立起与社会主义市场经济体制和政治、科技体制相适宜的教育新体制，促进全区教育事业有较大的发展。

（九）加快办学体制改革，建立以政府办学为主体、社会各界参与的新体制。基础教育以政府投入为主渠道；职业教育和成人教育以行业办学为主；学前教育以社会各界办学为主。

——学前教育以社会各界办学为主，政府办学为辅。区、乡镇教委会同有关部门在幼儿园设置、教材配备、师资队伍建设、评估、督导方面，实行统筹管理。

——基础教育以区、乡镇政府办学为主，鼓励企事业单位和其他社会力量及公民个人集资办学或捐资助学。

——职业教育和成人教育在区、乡镇政府的统筹管理下，主要依靠企事业单位、社会各界举办，鼓励走校企联合办学和企业办学道路，政府通过专项补助和贷款等形式给予必要的扶持。各级各类学校要充分利用贷款等形式，发展校办企业和实习基地，不断增强自我发展的能力。

（十）进一步完善教育管理体制。按照各级各类学校的办学特点、理顺政府与学校、社会与学校、教育部门与其他部门的关系，建立科学、系统的管理体制。

——扩大对中等以下教育的统筹决策权，进一步完善乡镇一级教育和经费包干管理办法。我区一律实行区、乡镇两级管理，以区为主的体制。

——学历教育由区教育委员会统一管理。

——加强区政府对职业教育和成人教育的统筹决策权，进一步完善管理体制。以进行学历教育为主的职业教育和成人教育，由区教育委员会主管，彻底清除其他行业和系统乱招生、乱办学、乱收费的混乱现象。职业培训和在职的岗位培训工作，由区劳动、人事部门会同区教委联合管理。区职教办划归区教委管理。

（十一）继续深化学校内部管理体制改革。

"三制"改革后，区、乡镇教委及各级各类学校要认真总结经验，进一步完善人事制度、分配制度的改革，真正使"减人不减资、工资总额包干"制度落实到位，正确处理思想教育和物质激励的关系，充分发挥校党支部的政治核心作用和教代会的民主管理作用，调动广大教职工教书育人的积极性。

（十二）积极推进招生和就业制度改革

——除九年义务教育阶段外，高中阶段要逐步实行缴费上学制度，缴费标准由区政府参照上级规定，根据我区城乡居民的承受能力确定，同时建立奖学金、贷学金、困难补助等配套措施。全区大中专招生工作在区招生委员会的领导下，由区招生办公室具体负责。

——改革毕业生就业制度。成立区就业指导中心，全区大中专毕业生就业安置工作，在区大中专毕业生就业工作领导小组统一领导下，由区教委、计委和就业指导中心负责。国家计划内招收的大中专毕业生，除师范和医药类毕业生继续按计划分配外，其他专业毕业生实行在国家宏观指导下，学校与用人单位供需见面和一定范围内"双向选择"的制度，委培生按合同就业，自费生自主择业。

(十三)加大改革力度,全面提高教育质量和办学效益。

——大力改善初中学校的办学条件。目前,我区乡镇中学办学条件较差,区直没有初级中学,与实现初级中等义务教育的标准要求差距很大。为彻底改善初中学校的办学条件,迅速提高我区初级中等义务教育的实施水平,区政府决定:今后几年积极创造条件,筹措资金,将区一中初中部从区一中分离出来,建设河口区实验初级中学。各乡镇政府要采取有力措施,多渠道筹集资金,努力改善初级中学的办学条件,新户乡、义和镇、六合乡要在1995年建成中学教学楼,四扣乡、太平乡也要在1996年建成中学教学楼,各乡镇要对现有中学校舍进行彻底改造。力争到1996年,使我区初中学校的办学条件均达到校园布局合理、环境优美、校舍充足、各类功能用房配套达标、教学仪器、图书及其它教学设施齐全的规范化学校标准,确保按期实现初级中等义务教育,并顺利通过省政府"两基"验收。

——加强学校管理。研究制定我区中小学办学质量标准,建立和完善教育水平评估和督导制度,促使各级各类学校逐年上档次、上水平。力争到本世纪末,全区创建1所省级、10所市级、30所区级规范化学校。

——努力发展特殊教育。各乡镇要积极创造条件创办弱智儿童辅导班,也可以实行弱智儿童随班就读,确保残疾儿童与正常儿童同步接受九年义务教育。

适当发展普通高中。到2000年,区直基本普及高中阶段教育,全区普通高中在校生由目前的600人增加到900人,占高中阶段在校生总数的45%左右;初中毕业生升入高中阶段的综合升学率达到85%。

(十四)大力发展职业技术教育。执行"先培训,后就业"政策,在全区实行学历文凭和职业资格证书并重制度。到本世纪末,努力做到:城乡新增劳动力上岗前都能受到必需的职业训练;专业技术性较强的劳动岗位就业者能普遍受到系统严格的职业技术教育。

——到1997年,区职业高中在校生到750人,占高中阶段在校生总数的50%,到2000年,在校生达1100人,占高中阶段在校生总数的55%。通过不断增加职业教育投入,改善办学条件,强化内部管理,力争在本世纪末将区职业高中办成一所规模较大、设备完善、科类齐全、教育质量高、具有河口特色的综合性职业技术学校,达到省级重点职业高中水平。

——加强职业教育与普通教育的沟通与衔接。在普通中学适当增加职业技术教育内容,有计划、分步骤实行初四、高三分流。

——从1995年起,在城镇达不到中等职业教育水平者,一律不得就业上岗;在农村,要逐步推行"绿色证书"制度。企事业单位(含乡、镇企业)招工、招干以及从事技术性强的生产经营工作,必须通过相应的职业技术培训。各单位招工、招干必须优先录用专业对口的各类职业学校毕业生。

(十五)积极发展成人教育。成人教育要以扫盲、岗位培训和继续教育为重点。到1996年,全区基本完成青壮年扫盲任务,非文盲率达99%以上,以实用技术培训为重点,巩固提高扫盲成果,把复盲率控制在2%以内。

——区政府在1996年建成规模为6个班、学员达到300人的河口区成人教育培训中心(成人中专)。积极推进职工在岗和转岗制度的建立,以行为主导、企业为主体,对广大职工实施形式多样的培训。

——各乡镇在1995年投资20万元,建成规模达100名学员的成人教育中心;各行政村要进一步加强农民技术学校建设,完善区、乡、村三级培训网络,积极为乡镇企业和农村经济发展培养专业技术人才。到2000年,全区50%以上的乡镇成人教育中心要达到省级示范成人学校水平。

——成人学历教育要向多样化、职业性方向发展。成人中专教育以充实完善办学条件、提高办学质量和效益为中心,以提高教育教学质量为总目标,全面贯彻教育方针从教育思想、观念、内容和方法等方面继续推进各项改革。

——把素质教育作为学校教育工作的中心,注重学生基本技能的培养,优化课程结构和专业设置,认真搞好教材教法改革,切实减轻学生的课业负担,努力提高中小学生的整体素质。

——狠抓教育教学质量的提高。教学质量是教育水平的核心,要放在学校工作的中心位置,常抓不懈。以学制改革和教学改革实验为突破口,加强教学教研工作,大力开展优质课评选、教学能手评选、大练教学基本功活动,充分发挥骨干教师的模范带头作用,努力提高教师的实有教学能力。各级各类学校要加强教学管理,搞好常规教学测评,大面积提高教育教学质量。

——区直尽快普及小学三年级以上的英语教学,并逐步扩大到乡镇中心小学;区实验初级中学和乡镇初级中学要积极开展计算机教学,确保中小学生以较高的素质迎接二十一世纪的挑战。

——强化对学生的实践教育。各级各类学校要进一步贯彻教育与生产劳动相结合的方针,采取多种形式,促进教育与社会的紧密结合。要把劳动教育列入教学计划,并逐步做到制度化、规范化。社会各界应积极为学校开展劳动教育提供场所和条件,要加强实验室、实验基地建设,提高实验仪器的利用率。

——加强学校德育工作。各级各类学校要以马列主义、毛泽东思想为指针,以培养德、智、体全面发展的跨世纪"四有新人"为目标,认真贯彻党中央、国务院颁布的《爱国主义教育实施纲要》,加强对学生进行荣辱观、美丑观、是非观和艰苦奋斗、文明礼貌教育,从而加强爱国主义、集体主义思想教育。建立健全学校党支部、共青团、少先队为主的德育工作领导机构,加强德育队伍建设,完善德育教育网络,充分发挥学科教学渗透德育教育的主渠道作用,促使青少年儿童健康成长。

——进一步加强学校体育、艺术和健康教育。各级各类学校要把促进学生身心健康作为教学改革的主要任务,认真贯彻《学校体育工作条例》、《学校卫生工作条例》和《体育合格标准》、《国家体育锻炼标准》,落实好《全国学校艺术教育总体规划》,认真开设音、体、美和健康教育课,加强疾病及传染病防治工作。培养学生讲文明、讲卫生和自我保健的良好习惯。学校体育、卫生、艺术教育工作状况要列为教育督导的内容之一。

三、合理调整投资结构,多渠道筹措教育经费

(十六)增加教育投入是落实教育优先发展战略地位的根本性措施。区、乡镇政府要牢固树立教育投资是战略性投资的观念,合理调整投资结构,在财政预算上优先保证教育的投入。

——切实做到《纲要》提出"三个增长",即政府教育拨款的增长高于财政支出的增长,并使在校生人均教育费用逐年增长。继续坚持和完善以财政拨款为主,多渠道增加教育投入的机制,力争1996年各级各类学校基本达到国家规定的办学标准。

——按照《纲要》规定和上级要求,到2000年,全区财政性教育经费支出(包括区、乡镇财政对教育的拨款、城乡教育费附加、企业用于举办中小学的经费、校办产业减免税部分)占国民生产总值的比例要达到4%。区财政预算内教育经费支出占财政总支出的比例,要尽快达到22%以上,具体实施步骤是:1995年是实施九年义务教育的关键年,预计总投入达1463万元,其中财政教育经费支出890万元。1996年要达到19%,1997年达到20%。区计划、财税部门要尽快制定相应的措施,认真加以落实。

(十七)确保各级各教育发展的经费。

——实施九年义务教育主要是政府的责任。区、乡镇政府要优先安排对义务教育的投入,制定有效措施,确保资金到位。区财政每年拨出20万元专款扶持乡镇实施义务教育。

——增加职业教育和成人教育的专项补助经费。从1995年起实行教育经费预算单列,每年由区教委提出年度计划建议,报区财政局,由区政府列入预算,经批准后实施。区政府有关部门要按国家规定标准,落实各级各类学校的生均公用经费。教育经费的支出情况由区教委和统计局按国家规定指标进行统计并向社会公布。区、乡镇政府要定期向同级人大专题报告教育经费预算执行情况,接受监督考核。

——加强教育附加的征收管理工作。教育费附加按增值税、营业税、消费税的3%由税务部门征收;农村不缴纳"三税"的乡村企业、联合体企业、私营企业和个体工商户按销售收入的4%由税务部门

征收;农民按人均纯收入的2%缴纳教育费附加,由乡镇财政所负责征收。农村教育费附加实行乡征、区管、乡用的方法,主要用于民师工资乡拨部分和学校公用经费,不得扣减和挪用。区教委要在银行设"教育费附加"专户,单独设账核算城乡教育费附加的收、拨、用。

(十八)进一步拓宽教育筹资渠道。从1995年起,在全区征收下列教育费:

——按城镇就业职工工资总额的一定比例征收义务教育费。月工资300元及以上者按2%征收,月工资300元以下者按1%征收,征收部分免除所得税。

——在城镇统一筹集职业教育经费。凡城镇全民、集体企事业单位(含股份制企业),每年按职工工资总额的8%由单位缴纳,亏损企业可酌情减免。

——对宾馆、饭店、招待所,按住宿费标准加收3%的教育费,专项用于义务教育。

——对水产品,在特产税中加收1%的教育费。

——对社控附加费的全部用于教育,区财政局负责实施。

(十九)继续实行对教育倾斜的优惠政策。

区、乡镇政府要大力支持学校发展勤工俭学和校办产业。根据《税法》规定,对校办产业实行减免税政策。区、乡镇财政要为中小学、职业高中的勤工俭学安排周转金,并做到逐年增加。

——中小学旧校舍改造和扩大办学规模要列入基建计划,由区、乡镇政府负责筹捐建设资金。各级各类学校修建校舍设施免缴设施配套费、用水用电费、增容费、征地配套费、商业网点费和人防工程费。

——适当调整义务教育阶段的杂费标准,提高非义务教育阶段的学费标准。义务教育阶段的收费待市统一确定项目,并提出收费标准幅度后,再确定我区的具体收费标准;非义务教育阶段各类学校的收费,执行市定收费标准,各类学校不得巧立名目乱收费,社会也不得向学校乱摊派。

——农村集资办学审批权在区政府,主要用于危房改造、新建校舍及内部设施配套等基本办学条件的改善。

四、全面落实《教师法》,大力加强师资队伍建设

(二十)大力加强师资队伍建设。振兴民族的希望在教育,振兴教育的希望在教师。实现我区教育发展的战略目标,必须把师资队伍建设当作一项战略措施来抓,努力建设一支数量充足、结构合理、思想品质和业务素质优良的师资队伍。

——通过函授、卫电教育等形式,加快中小学教师培养培训步伐,提高其整体素质。力争到2000年,全区幼师学历达标率达到75%;小学、初中、高中教师学历合格率分别达到100%、95%、90%。

——强化中小学校长的培训工作,进一步完善中小学校长岗位规范,努力提高其领导管理水平。到1995年,全区完成中小学校长岗位培训任务。1997年前,全区实行中小学校长持证上岗制度,中小学校长全部达到岗位合格标准。

——努力实施"跨世纪人才工程"。在抓好"窗口"学校的同时,通过教学能手及优质课评选、公开课、观摩课等活动,培养树立一批教学骨干和学科带头人,尽快形成一支以中青年骨干为主的教学教研队伍。力争到本世纪末全区培养出200名教学骨干和80名学科带头人。

(二十一)统筹规划,健全机制,使师资队伍进一步适应我区教育改革和发展的要求。

——建立一整套科学系统的师资队伍管理评估体系,加大管理力度,强化奖惩措施,引入竞争机制,稳定骨干队伍,从而进一步优化教师队伍,提高师生比例。

——鼓励优秀中学毕业生报考师范院校,师范毕业生一律安排从教,各单位不得截留、改派。同时积极鼓励支持非师范院校优秀毕业生到中小学任教,扩大职业教育和成人教育的师资来源,继续从社会各界择优选聘专业技术人才到职业高中和成人学校任专(兼)职教师。

(二十二)努力提高教师的待遇和社会地位

——以人事、分配制度改革和工资总额包干为主的"三制"改革后,建立健全中小学教师工资发放的保障机制,切实保证公民办教师的工资按月足额发放,保证教师的月平均工资水平不低于或高于国家公务员平均工资水平。区人事、财政和教育等部门,要尽快完善教师职务的晋升和奖励制度,建立教师工资比较、监控和信息反馈制度,规定教师的津贴标准和范围。凡在乡镇以下任教的中小学公办教师向上浮动一级工资，公办幼儿教师工资参照公办小学教师工资标准执行。中小学教师工资由区教委统一管理，实行全额预算，不留缺口。

——抓好民办教师队伍的整顿、提高。我区现有民师 233 人，从 1995 年起，继续通过选招优秀民师转公办、鼓励够条件的民师报考师范院校、对老年民师实行养老保险、整顿辞退不合格民师等形式，逐年降低民师比例，实现到 2000 年全区不再有民师的目标。同时适当提高民师工资国拨补助部分，力争使民师收入超过当地农民人均纯收入的 2 倍，逐步做到公民办教师同工同酬。民办幼师要随小学民师工资的提高而提高，所需资金由乡、村自筹。

——大力改善教师的住房条件。区、乡镇政府要把教师住宅纳入城镇建设的总体规划，在住房建设和住房改革中，对教师实行优先、优惠政策。积极创造条件在区、乡镇驻地集中建设教师公寓，切实解决区直及乡镇教师的住房难问题，确保在 1997 年前，使公办教职工家庭人均居住面积达到或超过当地行政事业单位干部职工的平均居住面积。

——各级领导要带头尊重教师和教师的辛勤劳动，牢固树立依靠教师办好学校的思想。区、乡镇政府要尽快制定表彰奖励教师和教育工作者的规定和办法，大力表彰优秀教师和尊师重教的先进典型。对侵犯教师合法权益的违法行为，要依法严肃处理，绝不姑息迁就。广大教育工作者要深刻认识到自己肩负的重任和人民赋予的崇高使命，继续发扬敬业乐业、无私奉献精神，以身作则、率先垂范，加强教育理论学习，大练教学基本功，不断提高自己的业务素质和思想道德水准。

五、加强党和政府对教育工作的领导，坚决落实教育优先发展的战略地位

(二十三)全面落实《纲要》，实现我区教育改革和发展的奋斗目标，是各级党委、政府和全区人民的一件大事。区、乡党委、政府要提高认识、强化措施、加强领导、加大力度，把教育工作真正列入重要的议事日程，及时解决好教育工作中的实际问题。要把重视人才培养、保证教育投入、为教育办实事作为各级党政干部任期目标责任制的重要内容和

政绩考核的重要标准，由区委组织部和区教委制定具体考核办法，认真检查落实。

——各级党政一把手要亲自抓教育，为教育优先发展创造一流的社会和工作环境，要建立区领导联系学校制度，经常深入学校调查研究、指导工作。在制定经济社会发展总体规划和年度计划时，必须把教育优先发展的目标要求列入。在每年向人大报告工作时，要把落实教育优先发展战略地位和教育发展水平列为重要内容，接受人大代表的监督。

——社会各界要牢固树立百年大计教育为本、百业待兴教育先行的观念，关心、支持教育，把为教育排忧解难，多办实事、好事作为自己义不容辞的责任和义务，积极推动我区教育的改革和发展。

(二十四)区教育委员会要加强对全区各级各类教育的指导。严格依法治教，并通过规划、信息服务、政策指导和必要的行政干预等手段进行宏观调控。

——加快教育法制和法规建设。对国家、省、市颁布的教育法律和法规，都要坚决执行，并制定相应的实施条例或意见；对原有的教育法规和政策规定，要根据当前和今后我区教育改革和发展的实际需要，进一步修改、补充和完善。

——加强教育科研工作，促进我区九十年代乃至下世纪初的教育决策科学化、规范化。

(二十五)切实加强各级各类学校领导班子建设。严格按照干部"四化"标准配齐学校领导班子。实行校长负责制后，要充分发挥党组织的政治核心作用。各级各类学校的领导干部要认真学习邓小平同志建设有中国特色的社会主义理论，全面贯彻党的基本路线和教育方针，继续坚持"两手抓，两手都要硬"，不断提高自己的管理水平和领导能力。

(二十六)加强对教育督导工作的领导。建立河口区人民政府教育督导室(副科级)，编制 2—3 人，配备 1—2 名经验丰富、德高望重的副科级督学，主要负责对下级政府及区、乡两级教委和各级各类学校工作进行监督、检查、评估和指导。从 1995 年开始，要把推动"两基"的顺利实施作为督导工作的主要任务。

一九九四年十二月八日

河口区中小学教学质量评价奖惩实施方案

东河教发〔2005〕60 号

为进一步提高全区教育教学管理水平,深化教育教学改革,充分发挥区政府教学奖励基金的激励作用,全面提高教育教学质量,根据当前我区教育教学工作所面临的新形势,区教育局研究决定,对中小学教学质量评价与奖惩工作提出如下实施方案。

一、指导思想

以全国基础教育工作会议和农村教育工作会议精神为指导,全面贯彻教育方针,大力实施素质教育,激励广大教师团结合作、爱岗敬业、开拓创新、与时俱进,深化课程改革和课堂教学改革,进一步强化教学管理,不断提升办学水平,促进我区中小学教育教学质量再上新台阶。

二、评价奖惩原则

(一)导向性原则。以建立科学合理的教学质量评价体系为契机,引导学校和教师进一步增强质量意识,突出教学工作的中心地位,优化教学过程管理,深化课程改革和课堂教学改革,促进教师的专业成长和教学质量的大面积提高。

(二)公平性原则。严肃考风考纪和学籍管理,确保作为评价依据的考试成绩和评价人数的真实、准确、客观,确保评价奖惩工作公正、公平、公开、透明。

(三)奖优罚劣原则。本《实施方案》奖项设立、评价标准、处罚办法和奖金分配充分体现奖优罚劣原则,鼓励先进,鞭策落后。

三、评价范围和条件

(一)评价范围

全区各初中、小学。农村小学以乡镇为单位,区直小学、初中以校为单位参评。

(二)参与评价的基本条件

1、认真贯彻党的教育方针,严格落实课程标准,开全课程,开足课时,积极推进创新教育,努力实施素质教育。

2、教学管理科学、规范,教研气氛浓厚,教学教改成效明显。

3、在本学年度存在以下问题之一的单位及个人,不能参与评价:

(1)在全区统考中存在违纪作弊行为。

(2)存在体罚或变相体罚学生现象,且造成不良影响。

(3)乱订乱印辅导资料,加重学生的经济和学业负担。

(4)违背教育教学规律,出现责任事故。

四、奖惩办法

(一)奖项设立

1、教学质量优胜单位

农村小学 2 个,农村初中 1 个。实验学校初中部、小学部的评价总分分别超过农村中小学第一名时,才能获得此奖项。

2、教学质量优胜备课组(教研组)

农村小学四年级或五年级 (抽测一个年级)的语文、数学各 1 个优胜备课组。农村初中语文、数学、英语 3 科以年级为单位,评出优胜备课组各 1 个;政治、历史、地理、生物、物理、化学、音体美 7 科各评出优胜教研组 1 个。区实验学校小学部、初中部备课组(教研组)的评价总分分别高于农村小学、初中第一名的 5%,才能获此奖项。

3、教学质量优胜个人

依据本单位评价总分在全区由高到低的名次,分别按专任教师总数(n)、班级总数(m)的 15-5% 评出教学质量优胜个人和教学质量优胜班主任。在本单位公示一周后,上报区教学质量评价奖惩工作领导小组审批。

(二)奖金分配

1、教学质量优胜单位奖金

农村小学以乡镇为单位,区直小学、初中以校为单位发放奖金。

(1)农村小学、初中根据评价总分排名,依次获奖金120n、90n、70n、50n、30n、20n元。农村小学第一名的教委主任、初中第一名的校长各获奖金1000元。

(2)实验学校初中部、小学部的评价总分分别与农村中小学比较,与对应名次获同等奖金。

2、教学质量优胜备课组(教研组)奖金

教学质量优胜备课组(教研组)获奖金120n元(n为该组专任教师数)。

(三)处罚办法

严格实行教委主任、中学校长问责制度。评价总分倒数第一名的教委主任、中学校长分别上缴罚金500元,在本年度业务考核中不得评为优秀等级。评价总分连续三年倒数第一的教委主任、中小学校长,将坚决予以撤免。

五、教学质量优胜单位评价标准

(一)教学成绩(70分)

小学以升级抽测评价分为依据,分六档赋分,依次为70、50、40、30、20、10分。

初中以六至九年级升级(升学)统考评价总分为依据,分五档赋分,依次为70、50、40、30、20分。

1、初中评价总分=六年级评价分×20%+七年级评价分×20%+八年级评价分×20%+九年级评价分×40%

2、年级评价分=各学科评价分之和

3、学科评价分=平均分赋分+及格率赋分+优秀率赋分

4、平均分赋分=学科平均分×50%

5、及格率赋分见下表:

及格率	≥95	≥90	≥85	≥80	≥75	≥70	≥65	≥60	≥55	≥50
赋分	20	18	16	14	12	10	8	6	4	2

6、优秀率赋分见下表:

优秀率	≥45	≥40	≥35	≥30	≥25	≥20	≥15	≥10	≥5	>0
赋分	30	27	24	21	18	15	12	9	6	3

7、在原始分计算时,小学四年级或五年级的评价人数不低于学籍核定人数的95%;初中六、七、八、九年级的评价人数分别不低于核定人数的95%、90%、80%、75%。学籍核定人数及学生的转学、休学情况由基教股负责提供,由区中小学教学质量评价奖惩工作领导小组核实。

(二)学生竞赛成绩(35分)

1、以本学年度(9月1日-次年8月31日)区组织的文化课联赛成绩为依据,按各校(乡镇)参赛学生的平均总分高低排名赋分,依次为25、20、15、10、5、0分。

(1)小学平均总分=评价年级的平均总分;(2)初中平均总分=六年级平均总分×20%+七年级平均总分×20%+八年级平均总分×20%+九年级平均总分×40%;(3)年级平均总分=学科平均分之和;(4)区直中小学按15%参赛;乡镇中小学按10%参赛。

2、以本学年度的音、体、美抽测(升学)平均总分为依据,按排名赋分,依次为10、8、6、4、2、0分。平均总分=音乐平均分×30%+美术平均分×30%+体育平均分×40%。

(三)教师教科研成果(25分)

1、以本学年度各级教研室、教科院评选的论文、课件、案例、教师辅导奖、优质课、公开课、教学能手为依据,按本单位专任教师获奖率排名赋分,依次为20、16、12、8、4、2分。(1)论文、课件、案例、教师辅导奖奖次统计以区一等奖为依据。具体换算比率为:

国家级	省级	市级	区一等奖次数	区二等奖次数
		一	6	
	二	一	5	
	三	二	4	
		三	3	
		二	2	
		三	1	2

(2)在各级有正式刊号的报刊上发表的教育教学论文、案例等于同级论文一等奖。

(3)优质课等于同级论文一等奖的2倍;公开课等于同级论文一等奖。

(4)教学能手等于同级论文一等奖的3倍。

2、以本学年度教师课堂教学分级提高活动为依据,按本单位专任教师的优秀课排名赋分,依次为5、4、3、2、1、0分。1节特色课等同于2节优秀课,不重复计算。

(四)加分项(最高分20分)

1、以学校为单位,学生的中考总分进入全市前100、500、1000、2000名,每人加3、2、1、0.5分。在小学升级抽测中,学生进入全区前10、50名,每人加1、0.5分。不重复计算。

2、在本学年度的全国数学、英语、物理、化学、生物竞赛中进入全市前30名,每人加1分。

3、本学年度内得到省、市、区教研室(教科院)认定的教研课题,且有立项申请、实施过程、结题报告或总结鉴定,分别加5、3、1分。

4、本学年度内被评为市、区级教学示范学校的中小学分别加5、3分。

六、教学质量优胜备课组(教研组)评价标准

(一)教学成绩(70分)

小学四年级或五年级语文、数学分别以升级抽考评价分为依据,分六档赋分,依次为70、50、40、30、20、10分。

初中以六、七、八、九年级升级(升学)统考评价总分为依据,分五档赋分,依次为70、50、40、30、20分。

1、初中教研组评价总分=六年级评价分×20%+七年级评价分×20%+八年级评价分×20%+九年级评价分×40%。

2、年级备课组评价分=该年级该学科评价分

3、音体美组成绩=音、体、美抽测(升学)平均总分

(二)学生竞赛成绩(30分)

以本学年度区竞赛成绩为依据,按各校(乡镇)参赛学生的学科平均总分高低排名赋分,依次为30、25、15、10、5、0分。

1、小学学科平均总分=四年级或五年级学科平均总分

2、初中学科平均总分=六年级平均总分×20%+七年级平均总分×20%+八年级平均总分×20%+九年级平均总分×40%

(三)教师教科研成果(25分)

以本学年度各级教研室、教科院评选的论文、课件、案例、教师辅导奖、优质课、公开课、教学能手为依据,按本学科备课组(教研组)专任教师获奖率排名赋分,依次为25、20、15、10、5、3分。

(四)加分项(最高分25分)

1、以学校为单位,学生的中考单科成绩进入全市前100、500、1000、2000名,每人加3、2、1、0.5分。在小学升级抽测中,学生的单科成绩进入全区前10、50名,每人加1、0.5分。不重复计算。

2、在本学年度的全国数学、英语、物理、化学、生物竞赛中进入全市前30名,每人加2分。

3、本学年度内得到省、市、区教研室(教科院)认定的教研课题,且有立项申请、实施过程、结题报告或总结鉴定,分别加5、3、1分。

七、实施步骤

每年中考和初中、小学期末质量调研考试成绩公布后,由区教研室进行成绩统计和质量分析,在此基础上,对初中、小学(农村小学以乡镇为单位)进行质量评价。根据质量评价结果确定各类奖项获得单位和个人及奖金分配方案,报区中小学教学质量评价奖惩工作领导小组审核。最终结果在每年的教学质量分析会议或教学工作会议上公布,对教学质量优胜单位和个人进行表彰奖励。

八、组织领导

区教育局成立中小学教学质量评价奖惩工作领导小组,全面负责质量评价和奖励基金发放工作。各参评单位要成立相应的领导小组,依据《实施方案》研究制定本单位《教学质量评价细则》,报区教研室审批备案。严格教学质量优胜个人的评选推荐程序,严禁弄虚作假,确保公正、公平,充分发挥教学质量评价和教学奖励基金的导向和激励作用。

九、本《实施方案》自2005-2006学年度开始执行。

二〇〇五年十二月七日

河口区"十一五"教育事业发展规划

"十一五"期间是实现全面建设小康社会奋斗目标的关键时期。加快教育事业发展对于充分挖掘和发挥我区人力资源优势,为全区经济社会协调健康发展提供强有力的人才智力支持,具有十分重要的现实意义和历史意义,关系到全区经济社会发展的全局和长远。根据国务院《关于进一步加强农村教育工作的决定》和山东省《实施〈2003—2007年教育振兴行动计划〉方案》的精神,特制定河口区"十一五"教育事业发展规划。

一、"十五"期间教育事业发展成就

"十五"期间,在区委、区政府和上级教育行政部门的正确领导下,在社会各界的大力支持下,通过教育战线广大教职工的不懈努力,全区教育事业取得了长足发展,先后获得"全省中小学危房改造工作先进单位"、"全省农村教育工作先进区"等荣誉称号。

(一)"以区为主"教育管理体制得到进一步落实。我区认真贯彻落实党和国家的有关政策规定,积极落实"以区为主"的教育管理体制和经费保障机制。1998和2001年,在全市先后率先实现了全区教师工资和医疗保险、住房补贴、住房公积金区财政统筹,2004年又实现了全区农村中小学国拨部分生均公用经费区财政统筹,确保了全区教师工资足额、按时发放,有效解决了生均公用经费不足问题。全区已经形成了区财政保工资及公用经费、区乡财政和上级专款保建设的教育经费投入机制,教育经费基本达到了国家规定的"三个增长"要求。

(二)办学条件普遍改善。区委、区政府高度重视学校基础设施建设,不断加大教育投入。"十五"期间,先后组织实施了学校布局调整、农村中小学危房改造工程、农村中小学食宿工程、"校校通"工程、"实验教学普及县"创建、"援助农村教育计划"、区一中扩建、教育小区建设和农村中小学标准化建设等多项工程项目,累计投资近亿元。彻底消除了危房,解决了农村远距离学生的食宿问题,中小学仪器装备水平和教育装备水平都有了较大提高,全区各级各类学校的办学条件得到较大改善。

(三)学校管理水平不断提高。切实加强校长队伍建设。按照"理念新、素质高、能力强、作风正"的标准,配齐配强了校长队伍,并采取学习培训、教育管理、考核奖惩等措施不断提高校长队伍的综合素质和管理能力。大力实施规范化学校和文明校园创建活动,将其作为改善办学条件和提高学校管理水平的良好契机和重要手段,投入大量人力物力,加强基础设施建设,健全学校规章制度,强化学校管理,学校整体面貌有了大的改观,管理层次全方位提升。区一中于2005年4月创建成为省级规范化学校,全区有7处中小学创建成为市级规范化学校,13处中小学创建成为市级文明校园。

(四)教育教学质量大幅度提高。牢固树立"质量第一"的思想观念,坚持加强教师队伍建设和开展教学教研活动"双轮驱动"的工作方针,扎实开展校本培训、请入培训和外出培训相结合的学习培训活动,积极推行竞争上岗、定期聘用、综合考核相配套的人事管理制度,促进提高了全区教师队伍整体素质和教学水平。切实健全完善了教研网络和工作机制,并加强教研队伍的教育培训,保证了全区各级教研机构和人员成为学科的专家和带头人,修订完善教育教学评价方案和激励机制,促进了全区教学教研活动的深入开展。全区各级各类学校教学质量稳步提高,高考连续六年取得优异成绩。2005年,普通高考实现新的突破,全区共考取本科298人,本科录取率达到47.4%,高于全省、全市平均水平。

（五）各级各类教育持续快速发展。学前教育稳步提高。大力兴办区乡村三级幼儿园，强化幼教工作指导，全区办园水平不断提高，办园覆盖率达到97%，3–6周岁幼儿入园率达到100%，学前一年幼儿入园率达到80%。区实验幼儿园于1996年创建成为"省级实验幼儿园"，并于2003年顺利通过复评验收。基础教育快速发展。坚持"两基"工作重中之重，加强义务教育指标监测和自查评估，采取积极措施，实施"保学控辍"，2003年通过省政府"两基"巩固提高情况的复评验收。1996年以来小学适龄儿童入学率保持在100%，小学、初中在校生年巩固率分别保持在100%和98%以上。区职业技术学校实行长期培训和短期培训相结合，积极拓宽就业渠道和生源渠道，2005年完成招生102人。区一中坚持提高教育教学质量和扩大办学规模并重，2005年完成招生920人，高中阶段毛入学率达到80%以上。

二、我区教育事业发展面临的形势

当前，我国经济和社会发展进入了新的发展阶段，随着社会主义市场经济体制逐步完善和对外开放不断扩大，对高素质劳动者的需求日益增长，人民群众接受高层次、高质量教育的愿望更加迫切，从而对教育提出了更高要求。教育事业的发展面临着许多新情况、新问题，困难与优势同在、挑战与机遇并存。

（一）教育发展面临的突出问题和挑战。一是城乡教育发展不平衡。农村学校的基础设施、仪器装备、师资配备等方面相对较差。二是投入相对不足。与教育事业发展的需求相比，政府投入不够，社会融资渠道较少，导致部分学校基建欠账较多，教育经费不足仍是制约我区教育事业快速发展的主要瓶颈。三是职业教育、成人教育和学前教育发展相对缓慢。有关职业教育和成人教育的法规落实力度不够，区职业技术学校和各乡镇成教中心缺少专业师资，专业设置不能适应区域经济发展要求，区职业技术学校招生难问题仍然存在。农村幼儿园办园条件简陋，师资队伍整体素质较差，工资待遇偏低，保育和教育质量不高。四是教师队伍整体素质有待于进一步提高。学科结构不合理问题突出，部分学

科专任教师严重短缺。五是学校管理水平和教育教学质量有待于进一步提高。

（二）教育发展面临的优势和机遇。

全面建设小康社会的宏伟目标和"和谐社会"的建设，对教育事业的发展提出了新的更高的要求。教育对于经济社会的发展起着基础性、先导性的重要作用成为广泛共识，党的十六届三中、四中全会进一步强调了教育"优先发展的战略地位"和继续实施"科教兴国"战略，国家对教育工作越来越重视，人民群众对优质教育资源的需求越来越迫切。这些必然给教育发展带来重要的机遇。

区委、区政府坚定不移的实施"科教兴区"和"人才强区"战略，坚持教育优先发展的方针，高度重视教育事业的改革和发展，为我区教育事业发展提供了强有力的组织领导保障和思想基础。全区各有关部门和社会各界对教育工作十分关心，尊师重教已蔚然成风，形成了良好的发展环境，必将为教育事业发展起到积极的促进作用。

建区二十年来，全区广大教职工始终保持良好的精神状态和工作作风，积极进取，努力工作，形成了干事创业、加快发展的良好氛围，积累了许多宝贵的经验，为我区教育事业的全面振兴奠定了良好的发展基础。

三、"十一五"时期教育发展的指导思想、原则和发展目标

（一）指导思想：以邓小平理论和"三个代表"的重要思想为指针，以科学的教育发展观为指导，贯彻落实《国务院关于进一步加强农村教育工作的决定》和山东省《实施〈2003—2007年教育振兴行动计划〉方案》，以基本实现教育现代化为目标，全面贯彻党的教育方针政策，结合本地实际，遵循教育发展规律，深化改革，依法治教，全面推进素质教育，提高教育质量和办学效益，培养德智体美等全面发展的社会主义"四有"新人，建设好人民满意的教育，为实现全面建设小康社会的奋斗目标提供人才智力支持。

（二）发展原则

坚持教育优先发展。坚持教育的基础性、先导性地位，在领导、政策、资金等各方面，给予大力倾

斜,实施"科教兴区"和"人才强区"战略,推动全区经济社会快速发展。

坚持科学的发展观。根据区域经济社会发展的要求和人民群众日益增长的教育需求,不断加大投入,努力推动城乡之间、各类教育的均衡、协调、可持续发展。

坚持以人为本。坚持社会主义教育的公平与公正性原则,更加关注弱势群体受教育问题,努力为人民群众提供终身教育的机会。坚持社会主义办学方向,全面推进素质教育,改进并加强德育和思想政治工作。

(三)发展目标

1、总体目标:进一步完善"以区为主"教育管理体制,加快发展学前教育,努力实施"双高"普九,基本普及高中阶段教育,大力发展职业教育和成人教育,促进全区各级各类教育事业持续快速协调发展。充分发挥油地教育结合的优势,合理调整学校布局,盘活区域内教育资源。依法保障残疾儿童少年和外来务工人员子女受教育的权利,保证所有适龄儿童接受义务教育。深化教育改革,加快课程改革的步伐,大力实施素质教育。继续加大农村教育投入力度,促进城乡教育均衡发展。

2、2006—2010年具体目标

——加强师资队伍建设。小学专任教师学历合格率保持在100%,其中专科以上学历的达到85%以上。初中专任教师学历合格率达到100%,其中本科以上学历的达到60%以上。高中专任教师学历合格率达到100%。

——加快学前教育发展步伐。在2005年实现普及学前3年教育目标的基础上,坚持合理配置教育资源,对全区幼儿园进行布局调整,到2007年,全区农村幼儿园由现在的61处调整为33处,提高办园综合效益。加大资金投入力度,努力改善办园条件,根据省市办园标准,到"十一五"末,95%以上的幼儿园达到省颁三类园标准,50%以上的幼儿园达到省颁一类园标准,10%以上的幼儿园达到省示范幼儿园标准。

——努力实现"双高普九"目标。保证适龄儿童接受法定年限的义务教育,小学适龄人口入学率和

初中适龄人口入学率保持100%,小学在校生年巩固率保持在100%,初中在校生年巩固率保持在98%以上,适龄残疾儿童少年入学率达到95%以上。按照"双高普九"目标要求,进一步改善义务教育学校的办学条件,加强学校管理,实施素质教育,全面提高义务教育实施水平。在"十一五"期间,全区所有初中学校创建成为省级规范化学校,1-2所乡镇中心小学创建成为省级规范化学校。

——基本普及高中阶段教育。按照市政府规划,到2007年,将实现基本普及高中阶段教育。"十一五"期间,全区初中毕业生稳定在1200人左右,普通高中每年计划招生700人,职业技术学校每年计划招生450人,普通高中和职业技术学校招生比例调整到6:4,高中阶段毛入学率达到90%以上。

——大力发展职业教育和成人教育。以市场和就业为导向,调整职业教育资源布局,合理设置专业,实行长期培训与短期培训相结合,逐年扩大招生规模,职业技术学校在校生达到1000人以上。不断完善乡镇成人教育中心的建设,结合当地实际,加强对农民的科技培训,提高农民科技致富能力。

四、"十一五"期间教育重点建设工程

(一)农村学校布局调整工程。进一步优化教育资源,逐步对全区农村学校进行布局调整。2006年,撤并街道中学、义和第二小学、太平东兴小学、新户四顷二小学和新户兴合小学。到"十一五"末,撤并全部学区小学,每个乡镇保留一处初中、一处中心小学,河口街道只保留一处小学。

(二)教育小区建设工程。加快教育小区操场建设及配套工程建设,包括场地硬化、绿化、大门、院墙及水、电、暖、讯、排水等设施建设。对区邮政局、广电局、教育局、供销社单位所属办公用房、私人住房、商品房等实施拆迁。建设艺体馆,包括风雨操场及体育、音乐、美术教学场地和各种功能用房,计划建筑面积约10000m2。配齐配全区实验学校教育教学仪器设备,区实验学校创建成为"省级规范化学校"。概算投资3800万元。

(三)区职业技术学校建设工程。根据省市有关发展中等职业学校的要求,结合我区实际,自2006年开始,启动建设区职业技术学校,至2008年建成

占地面积 200 亩、教学规模达到 30 个教学班、容纳 1500 名学生的现代化中等职业技术学校。加大对全区专业技术人才的培养培训力度，满足我区经济社会发展对不同层次人才的需求。概算投资 2370 万元。

(四)教育中心建设工程。为适应教育发展的需要，建设一处集办公、教育科研、教师培训等多功能的教育中心。计划建筑面积 3000 平方米，概算投资 700 万元。

(五)区直第二幼儿园建设工程。随着我区经济社会的快速发展，外来务工人员急剧增多，区实验幼儿园现已不能满足幼儿入园需求。计划建设占地 30 亩，16 个班规模的区直第二幼儿园，概算投资 1000 万元。

(六)中小学标准化建设工程。加快教育信息化建设，以教育的信息化带动教育的现代化。投资 550 万元购置教师用计算机 500 台、学生用计算机 600 台，达到中小学专任教师人手一机；中学生 12 人配备一台；小学生 15 人配备一台。投资 1000 万元，建设 300 个多媒体教室，达到全区中小学每班配备 1 个多媒体教室。加强中小学图书室、阅览室建设。需购置图书 20 万册，价值 400 万元；购置书架、阅览桌凳，价值 100 万元；对现有图书室、阅览室进行扩建、维修和装饰，需建设资金 100 万元。投资 100 万元，实施农村学校课桌凳更新工程。概算投资 2250 万元。

五、保障措施

(一)进一步落实"以区为主"的教育管理体制。加大对教育发展规划、经费安排使用、教育人事等方面统筹管理力度；切实完善和落实税改后教育投入保障机制，实现"三个增长"。

(二)加强教师队伍建设，全面提高教师素质。加强教师的培训工作，鼓励教师参加信息技术和新课程培训，抓好学科带头人的培养工作。不断完善干部年度目标责任制及任期考核制度，抓好干部的培训、教育、管理工作，强化竞争意识、学习意识和政策观念、纪律观念，牢固树立管理育人、服务育人的思想，不断提高教师队伍素质。

(三)深化管理体制改革，提高学校管理水平。积极推进以人事制度改革为主要内容的学校内部管理体制改革。在学校内部引进激励、竞争、约束机制，逐步推行教职工全员聘用合同制，逐步建立起科学规范、公开、公平、竞争、择优的上岗机制和上下流动机制。坚持依法治教、依法治校，推进依法办学、民主治校，健全学校的领导管理体制和民主监督机制。坚持从严治校的方针和"高起点、高目标、高标准"的要求，加强对教师教育教学过程、财务、安全等各个方面、各个环节的监督、检查和考核，形成制度健全、监督有效、管理规范、措施到位的良好工作机制。

(四)狠抓教研教改，努力提高教育教学质量。牢固树立质量首位意识，强化"科研兴教，科研兴校"战略意识，充分发挥教研部门的研究、指导和服务功能，深入基层和教研一线加强对学校教研活动的指导，制定有效的管理、监督、约束及奖惩措施，充分发挥校长职能作用，使其带头参与和积极支持教研工作，落实教研工作激励措施，促进教研活动规范、有序进行。增强教学研究的针对性，突出实效性，变学科单项研究为学校综合研究，建立学科教研与管理、学科教法与学法以及学科教学与非智力因素培养等全方位研究机制，努力提高教学研究对教育质量提高的实际应用价值。

(五)强化安全管理，确保学校安全。认真组织师生学习法律法规和安全知识，开展多种形式的宣传教育活动，提高师生的法制观念和安全防范意识。强化学校安全综合治理功能，加强饮食卫生、交通、消防等安全工作，抓好重点部位的安全管理，确保校园安全稳定。

(六)狠抓行风建设，建设人民满意教育。大力加强师德建设，贯彻未成年人思想道德建设实施意见，深入开展系列师德教育活动，大力弘扬为人师表、教书育人、敬业爱生的良好风尚，树立育人为本的思想，整体提高教师的思想道德水平，塑造师德高尚的干部教师队伍。继续加强机关规范化建设，转变工作作风，不断提高服务水平。强化收费监督管理，深入治理教育乱收费，维护广大人民群众的切身利益。

河口区教育局

2006 年 8 月 17 日

河口区学前教育三年行动计划
（2011-2013 年）

为进一步加强全区学前教育工作,促进学前教育改革与发展,提高学前教育实施水平,满足广大人民群众不断增长的优质学前教育需求,按照《国家中长期教育改革和发展规划纲要》(2010-2020年)、《国务院关于当前发展学前教育的若干意见》(国发〔2010〕41号)、《山东省学前教育普及计划(2011-2015年)》(鲁教基字〔2011〕6号)及《东营市城乡幼儿园标准化建设工程实施意见》要求,结合河口区实际,制定本计划。

一、发展现状

全区现有幼儿园(班)37所,其中区直幼儿园1所,镇(街道)中心幼儿园3所,村办园(班)16所,民办园17所。其中未登记注册的非法办园13所。区实验幼儿园达到省十佳幼儿园标准,新户镇中心幼儿园、义和镇中心幼儿园、六合街道中心幼儿园达到市级一类幼儿园标准。3-6周岁幼儿3810人,其中入园幼儿3407人,入园率90%。在职幼儿教职工287人(保安34人),其中园长专任教师206人,保育员36人,职工45人(含保安)。专任教师合格学历占94%,专业合格率占73%,已取得教师资格证书的110人,占53%。

由于受多方面因素的影响,村办园(班)均为一班一师,办园条件十分简陋,活动室建筑面积达不到标准,功能用房和教育教学设施严重缺乏,远远达不到《山东省幼儿园办园基本条件》要求。农村学前教育发展不均衡,管理体制和机制尚未完善,办园条件有待提高。农村幼儿园无教师编制,90%以上为临时聘用教师,幼儿教师专业素质和待遇偏低,其社会保障政策尚未完全落实,已经不能适应经济社会和教育形势发展的需要。

二、目标任务

(一)总体目标。2011-2013年,我区学前教育发展的总体目标是,以提升学前教育质量、满足人民群众对学前教育的需求为宗旨,扩大普惠性学前教育资源,提供"保基本、广覆盖"的学前教育公共服务。其中2011年重点解决城乡幼儿园园舍标准化建设问题,每个镇(街道)办好1所公办中心园,30%通过省级认定,全区学前三年幼儿毛入园率达到95%以上。2012年重点解决设施配套、教师队伍建设和体制机制完善问题,全区学前三年幼儿毛入园率达到95%以上,70%以上的镇(街道)中心幼儿园通过省级认定。2013年重点解决标准提升、完善提高问题。加大政府投入力度,提高办园质量和效益,适时推进三年免费学前教育。

(二)年度目标。

——2011年完成布局调整及标准化建设

1、加大幼儿园布局调整力度。全区保留幼儿园32所(不包括油田社区、济军生产基地),其中区直2所、新户镇9所、义和镇6所、河口街道2所、六合街道4所、孤岛镇6所、仙河镇3所。对未登记注册的非法办园全部取缔。

2、加快各级幼儿园建设步伐。按照《山东省幼儿园基本办园条件标准》要求,对全区同级幼儿园统一规划,统一建设。对河安小区幼儿园进行配套改造,使其达到城市幼儿园办园标准。新建3所镇(街道)中心幼儿园,13所村办园,1所民办园,改扩建3所镇(街道)中心幼儿园,11所村办园,除1所村办园2013年施工并完成外,其余园所建设都于2011年12月底建设完成。

3、积极创造条件,提升办园标准。区属幼儿园、镇(街道)中心幼儿园达到省级实验(示范)园标准,农村社区、中心村幼儿园达到市级一类园以上标准,其它农村幼儿园达到市级二类园以上标准。中心幼儿园办园规模一般不少于6个班,村办园一般不少于3个班。

——2012年完成设施配套、师资配备及体制机制建设

1、完善幼儿园设施配套。按照山东省幼儿园设施配备标准要求,制定设施配套方案,逐步配齐教育、活动、办公及生活等设施设备。公办及公办性质的幼儿园设施配套所需经费按照隶属关系由同级政府统筹安排予以保障,民办幼儿园设施配套经费由举办者自己解决,区级财政采取"以奖代补"的形式给予适当补助。设施设备必须适应不同年龄儿童的生活能力、学习方式差异和反应水平,充分体现儿童主动探索、自主构建的主体地位,满足保育教育和儿童主动活动的需求。

2、逐步提高公办幼儿教师比例。镇(街道)中心幼儿园要设为镇政府(街道办事处)举办的独立法人事业单位,必须做到园舍独立、财务独立、管理独立、人员独立。科学核定教师编制,按照核定的编制标准,逐年进行教师招考配备,逐步充实公办幼师队伍,满足办园需求,到2013年,使公办教师配备率达到80%以上。并对农村社区、村办幼儿园核定园长编制,配备公办编制园长。农村社区、村办幼儿园按照隶属关系所需幼师由同级政府统筹考虑予以保障。

3、严格幼儿教师资格准入制度。各级各类幼儿园(含民办幼儿园)新招聘专任教师必须从学前教育专业大中专毕业生和具备幼儿教师资格人员中录用,严把教师入口关。

——2013年实施标准提升、完善提高

建立幼儿园办园水平督导评估机制,规范办学行为,提高保教质量。全区幼儿园布局基本合理,全面消除幼儿园安全隐患,全面消除无证办园。全区学前三年幼儿毛入园率达到97%以上;50%以上的幼儿园园舍设施达到省定标准;公办和公办性质的幼儿园达到70%,其中城区达到60%,农村达到80%。每个镇(街道)至少办好1所公办中心幼儿

园,并全部通过省级认定,所有村办园达到市级一类园标准。

三、重点工作

(一)大力发展农村学前教育。加强镇(街道)中心幼儿园建设。2011年,河口街道、孤岛镇、仙河镇各新建1所中心幼儿园,达到每个镇(街道)至少要有1所公办中心幼儿园。到2013年,全区各中心幼儿园全部通过省级认定。加快推进农村幼儿园标准化建设。按照《山东省幼儿园基本办园条件标准(试行)》,对达不到标准的幼儿园进行改造,特别是不符合抗震设防等防灾标准和设计规范的幼儿园,要限期进行改造,使其尽快达到标准。根据幼儿身心发展特点和保育教育工作要求,配足配齐幼儿园保教设施,逐步使全区所有幼儿园达到省定基本办园条件标准。按照中小学校舍安全工程的要求,确保幼儿园标准化建设工程质量。建立园舍维修改造长效机制及保教设备使用培训、检测维修制度,严禁使用危房和不安全设施设备,彻底消除安全隐患。加大对农村学前教育的扶持力度。各级政府要在财政投入、教师配备、表彰奖励等方面向农村学前教育倾斜。

(二)积极发展城区学前教育。按照《东营市人民政府关于加快学前教育改革与发展的意见》(东政发〔2009〕29号)、《东营市人民政府办公室关于加强中心城住宅区配套幼儿园规划建设管理的意见》(东政办发〔2010〕26号)要求:"对新开发的住宅小区必须新建一所相应规模的幼儿园。凡经批准建设的住宅区配套幼儿园用地采取划拨的方式供应"。区国土资源部门要将住宅区配套幼儿园建设、移交作为住宅开发地块出让的前置条件,并在出让合同中加以约定。对于新建、改扩建镇(街道)及村办、民办幼儿园拟选址,必须符合镇(街道)土地利用总体规划。区规划部门要将住宅区配套幼儿园建设、移交作为审批住宅区规划设计条件的必备内容。同时,明确配套幼儿园的用地位置、用地面积、建设规模、建设面积等项目。幼儿园规划、设计方案须经区以上教育部门审核同意。房地产开发建设单位要严格按照批准的控制性详细规划,负责建设配套幼儿园,并做到与住宅同步建设、同步竣工。建设

标准、外观样式由区教育、住房城乡建设部门共同制定。幼儿园园舍建成后,由区住房城乡建设部门牵头组织区发改、国土资源、机关事务管理、教育等有关部门进行竣工验收,验收合格备案后,无偿交付区教育部门管理使用。现有居民区尚未有配套幼儿园的,由区教育行政部门牵头协调,通过新建、扩建和对现有民办性质的小区配套幼儿园改建等措施,满足居民子女接受学前教育的需求。

鼓励各级政府举办的省级示范性幼儿园以创办分园的形式承办住宅区配套幼儿园,扩充优质学前教育资源。具体管理办法由区教育部门会同区财政、编制等有关部门制定。积极扶持民办幼儿园,区、镇(街道)两级政府对办园规范、质量合格的非营利民办幼儿园给予补贴。要鼓励民间资本兴办部分个性化幼儿园,满足多样化的选择性需求。

(三)大力加强幼儿教师队伍建设。增加幼儿教师编制,面向社会公开招考,不断充实公办幼儿教师队伍。加大教师培训力度。实行幼儿园园长、教师和其它工作人员资格审查制度。实行继续教育和定期培训制度,将幼儿园教师的培训纳入中小学教师继续教育规划。依法保障幼儿教师在进修培训、晋职晋级、工资、社会保险等方面的合法权益。鼓励在职教师自学进修,取得专业学历合格证书。新教师要先培训后上岗,到 2013 年幼儿教师学历达标率达 90%以上,教师持证上岗率达 80%以上。切实保障幼儿教师待遇。制定落实非公办幼儿教师最低工资保障制度,多渠道筹措资金,不断提高幼儿教师工资待遇。公民个人办园聘用教师的工资待遇,参照《山东省实施〈幼儿园管理条例〉办法》的有关规定执行,按照"谁办园,谁负责,谁保障"的原则,逐步实现非公办幼儿教师社会保险全覆盖。对符合全区学前教育发展规划,经镇人民政府(街道办事处)同意,相关部门审批注册的村办幼儿园、镇(街道)中心幼儿园中具备幼师资格的非公办幼师,由各镇(街道)负责做好用人单位和聘用人员用工合同的签订工作,工资额要达到全区上年度农民人均纯收入的 1.8 倍以上,并建立养老保险、医疗保险、失业保险等社会保障制度,所需费用由镇(街道)政府统筹,按镇(街道)政府承担 60%、园所收费承担 40%

的办法解决,区政府适当给予补贴。

(四)强化学前教育规范管理。建立幼儿园动态监管机制。严格执行幼儿园审批及年检制度。区教育行政部门要会同公安、卫生等部门审核幼儿园的办园资格。对审批注册的幼儿园定期组织年检并实行分类管理。加强幼儿园安全管理。要按照《山东省中小学幼儿园安全管理暂行办法》的要求,高度重视幼儿园安全保障工作,综治、住房城乡建设、公安、卫生、食品药品监管、安监、质监等相关部门按照职能分工协调配合,依托镇(街道)、社区组织建立无缝隙全覆盖的幼儿园安全防护体系。要配足配齐安全保卫人员及设施,建立健全各项安全管理制度和安全责任制,严防儿童伤害事件和安全事故的发生。强化幼儿园质量监管。各级教育部门要按照国家和省相关规定,加强对幼儿园保教质量的管理和监督,建立幼儿园质量评估体系,全面提高保教质量。

四、保障措施

(一)落实政府责任,实行分级办园。建立以区为主,区、镇(街道)两级共管的学前教育管理体制。区政府负责本区域幼儿园规划布局、公办教师配备与工资保障、公用经费筹措、城区公办幼儿园建设等;镇人民政府(街道办事处)承担本辖区学前教育发展和管理责任,负责筹措经费,改善办园条件,建设并办好区域内中心幼儿园、社区幼儿园,扶持村集体办园,扶持并管理好民办幼儿园;区教育行政部门负责各类幼儿园的审批注册、常规管理和业务指导。

(二)加强组织领导,形成工作合力。成立由区政府分管领导任组长,区教育、发改、财政、物价、国土资源、住房和城乡建设、编制等部门负责人为成员的协调推进领导小组,负责全区学前教育工作的组织领导和协调调度,定期研究解决学前教育发展中的重大问题。区教育部门要完善政策,制定标准,充实管理、教研力量,加强学前教育的监督管理和科学指导。区编制部门要结合实际合理确定公办幼儿园教职工编制。区发改部门要把学前教育纳入当地经济社会发展规划,支持幼儿园建设发展。区财政部门要加大资金投入,制定支持学前教育的优惠政策。区住房城乡建设和国土资源部门要落实城市居住区和新农村配套幼儿园的规划、用地。区人力资源社会保障部门要制定幼儿园教职工的人事代理、劳动关系、工资待遇、社会保障和专业技术职称(职务)评聘政策。区物价、财政、教育部门要根据职责分工,加强幼儿园收费管理。各镇(街道)结合实际,制定具体的幼儿园标准化建设实施方案,明确目标任务、完成时限及责任人等,确保全面完成建设任务。

(三)加大资金投入,强化督导检查。加大对学前教育的投入力度,设立学前教育专项经费,纳入年度预算,并做到逐年提高。镇人民政府(街道办事处)也要积极筹措,加大对镇(街道)中心幼儿园的投入,充分发挥中心幼儿园的示范和辐射作用,对于当地办园质量较高的公办性质幼儿园和民办幼儿园要给予适当的奖励和补助。建立学前教育评估机制,区教育督导部门定期对学前教育事业发展、教育质量、经费投入与筹措、幼儿教师招聘、教师待遇等进行专项督导,督导评估结果纳入对镇(街道)考核内容。

二〇一一年三月

河口区"十二五"教育事业发展规划

"十二五"期间,是我区实施国家战略大力推进黄河三角洲高效生态经济区开发建设的重要阶段,也是我区调整经济结构、转变发展方式的关键时期,对高素质劳动者的需求达到了前所未有的程度;广大群众接受高层次教育、享受优质教育资源的愿望越来越迫切,这都对教育的发展提出了更高要求。面对新情况,分析新问题,我区教育发展困难与优势同在、挑战与机遇并存。

一、"十一五"期间教育发展情况

"十一五"期间,我区教育以科学发展观为指导,以办人民满意的教育为宗旨,不断优化发展环境,加大投入力度,深化教育改革,强化教育管理,取得了显著成绩,以高分通过了"山东省教育示范区"的评估验收,教育事业呈现出良好的发展势头,为"十二五"河口教育的改革与发展奠定了良好基础。

(一)"以区为主"的教育管理体制进一步健全。全面落实义务教育阶段在校生"三免一补"政策,切实减轻了群众经济负担;全区义务教育阶段学校生均公用经费由财政拨付并逐步增长,达到了省定标准;成立学生资助管理中心,落实职业教育国家资助政策和普通高中政府助学金管理实施办法,有效解决了贫困学生上学难问题;建立农村义务教育阶段中小学校舍维修改造长效机制,区财政每年安排60万元资金用于农村中小学校舍维修;教师工资待遇城乡一体化,并实现了逐年增长;对新教师实行"凡进必考,择优录用",严格把好进人关,保证了新增师资的质量。同时,每年区财政安排15万元专项资金为中小学生免费体检,安排10万元为中小学建立了"校方责任保险"机制,提高了学生安全健康的保障水平。

(二)办学条件明显改善。"十一五"期间,区委、区政府把加强学校基础设施建设作为提升办学水平的主攻点,先后组织实施了初中学校班班通建设项目、低标准建材校舍改造工程、校舍安全抗震改造工程、农村中小学"温暖工程"、区一中运动场地升级改造工程、职教中心综合实验楼建设工程、河安小学建设工程、农村中小学仪器更新工程等建设项目,累计投资近亿元。

(三)教师队伍素质明显提升。实施了名师、名校长建设工程,通过多层面的培训、培养,校长队伍的年龄结构、学历结构、知识结构、专业结构等得到较大改善,一支责任心强、事业心强、专业能力强的管理队伍初步形成。教师职业道德建设全面加强,涌现出一大批敬业奉献的师德典型。教师学历层次进一步提高,教师的教科研能力进一步增强,全市教师共承担省级以上教研课题近20项、东营市市级课题近50项,在全国、省、市课件、论文评比中,教师获奖比例居全市前茅。骨干教师群体进一步壮大,现有全国、省优秀教师17人;东营市学科带头人、东营市骨干教师56人。

(四)各级各类教育持续健康发展。学前教育健康发展。全区幼儿园布局调整基本完成,农村幼儿园由61处调整为现在的20处,教育资源得到优化整合,4所乡镇中心幼儿园均达到"市级一类幼儿园"标准。基础教育水平进一步提高。全区小学适龄儿童入学率达100%,小学、初中在校生年巩固率分别保持100%和98%以上,适龄残疾少年儿童入学率达到95%以上。高中阶段毛入学率逐年递增,高考录取率连创新高。职教中心根据市场需求,不断拓宽培训领域,提高培训质量,开展电工、焊工、会计电算化等各类培训,累计培训学员近8000人次。各乡镇成人教育中心紧紧围绕我区水产、林果、畜牧、芦苇四大主导产业,结合本地实际,不断加强学校建设,认真选聘授课教师,扎扎实实地开展培训工作,年培训4000多人,有力推动了我区主导产业的发展。

(五)育人质量稳步提高。牢固树立育人为本的教育理念,以培养创新精神和实践能力为重点,以课程改革为中心,面向全体学生,大力推进素质教育,着力减轻学生课业负担,全面加强艺术、体育、科技等教育工作,学生的综合素质得到全面提高。"十一五"期间,学生参加各类竞赛成绩突出,共获全国等级奖100多人次、省等级奖600多人次。在全国、省中小学生数学竞赛、物理竞赛、化学竞赛、信息技术应用竞赛、科技竞赛和体育艺术竞赛等赛事中,我区取得了优异的成绩。高考成绩连年上台阶,普通高校录取率逐年提高,各项指标连续多年位居全市前列。

二、"十二五"期间教育发展面临的形势和挑战

(一)面临的形势

一是义务教育现代化水平有待提高,学校办学特色不明显、内涵建设亟须向纵深发展,还不能很好的满足群众对子女接受良好教育的需求。二是全面推进素质教育的任务仍然艰巨,学校管理水平和教师队伍素质还不能适应实施素质教育的需求。三是职业学校专业建设亟待调整,校企联合办学的模式亟须构建,对专业人才的培养需要加强。四是中小学、幼儿园标准化建设任务艰巨,特别是学前教育发展较为薄弱,农村办园条件亟待改善。五是教育系统以人为本、以师生发展为本的服务理念需要进一步增强。

(二)面临的机遇和优势

党的十七大明确提出了"优先发展教育,建设人力资源强国"的战略部署,把发展教育事业摆在了建设学习型社会和改善民生的工作之首。《国家中长期教育改革和发展规划纲要(2010-2020年)》的出台,明确了教育的近期和中长期目标任务,为未来10年教育改革勾勒出了"路线图";《山东省义务教育条例》的实施,用立法的形式对均衡义务教育资源配置等问题做了明确规定;市委、市政府出台了一系列实施素质教育、规范办学行为的政策措施。各级政府对教育工作越来越重视,给教育的改革与发展带来了重要机遇。

建区二十六年来,区委、区政府坚定不移地实施"科教兴区"和"人才强区"战略,高度重视教育事业的改革和发展,全区广大教职工始终保持良好的精神状态和工作作风,积极进取,努力工作,形成了干事创业、加快发展的良好氛围,积累了许多宝贵的经验,为我区教育事业的全面振兴奠定了良好的发展基础。

三、"十二五"时期教育发展的指导思想、工作目标

(一)指导思想

高举中国特色社会主义伟大旗帜,以邓小平理论和"三个代表"重要思想为指导,深入贯彻落实科学发展观,以《国家教育改革与发展规划纲要》的学习实施为抓手,全面贯彻党的教育方针,坚定不移地实施教育优先发展战略。以素质教育为主题,以改革创新为动力,推进义务教育均衡发展,加快发展中等职业教育，积极发展幼儿教育和终身教育，全面提升教育质量，办人民满意的教育，为我区实现在黄河三角洲高效生态经济区中率先崛起提供人才支撑和智力支持。

(二)工作目标

(1)总体目标：坚持"做好学前教育、做强基础教育、做大职业教育、扶持民办教育、协调各类教育"的发展思路，到2015年，全区教育结构进一步优化，学校布局和资源配置更为合理，城乡、校际的教育差距进一步缩小，教育均衡化水平和教育整体水平进一步提高，素质教育全面推进，教育质量和办学效益显著提高，教育服务经济社会发展的能力进一步增强，外来人员随迁子女就学和社会弱势群体受教育权利得到有效保障。尽早建成具有较高水平、富有特色的教育现代化强区，确保河口教育整体水平和综合实力位于全市前列。

(2)2011-2015年具体目标：

——优质发展学前教育。高质量高标准地推行学前三年教育，基本形成学前教育一体化体系；达到城区幼儿(学前三年)入园率和农村幼儿(学前三年)入园率的两个提高。构建以公办幼儿园(所)为主体，以社会力量办园并举的多元化办园格局。到2015年，区直幼儿园全部达到省级示范园标准，乡镇中心园均达到市级示范园标准，达到幼儿园专任教师学历全部达标，培养一批名优骨干教师。

——打造均衡、科学的义务教育新体系。小学入学率、巩固率、毕业率继续保持100%，残疾学生入学率达到98%以上，所有外来人员随迁子女按暂住证所在地安排到当地公办学校就读。初中入学率100%，力争巩固率达到100%。加快课程改革进程，切实减轻中小学生课业负担。城乡学校在办学条件、师资水平、管理水平、教育质量等方面达到高位均衡。

——探索综合高中发展模式，基本普及高中阶段教育。"十二五"期间，全区初中毕业生稳定在1300人左右，合理布局普通高中与中等职业学校招生比例，高中毛入学率达到95%以上，基本普及高中阶段教育。建立科学的教育质量评价体系，全面实施高中学业水平考试和综合素质评价。探索创

新人才培养模式，丰富教学内容，促进学生全面而有个性的发展。

——大力发展职业教育和成人教育。构建政府主导、行业指导、企业参与的办学机制，逐步建立起校企合作、工学结合、结构合理、特色鲜明、自主发展的现代职业教育与培训服务体系。到2015年，建成结构合理、灵活开放、特色鲜明、自主发展的职业中等专业学校，争创山东省重点职业技术学校，让职业教育成为河口教育的一张亮丽名片。进一步推进农村成人教育中心校向乡镇社区教育中心转型。建立社区教育中心，有效开展农村剩余劳动力转移培训和农村实用技术培训。

四、"十二五"期间教育重点工作和重点工程

(一)"十二五"期间教育重点工作

1、完善教育投入保障机制，促进教育优先发展。加大财政投入力度，进一步完善"政府投入为主，多渠道筹措教育经费"的教育投入保障制度。加大中央、省、市对教育的专项补助经费和转移支付资金争取力度。积极鼓励和引导社会、企业和公民个人捐资助学、出资和投资办学，进一步拓宽教育投、融资渠道。

2、实施"强师兴教"工程，建设高素质师资队伍。加强高素质师资队伍建设，继续实施名校长(园长)、名教师建设工程，培养一批名校长(园长)和名教师，使他们分别成为教育管理专家和学科带头人。深化以教师职务聘任制为重点的学校人事制度改革，健全中小学教师年度考核制度，完善中小学校长负责制。强化中小学教师职业道德教育，深入开展"崇德尚教、教书育人"活动，培养良好的师德师风，树立良好的群体形象。创建灵活开放的中小学教师继续教育工作体系。按照学科专业化、教育专业化的目标，改革教师培训模式，提高教师质量和学历层次。严把教师准入关，继续实施教师考录制度，面向全省选拔优秀人才，优化教师队伍。

3、深化素质教育，提高教育教学水平。大力创新教育观和人才观，全面推进素质教育，建立以学生为本的教育体系和管理制度。优化教育模式和教育方法，深化课堂教学改革，提高课堂教学质量。减轻学生课业负担，培养学生自主学习的能力，培养

学生的创新意识和实践能力。切实加强课堂教学研究，加大"和谐高效课堂"建设力度，运用现代教学理论、教学方法、教学手段提高课堂教学质量，提高每一堂课的教学效益，走"高质量、轻负担"之路。

4.推进依法治校，提高学校管理水平。全面贯彻落实《义务教育法》和《山东省普通中小学管理基本规范》，坚持依法治教、依法治校，推进依法办学、民主治校。坚持督导与督学并重、监督与指导并重的原则，切实加强义务教育督导检查，开展学前教育和高中阶段教育督导检查。坚持从严治校的方针，进一步完善学校目标管理评估细则，加大普法教育宣传力度，加强对学校教学管理、财务、安全等各个方面、各个环节的监督、检查和考核，形成制度健全、监督有效、管理规范、措施到位的良好工作机制，全面提升学校管理水平。

5.狠抓行风建设，办人民满意教育。加强党风廉政建设，完善领导干部述职述廉制度，增强干部教师廉洁自律意识，完善教育、制度、监督并举的惩治和预防腐败的工作体系。严厉查办教师有偿家教，非法办班、乱收费、乱订教辅材料、体罚或变相体罚学生等有违师德的行为。加强效能建设和机关规范化建设，增强服务意识，转变机关作风，改进工作方法，树立廉洁、规范、高效的教育形象。

(二)"十二五"期间教育重点建设工程

2011-2015年，围绕全区教育发展目标，着眼于促进教育公平，提高教育质量，增强可持续发展能力，以加强薄弱环节和关键领域为重点，组织实施一批重点工程。

(1)中小学标准化建设工程。到2015年，全区所有中小学均达到《山东省普通中小学办学条件基本标准(试行)》，创建三处省级规范化学校，其余学校全部通过市级规范化学校验收。

基础设施建设。计划投资建成新户镇中学教学楼、学生宿舍楼，新户镇太平中学学生宿舍楼；计划投资维修加固义和镇中心学校、六合街道中学教学楼、职教中心平房校舍；计划投资改建新户镇中学、新户镇太平中学等一批水冲式厕所；计划投资完成区实验学校运动场地和校园绿化、硬化和景点建设；计划投资完成河安小学室内配套和体育场地建

设。计划投资扩建河口一中教学楼，对实验楼维修加固。

教育装备配备。计划投资购置部分教师用计算机，达到中小学专任教师人手一机，购置补充部分学生用机，达到中学每12人一台、小学每15人一台的配备标准；计划投资新建73个多媒体教室，全部中小学实现"班班通"。计划投资购置图书，达到高中生均图书不少于50册、初中生均不少于40册、小学生均不少于30册的基本标准；计划投资购置音乐器材、美术器材，达到山东省中小学艺术专用教学设备配备标准；计划投资购置体育器材、卫生器材，达到山东省中小学体育卫生保健专用教学设备配备标准。

(2)区职教中心建设工程。计划投资建成学生宿舍楼、图书办公楼、实训车间、餐厅及其它附属用房和设施。按专业建设标准分年度添置实习实训设备。

(3)农村幼儿园标准化建设工程。计划投资新建河口街道、仙河、孤岛三处乡镇中心幼儿园，完善村办幼儿园，对部分村办园进行改扩建。到2015年，全部乡镇中心幼儿园达到省级示范园标准，全部村办园达到市级一类园标准。

五、保障措施

一是加强对教育工作的领导，提供强有力的组织保障。树立科学的发展观和正确的政绩观，把教育作为先导性、全局性、基础性的事业，摆在优先发展的战略地位。强化政府公共服务职能，把教育事业纳入区域发展的总体规划，加大支持力度，在政策、资金、物质上给予保证。全面落实党的教育工作方针，保证正确的办学方向。落实教育工作责任制，定期研究、解决教育改革和发展中的重大问题，为实现教育快速发展提供强有力的组织保障。

二是完善"以区为主"的教育管理体制，提供充足的资金经费保障。进一步完善以政府投入为主、多渠道筹措教育经费的教育投入保障机制。深化农村义务教育经费保障机制改革，切实做好"三免一补"工作，提高学校公用经费保障水平，建立校舍维修改造长效机制。积极争取中央和省、市政府专项经费支持。切实加强教育经费的管理，严肃财经纪

律,不断提高资金使用效益,为教育事业发展提供经费保障。

三是健全教育工作新机制,形成良好的机制保障。推行依法治教、依法治校,推进教育政务公开、学校校务公开。依法维护学校、教职工、受教育者的合法权益。进一步建立健全教育管理的监督约束机制,把学校管理纳入制度化的轨道上来,确保教育工作的每一个环节都有规可依、有章可循,实现教育管理的规范化、制度化、科学化,形成高效的工作机制。

四是加强舆论宣传,创造良好的社会舆论保障。坚持正面宣传为主的原则,大力宣传教育改革发展的好做法和新成果,宣传从事教育工作和支持教育工作的好典型。搞好政务、校务公开,自觉接受群众和社会的监督、认真听取各方面的意见建议,推进教育决策科学化、民主化和规范化。抓好学校安全、教育收费等群众关心的热点难点问题,努力创造全区良好的教育工作秩序和发展环境。

关于规范办学行为加强行风建设工作的实施方案

东河教发〔2013〕19 号

为进一步规范办学行为,教育引导广大教师廉洁从教,加强教育系统行风建设,维护教育良好的社会形象,促进教育事业健康和谐发展,经区纠风办、区教育局研究决定,在全区教育系统开展规范办学行为加强行风建设专项治理活动,现制定如下实施方案:

一、指导思想

坚持标本兼治、综合治理、惩防并举、注重预防的方针,按照"谁主管、谁负责"和"管行业必须管行风"的原则,着眼实现教育公平,紧紧抓住"教育、自纠、规范、查处"四个关键环节,围绕违规补课收费、收费政策执行、规范征订教辅等群众反映强烈的问题,开展有偿办班、违规收费、违规接受谢师宴请、违规征订教辅、拉取赞助等"五项专项治理",着力解决发生在群众身边的突出问题,坚决纠正各种不正之风,维护人民群众的切身利益,为教育事业健康发展创造良好的环境。

二、主要任务

(一)违规办班补课专项治理。重点治理:1、学校(幼儿园)组织学生参加各种收费培训、补课行为。2、公办教师以各种名义举办培训班、补习班、提高班、辅导班的行为。3、公办教师借寒暑假有偿办班,授意或强制学生参加临时培训班的行为。4、公办教师以营利为目的参与和联合他人办班的行为。5、学校、教师与社会办学机构合作向学生收费的有偿培训行为。6、学校(幼儿园)要求和统一组织学生参加各种辅导班的行为。

(二)教育乱收费专项治理。重点治理:1、违反义务教育阶段"一费制"和高中择校生"三限"政策,巧立名目、擅自提高标准收费的行为。2、学校或在职教职工违反规定向学生收取费用的行为。3、向学生收取义务教育阶段学生"意外伤害校方责任险"和体检费用的行为。4、通过家长委员会、家长学校或班委会等形式强制学生接受有偿服务或强制收费行为。5、以举办升学培训班、跨区域招生、招"特长生"等为名乱收费的行为。

(三)违规接受谢师活动专项治理。重点治理:1、学校教师参与学生或学生家长以升学、招考、就业等名义举办的"谢师宴"、"庆功宴"。2、违规接受学生或学生家长的礼品、礼金以及其他形式的馈赠。3、授意、暗示或要求学生或学生家长在教师个人生活方面提供帮助、协调解决个人私事问题。

(四)违规征订教辅专项治理。重点治理:1、学校、教师向学生强制推销或变相推销教辅材料和其它商品的行为。2、强制学生统一订购各种教辅材料、学具、报刊杂志等行为。3、学校、教师在学生教学用书规定之外编写、统一组织学生购买习题集、练习册、复习资料等行为。4、以营利为目的引导和变相引导学生到指定地点购买学习资料和推荐书目的行为。

(五)违规拉取赞助专项治理。重点治理:1、学校组织学生参与商业庆典等活动的行为。2、利用庆"六·一"、教师节等节日庆祝活动向社会或有关人员发请柬、拉赞助费的问题。3、学校(幼儿园)向家长倡议收取活动赞助费或摊派各种活动费的行为。4、以任何名义授意、暗示或强制学生家长捐款的行为。

三、方法步骤

专项治理工作从 2013 年 7 月底至 11 月底结束,分四个阶段进行:

(一)动员部署阶段(7 月 29 日至 8 月 4 日)。组织全区各级各类中小学校、幼儿园负责同志,召开全区教育系统突出问题专项治理工作动员会议,印发实施方案,全面部署五项专项治理工作。动员部署阶段规定时间内,各学校(幼儿园)要召开相应会议,做好宣传动员,并根据各自实际,及时制定本学校(幼儿园)开展五项专项治理工作的分项具体方案。各学校(幼儿园)要组织教师认真学习法律法规和教育系统的有关规定和政策,进一步明确有关政策,自觉规范从教行为,切实引导广大教师把思想行动统一到全区专项治理工作的部署上来,采取有力举措,积极推动专项治理工作深入开展。

(二)自查自纠阶段(8 月 5 日至 8 月 15 日)。各学校(幼儿园)通过媒体公告、问卷调查、座谈、走访等形式,广泛听取社会各界意见建议,围绕本学校(幼儿园)及教师涉及"五个方面"行为认真开展自查自纠,针对群众反映强烈问题,研究制定整改措施并认真落实整改,健全长效管理机制。在自查自纠中,各学校(幼儿园)必须形成自查报告,凡有违反五项专项治理违规行为的在自查阶段中要主动自觉纠正,不隐瞒、不包庇,确保专项治理工作取得实效。

(三)监督检查阶段(8 月 16 日至 10 月份)。为确保专项治理工作取得实效,区纠风办、区教育局在 2013 年秋季开学时,将把专项治理工作作为重点,检查各学校违规办班、违规收费、违规征订教辅、拉

取赞助等问题治理情况。区教育局还将会同区纠风办、物价局等治理教育乱收费联席会议成员单位,对全区中小学校教育收费情况进行集中检查和明察暗访。各学校(幼儿园)要高度重视,切实纠正违规行为。

(四)总结评估阶段(11 月份)。各学校(幼儿园)要针对自查自纠和监督检查中发现的问题,认真剖析原因,制定整改方案,落实整改措施。各学校(幼儿园)要形成专项治理工作总结,工作总结和专项治理工作情况统计表(详见附件)于 11 月 15 日前完成,并以镇和区直学校为单位书面盖章后报区教育局党委办公室。区教育局将联合区纠风办对本次专项治理工作进行量化打分,综合评比,作为年终各学校考核评比和校长政绩业绩考核的重要指标进行权衡。

四、工作要求

(一)加强组织领导,落实工作责任。各学校(幼儿园)要充分认识开展此次专项治理工作的重要意义,积极把专项治理工作列入重要议事日程,加强组织领导,抓好部署实施。按照"谁主管谁负责"和"管行业必须管行风"的原则,建立完善专项治理工作责任制,健全考核机制和问责机制。区教育局把开展专项治理工作情况纳入学校党风廉政责任制和政绩考核、行风评议的重要内容。教育局党委办公室负责对此次专项治理工作的组织协调、总体调度和监督指导,要强化责任分工和责任考核,切实负起责任,确保每项治理都取得应有成效。

(二)加强宣传发动,营造良好氛围。各学校(幼儿园)要充分发挥新闻媒体作用,广泛开展政策宣传;要认真开展自查自纠,动员师生员工参与治理工作,引导社会各界和家长加强监督,自觉抵制各种不正之风,树立人民满意教育形象。区纠风办、区教育局将向社会公开教育系统突出问题专项治理投诉举报电话(举报电话:3655851、3666123),畅通监督渠道。

(三)加强整体联动,构建长效机制。由教育局牵头,完善部门联席会议制度,充分发挥纠风、监察、物价等部门的职能作用,切实做到认识明确、各司其职、齐抓共管、协作联动,形成强大工作合力,共同推进各项治理措施的贯彻落实。各学校(幼儿园)要以此次专项治理为契机,进一步完善公开承

诺制度,完善信访举报反馈机制、教育行风评议机制、行风问题督察督办机制、校务公开工作机制、典型问题案件通报机制,不断提升治理工作规范化、制度化、科学化水平。

(四)加强监督检查,严格责任追究。区纠风办、区教育局将加强对专项治理工作开展情况的监督检查工作,发现违规违纪现象,坚决予以查处,严肃追究相关责任人的责任。对检查中发现的问题要从严从重从快处理,做到发现一起、查处一起、通报一起。各学校(幼儿园)要畅通监督渠道,接受群众监督,切实做到有诉必查,有错必纠。

河口区政府纠正行业不正之风办公室

河口区教育局

2013 年 7 月 30 日

关于进一步加强校园安保暨学生外出活动安全管理工作的通知

各镇、街道教委,区直各学校、幼儿园:

为贯彻落实省教育厅下发的《关于做好全省教育系统安全工作的通知》(鲁教安字〔2014〕1 号)精神,进一步加强校园及周边环境综合治理,严防校园恐怖及恶性事件发生,同时进一步规范我区学生外出活动的管理工作,切实保障师生人身安全,根据市教育局、区综治委要求,结合我区教育实际,现就进一步加强校园安保暨学生外出活动安全管理工作通知如下:

一、加强领导,落实责任

各级教育行政部门要进一步强化校园安全防范责任体系建设,严格落实责任,配备专职合格保安,完善物防、技防设施。

二、严格学校门卫制度

各单位要认真研究学校保卫工作的新形势、新问题,按照《中小学岗位安全指南》的要求,及时修订完善学校门卫制度和学校保安工作职责。各学校要严格落实领导带班、教师值班、24 小时巡逻、外来人员进出校门登记、进出有人接送以及车辆进出校门核查、校园封闭管理等制度,坚决杜绝无关人员和车辆进入校园,确保"看好自己的门,管好自己的人"

要引导家长教育学生按时上学,如有学生提早到校的,学校要及时让其进入校园,杜绝学生在校门口聚集等待。

三、提高学校安全防范能力

学校大门不符合安保要求的要予以更换,学校围墙偏矮的,要加高加固。

学校门卫要配备专门的安保防护器械,对于已损坏或过期的要及时进行更换,如有强光、带报警的电警棍,催泪瓦斯等;通过新建和维护视频监控系统,确保学校门口等重点区域动态监控系统运行正常;要安装一键式报警系统,与当地公安报警系统联网,确保一有警情公安机关能够快速反应;做好保安人员的教育培训;有条件的学校,要建立学校护校队。

四、落实警校联防制度

在每天上下学等重点时段,学校安排值班领导、教师和保安到校门口值守,并有明显标志,有秩序地引导、护卫学生进出校门,协同公安部门有针对性地加强校园周边地区巡逻防控、治安、排查等工作,在校园周边重点路口疏导交通,确保安全。

五、进一步增强师生安全防范意识

各学校要按规定开足上好安全教育课,通过校园网络、墙报、板报等各种方式,广泛开展安全宣传教育活动。要按照教育部印发的《中小学幼儿园应急疏散演练指南》将应急避险教育和紧急疏散演练常态化,切实提高师生的安全意识、紧急避险和自救自护能力。

六、做好安保应急预案工作

学校要进一步细化完善学校突发性重大事件应急预案,规范工作程序,提高预防和处置突发事件的反应速度及能力。要充分利用现代通讯、网络资源,建立学生上下学信息家校互通系统。

七、开展安全检查督导

各镇、街道教委要不定期的对学校、幼儿园安全保卫工作进行检查,特别要重点检查民办幼儿园安全问题。对检查中发现的问题要建立台账,督促学校进行整改,其中重大安全隐患要及时向当地政府书面报告。各学校、幼儿园要做好自查工作。

八、严格学生外出活动安全管理

组织学生外出活动,必须实行区教育局备案制,经区教育局同意后,方可进行。组织前要了解活动场所,弄清有关情况,消除事故隐患,制定详细的活动方案和应急预案;要事先通知家长,在征得家长同意后,方可组织实施;同时要对师生进行针对性的安全教育,提高自我保护能力。对活动租用的交通工具,必须有正规的营运执照,驾驶员证件齐全、合格,严禁出现超载现象。学校要成立活动领导小组,由领导和足够的教师带队,层层落实责任,确保活动安全。如遇雨雪、大雾等恶劣天气,一律不准组织外出。凡安全措施不落实的活动一律不得组织学生参加。活动中出现意外事故要迅速启动应急预案,第一时间上报学校、区教育局和当地政府。外出活动结束后要及时总结,将活动开展情况上报区教育局。对于外出活动,各单位要尽量少组织,严禁协助其他单位或个人组织。

河口区教育局
2014 年 5 月 23 日

《河口区教育志》供稿人员名单

（排名不分先后）

丁丙双	王树林	王新春	刘爱荣	刘　波	成梅山
任景利	孙月孝	吉娅红	陈万花	陈光亮	陈同文
陈同堂	陈朝凤	张立民	张呈良	张园园	张丙军
张树河	李树根	李　琳	李长江	陆　慧	宋学波
苏爱香	杜洪波	周　明	赵龙江	高希文	高祥军
高　静	高　雯	盖秀霞	焦广民	彭建飞	薛成刚

索　引

后　记

历经一年零八个月,征集资料,编写初稿,修改汇总,整编合成。期间三定篇目,五易其稿。《河口区教育志》编修,在各级领导、各部门和各界同仁的关心支持下,终于告罄付梓,我们感到欣慰,亦有不安。

首部《河口区教育志》,比较系统完整、客观公正、集中清晰地记载了河口境内教育百年的重大史实,秉笔勾勒了河口教育发展的真实轨迹。整个编纂工作大致经历以下几个阶段:

组织筹备（2014 年 1~4 月）　1 月,河口区教育局对整个教育志编纂工作进行组织筹备。成立《河口区教育志》编纂委员会,全面抓好修志工作。实行主要领导亲手抓,分管领导考上抓。调度、检查、督促各个环节紧密相扣,节节相连。2 月,成立教育志编纂办公室。对篇目进行设置,并开始进行资料征集。4 月,主编对篇目设置进行修订,确定编纂思路,规范资料征集范围和要求。

动员培训（2014 年 5~6 月）　5 月 27 日,《河口区教育志》编修工作会议在河口一中会议室举行。河口区人大第一副主任张胜双、副区长王秀凤、区政协副主席宋卫忠、区教育局局长毕建军等领导出席并讲话,区地方史志办公室主任孟维芳就编修河口区教育志提出意见和建议。河口区教育系统老同志、老领导应邀到会。会议结束后,区地方史志办公室的领导、修志专业人员组织教育系统 40 余人进行业务培训,提出此次修志的主要任务。

资料征集（2014 年 6 月至 2015 年 4 月）　2014 年 6 月,资料征集全面铺开。编辑人员先后到沾化区、利津县、垦利县查阅《沾化县志》《利津县志》《垦利县志》等志书,多次到周边县区档案馆查阅资料,经过半年多的资料征集,基本还原清末、民国时期及新中国成立后,河口境内教育事业曲折发展的脉络。期间,为保证资料客观、真实,编辑人员多次对所征集的每份资料予以全面审查,去粗取精,反复推敲,多方征求意见,进行重新梳理。先后征集各类资料 200 多万字。

编纂资料长篇（2014 年 5~8 月）　编辑人员在多次对资料进行阅读筛选的基础上,撰写篇目草稿。采取完成一编,审核一编,修改一编,成稿一编的流水编纂方式,各个环节有机结合,确保初稿质量水平达到评审稿的要求。编辑人员将草稿交付教育局相关单位、股、室、镇街教委、重点学校负责人及提供资料的人员,进行对口核实、修改、完善、订正,然后经领导审阅签字后返回编辑人员,再次进行审定。8 月,完成资料长篇,共计 80 多万字。

评审出版（2015 年 8~10 月）　召开志稿评审会议。组织各类史志专家,对志稿进行评审。根据评审专家意见,组织专门力量对志稿进行修改订正。2015 年 9 月,志稿通过省、市史志办专家及区地方史志编纂委员会终审。10 月,《河口区教育志》通过出版社审核。按照志书规定及出版社要求,认真做好志书规格、装帧设计等环节,于 10 月底出版发行。

《河口区教育志》编修告罄,是各位同仁心血的结晶。各位编辑肩负组织的重托和全体教育同仁的厚

454

望,尽心尽力,多次深入镇(校)走访,电话咨询,多方搜集资料,查阅永久和长期档案 500 余卷,建立资料卡百万余字。在收集大量材料的基础上,日复一日、伏案疾书、反复核修,数易其稿,乃成篇章。

新志初成,其功应归于区委、区政府的高度重视,归功于区教育局领导的真抓实干,归功于全体编纂人员的辛勤劳动。编修教育志,是一项浩瀚的文化系统工程,虽"焚膏油以继晷,恒兀兀以穷年",仍不敢有怠。近两年的艰辛,我们常惴惴于资料之疏漏,文句之不工,选材之不精。恳请读者理解与鉴谅,书中错讹疏漏之处,敬请批评赐教。只期盼读者展卷在手,能觉得本志能告昔铭后,鼓其劲,励其志,受其诲,增其智,我们就备感欣慰之至。

《河口区教育志》的出版,是河口区成立后的第 16 部基层部门志。她凝聚着全体编纂人员的大量心血。是集体智慧的结晶,是河口区文化事业发展中的又一丰硕成果。开卷阅志,创业场景,历历在目;掩卷沉思,任重道远,拳拳于心。尤其是河口区建区以来,河口教育事业乘着改革开放的强劲东风,沐浴党的教育政策灿烂朝阳,带着希望,跨越世纪,一路高歌。

我们坚信,在中共河口区委、河口区人民政府的坚强领导下,全面贯彻习近平总书记系列指示精神,以史资政,适应新常态,迈向新征程,跨上新台阶。河口教育事业一定能搭乘时代的快速列车,迎着朝阳,从辉煌驶向新的辉煌!

编者

2015 年 10 月

依法修志